정의의 길

정의의 길

초판1쇄 발행 **2024년 12월 2일**
지은이 **전재경**

제작 편집 총괄 **황보진호**
책임 디자인 **임춘우**

펴낸곳 **㈜도서출판 아름다운사람들**
주소 **(10881) 경기도 파주시 회동길 103**
이메일 **hbjh21@gmail.com**

북커뮤니티는 ㈜도서출판 아름다운사람들의 브랜드입니다.
ⓒ전재경, 2024

ISBN **978-89-6513-814-3 (03300)**

파본은 구입하신 서점에서 교환해드립니다.
이책은 저작권법에 의하여 보호를 받는 저작물이므로 무단 전제와 복제를 금합니다.

전재경

정의의 길

북커뮤니티

'정의의 길'이 멀리 있지 않다고…
정의를 느끼면서도 실천에 나서지 못하는 패배주의를 딛고서
정의의 실현을 가로막는 '법의 홍수'와 '규제의 범람'을 극복하자고
명령과 통제 대신 협치(governance)를 늘리기를
중지를 모아 '정의의 길'을 펼치기를

- 저자의 글 중에서 -

추천의 글

송정숙 평의회의장 (자연환경국민신탁) (前 보건사회부장관)

"법 없이도 살 사람"이라는 말이 있다. 사람을 좋게 평가할 때 흔히 이 말이 나온다. 생각해 보면 맹랑하고 큰일날 소리인데 무심하게 쓴다. 서양 법률문화가 도입되고 그것이 우리에게 문명으로 육화(肉化)하는 과정이 약하거나 맞지 않았던 결과일 것이다. 법학자 전재경 박사의 책을 대하면서 이런 의문이 풀릴 것 같다는 생각이 든다. 우리가 만들어 오래 입고 행복하게 살았던 법의 철학과 문명의 옷을 서양의 법세계와 함께 숙성시켜 가며 입어 왔다면 정의에 대한 우리 의지도 보다 성숙했을 것이다. 이 책은 이런 생각을 정리하고 진화시킬 수 있는 길잡이 같은 가능성을 보여준다. 고맙고 반갑다. 성실하고 빛나는 저술이면서 따뜻한 예감을 안겨주어 더욱 반갑다.

김지형 변호사 (前 대법관)

저자를 처음 만났을 때, 깊이를 가늠하기 어려운 우물 같은 사람이라는 생각이 들었습니다. 이 책을 보면서, 그 우물의 깊이는 '정의'를 향하고 있었구나, 뒤늦게 알게 되었습니다. 법학을 전공한 저자가 '자연'과 '인류'를 매개념으로 오랫동안 성찰해 온 세상의 정의를 토로(吐露)하고 있습니다. 자연과 인류에 대한 진정한 사랑이 저자가 꿰뚫어 보는 시선의 연원(淵源)이리라 넉넉히 짐작합니다.

생텍쥐페리는, "사랑은 마주보는 것이 아니라 함께 한 방향을 바라보는 것이다"라고 말합니다. 정의야말로 의견이 다르다는 이유로 마주 서서 다툴 일이 아닙니다. 다른 의견을 모으고 모아 함께 걸어가야 할 먼 길입니다.

책을 읽고 떠오른 몇 가지 감상입니다: 정의란, 있는 듯하면서도 없고, 없는 듯하면서도 있는 것 아닐까? 그러나 정의를 대하는 태도는, '있는 듯하지만 없다'고 분노하며 좌절하기보다는, '없는 듯하지만 있다'는 믿음에 희망과 위안을 갖는 것이어야 하지 않을까? 그러기 위해서라도 함께 정의를 탐구하고 함께 실천하는 길에 멈춤이 있어서는 안 되지 않을까? 이런 나름의 독후감을 부족하나마 강력한 추천의 글로 대신해 봅니다.

벽파 도법 (삼소암)

어느 가을날에 소년의 눈동자를 가진 법학자가 물어봅니다: "스님, 정의가 무엇 입니까?" "모르겠습니다"라고, 답하고 싶었지만 차마 그 눈동자를 외면할 수 없었습니다. 그래서 "하늘은 시(是)를 주제로 삼고, 땅은 정(正)을 주제로 삼는다"고 답했는데, 아뿔사! 그게 시작일 줄이야. 법학자인 줄 알았는데 철학자였습니다. 오호! 통제라. 맑은 눈동자를 볼 때 알아차려야 했는데...각설하고. 걸음걸음 알알이 모아 책을 편찬한다니, 그 노고가 눈에 선합니다. 평생 걸어야 할 길 어디쯤에 이정표를 세우니, 길을 잃은 나그네의 한 모금 감로수가 되기를...바람이 성긴 하늘에 별빛이 쏟아집니다. [합장]

법학박사 김기표(前 한국법제연구원장·행정심위원장)

  정의와 법적안정성은 법의 핵심이념입니다. 정부의 입법활동을 지원하는 법제연구를 수행하면서 여러 연구자들은 "정의란 무엇인가, 어떻게 실현할 것인가"를 고민합니다. 정부입법안 심사나 행정심판에서도 마찬가지입니다. 다년간 함께 일했으면서도 지은이가 정의에 관하여 이렇게 많이 고심하는 줄 몰랐습니다. 법제연구에 남다른 역량을 발휘하였던 지은이는 마지막 소회에서 자신을 '재단사'로 표현하고 정치사를 넘어 보통 사람들의 일상 역사가 세계사에 기여한다고 믿습니다. 정의로운 법을 위하여 애쓰는 법률 재단사들의 애환과 보람을 기립니다.

세계자연보전연맹(IUCN) 한국위원회 윤종수 회장(前 환경부차관)

  이 책은 사회정의, 경제정의, 환경정의, 생태정의를 오랫동안 성찰해 온 금오 전재경 박사님의 사색과 통찰의 결과를 집대성한 것입니다. 때로는 역사책이고 때로는 철학서이며 때로는 자연과 환경에 대한 이야기로서 철학과 법학과 자연의 섭리에 바탕을 둔 깊고 심오한 스토리를 쉽고 재미있게 풀어 나갑니다.

  특히 생물다양성 위기에 대하여 기후위기를 극복하는 것 보다 더 어려운 일이라는 점을 적시하면서 쌍둥이처럼 연결된 이 두 가지를 함께 고려해야 함을 강조하고 유엔 지속가능발전 목표(SDGs)를 인간중심 사고의 산물로서 인류 중심의 환경정의에는 부합하나 자연과 인간의 공존을 추구하는 생태정의를 포함하지 못한다고 비판합니다.

  자연의 질서와 관련해서는 사뭇 철학적인 내용을 재미있게 서술하였습니다. 우주관과 자연관에 대한 다양한 이야기를 펼치면서 무극과 태극 사상, 음과 양의 섭리 등을 주역을 활용하여 풀어내기도 합니다. 동양철학에 관심이 있는 독자라면 한번 차근히 음미해 볼 내용들입니다.

  주요 문명권의 신화, 역사, 종교를 배경으로 법문화와 법문명 그리고 자연철학을 다룬 대목에서는 범상치 않은 내용이 많습니다. 독자 여러분께서도 저마다 흥미로운 분야를 찾아 사색하면서 과연 정의의 길은 자연과 인류 역사 속에서 무슨 의미일까를 곰곰이 생각하게 될 것입니다.

윤여창 명예교수(서울대학교)

  법학자인 저자는 "정의로운 사회는 어떤 사회일까?"라는 화두를 들고 정의로운 사회로 가는 길을 묻습니다. 이 책에서 저자는 동서양의 철학과 과학을 통섭하면서 자연의 정의를 논하고 이를 경제정의, 환경정의, 생태정의 원리에 적용합니다. 자연과 인간이 조화를 이루는 정의로운 사회로의 전환을 모색하는 이에게 이 책을 읽을 것을 권합니다.

법학박사 황은주 (자연환경국민신탁 상임이사·생명회의 유사)

  법대에 갔으니 출세가도를 달림이 꿈이었을 텐데, 가끔 저자는 번듯한 문예회관 구석진 자리에서라도 오페라를 감상하고, 브라운관이 아닌 극장에서 발레 공연을 보기가 소원이었다는 너스레를 늘어놓아 친구들을 어리둥절하게 만들었습니다. 그러나 저자의 책을 보니, 저자의 인문학적 성향이 묵은지 같습니다. 동서고금의 신화, 종교와 철학을 넘어 자연과학에 대한 폭넓은 안목으로 정의의 길을 탐색하는 저자의 품이 넉넉하게 느껴집니다. 상대성이론과 양자역학 그리고 생물학이 법률관에 미치는 영향이 새삼스럽습니다. 이 책이 마이클 샌들 교수의 『정의란 무엇인가』와 짝을 이루면서 정의의 길을 제시할 것으로 믿습니다.

프롤로그

나의 길 그리고 정의의 길

꼬마 시절부터 옛날 이야기를 좋아했습니다. 외할머니와 큰외할머니의 무릎이 제 유치원이었습니다. 초등학교에 들어가서는 만화와 신화에 몰두했습니다. 이야기 속 주인공들은 괴물과 대결하거나, 땅을 빼앗겠다고 쳐들어오거나 또는 사람들을 괴롭히려는 악의 무리에 대항하여 싸우는 정의로운 모습을 보였습니다. 이야기 속의 영웅들과 착한 쪽의 승리는 바로 제 승리이기도 하였습니다. 어쩌면 이야기 주인공들은 제게 막연하게나마 정과 의리 또는 정의감을 심어주었다고 믿습니다.

법학을 공부하면서, 옛날 이야기 속에 나오던 관습과 금기 그리고 각종 의례들이 법문화의 밑바닥을 이루고 있음을 알았습니다. 서양을 통하여 우리나라에 들어온 각종 법률들은 로마법 이래 천 년 이상 발달된 문명이었습니다. 문화가 발달하고 응축되면 문명으로 진화하듯이, 법문명도 전통과 관습과 같은 법문화에서 진화되었습니다. 하지만 우리나라에 들어온 법문명은 토착 법문화의 소산이 아니었기 때문에 적응하기 쉽지 않았습니다.

많은 사람들은 거래하다가 깨지면, "법 대로 합시다"라는 말을 뱉으면서 돌아섭니다. "법 대로"라는 말 속의 '법'은 가슴 속의 법감정과 달리 발달된 법문명과 법기술을 뜻합니다. 그래서 낯설게 느껴지고 막다른 골목이라고 생각됩니다. 거래하기 전에 또 싸우기 전에 정리해야 할 일을 종래 서로 틀어지고 나서야 "법 대로" 처리하려니 돈과 시간이 더 많이 듭니다.

따지고 보면, 법감정이나 법문화 또는 법문명에는 모두 '법이 가는 길' 즉 법도(法道)가 있습니다. 정의(justice)란 그리스 신화를 읽던 로마인들이 붙인 이름입니다. 정의는 법도와 같은 뜻입니다. 도(道)가 삼라만상을 움직인다면 법도는 그 일부로서 인류의 법을 움직입니다. 태양이 황도를 따라가고, 무예가 무도를 존중하듯이, 법은 법도를 따릅니다.

철학자 칸트의 비판에 따르면, 법률가들은 아직도 "법이란 무엇인가"를 따집니다. 그러나 이미 우리는 좋든 싫든 '법의 세계'에 살고 있습니다. 그래서 존 롤스나 마이클 샌들은 법을 움직이는 "정의란 무엇인가"를 살폈습니다. 저자는 석학들의 책을 읽으면서 등장인물들이 서구에 치우쳐 있음을 보고 다소 의아했습니다. 법도로 따지자면 인도나 중국 그리고 한국도 만만치 않았는데 서구인들의 눈에는 동양의 사상은 별로 눈에 띄지 않았나 봅니다.

동양이나 서양이나 "태초의 세상과 인류가 어떻게 만들어졌는가" 즉 창세에 관한 이야기는 모두 신화에 의존하였습니다. 서양에서는 고대 그리스 철학자들이 자연철학을 전개하였지만 동양에서는 우파니샤드나 불교의 고승들이 자연철학을 전개하였습니다. 동양과 서양은 자연철학에서 어느 일면 유사성을 보였습니다. 예컨대 헤라클레이토스의 만물유전(萬物流轉)은 불교의 제행무상(諸行無常)과 같습니다.

하지만 고대 동양의 자연철학은 서구의 그것에 뒤지지 않는다고 생각합니다. 서구 자연철학자들은 그 누구도 노자처럼 "공허[無]에서 만물이 생겨났다"는 무위자연(無爲自然)이나 "천지 만물은 이(理)와 기(氣)의 조화"라는 무극태극(無極太極)의 사상을 전개하지 못했습니다. "세상과 내가 하나"라는 장자의 물아일체(物我一體)나 힌두교의 불이일원(不二一元)은 서구 범신론보다 앞섭니다. 데모크리투스는 물질의 최소 단위인 '원자' 개념을 창안하였으나 불교철학은 형이상학과 형이하학의 세계를 "색즉시공 공즉시색"(色卽是空 空卽是色)으로 일갈함으로써 현대

양자역학의 정수와 만납니다. 자부심을 느낄만합니다.

　서양에서는 로마법 이래 "선을 행하고 악을 피하라"는 명제로 인류의 정의를 정착시켰습니다만, 동양에서는 도·덕·법으로 정의를 인식하였습니다. 도가의 도(道)와 불가의 법(法)은 자연의 섭리이자 인류의 윤리였으며 유가(儒家)는 인의(仁義)와 같은 덕(德)을 최고의 윤리로 세웠습니다. 또한 자연정의가 인류정의로 전환되기 위하여 서양에서는 신의 은총이 필요했으나 동양에서는 우주와 인류세의 원리가 일체를 이루었습니다.

　본인은 동양사상의 보고를 두고 기독교 교리와 서양철학에만 의지하여 정의를 탐색하자니 무언가 불편하고 부족함을 느꼈습니다. 그래서 동서양을 아울러 "정의란 무엇인가"를 다시 살폈습니다. 하지만 우리는 이미 법 속에 살고 있고 또 정의를 나름대로 느끼고 있어 "정의란 무엇인가"를 다시 논함은 새삼스럽습니다. 법학은 실천의 학문입니다. 이에 본서는 한 걸음 더 나아가 정의에 어떻게 도달할 것인가 즉 '정의의 길'을 찾게 되었습니다.

　본인은 정의론에서 동양의 사고가 제대로 반영되지 못하였다고 생각하였을 뿐, 정의론을 모두 동양의 사고로 대체하여야 한다고는 생각하지 않습니다. 우리나라는 명나라와 청나라의 율령격식을 국법으로 쓰다가 일제강점기부터 로마법과 게르만법에 뿌리를 둔 프랑스 법제와 독일 법제를 계수하여 썼기 때문입니다. 그래서 본서에서는 상대성이론의 영향을 받은 독일 법철학자 라드브루흐, 미국 법철학자 존 롤스 및 정치철학자 마이클 샌들 등의 이론을 상세히 살폈습니다.

　이러한 성찰을 토대로 저자는 「정의의 길」을 제시합니다. 우리 헌법(제1조제1항)은 "대한민국은 민주공화국이다"라고 선언하지만 사계는 민주주의를 강조했을 뿐 공화주의에 소홀하였습니다. 본서는 조선조 최한기선생의 공치(公治)나 동학의 인내천(人乃天) 사상에 호응하여 우리 헌법전의 자유·평화·평등·국민주권·권력분립을 공화주의 핵심으로 보고 민주주의가 그 안에서 전개되어야 한다고 주장합니다.

　독일 법학은 칸트 철학을 수용하여 인간의 존엄가치를 기본권의 핵심원리로 수용하였지만 한국 법학은 존엄가치를 구체화시키는데 주저하였습니다. 도덕률로서 존엄가치는 객관적 질서인 공화주의와 함께 기본권 보장을 위한 정언명령(定言命令)으로 존중받아야 합니다. 나아가 본인은 기후변화와 생물다양성 손실에 당면하여 생태정의를 현대의 정언명령으로 새깁니다.

　본서는 '정의의 길'이 멀리 있지 않다고 말합니다. 정의를 느끼면서도 실천에 나서지 못하는 패배주의를 딛고 정의의 실현을 가로막는 '법의 홍수'와 '규제의 범람'을 극복하자고 제안합니다. 다수 행정규제들을 준칙으로 돌리고 명령과 통제 대신 협치(governance)를 늘리기를 희망합니다. 세제와 세율의 재편도 필요합니다. 이러한 일들은 대체적으로 정치나 행정의 몫이지만 그 실현을 위하여서 중지를 모아 '정의의 길'을 펼치면 좋겠습니다.

2024년 10월

재단사의 서재에서
전재경

저자소개

지은이 전재경(全在慶)은 경북(선산)에서 태어났으나 초등학교 때 외할머니를 따라 전남 신안(도초도·흑산도)으로 이주하였다. 목포고등학교를 졸업한 후 진학을 포기하고 경북으로 복귀하였다가, 상경하여 동국대학 법학과 및 동 대학원에서 법철학, 환경법, 헌법을 순차적으로 공부하였고, 이후 법무부에서 일하면서 대학강사로서 같은 과목들을 가르쳤으며, 1990년 정부출연연구기관인 한국법제연구원으로 자리를 옮겨 정부입법을 지원하면서 정의(justice)를 기반으로 사회정의, 경제정의, 환경정의, 생태정의를 실정법 정비에 적용하였다. 삶이 무료해질 무렵, 2014년에 금오는 법제연구원을 조기에 사직하고 서울대학의 글로벌환경경영학(연합전공) 겸임교수 및 강사로 자리를 옮겨 6년 반 동안 국제환경기구론과 기업사회책임론(CSR)을 가르치다가 정년 퇴임하였다. 현재는 특수법인 자연환경국민신탁의 책임자로서 환경·생태 요충지를 확보하여 미래세대와 야생의 몫을 남기는 임무를 수행하면서 세계자연보전연맹(IUCN) 한국위원회 이사 및 UNESCO 인간과생물권(MAB) 한국위원회 위원 등으로 활동한다. 본서에 등장하는 금오(金烏)는 그의 아바타이다.

I 화두 (話頭)

"역대 헌법(憲法)들이 선언하는 시민의 자유와 권리가 장식에 그치고, 도처에 떼질을 표방한 권리남용이 횡행하고, 중세 마녀사냥(witch-hunt)이 부활하며, 적법으로 포장한 불법(不法)이 난무한다. 공공선택을 가장한 불의와 사익이 팽배한다. 무고한 양민들은 어디에 의지하나...선거용 이해타산에 따라 정치인들은 피폐한 시민들을 향하여 "국민 여러분"을 외치나, 방심할 때가 아니다. 구체제(舊體制 앙샹레짐)에 대한 혁명은 언제 어디에서 발발할지 모른다. 태풍 한 가운데에서는 구름이 보이지 않듯이, 권력의 강자(强者)들에게는 동강난 민심(民心)이 잘 보이지 않는다... 바닥 모를 불안감이 엄습한다."1)

자연철학자들은 우주의 원리를 성찰하면서 세계관을 정립하였다. 철학과 법학은 자연과학의 세계관을 토대로 가치관을 형성한다. 현생 인류는 지금도 철학의 길을 걷는다: 우주는 공(空)인가 색(色)인가? 창조주[神]는 자연[우주] 밖에 존재하는가, 안에 존재하는가? 무극(無極)과 태극(太極)은 어떤 관계인가? 양자의 입자성과 파동성은 존재의 이중성에 어떤 영향을 미치는가? 시간과 공간은 그 시작과 끝을 추적할 수 있는가? 신(神)의 존재 여하에 따라 우주는 달라지는가? 신은 우주를 그 의지로 다스리는가, 아니면 확률에 맡기는가? 자연의 섭리에는 정의가 담겨 있다. 정의의 길이 자연철학에 머물 수 없다. 인간세로 옮겨와야 한다.

정의는 다른 한편 인간세의 법의 이념이기도 하다. 자연이 생각하는 정의는 어떤 양태일까? 인류는 자연의 정의에서 무엇을 배웠을까? 자연의 정의는 인간세(人間世)에까지 미치는가? 신은 선(善)을 지지하는가? 선과 악은 투쟁하는가, 아니면 차고 기우는 것인가? 법은 문명인가, 문화인가? 법감정의 원류는 무엇인가? 고전철학과 신화 속의 자연관과 정의관은 현대인들에게 무엇을 시사하는가? 인류세의 정의는 보편적인가? 정의(justice)는 일의적으로 정립될 수 있는가? 정의는 이익[正]의 편인가, 공공선[義]의 편인가? 옳고 그름(是非)을 어떻게 가릴 것인가? 법치주의와 공화주의는 어떻게 다른가?

한국의 법학은 일제 강점기를 거치면서 중국 법제의 영향을 벗어나 서구의 근대법학을 수용하였다. 현대 한국법제는 인권 계열에 속하는 헌법과 형사소송법은 영미법의 영향을 받았으며 민법과 형법 그리고 상법과 같은 기본법들은 프랑스와 독일 법제의 영향권에 속한다. 실정법의 대부분을 차지하는 행정법령들은 1960년대 이후 독일·프랑스·일본을 통하여 전래되었다. 서구의 법제들은 로마 법계와 게르만 법계에 속한다. 정의관은 로마법 대전체계(Pandekten)로부터 영향을 받았다. 오늘날에도 우리 입법과 법실무는 로마법의 전통을 따라 이익형량심사에 치중하지만, 정(正)만의 길을 걸어서 의(義)의 길 즉 공공선으로 나아갈 수 있을까? 현대사회에서 정의관은 어떤 길을 걸었고 또 어디로 나아가야 할까? 무모하고 세월이 걸리더라도 행정규제의 홍수 속에 법이 멍에가 아니라 '약속의 준칙'이 되는 정도[是]를 찾고자 한다.

차 례

제1편 자연의 정의 (Natural Justice)

제1장 당황하는 인류 ·· 25
1. 천재지변 앞에서 ·· 25
   1) 자연재해와 인재(人災)의 복합 ·························· 25
   2) 해류 및 조류 체계의 붕괴 ···························· 26
   3) 태풍에 맞설 것인가, 적응할 것인가 ···················· 29
   4) 같은 물 다른 색깔 ·································· 30
   5) 기후변화 앞에 드러나는 역사적 부정의 ················ 33
   6) 소떼 세탁으로 온실가스를 줄이려는 쇠고기 산업계 ········ 34
2. 기후변화와 생물다양성의 위기 그리고 인류의 미래 ·········· 36
   1) 기후변화에 당면한 지구는 어느 경로로 나아갈까? ········ 36
   2) 수문학적 정상범위를 벗어나는 가뭄 ···················· 40
   3) 생물다양성의 위기 ···································· 43
   4) 지구평균온도를 1.5℃로 묶어두면 기후변화가 멈출까? ···· 45
   5) 탄소중립기본법의 가치와 허점 ·························· 46
3. 엎친데 덮치는 자원고갈과 역병 ·························· 47
   1) 神들의 대결로 엎치락 뒤치락하는 기후정의 ·············· 48
   2) 우주전쟁 ·· 48
   3) 약방의 감초 ·· 49
   4) 거북이와 아킬레스의 경주 ···························· 51
   5) 축생들의 기도 ·· 53
4. 신인류의 문화 ·· 53
   1) 천신과 용왕은 어디로 가셨을까? ······················ 53
   2) 사랑방에서 스타벅스로 ································ 56
   3) 늘어나는 아큐(阿Q) 형 군상 ·························· 59
   4) 행려세태 속에 유랑하는 노인 ·························· 60

제2장 자연계의 질서 ·················· 65

1. 스스로 존재하는 우주(卽自態) ·················· 65
  1) 신(神)과 함께 야생과 더불어 ·················· 65
  2) 단군신화의 해석 ·················· 66
  3) 생태정의에 기반한 지속가능성 ·················· 67
  4) 백두산 천지에서 ·················· 69

2. 자연의 질서 ·················· 71
  1) 무극·태극의 사상 ·················· 71
  2) 과학과 인문학의 경계 ·················· 79

제3장 법문화와 법문명 ·················· 91

1. 법문화의 원류: 신화(神話) ·················· 91
  1) 알타이족·튀르크족 ·················· 91
  2) 시베리아 ·················· 98
  3) 몽 골 ·················· 99
  4) 인 도 ·················· 102
  5) 이집트·메소포타미아·이스라엘 ·················· 105
  6) 그리스 ·················· 111
  7) 아메리카 ·················· 114
  8) 중국·한국 ·················· 119

2. 문화에서 문명으로 ·················· 125
  1) 신화의 위상과 정의관 ·················· 126
  2) 문화와 문명의 동시성 ·················· 127
  3) 문명관의 반추 ·················· 129
  4) 정의로운 전환이 곧 정의 ·················· 136

제4장 신화에서 자연철학으로 ·················· 141

1. 인도철학 ·················· 141
  1) 우파니샤드 철학: 인간의 본성은 신(神) ·················· 141
  2) 불교철학: 현대물리학과 상통 ·················· 145

2. 중국철학 ·· 147
   1) 노자(老子) ··· 147
   2) 세상만물과 나는 하나(物我一體): 장자(莊子) ································· 149
   3) 성리학의 우주론 ·· 153
   4) 래지덕의 착종설 ·· 154

3. 한국 철학 ·· 155

4. 희랍 철학 ·· 160
   1) 존재론 ·· 161
   2) 변증법적 세계관 ·· 165
   3) 수학과 신학에서 파생된 철학: 피타고라스 ···································· 167
   4) 의학관 ·· 171
   5) 자연정의론 : 헤라클레이토스 ·· 172
   6) 자연은 신이다. ·· 177

제5장 과학이 법률관에 미치는 영향 ·· 181

1. 근대 과학과 법률관 ·· 181
   1) 에피소드 ·· 181
   2) 3차원 세계관과 뉴턴의 운동법칙 ·· 183
   3) 근대 법률관의 정착 ·· 184
   4) 유클리드 기하학과 뉴턴 물리학에 기반한 근대 법률관 ············· 185

2. 현대 과학의 세계관 ·· 186
   1) 시간과 공간 ·· 186
   2) 상대성이론 ·· 188
   3) 우주의 시공간 ·· 194
   4) 우주에 존재하는 물질과 힘 ·· 199
   5) 양자역학 ·· 202
   6) 생물학 상 인식의 실체 ·· 207

3. 현대 과학과 법률관 및 이데올로기 ·· 209
   1) 과학철학과 법학의 변증법 ·· 210
   2) 법 해석과 적용에서 과학의 한계 ·· 212
   3) 상대성 이론이 법철학에 미치는 영향 ·· 214
   4) 불확정성원리등 양자역학의 영향 ·· 219

5) 과학이 이데올로기에 미치는 영향 ·· 221
4. 정상후과학 이론의 적용 ··· 223
　　1) 정상후과학의 등장 ·· 223
　　2) 정상후과학의 방법론 ··· 225

제2편 인류의 정의 (Human Justice)

제1장 정의는 강자의 이익인가 ·· 231

1. 왕도정치 ·· 231
　　1) 덕치주의 ··· 231
　　2) 지치주의(至治主義) ··· 234
2. 분열의 정치 ·· 234
　　1) 사색당파 ··· 234
　　2) 척사파와 개화파 ·· 236
　　3) 좌파우파·보수진보 ··· 238
3. 식민지 유산의 잔재 ·· 240
　　1) 일제 강제징용 배상판결에 대한 오해와 진실 ··············· 240
　　2) 위안부 피해사 바로 쓰기 ··· 243
4. 강자들의 힘 앞에서 ·· 244
　　1) 사필귀정 ··· 245
　　2) 열강들 사이에서 ·· 246
　　3) 영세중립국을 꿈꾸며 ··· 252

제2장 정의관의 진화 ··· 261

1. 악행에 맞서는 법가(法家) ·· 262
　　1) 법에 의한 부국강병 ··· 263
　　2) 공정과 공평 ·· 264
　　3) 도덕적 해이와 자본주의 정신 ·· 268
　　4) 자기책임 ··· 269
　　5) 세도정치 ··· 271

6) 공포에 의한 통치 ·· 273
2. 이권을 지지하는 정당성 ··· 274
　　1) 이익형량심사 ·· 274
　　2) 이익에서 목적으로 ··· 275
　　3) 정당성 때문에 공공선을 희생시킬 것인가 ································· 276
3. 정의의 윤리적 기초: 美德 ··· 277
　　1) 고대 중국 ··· 277
　　2) 서구 고전철학 ··· 285
　　3) 교부철학 ··· 293
　　4) 관념주의 ··· 306
　　5) 자연적 정의의 부활 ·· 311
4. 선을 지향하는 법치주의 ··· 314
　　1) 법의 창조 ··· 314
　　2) 시대가 바뀌면 역사를 새로 쓴다. ·· 321
　　3) 현재와 과거 사이의 대화 ··· 322
　　4) 자연성의 회복 ··· 323
　　5) 형평과 관용 ··· 324
　　6) 실학의 유산 ··· 325
　　7) 지상천국: 사람이 곧 하늘(人乃天) ··· 326
5. 정의관을 재정립하기 위한 시론 ··· 327
　　1) 정의의 차원과 형식 ·· 327
　　2) 로마법의 정의관과 그 영향 ··· 328
　　3) 정의에서 정(正)과 의(義)의 상호작용 ······································· 329

제3장 정의의 이념 ··· 333

1. 헌법상 도덕률(정언명령) ·· 333
　　1) 공공선의 철학 ··· 333
　　2) 미덕의 실체 ··· 336
2. 공화주의 [公治] ·· 340
　　1) 개념과 함의 ··· 340
　　2) 공화주의 규범 체계 ·· 341

3. 공동체주의 ·· 342
  1) 풍토 ··· 342
  2) 사회적 가치와 사회적 시장경제 ··· 345
  3) 협동조합의 행로 ·· 349

제4장 선과 형평의 기술 ·· 353

1. 권리장전과 통치기구의 운용 ·· 353
  1) 존엄가치의 해석 ·· 353
  2) 품위 있게 죽을 권리: 100세 앞의 고독 ·· 356
  3) 좌파·우파 그리고 보수·진보의 대결과 수렴 ··································· 357
  4) 공화주의를 방해하는 통치기구 운용 ·· 361
  5) 진화하는 법치국가 ··· 362

2. 공화주의 정치 ·· 367
  1) 청군백군의 유산 ·· 367
  2) 협치원리에 따른 정치 ··· 371
  3) 신뢰의 정당정치 ·· 373
  4) 권력구조 개편 ··· 374
  5) 사법권의 독립 ··· 376
  6) 형사·검찰 개혁 ·· 378

3. 환경정의와 생태정의 ··· 380
  1) 새만금 미래세대 소송 ··· 380
  2) 해양환경정의 ·· 385
  3) 생태계서비스의 유지·증진 ··· 390
  4) 취약한 유네스코 생물권보전지역 ··· 393
  5) 소형 원자로 ·· 395
  6) 국립공원을 파고드는 공항 ··· 397
  7) 백년하청 대청호 ·· 403

4. 경제정의의 각축 ··· 404
  1) 양극화 앞에서 ··· 404
  2) 공영개발의 부메랑 ··· 411
  3) 자원최적배분과 인기영합주의 ·· 414
  4) 정규직의 윤리 ··· 416

5) 시장의 실패 ·· 418
　　6) 부동산의 경제정의 ··· 421
　　7) 바늘도둑 소도둑: 해루질 ··· 422
5. 지속가능한 자본주의를 위한 경로 ·· 425
　　1) 중세 연금술사의 후예 ··· 425
　　2) 노동시장의 균형 ·· 427
　　3) 자본주의 생산의 지속성 ··· 428
　　4) 산업자본의 순환 ·· 433
6. 사회정의를 위한 변론 ·· 435
　　1) 조롱에 빠진 진항(震恒)의 궤 ·· 435
　　2) 공동체의 동요 ·· 437

제5장 변이의 경로 ·· 443

1. 세상을 변화시키기 ·· 443
　　1) 정의로 가는 길에 필요한 조건 ·· 443
　　2) 의지의 변화 ·· 444
　　3) 입법자의 정의 ·· 446
　　4) 집단지성 ·· 448
　　5) 정부의 실패 ·· 448
　　6) 좌우를 초월하는 패러다임 ·· 450
2. 법(法)의 극소화 ··· 452
　　1) 법폐(法弊) 청산 ··· 452
　　2) 준칙규범화 ·· 453
　　3) 협치의 본질과 요건 ··· 455
3. 탈규제(脫規制) ··· 456
　　1) 규제혁신의 길: 정부와 시장의 협업 ··· 456
　　2) 과잉규제의 수술: 환경영향평가제 ··· 459
　　3) 자발적 협약의 활용 ··· 461
4. 세제개혁 ·· 462
　　1) 조세체계의 축소와 단순화 ·· 462
　　2) 조세감면과 특례의 지양 ··· 463
　　3) 탄소세 내지 탄소국경세 ··· 465

5. 기술발전의 수용 ·· 465
   1) 제3의 인격: 전자인 ·· 465
   2) 모순투성이 가상화폐와 이익공유 ·· 466
   3) 신기루의 城 가상화폐자산의 법적 보호 ·· 467

6. 새로운 출발선에서 ··· 468
   1) 옳고 그름(是非)을 가린다. ·· 468
   2) 공공선과 정의의 개념 및 관계 ·· 471
   3) 계율·도덕률·법률의 범주 ·· 473
   4) 정의관의 순환: 정당성[공정·공평]에서 공공선으로 ································ 473
   5) 정의를 실행할 수 있는 대안경로 ·· 476

에필로그: 법률 재단사의 일상 역사 ······································· 478

제 1 편
자연의 정의
Natural Justice

제1장 당황하는 인류

제1장
당황하는 인류

자연은 부단히 변화한다. "하늘 아래 변화하지 아니하는 것은 없다…우리는 같은 강물에 두 번 발을 담글 수 없다."(헤라클레이토스) "제행무상(諸行無常)이다."(석가모니) 변전하는 기후변화, 해수상승, 자연재해와 인재, 자원고갈, 그리고 생물다양성 소멸에 당면한 인류는 자연의 변화와 재앙 앞에 어떻게든 적응하려고 노력하지만 두렵다.

1. 천재지변 앞에서

1) 자연재해와 인재(人災)의 복합

환태평양 조산대 '불의 고리'에 속한 일본에서는 연간 약 1,500회의 지진이 일어난다. 태평양 연안을 따라 뻗어 있는, 난카이 해곡을 따라 발생하는 지진은 지금껏 수천 명의 목숨을 앗아갔다. 1707년에는 난카이 해곡에서 길이 600km의 단층이 내려앉으면서 일본 역사상 두 번째로 큰 대지진이 발생하였고, 후지산 화산까지 폭발하였다.

일본 기상청: "2024.8.8. 일본 남부해안에서 발생한 규모 7.1의 지진 이후 앞으로 대지진이 발생할 가능성이 있습니다. 시민 여러분들에게 난카이 대지진 주의보를 발합니다. 긴장하시고 당국의 발표에 주의를 기울이시기 바랍니다."

마사요 오시오(도쿄 남부 요코하마 주민): "우리는 많이 혼란스러워요. 지진 발생을 알 수 없잖아요? 당황스러워요. '큰 지진이 덮친다'는 말을 오랫동안 들어왔어요. '정말 대지진이 일어날까?'라고 자꾸 되뇌지만, 현실감이 없어요."[2]

인류역사상 최악의 원자력 사고로 기록된 우크라이나 체르노빌(Chernobyl) 원자력발전소 사고[3](1986.4.26.)는 접경국가인 러시아와 벨라루스를 넘어 전 유럽에 광범위한 오염 피해를 남겼지만 극동에서 멀리 떨어져 있었고 사고 상황이 은폐되기도 하여 참상이 관념화된 인재로 기록된다.

이에 비하여, 2011.3.11. 북동쪽 도호쿠 해안에 거대한 지진해일(津波·쓰나미·Tsunami)를 일으켜 약 18,000명의 목숨을 앗아간 규모 9.0의 '도호쿠 지방 태평양해역 지진'[4](東北地方太平洋沖地震)은 양상이 사뭇 달리 전개되었다. 해변으로 밀려오는 쓰나미를 화면으로 바라보는 이들은 일순간에 모든 물체들을 삼키는 쓰나미의 위력에 몸서리를 쳤다. 사고는 자연재해에 그치지 않고 인재로 이어졌다. 사고 당일 15m에 달하는 쓰나미는 후쿠시마(福島) 제1원자력 발전소를 덮쳐 며칠 만에 원자로 3기를 파손시켰고 이로 인하여 다량의 방사능 물질이 걷잡을 수 없이 누출되기 시작하였다.5)

지진해일은 순식간에 그쳤지만 원자로 파괴와 방사능 누출은 날이 갈수록 심각해졌다. 시시각각 뉴스로 이웃나라 재앙을 접하던 금오가 인류와 신선을 매개하는 정령 '황금까마귀'에서 말을 건넸다.

금오: "전대미문의 참상이지요? 체르노빌 사태와 완전히 다른 느낌이구요. 자연재해와 인재가 결부된 복합재앙은 인류로 하여금 기술문명이 덧없음을 느끼게 만들었고, 비극은 늘 사람들 곁에 머물다가 순식간에 덮친다는 인식을 깊은 상처로 남겼어요."

황금까마귀: "아~ 정말 아비규환의 지옥이 따로 없구나. 지진해일은 살아 있는 지구가 꿈틀거려 그렇다고 참을 수 있지만 원자력 사고는 인재라 피할 수 있지 않았을까…인간은 참으로 위대하지만 때로는 너무 취약하도다."

동일본 지진으로 인한 후쿠시마 해변의 쓰나미

https://infra-archive311.thr.mlit.go.jp ⓒ사용허가 Ref.number 503062

2) 해류 및 조류 체계의 붕괴

벨라는 청산도에서 배를 갈아타고 바다낚시객들의 순례지 여서도로 가는 길이다. 낚시객들이 갯바위에 뚫어 놓은 구멍을 메우러 간다. 국민신탁이 L음료회사의 ESG 사업을 국립공원공단의 갯바위 복원 프로그램에 접목시킨 탓이다. 오끼나와 먼 바다에서 태풍이 북상하고 있어 마지막 항차라 사방에 운무가 자욱하다. 완도항으로 피항하는 크루즈선이 갑자기 우현에 나타났다가 사라진다. 미국 소설가 워싱턴 어빙(Washington Irving: 1783~1859)의 『스케치 북』

에 나오는 유령선처럼 느껴진다. 뱃머리에 부딪히는 파도가 물보라를 일으키며 2층으로 날아온다. 차갑게 느껴지지 않는다. 벨라는 난간에 기대있는 금오에게 말을 건넨다.

벨라: "태풍은 피해도 많이 입히지만, 바다와 사람들에게 좋은 점도 있어요. 사람들이 배출한 폐열과 같은 엔트로피를 정리하고 물 밑을 뒤집어 생태계에 활력을 불어넣기도 한다지요. 그런 바다가 수온이 오르고 바닷속이 아열대화되어 걱정됩니다. 히말라야나 알프스의 설산들은 기후변화로 눈이 녹는다지만 남극이나 북극의 해빙은 해수온도로부터 영향을 받아요. 비열이 큰 바다 온도가 자꾸 높아지면 어디에서 대기 중의 열을 흡수하겠어요. 해양물리학자들의 연구를 통하여 바다가 어떻게 변하고 있는가 알고 싶어요."

금오: "새로운 3차원(3D) 연구 모형들은 더워진 기후가 해양 수중의 조석 즉 밀물과 썰물에 어떻게 영향을 미치는가를 보여줍니다. Bonn대학교의 Michael Schindelegger 박사는 Jülich Supercomputing Centre(JSC)의 슈퍼컴퓨팅 자원을 활용하여 1993년~2020년 사이에 수집된 관측 데이터를 이해하였고, 이 과정에서 3차원(3D) 해양 순환 모형의 정확도를 개선하였습니다. Schindelegger에 따르면, 조석은 종종 해양의 일반적인 순환이나 기후변화의 영향과 관련된 다른 흥미롭고 예측하기 어려운 신호를 가립니다. 해양 관측에서 기후 신호를 추출함은 조석을 모델링할 수 있는 정확도, 즉 시간에 따른 잠재적 변화에 달려 있습니다. 표층 조석의 미세한 변화는 달과 태양의 중력변화와 일치하지 아니하며 심층 조석의 복잡성이 늘어납니다.6)"

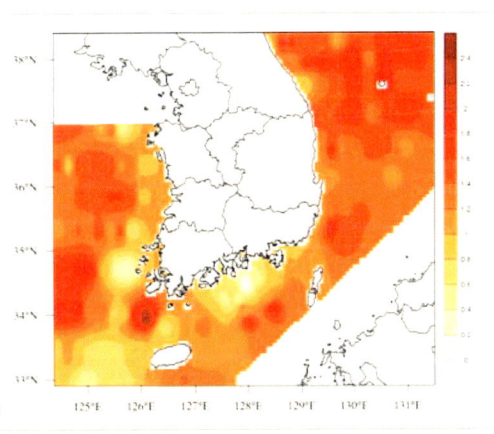

벨라: "가려버린다는 표현이 적절하군요. 바다의 조석이 외관상 변화가 없이 보여서 바다가 무탈한 줄 알고 바다에 삶을 의지하면서도 바다를 경시하고 쓰레기통처럼 취급하는군요. 해수면이 더워지는데 왜 조석이 변화하나요?"

금오: "해양과학자들은 해양의 상층부 700m가 온난화 기후 체계에 갇힌 과도한 열의 약 90%를 흡수한다고 추정합니다. 해양의 이 구역은 더워짐에 따라 팽창하면서 밀도가 낮아집니다. 한국의 해수면 온도의 변화[그림: 국내 해수면온도 변화율분포도(2020)]도 가파릅니다. Schindelegger 박사팀은 기후온난화, 밀도대비(density contrast)에 따른 해양성층화, 두 가지 유형의 조류, 즉 순압성7) 조수(barotropic tides: 중력과 관련된 해류의 주기적 운동) 및 (구릉과 같은 수중 지형을 거슬로 흐르면서 깊은 곳에서 밀도가 높은 물을 밀도가 낮은 표층수 쪽으로 밀어 올리는) 경압성8)/내부 조수(baroclinic or internal tides) 사이의 상호 작용을 탐구합니다. 상층부 해양의 온난화는 순압성 조수로부터 경압성 조수로 에너지 이전을 촉진시킴으로써 외해는 30년 전에 비하여 조

력(tidal energy)의 상당량을 상실하였습니다."9)

해양 성층화 동향(Trends in ocean stratification), 1993–2020.

출처 https://www.nature.com/articles/s43247-024-01432-5

위 색상의 음영은 Global Ocean Physics Reanalysis GLORYS12, Version 128의 연간 온도 및 염도 프로파일에서 계산된 잠재 에너지 이상치(potential energy anomaly) φ91($J\ m^{-3}yr^{-1}$)의 선형적 변화를 보여준다. 통계적으로 유의하지 아니한 추세(95% 신뢰 구간)가 있는 영역은 흰색 점선으로 표시되었다. 검은색 사각형은 면적 평균으로 모형화된 M2 조석 에너지 변환율 C가 3 GW m^{-2}(방법)를 초과하는 2° × 2° 셀(cell)을 강조한다. 노란색 표식을 이 연구에서 사용된 조석계(tide gauges)의 위치를 나타낸다. 본문에 언급된 지명은 (A)모잠비크해협, (B)마스카렌해령, (C)동중국해, (D)황해, (E)루손해협, (F)셀레베스해, (G)반다해, (H)솔로몬해, (I)마카사르해협, (J)킹사운드, (K)태즈먼해, (L)아마존대륙붕, (M)브리스톨만, (N)허드슨해협, (O)래브라도해, (P)비스케이만이다.10)

벨라: "일기예보 때 등고선과 같은 개념이 해양에서도 적용되는군요. 달의 인력에 좌우되는 조석 체계만 변하고 해류 자체는 별 탈이 없나요? 해류는 변하지 않는다는데요."

금오: "바로 그 해류가 위기에 처했어요. 해수의 염도 변화 탓이지요. 대서양 역전 자오선 순환류(The Atlantic Meridional Overturning Circulation: AMOC)[사진ⓒNOAA]의 붕괴가 초읽기에 들어갔습니다.11) AMOC는 컨베이어 벨트처럼 남반구와 열대 지방에서 따뜻한 표면수를 끌어올려 차가운 북대서양에 배분합니다. 그러면 더 차갑고 염분이 높은 물이 가라앉아 남쪽으로 흐릅니다. 이 순환체계는 남반구 일부가 과열되는 것을 막고, 북반구 일부가 견딜 수 없을 정도로 추워지는 것을 막는 동시에 해양 생태계의 생명을 유지하는 데 필요한 영양소를 공급합니다. AMOC가 이번 세기에 붕괴되어 전 세계 대부분 지역에 파괴적인 사회적 영향을 미칠 수 있다는 우려가 커지고 있습니다."12)

벨라: "세상에나~ 빙하가 녹아 염도에 변화를 일으키고 그로 인하여 심층순환류에 영향을 준다니 해양은 참으로 오묘하면서도 앞날이 걱정스러워요."

금오: "좀 더 살펴볼까요. 종래 AMOC 붕괴 확률에 대한 예비 추정은 개념모형과 중개(proxy) 데이터의 통계분석을 기반으로 삼았지만 새로운 연구에서는 재분석 데이터를 통하여 개연성을 추정하고 관찰 결과를 제공합니다. 방법론 상 연구진은 먼저 최근의 지구기후 모형 시뮬레이션을 통하여 AMOC 붕괴를 관찰하기에 최적인 지역들을 식별하였습니다. 이 모형에서 대서양 남부 경계 근처의 염도 데이터는 AMOC  붕괴 시간을 추정하기에 최적인 것으로 나타났습니다. 다음에 재분석 결과를 기반으로 AMOC 붕괴 시간의 확률 밀도 함수(probability density functions)를 결정하였습니다. 그 결과 붕괴 시간은 2037-2064년(10-90% CI) 사이로 추정되며 평균은 2050년이고 2050년 이전에 AMOC 붕괴가 발생할 확률은 59±17%로 추정됩니다. 이에 따르면 대서양 해류의 중요한 시스템은 이르면 2030년대에 붕괴될 수 있습니다."[13]

3) 태풍에 맞설 것인가, 적응할 것인가[14]

전남 신안의 가거도(可居島)는 "사람이 살 수 있는 섬"이라는 뜻을 가지고 있다. 사람이 살기 위하여 오랫동안 방파제 공사를 실시하였으나 2019년 태풍 링링으로 가거도 방파제가 100m 정도 다시 유실되었다. 인류의 기술이 자연 앞에 맞섰으나 다시 무너졌다. 기후변화로 태풍이 갈수록 드세질 텐데 힘과 힘의 대결이 언제까지 지속될 것인가? 정부와 지자체의 재난대책에 안타까움이 있다.

가거도는 영토수호 차원에서 1978년 국가어항으로 지정되었다. 1979년부터 2008년까지 1,300억 여원을 들여 방파제(480m)가 조성되었다. 당시에는 호안용 블록(테트라포드)이 많이 쓰였다. 2011년 태풍 무이파와 2012년 볼라벤으로 방파제와 어선인양기가 파손되자 2013년 봄부터 사업비 2,154억원을 투입하여, 2020년말 완공을 목표로 복구사업이 진행되었다.

이 공사는 방파제 폭을 15m에서 110m로 확장하면서 1만t급 대형잠함(가로·세로·높이 28m 사각블록: 케이슨)(사진 ⓒ누구랑 블로그 2009) 19개로 전체 방파제 중 388m를 감쌌다. 종전 방파제는 파고 8.3m(50년 빈도)까지 견딜 수 있지만 새로운 방파제는 파고 12.5m(100년 빈도)까지 견딜 수 있도록 설계되었다. 이 '슈퍼방파제'가 이번에 다시 유실되었다. 링링이 북상하자 상당수 주민들은 슈퍼방파제가 불안했는지 목포로 나갔다.

방파제 복구공사가 다시 시작될 것이므로 방파제를 둘러싼 불편한 진실을 짚어본다. 100년 빈도는 확률일 뿐이기 때문에 실제 같은 파도는 100년 이전에도 올 수 있다. 종래의 방파제에 잠함(케이슨)으로 외피를 둘러싸는 공법으로는 높은 파도에 대항할 수 없다. 종래의 방파제를 완전히 철거하고 블록(테트라포드) 대신에 잠함을 사용하여야 한다. 잠함을 임플란트처럼 해저에 깊숙이 심어야 한다.

왜 그럴까? 해저에 뿌리를 내리지 못하고 기존 방파제의 외벽을 감싸는 잠함은 블록처럼 물의 부력을 받는다. 방파제 뒤는 파도가 소용돌이쳐 압력이 낮다. 뒤에서 잠함을 받쳐주는 힘이 약해 앞에서 덮치는 파도의 힘이 상대적으로 커진다. 잠함은 그 덩치가 크면 클수록 부력을 많이 받아 물속에서 밀려다닐 수밖에 없다. 방파제 위에 올라앉은 사각블록들이 부력의 이치를 잘 설명한다.

파도의 힘은 파고가 아니라 해양에서 밀려오는 에너지 양에 의하여 결정된다. 태풍과 함께 오는 파도는 쓰나미(津波)의 너울과 달리 그 속에 바람의 에너지를 안고 있다. 수중의 잠함은 파고가 높아질수록 기초가 허공에 드러난다. 파도는 잠함의 밑바닥을 흔들어 댄다. 자연해안은 파도가 밀려오면서 파력이 감소되지만 수중에 직벽으로 서 있는 잠함은 둥글지도 모나지도 않아 파력을 전면으로 받는다.

잠함과 방파제 설계자들도 이런 정도의 해양물리학에 정통할 것인데 왜 같은 경로를 반복하는 것일까? 100년이라는 확률을 과신한 탓일까? 방파제 안쪽을 모두 매립함은 물리학의 이치와 맞지 않는다. 매립하더라도 그 위에 구조물을 세울 수 없어 생활과 관광이 불편하다. 현재 해안에 위치한 가구들을 높은 곳이나 다른 곳으로 이주시키고 방파제와 인근 수중을 근본적으로 재설계해야 한다. 전국의 여러 해안에서 자연에 맞서지 말고 적응하는 지혜가 필요하다

4) 같은 물 다른 색깔

> 무뇌아를 낳고 보니 산모(産母)는
> 몸 안에 공장지대가 들어선 느낌이다.
> 젖을 짜면 흘러내리는 허연 폐수와
> 아이 배꼽에 매달린 비닐끈들.
> 저 굴뚝들과 나는 간통한 게 분명해!
>
> 최승호, 「공장지대」, 『세속도시의 즐거움』(1990)

벨라는 방콕에서 열린 세계자연보전연맹(IUCN) 아시아지역 보전포럼(제8차)에 참여하면서 차오프라야 강변에 머물렀다. 예인선으로 화물선을 끌고 가는 주운과 유람선 관광이 발달하여 뱃길이 분주하였다. 게대가 밤에는 낚시객들도 나온다. 하지만 강물이 온통 누런 황토빛임이 아쉬웠다. 우기(5월~10월)이더라도 숙소 앞 강물이 내내 흙탕물임을 이해하기 어려웠다. 주변에

물었더니 강 바닥의 지형 탓으로 맑을 날이 없단다. 그렇다면 황하처럼 백년하청이 아닌가.

"태국의 강들은 원래 이런가" 싶었는데 알고보니 지역에 따라 달랐다. 차암 지역의 망그로브숲을 답사하기 위하여 UNEP아시아의 마리연 컨설턴트랑 서쪽 말레이반도 입구로 나가는 길에 크라첸 지역에서 만난 페차부리강은 중간 정도 크기의 강인데 놀랍게도 맑은 물이 흐른다.

벨라: "아니? 이 게 웬 일이람? 여기도 분명 우기는 우기일 텐데…맑은 물이 흐르네…무슨 조화이지?"

마리연(UNEP아시아): "다우나 산맥이 미얀마와 국경을 이루면서 싱가포르까지 이어지는 말레이반도는 곡창지대인 방콕 쪽의 짜오프라야 강변과 달라요. 이쪽은 산지와 녹지 그리고 해안이 많아서 수질이 괜찮아요."

 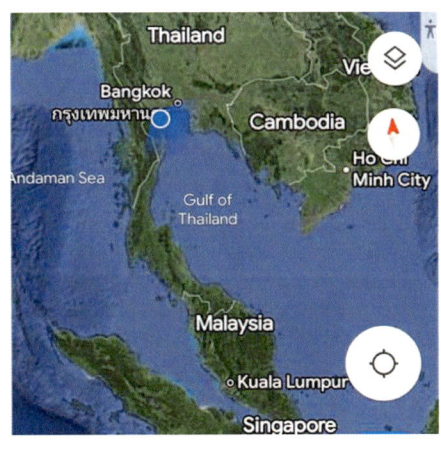

4007 Tambon Kaeng Krachan, Amphoe Kaeng Krachan, Chang Wat Phetchaburi

맑은 페차부리 강을 바라보면서 답사단은 짜오프라야 강보다 녹조로 비상이 걸린 한국의 강들을 떠올렸다. 낙동강에서는 유독성 마이크로시스틴이 기준치를 넘어섰고, 금강에서는 수질조사 결과를 잘 알기 어려웠다. 거의 비슷한 시기에 예상하지 않았던 곳에서 탁수와 청수 그리고 녹수를 번갈아 접하니 이론이 필요하지 않았다. 각기 다른 강들을 만나면서 혼란이 생겼다. 녹수를 잘 거르면 '먹는물'이 될 수도 있겠지만 비용과 대비할 때 효율적인 수자원이라고 보기 어렵겠다. 녹수는 농업용수로 쓰기도 어렵다.

대청호 문의취수장
ⓒ이경호 2024.8.26.페이스북

덕곡천
ⓒ곽상수 2024.9.14.페이스북

오늘날 환경을 오염시키는 행위는 생명범(生命犯)이다. 기후변화를 부르는 행위는 현대판 문명범죄이다. 산업혁명을 선도한 석탄·석유·원자력 등의 에너지는 인류에게 풍요로움을 안겨 주었지만, 환경오염과 자연파괴가 그 뒤를 따랐다. 지구환경은 생태계 파괴를 넘어 기후변화라는 재앙에 직면하였다. 기후변화를 맞이한 인류가 선택할 수 있는 길은 "오염 한 가운데 살다가 죽을 것인가" 아니면 "오염 발생을 줄여서 건강하게 살 것인가" 여부이다.

자연과 생태 그리고 환경의 각 차원에서 발현되는 정의(justice)는 음양이나 원형이정처럼 대원리가 아니라 변화하는 가운데 불변의 질서를 표방하는 소원리이다. 자연정의는 영겁순환을 원리로, 생태정의는 평형을 그리고 환경정의는 생태적 건전성(soundness)을 각각의 원리로 삼는다. 인간중심주의(anthropocentrism)에 기반을 둔 환경정의는 생태정의 안에서 지속성(sustainability)을 확보할 수 있다. 생태정의에 대응하는 것이 경제정의이다. 경제정의는 공정성을 가치로 삼는다. 세간의 환경정의는 [그림]에서 보는 바처럼 이념적인 자연정의를 x축으로, 생태정의를 y축으로 그리고 경제정의를 z축으로 삼고 조화를 유지하고자 한다.

서울대학교에서 글로벌환경경영학(연합전공) 강의안을 준비하던 금오는 학생들에게 환경법의 근간을 흐르는 사상과 철학을 복잡하지만 구체적으로 알려주고 싶었다. 금오는 오랫동안 한국법제연구원에서 정부입법을 다루면서 여러 가지 이론을 개발하여 법제화에 활용하였지만, 꿀벌처럼 바삐 돌아가는 일상에 쫓겨, 환경과 생태에 관한 자기 생각을 체계화할 겨를이 없었다. 그러던 중 환경부가 추진하는 환경정책기본법 개정안 연구책임을 맡으면서 '환경정의'(environmental justice) 내지 정의에 관한 사계(斯界)의 관념들에 공감하기 어려워서 자기 생각을 정리해 보기로 마음을 먹었다.

하지만 금오는 적지 아니 고민하였다. 환경정의를 어떻게 설명할까, 또 이것을 환경법의 기본철학으로 자리 매김시킬 수 있을까, 걱정되었다. 환경정의가 환경법의 철학일지 모르나, 환경법학자들이 정립한 환경법의 기본원칙에 해당하지 아니한다. 그리고 일찍이 국제사회는 '지속가능성'(sustainability)을 '지속가능발전'(sustainabe development)의 핵심으로 삼았다. 환경정의는 지속가능성과 어떤 관계를 이루는가, 나아가 1980년의 헌법15)에 처음 도입된 환경권(環境權)의 해석과 적용에 어떤 영향을 미치는가 등에 관하여서도 스스로의 입장을 밝혀야 한다.

환경정의는 환경철학의 성과를 담아 정책과 법제에 도움을 주기 이전에 그에 대한 오해와 폄하를 극복하여야 한다. 일부 보수적인 논객이나 정치인은 아직도 환경정의를 좌파사상이라는 이유로 홀대한다. 그러나 정의가 법의 기본이념이라면16), 그리고 그 누구도 법에서 정의의 의의나 기능을 부정하지 아니한다면, 환경정의는 환경법의 기본이념이다. 그럼에도 환경정의는 상위개념인 정의의 약점을 이어받고 있다. 정의는

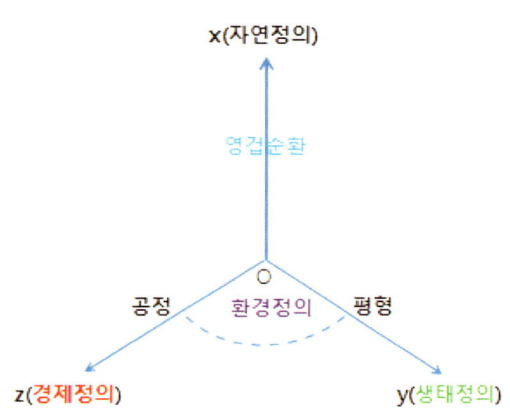

법과 법학의 기본이념이면서도 법학은 아직 정의가 무엇인가에 관하여 명시적 정의(定義)나 확립된 입장을 가지고 있지 못하다. 정의와 환경정의는 불가결하지만 여전히 진화하는 중이다.

5) 기후변화 앞에 드러나는 역사적 부정의

기후변화와 생물다양성 손실에 대한 고고학 또는 생태인류학 논문들은 식민지화와 학대의 영향과 같은 역사적 맥락을 파헤친다. 학자들은 기후와 생물다양성에 대한 지역 사회의 취약성을 평가할 때, 해당 지역의 물리적, 생물학적, 그리고 인간 체계를 살핀다. 하지만 새로운 연구는 그들이 역사적인 불평등도 보고자 한다. 펜실베니아주립대학 연구진은 미국국립과학원회보(PNAS)에 실린 논문에서 카리브해와 인도양 남서부의 섬들의 기후를 조사하였고 식민지와 불공정의 역사에 의하여 변화가 확대되어 온 경로를 발견하였다. 카리브해 섬들은 점점 더 뜨거워지는 바다에 의하여 촉발된 허리케인에 직면해 있으며, 이러한 위험은 인간이 야기한 지구온난화와 함께 증가할 것으로 예상된다.17)

원래 카리브해역 사람들은 강한 목재와 가벼운 초가 지붕으로 만들어진 깊게 박힌 기둥들이 있는 둥근 건물을 지었다. 하지만 섬들이 식민지가 된 후, 유럽의 가옥 건축양식이 이를 대체하였다. 식민지화로 인하여 섬 주민들은 탄력적인 주택 건설 방식에서 멀어졌다. 현대 건축양식은 현지에서 구할 수 있는 재료가 아닌 철근 콘크리트로 만들어졌고, 허리케인 때 쉽게 압도당한다. 이는 극심한 열대 폭풍우 후에 생존하고 재건하는 일을 더 어렵게 만든다. 마다가스카르의 경우, 숲과 다른 육지 자원들은 식민지로부터 더 많은 이익을 얻으려는 유럽인들의 의도에 의하여 훼손되었다. 오늘날, 토착 후손들은 토양 악화, 침식, 그리고 산림전용의 상처를 보여주는 더 가난한 땅에 살고 있어서, 그들을 기후변화에 훨씬 더 취약하게 만든다.18)

연구진에 속한 펜실베니아주립대학의 고고학자 크리스티나 더글라스(Kristina Douglass) 인류학 교수에 따르면, "사람과 자연은 분리되어 있지 않다. 역사적 환경 불평등은 사람들이

여러 세대에 걸쳐, 때로는 수천 년 동안 축적한 지식을 사용하는 능력을 약화시켰다, 과학자들은 역사적 부정의와 식민지화 동안 무시되거나 상실한 적응력을 고려함으로써 보다 미묘한 기후평가방법을 개발하고 보다 효과적인 회복력개발방법을 찾을 수 있다. 우리는 과학을 사용하고 이를 토착지식과 결합하여 전략을 개선할 수 있는 방법을 찾아야 한다."19)

6) 소떼 세탁으로 온실가스를 줄이려는 쇠고기 산업계

세계인들이 즐겨 먹는 팜 오일이나 아보카토 등 열대 농산물들이 높은 물탄소 발자국으로 인하여 현지 밀림 생태계를 파괴시킨다는 비판을 듣는 가운데 많은 사람들이 애호하는 쇠고기가 아마존 밀림을 파괴하는 원흉으로 지탄받고 있어 국제적 파문을 일으킨다. 학력세탁, 경력세탁, 돈세탁, 녹색세탁(green washing)에 이어 소떼세탁까지 등장한다.

한국 농림축산검역본부 데이터베이스에 따르면, 우리나라는 미국, 캐나다, 호주, 뉴질랜드, 우루구아이, 칠레, 멕시코, 덴마크 및 네덜란드로부터 쇠고기를 수입하기 때문에 브라질에서 키우는 쇠고기가 아마존 밀림을 파괴하건 말건 우리와 무관하다고 생각할 수 있다. 드넓은 초원에서 키우는 소들이 왜 아마존 우림을 파괴하는가에도 의구심이 들 수 있다. 그러나 브라질의 '소떼세탁'과 미국의 쇠고기 무역 구조를 한국의 육류 생산과 수입 실태를 살펴보면 마술의 비밀이 드러난다.

먼저 육류생산용 사료수입을 본다. 우크라이나 전쟁은 코로나19로 팽창된 각국 재정에 막대한 영향을 미쳐 세계적인 인플레이션을 가속화시킴으로써 사람들의 삶을 팍팍하게 만든다. 곡물과 육류 수입가격의 인상은 석유와 함께 인플레이션을 가속화시키는 주역이다. 세계식량농업기구(FAO)에 따르면, 한국의 곡물 자급률은 2020년에 19.3%선으로 최저치를 기록하였다. 이는 소·돼지·닭 등에게 먹이는 사료가 식량에서 차지하는 비중이 높기 때문이다. 사료업계에 따르면, 2021년 국내에서 약2천만톤의 배합사료가 생산되었는데 원료의 50%가 수입된다. 사료용 옥수수 수입가는 2020년 톤당 199달러에서 2021년초 300달러로 올랐다. 수입 사료를 먹여 생산하는 육류를 계속 먹어야 하는가를 고민스럽게 만든다.

그렇다고 하여 불완전경쟁시장의 특성을 반영하는 수입산 육류가 대안인가에도 의문이 있다. 한국 무역통계진흥원 정보에 따르면, 2022년 3월 수입산 육류가격(냉장 소고기 45.3%, 돼지고기 10.5%, 닭고기 46.3%)이 가파르게 올랐다. 농축산물 수입액은 해가 갈수록 늘어났다. 한국 농수산물유통공사 수입정보에 따르면, 농산물은 2015년 (최저) 17,902백만 달러에서 2021년 25,289백만 달러로 올랐고, 축산물은 2012년 (최저) 4,721백만 달러에서 2021년 9,177백만 달러로 치솟아, 두 품목을 합치면 2021년 국가 총수입액(615,050백만 달러)의 5.6%를 차지한다. 인플레이션 시대에 수입산 육류도 지속가능한 방편이 아님을 알 수 있다.

엎친 데 덮치는 격으로, 수입사료로 생산되는 육류는 가격 경쟁력에서 밀리고 물가상승의 주된 요인으로 작용할 뿐만 아니라 수입산 육류는 환경파괴의 주범이라는 평판을 듣는다. 워싱톤포스트(2022.4.29.)는 "걸신들린 우림파괴"(Devouring the Rainforest)라는 제하의 심층기사에서 "쇠고기에 대한 미국인들의 사랑이 어떻게 아마존 우림 파괴를 돕는가. 소떼들이 이동하면 미국은 공범이 된다"는 주제로 쇠고기의 생산과 유통을 둘러싼 국제적 비리를 파헤쳤다. 이 비리에 주역으로 등장하는 기업은 사웅파울루에 본사가 있는 다국적 식품기업 JBS 브라질이다. 창립자 이름을 따서 설립된 JBS의 지주회사는 같은 창립자가 공동으로 설립한 J&F투자이다. JBS브라질은 미국에 JBS USA를 손자회사로 세웠다. 이들이 공조하는 교묘한 회피를 살펴보면, 쇠고기 생산유통을 둘러싼 국제적 세탁구조를 엿볼 수 있다.

브라질 초원에 소떼를 키우는 일이 문제되는 첫 번째 이유는 아마존 밀림을 파괴하고 그 자리에 초지와 농장을 조성하기 때문이다. 아마존 유역은 반론이 있지만 종래 전세계 육역의 산소공급량 20%를 생산하였다. UN지속가능발전해법네트워크(SDSN) 패널 보고서(2021년)에 따르면, 그동안 아마존 밀림의 18%가 다른 용도로 바뀌었고 현재 17%가 추가로 바뀌고 있다. 네이처지(Nature: 2022.3.7.)에 수록된 논문 "2000년대 초 이후 아마존 우림 복원력의 확연한 상실"에 따르면, 원격광학탐사기법으로 식생(1991~2016)을 분석한 결과 아마존 우림의 3/4 이상이 2000년대 초 이후 복원력을 상실하고 있다. 세계최대 쇠고기 생산업자인 JBS는 불법으로 아마존 우림을 황폐화시킨 곳에서 키운 소들을 구매하였다는 이유로 그린피스 등으로부터 고발당하였다. 브라질 환경청(IBAMA)은 2017년에 JBS의 아마존 육류가공공장 2곳이 5만 마리의 소들을 구매하였다는 이유로 750만 달러의 벌금을 부과하였다.

미국 식품의약청(FDA)은 밀림을 파괴하는 축산기업의 쇠고기 수입을 금지한다. JBS는 이를 회피하기 위하여 이른바 "소떼세탁"을 자행한다. 소들을 이 목장에서 저 목장으로 옮기기를 반복해 원산지 추적을 막는다. JBS의 임원들은 "브라질의 소떼 공급망이 세계에서 가장 복잡하며 광범위한 지역에 걸쳐 수천개의 목장들이 엮여 있어 모니터링이 극히 어렵다. JBS는 쇠고기 공급망에서 산림파괴를 극복한 상위 5번째의 기업이었다"고 자랑한다. 아마존 우림파괴가 쇠고기 산업 때문이 아니라 역사적 토지이용 때문이라는 브라질 농업부의 주장은 설득력이 없다. 미국은 이렇게 검열을 통과한 브라질산 쇠고기를 세계 두 번째로 많이 수입한다. 미국의 2020년 쇠고기 전체 수입량은 1,515,998톤이었고 수출량은 1,340,673톤이었다. 미국이 세계 8%의 소 두수로 세계 18%의 쇠고기를 생산하는 비결이 여기에 있다. 한국은 그 미국으로부터 다시 쇠고기를, 일본과 막상막하 액수로, 수입한다.

로이타 통신(2018.1.15.)에 따르면, 미국은 광우병 파동(2008년)후 2017년에 한국에 대한 쇠고기 수출량(177,445톤)에서 호주(172,804톤)를 앞질렀다. 한국에도 사무소를 개설한 미국육류수출협회(USMEF) 홈페이지에 발표된 미국 쇠고기 산업의 지속가능성은 놀랍다. 온실가스 배출 세계최저 수준도 그렇다. 전세계 축산물 생산 전과정의 온실가스 배출량이 전체 온실가스 배출량의 14.5%이고 쇠고기 산업 전과정 배출량이 6%인데 비하여 미국 쇠고기는 0.47%만을 차지한다고 밝힌다. 이 정도면 눈을 의심스럽게 만드는 세계 최고수준의 지속가능성이다. 미국 육류업계가 JBS와 같은 탈법적 축산기업들이 아마존 우림에서 벌이는 소떼세탁 덕분에 온실가스를 감축한다면 기후정의에 맞지 않는다. 한국의 쇠고기 생산과 수입도 비용편익을 넘어 물 발자국과 온실가스 세탁경로를 추적해 볼 일이다.

2. 기후변화와 생물다양성의 위기 그리고 인류의 미래

지구가 인류에게 보내는 위기신호는 곳곳에서 감지된다.[20] 자연상태에서는 1천년에 1℃씩 변하던 온도가 인류세(Anthropocene)에 이르러 100년에 1℃가 변한다. 어느 여름 초입(2024.6.20.) 연합뉴스가 보도한 한 장의 열화상 사진은 생명회의 동아리에서 활동하는 몇몇 회원들을 충격에 빠뜨린다.

모범생: "전국 곳곳 낮 최고기온이 30도를 웃도는 날 영등포 쪽방촌에서 한 주민이 밖으로 나와 더위를 식히고 있군요."

우물쭈물: "사람이 마치 작은 열섬에 갇혀있는 듯이 느껴지는군요. 집안이 더 시원하지 않을까요?"

그럭저럭: "집안이 더워서 밖으로 나왔을 텐데. 앞으로는 기후난민들을 위하여, 옛날의 소도처럼, 피난처가 필요하겠어요.

착실한: "이 사진은 일반 카메라로 촬영한 사진과 열화상 카메라 모듈로 촬영한 사진을 그래픽 프로그램으로 편집해 한장으로 표현했나 봐요."

모범생: "극적인 장면입니다. 평소 건물들과 자동차들에서 배출한 열들이 모두 길거리도 몰린 느낌을 주는데요."

착실한: "이런 사진들은 지역간·계층간 불평등을 말하는 환경 부정의를 단적으로 보여줍니다. 전기료를 걱정하지 않는 세대들은 수영장이 딸린 빌라에서 놀고 냉방이 잘 된 실내에서 생활하지만, 녹지가 불충분한 지역에 사는 환경 취약계층들은 열 오염의 피해를 입는 셈이지요."

모범생: "그렇겠어요. 세계경제포럼(WEF)이 올린 남극의 펭귄[21] 사진은 고독한 '해변의 길손'처럼 펭귄이 남극의 위기를 온 몸으로 겪는 느낌을 주는데요…"

착실한: "극심한 남극에는 전 세계 얼음의 90%가 있다는데 북극에서 극지방의 얼음들이 자꾸 녹으면 어떤 변화가 닥쳐올까 두려운 걸요."

1) 기후변화에 당면한 지구는 어느 경로로 나아갈까?

국제학술지 『네이처』(2022.8.10.)는 온실가스 배출량과 기온이 남극대륙 동부빙붕(East Antarctic Ice Sheet: EAIS)에 미치는 영향을 2100년, 2300년, 2500년 단위로 구분하여 시뮬레이션을 수행한 결과를 실었다. 이에 따르면, 파리기후변화협정에서 합의한 지구평균온도 상승폭을 2℃ 아래로 유지하지 못하고 온실가스 배출량이 계속 높은 수준을 유지한다면 빙붕이 녹아 2100년까지 해수면이 0.5m 가까이 상승할 수 있다.22)

극심한 기후위기의 예고

금오: "빙하기와 간빙기가 교차되었던 지구의 온도 변화가 처음 겪는 일은 아니나, 세계경제포럼은 향후 극심한 기후위기를 예고합니다."

벨라: "비관적인 기후학자들이 또 겁나는 예언들을 내놓았나 봅니다. 원인분석을 넘어 적응 대책이 나와야 할 텐데요."

금오: "대체적으로 비관적이지만, 어쩌면, 도움이 되는 낙관적인 의견들도 있어요. 세계경제포럼은 최근 펴낸 『지구위기보고서』23)에서 향후 10년 동안 지구에 닥칠 위험을 실체화시키고 관리하는데 필요한 네 가지 구조적 힘(structural forces)을 분석합니다. 지구 풍경에서 상호 조율과 관계 형성이 필요한 체계적 요소들은 ① 지구온난화 및 기후변화가 지구 체계에 미치는 결과 및 궤적 ②인구분기점 관점에서 전 세계 인구의 규모, 성장 및 구조의 변화 ③ 기술가속화 차원에서 첨단 기술의 개발 경로 ④전략지리 상 중점이동이라는 측면에서 지정학적 힘의 집중과 원천의 물리적 전개의 네 가지입니다. 각 영역에서 일련의 새로운 지구적 조건이 형성되고 있으며 이러한 전환은 불확실성과 변동성이라는 특징을 보일 것입니다. 사회가 이러한 변화하는 힘에 적응하고자 노력함에 따라 지구의 위험에 대비하고 적응하는 능력이 영향을 받겠지요."24)

지구체계의 변화와 기후의 미래경로

빙하-간빙하 주기 배경 기후의 미래경로

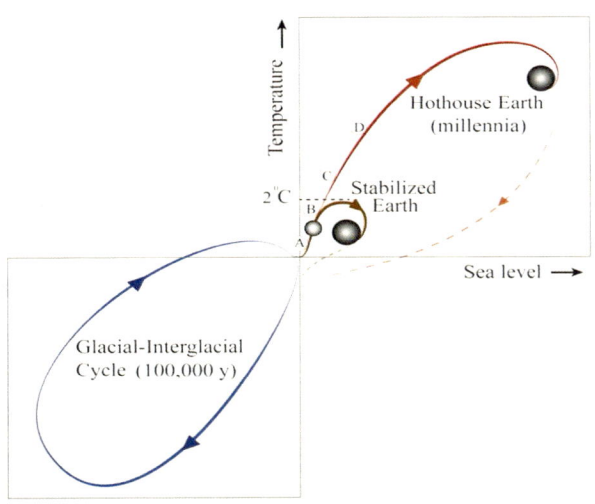

출처 PNAS August 14, 2018, vol. 115, no. 33

모범생: "지난 번에 금오 샘 강의를 들었을 때 기후변화에 당면하여 우리 지구가 현재 어디에 와있는가에 관하여 국제공동연구진이 미국과학원회보(PNAS)에 발표한 그래프를 본 적이 있었는데, 오늘 주제와 관련이 있지 싶어요. 설명을 부탁합니다."

금오: "이 그래프를 말하는 거지요. 1914년에 창간된 미국과학원회보는 전 세계 전문가들이 자주 논문을 발표하는 장입니다. 오늘은 연구진이 발표한 '10만년 단위로 변동하는 전형적인 빙하-간빙하 주기(그래프 좌하)'를 배경으로 기후의 미래경로를 개략적으로 설명하겠습니다. 현재 지구체계의 간빙하 상태는 빙하-간빙하 주기의 맨 위쪽에 있고, 빙하 상태는 맨 아래 쪽에 있습니다. 수면은 열 팽창과 빙하와 빙원의 녹음 과정을 통하여 비교적 느린 온도 변화를 따릅니다. 그림 중앙의 수평선은 산업화 이전의 온도 수준을 나타내고, 지구체계의 현재 위치는 안정화된 지구와 고온실 지구 경로의 발산점 근처에 있는 빨간색 선의 작은 구(球로) 표시합니다. 산업화 이전 수준보다 약 2℃ 높은 행성 임계점도 표시하였습니다. 안정화된 지구(작은 포물선)/고온실 지구(큰 포물선) 경로를 따라 적어 놓은 Ⓐ중기 완신세(Holocene) Ⓑ에미안(Eemian) Ⓒ중기 플리오세(Pliocene) 및 Ⓓ중기 마이오세(Miocene)등 네 개의 문자는 지구의 최근 과거의 4개 시기를 나타내며, 해당 경로 상의 온도와 수면을 알려 줍니다(SI 부록 참조). ⒶⒷⒸⒹ의 경로 상 위치는 물론 대략적인 것에 불과합니다. 산업화 이전과 관련된 온도 범위는 SI 부록 표 S1에 나와 있습니다.25)

벨라: "흠~ 그러면 현재 우리 지구는 위의 그래프 좌측 상단 수평선 부근에 머물러 있군요. 평균 기온이 벌써 2℃에 육박하니 그래프 좌측 하단의 빙하기-간빙기 주기를 이미 벗어나 수평선 위 우측 상단 Ⓑ점에서 Ⓒ점으로 가고 있겠네요."

금오: "제대로 봤습니다. 인류가 방심하면 지구 체계는 Ⓒ점을 돌파하여 빙하기로 갈 일이 없겠지요. 인류로서는 지구가 획기적인 전환점에 서 있습니다."

착실한: "이미 평균기온이 1.5℃를 넘어섰다는 보고도 있던데…이미 지구는 위 그림에서 커다란 포물선의 궤적을 그리고 있다는 말씀인가요?"

벨라: "유감스럽게도 지구체계가 이미 작은 포물선을 벗어나 큰 포물선 궤적에 들어섰다고 생각해요."

금오: "다소 비관적인 시나리오이군요. 말씀처럼 지구가 '행성의 임계점'(planetary threshold)을 넘으면 중간온도 상승 국면에서 기후가 안정화됨을 방해하고 인위적 배출량이 감소하더라도 '고온실 지구'(hothouse earth) 경로에서 지속적인 온난화를 일으킬 수 있습니다. 임계를 넘으면 지난 120만 년 동안의 모든 간빙기보다 훨씬 더 높은 지구 평균기온과 완신세(the Holocene)의 그 어느 때보다 훨씬 더 높은 해수면 상승이 초래될 것입니다. PNAS 연구진은 그러한 임계점이 실존할 수 있다는 증거와 그 지점을 조사합니다. 임계점을 넘어서는 궤적은 생태계, 사회 및 경제에 심각한 혼란을 일으킬 가능성이 높습니다."

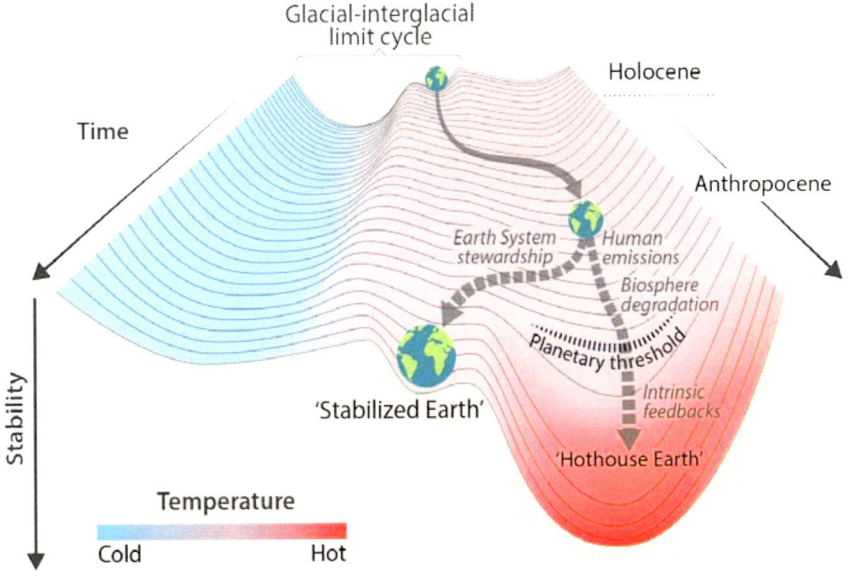

출처 PNAS August 14, 2018, vol. 115, no. 33

벨라: "인류세에 당면한 지구 체계의 궤적을 살펴보니, 지구 체계의 행로가 너무 분명한데요. 지구체계를 보살피는 노력이 이뤄지면 지구는 안정화된 궤도로 가고 만약 온실가스 배출이 계속되면 생물권이 침해되고 지구 임계점을 지나 본질적 퇴보로 말미암아 '뜨거운 지구'로 떨어지네요. 그때는 이승이 곧 지옥이 되겠어요."

모범생: "참으로 중대한 기로에 서있네요. 아직 희망이 있다면, 걱정을 넘어 뭔가 적극적인 행동이 필요하지 않을까요?"

금오: "PNAS 연구진은 집단행동과 다른 집합행동(collective human action)을 제안합니다. 이는 UN지속가능발전목표(SDGs)에서 제안하는 바와 같이 인류 공동의 목표를 향하여 파트너십을 형성하고 협치방식으로 움직이는 전략을 뜻합니다. 연구진에 따르면, 지구 체계가 잠재적 임계치를 벗어나도록 조율하고 거주 가능한 간빙기와 같은 상태에서 안정화되려면 인류의 집합행동이 필요합니다. 이러한 집합행동은 생물권, 기후 및 사회를 포함한 전체 지구 체계의 관리를 수반하며 세계경제의 탈탄소화, 생물권에서의 탄소흡수원 강화, 행동변화, 기술혁신, 새로운 협치방식 및 사회적 가치의 형성을 포함하여야 할 것입니다."[26]

벨라: "참으로 희망을 주는 말씀이네요. 인류가 방관하면, 망자가 저승으로 가기도 전에 지구 자체가 곧 지옥이 될 것이고, 대오각성하여 노력하면, 지구가 지옥(hothouse earth)으로 변하는 파국을 피할 수도 있겠어요. 인류가 선택할 수 있는 경로는 너무 명확하지 않나요?"

2) 수문학적 정상범위를 벗어나는 가뭄

2022년은 전 세계가 가뭄으로 시달린 해였다.27) 가뭄 다음에 널뛰듯 홍수가 찾아온다.28) 미국 캘리포니아 등 일부 지역들은 장기적으로 가뭄이 드는 상황으로 접어들었다. 장기 가뭄은 산불이 자주 발생하는 배경이기도 하다. 미래의 기후 조건에서 역사적 변동 범위의 크기를 초과하는 가뭄이 점점 더 자주 발생할 수 있다. 전례 없는 가뭄(과거 가뭄 발생 규모를 초과하는 가뭄 상황)이 어떻게 전개될 것인가를 이해함이 중요하다. 과거 수십년 동안 쓰였던 '수문학적 정상성 추정'(the hydrological stationarity assumption)은 미래의 물 관리에 적합하지 않을 것으로 예상된다.29)

벨라: "어떤 지역이 이른바 '수문학적 정상범위'를 벗어나면 장기간 가뭄이 계속된다는 뜻인가요? 세계적으로 가뭄빈발지역이 따로 존재한다는 말로 들리는군요."

금오: "가뭄 상황이 정상 상태를 넘어 지금까지 전례 없는 단계로 넘어가는 시점을 예측함은 효과적인 적응계획과 완화전략을 확보하는데 필수적입니다. 통계학 기법을 활용하여 표본을 추출하고 확장하여 중간값을 구하거나 무의미한 데이터를 버리고 시간빈도를 다시 설정하는 등의 작업이 이루어집니다. 수자원 관리를 위하여 기존에 설계된 수문, 농업 및 산업 기반시설과 그 관리전략은 역사적 경험과 통계를 기반으로 계획되었습니다. 그러나 기후변화를 정밀하게 감지하기 위하여 '기후변화발현시점'(Time of Emergence: ToE) 기법이 새로 개발되었습니다.30) 일반적으로 ToE는 기후변화 신호가 자연적 변동성에서 발현하여 새로운 체제의 시작을 나타내는 시점으로 정의됩니다.31)

벨라: "온실가스 고배출 시나리오와 저배출 시나리오를 구분하여 정상범위를 추정하나요? 언뜻 보기에는 고배출이 더 문제되지 싶은데요."

금오: "종래 거의 모든 ToE 연구는 기후변화에 대한 효과적인 ToE를 얻기 위하여 온실가스 고배출 시나리오(Representative Concentration Pathway: RCP 8.5)에 초점을 맞추었으나, 선행연구에 따르면32), 1.5°C 온난화 수준에서도 지역적으로 상당한 가뭄이 심화됨을 나타내므로 온실가스 저배출 시나리오(RCP 2.6)에서 가뭄의 중요한 시기를 추정하는 일이 중요합니다."

벨라: "우리나라 전문가들도 참여한 새로운 기후변화 발현시점 연구는 어떻게 수행되었고 어떤 결과를 내놓았는지요?"

금오: "한·독·영·미·일 국제공동연구진은 다중모형 수문 시뮬레이션(multimodel hydrological simulations)을 사용하여 높고 낮은 온실 가스 농도 시나리오와 기존 수자원관리 조치 하에서 (비정상적으로 낮은 강 유량으로 정의되는) '수문학적 가뭄'33)의 빈도 변화를 조사하고 저유량 시즌을 중심으로 전례 없는 지역가뭄 조건이 처음 나타나는 시점을 추정하였습니다. 이 시점은 여러 아대륙 규모의 지역들에서 감지되었으며, 남아메리카 남서부, 지중해 유럽, 북아프리

카의 세 지역은 고배출 시나리오에서 특히 효과적인 결과를 보였습니다."34)

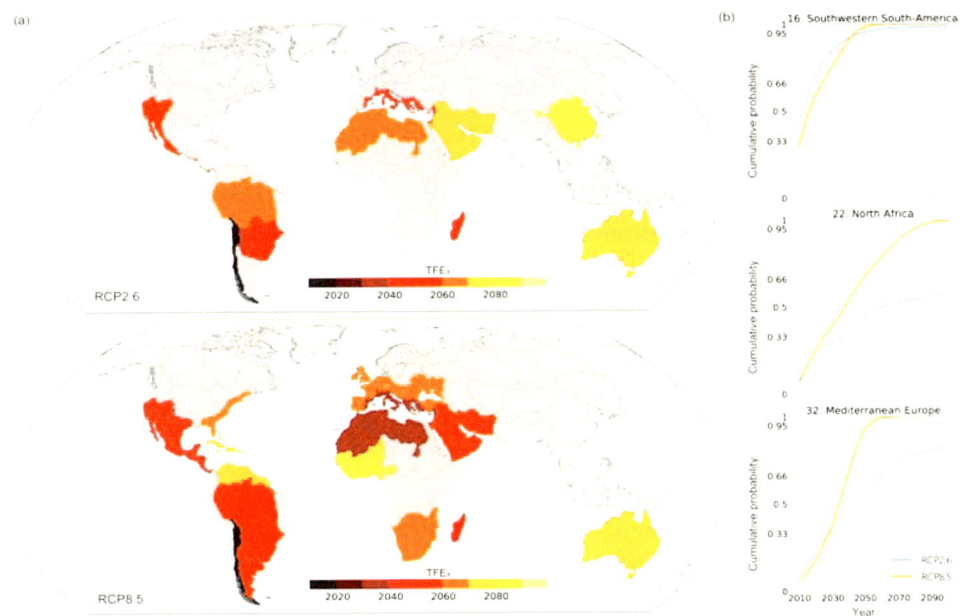

그래프 a)는 온실가스 저배출 시나리오 RCP2.6 및 고배출 시나리오 RCP8.5에서 59개 지역에서 역사적 최대값 (historical maximum value: TFE_5)과 비교하여 5년 이상 연속적으로 초과된 첫 번째 시작 시점을 보여준다. 그래프 b)는 시간 함수로서 고려된 두 시나리오에서 TFE_5 발생의 누적분포함수(CDF), 즉 RCP8.5와 관련하여 특히 확실한 TFE_5 신호가 있는 세 지역에서 시간 경과에 따른 TFE_5 발생 가능성을 보여준다.©
https://www.nature.com/articles/ s41467-022-30729-2/figures/2

벨라: "그동안 뉴스에 자주 보도되던 지역들로 보입니다. 지중해 북부는 의외인데요. 지중해는 평소 햇빛이 강렬하여 '휴양하기에 좋겠다'는 느낌을 주었지만 수문학적으로 정상범위를 넘어선다니 안타깝습니다. 남미 칠레 안데스 산맥 서안도 그렇구요."

금오: "이 세 지역은 배출 시나리오와 관계 없이 향후 30년 내에 전례 없는 조건에 직면할 것으로 예상됩니다. 또한, 여기에서 얻은 결과는 발생 가능성을 줄이는 데 있어 저배출 경로의 장점을 보여줍니다. 파리협정 목표는 대부분 지역에서 발생 가능성을 줄이는데 효과적인 것으로 나타났습니다. 그러나 전례 없는 가뭄 상황에 직면했을 때에는 적절하고 사전적인 적응조치는 필수적이라고 여겨집니다. 이 연구결과는 예상된 시계(time horizon) 안에서 가뭄 대비를 개선하는 것이 중요하다고 강조합니다."

벨라: "전세계가 가뭄으로 몸살을 앓습니다. 지구환경변화(Global Environmental Change) 저널을 보니 유럽에서도 2022년에 자체적으로, 식량생산과 연계하여, 지역별 가뭄위기를 분석했어요. 가뭄과 홍수가 식량난을 가중시키고 있습니다."

김종훈(포스텍 환경공학부): "기후모델 시뮬레이션을 통하여 남아메리카 안데스산맥 지역에서 2022년 발생한 가뭄에 인간이 배출한 에어로졸·온실가스가 미친 영향을 분석하고 연구 결과를 미국기상학회회보35)(Bulletin of the American Meteorological Society)(2024.5.1.)에 공개했습니다."

착실한: "어떠한 결과가 나왔는가 궁금합니다. 아프리카나 중앙아시아 등지와 비교하여 어떤 차이점들이 있을까요?"

김종훈: "안데스 지역에서는 기후모형 실험 결과, 사람들의 사회·경제적 활동으로 인하여 대기 중에 인위적인 에어로졸(aerosol)이 증가하고, 이 에어로졸이 대기 화학적 조성에 영향을 미쳐 중앙 안데스 지역 봄철 가뭄을 악화시켰습니다. 반면에 인간의 활동으로 인하여 증가한 온실가스는 오히려 해당 지역의 강수량을 늘려 봄철 극심한 가뭄을 완화시키고, 가뭄 발생 확률을 낮췄습니다. 인간 활동으로 인한 에어로졸과 온실가스가 대기의 화학적 조성과 강수 생성 메커니즘에 상반된 영향을 미친 셈입니다. 이번 연구는 남아프리카와 이란 지역에서 온실가스가 가뭄의 주요 원인이라는 기존 연구 결과를 뒤엎었으며, 인간의 사회·경제 활동에 대한 심층적인 연구의 필요성을 제시했다는 점에서 의의가 있습니다."36)

유럽의 지역별 가뭄위기

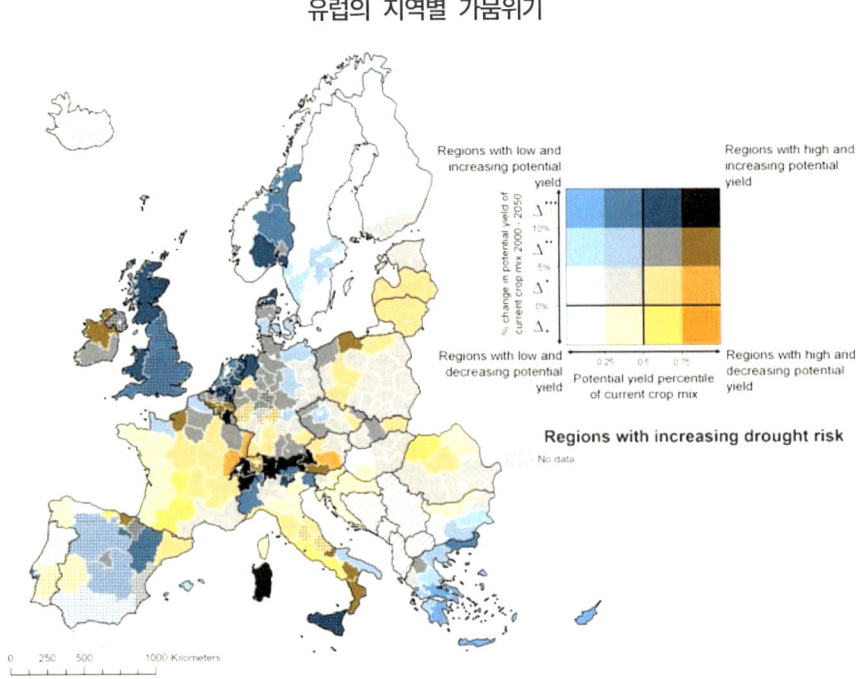

ClimateChange@GlobalEnvironmentalChange.vol.75(2022)

3) 생물다양성의 위기

생물다양성의 중요성

다양한 동물과 식물 그리고 미생물이 없다면, 인류는 숨쉬는 공기와 먹을 것을 제공하는 건강한 생태계를 누릴 수 없다. 생물다양성은 인류를 포함하여 지구 상의 모든 생명을 지지하는 과정의 핵심이다. 그럼에도 일부 개발도상국가들은 생태계와 생물다양성의 보고인 밀림을 끊임없이 개발한다. 미국은 이를 막고자 밀림을 개간한 농장의 쇠고기 수입을 금지하지만 상인들은 소떼를 이동시켜 원산지를 둔갑시킨다. 미국인들은 브라질산 쇠고기를 먹고 미국산 쇠고기를 해외에 수출한다.37)

이제 인류는 자연 그 자체의 가치를 인정하지 않을 수 없는 단계에 이르렀다. 메탄과 같은 온실가스를 줄이려면 쇠고기와 같은 육류 자체의 소비를 줄여야 한다.38) 다른 한편 생물종 보전에 대한 도전은 기후변화의 부정적 효과를 저감하기보다 더 심각하다(코펜하겐대학, 2012.1.20.). 지구의 안전한 미래를 보장하려면 생물다양성 위기에 대처하는 정치적 의지와 확고한 과학지식을 요한다.

농작물들도 열(熱)과 가뭄으로 인하여 이미 눈에 띄는 손실을 입는다. 유전적 다양성이 떨어지는 작물들은 기후위기에 특히 취약하다. 기후위기 앞에 인류는 더 늦기 전에 식량문제에 대응하여야 한다. 가디언誌(2022.4.22.)의 분석에 따르면, 많은 식량작물들의 종자들은 한때 다양하였으나 보다 우수한 형질을 얻으려는 지속적인 근친교배의 결과 유전적으로 단일화된 혼성종자가 식량체계를 장악하였다. 기후변화에 기인한 식량생산의 손실은 이미 일어나고 있다.

21세기말까지 최악의 작물 손실 시나리오는 재앙 수준이며 최상의 시나리오조차도 주요 작물(옥수수 9%, 밀 7%, 콩 4%, 쌀 3%) 부족이 예상된다. 각국의 식습관들은 서로 달랐었지만 오늘날에는 서로 겹친다. 인류는 전 세계적으로 더 많은 종류의 식품들을 먹는다. 세계인들이 밀가루 음식을 집중적으로 먹게 되었으나 밀은 기후변화에 취약하여 가격이 오르고 농부들은 생산량을 늘리기 위하여 유전적으로 단일한 품종을 택한다. 그 결과 생태적 복원력이 떨어진다.39)

기후변화와 생물다양성 손실을 동시에 저지

기후변화와 생물다양성은 서로 밀접하게 얽혀 있다. 기후변화 때문에 생물다양성, 자연서식지와 관리 서식지에 대한 위험성이 높아진다. 그와 동시에 자연생태계와 관리중인 생태계의 생물다양성은 기후변화 적응을 지원할 뿐만 아니라 온실가스의 흐름에서 핵심적인 역할을 한다. 광합성을 통해 인위적인 이산화탄소(CO_2) 배출량의 50% 이상을 흡수하고, 그에 따른 바이오매스와 유기물질의 탄소 저장은 해수에서의 CO_2 용해를 통해 전 세계 기후변화를 자연스럽게 완화한다.40) 생물다양성과 생태계서비스41)의 손실[쌍둥이 위기 Twin Crisis]을 멈추고 되돌림은 EU에서 기후변화 다음으로 높은 우선순위를 차지한다. 그 결과 EU는 '생물다양성전략 2030'을 채택하였다.42) 이는 자연을 더욱 잘 돌봐서 자연이 인류를 더욱 잘 돌보게 함을 목표로 삼는다. 생물다양성전략은 '유럽녹색교환 2050'의 핵심을 형성한다.

생물다양성과 생태계서비스

UN환경계획(UNEP)이 2005년에 발간한 『새천년생태계평가보고서』(Millenium Ecosystem Assessment: MEA)는 생태계 건강성의 유지 및 생물다양성의 보전 그리고 이로부터 유출되는 생태계서비스와 인류 후생의 관계를 주목하고 생태계서비스(ecosystem services: 자연의 혜택)를 중요한 의제로 다루었다. 이 보고서는 생태계서비스를 '자연 생태계가 인류에게 제공하는 모든 혜택'으로 정의하면서 생태계서비스에 대한 각국의 정책적 관심을 촉구하였으며 이러한 국제사회의 동향에 따라 우리 정부도 생태계서비스의 개념을 환경정책에 수용하였다.43)

생물다양성은 인류의 지속가능한 발전과 빈곤퇴치를 위한 필수 요소로 작용한다. 우리나라는 생물다양성협약에 따라 생물다양성국가전략 및 이행계획을 수립하였으며 2010년에는 생물다양성협약 제10차 당사국 총회에서 채택된 나고야 의정서(Nagoya Protocol, 2010)의 주요 내용을 반영하고 유전자원의 이용으로부터 발생하는 이익의 공평한 배분에 관한 사항을 추가 보완하기 위하여 제2차 국가생물다양성전략의 수정44) 및 생물다양성협약의 국내 이행 법률 성격을 갖는 기본법으로 생물다양성법을 제정하였다.

4) 지구평균온도를 1.5℃로 묶어두면 기후변화가 멈출까?

벨라: "기후 전망을 살펴보니, 낙관적인 시나리오도 나오던데, 말씀처럼 인류는 지구평균온도를 산업화 이전(1900년)을 기준으로 1.5℃ 이하로 묶어둘 수 있을까요? 정부간기후변화협의체(IPCC)의 기대가 물거품이 되지는 않을까요?"

모범생: "누구도 장담하지 못할 일입니다. 어쩌면 석양의 잔영처럼 이미 1.5℃가 넘었음에도 데이터 부족으로 우리가 모르고 있는 게 아닐까요."

금오: "각국 정부들이 국가별 온실가스 감축목표(NDC)를 이행하더라도 지구평균기온을 1.5℃ 이하로 낮출 수 없고, 설사 1.5℃ 이하를 유지하더라도 극지방의 빙하는 계속 녹을 것이라는 비관적인 시나리오도 있어요."

착실한: "아니, 그게 무슨 말씀인가요? 지금 모두들 온실가스를 줄이겠다고 열심인데, 찬물을 끼얹는 말로 들리는데요."

다양한 기후변화 동인들의 역사적 변화

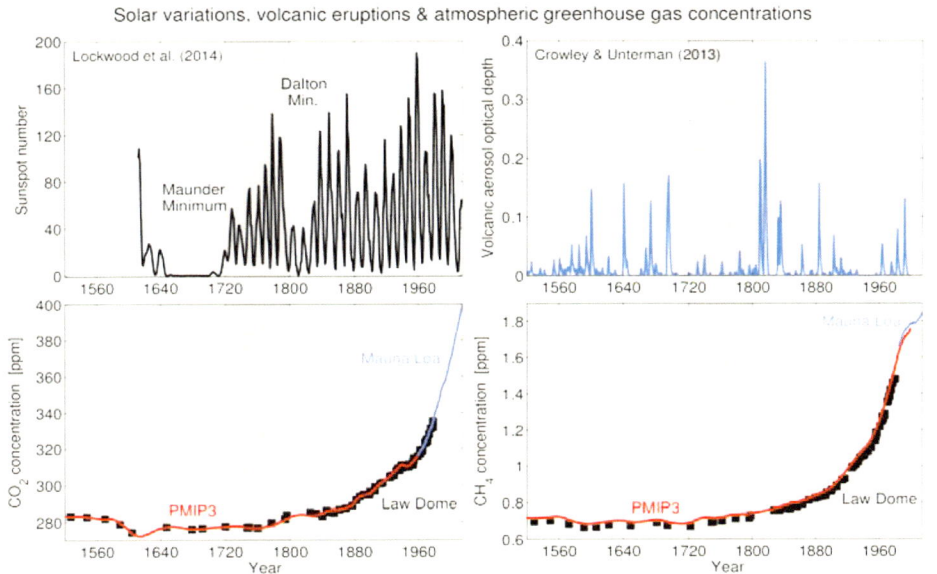

그래프 설명 *왼쪽 위: 태양 활동의 척도로서의 흑점 수. 오른쪽 위: 얼음 내부(빙핵) 데이터로 추정한 화산활동. 아래: 이산화탄소와 메탄 농도. 회색 영역은 '산업화 이전'을 나타내는 선택된 기간을 표시.
ⓒhttps://www.climate-lab-book.ac.uk/2017/defining-pre-industrial

금오: "그럴 수도 있겠지요. 그러나 여러 가지 조짐들은 비관적인 시나리오에 무게를 실어주고 있습니다. 우선 '산업화 이전'이라는 기준부터 재고되어야 합니다. 기후변화 동인의 역사적 변화를 분석한 Ed Hawkins등의 논문45)에 따르면, '산업화 이전'이라는 기준은 1900년이 아니라 1800년으로 앞당겨 설정되어야 한다는 연구결과가 있습니다."

벨라: "흥미로운 견해인데요. 우리가 신기루를 향해 나아가고 있지는 아니한지, 지금 온실가스 배출을 낮추려는 인위적 노력을 중단할 수는 없지만, 과연 낮추어질 수 있을지 걱정이고, 또 '산업화 이전'이라는 기준도 평소 궁금했어요. 따지고 보면, 유엔기후변화협약(UNFCCC)은 파리협정에서 지구 표면 온도 상승을 "산업화 이전 수준보다 2°C (훨씬) 낮게" 제한하기로 합의하였지만, '산업화 이전'을 명문화하지 않았고, 기후변화정부간협의체(IPCC)도 제5차 평가보고서(AR5)에서 특정 온도 수준에 도달할 수 있는 시점을 평가할 때 '산업화 이전'을 정의하지 않았어요."

금오: "Ed Hawkins등의 연구(2017)는 역사적 복사 동인 추정치와 기후 관측치의 가용성을 기반으로 산업화 이전 시기를 정의할 경우, 완벽한 기간은 없지만 지구 온도 한계를 논의할 때, 1720~1800년이 가장 적합한 선택이라고 제안합니다. 그후 관찰, 복사 동인, 지구기후 모형 시뮬레이션 및 흑점 증거를 기반으로 하는 접근 방식을 사용하여 산업화 이전 이후 지구

평균 기온 변화를 추정합니다. 연구진의 평가에 따르면 이 산업화 이전 기간은 1986~2005년 보다 0.55°~0.80°C 더 낮았을 가능성이 높고 2015년은 세계 평균 기온이 산업화 이전 수준보다 1°C 이상 높았던 첫 해였을 가능성이 높습니다. 연구진은 '현대적 기준선으로 온도 한계를 재구성하여 정책 상의 불확실성을 개선해야 한다'고 제안합니다."

5) 탄소중립기본법의 가치와 허점[46]

급격한 기후변화에 당면하여, 2021년 8월 31일 우리 국회를 통과한 「탄소중립 녹색성장 기본법」(新法)은 약 1년에 걸쳐 8명의 국회의원이 릴레이로 제안한 대장정의 백미이다. 신법 부칙은 비슷한 제목의 「저탄소 녹색성장기본법」을 폐지시켰다. 그러나 신법은 '저탄소'가 '탄소중립'으로 바뀌었을 뿐 종전 법의 조항들을 대부분 승계하기 때문에 온전히 새로운 법률이 아니다. 그래서 다른 법령에서 저탄소 녹색성장법을 인용한 것들은 앞으로 모두 신법을 인용한 것으로 본다. 신법은 무엇이 어떻게 달라졌기에 종전법을 폐지시키면서 제정되었을까?

신법은 점점 더워지고 건조해지는 지구의 "평균기온 상승을 산업화 이전 대비 최대 섭씨 1.5도로 제한하려는 국제사회의 노력에 동참한다"는 기본원칙(제3조제8호)을 세웠다. 그러나 이미 발등에 불이 떨어졌다. IPCC가 2021년 8월 6일 발표한 제6차 보고서(Climate Change 2021: The Physical Science Basis)는 1.5도로 오르는 시기를 2021년부터 2040년 사이로 전망하였다. 신법은 온실가스 감축목표(2018년 대비 35% 이상)를 시행령이나 행정계획으로 넘기지 아니하고 법률에 명시하였다(제8조). 이러한 목표들은 실현 가능성 여하를 떠나 적극적이고 진취적인 정책의지의 표명이다.

나아가 신법은 탄소중립녹색성장위원회를 두고(제15조) 정책과 계획등을 심의·점검하도록 수권함으로써(제16조) 국가목표 달성을 지휘하는 사령탑을 설치하였다는 점에서 든든하다. 신법은 사회적·경제적 및 세대간의 평등을 보장하는 "기후정의"(climate justice)(제2조제12호)를 정의하여 국제감각을 유지하는 한편 종래 혼선을 빚었던 "정의로운 전환"(제2조제13호)을 정의하고 이를 기본원칙(제3조제4호)으로 정립하여 "탄소중립 사회로의 이행과정에서 피해를 입을 수 있는 취약계층·부문·지역을 보호한다"는 의지를 밝혔다. 이러한 가치들은 환경정책기본법의 안목을 뛰어넘는다.

신법은 타당성 차원에서 매우 돋보인다. 그러나 다른 한편 실효성 차원에서 상당한 허점을 안고 있다. 우선 신법은 대부분의 법집행 체계를 명령과 통제에 의한 정부모형에 기반을 두고 있다. 탄소중립위원회가 정부와 지자체의 모든 기관과 공공기관 그리고 관리업체들까지 관할하느라고 매우 바쁘게 생겼다. 하지만 정부가 곧 국가는 아니다. 국가는 정부와 시장 그리고 공동체들로 구성된다. 그렇다면 정부의 신호에 따라 시장과 공동체들이 자발적으로 참여하고 움직일 수 있는 협력과 선순환 체계가 필요하다. 그럼에도 신법에서는 정부가 모든 계획을 수립·추진·점검한다. 2050년까지 장기목표가 없다.

탄소중립 체계에서 정부와 지자체에 대한 의존도가 과도하다. 시장이 주체가 되어 자발적 협약 등을 통하여 능동적으로 녹색경제와 녹색산업 및 녹색기술을 추진할 수 있는 체계와 경로 그리고 재정이 보이지 않는다. 탄소중립에서 순환경제가 차지하는 비중이 매우 높은데 신법은 순환경제의 활성화(제64조)에서 정부시책에 포함되어야 할 사항들을 열거하는데 그친다. 순환경제추진 체계와 경로, 재정 그리고 책임이 드러나지 아니한다. 탄소중립 사회로 이행하겠다면서도 여전히 지방정부로 구성된 실천연대(제65조)에 모든 과업을 맡겼다. 탄소중립의 흐름 속에서 녹색생활(제67조)에 당면한 공동체들의 역할 및 책임이 보이지 않는다. 정부 중심 모형에서는 정부가 지원을 중단하면 모든 시스템이 멈춰설 수도 있다.

신법이 안고 있는 가장 큰 허점은 탄소중립이라는 개념 자체이다. "탄소중립"이란 대기 중에 배출·방출 또는 누출되는 온실가스의 양에서 온실가스 흡수의 양을 상쇄한 순배출량이 영(零)이 되는 상태를 말한다. 그러나 중립은 저탄소 뿐만 아니라 고탄소에서도 가능하다. 많이 배출하고 많이 감축하면 중립이 된다. 그러나 실제로는 중립 과정이 정의롭지 못할 수 있다. 모니터링·보고·검증(MRV)을 엄격하게 실시하더라도 기술적 한계로 인하여 배출하는 주체와 저감하는 주체가 달라지고 환경비용이 전가되거나 매몰될 수 있다. 한마디로 중립과정에서 기후정의가 회피될 수 있다.

나아가 육상에서 배출한 온실가스는 시간차를 두고 해양·호소 등 수체(水體)에 전이·축적되어, 대기상의 탄소중립을 달성하였음에도 불구하고, 해양온난화로 인한 지구 온도와 해수면 상승을 유발한다. 우리는 지구의 온실가스가 감축되면 지구의 어느 부분에서 어느 정도의 온도가 얼마나 떨어지고 올라가는가도 모르면서, 탄소중립을 달성하면 "지구온도 상승을 억제할 수 있다"는 가설에 젖어 방심한다. 작금의 기후변화는 고르게 온도가 상승하는 것이 아니라 국지적으로 변화와 빈도가 극심한 이른바 '기후변덕'을 보이기 때문에, 환경적으로 열악한 지역에 거주하는 취약계층이나 집단은 중립에도 불구하고 희생되기 쉽다. 기후정의를 위하여서라면 저탄소형 탄소중립이 실현되어야 한다.

3. 엎친데 덮치는 자원고갈과 역병

"죽느냐, 사느냐? 격노한 운명의 돌팔매와 화살들을 마음 속으로 견디는 것이 고상한가, 아니면 고난의 바다에 맞서 무기를 들고 싸워 고난을 끝장내는 것이 고상한가 — 이것이 문제로다."(*To be, or not to be? That is the question—Whether 'tis nobler in the mind to suffer The slings and arrows of outrageous fortune, Or to take arms against a sea of troubles, And, by opposing, end them?*"), 셰익스피어(Shakespeare), 햄릿(Hamlet): 제3막 제1장

1) 神들의 대결로 엎치락 뒤치락하는 기후정의

인류의 온실가스 감축을 응원하는 기후신과 생태계 평형을 유지하려는 바이러스신의 대결은 일단은 후자의 우세승으로 나타났다. 중국 우한발 코로나19가 세계를 침공하기 시작한 지 1개월 남짓 후 미국 항공우주국(NASA)이 촬영한 위성사진(www.bild.de: 2020.3.1.)은 한반도 상공을 넘나들던 중국산 미세먼지가 놀라울 정도로 감소되었음을 보여준다[왼쪽 사진은 2020.1.1.~20. 오염도. 오른쪽 사진은 2020.2.10.~25. 오염도]. 코로나19로 인한 중국내 생산활동의 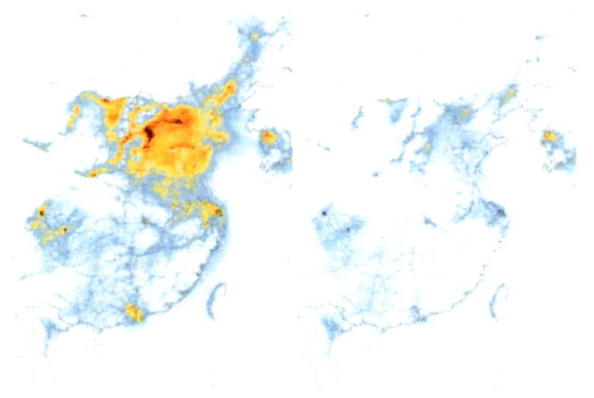 감축이 전세계가 합의한 파리약정보다 또 한국의 대중 환경외교보다 효과적임이 입증되었다. 바이러스 발발로 인한 반사적 효과로서 기후정의(climate justice)의 실현은 인류가 힘겹게 추구하는 환경정의보다 자연정의(natural justice)가 우위에 있음을 시사한다. 그러나 자연적 영역에서의 정의는 가치판단 밖에 놓여있기 때문에 신을 원용하지 아니하는 한 우열을 따지기 어렵다. 자연질서는 옳고 그름을 논하고 평등과 불평등을 따지는 정의보다 외려 가치를 초월하는 '자연의 빛'으로 인류에게 투영된다.

2024년 미국 대통령선거전에서 트럼프 전 대통령의 재등판은 기후정의의 행로에 태풍 급 파괴력을 예고한다. 정경일체화된 미국 자본시장은 트럼프 후보의 피격사건(2024.7.13. 펜실베니아주 버틀러)을 계기로 일주일 만에 줄을 확실하게 선다.

2) 우주전쟁

작가들은 오랫동안 외계인에 의하여 인류가 멸망한다고 상상하였다. 스티븐 스필버그 감독, 톰 크루즈 주연의 영화『우주전쟁』(The War of the Worlds)(2005년)도 그렇다: 어느 날 다리가 셋 달린 정체불명의 괴물들이 땅 속에서 나타나더니 인류를 파멸시킨다. 괴물들이 쏘는 레이저 빔에 무수한 사람들이 쓰러진다. 하지만 어느 순간 이 괴물들은 힘없이 쓰러진다. 지구를 멸망시키고 남을 파괴력을 가진 괴물들이 지구상의 미생물에 면역력을 갖지 못하여 스스로 무너진다.

소설『우주전쟁』의 원작자는 허버트 조지 웰즈(H.G. Wells)이다. 1898년에 출판된 원작에서는 어느날 갑자기 화성에서 날아온 로켓이 지구에 도착하고 안에서 사악한 화성인과 그들의 전투기계(세발괴물 tripod)가 나온다. 영국은 순식간에 쑥대밭이 되고, 주인공은 화성인으로부터 살아남기 위하여 필사적으로 도망다닌다. 화성인들의 세발괴물은 근거리에서 군의 대포로 피해를 입힐 수는 있으나, 화성인들은 독가스와 열광선이라는 첨단무기를 쓴 탓에 인류는 속수무책으로 당한다.

금오는 초등학교 때 『우주전쟁』을 읽으면서 너무 무서워 이불 속에서 나올 수가 없었다. 초대형 문어처럼 흐느적거리는 세발괴물들이 금방이라도 그 긴 다리로 방문 창호지를 뚫고 방안을 휘저어 금오를 잡아갈 것만 같았다. 책을 읽을 수도 없고 덮을 없었다. 오금이 저리고 가슴은 두근거리다 못해 쿵쾅거렸다. 영리한 화성인간은 꼬마 금오가 이불을 뒤집어쓰고 있어도 어디에 있는지 다 아는 것만 같았다. 무서웠던 화성인간의 기억은 그후에도 오랫동안 금오에게 트라우마로 작용하였다.

코로나 바이러스 스타일

2019년 12월에 비로소 인류에게 알려진 코로나19 바이러스가 일부 추측처럼 정말 중국 후베이성 우한(武漢)에서 생겨났는지, 북극이나 심해에도 있었지만 우한에서 처음 발견된 것인지, 아니면 외계에서 도래하였는지, 모를 일이다. 어쨌든 이 신종 바이러스에 면역력을 가지고 있지 아니한 인류는 『우주전쟁』에서 지구를 침공하였던 화성인들이 그랬듯이 그들에게 속속 당한다. 세계보건기구(WHO)에 따르면, 2021년 2월 1일을 기준으로 세계에는 1억명 이상의 확진자가 생겼고 222만명 이상의 환자들이 죽었다.

'저승사자' 코로나19가 전 세계를 재앙의 도가니로 몰아넣는 가운데, 영국방송사(BBC)가 전하는 사진(www.bbc.com)(2020.5.1.) 한 장이 금오의 눈길을 끌어당긴다.47) 케냐의 스테이시 아유마(Stacy Ayuma: 8세) 소녀가 2020년 4월 29일 한 미장원에서 머리를 손질하는 장면이다. 이 스타일이 새로운 것은 아니다. 하지만 이것이 현미경에서 보이는 바이러스의 뾰족뾰족한 모습을 닮았다고 하여 일부 사람들은 장난삼아 이를 '코로나 바이러스 스타일'이라고 부른다. 흑인들은 평소 머리카락 손질에 특별한 재능을 보이지만 이런 스타일은 참으로 흥미롭다. 케냐 인들의 재치가 엿보인다.

3) 약방의 감초

"정의의 홍수, 우리에게 필요한 건 그거야. 그 개자식들을 다 쓸어버리려면." 흐릿하게 불을 밝힌 서재에서 대법관 하워드 윈이 중얼거렸다.48)

언제부턴가 한국인들은 정의(正義) 편에 즐겨 섰다. 너도 나도 걸핏하면 법에 호소하고 매사에 정의라는 잣대를 들이댄다. 걸핏하면 상대방 정치인들을 수사기관에 고발하는 국회의원들에서부터 사퇴한 법무부장관을 기소하는 검찰총장과 일선의 검사들에 이르기까지 너와 나 가릴 것 없이 모두가 정의의 화신으로 변신중이다. 공정이나 평등이라는 이름으로 항간에 자

제1편 자연의 정의 (Natural Justice)

주 등장하는 정의는 누구나 수긍하는 법의 이념이다. 하지만 모든 사람들이 너무 법의 세계에 깊숙이 들어서 있다. 우리나라는 "사회정의를 구현하겠다"는 법대생이나 법학원생에서부터 '정의'라는 말이 들어간 정당 또는 시민단체에 이르기까지 곳곳에 정의가 넘쳐 난다.

금발의 말괄량이 미소녀 전사 세라를 주인공으로 삼아 1992년 제1권이 출간되었던 만화 『세일러문』(타케우치 나오코 武內直子 원작)은 왜색시비가 있었음에도 17개국에서 3천만부가 넘게 팔렸고, 40여국에게 TV와 극장판 애니메이션으로 방영되더니 장난감, 문구 등 캐릭터 상품뿐 아니라 게임, 드라마, 뮤지컬 등으로 이어지는 커다란 인기를 구가하였다. 세일러문은 "사랑과 정의의 이름으로 널 용서하지 않겠어"…"달을 대신하여 혼내 주겠어"라는 대사로 많은 사람들을 매료시켰다. 여기에서 정의는 사랑과 동행한다.

1992년에 개봉된 영화 『용서받지 못한 자』(The Unforgiven)는 은퇴한 무법자가 운명에 휘말려 다시 무법자로 변모해가는 과정을 담았는데 과거 레오네 감독의 마카로니 웨스턴을 재해석해 보였다는 찬사 속에서 세계적으로 흥행에 성공하였다. 이 영화는 폭력이나 전과가 과거와 얼마나 단절되기 어려운가, 그리고 복수가 손짓할 때 인간성이 폭력 앞에 얼마나 쉽게 굴복하는가를 잘 보여 준다. 정의와 복수는 같은 뿌리에서 나온다.

살인자로 악명이 높았던 늙은 총잡이 빌 머니는 아내 없이 자식들과 돼지를 키우며 어렵게 산다. 어느 날 두 총잡이가 접대부의 얼굴을 흉하게 만드는 사건이 일어난다. 보안관 리틀 빌 대거트는 약간의 벌금으로 범인들을 풀어준다. 분개한 접대부들은 현상금을 걸고 총잡이들을 잡고자 한다. 젊은 총잡이 스코필드는 현상금을 목적으로 머니에게 협조를 구한다. 머니의 오랜 동료인 레드 로건도 합류하였다. 빌은 총잡이들의 말썽을 막으려고 한다. 여기서 머니의 동료가 보안관 일행에 의하여 죽는다.49) 복수를 결심한 머니는 보안관과의 싸움을 벌인다 … 물고 물리는 총격전 끝에 머니는 빌과 그의 부관을 사살한 후 마을사람들에게 "로건을 잘 묻어 줘라. 접대부들에게 다시 손을 대면 돌아와 모두 죽여버리겠다"고 경고하면서 마을을 떠난다.50)

영화 『용서받지 못한 자』에서 보안관 빌은 폭력(처벌)으로 폭력을 다스렸다. 폭력이 복수를 낳고 복수가 폭력을 부른다. 폭력이 지배하는 세계에서 폭력으로 정의를 구현하려는 머니는 과거와 단절할 수 없었고 그 자신을 용서할 수 없었다. 『용서받지 못한 자』에서 정의는 복수에 머물렀다. 폭력사회에서 일방적인 관용은 죽음을 부른다. 폭력의 최고형태인 전쟁은 정의를 수호한다지만 살상과 파괴를 남길 뿐이다. 정의는 방어와 응전의 형식에 불과하며 그 자체만으로 궁극의 가치가 될 수 없다.

인문학적 사유에서 정의는 비폭력적이지만 저항의 모습으로 나타난다. 『정의를 위하여』(서울: 동녘, 2016년)를 집필한 신학자 강남순 교수에게 있어 정의는 비판적 저항에서부터 시작한다. 그녀는 하버드대학의 마이클 샌델처럼 정의란 무엇인가를 적극적으로 제시하지는 아니하지만 정치적·사회적·종교적·윤리적으로 저항의식을 확산시켜 정의를 실현하고자 한다.

칸트 철학을 연상시키는 비판적 성찰은 종래 '당연하다'고 여겼던 기성 관념들에 대하여 '왜'라는 의문을 던지면서 세상의 모순에 저항한다. 정의는 혁명가의 붉은 피가 아닌 인문학자의 저항을 먹고 자란다.

4) 거북이와 아킬레스의 경주

고대 그리스51)(Greece)의 이솝(Αἴσωπος 아이소포스: B.C.620년경~564년경)은 거북이를 토끼와 경주시켰다. 툰드라 지대의 토끼들은 백색늑대와 맞먹는 시속 64km로 달린다. 느리지만 꾸준한 거북이가 영리함에도 방심하여 경기 도중 낮잠을 잔 토끼를 이겼다. 엘레아의 소피스트 제논(B.C.490년경~430년경)은 다시 거북이를 준족의 영웅 아킬레스(Achilles)(그림: 愛者 파트로클로스에게 붕대를 감아 주는 아킬레우스)와 경주시켰다. 아킬레스가 거북이와 동시에 출발함은 자존심을 상하게 만들어, 그림(ⓒen.wikipedia.org)처럼, 아킬레스를 거북이보다 100m 뒤에서 출발시켰다.

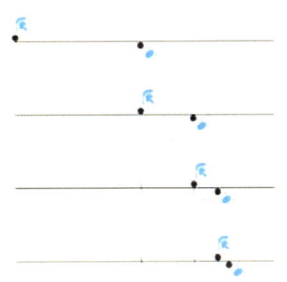

아킬레스가 원래 거북이가 있던 곳까지 달릴 동안 거북이는 얼마쯤 간다. 아킬레스가 다시 거북이가 있던 곳까지 갈 동안 거북이는 또 얼마쯤 나간다. 아킬레스가 또다시 거북이가 있던 지점에 갈 동안 거북이는 또 얼마쯤 더 간다. 아킬레스는 아무리 달려도 거북이를 결코 추월할 수는 없다.

실제 경주에서는 아킬레스가 금방 거북이를 뒤따라 잡겠지만, 무한수렴의 논리로서는 설명이 곤란하며 무한급수의 방정식이나 그래프로 설명할 수 있다. 동물과 동물 그리고 동물과 사람의 경주에는 논리적으로 설명하기 어려운 역설이 존재한다. 자연계에서는 어떨까? 이솝우화 「북풍과 태양」을 보자.

어느 날 북풍과 태양은 누가 지나가는 나그네의 옷을 벗길 수 있는가를 놓고 내기하였다. 먼저 북풍이 바람을 힘껏 불어 옷을 벗기려고 애를 썼다. 나그네는 바람이 거셀수록 자기 옷을 더 꼭 붙잡았다. 북풍은 옷을 벗기는데 실패했다. 태양은 자기 차례가 오자 햇빛을 쨍쨍 비쳤다. 나그네는 더위를 견디지 못하고 자신이 입고 있던 옷을 하나씩 벗었다. 이렇게 하여 태양이 이겼다.

적어도 손에 잡히는 형이하학(形而下學)의 세계에서는 야생끼리의 경주, 인류와 야생의 경주 그리고 자연계 정령들의 내기에서 지속적인 약력(弱力)이 강력을 이길 수 있음을 보여준다. 그렇다면 손에 잡히지 않는 기후와 눈에 보이지 않는 바이러스52)와 같은 형이상학(形而上學)의 세계에서는 누가 최후의 승자가 될 수 있을까? 국제사회는 산업혁명 이후 급격하게 늘어나는 온실가스를 줄여 '자연의 역습'을 피하기 위하여 안간힘을 쏟는다.

유엔기후변화협약(UNFCCC)(1992년)에 이어 교토의정서(1997년) 체계가 마련되었고 다시 파리협정(2015.12.12.)이 채택되었다. 이에 트럼프 대통령은 "미국이 파리협정에서 탈퇴한다"고 선언하였지만, 파리협정(2016.11.4.발효)과 정부간기후변화패널(IPCC)이 "산업혁명(1850년~1900년) 이전 온도를 기준치로 삼아, 2030년까지 지구 평균온도 상승을 2.0℃ 이하로 낮출 것을 목표로 삼되, 가능하면, 1.5℃ 이하까지 낮춘다"는 염원을 제시함으로써, 각국은 자율적으로 결정한 감축기여(NDC) 목표를 향하여 나아간다.

인류는 이번에도 아킬레스를 내세워 기후신(氣候神)과 한판 승부를 겨루어 '자연의 역습'을 피할 수 있을까? 하지만 2030년에 이르러 자연과 인류의 승부가 결판나기 전에 자연은 인류에게 승부사를 보냈다. 그 승부사는 지진과 화산의 신도 폭풍과 해일의 신도 아닌 눈에 보이지 않는 '코로나 바이러스 19'(COVID 19)였다. 코로나19는 왕관(코로나)(사진: 코로나19를 유발하는 바이러스 SARS-CoV-2의 입체구조ⓒ미국질병통제예방센터)을 쓴 제왕처럼 전 세계를 위요한다.

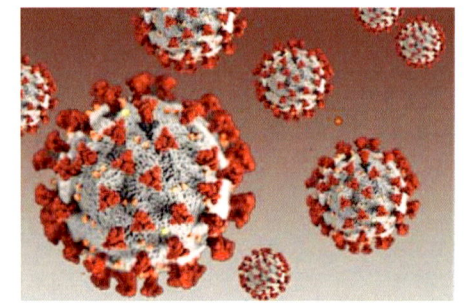

코로나19는 미국·유럽·일본 등 선진국들의 취약함을 집중적으로 공략하여 '건강 100세'를 구가하는 노인들에게 치명타를 가하였다. 코로나19 이전에도 수많은 바이러스는 걸핏하면 인류의 삶에 개입하였다. 인류는 이제 코로나19가 인재(人災)인지 천재인지를 따질 것이지만, 최재천 교수 등 생태학자들은 건강한 생태가 재앙을 경감시킬 것이라고 강조한다. 철새, 닭, 오리 등 조류를 단골로 괴롭히는 조류 인플루엔자(Avian Influenza)도 바이러스 소행이고, 한반도 DMZ 일원을 엄습하여 야생 멧돼지가 누명을 호소하는 아프리카돼지열병(ASF)도 바이러스(ASFV) 소산이다.

코로나19 방역에서 드러나지 않은 성공요인

월스트리트저널(WSJ)(2020.9.25.)은 "코로나19 대응에서 한국의 성공 열쇠는 다른 어떠한 나라와도 비교할 수 없는 진단검사와 기술의 조합, 중앙집중식 통제와 커뮤니케이션, 실패에 대한 끊임없는 두려움으로부터 나온 것"이라고 평가했다. 여기에 사견을 하나 덧붙인다면, 한국인들은, 일부 정치인들의 엄청난 비아냥에도 불구하고, 코로나19 방역조치에 대한 정부의 태도를 처음부터 신뢰하였다.

WSJ는 한국에서 발병 초기 국산 진단검사 키트에 대한 "패스트트랙 승인", 상대적으로 여유있는 재정과 사회적 "초연결성"을 활용한 감염자 추적 및 알림 시스템, 정부 주도의 마스크 공급 등을 세부 비결로 꼽았다. WSJ가 언급하지 않은 것을 덧붙인다면, 먼저 공무원들과 의료인들의 헌신적 자세를 들 수 있다. 아울러 극렬훼방 세력도 있었으나 학업과 사업 및 외부활동

제한 등 정부 방침에, 엄청난 인내심으로, 잘 호응한 시민들의 준법정신을 꼽을 수 있다.

5) 축생들의 기도

금오는 야생과 축생이 비명에 횡사하는 바이러스 침공을 보면서 긍휼한 마음을 버릴 수 없으면서도 다른 한편 축생들의 비참한 생활을 접하노라면, 『마당을 나온 암탉』53)처럼 "혹시 저 축생들이 조물주에게 구원을 요청한 것은 아닐까"라는 의구심을 지울 수 없다. 일부 닭농장들은 닭들에게 실내 활동공간을 마련해 주지만, 다수 닭공장들은 닭 한 마리가 겨우 서 있을 수 있는 좁은 틀 안에 닭을 가두어 닭은 걷기는커녕 몸을 좌우로 돌릴 수도 없는 처지에서 꺼지지 않는 조명 아래 물과 모이만 먹고 1달간 지내다가 도축된다. 돼지들이라고 하여 상황이 나을 바 없다. 축사들의 불결함은 이루 말할 나위가 없다. 비참한 축생들은 사는 것이 아니라 살이 찌면서 죽어갈 뿐이다.

"만약 저 축생들에게 생각이 있어 조물주에게 구원을 청한다면 뭐라고 기도할까? '저 좀 앉게 해주세요', '잠 좀 자게 해주세요', '좀 움직이게 해주세요', '밖에 나가게 해주세요'라고 기도할까? 아닐 수 있다. 극한상황에서는 "자유가 없더라도 배부르면 좋겠다"는 옛날 이야기가 한가롭게 들린다. 죽지 못해 목숨을 부지하는 축생들은 "저 좀 빨리 죽게 해주세요"라고 빌 것 같이 느껴진다. 조물주는 가혹한 축사 주인들을 꾸짖는 대신에 바이러스를 보내지 않았을까? 바이러스에게 물어보고 싶다."

4. 신인류의 문화

유라시아를 횡단하는 알타이어(transeurasia languages)를 쓰는 사람들의 조상들에게는 농경사회의 정착형 유전자와 유목사회의 이동형 유전자가 혼재되어 있을 것으로 추정된다. 농사와 길쌈에 능숙한 사람들의 유전자는 가축들과 함께 철따라 이동하는 유목민들의 그것과 섞일 수는 있어도 구분될 것이다. 유비쿼터스 시대를 맞아 주거와 관광의 패턴을 바꾸어 놓는 디지털화된 노마드54) 족들에게는 어느 쪽 유전자가 더 많이 발현될까? 빛의 속도로 변화하는 문화변동을 겪는다. 유일신이나 위대한 영을 제외하고는, 천신·지신·산신·용왕·마고할미 등 일상의 수호신들이 사라졌다.

1) 천신과 용왕은 어디로 가셨을까?

중국 문헌 『산해경』(山海經)55),『회남자』,『초사』에 따르면56), "요임금 때 산동지방에 태양이 솟는 양곡(暘谷)이 있었다. 이곳을 지배한 이는 동방의 천제 제준(帝俊)이었고 부인은 태양의 여신 희화(羲和)였다. 둘은 모두 10명의 아들, 즉 10개의 태양을 낳았다. 이들은 열흘을 주기로 하루에 하나씩 번갈아가며 떠올랐다. 태양에는 모두 세발 달린 까마귀[삼족오 三足烏]57)가 살고 있었다. 반복되는 주기에 염증이 난 태양들이 어느 날 짜고 동시에 솟았다. 만물이 타들어 갔다. 요임금의 호소에 따라 부모가 말렸으나 아들들은 듣지 않았다. 천제는 명궁 '예'(羿)58)를 불렀다. 떨어지는 태양들을 보니 심장에 화살이 박힌 삼족오였다.

요임금은 10개가 다 떨어지면 세상이 암흑천지가 될 것을 걱정하여 화살 1개를 감추었다. 예는 과도한 징벌에 화를 낸 천제의 나라로 돌아갈 수 없었다. 지상을 떠돌던 예는 물의 신 하백의 아내와 사랑에 빠졌다. 예의 부인 항아(姮娥)는 남편의 외도에 화가 났다. 그녀는 남편이 얻어온 불사약을 마시고 달로 올라갔다. 뒤늦게 남편을 배신한 죄책감에 빠진 항아는 두꺼비로 변신했다. 예는 제자들에게 활을 가르치며 시름을 달랬다. 제자 봉몽이 스승의 활 솜씨를 넘을 수 없자 사냥에서 돌아오는 그를 복숭아 방망이로 때려 죽였다. 예는 죽어서 귀신의 우두머리가 되었다."

인도네시아 보고르 인근 전통마을[시르나 레스미]의 부족민들은 지금도 먼 곳의 푸른 산[가라빤]을 신의 영역이라고 믿어 들어가지 않는다. 그러나 에베레스트 등반대가 정상에서 신을 알현했다는 소문이 없었듯이, 바다에 용왕이 살지 아니하고 지하에 지옥이 없을 뿐만 아니라 달나라에 토끼가 살지 아니하며 태양에도 불사조(三足烏)가 살지 아니함은 이미 오래전에 알려진 사실이다. 인류의 화성 탐사는 이러한 우주에 대한 무지를 일깨워 주었다. 인류의 지식이 확대될수록 "신은 우주 어디에 계실까, 신은 정의를 주관하고 계시는가, 정의는 질서정연한가, 여전히 작동하는가"라는 원초적 질문들이 되풀이된다.

귀신과 도깨비 이야기가 아직 동네 삼촌들의 입에 오르내리던 꼬마 시절, 금오는 한밤중 마루에서 현기증인지 도깨비인지 모를 형상을 보고 놀란 적이 있는데 이후 자주 신령과 도깨비에 관하여 생각했다. "대체 신은 우주 안에, 블랙홀(black hole)59)에, 은하계 한가운데 계실까? 아니면 우주 바깥에 계실까?" 천신은 몰라도 산신과 지신 그리고 해신은 인류가 만들어낸 전자파와 소음·진동 때문에 지상이나 수중에 살기 어렵겠다. 산신제나 해신제는 빛이 바랜지 오래다. 신화는 인문과 예술의 요람임에도 인지의 발달에 비례하여 소멸의 길을 걷는다.

어려서 천체물리학자가 꿈이었던 금오는 로우버의 화성 착륙을 계기로 황금까마귀의 설화를 자꾸 인용하기 어렵게 되었다. 2021년 2월 19일 미국 항공우주국(NASA)이 쏘아 올린 퍼시비어런스 호는 태양계 행성인 화성에 착륙함으로써 금오에게 정의론의 외연을 우주로 확장할 수 있는 계기를 제공하였다. 탐사 로보트 로우버는, 신께서 보시기에는 작은 장난감에 불과하겠지만, 어릴 적 화성인을 두려워하였던 금오가 보기에는 대단히 적절한 사건이었다. 로우버 화면에 비친 화성에는, 생명체가 원래 살지 아니하였는지 아니면 멸종하였는지 모를 일이나, 적어도 문어처럼 생긴 외계인이 보이지 않는다.

동화의 주인공들이 사라진다.

흥부가 제비다리를 고쳐주고 박씨를 얻었다는 흥부놀부 이야기나 토끼가 용궁을 다녀왔다는 『별주부전』은 미래세대들에게 동화로 들려주기 힘들다. 토끼는 드물고 제비는 더 희귀하기 때문이다. 용궁은 고사하고 토끼가 있어야 하는데 이야기 주인공을 볼 수 없으니 흥행이 될 리 만무하다. 우리 주변에는 이렇게 시나브로 사라지는 생물들이 늘어난다. 멸종위기종을 법과 프로그램으로 특별히 관리하지만 세계자연보전연맹(IUCN) 적색목록은 갈수록 늘어난다.

흑산 다물도 북쪽에 가면 '상괭이바위'가 있다. 다물도 사람들은 '물개바위'로 부르기도 한다. 금오와 벨라는 이 주변에 혹시 상괭이들이 나타나는가 싶어 2018년과 2019년 두 차례 탐사하였다. 상괭이는 돌고래류로 분류되지만 돌고래와 달리 주둥이가 앞으로 튀어나오지 않았으며 등지느러미가 없다. 정약전 선생의 자산어보에는 '상광어'로 기록되어 있다.

해양칼럼니스트 박수현 기자는 상괭이 몸체에서 광택이 나서 상광어로 불렀을 것으로 해석한다. 상괭이 성체는 돌고래보다 몸체가 절반 정도 밖에 안 되지만 쉽게 구분하기 어렵다. 상괭이는 멸종위기종국제거래협약(CITES)에 따라 국제적 멸종위기종으로 보호받는다. 상괭이 고기는 고래로 둔갑하여 거래되기도 한다. 고래연구센터에 따르면, 상괭이는 우리나라 연안에서 연 1천마리 이상이 그물에 걸려죽는 등의 이유로 2005년 36,000여 마리에서 2011년 13,000여 마리로 급감하였다.

문섬 새끼섬@서귀포©전재경 2023

거북이@필리핀 모알보알 수중©이선명 2018   흰동가리 산란@서귀포 섶섬©손미숙 2023

금오는 2018년 동무들과 같이 필리핀 모알보알에 다이빙을 갔다. 다이빙 중 팀 리더 이선명소장이 손짓하기에 잠깐 머리를 들어 수면 쪽을 올려다 보자 커다란 거북이 일광욕을 즐기듯이 너럭바위 위에 앉아 있다. 오래 전에 하와이 리조트에서 만났던 거북이들은 사람들의 손길을 타서 피차 분주하였는데, 이 거북이는 아주 평화롭고 느긋해 보인다. 금오는 혼자 상상한다: "저 거북이는 혹시 용궁에서 왔을까?" 그렇다면 이 인근에 용궁이 있을까? 정녕 용궁이 없다면 옛날 사람들은 왜 용궁타령을 늘어놓았을까? 이러저런 상념에 잠겨 한참을 바라봤다.

바다의 생물들은 남획으로 멸종하기도 하지만 수온과 생태계의 변화로 이동하기도 한다. 한국의 바다는 이미 아열대화되어 낯선 곤충들과 열대성 산호 그리고 어류들이 제주[60]·남해안[61]은 물론이고 동해안[62]까지 이주하였다. 동해에서 명태가 사라진지 오래며 울릉도는 이미 오징어 주산지가 아니다. 남획으로 멸종되기도 하고 조류·수온·먹이 등 서식 여건이 맞지 아니하여 야생들이 이주하기도 하기 때문이다. 인류 중심의 환경정의를 넘어 자연과 생태 중심의 '생태정의' 관점에서 접근한다면, 바다에는 생태정의가 사라졌거나 희미하다.

2) 사랑방에서 스타벅스로

한국의 대도시에서는 미국 시애틀 산 스타벅스가 사랑방으로서의 자리를 확실히 잡았다. 이런 현상은 서울뿐만 아니라 대전 등지에도 마찬가지다. 스타벅스를 독서실처럼 이용하거나 집단학습장으로 이용하는 젊은이들이나 학생들이 많다. 어느새 스타벅스는 커피나 음료뿐만 아니라 빵이나 샌드위치 등 음식류도 판매한다. 한식만을 고집하지 않는 사람들은 메뉴 선택의 폭이 넓고 탁트인 공간에 적당한 백색소음이 있어 자유로움과 편리함을 추구할 수 있다. 전통적인 다방이나 분식집들의 상행위 영역에 당연히 영향을 미친다. 스타벅스가 발행하는 상품권이나 선물권은 금융기능도 수행하여 금융기관들의 업무영역도 도전을 받는다.

이런 현상은 비단 한국뿐만 아니라 태국의 방콕과 같은 아시아권 대도시에서도 유사하다. 저녁이면 청장년들이 모여 새끼를 꼬거나 가마니를 짜면서 동네방네 소식들을 주고받고 때로는 동네 살림살이도 의논하던 한국의 사랑방 문화는 미국산 스타벅스나 햄버거 가게들에 그 자리를 내줬다. 동네 우물가나 빨래터에서 수다를 떨던 아낙들은 이제 스타벅스나 서구식 제빵소에 모여 품평회를 연다. 동네 구멍가게나 문방구점은 일본산 다이소가 대체하였다. 각국의 국제공항들도 신인류들의 변화된 문화를 반영하지 아니하고서는 서비스를 다하지 못한다. 정착형 농경 문화에서 유목민 문화로 넘어가는 문화의 눈부신 변동을 본다.

대전 부심의 스타벅스(사진·전재경)

홍콩국제공항 터미널1(사진·전재경)

대중문화의 변동은 유흥마당에서도 겪는다. 코로나 19가 한창 기승을 부릴 때 노래방들은 손님들의 발길이 뜸해졌다. 코로나19가 잠잠해지면 노래방 풍조가 흥청망청이 되살아나려니 여겼다. 그러나 사계의 예상이 빗나갔다. 노래방 여흥을 주도하던 전후세대(베이비 부머)들은 체력과 주머니가 받쳐주지 않았다. 노래방에서 벌어지던 성희롱에 대한 각성도 한 몫을 거들었다. 뿐만인가. MZ 세대들은 냄새나고 컴컴한 노래방에서 듣기 싫은 남의 노래까지 들어주는 인내심을 보이지 않는다. 룸싸롱과 노래방 영업의 불황은 골목경제를 침체시키는데 적지 아니 기여하였다. 대중문화는 그렇다치고 한국의 법률문화와 법률관은 언제까지 고색창연할까?

세상에서 변화하지 않는 것은 없다.

오늘날로 치면 터키의 에페시오스에서 태어난 그리스 철학자 헤라클레이토스(Heraclitus: B.C. 535~475)는 『자연에 관하여』(On Nature)를 파피루스로 썼다고 전한다. A.D.3세기의 전기작가 디오게네스 라에르티우스(Diogenes Laërtius)는 "헤라클레이토스가 그의 책을 아르테미스 신전(Artemisium)에 바쳤다"고 말한다. 헤라클레이토스는 '죽음과 재생'을 주관하는 디오니소스(Dionysus) 신을 숭배하였던 금욕주의자였다.

소크라테스 이전 학자들과 마찬가지로 그의 저작물들은 다른 저자들에 의하여 인용되는 단편(격언)들을 통하여 전해진다. 헤라클레이토스의 경우 100가지 이상의 인용문들이 남아 있다. 이것들은 딜스-크란츠 번호부여 체계(Diels-Kranz numbering system)로 인용된다.63) 디오게네스 라에르티우스는 헤라클레이토스의 저작이 연작논문이었지만 우주론, 정치론 및 신학론으로 나누어진다고 말한다.64)

헤라클레이토스의 '변화(change)의 철학'은 파르메니데스의 현존(being)의 개념과 대조적으로 변증법적 관계에서 종종 볼 수 있는 '생성중' 철학으로 지칭된다. 이 때문에 흔히 헤라클레이토스와 파르메니데스는 존재론의 그리고 유일자(the One)와 다수자(the Many)의 논쟁에 관한 두 기초자로 또 그래서 서양철학과 형이상학의 역사에서 중심축으로 간주된다.65)

디오게네스 라에르티우스는 헤라클레이토스의 철학을 요약하는 인용문으로서 다음을 든다: "만물은 대립하는 투쟁을 통하여 그 모습을 드러낸다. 전체 사물은 시냇물처럼 흐른다."[All things come into being by conflict of opposites, and the sum of things (τὰ ὅλα ta hola, "the whole") flows like a stream].66)

유비쿼터스 시대 디지털 노마드

한국인을 포함한 알타이족이 텐산(天山)산맥에서 발원하는 알타이 산맥을 지나 몽골만주 한반도로 이동한 유목민의 후예인가 아니면 중국 랴오허(遼河) 강변에서 기장을 경작하다가 점차 알타이 산맥 쪽으로 이동한 농경민의 후예인가에 관하여서는 학자들 사이에 다툼의 여지가 있다. 누가 어디에서 어디로 이동하였는가와는 무관하게 텐산(천산)과 알타이의 천신사상과 민속은 동북아 문화의 원류를 이룬다.

UNESCO 세계유산 텐산(天山)산맥
@카자흐스탄·키르기즈스탄·우즈베키스탄©namu.wiki

형이상학의 세계에서 "어디에나 있을 수 있다"는 뜻을 가진 유비쿼터스(ubiquitous)는 철따라 이동하는 유목민들의 생활양식과 어울린다. IT 시대 유목주의(nomadism) 풍토가 점증하는 가운데 인류는 점차 무인화되는 디지털 세상에 산다. 농경지에서 그리고 초원에서 도시로 모여든 사람들에게 과연 '정착'이라는 개념이 존재할까? 현대인들은 끝없는 이동 속에서 자신들의 분신 아바타(avatara)들과 만난다면 알아볼 수 있을까? 유전자 배열이 달라진 그들과 어떻게 관계를 맺고 공존할 수 있을까?

산업화된 도시에서 편의점과 미국산 스타벅스를 애용하는 노마드 족들이 생각하는 정의(justice)는 수렵·농경사회와 유목사회에서 생활하던 사람들의 관념과 얼마나 동질적일까? 장 자크 루소(Jean-Jacques Rousseau: 1712~1778) 등 근대 유럽의 식자층들이 싸롱에서 펼쳤던 사회계약론에 따른 정의관이나 조선조 한국사회의 선비들이 임진왜란을 목전에 두고 정자에서 갑론을박하였던 이기론에 따른 정의관은 여전히 유효할까? 옛날의 청장년들은 밤에만 사랑방을 찾았는데 요즘 청년들은 노트북을 들고, 다람쥐 풀 방구리 드나들 듯, 카페를 찾는다.

수렵문화와 유목문화는 오늘날에도 여전히 중앙아시아에서 전승된다. 유목민 주거 YURT(사진©左下)는 키르기즈, 카자크, 몽골에서 사용된다. 몽골 서쪽 알타이산맥(키르기스탄 등지)에서 활동하는 Kazakh의 독수리사냥꾼(Berkutchi)(UNESCO 무형문화유산)(250여명)(사진©右下)들은 독수리 새끼를 5년간 훈련시켜 사냥에 쓴다.67) 수렵인과 유목민들의 유전자는 오늘날에도 한국인들의 핏속을 흐른다. 도심의 사업장과 외곽의 주거를 오가는 사람들은 땅값과 주택가격만을 따져 그들의 거주를 정하지 아니하고 정착하기 힘든 도심을 떠나 초원은 아닐지라도 조금은 자유로운 외곽을 택한다. 유목민의 성향이 노마드족의 의사결정에 영향을 미친다.

https://central-asia.guide/kyrgyzstan/kyrgyz-culture/kyrgyz-yurt ⓒ사진 Ancient Road

　한국인들은 조선시대까지 금과옥조로 삼았던 명청(明淸)시대의 법제를 단절시키고 종족과 혈통이 섞이지 않았던 게르만족이 가공한 로마법과 영미인들이 발전시킨 영미법(Anglo-Americal Law)을 태연히 계수하여 법률관계에 적용하고 재판도 받는다. 이런 유연성은 어디에서 발원하는 것일까? 기독교 문명이 전세계를 요위하고 기독교 세력이 한국사회에서도 맹위를 떨침을 감안한다면, 법률세계에서의 정의관 정도야 무슨 문제가 되겠는가? 한국과 한국인의 문화적 변용이 어떻게 이루어지던 간에 알타이족의 천신사상이 서구의 형이상학과 조화를 이루든 말든 오불관언이라고 생각할 수도 있겠다. 그러나 그럼에도 불구하고 한국과 한국인의 정서 속에는 유라시아를 횡단하는 유목민의 문화가 복류처럼 흐른다. 한국의 법률문화는 고립되고 고착된 것이 아니라 개방적이며 유동적이라고 추정할 수 있다. 문화의 맥락 속에서 정의의 흐름을 발굴하는 노력이 요청된다.

3) 늘어나는 아큐(阿Q) 형 군상

　"호의와 어리석음의 나라라고 했지…정의(正義)는 어디에나 있지만 보기 힘들어." 에이버리가 하워드 윈 대법관에게 중얼거렸다. "예전에 대법관님이 날 집무실에 불러서 뭔가에 서명을 시켰던 날 했던 말이에요." 그건 아직까지도 풀지 못했던 수수께끼였다.[68]

　루쉰은 최하층 신분의 날품팔이 아Q(阿Q)를 주인공으로 삼아 중국 舊 민주주의 체제에서 민중의 문제를 유머러스한 스타일로 파헤친다. 작품에 그려진 정신승리법(spiritual victory)은 민중 자신 속에 있는 노예근성인 셈이다. 작가는 아Q를 같은 표상으로 그린다. '아Q'라는 이름은 그와 같은 성격의 대명사로 널리 사용된다. 작자는 아Q를 피압박자로 묘사하여 그의 운명에 대한 동정과 접근을 이끌어낸다. 아Q는 최후에 신해혁명 후의 지방정부의 손에 총살당한다. 舊 사회에서 가장 홀대 받던 아Q가 그 체제에서 계속해서 피압박자가 되어 버린다.[69]

[자기의 유익에 눈먼 자]

아Q는 어떤 상황에도 자신에게 유리한 쪽으로 해석한다. 아Q는 심지어 누군가에게 얻어맞고 나서도 "귀중한 망각의 능력"을 이용해 그의 감정을 누그러 뜨리고, 스스로 위로하기 위해 이 능력을 사용하길 즐긴다.

[자아도취형]

아Q는 오직 자신의 필요와 욕망에만 집중하기 때문에 다른 사람에게 피해가 가도 전혀 관여치 않는다. 남들이 어떻게 보든지 간에 상관없이 자기의 길을 간다. 아Q는 객관적으로는 하층민에 속한 처지이지만, 자신을 스스로 높이 평가하는 반면, 타인에 대해서는 낮게 보려는 성향을 갖는다.

4) 행려세태 속에 유랑하는 노인

번잡한 거처를 인간들에게 내어준 산신과 지신들도 방황하고 그 신을 모시던 인간도 방황한다. 2021.11.6. 서울역(사진 下右) 앞 지하도(사진 下左)와 염천교 주변에는 행려자들이 살림을 꾸리고 산다. 상상이 아니라 실제이다. 염천교 인근의 행려자들은 텐트 촌을 조성하였고 지하도를 점령한 행려자들은 늘 그 자리에 돗자리나 침낭을 깔고 살림살이도 곁에 쌓아둔다. 서울역 인근의 이런 광경은 한국전쟁 이후부터 형성되었다. 예전에는 행려자들은 거지로 취급되었다. 그러나 지금은 '거지'라는 말을 쓰지 않는다. 행려자들이 싫어하기 때문이다. 금오가 몇 해 전 파리 세느강변 노트르담 대성당 앞 지하도에서 만난 행려자도 "사진을 좀 찍어도 좋으냐"는 제스추어에 거절의 몸짓을 분명히 나타냈다. 행려자들이 모두 집이 없어서 노숙하지는 않는다. 나름대로의 사연들이 있다. 그럼에도 행려자들의 존재와 우리 사회의 인식은 사회정의라는 차원에서 여러 가지 생각이 들게 만든다.

불빛에 물들이는 서울역사ⓒ전재경

햇볕에 드러내는 서울역사ⓒ전재경

유목민의 유전자를 많이 가지고 있는 낭인과 신사는 기관차가 앞뒤로 매달려 언제든지 방향전환이 가능한 기차와 같다. 영화 매트릭스(1999년)의 스타 키아누 리브스(Keanu Reeves)가 사별한 아내를 못 잊어 뉴욕거리를 노숙자 행색으로 다니는 모습이 몇 년전 카메라에 포착되어 세인들의 눈길을 끌었다.

금오가 2021.11.6. 늦은 오후 강릉역에서 만난 노인은 자기가 가고 싶은 곳으로 어떻게 갈까를 몰라 5만원짜리를 쥐고 방황한다. 창구직원의 말투가 곱지 않기에 다가가 묻는다.

"어르신, 어디까지 가세요?"

"부산~"

그는 말이 어눌하였고 말하는 품이 힘들어 보였다. 하지만 행색은 키아누 리브스보다 좋아 보였다. 아래 동해역에서는 하루 한번 오후 3:50분 부산(부전) 역까지 가는 기차가 있지만 강릉역에서는 없다.

금오가 말을 이었다.

"여기서 부산까지 바로 가는 기차는 없어요."

창구직원이 끼어들었다.

"아까는 안동역까지 가신다더니...원주에 가서 갈아 타세요."

금오도 다시 거들었다.

"안동에 가세요? 부산에 가세요?"

그가 말했다.

"내가 인천에 사는데...나왔어...부산에 가야 돼..."

창구직원의 목소리에 짜증이 묻어났다.

"아~ 갈아타야 되는데, 오늘은 차가 없다니까요."

노인이 포기하듯이 말했다.

"그럼 원주 표를..."

창구직원이 다시 다그쳤다.

"뒤에 손님들을 먼저 처리해 드릴 테니 좀 비끼세요!"

노인은 잠시 망설이다가 돈을 돌려 달래서 돌아선다. 어디로 가는 걸까? 그는 행려자라기 보다 여행자 차림이었다. 그러나 애석하게도 정신력과 말이 받쳐주지 못했다. 저러다가 집이나 목적지로 제대로 가지 못하면 어느 한 순간 본인도 모르게 노숙자가 될 수도 있겠다.

제2장 자연계의 질서

제2장
자연계의 질서

"천지에는, 호레이쇼, 자네의 철학으로 상상할 수 있는 것보다 더 많은 것들이 있다네."("There are more things in heaven and earth, Horatio, Than are dreamt of in your philosophy."). 셰익스피어(Shakespeare), 『햄릿』(Hamlet)(1.5.167-8) 중 햄릿이 친구 호레이쇼에게[70]

1. 스스로 존재하는 우주(卽自態)

1) 신(神)과 함께 야생과 더불어

「4월의 노래」를 장식하는 목련이 3월을 넘기지 못하는 기후변화 시대이지만, 산 속에는 절기가 늦게 오는 탓인지, 마곡사(麻谷寺)가 자리 잡은 태화산에는, 진달래와 생강나무꽃 정도가 눈에 자주 띈다. 꽃이 샛노란 생강나무는 먼발치로는 사람들이 재배하는 산수유와 잘 구분되지 않는다. 산 속에는 참나무들과 소나무들이 섞여 있다. 아무래도 소나무들이 약간 밀리나 보다. 등성이 오솔길에 참나무와 소나무가 양팔 간격으로 나란히 서 있는 모습이 이색적이다. 이곳에는 나무껍질이 울퉁불퉁해 와인 병 코르크 마개로 쓰이기에 좋은 굴참나무가 유달리 많다. 능선을 따라 산 아래로 내려오니 안온한 산촌이 나타난다. 길섶에 쑥과 냉이 등이 많이 보인다. 산행에 나선 너 댓 명의 아낙들이 남정네들과 같이 나물을 캔다. 금오[71][金烏]가 푸른바위[蒼岩]에게 말을 건넸다.

"쑥이 많이 돋은 걸 보니 여기에도 뭔가 유장한 신화가 있음직하지?"

"음…잘 모르겠네…쑥만 가지고 될까? 산마늘[명이]이나 달래, 뭐 그런 게 함께 있어야, 곰이 먹고 웅녀로 환생하지 않을까?"

창암이 단군신화를 떠올리며 대답했다.

"호랑이[虎]는 사람으로 태어나지 못했으니, 웅녀를 위하여 환웅과 같은 역할을 맡을 신남(神男)이 필요하겠다. 여기 공주는 백제시대까지 웅진(熊津 곰나루)으로 불렸지? 한국인들은 아무래도 곰[웅 熊]과 유전자가 가까운가 봐."

금오가 말을 이었다.

"곰나루 전설의 주인공들은 곰과 환웅이 아니라, 곰과 나무꾼이었지? 여기 곰은 아주 적극적이었고…"

전설에 따르면, 옛날옛날 한 옛날에 한 나무꾼이 강[지금의 금강]을 건너 산으로 나무하러 갔다. 길을 잃은 나무꾼은 큰 곰을 만났다. 나무꾼은 곰에게 업혀 굴속으로 들어갔다. 곰은 꿀이랑 과일이랑 좋은 음식들을 나무꾼에게 먹였다. 곰은 사냥하러 나갈 때에는 나무꾼이 달아나지 못하게 굴 입구를 바위로 막았다. 세월이 지나 둘 사이에 자식 두 명이 생겼다.

금오는 역사적 사실보다 문학적 상상력으로 신화를 해석한다.

"단군신화에서는 사람이 신[환웅]과 야생[곰]의 중간자였고 곰나루 전설에서는 그 사람과 야생이 다시 인연을 맺었지. 지구를 휩쓰는 역병 '코로나19'가 저절로 야생으로부터 사람에게 건너 왔을까? 사람이 자꾸 야생을 잡아먹거나 괴롭힐 일이 아니다. 단군신화에도 주인공들이 쑥(애 艾)과 달래(산 蒜)72)을 먹었다고 쓰여 있지…곰의 후예인 사람들은 몸에 좋다고 자기 조상의 쓸개까지 꺼내 먹는 무도함을 저질렀어…"

2) 단군신화의 해석

금오가 약간 들뜬 목소리로 다시 말을 이었다.

"한민족은 어느새 기독교 문명에 압도되어 '성서의 신화는 일점일획도 틀림이 없다'고 믿으면서 단군신화는 오로지 상징과 설화로서만 파악하지. 다소 사대적이지? 한국인들은 전통 신화에 대한 존중과 함께 신화를 재해석하여 정체성을 정립하여야 하지 않을까? 같은 맥락에서 『삼국유사』를 쓴 일연스님은 인류를 중간자로 파악한 탁월한 안목을 가졌지만 국경이 좁았던 고려 시대 어른이라 신화의 무대를 좁게 설정하였다는 아쉬움을 남겼어."

"환웅이 하늘에서 내려오신 곳이 지금의 묘향산인 태백산이었고, 아들 단군왕검이 도읍을 세운 곳은 지금의 평양 부근인 아사달(阿斯達)이지요? 『산해경』(山海經)은 아사달을 '무엽산'이니 '백악'(白岳)이라고 적었고요…"

동행한 벨라가 자꾸 커지는 담론을 정리하듯이 끼어들었다.

"맞아요. 학계에서는 그렇게 말씀하세요. 하지만 단군신화를 어차피 설화 정도로 취급할 양이면 나는 달리 해석하고 싶어요. 고려시대에는 개성이 주 무대요, 국경선이 백두산[장백산 長白山]까지 올라가지 못해, 신화의 무대를 좁게 해석했다고 봐요. 백운산이 한 두 곳이 아니듯이, 태백산도 한 두 곳이 아닙니다. 나는 태백산을 묘향산이 아니라 백두산이라고 보고 싶어요."

모범생이 다소 놀라면서 반문한다.

"아니, 뭐라고요? 백두산이요? 그럼 환웅이 백두산으로 내려왔다구요? 그럼 도읍지 아사달은 어디이게요?"

"적어도 백악(白岳)이라고 불리려면, 사시사철 머리에 흰 눈을 이고 있어야지요. 그런 곳은 백두산 밖에 없잖아요? 정약용 선생도 백두산을 백산이라고 불렀어요. 백두산은 높은 곳에 나무들이 자라지 못하니 당연히 무엽산(無葉山)이구요. 아사달은 단군이 백두산에서 남하하다가 도읍지를 정한 곳일 수 있겠구요."

"백두산이라면 신화의 무대가 제법 넓어지겠군요. 역사적 사실에 대한 해석이 아니라서 논란이 크게 일지는 않겠으나 신화를 보는 시각이 다른 것 같아요."

"좀 색다르지요? 나는 호랑이와 곰들이 서식하는 유라시아 생태축과 한반도가 연결된다고 보기 때문에 백두산이 한민족의 생태인류학적 거점이라도 봅니다. 신화도 자연과 생태를 기반으로 성립합니다. 곰과 호랑이 뿐만 아니라 수 많은 야생들이 DMZ로 분단된 한반도 남측에서 멸종된 마당에 어떻게 인류와 야생의 공존을 논할 수 있겠습니까? 우랄-알타이어 계통에 속하는 한민족의 무대는 한반도를 넘고 아무르강을 건너 시베리아까지 나아가야 할 것입니다."

금오가 웅변가처럼 빠른 어조로 말했다.

"금오의 말대로 단군신화의 무대를 넓히면 어떤 효과가 있을까요?"

모범생이 다소 의아한 듯이 금오에게 물었다.

"단군신화의 무대가 더 넓어지지는 않더군요. 단군은 뒷날 정치적 군장으로 발전합니다. 조현설 교수에 따르면, 단군이 거느리는 박달족이 마고할미가 족장인 인근 마고성의 마고족을 공격했어요. 싸움에서 진 마고할미는 도망친 후 박달족과 단군의 동태를 살폈는데, 단군이 자신의 부족에게 너무도 잘해줌을 봅니다. 단군은 진심으로 복종하면서 투항한 마고할미와 그 아래 아홉 장수를 귀한 손님으로 맞아 극진히 대접하지요. 오늘날 아홉 손님을 맞아 대접한 곳이 구빈(九賓)마을이고, 마고가 항복하기 위하여 마고 성으로 돌아오면서 넘은 고개를 왕림(枉臨)고개라고 전합니다.73)"

3) 생태정의에 기반한 지속가능성

오랜 고민 끝에 두 가지 사실을 깨닫는다: 첫째, 가상화가 점점 심해지는 세상에 우리가 살고 있다는 사실이다. 우리는 우리가 하는 행동이 어떤 결과로 이어질지 예상하지 못하고 느끼지 못한다…숲을 밀어버릴 때만다 수천 종의 야생동물이 함께 사라진다…벌채된 산림은 통계나 이미지로 다가올 뿐, 새로운 관심거리가 생기면 금세 뒷전으로 밀려나버린다. 둘째, 우리에게 비전이 없다는 사실이다…지속가능한 세계에 관한 바람직한 비전이 우리에게 얼마나 부족한가…우리는 시민들에게 삶의 방식을 바꾸라고만 요구했지, 정작 실천을 이끌어 낼 수 있는 전반적인 대안을 제지하지는 못했다. 허공에 발을 내디디라고 등을 떠민 셈이다.74)

"UN이 내건 지속가능발전목표(SDGs)[2030 지속가능발전의제]를 보면, 인류 중심의 사고를 벗어나지 못했어요. 목표16(SDG16)을 보면, '모두에게 정의를 보장한다'지만 그 '모두'75)(all)에는 야생이 들어 있지 않습니다. 이는 인류 중심의 환경정의에는 적합하나 자연과 인류의 공존과 같은 생태정의에는 미치지 못합니다."

금오가 두 팔로 원을 그리면서 대답하였다.

제1편 자연의 정의 (Natural Justice)

"생태정의까지 나아간다면 국제무대에서 정치적 합의가 가능할까요? UN의 시각은 아직은 개발도상국에게만 미치는 것 같아요. 생태정의론은 야생을 하나의 주체로 넣겠지만, 국제사회는 아직까지 야생을 별도의 주체로 간주하지 아니하고, 자연보호의 결과로 야생이 보호받는 반사적 구도를 취한다고 봅니다."

모범생이 교과서처럼 반론을 제기하였다.

금오가 말을 이어간다.

"맞아요! 현실적인 상황을 부인하지 않겠습니다. 우리 단군신화는 매우 생태적입니다. 웅녀나 단군의 이야기는 인류 중심의 환경정의를 넘어 자연과의 조화를 지향하는 자연정의 그리고 야생과의 공존을 추구하는 생태정의로 나아가잖습니까? 역사가 아놀드 토인비 박사가 『역사의 연구』 속편을 썼더라면, 자연을 정복의 대상으로 여겼던 서구 기독교 문명의 대안으로 한국의 생태문명을 꼽았을 수도 있었겠어요."

금오가 고개를 끄덕이면서 화제를 돌렸다.

"이야기가 자꾸 길어지는군요. 자연정의, 생태정의 그리고 환경정의 등의 관계가 좀 구체적으로 정리되면 좋겠어요. 정의는 어찌 보면, 법과 법학의 최고 이념이 아닌가요? 하버드대학의 마이클 샌델 교수도 '정의란 무엇인가'를 써서 좋은 반응을 불러 일으켰잖아요?"

이때 잠자코 듣고 있던 일행 중의 벨라가 두 사람의 대화에 끼어들었다.

"정의를 말로만 듣고 이치를 터득하기란 쉽지 않겠어요. 정의는 정치적·법률적 개념이지 도덕적·윤리적 개념은 아니잖아요? 고대 자연철학자들은 우주에서의 정의를 논하였지만 어쩌면 '말씀'이나 '섭리'가 더 어울리는 표현일 수도 있지 않을까요? 화담 선생이나 율곡 선생 같은 분들이 치열하게 논쟁하셨던 '이'(理)도 섭리와 같은 계열의 개념으로 볼 수 있을 것 같구요. 우리 저 아래 절 집 앞에 고즈넉한 찻집이 있던데 그리 가서 정의론을 더 펼치면 어때요?"

금오: "좋아요. 그럽시다. 유사 이래 인류는 세상사에 정의(正義 justice)가 구현되어야 하며 또 실제 작동한다고 믿으면서, 그 정의란 무엇인가, 힘(實力)인가 가치인가, 누가 정의를 집행하는가, 어떻게 발현하는가, 누군가 정의를 위장하거나 침해하면 어떤 대가를 치르는가, 그런데 왜 정의는 너무나 자주 침묵하는가에 관하여 끊임없이 탐구하였답니다."

모범생: "사람들은 사필귀정(事必歸正)을 곧 잘 인용하지만 현세에서 꼭 그렇게 되는 것은 아니잖아요? 그래서 내세에서라도 보상을 받으려고 '악인은 죽어서라도 처벌받고 지옥에 간다'는 종교에 의지하는 것 같기도 하구요."

금오: "맞아요. 현세의 모든 불의나 비리가 반드시 바르게 해결되지 않을 수도 있겠어요. 정부의 입법과정에서 정의가 작동하지 아니한다면, 소피스트 철학자 트라시마코스(Thrasymachus, B.C.459~400)의 언명대로, '법은 강자의 이익'이겠지요. 예컨대, 국제기구들이나 다국적기업들이 환경정의와 경제정의를 외면한다면 그들은 식민통치의 첨병이거나 제국주의의 파수꾼에

불과해요. 우리나라에서 성장한 기업이나 금융기관들이라고 하여 특별히 애국애족하는 마음이 충만하지는 않아요. 이미 외국자본들이 주주로 참여하니까요. 수많은 선현들과 당대의 석학들이 자기의 세계관에 입각하여 정의를 구명(究明)하였으나, 다수의 사상은 형이상학에 머물렀거나 사변적이거나 아니면 부분적이었어요."

벨라: "정의가 무엇인가를 알면 알수록 그 정의로 가는 길이 멀고도 험하다고 느껴요. 악인들을 보노라면 어떨 때는 정의가 과연 존재하는가, 무기력감이 들기도 해요. 어쩌면 정의란 미완성 교향곡일 수도 있겠어요."

4) 백두산 천지에서

어느 날 새벽 금오는 비몽사몽 간에 백두산 천지 앞에 서 있었다. 『왕과 대통령』을 집필할 때에도 중국 쪽으로 몇 차례 올라갔었던 곳이다. 사방이 운무로 가득 차 천지(天池) 수면은 어쩌다가 언뜻언뜻 보일 뿐이었다. 안타까운 마음을 졸이고 있던 금오 앞에 자신을 선인(仙人)의 정령(精靈)이라고 소개하는 황금까마귀(三足烏)가 나타났다. 금오 앞에 사뿐히 내려 앉은 황금까마귀는 머리에 공작벼슬을 달았고 배후에 밝은 황금색 광배를 지녔다. 아니! 정령이라면 요정이 아닌가…황금까마귀는 입을 여는 것 같지 않은데 금오에게 전기신호로써 이심전심으로 말을 건넨다.

황금까마귀: "그대는 자연과 정의(justice)에 관해서 참 생각이 많구나…기독교는 신을 형상화된 인격으로 묘사하였고 마호메트나 예수를 구세주로 현세에 내려보냈지만 이들과 별개로 우주(宇宙 코스모스 κόσμος)가 곧 신이야. 우주와 신은 동일한 실체이지. 우주는 '그 자체로서 존재한다'는 뜻에서 '즉자태'(卽自態)야. 신이 우주의 '바깥에 따로 존재하는' 이른바 대자태(對自態)일까? 아니야. 신은 우주 바깥에 따로 존재하지 않으며 우주 어느 한 곳에 머무르지도 않아. 오늘 내가 금오와 대화하기 위하여 여기 잠시 나타났지만 나는 여기 살지 않아. 지구의 과학자들은 15,000개 정도의 은하계를 관측한다지만 어떠한 망원경도 우주의 전체 모습을 파악할 수 없지. 우주는 손에 잡히는 거대한 실체가 있는 듯이 보이지만 쿼크 같은 극미의 세계로 들어가면 실체가 잡히지 않는 영(靈 spirit)이야. 이 '우주령'(宇宙靈)을 곧 신이라고 부를 수 있어. '눈에 보이'는 형체와 '눈에 보이지 않는' 영은 서로 유무상통(有無相通)해. 『반야심경』(般若心經)에서 말하는 바처럼 '색즉시공 공즉시색'(色卽是空 空卽是色)[76]이라고나 할까[77]…일체의 존재는 원형이정[78](元亨利貞)의 질서에 따라 우주령의 일부를 나누어 받아 형체를 지녔다가, 별들이 블랙홀에 빨려들어 소멸하듯이, 다시 우주령으로 돌아가. 원형이정의 질서가, 악인이 처벌을 받듯이, 반드시 정의로 귀결된다(사필귀정 事必歸正)는 보장은 실제 없어. 그럼에도 인류는 유사 이래 신을 의인화시켰고 각자의 세계관에 따라 명명한 신계서 인류의 운명과 길흉화복을 주관한다고 믿었어."

금오: "아니…우주가 곧 신이라구요? 내가 믿는 교리와 아주 달리 말씀하시는군요. 하느님은 어딘가에 계시잖아요. 그대가 말씀하시는 우주령은 곧 범신론(汎神論 Pantheism)이 아닌

제1편 자연의 정의 (Natural Justice)

가요? 춘추전국시대의 노자(老子 李耳), 인도의 우파니샤드학파, 네덜란드의 스피노자(1632년~1677년), 독일의 괴테(1749년~1832년)와 헤겔(1770년~1831년), 한국의 최제우(崔濟愚: 1824년~1864년) 등 범신론자들은 세계 밖에 인격신이 별개로 존재하지 않고 우주의 일체와 자연법칙을 신이라고 보았지요. 그러나 가톨릭 종교철학에서는 '범신론이 세계의 유한성, 제약성, 변화성과 신의 영원성, 절대성, 불변성 사이의 본질적인 차이를 구분하지 못하고 정신과 물질의 본질적 차이점, 선과 악의 대립 등을 설명하지 못하며 신의 윤리적·인격적 파악을 어렵게 만들어 윤리나 모든 법의 기초를 무너지게 하는 경향이 있다'[79]고 비판해요."

황금까마귀: "물론 어느 평론가는 '모든 것이 신이라는 말은 그 무엇도 신이 아니라는 말과 같다'고 반박하기도 하지…'만물에 신성이 깃들여 있다'는 만유신론(萬有神論)은 그런 평판을 들을 수도 있겠지. '신이 우주를 창조하였다'는 사고는 우주와 다른 신이 있다고 믿고 신을 찾아 나서는 셈이지만 무변무량의 우주 앞에 포획되어 불가지론에 도달하고 결국 '신이 우주 속에 있다'고 느낄 수 밖에 없어…그러나 신이 우주 어디에, 혹시 블랙홀에라도, 존재할까? 신성이 삼위일체(三位一體)로 나뉘는 것까지는 감내하겠지만 우주 속에 분산되어 그리스·로마 신화에서보다 더 많은 신들이 존재하면 얼마나 혼란스러우랴."

금오: "영성이 맑으면 신을 볼 수는 없더라도 느낄 수는 있지 않을까요?"

황금까마귀: "자연이 곧 신이라면 느끼기가 더 쉽지 않을까? 교인들은 신을 너무 인격화시켰어. 기독교의 신은 십계(十戒)와 같은 법률적 규범이나 산상수훈과 같은 윤리적 규범에 따라 선과 악을 판단할지 모르나 실재 우주는 선악과 인격을 초월해. 천체물리학자들이 주장하는 대폭발(big-bang) 및 팽창 이론은 '인류가 관측 가능한 범위 안에서 그렇다'는 것일 뿐 실재 우주는 소멸하지 않고 끊임없이 무시무종(無始無終)의 변화를 계속하지. 우주는 유한한데 신은 무한하다면 우주의 시작과 종말은 신의 뜻일까? 『시간의 역사』(A brief history of time)[80] 이전에도 신은 존재하지 않았을까?"

금오: "불가사의한데요…"

황금까마귀: "반대로 50억년 후에 태양계가 소멸되고 그 후에 언젠가 우주가 다시 영으로 축소되거나 종말을 맞이한다면[81] 그때 신은 어디에 존재할까? 우주 밖에 존재하는 인격화된 신에서 출발하여 우주를 바라보면 우주가 신과 분리되는 궁극의 모순에 도달하지. 그러나 반대로 우주에서 출발하여 신을 사유하면 우리 앞에는 전혀 다른 실재가 나타나. 신의 형상에서 우주가 연역되지 아니하고 우주의 형상에서 신이 연역되지. 물론 이때에는 우주를 '신의 형체'라고 여기는 오류를 회피하기 바래. 우주는 형이하학적 실체와 형이상학적 영[神性]이 하나로 결합된 우주영이야~ 만유신론으로 오해받기 쉬운 범신론은 앞으로 '우주령'(宇宙靈)이라는 말로 바꾸어도 좋겠지. '즉자태'의 우주령에서는 '우주가 굳이 존재해야 할 이유는 무엇인가 또는 창조자는 누가 창조했는가'[82]와 같은 화두는 불필요하다."

금오: "신의 인격화를 극복한다면 '신의 형상을 본따 인간을 창조하였다'는 신화도 다시 쓰여야겠군요. 아담은 신을 닮지 않고, 즉 원형(origin) 없이, 최초로 창조된 피조물이군요.

그는 누구를 닮았을까요? 신이 아담을 창조하는 장면을 로마 시스티나 성당의 천장에 그린 미켈란젤로는 신을 인자한 할아버지의 모습으로 묘사하였던데요. 만약 그가 블랙홀을 알았더라면, 고대 중국의 반고(盤古)가 알에서 나왔듯이 아담이 블랙홀에서 나오는 모습을 그렸을 텐데, 아쉽군요."

황금까마귀: "불세출의 명인 미켈란젤로가 신의 모습을 할아버지로 그렸음은 당시 실력자들의 이해를 돕기 위해서일 뿐이야. 블랙홀도 모르는 사람들에게 신을 암흑으로 표현할 수도 없고 또 문어처럼 그릴 수도 없지 않았을까? 나는 미켈란젤로의 고민을 이해해. 당대의 지배자들이 보지 못한 외계인의 모습을 신이라고 그릴 수는 없었겠지. 인류의 창세신화들을 훑어보면 미켈란젤로가 터무니없이 하느님과 아담을 그리지는 아니하였음을 알 수 있지 않을까."

2. 자연의 질서

우주의 질서를 논한 한국 성리학의 자연관은 중국 사상의 영향을 많이 받았다. 중국의 우주론은 크게 개천설(蓋天說)과 혼천설(渾天說)로 나뉜다. 여기에서 개천(蓋天)은 하늘과 땅(천지)으로 둘러싸인 영역이다. 개천은 덮개 하늘이라는 뜻으로 하늘이 덮고 땅이 받쳐주는 영역을 뜻한다. 개천설의 핵심은 천지라는 경계로 둘러싸인 영역이다. 섞인 하늘을 뜻하는 혼천(渾天)에서 '혼'(渾)은 기(氣)를 뜻한다. 하늘은 경계선이 아니라 기로 가득 차 있는 무한공간이다. 혼천설은 무한 공간 속의 기에서 천지를 포함한 만물이 발생한다고 본다. 중국 자연철학의 시초이다. 중국에서는 위진 시대부터 천문학에서 혼천설이 나타나지만, 이를 형이상학적 우주론으로 체계화한 사람이 장재이다. 그의 『정몽(正蒙)』「태화(太和)」편이 그것이다. 「태화」는 『주역』「계사전」에 근거한다. 『주역』은 개천설 우주론을 가장 잘 정리한 것이다. 제자백가 이래 송대까지 대다수 중국의 사상은 개천설에 근거한다.[83]

1) 무극·태극의 사상

어느 봄날 금오네 일행은 생골을 지나 마곡사로 향하였다.

산촌마을 앞 밭 둑의 묵은 산수유나무에는 샛노란 꽃들이 흐드러지게 피었다. 매화도 "나 여기 있다"는 듯이 발길을 붙잡는다. 여기는 산이라 그런지 섬진강 변에 비하여 개화가 늦다. 길 가의 폐가와 길 건너 언덕에 새로 지은 집이 대조를 이룬다. 마곡사 앞에는 여기 저기 유네스코 '세계유산'이라는 현수막이 내걸렸지만 세계적인 브랜드 가치를 충분히 활용하지 못한다는 느낌을 준다. 절 앞 하천에는 키 작은 갈대속들이 하상을 뒤덮고 있다. 내려오던 길목의 축산농장 때문일까, 아니면 생활하수 탓일까? 산촌의 하천이 부(副)영양화되어 있어 걱정스럽다.

전통 찻집의 다모는, 여전히 기승을 부리는 '코로나 19'가 부담스러운지, 수심에 어린 표정으로 금오네 일행을 맞는다. 환대받는 기분이 들지 않는다. 일행은 창가로 자리를 잡고 차를 주문하였다. 금오는 메모지를 꺼내 탁자에 놓고 말을 꺼낸다.

제1편 자연의 정의 (Natural Justice)

"오래전부터 법이 지향하는 바는 이른바 사회정의입니다. 우리 사회가 추구하는 정의이지요. 서구에서는 고대 자연철학자들과 소피스트들 이후 아리스토텔레스와 토마스 아퀴나스 그리고 칸트와 헤겔을 거쳐 현대 철학에 이르기까지 "정의란 무엇인가"에 관하여 많은 학자들이 나름대로 정리하였지만, 여전히 백가쟁명(百家爭鳴)입니다. 제2차 세계대전 후 독일에서는 신칸트학파의 라드브루흐(G.Radbruch)가 그의 『법철학』에서 정의의 체계를 정리하였어요. 근래에는 미국 하버드대학의 정치철학 교수 존 롤스가 『정의론』(A Theory of Justice, 1971년)을 펴냈고, 아까 모범생의 말씀처럼, 같은 대학의 정치철학 교수 마이클 샌델이 『정의란 무엇인가』(Justice: What's the Right Thing to Do?, 2009년)를 썼잖아요. 존 롤스는 사회계약과 같은 체제를 통한 분배의 정의를 강조했어요. 그가 주창하는 정의는 미국인들이 선호하는 '공정'입니다. 그가 생각하는 정의는 자유와 차등의 원리에 따라 움직여요. 마이클 샌델은 아리스토텔레스, 벤담, 밀과 칸트를 부활시켜, 희랍시대의 소크라테스가 그랬듯이, 철학 대화를 이어갑니다. 마이클 샌델은 경쟁에 지친 현대인들에게 "공동체가 무엇인가"를 설파하고, 공동체가 추구하는 정의를 넘어 미덕(virtue)을 추구하였어요. 정치와 법은 결국 도덕과 만납니다. 이 분들의 자세한 교설은 적당한 때 제 강의 노트를 드릴게요. 오늘은 속세의 정의론보다 자연 속의 정의를 논하면 어떨까요?"

"예? 자연 속의 정의라니요? 자연에도 정의가 있나요? 정의는 사람들의 관념인 줄 알았는데요. 환경에서의 정의는 가끔 들었지만 자연에 정의가 있다는 말은 처음 들어요."

모범생이 눈을 깜빡거리면서 묻는다.

"동서양을 막론하고 고대 철학자들은 자신의 우주론과 자연관을 먼저 정립하고 세속의 이치를 따졌지요. 음양오행(陰陽五行)이나 원형이정(元亨利貞)의 이치가 그렇고 조선시대 석학들이 논했던 이기(理氣) 1원론 또는 2원론이 그래요. 제가 생각하는 자연의 질서와 정의를 들어보실래요?"

금오는 차를 마시는 것도 잊어버리고, 약간 들떠서 말을 이어나간다.

"『역서』는 고대 중국의 점술사들이 미래의 길흉을 점치는데 썼던 점술서로 시작되었어요. 『역서』는 주(周)나라 문왕(文王: BC 1112~1050. 도교 계승자 중의 한 명)이 편찬한 『역서』의 글을 바탕으로 서주(西周)를 전후하여 쓰여졌답니다. 역서에 담긴 태극사상은 그 이전부터 전래되었을 것으로 짐작됩니다. 1955년~1957년 발굴된 양자강 중류의 취자링(屈家嶺)문화84)(BC 2500년경~2200년경)의 채색도예(彩陶紡輪)에는 원시 도식들이 있으나 음양도식은 없답니다. 1954년에 발굴된 스자허(石家河) 문화85)에서 최초의 선사시대 태극문식이 비로서 발견되었어요.86) 태극사상의 기원은 매우 유구함을 알 수 있어요."

음과 양은 도이다(陰陽就是道)

모범생: "태극문양이 문헌과 그림으로만 전해졌지, 일상생활에서 실물로 발굴된 지는 얼마되지 않았네요?"

금오: "네~ 태극(太極)의 개념은 『장자』(莊子)와 『역전』(易傳)에 나오는데, 우주론과 방법론에서 사용하는 태극 개념은 주로 역전에서 계승하였어요. 역전 계사전에 이르기를, 태극은 양의(兩儀: 음양)를 낳고, 양의는 사상(四象)을 낳으며, 사상은 팔괘를 낳습니다. 도교(道敎)의 역학은 자신만의 독특한 체계를 가지며, 태극의 개념은 도교역학의 우주론, 수양론, 법술(法術) 이론의 기본 개념입니다.87) 계사전에는 "하나의 음과 하나의 양을 도라 한다"고 전합니다. 공자(孔子)께서는 계사전과 같은 맥락에서 천도를 음양으로 정의하고 "형이상학적인 것을 '도'라 부르고, 물질적인 것을 '도구'라 부른다"고 말씀하셨어요. 따라서 유교에서는 "도는 음양의 변화의 원리이다"라고 설파합니다. 도는 우주의 운행과 자연변화의 법칙입니다. 즉 道 = 太極 = 陰 + 陽이요, 無+有는 공존합니다."88)

모범생: "주역과 도가에서 말하는 무극태극 사상이 일목요연하게 전개되는군요. 수천년 전 사상이 오늘날 현대화될 수 있을까요?"

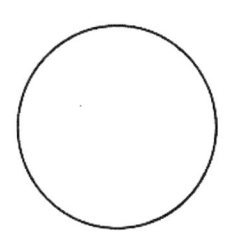

금오: "나름대로요. 원으로 형상화되는 무극(無極)은 태극과 실체가 같아요. 무극의 개념은 한국의 원불교 문양이 같지요. 무극은 천지창조 이전의 혼돈 즉 무(無)의 상태로서 만물의 근원입니다. 근원인 무극이 음양(兩儀)으로 분리되면 태극이 됩니다. 거꾸로 음양으로 분리된 태극이 다시 결합하면 무극이 됩니다. 둘이면서 하나고 하나면서 둘인 셈이지요. 현대의 양자물리학에서는 입자와 반입자의 분리와 결합을 상정합니다. 이는 불교의 색즉시공 공즉시색(色卽是空 空卽是色)과 같은 맥락입니다. 태극이 음을 청색으로 표시하고 양을 홍색으로 표시함은 양자역학에서 "쿼크가 (가시광선이 아닌) 빨강, 초록, 파랑 세 개의 색깔을 가질 수 있다"는 설명과 닮았지요."

벨라: "사상과 팔괘는 어떻게 응용되는가요? 이와 기의 관계도 궁금하구요."

금오: 『주역』계사상전(繫辭上傳)에서는 태극(太極)→양의(兩儀)→사상(四象)→팔괘(八卦)라는 생성론을 전개시켜요.89) 무극과 태극 그리고 양의와 팔괘를 한꺼번에 나타낸 그림90)으로 볼까요? 무극은 바깥의 테두리 즉 가운데가 빈 원으로 표시됩니다. 팔괘를 이루는 선들 중에서 중간이 끊어진 것은 음이고 이어진 것이 양이며 이를 2층으로 겹치면 소음-소양-태음-태양의 사상(四象)이 나옵니다. 여기에 선을 하나 더 올려서 3층으로 만들어

태극 주변에 배열하면 건(乾)태(兌)이(離)진(震)손(巽)감(坎)간(艮)곤(坤)의 문양이 됩니다. 무극은 태극이고 태극은 음양이고 음양은 사상이고 사상은 팔괘이며 이것이 곧 우주만상입니다. 무극이 체(體)요 이(理)라면 태극은 힘인 기(氣)가 움직이는 용(用)의 형국입니다. 무극태극 사상은 주역의 우주론에서 좀 더 살펴볼게요."

모범생: "그러면 우리나라 태극기는 무극태극팔괘의 철학을 담고 있네요? 막연히 지나쳤

는데, 참 심오하네요"

금오: "태극기는 혁명이념이나 정치철학을 형상화시킨 다른 나라 국기들과 달리 자연철학을 담은 국기라고 볼 수 있어요. 태극기는 팔괘 중 사괘를 생략했어요. 한국인들은 태극기를 바라보면서, 우주론을 떠올릴 수 있어요."

모범생: "그림으로 조금 더 설명할 수 있을까요?"

⑴ 순환과 평형

"동양 사상만으로는 한국적 세계관과 자연관 그리고 우주관이 도출되기는 어렵습니다. 흔히 중국사상을 동양사상으로 표현하지만 한국의 문화에는 시베리아의 무속과 인도의 불교까지 녹아 있어요. 나는 일상에서 흔히 접할 수 있는 관념들을 종합분석하여 한국적 풍토에 적합한 자연관을 도출하고자 합니다."

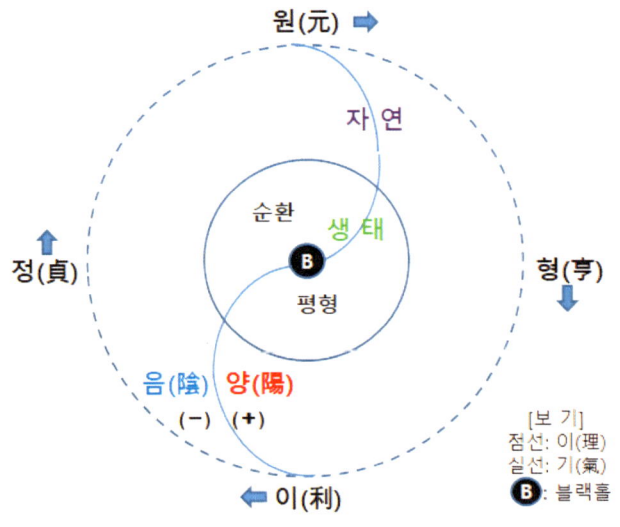

자연정의[무위자연 · 음양조화 · 원형이정 · 색즉시공]와 생태정의[순환 · 평형]

말을 마친 금오는 자기 스마트폰에 저장된 「자연의 질서」 PDF를 일행들의 스마트폰으로 공유하였다. 금오가 그린 「자연의 질서」에는 점선으로 된 태극 문양에 '자연'이라고 적혔고, 그 안에는 '생태'라고 적힌 작은 실선으로 된 원이 들어 있다. 태극의 원 바깥에는 『주역』(周易)[91]에 나오는 원형이정(元亨利貞)이 상하좌우로 구분되어 움직임을 나타내고 수직으로 세워진 태극의 좌측에는 음(-)이 그리고 우측에는 양(+)이 보인다. 작은 원 가운데에는 블랙홀[92] (B)이 있다. 점선은 '이'(理)로 또 실선은 '기'(氣)로 표기되었다. 그림 상으로는 음양(陰陽)과 원형이정이 기의 핵심으로 보인다.

자연의 근원과 본질은 온전히 알기 어렵다. 자연을 신(神)으로 보면 자연 외부에 창조주를 상정할 일이 없고 자연을 신과 다른 것으로 보면 자연 외부에서 자연을 창조하는 신의 존재가 있어야 한다. 노자의 '무위자연'(無爲自然)이나 무극(無極)은 자연[우주] 밖에 신이 존재하지 아니함을 시사한다. 무극[理]이 양(+)과 음(-)으로 나뉘면서 동적인 태극이 시작되었다. 자연의 차원은 전체와 개체로 구분할 수 있다. 우주 또는 천지는 전체로서의 자연이다. 현존 우주는 유일한 우주가 아니며 다중으로 존재할 수 있다. 우주는 팽창하다가 모든 氣가 사라지는 무극으로 다시 수렴할 수도 있다. 물리학자들은 극소점에서 빅뱅이 시작되었고 이후 우주가 생성·팽창하였다고 설명하지만, 자연철학 상 현존 우주는 빅뱅 없이 한 순간 무극에서 태극으로 분할되면서 에너지[氣]가 생겼고 그 순환으로 우주는 변천한다.

(2) 理와 氣의 조화

중국 전국시대(戰國時代, B.C.403년~221년)의 음양설과 오행설은 후대에 음양오행설로 통합되었다. 음양오행설은 동서양의 자연관과 조화가 필요하다. 기독교는 우주 탄생을 조물주에 의한 '천지창조'로 설파하나, 부처님께서는 "우주가 언제 어떻게 탄생하였는가"에 관하여 침묵하셨다. 어쨌거나 천체물리학의 설명에 따르면, 태초의 우주는 휜 공간에 가스 상태의 물질들이 차 있었다. 우주 생성에서 가장 놀라운 최초의 비밀은 가스 상 물질[기·氣]들이 음과 양의 전하를 띠었다는 것이다. 음과 양의 상호작용에 의하여 물질들의 이합집산이 거듭되면서 크고 작은 중력이 생겨났고 각 중력이 각축하면서 구심점에 소용돌이 형태의 블랙홀들이 생겨났다. 이 블랙홀들은 다른 우주로 통한다. 음양오행설은 이러한 우주 탄생과 진화의 비밀을 설명하는데 적합하다. 음양은 서로 끌고 당김으로써 만유인력의 원동력을 부여한다. 원형이정은 만유인력에 따른 변화의 과정이다. 물(水)—불(火)—나무(木)—쇠(金)—흙(土)으로 형성된 오행(五行)은 원형이정처럼 자연의 동적 변화를 설명하는 것이 아니라 자연을 채우는 기(氣)를 이루는 핵심 원소들이다.

영겁의 자연질서 속에서 생(生)과 사(死)는 서로 다른 차원에서 고립되어 있지 아니하다. 대자연의 영성을 분유하는 개체들의 생명은 유한하지만 영성 자체는 불생불멸이다. 모든 물체와 생명은 소멸될 때 소멸되는 것이 자연스럽다. 생사는 정(正)의 방향에서는 불간섭 내지 비개입의 원리가 유지되어야 한다. 3차원 세계에서 각자의 생존을 위하여 타자의 생존을 부정하는 경우에는 등가교환(等價交換)의 원리가 준수되어야 한다. 환경정의와 생태정의의 외연으로서 요청되는 자연정의는 정언명령의 형식으로 나타난다: "물질계와 생태계의 순환을 따르라! 생명체들은 오래 사는 것이 미덕이 될 수 있으나 자타의 공존[상생]을 유지하라! 각자는 타자의 영역을 간섭하지 말라! 타자의 생존을 부정할 경우 등가교환을 실천하라!"

공자님이나 다산 정약용이 탐독·해설하신 『주역』은 단순한 점술서가 아니고 고대의 물리학(physics) 책이다. 고전시대 석학들은 원형이정을 봄·여름·가을·겨울의 4계로 해석하거나 만물을 움직이는 4가지 덕(德 virtue)으로 응용하였으나, 원형이정은 특별한 뜻이 있는 것이 아니라 이(理)의 흐름을 나타내는 단계이며 각 단계는 예컨대, 은하계와 같은 천체의 공전 주기에 따라, 길게는 수 만년이 될 수도 있다. 이와 기는 서로를 필요로 한다. 금오의 태극음양도 아래에는 자세한 설명이 붙어 있다 :

> 입자는 개체로서의 자연이다. 개체는 존재하지만 전체는 순환한다. 존재의 질서는 크게 음(陰: 마이너스)과 양(陽: 플러스)으로 구분된다. 땅(地)과 어두움(暗) 그리고 귀(鬼)와 백(魄 : 陰의 넋) 등은 음의 주요한 표상들이다. 하늘(天)과 밝음(明) 그리고 영(靈)과 혼(魂 : 陽의 넋) 등은 양의 주요한 표상들이다. 입자는 플러스(+)와 마이너스(-)의 호환이 가능하다. 존재는 끊임 없이 변전하기 때문에 불확정성 속에서 확률로 표시될 수 있다. 순환의 질서는 생(生)과 사(死)를 되풀이한다. 생(生)은 순간에 머무르고 정(正)의 방향으로 흐르며 활성(活性)이다. 사(死)는 영겁 속에 침잠하고 부정(不正)의 방향으로 흐르며 비활성이다. 그러나 자연에서 死는 끝이 아니다. 생과 사는 획일적이 아닌 다중 경로를 통하여 오간다.

금오의 생각에 따르면, 우리는 현상을 통하여 자연의 근본을 일부 알 수 있다. 자연의 근본은 눈에 보이지 않는 (형이상학적) 본성(本性)과 눈에 보이는 (형이하학적) 본질(本質)로 구분할 수 있다. 이(理)는 만물을 움직이는 본성을 나타낸다. 이는 대자연 속의 영성(spirits)이다. 기독교는 이를 '말씀'으로, 또 헤겔은 절대정신 또는 세계이성으로 표현하였다. 기(氣)는 본질을 표상한다. 이는 기가 없으면 형상화될 수가 없다. 기는 이가 없으면 운행할 수가 없다. 이(理)는 서양철학에서는 인간의 이성에 머물렀고 종교에서는 신(神)의 경지로 고양되나 한국사상에서는 자연의 본성을 뜻한다. 이(理)는 가장 보편적으로 도리(道理)로 나타난다. 하늘에는 천리(天理)가 있다. 땅에는 지리(地理)가 있다. 생명체에는 생리(生理)가 있다. 물체에는 물리(物理)가 있다. 모든 일에는 사리(事理)가 있다. 기(氣)는 가장 한국적인 자연의 본질이다. 기는 물질의 근본을 이룬다. 기는 가장 보편적으로 정기(精氣)로 나타난다. 기는 양기와 음기, 공기와 습기, 열기와 냉기 그리고 전기와 자기(磁氣) 등으로 구분된다. 기는 대칭적으로 또는 교차하면서 입자 또는 파동 형태로 움직인다. 기가 움직일 때 힘(力)이 나타난다.

(3) 원형이정과 오행 체계

벨라: "무극태극 사상은 당초 음양을 포함하는군요. 무극과 태극은 서로 호환되구요. 그렇다면 태극사항은 우주의 변화를 설명하는 오행(五行) 또는 원형이정(元亨利貞)과 어떻게 결부될까요? 주역에서는 오행보다는 8괘와 64괘를 가지고 세계의 변화를 설명하던데요. 서로 혼재되어 있는 듯이 보이기도 해요."

한국학중앙연구원: "원형이정은 『주역』「건괘」의 괘사(卦辭: 彖辭)에서 유래하는데 여러 가지 학설이 있습니다. 「문언전(文言傳)」에서는 원형이정을 하나하나 나누어서 해석하는데, 원(元)이란 선(善)의 으뜸을, 형(亨)이란 미(美)의 으뜸을, 이(利)란 의(義)의 조화(調和)를, 정(貞)이란 사(事)의 주간(主幹)을 나타낸다고 새겼습니다. 이어서 자연의 사덕(四德)을 군자의 덕에 연결시켜 인(仁), 예(禮), 의(義), 지(智)의 순서로 풀이하기도 하였습니다. 건괘(乾卦: 上乾☰下乾

≡)에 전형적인 천지자연의 질서가 반영된 것에 착안하여 봄, 여름, 가을, 겨울의 모습과 유비적으로 연관시켜 설명하기도 합니다."93)

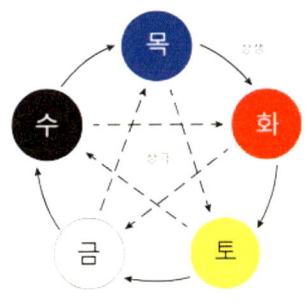

금오: "수→화→목→금→토로 변화하는 오행과 주역의 괘의 변화는 다릅니다. 오행은 제왕들이 불(火)·물(水)·나무(木)·쇠(金)·땅(土)이라는 5가지 자연자원을 가지고 국가를 다스리는 통치원리였습니다. 오행은 기본적으로 상생과 상극의 관계를 이루면서 교류·순환합니다. 예컨대, 일상생활에서 오행은 다음의 순환관계를 이룹니다: 비가 내리고 강이 하늘 아래 부분을 적시며, 불이 위로 올라가고, 연기가 열로 위로 떠오릅니다. 목수는 나무를 가열하여 곡선이나 직선 모양으로 가공합니다. 광석을 캐내 도구를 제련하고, 용도를 바꿉니다. 토양은 농작물에 영양을 공급하여 농부가 씨앗과 묘목을 심고, 익으면 열매와 이삭을 수확할 수 있습니다."94)

벨라: "오행론은 인간관계나 집단관계에 적용하면 어떨까 싶어요. 우리 일상에서 서로 상생상극 관계를 보이는 사람들이나 집단들이 많잖아요?"

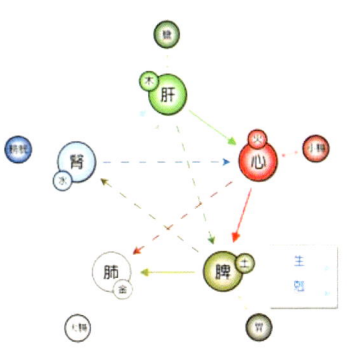

금오: "오늘날에도 한의학에서는 신체의 각 장기들 상호관의 관계를 이해하는데 이 오행론을 중요한 방법론으로 원용합니다. 예컨대, 간(肝)은 노(怒)를 다스리고, 지나친 분노는 간(肝)을 상하게 하고, 지나친 기쁨은 마음(脫)을 다스립니다. 폐는 두려움을 관장하며 과도한 두려움은 신장에 해를 끼칠 수 있습니다. 오행은 천문에서도 응용되는데, 다섯 가지 요소를 두 개의 공간 이미지로 표현합니다. 하나는 다섯 가지 요소가 서로 생성하고 구속하는 오각별이고, 다른 하나는 중심과 네 방향의 공간 모형입니다."95)

벨라: "말씀대로 오행론은 농가월력이나 한방치료 등 일상생활에서 많이 응용되고 있군요. 한약방에서는 확실히 위장에 탈이 나면 머리가 아프다고 말씀하시더군요. 천문학에서는 오행론이 방위를 설명하기는 하지만 지구를 벗어나지는 않는 것 같은데요. '남쪽으로 가면 흉하고' '북쪽으로 가면 귀인을 만나고'…때로 이런 말들을 들었어요. 길흉화복을 방위와 연결짓는다는 느낌을 받았어요. 오행론은 기상이나 지리학 방법론으로 쓰일 수 있지 않을까요."

(4) 천자문 속의 자연관

금오는 큰 아들 정남이 어렸을 때 집에서 「천자문」(千字文)을 가르쳤었다. 스케치 북에 네 글자 씩 적어서 "하늘'천' 따'지' 검을'현' 누를'황', 집'우' 집'주' 클'홍' 거칠'황'…" 식으로 외우게 하였지만, 그 내용이 자연과 인문·사회 전반을 함축하고 있어 어린아이가 온전히 이해하기에 힘들었다. 금오도 모르는 한자들이 수두룩하게 나와 당황스러웠다. 천자문의 출발점은 우주론 내지 천문지리였다.

　천자문은 글자 수가 모두 천 개에 불과하지만 우주론[천지현황(天地玄黃) 우주홍황(宇宙洪荒)]을 필두로, 천문[일월영측(日月盈仄) 진숙열장(辰宿列張)]과 계절변화[한래서왕(寒來暑往) 추수동장(秋收冬藏)]를 거쳐 음양오행[율려조양(律呂調陽) 윤여성세(閏餘成歲)]의 이치를 제시하고 지리·역사·인륜·섭생 순으로 나아간다. 한국의 서당은 천자문부터 가르쳤으나 편찬자[梁武帝]나 지은이[周興嗣]는 그리고 일본에 이를 전한 백제의 왕인(王仁) 박사는 천자문을 국민교양독본으로 상정했을 것으로 짐작된다. 어쨌거나 천자문은 전근대 동북아시아 학생들이 우주론과 천문지리 등 자연철학에 기반을 둔 세계관부터 배웠음을 시사한다. 남북조 시대 귀족들의 교양수준을 반영하는 천자문은 『노자』(老子)와 『장자』(長子) 또는 삼경[三經: 『시경』·『서경』·『주역』]을 섭렵하지 아니하고서는 요해하기 힘들다.

(5) 동학의 자연관

　벨라: "일본 등 외세를 극도로 경계하였던 동학의 초대 교주인 최제우 선생에 따르면, '사람은 누구나 마음 속에 같은 하느님을 모시고 있으므로[侍天主] 계급·신분·빈부·남녀와 관계 없이 평등하다'는 사상을 주창했어요. 2대 교주 최시형 선생은 여성을 '하나님을 낳는 하나님'이요, 어린이를 '어린 하나님'이라고 칭하였지요."

　금오: "최시형 선생은 '부귀한 사람들과 지식인들은 호미 들고 지게 지는 사람들보다 도(道)에 이르기 어렵다'96)고 설파하셨으니 걱정이외다. 장자크 루소의 『인간불평등기원론』(1755)은 '자연상태에서 인간은 자유롭고 평등하였지만, 처자식을 위하여 사유재산 제도가 발달되면서부터 불평등이 빚어지기 시작하였다'고 설파하였잖아요. 한국사회에서는 언제 어떻게 불평등이 진행되었는가도 관심사지요. 전주에서 동학운동에 종사하는 강주영 선생의 견해에 따르면, 고대 단군신화 시절에도 불평등이 존재했답니다."

　벨라: "아 ~ 『삼국유사』에 등장하는 단군신화! 고조선 시대는 청동기가 발달한 부족국가 시절이 아닌가요? 천부인(天符印)을 가지고 하늘에서 지상으로 내려 오신지도 얼마 되지 아니하였고..."

　금오: "강주영 선생의 추론에 따르면97), 청동기 시대에 이르러 하늘과 사람의 직접 소통이 끊어졌고(絕地天通), 하늘이 권력화되고 독점화되면서 불평등 시대가 열렸어요. 단군신화는 홍익인간을 말씀하지만 불평등한 사회구조를 시사해요. 고조선에는 노예가 있었을 거요. 사람이 되지 못한 호랑이가 이를 상징하지요."

　벨라: "고조선 시대가 평등사회가 아니라는 관점에는 공감해요. 하지만 동학에서는 평등사회의 기원을 어디에서 이끌어내지요?"

금오: "신화가 아닌 역사기록에서 그 시점을 잡기는 사실 어려워요. 어쩌면 평등사회의 원형은 근대 자연법 사상가들이 상정한 '사회계약' 체결 이전의 원시공동체 사회 즉 자연상태처럼 역사상 실재하지 아니하는 '해설적 신화'일 수도 있겠어요."

벨라: "음~ 플라톤이 그렸던 이상국가의 '원형'도 루소의 자연상태 가설과 같은 느낌을 주던데요…"

금오: "최시형 선생이 말한 '다시 개벽'[98]이나 최제우 선생의 사상을 흡수하여 증산교를 개적한 증산(甑山) 강일순(姜一淳, 1871~1909)이 추구한 '원시반본'(原始返本)은 지천통(地天通)으로써 '누리시대' 즉 하늘이 독점되지 아니한 평등시대를 다시 연다는 설정인데, 최시형 선생의 '하ㄴ·ㄹ'은 신(神) 이전의 신이요, 하늘(天) 이전의 하늘이외다."[99]

"본성은 바꿀 수 없고, 운명은 변할 수 없고, 시간은 멈출 수 없으며, 도(道)의 작용은 막을 수 없다."(性不可易, 命不可變, 時不可止, 道不可壅)『莊子』「天運」

2) 과학과 인문학의 경계

벨라: "고고한 선생님, 점(占)을 쳐본 적이 있나요?"

고고한: "글쎄요. 미래가 결정되어 있는 것 같지도 않고, 또 점술사 앞에 앉아 운명을 물어보는 모습이 쑥스럽기도 해요."

벨라: "점은 동서고금을 막론하고 광범위하게 민간에 전승되고 있잖아요. 혹자는 점을 미신이라고 말하지만, 지나간 일은 잘 맞더라구요. 미래사는 과거사보다 확률이 떨어지지만요. 완전히 허무맹랑하다면 점이 그렇게 오랫동안 세인들의 관심을 끌었겠어요."

고고한: "기독교 철학은 그렇지 않지만 동양사회에서는 점이 여전히 인기를 끌고 있어요. 점술사들은 점치는 방법론을 동양철학이라고 부르기도 하던데요."[100]

벨라: "사실 지도자들이나 개인들이나 자신의 운명이 궁금하지 않은 사람들이 어디 있겠어요. 하지만 주역의 대가들은 심심풀이로 점을 치지는 말래요. 자신의 미래가 보이지 않거나 갈림길에서 절실할 때 점괘에 의지해 보라고 말하던데요."

고고한: "국가나 개인의 운명이 고립된 좌표계의 사건이 아니라 천지만물의 운행질서 속에서 다소 불확실하게 결정된다면 운명론은 자연관에 포함되겠지요. 운명론은 어쩌면 '자연적 정의'의 맥락에 속한다고 새길 수 있겠어요."

벨라: "여러 나라의 신화들을 보더라도 자연의 정의는 인류나 세속의 정의를 위요한다고 생각되어요."

태극사상과 점성술 그리고 천문학

과학과 비과학의 경계를 넘나드는 점성술(占星術 astrology)은 천문학의 현상 또는 천체현상을 관찰하여 인간의 미래를 예측하는 점술이다. 예언자들뿐만 아니라 과학계의 유명인사들도 점성술사로서 이력을 가지고 있다. 이집트의 알렉산드리아에서 천문학을 연구하여 '지구가 우주의 중심'이라는 천동설을 체계화시킨 그리스의 클라우디오스 프톨레마이오스(Ptolemy: AD 83년경~168년경)는 수학자·천문학자·지리학지·점성학자였다. 프랑스의 노스트라다무스(Nostradamus: 프랑스 이름 Michel de Nostredame: 1503~1566)는 의사로서 프랑스 국왕 앙리 2세의 정책 자문역을 수행했으나 점성술사로서 명성을 떨쳤다. 과학자로서 '케플러의 법칙'을 발견한 독일의 요하네스 케플러(Johannes Kepler: 1571~1630)는 생전에는 과학자보다 점성술사로 더 유명했다. 이들은 접신이나 영감으로 예언한 것이 아니라 천문학을 통하여 점을 쳤다.

벨라: "천문학과 점성술의 관계가 궁금한데요. 점을 치더라도 하다 못해 산가지라도 있어야 되는데, 점성술은 일단 자기들의 별자리를 가지고 운명을 점치니 신비롭잖아요."

금오: "말처럼, 천문학은 점성술의 주요 방법론이었요. 하늘의 상황을 단순화시켜 평면으로 그린 천궁도(chart 또는 horoscope)는 점성술의 기본이지요. 천궁도는 지구를 중심으로 어느 한 사람의 출생 순간과 같은 특정 시간의 태양과 달, 행성 그리고 기준선을 표현하는 점성술의 도해를 말해요. 점성술사들은 항성과 행성의 위치가 어느 개인의 성격과 미래를 결정한다고 믿어요. 개인의 운명은 탄생시 별자리들의 위치에 따라 결정되는 셈이지요. 왕조의 운명은 왕들의 별자리에 따라 결정되구요. 고대에는 점성술과 천문학이 일체를 이루었으나 18세기 이후 계몽주의가 발달하면서 점성술은 점차 과학으로부터 멀어졌어요.".

벨라: "주역이나 태극의 사고체계는 태극의 구조를 이해하고 이기(理氣)의 움직임을 설명하는데 천문학을 적용하였으나 천문학이 주된 목표는 아니었다고 봐요. 신음양오행론이나 명리학(사주팔자)은 천문학을 방법론으로 원용하지 아니하지만 인간의 운명을 예언하고자 해요. 이에 비하여 서구의 점성술은 국가의 성쇠와 인간의 운명을 예언하기 위하여 천문학을 발전시켰고 천문학을 이용하였어요. 이러한 외관 때문에 주역과 점성술 그리고 명리학은 현대 천체물리학이 발달되기 이전까지 정체성과 방법론 상 혼란을 야기시켰지요. 특히 천문학이나 점성술에서 다 같이 사용하는 황도(黃道: ecliptic: 지구에서 보기에 태양이 하늘을 1년에 걸쳐 이동하는 경로로서 황도좌표계의 기준이다)가 혼란의 배경으로 작용하였다고 생각해요."

점성술에서 쓰는 황도 12궁[101]

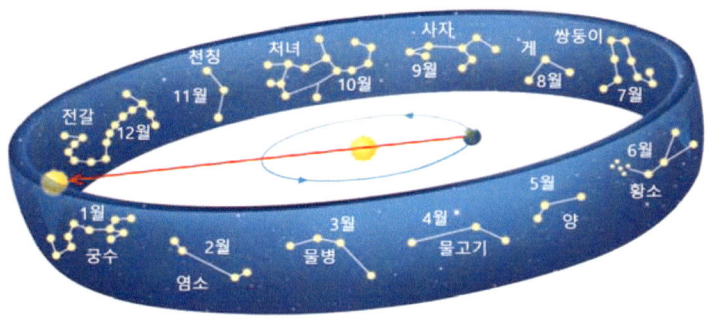

그림 출처 ⓒhttps://javalab.org/zodiac

금오: "그렇다면 천문학에서 다루는 천구좌표계와 황도를 살펴보고 신음양론이나 명리학까지 살펴볼까요."

벨라: "금원산 삼소암의 도법스님께서는 '주역 계사전을 먼저 터득해야 산가지를 가지고 점을 칠 수 있다'고 말씀하시던걸요."

금오: "흠~ 조만간 잘만 하면 우리 동무들 중 누군가 점을 칠 수 있을지도 모르겠군요."

천구적도와 황도

천구좌표계(天球座標系: celestial coordinate system)는 천문학에서 위성, 행성, 항성, 은하 등 천체의 위치를 나타낼 때 사용하는 좌표계이다.[102] 천구좌표계는 구면좌표계의 일종으로, 하늘을 둘러싼 가상의 구인 천구에서 천체의 방향을 가리키는 방식을 사용한다. 도표는 어떠한 천체의 은하(노랑), 황도(빨강), 적도(파랑) 좌표계가 천구 위에 투영되어 있는 모습으로, 적도 및 황도 좌표계는 춘분점을 기준점으로 사용하며, 은하 좌표계는 (왼쪽 방향에 있는) 은하 중심을 기준점으로 사용한다. 좌표의 원점, 즉 천구의 중앙은 각 좌표계마다 정의가 다르다.

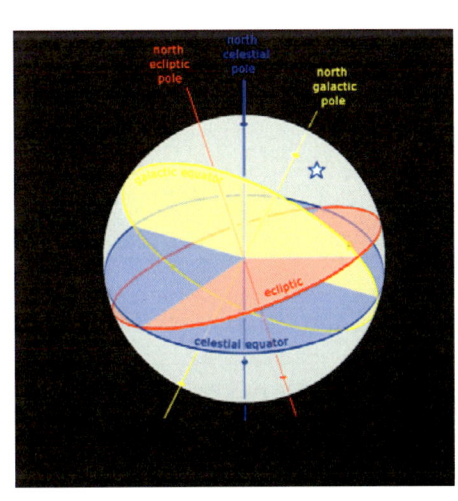

황도(黃道, ecliptic)는 지구에서 보기에 태양이 하늘을 1년에 걸쳐 이동하는 경로로, 황도좌표계의 기준이다. 공전하는 지구에서 보는 태양은 항성을 기준으로 이동하는 것처럼 보이며, 황도는 천구에서 이 과정을 통해 태양이 지나는 경로이다.[103] 이 과정은 1태양년을 주기로 반복된다. 지구의 궤도를 확장한 평면은 황도면이 된다. 지구는 태양을 중심으로 공전하므로 황도면은 지구의 공전면과 공면점(共面點) 관계이다.104) 지구 표면에서는 일출과 일몰 등 태양의 일주 운동이 존재하여 배경 항성에 대한 움직임을 가리기 때문에, 황도를 일반 관측자가 알아채기는 쉽지 않다. 대체로 행성은 지구의 공전면인 황도면과 매우 가까이 위치해 있다.105)

이 도표에서는 천구상에 회색으로 투영되어 있으며, 지구의 적도와 자전축 또한 표시되어 있다. 황도면과 천구는 한 대원을 교선으로 만나는데, 이 선이 황도이다. 지구의 자전축은 공전면과 수직이 아니기 때문에, 지구의 적도면은 황도면과 23.4° 가량 기울어져 있으며, 이 수치를 황도 경사라고 한다.106) 천구적도는 황도와 두 점에서 만나는데, 이 점이 분점이 된다. 태양은 천구적도를 한 번은 남쪽에서 북쪽으로, 한 번은 북쪽에서 남쪽으로 통과하는데, 남쪽에서 북쪽으로 가는 점이 춘분점이며, 북쪽에서 남쪽으로 가는 점이 추분점이다.107)

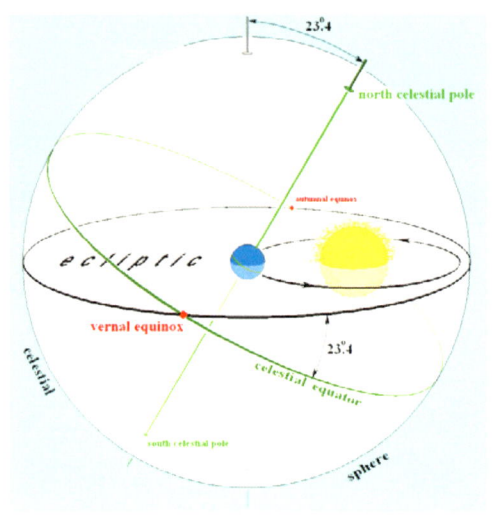

지구의 자전축은 약 26,000년을 주기로 황도의 극을 도는데, 이 현상을 자전축의 세차운동이라고 하며 주로 태양과 달의 중력적 영향으로 인해 발생한다. 태양과 달 및 다른 행성들의 섭동 효과를 모두 합하면, 분점의 위치는 1년에 0.014°씩 움직인다.108)

신음양론과 명리학(사주팔자)

종래 음양설은 남성을 양(陽)으로 보고 여성을 음(陰)으로 보는 단순 도식에 젖어 성평등 차원에서 많은 오해를 불렀다. 하늘은 양으로 땅을 음으로 보는 사고에서 기초하여 양인 남성을 하늘로 잘못 인식하는 경향이 있었다. 그러나 지상에서 하늘은 허공일 뿐이다. 남성은 하늘이 아니라 발디딜 곳이 없는 허공에 떠 있었던 셈이다. 금오는 음양학자들을 초청하여 인간의 미래 길흉화복을 점친다는 명리학(命理學)과 그 바탕원리인 음양론(陰陽論)의 설명을 구한다. 음양설은 무극태극 사상의 음양을 공유하면서도 오행설과 결합되기도 하고 구분되기도 한다.

금오: "먼저 여성성을 탐구하시는 학자분들께 말씀을 청합니다. 김혜숙선생님은 신음양론에 기초하여 음양도식의 해체를 주장하고 새로운 남녀관계를 정리하고자 합니다."

김혜숙: "여성과 남성의 문제에서 전통적 음양 개념은 여전히 자연스럽고 유용한 것으로 간주됩니다. 그것이 자연스럽게 느껴지는 것은 음양이라는 문화적 은유가 오래된 것이기 때문이지요. 신음양론은 여성을 음양적 존재로 봄으로써 음에 속하는 음습하고 열등한 것들과 여성을 묶고 있는 질긴 고리를 끊어내고 그 고리에 기초한 문화적 은유체계를 해체합니다. 이제 가정에서 남편은 하늘이 아닙니다. 여성을 남성의 보조자로 놓는 음양도식은 이제 해체되어야 합니다."109)

금오: "하하~ 남편이 하늘이었다니…이제는 개그의 소재로도 쓰이지 않습니다. 신음양론의 전략이 궁금합니다. 음양오행을 문화적 은유로 파악하는 입장도 있지 않습니까?"

김혜숙: "여성문제와 관련한 신음양론의 전략은 크게 두 가지입니다. 하나는 과학적 개념으로 간주되어 왔던 음양오행의 개념을 문화적 은유로서 파악하는 것이고 다른 하나는 여성과 남성을 각각 음과 양으로 보는 것이 아니라 각각을 음양적 존재로 보는 것입니다. 전자는 음양도식이 갖는 근본 성격에 대한 재규정이고 후자는 여성의 형이상학적, 존재론적 위치에 대한 재규정입니다."110)

금오: "존재론을 인용하십니다만, 음양은 이분법이라기보다 0과 1이 되풀이되는 이진법이 아닐까요? 전원은 ON에 켜지고 OFF에 꺼집니다. 전원이 들어오는 ON은 1이고 전원이 꺼지는 OFF는 0입니다. 전기는 양극(+)과 음극(—)이 교차합니다. 음양을 남녀를 차별화하는 이분법으로 바라볼 것이 아니라 새로운 관점에서 접근할 수는 없을까요?"

김혜숙: "전통적 음양론은 남성을 양으로, 여성을 음으로 범주화했으며, 존양억음(尊陽抑陰)의 가치를 규정하였습니다. 이러한 위계적 관계는 현대 사회의 민주주의 가치관과 충돌함으로써 사회적 갈등을 빚었습니다. 신음양론 차원에서 남녀관계를 비롯하여 모든 위계적 인간관계를 규정해 왔던 음양론의 이분법적인 도식은 해체되어야 합니다."111)

금오: "남성 우월주의자들이 뜨끔하겠습니다. 하지만 하늘[+]은 땅[—]이 없으면 번개조차 칠 수 없는 허공일뿐입니다. 노동과 여성의 역할에 관한 진보적인 입장을 말씀해 주시겠습니까?"

김미영: "하늘은 높고 땅은 낮다고 말합니다. 그래서 오랫동안 양인 남자는 높고 음인 여자는 낮다고 말했습니다. 유교는 오랫동안 이러한 인식 때문에 여성비하적이라는 평가를 받았습니다. 그러나 유교에서 음과 양은 반드시 생물학적인 여성과 남성으로 대별되지 않습니다. 음의 영역에 해당되는 노동 영역을 유교에서는 천시하였다는 일반론도 성립될 수 없습니다. 자기의지로 활동하는 인간에게 남성—양—공적 영역과 여성—음—가정(노동 영역)이라는 의미배열은 절대적이지 아니하며 자신이 의지를 가지고 활동하면서 새로운 의미를 창출할 수 있는 여지가 열려 있습니다."112)

금오: "이제 명리학에 관한 이야기로 넘어가겠습니다. 인공지능(AI)의 도움을 받아 생성된 빅데이타를 분석해 보면 사람들의 미래가 보인다는데 동양의 명리학(命理學)은 사주팔자(四柱八字)를 풀어 개인과 집단의 운명을 예측한다니 신기합니다. AI와 한판 승부를 겨룰만 하군요. 먼저 『음양오행론의 역사와 원리』(다산글방, 2017)를 펴낸 김기승·이상천 두 선생께서 명리학(命理學)이 무엇인지 말씀해 주시겠습니까?"

김기승·이상천: "명리학은 불확실한 미래를 현명하게 헤쳐 나가기 위하여 음양오행(陰陽五行)의 원리를 활용한 과학입니다. 음양오행은 우주 에너지가 만들어 놓은 불변의 법칙입니다. 서양에서 정의(正義)가 운행되는 원리와 같습니다. 음양오행은 인간의 운명을 연구하는 명리학을 비롯, 체질과 건강을 연구하는 한의학과 인문학, 논리학 등 다양한 분야와 영역에서 활발히

연구되고 있습니다.113) 명리학은 각자가 태어난 시점의 시공간에 대한 천체 중력배열의 부호를 연역적으로 풀어나가는 방법론으로서 우주의 규칙적 주기 속에 수천 년간 쌓인 빅 데이터를 출생이라는 공통분모에 적용하여 각자의 미래를 풀어냅니다."

금오: "명리학협회에서 십간십이지를 기초로 하는 사주팔자를 부연설명해 주시겠습니까? 세간에서는 명리학을 사주팔자로 이해하고 점을 치는데 관심들이 많습니다. 주역이 64괘를 바탕으로 삼는다면, 명리학은 어느 띠가 10간을 순차적으로 따라가다고 자기 띠가 5번째 돌아오면 환갑이 되므로 60개의 조합으로 운명을 점치겠습니다. 예컨대, 을미생은 60년만에 을미년이 돌아오겠습니다."

명리학협회: "사주는 한자로 넉(四)에 기둥(柱)를 쓰는데 이는 연(年), 월(月), 일(日), 시(時)를 각각 하나의 기둥으로 보아 네 개의 기둥 즉 사주(四柱)가 됩니다. 팔자는 년, 월, 일, 시 각 기둥은 천간(天干)과 지지(地支)로 이루어져 2개의 글자로 이루어지며, 천간 즉 갑(甲) 을(乙) 병(丙) 정(丁) 무(戊) 기(己) 경(庚) 신(辛) 임(壬) 계(癸)와 지지 즉 자(子) 축(丑) 인(寅) 묘(卯) 진(辰) 사(巳) 오(午) 미(未) 신(申) 유(酉) 술(戌) 해(亥)가 있으며 그 조합이 60개가 됩니다. 흔히 12띠114)로 알려진 십이지의 각 글자들은 일종의 부호이며, 간지는 자연을 구성하는 하나의 개체로서 각각 서로 독립되어 있지 않고, 상호 유기적 관계를 형성합니다. 또한 간지는 음양오행과 밀접한 관계를 가지며 자연과 생명의 영속성을 표현합니다."115)

벨라: "명리학[八字命學]은 간지에 음양오행 이론을 적용하여 사주를 구성하고, 구성된 상호 관계를 보고 운명을 판단하시지요? 명리학에서 다루는 사주명리(四柱命理)116) 또는 사주팔자(四柱八字)는 음양(陰陽), 오행(五行), 천간(天臟)과 땅가지(地至)에서 유래한 것으로서 송나라의 서자평이 시·일·월·년의 사주점법을 정립한 이후 사람의 생년월일을 기준으로 사람의 운명을 계산하는 방법으로 알려져 있습니다."

사주명리(八字命)의 구조

4주(柱)	8字천간	8字지지	연령대	별칭	비유	확장
연 도	부친궁	모친궁	소년	本命 年命	뿌리	부모와의 길흉관계부모와의 친소관계
월(달)	사업궁	운명궁	청년	題綱 月建 月提	묘목	사회적 가치 대인관계
일(해)	命主	부부궁	중년	日主 元神	꽃	내면성정 혼인관 감정관
시(時)	자녀궁	재앙궁	노년	歸宿	과일	자녀와 상호관계 신체건강 상태

출처: https://zh.wikipedia.org/wiki/八字命學

명리학협회: "다시 말씀드리자면 명리학은 봄, 여름, 가을, 겨울의 주기적으로 반복되는 자연의 질서에 음양과 오행의 이론을 도입하여 사람의 길흉화복을 예측합니다. 사람의 성격과 재능, 기술, 직업, 부모형제와의 관계, 대인관계, 길흉, 건강, 부귀 등을 판단합니다. 사주풀이 방법은 포태법(胞胎法), 또는 십이운양생법(十二運養生法)이 있지요. 십이지는 12개월이며 십간은 장생(長生)에서 시작하여 태(胎)와 양(養)에 이르기까지 12가지의 지위를 지닙니다."117)

벨라: "사주팔자라는 것이 당초 이렇게 구성되어 있군요. 여러 궁(宮)들을 보니 궁합은 남녀간의 관계만을 뜻하지 않나 봐요. 누군가의 사주는 태어나면서부터 이런 틀 속에 결정되겠군요."

금오: "명리학은 '인간의 운명이 결정되어 있다'고 보는 결정론의 입장을 취한다고 이해되어요. 명리학자들은 음양론에 바탕을 두고 있다는데 음양론의 주창자이신 주희(朱熹) 선사께서 그 원리를 가르쳐 주시겠어요."

주희: "모든 물질은 음양으로 이루어져 있소이다. 음양은 대립제약(對立制約) 상호호근(相互互根) 소장평형(消長平衡) 및 상호전화(相互轉化)의 네 가지 상호관계성을 유지합니다."118)

금오: "말씀들이 참 심오합니다. 조금 더 설명을 부탁드려요."

주희: "'대립제약'이란 '음양은 서로 대립하면서 공존한다'119)는 뜻이고, '상호호근'이란 '음양은 어느 하나가 서로를 떠나서 홀로 존재할 수 없다'120)는 뜻이고, '소장평형'이란 '음과 양은 때로 불균형이 존재하지만 절대적 평형이 아니라 일정한 한도와 시간에 따라 음소양장(陰消陽張)과 양소음장(陽消陰張)을 되풀이하면서 상대적 평형을 유지한다'121)는 뜻이오, '상호전화'란 '자연현상은 시간이 흘러감에 따라 양이 음으로 또 음이 양으로 바뀌어 간다'122)는 뜻이외다."

금오: 십간십이지나 '12띠 이야기' 그리고 오행론은 그 바탕에 천체의 순환을 설명하는 천문학을 깔고 있다고 생각됩니다. 독일의 케플러(Johannes Kepler: 1571~1630)나 영국의 뉴턴(Sir Isaac Newton: 1643~1727)이 행성의 운행을 관찰할 때 동양인들은 십간십이지의 변화나 오행을 성찰하였다고 이해됩니다.

김기승·이상천: "음양오행론은 그동안 십간십이지(十干十二支)를 풀이하는 기초이론 정도로만 알려졌습니다만, 음양오행의 역사와 원리는 동양문화 전반에 광범위하게 분포되어 있습니다. 음양오행을 제대로 이해하기 위하여서는 먼저 음양과 오행 각각의 원리와 물리법칙, 물상이론, 운동성을 이해한 다음에 음양의 기원과 오행 탄생의 배경을 비롯해 다양한 음양오행학설을 공부하고 십간십이지의 탄생배경, 음양오행과 간지배합 원리, 동서양의 12지지와 12사인을 비교하여야 합니다."

금오: "김기승·이상천 선생께서 명리학이 근간으로 삼는 음양오행은 우주 에너지가 만들어 놓은 불변의 법칙으로서 서양에서 정의(正義)가 운행되는 원리와 같다고 말씀하셨습니다. 음양

오행이 불변이라면 명리학이나 사주명리도 불변일까요?"

벨라: "주변 사람들 말씀을 들으니, 운명의 7할 정도는 선천적으로 정해져 있으나 3할 정도는 주변 사람들의 영향으로 사후에 변한다던데요. 물론 이 비율이 7:3 인지 8:2 인지는 불확실하지만 팔자가 바뀔 수 있다는 말을 가끔 들어요."

금오: "흥미롭군요. 그렇다면, 명리학은 현대 물리학의 상대성이론이나 양자역학과 어느 정도 일맥상통하는 것일까요? 주역의 점괘와 마찬가지로 명리학의 사주팔자도 우주와 지구 그리고 그 운행에 따른 인간의 운명을 결정론의 관점에서 바라볼 것인가 아니면 불확정성을 수용할 것인가의 여부가 향후 관건이 되겠어요."

12띠들의 경쟁

금오: "천문에서의 12지는 우리가 일상에서 쓰는 12띠와 과학적 기능은 같지만 문화적 의미가 다르군요. 한국인들은 흔히 나이를 묻는 대신에 띠(生肖)를 물어요. 곰곰이 생각하면 이 띠들이 모두 육상 동물들로 짜여져 있어요. 식물은 물론이거니와 새(鳥)들도 없고, 삼면이 바다이고 강들이 즐비함에도, 물고기나 해양생물들이 없어요. 가축인 닭을 새로 칠 수 있을까요? 수리가 기분이 엊짢을 테고 상괭이도 슬퍼하겠어요. 용(龍)은 아예 없었거나 멸종되었지요. 원숭이도 한국산이 아니지요. 곰과 호랑이가 주역인 단군신화의 나라에서 곰도 빠졌어요. 대체 동물들 사이에 무슨 맹약(카르텔)이 있었던 것일까요?"

벨라: "12띠는 서양의 점성술이나 동양의 명리학에서 말하는 12지와 같은 맥락으로 이해되는데, 운명론과 함께 문화인류학적인 의미를 담고 있지 싶어요. 12띠를 보면 동물들 사이에 균형이 깨졌다는 느낌을 받아요. 옥황상제께서 특정한 동물들을 편애하셨거나, 중국 농경사회에 다른 동물들이 별로 없었거나요."

금오: "열두띠 사이에 치열한 경쟁과 셰력이 있었음은 확실합니다. 한국에서는 양보다 염소가 많은데 염소도 다소 억울하다는 생각이 들겠어요. 개략적으로 말하자면, 열두띠는 중국 농경문화의 전통을 계수하였습니다. 외래문화가 토착화된 셈이지요. 그러나 들어오는 과정에서 아무런 각색이 없이 송두리째 들어왔다는 사실도 신기한 일입니다."

벨라: "제가 일하는 국민신탁에서는 한국정전협정 60주년을 맞이하던 해(2013년)에 전문가들이 추천한 24종을 놓고 3만5천명의 네티즌들의 투표를 거쳐 DMZ 열두띠를 선정했답니다. 두루미가 1위를, 반달가슴곰이 2위를 차지했어요. 이어서 산양, 재두루미, 사향노루, 하늘다람쥐, 점박이물범, 닻꽃, 금개구리, 독수리, 날개하늘나리, 수달이 뒤를 이었어요. DMZ가 한강 하구까지 미쳐 점박이물범이 들어갔지만, 열목어 등 어류가 여전히 열세를 면하지 못했어요."

금오: "우리와 띠들이 비슷한 중국, 인도 그리고 일본에서의 열두띠를 살펴볼까요? 그밖에 다른 아시아권에서도 12띠는 근대에 이르기까지 널리 통용되었어요. 동물들이 서로 어떻게 경쟁했는가를 살핌은 흥미로울 것입니다."

중국설화:123) "옥황상제는 동물들을 연회에 초대하면서, 도착 순서대로 각각의 달력의 연들에 동물의 이름을 붙일 것이라고 공표했다. 동물들은 그 연회에 참여하기 위해서 강을 건너야 했다. 고양이와 쥐는 강을 건너는 가장 빠른 방법으로 소의 등에 타기로 마음먹었다. 순진하고 온화한 소는 둘을 태우고 건너기 시작했다. 중간쯤 왔을 때 쥐가 고양이를 물로 밀어버렸다. 강 맞은 편 기슭에 가까이 왔을 때, 쥐는 폴짝 뛰어내려 소 보다 먼저 도착했다. 호랑이는 심한 물살을 헤치고 강을 건너 세 번째로 강가에 도착하였다. 네 번째 토끼는 운이 좋게도 물 위에 떠있는 통나무를 움켜잡고 강가로 떠밀려 왔다. 용은 땅의 사람들과 생물들을 위하여 멈춰서 비를 뿌리느라고 늦었다. 말은 자기 발굽에 숨어 있던 뱀에게 놀라 7위가 되었다. 닭은 뗏목을 발견하고 양과 원숭이를 그 위에 태웠다. 양과 원숭이는 해초를 치우고 당기기를 반복하면서 강가에 다다랐다. 옥황상제는 이들의 협동을 칭찬하였다. 개는 강에서 조금 더 놀고싶은 유혹을 뿌리치지 못했다. 돼지는 경주 중에 배가 고팠고, 포식했고, 곧 잠에 빠졌다. 물에 빠졌던 고양이는 13번째로 들어 왔지만 띠에 포함되지 못하였다."

민간설화124): "연회 참석일에 쥐가 소를 만났다. 쥐는 소에게 노래를 들려주고 싶다고 말했다. 쥐는 입을 움직였지만 아무 소리도 내지 않았다. 쥐가 "어때?"라고 물었고, 소는 "작은 쥐야. 미안한데, 너의 소리는 들리지 않아."라고 답했다. 쥐는 소에게 노랫소리가 더 잘들릴도록 등위로 올라가게 해달라고 말했다. 소는 이내 노래 듣기로 한 것도 모르고서 걸었고 쥐가 등에 타고 있다는 것도 잊어버렸다. 연회장에 거의 다 왔을 때, 쥐는 폴짝 뛰어 내려 첫 번째 자리를 차지했다."

불교설화: "쥐가 12띠 중 첫 번째에 나오는 이유를 달리 풀이할 수 있다125): 극락에 이르는 하늘에 12대문이 있는데 12마리 동물이 수문장 역할을 수행한다. 첫 번째 문의 수문장은 고양이였다. 고양이가 잠깐 자리를 비운 사이에 쥐가 자리를 차지하였다. 수문장들의 총감독인 대세지보살이 와서 고양이는 어디 갔느냐 물으니 바쁜 일이 생겨 고향에 갔다고 하였다. 고양이의 빈자리를 쥐가 차지했다."

일본만화: "후르츠 바스켓에 따르면126), 신이 어느날 밤 연회에 동물들을 초대했다. 간계를 잘 부리는 쥐는 이웃에 사는 고양이에게 연회가 열리는 날을 다음 날로 알려줬다. 고양이는 쥐의 말을 믿고 연회 날에 잠을 잤다. 다음 날 쥐가 가장 먼저 도착했고, 소와 호랑이 그리고 나머지 동물들이 뒤를 이었다."

금오: "열두띠 문화유산은 점차 세력을 잃어가고 각국에서는 일부 주인공들이 살짝 바뀌기도 하였지만 여전히 전승됩니다. 종래 서열에서 밀렸던 고양이가 약진하는 모습도 나타나요. 예컨대, 베트남과 태국에서는 토끼 대신에 고양이가, 불가리아에서는 호랑이 대신에 고양이가 들어갔지요. 인도에는 닭 대신에 가루다(신조)가 들어갔고 아라비아에서는 용 대신에 악어가 들어갔어요. 카자흐스탄이나 몽골에서는 소 대신에 쥐와 낙타가 경쟁했구요."

벨라: "북반구에서는 북두칠성을 기준으로 별자리들이 돌아가고 태양계가 움직이는 한 12띠는 유지될 것 같아요. 경주에서 김유신 장군의 묘를 둘러싸고 있는 12지신상을 보면, 각자

의 띠는 신성과 접하는 매개체[영매]이기도 하고 수호신이기 하지요. 십이지신의 탄생 배후에는 고대인들의 천문 지리적 식견과 사유(思惟)를 바탕으로 한 현실적인 욕구가 자리잡고 있다. 십이지신은 공간성과 시간성을 동시에 갖춘 우주 모형인 동시에 우주의 진리와 법칙을 매개하고 발현하는 상징이랍니다."127)

금오: "상징성이 대단하군요. 띠는 점을 치는데도 여전히 필요하겠지요^^ 그렇다면, 12띠는 현대물리학의 상대성이론에서 말하는 시공간(spacetime)과 맥락이 통하겠군요. 시대가 바꾸고 장소도 바뀌었으니, 문화적 변용이라는 관점에서 일부 띠들을 바꾸어, 한국화된 12띠를 쓰는 것도 괜찮치 않을까요? 공정이라는 차원에서 시간이 걸리더라도 사회적 합의를 통하여 하늘의 새들과 물 속의 어류들 그리고 일부 식물도 12띠에 명함을 내밀 수 있으면 좋겠어요."

제3장 법문화와 법문명

제3장
법문화와 법문명

1. 법문화의 원류: 신화(神話)

"종교는 문화의 뿌리이다."[Paul J. Tillich] 원시종교로서의 신화는 그 민족이나 집단의 우주론과 세계관 그리고 통치관을 담고 있다. 신화는 법감정의 원천이다. 로마법을 세계화시켰던 로마인들은 콘스탄티누스 대제가 팔레스타인에서 발원한 기독교를 325년 니케아종교회의(Council of Nicaea)에서 국교로 공인하기 전까지는 제우스(주피터 Jupiter)를 주신(主神)으로 모시고 에게해의 그리스 신화를 각색한 로마신화를 믿었다. 마르스 광장(Campus Martius)에 모든 신들을 위하여 세운 판테온(Pantheon) 신전과 여러 신전들128)이 그 징표이다. 신화는 자연이나 신성에 대한 외경(畏敬)이나 금기(禁忌)·의례를 통하여 공민들의 관습 규범에 영향을 미쳤다. 그리스에서 올림푸스 신들의 영향력은 529년 유스티니아누스 1세가 아테네의 아카데미아를 폐지함으로써 사라졌다. 그리스의 아카데미아의 유산은 아테네에서 찾기 어렵고 플라톤의 저작과 르네상스 시대 라파엘로(Raffaello Sanzio da Urbino: 1483년~1520년) 산치오의 그림 '아테네 학당'(Scuola di Atene, 1509년~1511년 바티칸 Palazzo Apostolico 소장)에서 명맥을 유지한다.

1) 알타이족·튀르크족

알타이 산맥과 천산

중앙아시아의 알타이산맥(www.britannica.com)은 고비사막에서 서부시베리아평원에 이르기까지 중국, 몽골, 러시아 및 카자흐스탄에 걸쳐 남동-북서 방향으로 약 2,000km에 이르는 복잡한 산맥을 이룬다. 이 뾰족뾰족한 산봉우리들의 이름은 투르크-몽골어의 "황금"을 뜻하는 알탄(altan)에서 유래한다. 알타이산맥은 원알타이(옛 소비에트알타이), 몽골알타이 및 고비알타이의 세 갈래로 이뤄졌다. 원탈타이의 벨루카 봉은 4,506m로서 가장 높다. 과거에 이 산들은 멀리 떨어져 있었고 사람들이 드문드문 살았으나 20세기에 이르러 광범위한 자원 개발에 개방되었고 지역민들의 고대생활 방식도 급속하게 변모되었다.129)

톈산산맥(天山山脈 Tian Shan)은 키르기즈의 전통 명칭인 텐니르(Teñir)를 직역한 것이다.130) 톈산은 위구루(新疆)어에서 '텐그리타'(Tengritagh تەڭرىتاغ)로 지칭된다. 천신주의(Tengrism)에서 톈산산맥은 성지이며 두 번째로 높은 봉우리는 천산(天山 Khan Tengri)으로 알려져 있다.131)

천산은 이시크쿨(Issyk Kul)호의 동쪽으로 중국-키르기스탄-카자흐스탄의 삼각점에 위치한다[알타이산맥과 천산 지도132) 참조]. 그 실제 높이는 6,995m이지만 빙산으로 7,010m까지 솟아 있다. 그래서 등고선에서는 소비에트눈표범 심사 기준에 따라 7,000m 봉우리로 간주된다.133) 천산은 카자흐스탄에서는 최고봉이지만 키르기스탄에서는

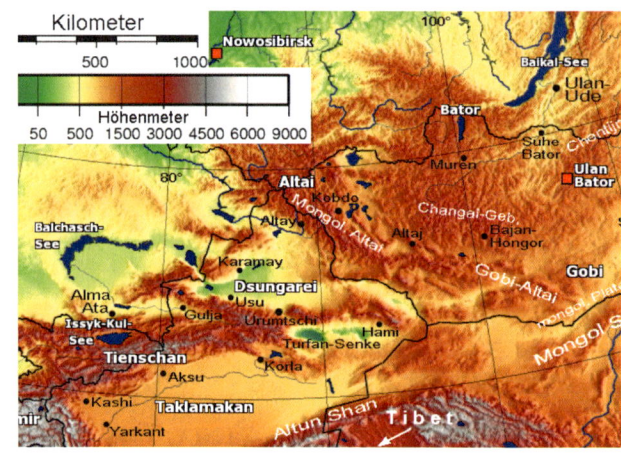

세 번째 봉우리이다. 톈산산맥의 최고봉은 종전에 포베다(Pobeda) 봉으로 알려진 7,439m의 승리봉(Jengish Chokusu)이다. 제2봉은 7,134m의 아비세나(Avicenna)이다. 천산은 북쪽에 자리잡아 위도상으로는 최고봉이기 때문에 등산시기가 짧고 혹독한 기후에 공기층이 얇다.134)

알타이어족

알타이어는 투르크, 몽골리안 및 퉁구스 어족을 포함하고 어쩌면 일본어와 한국어까지 포함할 수 있는 어족이다.135) 하지만 언어학상 다툼이 있다. 예컨대, 18세기에 러시아 동부를 여행한 스웨덴의 장교 필립 요한 폰 슈트랄렌베르크는 1730년에 퉁구스어족·몽골어족·투르크어족의 언어 사이의 연관성을 언급하였다. 우랄어족을 연구한 핀란드 문헌학자 마티아스 카스트렌(Matthias Alexander Castrén)은 1844년에 알타이산맥에서 '알타이'(황금)라는 말을 따와 알타이어족을 분류하였다. 우랄알타이어족(Ural-Altai 語族)은 우랄어족과 알타이어족이 유사하다는 카스트렌의 학설에 따라 붙여진 명칭이다.

오스트리아 학자 안톤 볼러(Anton Boller)는 1857년에 일본어를 우랄-알타이어족에 넣을 것을 제안하였다.136) 1920년대에 핀란드 언어학자 람스테드(Ramstedt, Gustaf John)와 폴리바노프(E.D. Polivanov)는 한국어를 포함시킬 것을 주장하였다. 수십년 후 람스테트는 1952년에 그의 저서에서 우랄-알타이어 가설을 부정하였으나137) 한국어를 다시 알타이어에 포함시켰다.138) 1960년에 러시아 언어학자 니콜라스 포퍼(Nicholas Poppe)는 음운론에 관한 람스테트의 저서를 상당 부분 개정한 책을 펴내 알타이어 연구에서 나름의 기준을 제시하였다. 포퍼는 한국어와 투르크어-몽골어-퉁구스어의 관계에 관한 쟁점이 여전히 해소되지 아니하였다고 생각하였다.139)

알타이족

알타이산맥에 사는 사람들은 과거 그들의 고유한 무속신앙에 의하여 그리고 이슬람, 불교, 기독교 및 배화교와의 접촉에 의하여 영향을 받은 신화를 가지고 있다. 창세신화들은 알타이족에게 특히 중요하다. 일설에 따르면140), 위대신(ülgen)에 의하여 만들어진 최초의 남성 에

를릭은 헤브류 창조에서의 악마와 같이 창조주의 지위를 찬탈하려고 시도하였다는 죄목으로 하늘에서 쫓겨났다. 에를릭의 추방 이후 위대신은 지구를 창조하였다. 사탄의 시작과 마찬가지로 에를릭은 사악한 존재답게 지구로 와서 최초의 여성을 타락시키고 우리가 현재 경험하는 온갖 종류의 해악을 인류에게 가져다 주었다.

　알타이의 다른 창조신화에서141) 최초의 남자 악마는 신보다 더 높이 날기 위하여 노력하지만 성공하지 못하고 태고의 물에 떨어져 신의 도움을 간청하였다. 신은 악마에게 지구를 찾아 심연으로 들어가도록 명하였다. 그래서 세상이 창조되었다. 악마가 그의 세상을 만들기 위하여 그의 입에 지구의 일부를 감추려고 애쓸 때, 신은 계략을 고안하여 악마로 하여금 감추어 둔 물체들을 뱉게 만들었다. 이 물체들은 세계의 습지가 되었다.

투르크족

투르크족은 투르크어를 공용어로 쓰거나 다수인구가 쓰면서 중앙아시아, 동아시아, 북아시아, 서아시아, 유럽의 일부와 북아프리카에 분포되어 사는 민족들이다.142)

이들의 기원에 관하여서는 설왕설래가 많았다.143) 최근의 언어학적, 유전학적 및 인류학적 증거들은 초기 투르크족들이 기원전 3천년 후반에 서진하여 몽골로 유입된 중국 동북부(랴오허강유역)의 농업공동체 후예임을 시사한다. 이곳에서 그들은 목축 생활양식을 채택하였다.144)

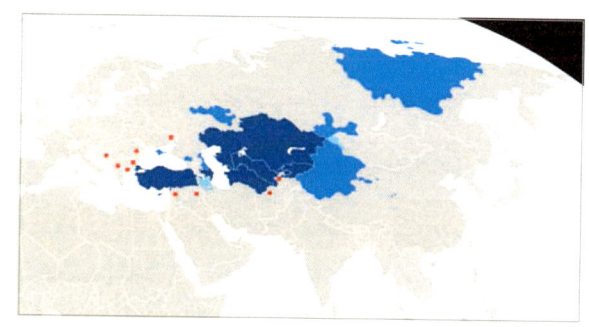

(투르크족 분포도 ©en.wikipedia.org/wiki/Turkic_peoples).

4만5천년전 인류의 이동경로 ©볼로냐대학 2022.4.7.145)

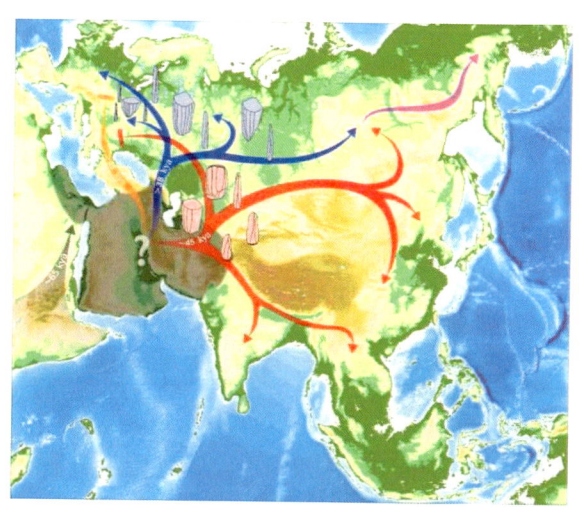

기원전 1천년 초반까지 투르크족들은 기마 유목민이 되었다. 그 이후 중앙아시아의 초원에 사는 사람들은 몽골에서 이주하는 동아시아의 이질적 우성인자를 가진 소수자들에 의하여 점차 투르크족으로 변모되었다.146) 다양한 이민족 집단들은 오랜 역사에 걸쳐 언어변천, 문화적응, 정복, 혼혈, 입양 및 개종을 통하여 투르크족에 편입되었다. 그럼에도 불구하고 특정한 투르크족들은 문화적 특성, 공동의 유전적 원천 그리고 역사적 경험과 같은 비언어적 특징들을 다양하게 공유한다.147) 투르크어를 사용하는 민족들 중 가장 주목할 만한 현대인들은 터키, 아제르바이젠, 우즈베크, 카자크, 투르크멘, 키르기즈 그리고 위구르(新疆) 사람들이다.148)

랴오허강 유역 동이족 언어: 튀르크어(알타이어)의 뿌리

유라시아횡단 언어(즉, 일본어, 한국어, 퉁구스어, 몽골어, 튀르크어)(알타이어) 화자(話者)의 기원과 초기 분산은 유라시아 인구 역사에서 가장 논란이 많은 문제 중 하나이다.149) 언어분산, 농업 확장 및 인구 이동 간의 관계는 핵심 문제이다.150) 알타이족과 알타이어의 이동·전파에 관한 국제공동연구진의 네이처지 논문은 삼각검증이라는 핵심어가 시사하듯이 고고학(고생물학), 언어인류학, 농경유산등을 총동원하여 과학적으로 분석하여 반론이 만만치 않다.151)

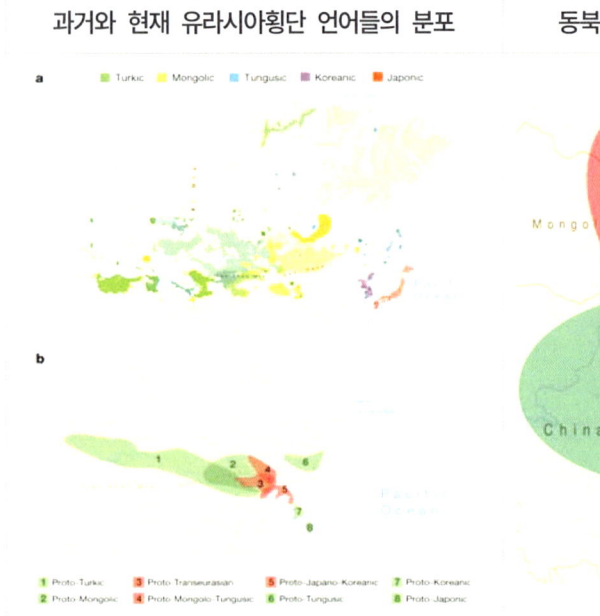

과거와 현재 유라시아횡단 언어들의 분포	동북아에서 언어.농업.유전자 확장의 융합
a)유라시아횡단언어(98개) 변종의 분포. 현대어는 색깔로, 역사적 변종은 빨로 표시. 범례는 확장데이터 그림1, 참조. b)신석기(빨강)와 청동기 및 그후(녹색) 쓰인 유라시아횡단 조상언어의 재구성 위치. 본고장탐지는 보충4, 참조. 추정기간은 보충24 베이지안추론을 기반 https://www.nature.com/articles/s41586-021-04108-8/figures/1	아무르 조상은 빨간색, 황하 조상은 녹색, 조몬(繩文) 조상은 파란색으로 표시되었다. 빨간색 화살표는 신석기 시대에 기장을 경작하는 농부들이 동쪽으로 이주하여 한국어와 퉁구스어를 표시지역으로 가져왔음을 보여준다. 녹색 화살표는 후기 신석기 시대와 청동기 시대에 벼농사가 통합되어 일본어가 한국을 거쳐 일본으로 들어왔음을 나타낸다. https://www.nature.com/articles/s41586-021-04108-8/figures/4

국제공동연구진은 유전학, 고고학 및 언어학을 통합된 관점에서 '삼각 검증'을 실시하여 이 문제를 해결한다. 연구진은 포괄적인 유라시아횡단 농경 목축 및 기본 어휘, 동북아시아의 신석기-청동기 시대 유적지 255곳의 고고학 데이터베이스, 한국, 류큐 제도 및 일본의 초기 곡물 농부의 고대 게놈 수집을 포함하여 이러한 분야의 광범위한 데이터 세트를 보고하여 이전에 발표된 동아시아의 게놈을 보완하였다.152) 전통적인 '목축민 가설'(pastoralist hypothesis)153)에 도전하면서, 국제공동연구진은 유라시아횡단 언어의 공통 조상과 주요 분포가 초기 신석기 시대부터 동북아시아를 가로질러 이동한 최초의 농부로 거슬러 올라갈 수 있지만, 이 공유유산(shared heritage)은 청동기 시대 이후 광범위한 문화적 상호작용으로 가리워졌음을 보여준다. 세 가지 개별 분야에서 상당한 진전을 이루는 것과 더불어, 수렴하는 증거를 결합하여 유라시아횡단 화자들의 초기 확산이 농업에 의해 주도되었다는 것을 보여준다.154)

온도변화에 따른 대륙간 동물군의 이동

온도변화는 아메리카생물대교류(Great American Biotic Interchange: GABI)155)에서 포유류 분산에 영향을 미쳤다.156) 고생물학적생태적 지위모형(PaleoENM)으로 분석하였다. 분석에서 고려된 지역은 북미, 중미, 남미로 구분하였고, 화살표는 분산 방향: 북쪽에서 남쪽(왼쪽 화살표) 및 남쪽에서 북쪽(오른쪽 화살표)을 나타낸다. 대륙별 윤곽은 Phylopic157)에서 얻었고 GABI에 관련된 포유류 속과 종의 예이다. 왼쪽 위에서 시계 방향으로: Margot Michaud의 Smilodon; Steven Traver의 Glyptodon; Margot Michaud의 Didelphis virginiana; Steven Traver의 Lama guanicoe.

　　아메리카생물대교류를 연구하여 온도변화에 따른 동물들의 이동상황을 장기간 조사한 최근 논문158)(2024.5.20.)에 따르면, 그림과 설명에서 보는 바와 같이, 아메리카 대륙의 커다란 척추동물들은 어느 한쪽 방향으로만 이동하지 아니하고, 기후나 먹이 또는 짝짓기 등 서식 조건에 따라 대륙을 오간다. 자연환경국민신탁이 토지를 제공하여 생태이동통로를 조성한 장수군 사치재[지리산국립공원~덕유산국립공원]는 반달가슴곰 KM53이 짝짓기와 먹이 등을 이유로 지리산에서 김천 수도산까지 여러 해 동안 연간 주기로 이동하였음을 관찰할 수 있었다.159) 같은 맥락에서 톈산산맥에서부터 발원한 알타이족과 랴오허강 유역에서 발원한 동이족은 서로 교차이동하였을 것으로 생각한다. 그렇지 아니할 경우, 만주 등지에 분포하는 몽고 알타이 암각군160)이나 러시아의 알타이 유적군161) 또는 한반도에 잔존하는 천신 신화와 샤머니즘162) 등에 관하여 설명이 어렵다.

하느님(天神)을 믿는 알타이 신화와 우주관

위대신, 즉 위르겐(투르크어 Bai-Ülgen·몽골어 Улгэн)은 투르크와 몽골의 창조신이며 대개는 '주신령'(主神靈 Lord of the Spirits)인163) 천황신(天皇神 Tengri 또는 Tengere Kayra Khan)과 구분되지만 때때로 그리스의 아폴로(Apollo)와 로마의 헬리오스(Helios)처럼 천황신과 동일시되기도 한다. 위대신의 이름은 고대 투르크어의 '님'(남성존칭 bay)과 위대(위르겐 ülgen)에서 유래한다. 위대신은 '시작과 끝이 없는' 존재(無始無終)로 여겨진다.164)

위르겐과 에를릭

Ernst Mankers: Die lappische Zaubertrommel. ⓒEine ethnologische Monographie(1938).

투르크와 몽골의 신화에서 하늘과 땅 사이의 축인 자작나무는 위대신에게 (그에 대한 숭배의 일부인 말처럼) 제물로 바치는 신성한 것으로 간주되었다.165) 위대신은 선, 부 또는 음식과 물 등의 풍요를 상징한다. 나아가 그는 지구와 하늘 및 모든 생명체를 창조하였다. 그밖에 그는 대기 현상과 별들의 운동을 관장한다. 그는 인류가 살 수 있도록 땅을 만들었고 사람과 동물들의 머리들과 무지개를 빚었다. 그는 주술사(shaman)들의 후견신으로 또 그 지식의 원천

으로 추앙받았다.166)

천황신이 중간에 천신령(카이라)을 낳고 천신령이 위대신을 낳았다는 설도 있다. 위대신은 몽골-투르크의 제신 중에서 천황신 다음으로 높은 신이다. 위대신은 때때로 천황신과 비교되고 경우에 따라 동등하거나 같은 존재로 여겨지기도 한다. 일부 전승에서 위대신의 이름과 기능이 부분적으로 천황신과 호환될 수도 있다. 위대신은 사악과 어둠의 신인 에를릭(Erlik)의 적으로 묘사된다. 위대신은 인류를 에를릭으로부터 보호하는 것으로 여겨진다.167)

천황신은 투르크의 제신 중 천구를 주관하는 주신이다.168) 천황신은 인도-유럽어권에서 천신인 광명천부신(光明天父神·디에우스 Dyeus)과 아주 흡사한 존재로 여겨지며, 원시 인도-유럽어권에서 재구성된 종교의 구조는 고대 소아시아나 지중해 사람들의 종교보다 초기 투르크의 그것에 가깝다.169) 소비에트 연방이 해체된 후 중앙아시아에서는 천신주의(天神主義 Tengrism)가 무속신앙170)(Shamanism)으로 부활하였다. 키르기스탄(Kyrgyzstan)에서 천신주의는 2005년 대선 이후 다스탄 사리굴로프(Dastan Sarygulov) 국가 서기가 의장인 이념위원회에 의하여 범(凡) 투르크 국가이념으로 제시되었다.171)

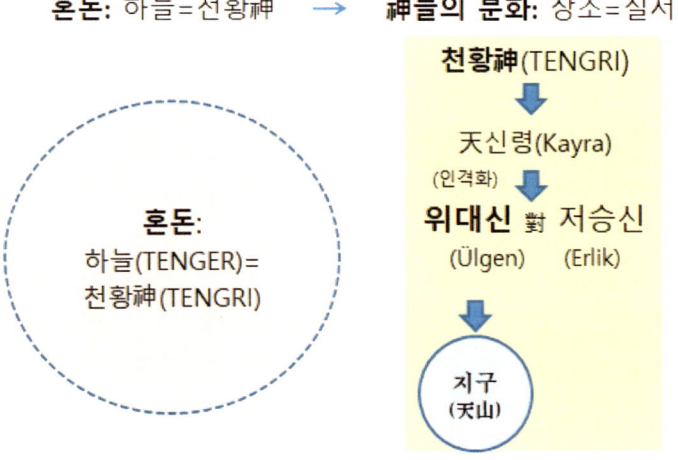

투르크족 신통보172)

- 천황신(天皇神 Gok Tengri): 텡그리, 즉 천황(Tengri)은 우주를 관장하는 투르크 만신의 주신으로서 만물을 창조하였다.
- 천신령(天神靈 Kayra·Kaira): 카이라, 즉 천신령은 투르크 신화에서 천황신의 아들이다. 신령(神靈 Spirit of God)으로서 창조능력을 가졌다.
- 위대신(ülgen·Ulgen): 위르겐, 즉 위대신은 천신령의 아들로서 자비를 베푸는 투르크와 몽골의 창조신이다.
- 저승신(Erlik): 에를릭, 즉 저승신은 천신주의(Tengrism) 속에 존재하며 배화교(Zoroastrianism)에서처럼 악신으로서 지하세계와 죽은 자들을 관장한다.
- 지혜신(Mergen): 메르겐, 즉 지혜신은 천신령의 아들로서 투르크의 풍요와 지식의 신이다.
- 전쟁신(Kyzaghan): 키자그한, 즉 전쟁신은 천신령의 아들이자 자비신의 동생이다. 투르크족은 처음에 전쟁신을 모시지 않았으나 훈족의 전쟁신을 모셔왔다.
- 풍요신(Umay·Umai): 우마이, 즉 풍요신은 풍요와 처녀성의 여신이며 여성, 어머니 및 어린이들을 주관한다.
- 출산신(Kubai): 쿠바이, 즉 출산신은 출산과 어린이의 여신이다. 출산하는 여성들을 돌본다. 아기들에게 영혼을 준다.

위대신은 별들, 태양 그리고 달 위에 있는 황금옥 16층에서 산다. 영성을 소유한 주술사나 영매를 제외한 보통의 인간들은 결코 위대신에게 갈 수 없다. 그에 대한 숭배에서는 동물을 특별히 말을 제물로 쓴다. 매 3년, 6년, 9년 또는 12년에 주술사는 위대신에게 바치는 첫 번째 의식으로서 백말을 제물로 바칠 수 있다. 이어 주술사는 그의 영혼을 타고 하늘의 모든 층을 통과하여 위대신에게 도달하여야 한다. 영매는 먼저 위대신의 시종(Yayik)을 만난다. 시종은 알현이 받아들여질 것인가를 영매에게 알려준다. 의례가 성공을 거둘 경우, 주술사는 전지전능한 위대신으로부터 흉작과 같은 임박한 위험들을 들을 수 있다.173)

2) 시베리아

시베리아에서는 우주가 상계·중계·하계의 3계로 구성되어 있다고 믿는다. 3계는 떡 시루처럼 중첩적으로 포개져 있다기보다는 관념상 평행계를 이룬다. 하늘은 깊이가 무한하다고 믿어지지만 주술사들이 하늘을 건너 갈 수 있는 문이 있다. 다른 두 계의 관념은 해, 달, 숲, 주민들이 있는 지구의 모습과 비슷하다. 상계와 하계의 거주자들은 중간계(이승)에서 보이지 않으며 이승에서 상계와 하계로 여행하는 사람들도 역시 중간계가 보이지 않는다. 몽골천막(ger)은 세계의 중심을 의미한다. 주술사는 의례를 수행하는 중에 자신을 세계의 중심에 세운다. 천막 속 화로는 3계를 연결하는 축과 지구 사이의 접점이다. 밤과 낮의 경계에 우주목을 세운다. 중계의 강은 상계에서 유입된다. 우주목의 꼭대기는 하늘을 지탱하는 못인 북극성(hadaas)에서 하늘과 닿는다. 우주목의 뿌리는 하계의 거북이 위에 세워져 있다.174)

문지기가 저승강을 지키는 하계(下界)는 기본적으로 이승과 유사하다. 하계 주민들은 3가지 영175)을 보유한 인류와 달리 생령(生靈 ami soul)이 없어 차갑고 피가 어둡다. 부활을 기다리는 하계의 일부 주민들은 실재 인류의 양령(陽靈 suns souls)을 가진다. 하계의 태양과 달은 이승의 반이다. 하계는 이승처럼 산, 숲, 주거지를 가지며 그 주민들은 자신들의 주술사를 보유한다. 하계의 지배자는 천신령의 아들인 저승신(에를렉)이다.176)

상계는 이승을 닮았으나 자연이 잘 보존되었고 주민들이 조상들의 전통적인 삶의 양식에 따라 산다. 상계의 지배자는 하늘의 아버지인 천황신의 아들 천신령(위르겐)이다. 가끔 구름 너머 햇살이 비칠 때 이승으로 통하는 문이 열리면서 눈부신 상계가 드러난다. 주술사들은 가끔 새로 변신하거나 나는 사슴이나 말을 탈 수도 있다. 길은 위로 쭉 뻗을 수도 있으나 이승강이 발원하는 남쪽으로 향할 수도 있다. 나무를 우주목(toroo)으로 삼아 올라가기도 한다. 어떤 주술사는 그의 잠 속에서 '무지개'(solongo)177)를 타고 상계로 여행할 수 있다.178)

3) 몽 골

"하늘과 지구 사이의 경계선이 구분되기 전에 우주는 혼돈(yolom jolom) 속에 떠다니는 흐릿한 형상이었다. 우주의 이런 상태는 영겁의 세월 동안 지속되다가 빛과 어둠이 구분되었고, 흐릿한 우주의 부드럽게 빛나는 부분이 하늘이 되었고, 어두운 부분은 지구가 되었다. 빛나는 하늘에서 99명의 천신(天神 tengri)들이 빚어졌고 성스러운 신들이 하늘을 다스렸다. 그러나 지구는 여전히 생명의 조짐이 없는 울퉁불퉁한 땅이었다. 성스러운 신들이 비옥한 흙을 만들고 하늘에서 생물들을 데려와 지구에 정착시킬 때까지 그러하였다. 인류를 저주하기 위한 고통, 괴로움, 역병 또는 죄악 없이 생명이 번창하였다."179)

태초에는 우주에 지구도 없었고 오로지 물과 공기만이 있었다. 하늘에 사는 생명신(Ochirvaani)180)은 광대무변의 물 대신에 뭍을 만들기를 갈망하였다. 그러나 그는 이 과업을 한 손으로 만들 수 없어서 동반자를 찾아 나섰다. 생명신은 백산여신(白傘女神 Sitatapatra)과 함께 여행하였다. 그들은 대양 가운데 있는 거대한 거북을 발견하였다. 뭍을 만들기 위하여 백산여신은 바다에서 진흙 한 줌을 쥐어 거북의 배 위에 놓았다. 작은 섬은 점점 빨리 커졌고 거북은 보이지 않게 되었다. 신들이 땅 위에서 곤히 자는 사이에 악령이 이들을 발견하고 물 속에 던질 요량으로 그 등에 태웠다. 그러나 악령은 우주를 가로지르는 거대한 땅 끝까지 달려갈 수 없었다. 악령은 기진맥진하여 신들을 남겨두고 달아났다. 신들이 깨어나자 생명신은 말하였다: "땅이 우리를 물에 빠뜨리려던 악당으로부터 우리를 구하였다."181)

"태초에 무한한 물이 전체 지구를 덮고 있었다.182) 천황신(Quormusta Tengri)183)은 3만년을 사는 대붕(大鵬 Galbingaa)184)을 보냈다. 대붕은 1만년에 알 하나를 낳는다. 대붕은 끝없는 수체 위를 떠다녔으나 알을 둘 땅을 찾을 수 없었다. 대붕은 절망하여 자기 깃털을 뽑아 작은 둥지를 만들어 그 안에 알을 놓았다. 둥지 위에 작은 먼지들이 쌓여 점차 땅을 만들게 되었다."185)

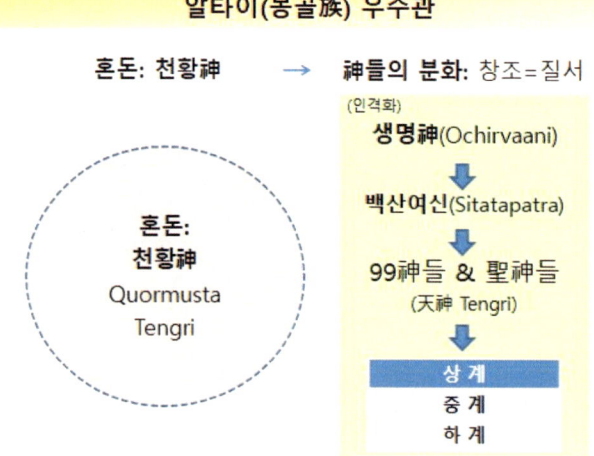

자연계 혼령과 자연혜택에 대한 공경

자연은 시베리아나 몽골의 투르크족에게 영감을 주었다. 끝없는 초원(steppe), 침엽수림(taiga), 산림 그리고 창공은 바이칼호, 알타이산맥, 항가이산맥 및 사얀산맥과 함께 시베리아와 몽골의 자연계를 이룬다. 그 속에서 인간의 삶은 자연과의 조화 속에 살아가게 됨을 뜻하는 '균형'(tegsh)이라는 말 속에 잘 나타나 있다. 시베리아와 몽골의 사람들의 신화(uliger)는 어린이들에게 자연 속의 만물이 창조된 이유를 설명한다. 이들은 동물과 식물들이 사람들과 마찬가지로 혼령(souls)을 가지고 있다고 말한다. 숲과 산, 강과 호수, 그리고 바위와 나무들은 모두 그들의 혼령을 가지고 있다. 자연 속의 혼령들은 식료품이나 주거 등의 형태로 인류에게 제공하는 혜택에 대하여 인류가 공경심을 가질 것을 요구한다.[186]

원형이정(元亨利貞)

몽골의 우주는 3차원 공간에서 뿐만 아니라 시간에서도 원(circle)으로 형상화될 수 있다. 매일매일 태양의 경로, 매년 시간의 원, 그리고 지구에서 윤회하는 수많은 생명체 등 일체는 순환형 구조를 가진다. 네 방위의 축과 영원한 하늘을 넘어 상계로 올라가고 어머니지구(地母 Mother Earth)를 넘어 하계로 내려가는 세계의 중심축이 원을 교차한다. 이러한 장면은 주술사(shaman) 여행의 관점에서 보이는 우주의 모습과 겹친다. 주술사는 경계목에 올라 상계로 날아가거나 북쪽에 있는 영계의 강을 건너 하계에 다다르거나 아니면 지하세계의 통로를 찾아낸다.[187]

하늘아버지와 지구어머니

무속종교에서 핵심 존재들은 '하늘아버지'(天父 Tenger Etseg)와 '지구어머니'(地母 Gazar Eej)이다. 몽골을 통일한 징기스칸(Genghis Khan)은 "하늘(天 Tenger)로부터 권력을 부여받았다"고 말했고 모든 선언들에서 "영원한 창공의 뜻에 따라"라는 말들을 앞세웠다. 하늘아버지는 시간과 공간이 무한한 창공이다. 그는 두 명의 아들을 거느렸지만 사람으로 가시화되지 아니한다. 하늘아버지와 어머니지구 숭배는 시베리아 전역에 보편화되어 있으며 북아메리카에서도 발견된다.188)

어머니지구(地母)는 몽골이나 터키에서 성산(聖山 Etugen)으로 불린다. 지모의 딸인 풍요신(Umai)은 자궁의 여신이며 세계목의 뿌리와 닿아 있는 영혼의 후견인이다. 우마이 여신은 퉁구스어로 흙에서 유래하는 천점점(天粘粘 Tenger Niannian)으로 인식된다. 나무들은 지모의 힘의 발현이고 지모에 대한 숭배는 그녀의 힘과 미를 적절히 나타내는 나무들에게 표현될 수 있다. 지모와 그 딸은 풍요를 비는 대상이다. 불의 정령(Golomto)은 부싯돌과 쇠붙이로 부를 수 있다. 불은 하늘과 땅의 최초의 결합이 재생되는 것이다. 나무들과 마찬가지로 모든 인류는 정수리를 통하여 천부로부터 힘을 얻듯이 지모로부터 힘을 이끌어낸다.189)

날씨는 하늘(天 Tenger)의 뜻이다. 번개는 하늘의 기쁨이나 영적 능력의 집약처를 나타낸다. 벼락이 불쾌감의 표현일 때에는 벼락을 하늘로 되돌리기 위하여 벼락을 맞은 자리 주변에서 주술사의 의례와 요호르(yohor)190)춤이 행해진다. 번개에 맞은 물체, 운석 또는 고대의 유물들은 하늘 머리카락(Tengeriin Us)으로 불린다. 이들은 하늘의 힘이 응축된 영(utha)을 담았다. 번개에 맞은 물체를 우유나 액체에 담그면 하늘의 기운이 스며나온다. 주술사는 이를 마셔서 영의 힘을 비축한다. 하늘 머리카락은 비를 만드는 주술에도 사용된다.191)

기우제는 하늘에 직접 올리고 하늘과 산신령에게 헌정된 성황당(oboo)에서 열린다. 모든 인간은 하늘에 직접 도움을 청할 권리를 가진다. 사람의 정수리에는 하늘이 머무는 작은 점이 있다. 이 점은 자기 세계의 중심과 상천을 연결한다. 사람은 하늘로부터 인체 영구(靈球)로 흘러내리는 힘을 이 점을 통하여 받는다. 하늘에는 각자의 정수리 점에 호응하는 별이 있다. 이 별은 그 사람의 풍마(風馬 windhorse: 영혼)의 강도에 따라 밝기가 변한다. 사람이 죽으면 그의 별이 사라진다.192)

풍마 및 염력

개인적 영혼은 풍(風 hii) 또는 풍마(風馬 hiimori)로 불린다. 주술사는 개인의 힘과 밝은 미래를 다룬다. 주술사는 밝고 흰 별인 우주령(태양)에 맞춰 붉은 빛의 점으로서 육신영(ami)을 움직여 사람을 우주의 온전한 중심에 세워 천부와 지모 또는 다른 신령들의 도움을 받게 만든다. 주술사나 그밖에 염력(念力·靈力 buyanhishig 또는 bayan)이 강한 사람들은 개인들의 염력을 우주 가운데 균형을 유지하도록 만들어 사람들의 일상을 조종한다. 악령에 사로잡힌 사람들은 자멸하는 경향이 있다. 주술사는 사람들이 하늘이나 신령들에게 축원할 때 물리적 염력을 구사한다.193)

사람들이 신령이나 조상들에 대한 공경심을 버리면 금기를 깨뜨려 염력을 잃게 된다. 누구나 별다른 목적 없이 동물들을 죽이면 자연의 영성을 훼손한다. 손님들에게 음식이나 음료를 제공하거나 도움을 필요로 하는 사람들에게 자선을 베풀면 염력이 늘어난다. 또한 종교적 규칙에 따라 정도(正道 yostoi)를 추구하여도 염력이 늘어난다. 사람들이 손에 태양 문양을 들고 "후라이, 후라이, 후라이"(hurai, hurai, hurai)를 외우면서 원무(圓舞 yoro)를 추는 이른바 '달라가'(dallaga) 의례를 거행하여도 천부나 다른 신령들은 염력을 베푼다.194)

4) 인 도

"인도는 주요 관습과 제도가 신화와 밀접히 연관되었고 지금도 신화가 살아 있는 지역이다…인도신화는 단순히 과거의 유산이 아니라 현재에도 중요한 의미를 지닐 수 있는 살아 있는 문화자원임을 확인시켜준다."195) 후세 인도인들은 힌두신화를 통하여 과거와 대화하였다. 제임스 카메론 감독의 SF 영화 「아바타」(2009년)와 「물의 길」(2022년)은 힌두교(Hinduism) 신화를 기반으로 제작되었다.

힌두교 고대 시경(詩經) '푸루샤 숙타'(Purusha Sukta)

'푸루샤'는 천 개의 손과 천개의 눈, 천 개의 다리를 가진 최초의 거인으로서 존재의 근원이다. 푸루샤는 시공간196)을 뛰어넘어 어디에든 존재한다. 신들은 푸루샤를 제물로 제사를 치렀다. 이 제물에서 하늘과 땅의 짐승이 나왔고 시와 찬가, 운율과 다양한 제사형식이 나왔다. 또한 말과 암소, 염소, 양과 같이 한 쌍의 앞니를 가진 모든 동물이 나왔다. 신들이 나눈 거인 푸루샤의 몸 중에서 입과 팔에서는 각각 브라만(성직자)과 크샤트리아(무사·귀족)가, 넓적다리에서는 바이샤(농민·상인·공인)가, 발에서는 수드라(노동자·노예)가 나왔다.197) 푸루샤의 눈은 태양이, 심장은 달이 되었고, 머리는 하늘이, 다리는 땅이, 배꼽은 중간 공간이 되었다.198)

리그베다 이야기

리그베다에 따르면, "태초에는 무(無)·유(有)·공계(空界)·천계(天界)도 없었다. 죽음(死)도 없었고 불사(不死 Amrta)도 없었으며, 낮과 밤의 구별도 없었다. 오로지 피유일자(彼唯一者 that Oneness 타드에캄 Tad Ekam)만이 소리 없이 스스로 호흡하고 있었으며, 그 밖에는 일찍이 아무것도 존재하지 않았다. 오직 암흑뿐이었다. 일체는 암흑에 뒤덮인 빛 없는 파동계(波動界)였다.199) 허공으로 둘러싸인 원자(原子 Abhu)는 스스로 열(熱)의 힘으로 태어났다. 원자가 전개되어 처음으로 애욕(愛慾 Kama)이 생겼다. 식(識)의 시작이다. 천지창조 이후에 여러 신들이 생겨났다. 최고천(最高天)에서 우주를 관장하는 자는 조화의 원천을 알겠으나 어쩌면 모를 수도 있다.200)

'푸라나'

힌두교 경전 '푸라나'(purāṇa)는 우주의 창조에서 소멸까지 우주의 역사에 대한 설화, 왕·영웅·성인·반신들에 대한 설화, 힌두교의 우주론과 철학, 힌두교 관련 지리에 대한 내용 등을 담고 있다.201) 브라흐마(Brahma)는 우주가 시작될 때 비슈누의 배꼽에 있는 연꽃 속에서 스스로 태어났다. 브라흐마는, 다른 이야기에 따르면, 지고의 우주정신인 브라흐만(Brahman)과 프라크리티 또는 마야라 불리는 우주의 여성 에너지인 샤크티에 의하여 생겨났다.202) 브라흐마는 낮에 43억 2천만년 동안 지속되는 우주를 창조했으며 밤이 되어 브라흐마가 잠이 들면 우주는 그의 몸으로 흡수되는데 이러한 과정은 브라흐마의 생애가 끝날 때까지 반복되고 궁극적으로는 우주가 프리티비(地), 아파스(水), 타파스(火), 바유(風), 아카샤(空)의 5요소로 해체된다.203) 브라흐마는 천지를 창조할 때 다른 신들의 방해도 받았으나 인류의 조상인 프라자파티(Prajapati) (조각 사진: en.wikipedia.org)를 만들었다. 브라흐마는 자기를 도와 우주를 만드는 데 함께 할 7인의 현자(Saptarishi)도 만들었다. 이들은 그의 몸이 아닌 정신의 소생이다.204)

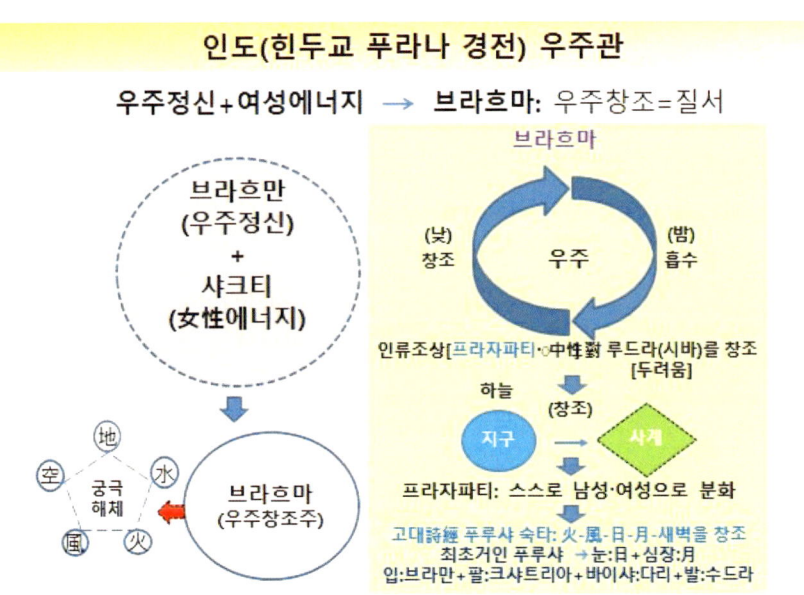

힌두교 프라자파티 신화

프라자파티는 창조(praja)와 주인(pati)의 합성어[창조주]이다.205) 후기 베다 경전에서 프라자파티는 여전히 베다의 신이지만 그 비중이 줄어들었다. 나중에 프라자파티는 다른 신들 특히 브라마, 비시누 또는 시바와 동의어로 쓰였다.206) 더욱 후대에 이르러 프라자파티는 신성, 반신반인 또는 새로운 것들을 창조하는 현인의 뜻으로 발전하였다.207) 프라자파티가 내뱉은 첫 말은 지구가 되었고, 그 다음 말은 하늘이 되었고 계절이 나뉘어졌다. 프라자파티는 중성이었으나, 외로움 때문에 자신을 남과 여로 나누었다. 이들은 자식(神)으로 불, 바람, 해, 달, 새벽을 만들었다. 프라자파티는 시간의 화신이 되었다. 프라자파티는 유일한 딸인 새벽에게 애욕을 품었다. 다른 신들이 프라자파티를 벌하기 위해 두려움을 모아 루드라(시바)를 탄생시켰다. 루드라는 프라자파티에게 활로 상처를 입혔다. 그러자 프라자파티가 태초의 씨앗을 흘려 만물이 창조되었다.208)

불 교

우주를 창조하는 신의 개념이 없는 불교의 우주론을 일원적으로 설명하는 문헌은 없다. 일부 학자들이 『세기경』(世紀經)과 『대방광불화엄경』(大方廣佛華嚴經) 등을 정리한 기록을 보면209), 불교에서 우주의 기원은 업(業 Karma)210)이다. 태초의 우주에는 중생들의 업력(業力)이 있었다. 그에 따라 허공에 바람이 불기 시작하여 풍륜(風輪)이 생긴다. 이 풍륜 위에 구름이 일어나며, 또 다시 수륜(水輪)이 생긴다. 이 수륜 위에 다시 바람이 일어나 금륜(金輪)을 생기게 한다. 금륜 위에 수미산이 솟고, 이것을 중심으로 하여 그 주위에 일곱 산이 생긴다. 이들 산과 산 사이에 물이 고여 8대양이 생긴다. 우주의 중앙에 있는 수미산은 절반이 물에 잠겨 있고, 그 위가 지상으로 솟아 있는데, 해와 달, 별들이 수미산을 싸고 허공을 맴돈다. 현재 인류가 사는 지구는 수미산의 남쪽 섬부주(贍部洲)이다.

우주는 성(成), 주(住), 괴(壞), 공(空)의 4단계를 반복한다. 각 기간의 단위는 무한한 겁(劫 Kalpa)이다. 우주와 수미산의 생성 기간이 성겁(成劫)에 해당한다. 다음에 남녀의 성별과 집착이 생기는 주겁(住劫)의 시대가 온다. 그 다음에는 지옥에서부터 천상까지 무너지는 괴겁(壞劫)211)의 시대가 온다. 괴겁이 지나면 오직 허공만이 존재하는 공겁(空劫)이 온다. 공겁 다음에는 또다시 중생들의 업력에 의하여 성-주-괴-공이 반복한다. 우주는 이렇게 끝없이 생성소멸을 반복한다.212)

무명업(無明業 Avidya)213)은 업 가운데 가장 근원적인 것이다. 업은 12 연기설(緣起說)에 따라 전생(前生), 금생(今生), 후생(後生)의 삼생(三生)을 윤회한다. 이 업보의 전개가 바로 우주-자연-삼라만상이다. 중생은 지옥-아귀-축생-수라214)-인생(人)-하늘(天)의 6도(六道)를 돈다. 중생의 경계는 크게 욕계(欲界), 색계(色界: 四禪天과 十八天으로 이뤄진 물질계), 무색계(無色界: 관념세계)의 삼계(三界)로 나뉜다.215)

불교설화 도깨비의 기원은 힌두 경전에 나타나는 쿠베라·야차·나찰이다. 불교설화에 등장하는 도깨비인 쿠베라, 야차 또는 나찰의 캐릭터는 다른 여러 신들과 함께 본래 인도 고유의 정령사상과 자연현상을 의인화하면서 비롯되었다. 야차와 나찰은 쿠베라(kubera)와 함께 B.C.15세기~B.C.5세기에 걸쳐 베다(Veda) 경전과 서사시 「마하바르따(Mahabharata)」와 「라마야나(Ramayana)」등에 수용되어 베다 시대, 브라흐만 시대, 힌두 시대를 거쳐 불교시대의 신격으로 수용되었다. 쿠베라·야차·나찰의 캐릭터 중 사람을 부자가 되게 하는 능력, 자유자재로 이동하고 변신하며, 선신과 악신의 기능을 가진 남성으로서 방망이를 가졌다는 점은 불교에서도 그대로 계승하였다. 그러나 설화의 풍토화 법칙으로 부(富)의 수호신이 불법수호의 신으로 바뀌고, 복식과 형상이 불교화되었으며, 거처가 숲·궁궐에서 사천왕천으로 변한 것은 달라진 점이다.216)

5) 이집트·메소포타미아·이스라엘

(1) 이집트

영국인들의 세계관에 따라 분류된 고대 근동(近東 Near East)은 대체적으로 현대의 중동(中東 Middle East) 즉 메소포타미아(현대 이라크, 남동 터키, 남서 이란, 북동 시리아 및 쿠웨이트)217); 고대 이집트; 고대 이란[Elam, Media, Parthia 및 Persia]; 아나톨리아(Anatolia)/소아시아 및 아르메니아 고원[터키 동부 아나톨리아 지역, 아르메니아, 북서 이란, 남부 조지아 및 서부 아제르바이젠]218); 레반트(Levant: 현대 시리아, 레바논, 이스라엘, 팔레스타인 및 요르단); 키프러스 그리고 아라비아반도에 해당하는 고대 문명의 발상지를 말한다.219)

근동: 이집트 신왕국
(BC.1550년~1077년) & 메소포타미아

ⓒCC BY-NC-SA 2.0 KR@namu

고대 근동의 역사는 기원전 4천년경 수메르(Sumer)의 발흥에서부터 비롯한다. 수메르 문명 시대는 이 지역이, 청동기와 철기 시대를 포함하여, 기원전6세기경 아케메네스(Achaemenid) 제국에 의하여 또는 기원전 4세기 마케도니아 제국에 의하여 점령될 때까지 또는 관점에 따라 기원후 7세기 무슬림에 의하여 정복될 때까지 전개되었다.220)

고대 근동은 문명의 요람중의 하나로 간주되었다.221) 이 지역은 1년 주기 집약농업이 처음 실행되어 집약적 도시를 최초로 정착시켰고 사회계급화, 중앙정부와 제국, 조직화된 종교와 복지와 같이 익숙한 문명제도들이 발달된 곳이다. 아울러 이 지역은 문자체계를 처음으로 마련하였고, 최초의 알파벳(abjad), 역사상 최초의 화폐 그리고 법전을 창안하는 한편 천문학과 수학의 기초를 놓았으며 바퀴를 발명한 곳이다.222)

기원전 3천년 경 이집트인들은 천지창조에 관하여 이야기를 시작하였다. 이집트에서 말씀(發說·알림 annuntiatio)에 의한 창조는 남신의 독자적 성행위(自慰), 발현(發顯·신체분화 evolution) 등과 함께 우주창조의 과정을 설명하는 창세신화의 한 축을 이룬다.223) 나일강을 따라 발달한 헬리오폴리스·멤피스·헤르모폴리스·테베 등 대도시들은 각자 모시는 신들이 달랐다. 정복자들은 피정복자들에게 자기들의 신을 모시도록 강요하다 보니 같은 신에 대한 다른 이름들이 생겨났다.224) ㈎ '헤르모폴리스 창세신화'는 창조 이전의 상황에 초점을 두고 태초의 대양이 보유한 본질적인 속성을 설명한다.225) ㈏ 이집트의 가장 기본적인 창세신화라 할 수 있는 '헬리오폴리스 창세신화'는 태초의 대양을 배경으로 창조주이자 원발자인 아툼(Atum)이 자신의 몸을 발현하여 우주를 창조하는 창조과정을 기술하는데 여기서 아툼은 자위 혹은 체액 방출과 같은 물리적인 방법을 통해 우주의 구성요소를 이루는 신들과 다른 모든 대상을

105

창조한다. 태양신 아툼이 가진 힘은 우주 전체의 힘이다.226) (다) 두 창세신화보다 비교적 후대에 창작된 '멤피스 창세신화'는 기존 창세신화에 제시된 구조를 변형하는 방법으로 멤피스의 주신 프타(Ptah)의 창조행위를 설명한다. 이 창세신화에 따르면, 프타는 태초의 대양과 동일한 신격을 보유한 창조주로서 아툼에 앞서며 창조과정 역시 심장을 통한 창조적 인식과 혀로 대표되는 조음기관을 통한 창조적 발화가 핵심을 이룬다.227)

우주관

이집트인들의 신앙에 따르면, 우주는 질서세계가 도래하기 전에 무질서한 무한무형의 물 즉 눈(NUN)신으로 존재하였다. 남신 겝(GEB)이 형상화된 지구는 대개 여신 누트(NUT)의 모습으로 나타나는 궁형의 하늘 아래 평평한 판으로 이루어졌다. 지구와 하늘은 대기신 슈(SHU)로 갈라졌다. 대기신 슈(SHU)가 다른 신들의 도움을 받아 하늘신 누트(NUT)를 받치고 있고 대지신 겝(GEB)은 발 아래 누워 있다(사진© British Museum). 태양신 라(RA)는 누트의 몸인 하늘을 가로질러 움직이면서 그 빛으로 세상에 생기를 불어 넣는다. 태양신은 밤에 서쪽 수평선을 넘어 무형의 눈과 경계를 이루는 신비지역 두아트(duat)를 지난다. 태양신은 새벽에 두아트를 벗어나 동쪽 수평선에 나타난다.228)

아툼

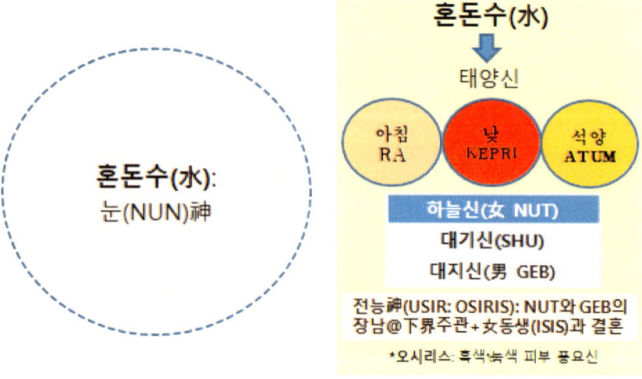

고왕국 시대 이집트인들은 원시 태양신 라(RA) 또는 케프리(Khepri)가 아침과 낮을 관장하고 아툼(Atum)이 석양을 관장하는 것으로 믿었다.229) 사람의 얼굴에 팔과 다리가 있는 남자 모습으로 나타나는 아툼은 죽은 왕들의 영혼을 피라미드에서 별이 총총한 하늘로 들어올렸

다.230) 고대 그리스-로마(Graeco-Roman) 시기까지 통용되었던 사자서(死者書)에서 태양신 아툼은 매일 아침 다시 태어나는 동물인 뱀을 데리고 혼돈수(混沌水)로부터 강림하였다고 전해진다.231) 아툼은 선(先)존재이자 후(後)존재의 신이다. 태양의 일몰·일출 반복 주기에서 구불구불한 모양의 아툼은 풍뎅이 머리 모양의 젊은 태양신 케프리[Khepri: 이집트어로 실제(實際)를 뜻한다]와 짝을 이루었다. 케프리-아툼은 일출과 일몰을 번갈아 맡음으로써 아침과 저녁 전체를 망라한다.232)

오시리스

천지창조 직후 하늘신(Nut)과 지구신(Geb) 사이에 장남으로 태어난 오시리스(Osiris)는 하계를 주관하고 사자를 심판하는 신이었는데 여동생 이시스(Isis)와 결혼하였다. 오시리스라는 이름은 이집트어의 '전능'(Usir)을 라틴어로 옮긴 것이다. 그는 남동생 세트(Set)에 의하여 살해되었으나 이시스의 도움으로 살아났다.233) 이 신화는 이집트 문화와 종교의 핵심 관념이 되었다.234) 학자들 간에 다툼이 있지만, 오시리스는 원래 시리아에서 건너온 풍요신에서 출발하여 나일강 서쪽의 상부 이집트 도시 아비도스에서 숭배받는 농업신(Andjeti) 및 사자신(死者神 Khentiamenti)과 같은 초기 신들의 권능을 흡수하여 지지 기반을 넓혔다. 그는 다층 기둥(djed)을 상징으로 삼고, 종종 나일강의 비옥한 진흙과 재생을 의미하는 검은 색 또는 녹색 피부를 가진 존재로 인식된다. 그가 사자를 심판할 때에는 가끔 마른 모습이나 미라로 나타난다.235)

정의의 여신

이집트 신화에서 **마프데트(Mafdet)**는 정의의 여신으로서 법과 형벌을 맡았다.236) 이집트 고왕국 시절에는 태양신 '라'(Ra)의 신전이나 파라오의 관 같은 신성한 곳에 독사 등이 들어오지 못하도록 지키고 있었다고 전한다.237) 뱀과 전갈의 천적이 고양이과 동물들이기 때문에 고양이로 묘사되는 경우가 많았다. 마프데트는 라가 일상적으로 항해하는 중에 일어나는 위협으로부터 라를 방어했다. 그녀는 밤에 사냥했고 새벽이 오게끔 만들었다. 이로 인하여 "어둠을 뚫는 자"라는 별명이 붙었다. 신왕국 시대에 마프데트는 두아트(Duat)에 있는 재판소를 다스렸고 그곳에서 파라오의 적들을 자기 발톱으로 죄인을 참수했다.238) 마프데트 그림 ©Eternal Space, CC BY-SA 4.0

(2) 메소포타미아

'에누마 엘리쉬'239) 서사시

세계에서 최초는 아닐지라도 가장 오래된 신화들 중의 하나는 신들의 탄생과 우주와 인류의 탄생에 관심을 가진다. '창조의 7개 토판'(The Seven Tablets of Creation)240)으로 알려진

「에누마 엘리쉬」(Enuma Elish)는 "공중에서"(When on High)로 시작하는 구절에서 유래하는 메소포타미아 창세신화이다.241) 이에 따르면, "태초 위로 하늘이 아직 이름으로 불리지 않았고 아래로 땅이 이름으로 불리지 않았을 때에는 혼돈 속에 소용돌이치는 미분의 물만이 존재하였다. 이 물 속에는 태고의 담수(Apzu)242)와 해수(Tiamat)가 서로 섞여 있었다. 그때에는 들판도 형성되지 않았고, 갈대밭도 찾을 수 없었다. 어떠한 신도 나타나지 않았고 어떠한 이름으로도 불리지 않았고, 운명도 결정되지 않았을 때 신들이 그들 가운데서 창조되었다."243) 즉 "물의 소용돌이가 남신 압수(Apzu)(조각: en.wikipedia.org)로 알려진 담수(淡水)와 여신 티아마트(Tiamat: sea)로 알려진 염수(鹽水)로 분화되었다. 분화가 완료되자 두 실체들의 연합은 젊은 신들을 낳았다."244) "젊은 신들은 매우 시끄러워 밤에도 압수의 잠을 방해하였고 낮에는 그의 일에 집중력을 떨어뜨렸다. 압수는 그의 부관인 뭄무(Mummu)의 조언을 받아들여 젊은 신들을 죽이려고 마음먹었다. 이 계획을 들은 티아마트는 그녀의 장남인 엔키(Enki 때로 에아 Ea)245)에게 경고하고 압수를 잠들게 한 후 살해하였다. 엔키는 압수의 잔해를 가지고 자기 집을 지었다."246)

티아마트

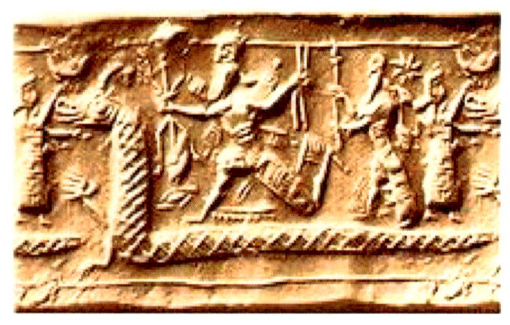

티아마트 신화에는 두 가지 계열이 있다. 창조 계열에서 티아마트는 다른 물과의 신성한 결혼을 통하여 후손들을 쑥쑥 낳아 우주를 순조롭게 창조하는 여신으로 등장한다. 혼돈투쟁 계열에서 티아마트는 태고적 혼돈의 괴물 화신으로 간주된다.247) 일부 출처들은 그녀를 바다의 왕뱀 또는 용의 인상으로 확인한다.(조각: en.wikipedia.org)248) "한때 젊은 신들의 지지자였던 티아마트는 어느덧 젊은 신들이 그의 짝을 살해하였음에 격분하였다. 미숙련 노동자들의 신 킹구(Quingu)는 그녀의 자문에 대하여 젊은 신들과 전쟁을 벌이도록 조언하였다. 티아마트는 킹구에게 '운명의 토판'(Tablets of Destiny)을 답례로 주었다. 이는 신의 통치를 합법화시키고 운명을 지배하였다. 그는 이것을 자랑스럽게 흉갑으로 걸쳤다. 티아마트는 킹구와 함께 혼돈의 세력을 끌어들여 그녀의 자녀들을 파멸시키고자 하였다."249) "거대한 해룡의 모습으로 변한 티아마트는 피 대신에 독을 몸에 채운 최초의 용들을 포함하여 메모포타미아 만신(pantheon)들에 속하는 11명의 괴물들을 낳았으나 결국 '엔키의 아들' 폭풍신 마르둑(Marduk)에 의하여 살해되었다."250)

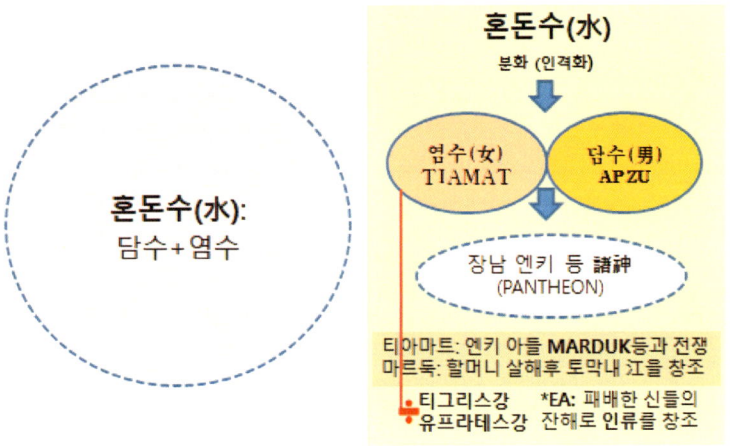

바빌론의 마르둑: "엔키와 젊은 신들은 티아마트에 맞서서 무익하게 싸웠고 그들 중에서 티아마트를 물리치겠다고 장담한 마르둑이 승자로 등장하였다. 마르둑은 킹구를 물리치고 화살로 티아마트를 쏘아 두 조각냈다. 그녀의 눈들에서 티그리스강과 유프라테스강이 흘러나왔다. 마르둑은 티아마트의 몸을 가지고 하늘과 땅을 만들었고 각 신들에게 직분을 맡겼으며 11명의 괴물들을 전리품으로 그의 발아래 속박하였다가 그의 새로운 집에 이들의 인상을 장식함으로써 다른 신들의 과찬을 받았다. 그는 또 킹구로부터 운명의 토판을 취하여 그의 통치를 합법화시켰다."251)

"신들이 마르둑의 위대한 승리와 그의 창작물에 대한 칭찬을 마치자, 마르둑은 지혜의 신인 에아와 의논하여 티아마트에게 전쟁을 부추겼던 신들의 잔해를 가지고 인류를 만들기로 결심하였다. 킹구가 유죄판결을 받아 처형되었고 에아는 그의 피를 가지고 최초의 인간 룰루(Lullu)를 빚어, 질서를 유지하고 (페르시아)만(灣)의 혼돈을 지속시키는 영원한 과업을 수행하는 신들의 도우미로 삼았다."252) 마르둑은 원래 고대 메소포타미아에서 발원한 후기 세대의 신이었고 바빌론 도시의 후견신이었다. 마루둑은 바빌론 식 이름이다.253) 바빌론이 기원전 18세기 함무라비 시대에 유프라테스 수계의 정치적 중심이 되자 마르둑은 점차 바빌로니아 만신들과 경쟁하더니 기원전 천년의 절반 동안에는 완전한 수장의 지위를 차지하였다. 마르둑은 에사길라(Esagila) 사원에 모셔졌다. 마르둑은 신성한 폭풍병기인 신풍기(神風器 Imhulla)를 부렸다. 그의 상징동물 겸 시종은 그가 한때 완파하였던 맹룡(猛龍 mushkhushshu)(조각: 루브르박물관 소장)이다.254)

109

인류의 창조

바빌론의 수호신 마르둑이 최고의 신의 자리에 오르는 투쟁의 과정은 그리스 신화에서 제우스가 세상의 지배권을 차지하기 위해 티탄족(Titanes), 거인족(Gigantes)과 전쟁을 치르는 내용과 흡사하다.[255] 티아마트와의 전쟁에서 젊은 신들의 승자 마르둑은 바빌로니아에서 유래하기 때문에 수메르의 엔키, 에아 또는 엔릴(Enlil)[256]은 신화 원본에서 주요한 역할을 맡는다. 아슈르(Ashur)에서 발견된 판본은 메소포타미아 도시들의 관습에서 알 수 있듯이 아슈르 신을 주역으로 설정한다. 각 도시의 신은 언제나 최선최대의 권능을 가지고 있었다. 바빌론의 신인 마르둑은 대부분의 판본들이 바빌로니아 필사본에서 발견되기 때문에 신화의 주역이었다. 그럼에도 바빌로니아 판 '에누마 엘리쉬'에서 에아는 인류를 창조함으로써 여전히 중요한 역할을 맡는다.[257] 서사시는 이를 두고 "에아가 인류를 창조하고 그에게 신들의 역무를 부과하여 신들을 자유롭게 만들었다"(Tablet VI.33-34)고 칭송하고, 마르둑은 "지하세계를 설치하였고 신들에게 각자의 직무를 분장하였다"(Tablet VI.43-46)고 칭송한다. 서사시는 마르둑의 업적을 길게 칭송하는 토판 VII로 끝을 맺는다.[258]

길가메쉬 서사시

기원전 27세기 메소포타미아의 남부 우룩(현재 이락남부 와르카)에서 실존했던 길가메쉬 왕은 2/3가 신이고 1/3은 인간이었다. 그는 반인반수의 엔키두와의 싸움을 통해 '다른 자아'인 엔키두를 친구로 얻는다. 이들은 백향목 숲의 괴물 후와와를 정복하였다. 길가메쉬는 지하세계의 우트나피쉬팀을 찾아 갔으나 그가 들은 홍수 이야기는 인간이 영생할 수 없음을 확인시켰고 우트나피쉬팀이 제시한 잠과의 싸움에서 졸았기 때문에 영생을 포기하였다. 우트나피쉬팀의 아내는 길가메쉬에게 페르시아만에 깊숙이 숨겨진 불로초의 장소를 알려주었다. 길가메쉬는 물 속으로 들어가 이 풀을 따왔다. 돌아오는 길에 그는 이 풀을 연못 둑에 남겨 두고 목욕하였다. 하지만 뱀이 이 풀을 낚아채 갔다.[259]

(3) 이스라엘

구약성서의 신기원

『구약성서』(Bible's Old Testament)는 히브리어 성서와 매우 유사하다. 이는 고대 유대교에 기원을 둔다. 유대교의 성립 시기는 미상이지만 이스라엘에 관한 최초의 언명은 기원전 13세기 경 이집트 명문(銘文)에 나온다.[260] 유대인들의 신 야훼(Yahweh)에 관한 최초의 언급은 기원 전 9세기 모압(Moab) 왕에 관한 명문이다. 야훼는 고대 세어(Seir) 또는 에돔(Edom)의 산신으로부터 차용하였을 것으로 추측된다.[261] 히브리어 성서는 그리스어 구약성서(Septuagint)[262] 및 기독교 구약성서와 겹친다.[263] 종래 다수 학자들은 히브리어 성경(Hebrew Bible)이 기원 전 6세기에 성립되었다고 간주하였다. 히브리어 문서들이 과거로 더 거슬러 올라갈 수 없다고 생각되었기 때문이다. 그런데 일단의 과학자들은 기독교 성서의 기원이 기원 전 10세기 다비드(David) 왕 치세로 소급하는 명문(銘文 inscription)을 발견하였다.264) 하이파(Haifa)대학 조사팀에 따르면, 2009년경 이스라엘의 엘라(Elah) 계곡 인근의 키르베트 궤이야파(Khirbet Qeiyafa)에서 발견된 토기(단지)에는 이사야서, 시편, 출애급기에서 볼 수 있는 구절들265)이 새겨져 있다. 새로 판독된 히브리어 문건은 약4세기를 거슬러 올라간다. 이 돌파구는 성서의 일부가 종전에 생각한 것보다 더 일찍 쓰여졌음을 의미한다. 기독교 구약(Old Testament)은 최초에 고대 히브리어 형태로 기술되었다고 판단된다.266)

천지창조

『구약성서』(공동번역 1986)「창세기」제1장에 따르면, "한 처음에 하느님께서 하늘과 땅을 지어내셨다.(§1)(In the beginning God created the heaven and the earth). 땅은 아직 모양을 갖추지 않고 아무 것도 생기지 않았는데, 어둠이 깊은 물 위에 있었고 그 물 위에 하느님의 기운이 휘돌고 있었다.(§2)(And the earth was without form, and void; and darkness was upon the face of the deep. And the Spirit of God moved upon the face of the waters). 하느님께서 '빛이 생겨라!' 하시자 빛이 생겼다.(§3)(And God said, Let there be light: and there was light). 그 빛이 하느님 보시기에 좋았다. 하느님께서 빛과 어둠을 나누셨다.(§4)(And God saw the light, that it was good: and God divided the light from the darkness). 빛을 낮이라, 어둠을 밤이라 부르셨다.(§5)(And God called the light Day, and the darkness he called Night)." 『신약성서』(공동번역 1986) 요한(John)복음 제1장에 따르면, "한 처음, 천지가 창조되기 전부터 말씀이 계셨다. 말씀은 하느님과 함께 계셨고 하느님과 똑같은 분이셨다."(§1)(In the beginning was the Word, and the Word was with God, and the Word was God.)

6) 그리스

창조신화

그리스 신화는 대체적으로 기원전 18세기부터 발달된 미노아 및 미케네 출신 가수들에 의하여 구전된 전통시가의 형식으로 전파되었다.267) 트로이 전쟁과 그 후 영웅들의 신화는 구전된 호머의 서사시 일리아드 및 오디세이의 일부를 이루었다. 호머와 동시대의 철학자 시인 헤시오도스(Hesiodos: 기원전 750년~650년)의 『신들의 계보』(Theogony) 및 『노동과 절기』(Works and Days)는 우주의 기원, 신성한 지배자들의 계보, 인류세의 계보, 인간적 비통의 기원 그리고 제사들의 기원에 관한 내용들을 담고 있다.268)

그리스 신들의 계보

『신들의 계보』에 따르면269), 우주는 4개 존재의 자발적 탄생으로 시작되었다. 처음에 공허한(Chasm) 카오스(Chaos 혼돈)가, 다음에 일체의 원천인 가이아(Gaia 지구)가, 이어 지구의 깊은 곳에 있는 흐릿한(dim) 타르타루스(Tartarus)가 그리고 '불사신들 중에서 가장 공정한'

에로스(Eros 염원)가 생겨났다.270) 카오스로부터 에레부스(Erebus 어둠)와 닉스(Nyx 밤)가 나왔다. 사랑으로 결합한 닉스와 에레부스는 에테르(Aether 밝음)와 헤메라(Hemera 낮)을 낳았다.271) 가이아로부터 우라누스(Uranus 하늘), 오우레아(Ourea 산맥) 및 폰투스(Pontus 바다)가 나왔다.272)

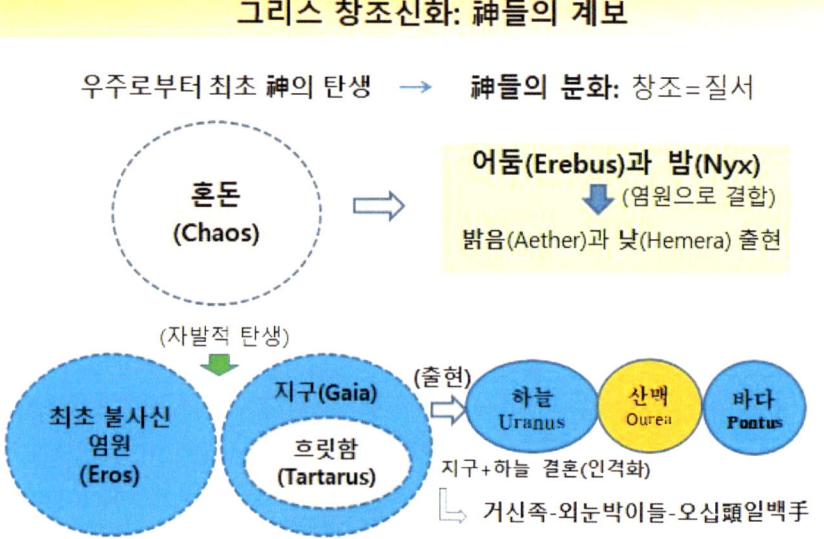

가이아의 자녀들과 우라누스

우라누스는 가이아와 결혼하였고 가이아는 ㉮12명의 거신족 티탄(Titan)들 ['거신족의 몰락'(Fall of the Giants) Jacob Jordaens(벨기에: 1593년~1678년) 그림: hellenicaworld.com]: 오케아누스(Oceanus), 코에우스(Coeus), 크리우스(Crius), 히페리온(Hyperion), 라페투스(Iapetus), 테이아(Theia), 레아(Rhea), 테미스(Themis), 네모시네(Mnemosyne), 포에베(Phoebe), 테티스(Tethys) 및 크로누스(Cronus)273)와 ㉯사이클로페스(Cyclopes 외눈박이): 브론테스(Brontes), 스테로페스(Steropes) 및 아르게스(Arges)274) 그리고 ㉰헤카톤케이레스(Hecatoncheires: hundred-handers 五十頭一百手): 코투스(Cottus), 브리아레오스(Briareos) 및 기게스(Gyges)를 낳았다.275)

가이아의 자녀들과 우라누스의 피와 생식기

크로누스가 우라누스를 거세할 때 대지로 흩어진 우라누스의 피에서 **에리니에스**(Erinyes: 분노자매들), 기간테스(Gigantes 또는 Giants: 역사들) 및 메리아이(Meliai: 수목정령)들이 나왔다. 크로누스가 절단된 우라누스의 생식기들(genitals)을 바다로 던지자 그 주변에 거품이 일어나고 **아프로디테**(Aphrodite) 여신으로 변모하였다.276) … 크로누스와 레아 사이에서 헤스티아(Hestia), 데메테르(Demeter), 헤라(Hera), 포세이돈(Poseidon), 하데스(Hades) 및 제우스(Zeus)가 태어났다.277)『신들의 계보』는 거신족 라페투스(Lapetus)와 바다의 정령 클리메네(Clymene) 사이의 소생들, 즉 아틀라스(Atlas)[지구를 짊어지는 벌을 받는 아틀라스 조각@나폴리 국립고고학박물관: en.wikipedia.org], 메노이티오스(Menoitios), 프로메테우스(Prometheus) 및 에피메테우스(Epimetheus)를 열거한 다음에 이들에게 각각 어떠한 일들이 일어났는가를 약술하고 인류에게 불을 훔쳐다 준 프로메테우스의 이야기를 말한다.278)

에게해 산토리니(사진.전재경)

올림피아 제우스신전(사진.전재경)

현대 그리스인들은 여전히 '신과 함께' 산다는 인상을 준다. 아테네에 자리잡은 아크로폴리스와 그 위에 세워진 파르테논 신전은 에게해 건너 페르시아와 맞선 아테네·이오니아·아이올리스가 에게해 여러 섬들의 폴리스들과 결성한 델로스동맹(B.C. 477)에 의하여 기원전 5세기에 축조되어 아테네의 수호신인 아테나 여신에게 봉헌되었다. 아크로폴리스는 높은 언덕 위의 성채이다. 그리스인들은 전쟁을 주관하는 아테나 여신이 아테네를 지켜줄 것으로 믿고 동쪽으로는 자연상태에서도 올라가기 힘든 높은 곳에 수십 미터 높이의 성벽을 쌓았고 다소 완만한 서쪽으로는 여러 구조물들과 조각품들을 축조하였다. 전시가 아닌 평상시에도 사람이 성벽을 기어오를 수 없는 난공불락의 요새다. 아크로폴리스, 파르테논신전, 그 아래 올림피아에 자리잡은 제우스신전 등의 유적이 전하는 신화는 척박한 농경지나 산악에서 후대 그리스인들이 경제생활을 영위할 수 있는 인류문화유산이다.

파르테논신전 본관(사진 · 전재경)　　　　　파르테논신전 서편 입구(사진 · 전재경)

7) 아메리카

잉카의 건국: 감보아(Sarmiento de Gamboa) 채록279):

잉카 왕들(Incas)의 시조이며 잉카제국의 건국자인 망꼬 까빡은 꾸스꼬(Cuzco) 남쪽 26km 쯤에 위치한 빠까릭땀보(Pacarictambo: '여명의 집' 또는 '근원의 집') 지역의 땀보 토코('창이 있는 집') 산에 있는 3개의 동굴(穴) 중 중앙의 혈에서 4명의 형제, 4명의 자매와 함께 현신했다. 그리고 이들 8명의 잉카 조상들은 땀보또꼬 산 주변에 살던 사람들과 함께 수도를 세울 기름진 땅을 찾아 오랜 방랑의 세월을 보냈고, 마침내 꾸스꼬 계곡을 발견하고 그곳이 그들의 고향땅이라는 계시를 받는다. 그들은 그곳 주민들로부터 꾸스꼬 계곡의 소유권을 넘겨받아 그곳에 잉카의 수도를 건설하였다.

잉카의 건국: 양족 베가(Inca Garcilaso de la Vega) 지술280):

태양신 비라코차는 지상에 사는 미개한 인간들을 바라보며 안타까운 마음이 들어 자신의 아들 한 명과 딸 한 명을 지상계의 띠띠까까(Titicaca: 퓨마바위) 호수로 내려 보내, 그들에게 자신이 준 황금막대로 알맞은 장소를 찾아 그곳에 도읍을 정하고 나라를 세워 자신의 뜻을 인간계에 펼치라고 일렀다. 태양신의 아들인 잉카(망꼬까빡)와 그의 누이이자 부인인 마마 오끄요는 띠띠까까 호수에서 현신하여 꾸스꼬 계곡에 이르러 그곳에 도읍을 정하고 사람들을 모아 나라를 건국했다.281)

마야의 창조신화282)

하늘에 네 신이 있었다. 이들은 각자 자리에 앉아 세상을 내려다보았다. 황색 신이 인간을 만들어 땅의 혜택을 누리고 신을 찬미하게 하자고 제안했다. 나머지 세 신은 이 제안에 찬성했다. 먼저 황색 신은 누런 진흙덩이로 인간을 만들었다. 그러나 그 피조물은 물에 닿으면 녹고 똑바로 서지도 못했다. 적색 신은 나뭇가지를 꺾어 인간의 형상을 조각했다. 나무 인간은 물

위로 둥둥 떠올랐을 뿐만 아니라 똑바로 섰다. 하지만 불을 대니 타버렸다. 흑색 신이 황금으로 인간을 만들었다. 황금인은 아름다웠고 태양처럼 빛났다. 황금인은 물불 시험을 모두 통과했다. 하지만 황금인은 몹시 싸늘했다. 말할 줄을 몰랐고, 느끼거나 움직이거나 신들을 숭배하지도 못했다. 아무 색깔도 없는 네 번째 신은 자기 왼손의 손가락들을 잘라 냈다. 손가락들이 껑충껑충 뛰어 땅으로 떨어졌다. 네 신은 살로 만들어진 인간들이 너무 멀리 사라져 버린 탓에, 그들이 어떻게 생겼는지도 미처 보지 못했다. 그들의 모습은 분주하게 움직이는 조그만 개미들처럼 보였다. 그러나 살로 만들어진 인간들은 신을 숭배하고 제물도 바쳤다.

남아메리카 과라니족

과라니(Guarani)인은 남아메리카 중남부 지역 중에서 파라과이와 그에 접경한 아르헨티나, 브라질, 볼리비아 일부 지역에 산다. 투피(Tupi)인은 브라질 선주민 인구의 대부분을 차지하는 민족으로, 브라질 해안과 아마존 오지의 투피인 부락에서 산다. 이들은 대부분 포르투갈 식민지 개척자들과 혼혈인 후손이다. 과라니어는 근세까지 문자가 존재하지 아니하여 과라니-투피 신화와 전설은 모두 구전 설화의 형태로 전해졌다.283)

아마조니아(아마존 우림)에 발을 들여 놓았던 탐험가들이나 전설을 들은 지식인들은 한껏 상상력을 발휘하였다: 고대 그리스의 역사가 헤로도투스(Hērŏdŏtus)의 작품부터 로마시대 플리니우스(Plinius)의 작품까지, 아라비아 이야기꾼들부터 무굴 작가들까지, 기사들의 무용담부터 중세 성인들의 언행록까지, 여러 성당들의 낙수 홈통 끝에 달린 괴수부터 네덜란드 화가 히에로니무스 보스(Hieronymus Bosch: 1450년경~1516년)의 환상적이고 괴기스러운 묘사까지, 모두 실제로 보고 들었다고 주장하였다. 아마존의 수 많은 전설들은 진위에 시비가 많았으나 서로서로 잘 어울렸다.284)

이과수폭포(사진·황은주 2016)

영장류(사진·황은주 2016)

과라니족의 종교는 다신교이다. 창세신화의 주역인 투파(Tupã)는 모든 신들의 아버지다. 달의 여신인 아라시의 도움을 받고 지상으로 내려온 투파는 아레과의 어느 언덕에 다다랐고, 그곳에서 바다와 숲, 동물과 같은 만물을 창조하고 하늘에 별들을 달아 세상을 지었다. 세상을 만든 투파는 인간 한 쌍을 만들었다. 정성스런 의식을 거쳐 자연에서 얻은 여러 소재로 만든 반죽으로 남녀의 형상을 빚었다. 투파는 두 형상에 생명을 불어넣은 후 선(善)과 악(惡)의 영(靈)을 남겨두고 세상을 떠났다.285) 선령의 화신은 앙카투피리(Angatupyry)이고 악령의 화신은 타우(Tau)이다.

투파가 창조한 인류의 이름은 루파베(Rupave)와 시파베(Sypave)이다. (en. wikipedia.org/Guarami mythology): 각각 '인간의 아버지'와 '인간의 어머니'라는 뜻이다. 둘은 아들 셋을 낳고 딸을 수없이 많이 낳았다. 맏아들 투메 아란두(Tumé Arandú)는 현인이자 과라니족의 위대한 예언자였다. 둘째 아들 마랑가투(Marangatú)는 자비롭고 덕망있는 지도자였으며, 후일 일곱 괴수를 낳는 케라나(Kerana)를 딸로 두었다. 셋째 아들 자페우사(Japeusá)는 거짓말, 도둑질과 사기를 일삼는 타고난 협잡꾼이었다. 다른 사람의 행동을 반대로 따라하며 그를 혼란에 빠뜨려 이용하곤 했는데, 결국 물에 몸을 던져 자살한다. 부활한 자페우사는 게(crab)로 다시 태어났는데, 생전에 하던 대로 걸음도 거꾸로 걷게 되는 저주를 받아 세상에 존재하는 게들이 똑바로 걷지 못하게 되었다.

신화의 상징에는 언제나 두 가지 측면이 있다. 신화는 영감을 주는 한편으로 불길함을 예고한다.286) 아마조니아도 예외가 아니었다. 재규어는 과라니족이 두려워하는 야수이다. 전설에 따르면, 태양과 달로 알려진 쌍둥이의 어머니는 하늘의 재규어(Celestial Jaguar)들에게 살해당했다. 쌍둥이는 그들의 어머니가 어떻게 죽었는가를 새가 말해줄 때까지 재규어에 의하여 키워졌다. 쌍둥이는 난동을 일으켜 원시 재규어의 어머니인 한 마리의 임부를 제외한 모든 재규어들을 죽였다. 그럼에도 재규어는 과라니인의 삶과 깊은 관계를 맺는다. 재규어 자체는 사원에서 죽은 자의 영혼을 나타낸다. 사람의 임부는 재규어의 고기를 먹는다. 병들고, 나이가 많고, 움직임이 느린 사람들은 재규어에게 넘겨진다.287)

북아메리카288)

"물이 왔다"고 사람들은 말했다. 모든 곳에서 물이 모여들었다. 땅도 산도 바위도 없이 물만 있었다. 나무와 풀도 없었다. 바다에 물고기도 없고, 땅에 동물도 없고, 공중에 새도 없었다. 사람이나 동물들이 모두 씻겨 내려갔다. 바람은 세상 입구로 불지 않았고, 눈도, 서리도, 비도 없었다. 천둥도 치지 않았고, 번개도 치지 않았다. 내려칠 나무가 없어서, 천둥이 치지 않았다. 구름도 안개도 없었고, 태양도 없었다. 매우 어두웠다.

크고 긴 뿔을 가진 땅이 일어나 북쪽에서 남쪽으로 걸어 내려 왔다. 땅이 깊은 곳을 지날 때 물이 어깨까지 차올랐다. 땅은 얕은 곳으로 올라와 위를 보았다. 파도가 부서지는 북쪽에 산등성이가 있었다. 땅이 세상 가운데 이르자, 동쪽으로 해가 떠올랐다. 해안 가까이 넓은 들이 나왔다. 땅은 멀리 남쪽을 보면서 걸어갔다. 땅은 북에서 남으로 여행한 후 누웠다.

땅의 머리에 서 있던 창조신 나가이초(Nagaitcho)는 남쪽으로 이동하였다. 나가이초는 땅이 누웠던 곳에 머리를 두고 눈들 사이에 또 뿔 위에 회색 진흙을 폈다. 나가이초는 진흙 위에 갈대를 심었고, 다른 진흙 위에도 그랬다. 그는 여기에 풀, 관목, 나무를 심었다. 그는 이어서 말했다. "여기 머리 자리에 봉우리가 생기고 파도가 그 기슭을 치라." 산맥이 만들어지고 초목들이 자랐다. 그는 작은 돌들은 머리 자리에 모았다. 머리 자리가 가려졌다.

일을 마친 후, 그는 말했다. "나는 북쪽으로 올라가 해안을 장식하겠다." 그는 먼 북쪽으로 가서 위 쪽 세상의 여기저기를 정돈하였다. "세상을 만족할 만큼 만들었다"고 그는 말했다. 그는 먼 남쪽으로 되돌아와 그 끝에 돌들을 세웠다. 그는 초목이 자라나게 만들었다. 그는 산들을 세우고 놓고 바다 앞에 땅이 자리 잡도록 만들었다.

황금까마귀

까마귀는 여러 신화에서 단골로 등장한다. 캐나다 하이다(Haida) [밴쿠버섬 북쪽~알래스카 남쪽: 지도 ⓒwww.totemtototem.com/visitor-info] 부족289)의 문화상징인 황금까마귀(Raven)는 거인 창조신이다. 황금까마귀는 천지를 창조하고 인간과 동식물을 만들었다. 황금까마귀는 신출귀몰(trickster) 존재로 알려져 있다. 그는 때로 장난을 치거나 인간들을 시험하며, 예상치 못한 결과를 초래하기도 한다. 예측 불가능한 그의 행동은 하이다 부족의 상상력과 정체성을 형성하는 데 큰 역할을 차지한다. 그의 지혜와 힘은 예술, 음악, 이야기, 민속 예술 등 다양한 측면에서 하이다 민족의 상징이다. 그의 모습은 조각, 그림, 목조품 등 다양한 형태로 표현되며, 그의 이야기는 세대를 거쳐 전승되어 왔다.

황금까마귀가 어느 날 하이다(지도·사진下) 과이(Haida Gwaii)섬의 '장미의 침'(Rose Spit) 해변에서 혼자 있었다. 그때 그는 발밑에서 백합조개를 발견했는데, 그 안에서 작은 생물들이 나오려고 했으나 그들은 껍질 속에서 나오기를 망설였다. 그는 그들을 껍질에서 빼내 자신의 멋진 세계로 초대했다. 처음으로 나온 이들이 바로 하이다(Haida) 족의 조상이 되었다. 하지만 그가 보기에 남성들만의 세상이 지루하였다. 황금까마귀는 어느 날 따가리(chiton) 조개를 발견하고 열어봤더니 작은 여성들이 그 안에 살고 있었다. 그는 남성들에게 그녀들을 데려와 그들의 동태를 즐겨 지켜봤다. 어느 날 남녀들은 점차 눈이 맞아 섬 한편으로 달아났다. 인류와 그 가족들이 사는 모습은 그를 즐겁게 만들었다.290)

밴쿠버의 브리티시 콜럼비아 대학(UBC)의 인류학박물관에는 황금까마귀와 최초의 인류를 묘사한 Bill Reid의 조각품이 전시되어 있다. 하이다 출신 예술가 Bill Reid는 이 신화를 기반으로 "황금까마귀와 최초의 인류"291)(The Raven and the First Men)라는 조각품을 제작하여 1980년에 발표하였다. 이 작품은 하이다 민족의 역사와 문화를 현대적인 형태로 표현한 것으로서, 하이다 부족의 중요한 상징 중의 하나이다. 밴쿠버에는 세계적 명성을 얻은 Bill Reid의 작품 외에도 황금까마귀를 소재로 삼은 조각(사진)들이 자주 발견된다.

하이다는 지도 좌측 태평양 연안@국립중앙박물관 전시회(2024) 사진.전재경

황금까마귀 조각 사진.전재경(2011)@캐나다밴쿠버시

까마귀·삼족오

그리스 신화에서 까마귀는 본래 은빛 날개를 가진 아폴로의 전령이었다. 아폴로는 보이오티아 지방[오르코메노스 부족]의 공주 코로니스(Coronis)를 사랑하였는데 그녀는 그가 불사신이서 자기와 영생할 수 없음에 좌절하였고 또 그가 잘 찾아오지 아니하자 그의 아이를 가졌음을 모르고 아르카디아 사람 이스큐스와 사랑에 빠졌다. 까마귀로부터 이 소식을 들은 아폴로는 격노하여 그녀를 활로 쏘았다. 그녀가 죽은 후 아폴로는 간통 소식을 전한 까마귀에게 화풀이하여 털을 검은 색으로 바꾸고 인간의 언어능력을 없애 버렸다. 현자 켄타우로스 케이론에 맡겨져 의술을 배운 아기 아스클레피오스는 뛰어난 의사가 되어 죽은 사람까지 살려낼 정도의 실력을 갖추게 되었다.

고대 동아시아 지역에서 "태양 속에 산다"고 여겨졌던 삼족오(三足烏)는 세발까마귀이다. 고구려 고분 벽화에 등장하는 삼족오는, 삼국유사(三國遺事)에 따르면, 사람에게 해야 할 일이나 일어날 일을 미리 알려주는 영험한 존재이다. 북유럽 신화에서 오딘(Odin) 신의 까마귀는 예언과 지식을 전달한다. 신약성서는 인간의 소중함을 설명하는데 까마귀를 등장시킨다: "까마귀는 심지도 않고 거두지도 않으며 골방도 없고 창고도 없지만 하느님이 기르시나니, 너희는 저보다 얼마나 더 귀하냐"(누가 12:24).

빛을 훔친 거인

캘리포니아대학의 인디언 백과교재에 따르면, 거인[창조신 Giant]은 아버지 옥황상제(Kit-ka'ositi-qa)로부터 "창조자가 되라"고 가르침을 받지만 그 결과에 만족하지 못했다. 그는 세상을 창조하였지만 빛이나 물을 줄 수 없었다.292) 거인은 옥황상제로부터 빛을 훔치려고 마음먹었다. 거인은 상제로부터 선물로 받았던 황금까마귀 피복(raven skin)을 입고 하늘로 올라 빈틈으로 들어갔다. 상제의 딸이 물을 뜨러 브리티시 컬럼비아의 나스(Nass) 강으로 갔을 때, 삼나무 잎으로 변신하여 딸의 물통으로 들어갔다. 그녀는 물을 마시면서 그를 삼켰다.

거인은 그녀의 배 속에서 인간의 아기로 변신하였다. 사내 아이가 태어나자, 상제는 그를 너무 사랑했다. 아이는 상제의 신뢰를 완전히 얻었다. 상제는 손자를 망칠 정도로 손자의 소원을 모두 들어주었다. 아이는 주야로 보채면서 빛을 담은 상자를 가지고 놀겠다고 고집을 부렸다. 상제는 끝까지 거절하지 못하고 상자를 열어 아이에게 빛의 공을 주었다. 아이는 새로 변하여 빛의 공을 가지고 굴뚝으로 날아 올랐다. 상제가 그를 뒤쫓았다. 아이는 무거운 빛을 나르느라 지쳐 빛의 공을 놓쳐버렸다. 산산히 부서진 빛의 조각들은 하늘로 날아올라 별들과 달 그리고 해가 되었다.293)

미국 지역 인디언 부족들294)의 '황금까마귀와 태양'의 전설에 따르면, 인류를 달가워하지 않았던 무당[天帝]은 인류에게 유익한 보물들을 바다 밑에 감추어 두었다. 황금까마귀는 (분류학상 거리가 먼) 하얀 올빼미로 변신하여 천제의 신뢰를 얻었다. 올빼미는 이 보물들을 하나씩 훔쳐 인류에게 주었다. 올빼미가 태양을 하늘에 올리기 전에 너무 높이 그리고 오래 운반하느라고 깃털이 검게 타버렸고 발톱이 쪼그라들었다.295)

8) 중국·한국

개벽(創世): 오나라(3세기)의 서정 지음《삼오역기 三五歷記》

"세상이 열리기 이전, 하늘과 땅은 달걀처럼 혼돈스러운 덩어리였고, 그 속에서 반고가 태어났다. 18,000년이 지나 하늘과 땅이 분리되었고, 밝고 맑은 양기가 올라와 하늘이 되었고, 무겁고 탁한 음기가 가라앉아 땅이 되었다. 반고는 하늘과 땅 사이에 있었고 하루에도 몇 번씩 바뀌었고 하늘과 땅보다 더 신성했다. 하늘은 매일 1장(丈)씩 높아졌고, 땅은 매일 1장씩 두꺼워졌으며, 반고는 매일 1장씩 커졌다. 이 일이 18,000년 동안 계속되었다. 하늘은 아주 높게 솟아올랐고, 땅은 아주 깊게 가라앉았으며, 반고는 아주 크게 자랐다. 하늘과 땅이 열린 후 세 명의 황제가 세상에 나타났다. 숫자는 하나부터 시작하여 셋이 되고, 다섯을 이루고, 일곱으로 번성하고, 아홉으로 끝난다. 그리하여 하늘과 땅의 거리는 구만 리이다."

世界开辟以前, 天和地浑浑沌沌地成一团, 像个鸡蛋一样, 盘古就生在这当中。过了一万八千年, 天地分开了, 轻而清的阳气上升为天, 重而浊的阴气下沉为地。盘古在天地中间, 一天中有多次变化, 比天、地都要神圣。天每日升高一丈, 地每日增厚一丈, 盘古也每日长大一丈, 这样又过了一万八千年。天升得非常高, 地沉得非常深, 盘古也长得非常高大。天地开辟了以后, 才出现了世间的三皇。数字开始于一, 建立于三, 成就于五, 壮盛于七, 终止于九, 因此天距离地有九万里。296)

스촨(四川)의 홍수신화297)

"태고에 고비(高比)와 뇌공(雷公) 형제가 있었다. 형 고비는 땅을, 동생 뇌공은 하늘을 다스렸다. 뇌공은 사람이 제물을 잘못 바치자 가뭄으로 벌하였다. 고비가 하늘의 비를 훔쳐 사람들을 구하였다. 고비는 뇌공과 싸워 그를 조롱 속에 가두었다. 고비는 복희298)[伏羲]와 여와299)[女媧] 남매를 두었다. 남매가 뇌공에게 물을 주자, 뇌공은 힘을 얻어 조롱을 탈출하였다. 뇌공은 비의 신에게 홍수를 명했다. 남매가 뇌공이 떠나기 전에 주었던 이(齒)를 심었더니 박이 열렸다. 남매는 박을 타고 떠다녔다. 하늘의 태백금성(太白金星)은 남매가 결혼하여 인류의 대를 잇기를 권하였다. 남매는 각기 다른 산에서 연기를 피워 두 연기가 합쳐지면 결혼하기로 마음먹었다. 이윽고 두 연기 줄기가 합쳐졌다."

장족의 무류자(姆六甲) 신화

중국 남부에 사는 장족의 무류자(姆六甲) 신화에 따르면300), "하늘과 땅이 갈라진 뒤 대지는 황막했다. 나중에 잡초가 자라나더니 꽃이 피었고, 꽃 속에서 맨몸에 머리를 풀어헤친 한 여인이 나왔다. 그녀가 바로 무류자다. 그녀는 신들을 보내 하늘과 땅을 고치게 하였는데, 하늘은 작고 땅은 커서 땅이 덮이지 않았다. 무류자가 손으로 땅 한가운데를 한번 긋자 하늘과 땅이 딱 들어맞았다. 그때 땅이 구겨져 높은 곳은 산이 되고 낮은 곳은 바다와 호수와 강이 되었다. 무류자는 땅에 생기가 없는 것을 보고는 바람을 쐬어 임신하고, 오줌을 누어 진흙으로 사람을 빚었다. 그러나 아직 남녀 구분이 없었으므로 무류자는 산에 올라가 양도(楊桃)와 고추를 따 땅에 던지고는 아이들한테 줍게 했다. 양도를 주운 쪽은 계집아이가 되고, 고추를 주운 쪽은 사내아이가 되었다."301)

산해경의 신령들

기원전 9세기에 성립된 중국 선진(先秦) 시대에 저술되었다고 추정되는 『산해경』(山海經)에는 과부(夸父), 여와(女媧), 정위(精衛), 황제(黃帝), 염제(炎帝), 요(堯), 순(舜), 우(禹), 후예(后羿)와 같은 신령들이 있다. 그 중 신화가 가장 많은 것은 다신교의 복잡한 정령관을 반영한 해경(海經)과 황경(荒經)이다. 중국 신화학자 위안커(袁珂把)는 산해경에 나오는 신화 속 신령을 천제(天帝), 신지(神祇), 인왕(人王), 이인(異人)의 네 가지 범주로 나눈다. 천제는 모두 12명이다. 그 중 11명은 이름을 가지며, 제준(帝俊)과 같은 조상으로부터 진화되었다. 나머지 무명의 제는 대표상천(代表上天)으로서 지고무상의 하늘이다. 신지는 자연력의 화신으로서 천신(天神), 산신(山神), 강신(江神) 등 30명이 넘는다. 인왕으로는 우(禹), 계(啟), 왕해(王亥)가 있고 이인으로는 과부(夸父), 정위(精衛), 서왕모(西王母), 형천(刑天) 등이 있다.302)

중국학자들은 산해경을 백과사전으로 이해하지만, 산해경은 고대 지리지에 신화들이 결부되어 있다고 볼 수 있다. 고증이 곤란한 내용들을 담고 있어 문학과 사서의 경계에서 때로 '기서'(奇書)로 취급되는 산해경은 개벽 즉 창세를 다루지 아니하고 그 이후를 다룬다. 북경언어대학문학원(北京语言大学文学院)의 류종적(劉宗迪) 교수의 설명에 따르면303), 중국의 『상서』(尚書) 및 『국어』304)(國語)가 '중려절지천통'(重黎绝地天通)이라는 개벽신화를 수록하고 있다. 이 설화에 따르면, 중(重)과 여(黎) 두 형제가 함께 힘을 모아 하늘과 땅을 분리하였다. 한 사람은 하늘을 들어올리고 다른 한 사람은 땅을 눌러 우주를 여는 위업을 이루었다. 이는 중국에서 희귀한 개벽[창세] 신화이지만 역동성이 떨어진다.

'숭상해야 할 공문서'라는 뜻을 지닌 『상서』(尚書)는 『서경』(書經)을 말한다. '서'(書)로 약칭

되기도 한다. 요순시대·하나라·은나라(상나라)·주나라의 기록들인 우서(虞書)·하서(夏書)·상서(商書)·주서(周書)를 싣고 있다. 유교(儒敎)와 관련이 없지만 후대 공자(孔子)가 편찬하였다는 설로 인하여 유교의 5경으로 통용된다. 요(堯)와 순(舜)이 다스렸던 요순시대는 3황(三皇)시대 다음에 등장한다. 원(元) 나라 증선지(曾先之)가 고대사를 간추려 편찬한『18사략』(古今歷代十八史略: 초판 1321년~1323년)에 따르면, 삼황은 복희[伏羲: 뱀 몸에 사람 머리를 지닌 복희는 '큰 하늘'(太昊)로 불렸는데 사람들에게 사냥법과 불 사용법을 가르쳤다], 신농[神農: 사람의 몸에 소의 머리를 지닌 신농은 불꽃임금(炎帝)으로 불렸는데 태양신으로서 사람들에게 농경과 상업을 가르쳤다], 그리고 헌원[軒轅: 신농의 뒤를 이어 문자와 수레를 도입하고 건축·직조·천문·역산·의술을 가르쳤다]을 말한다.

기원전 7천년 전부터 시작되는 동북아의 환인 설화에서 단군시대를 거쳐 한국의 고려사까지 다루고 있으나 진위(眞僞) 시비가 끊이지 아니하여 인용에 어려움이 있는『환단고기』(桓檀古記)는 삼황오제를 동이족(東夷族)으로 적었다. 중국 측 사서는 헌원이 탁록에서 치우(蚩尤)와 싸워 이김으로써 패권을 장악했다고 기록하지만, 환단고기는 탁록 전투에서 치우가 이끄는 종족이 황제가 이끄는 종족을 이겼다는 내용을 담고 있다.305) 사마천의『사기』에 따르면, 치우는 중국 산동성(산둥반도 지역) 일대에 거주하던 동이족의 나라 구려(九黎)라는 신족(神族)의 우두머리였다.306)

상서[書經]의 기록들이나 산해경의 기술들은 그리스 신화의 다신들을 연상시킨다. 그리스 신들도 천지를 창조하지는 아니하였다. 서경에 등장하는 신들은 문명의 개척자들이다. 학설에 따르면, 중국의 반고(盤古) 창세(創世) 천지기원 신화는 중국 남쪽의 소수민족에게서 유래하여 점차 북방으로 이동하여 중원지역의 문인에 의하여 변형된 신화가 되었다.307) 중국에서는 한나라 때까지 반고와 관련된 기록이 전혀 없다.『산해경』에도 반고라는 이름을 찾아볼 수 없다. 반고신화에서는 창조는「우주(乾坤) → 음양 → 원기(元氣) → 중화(中和) → 반고 → 인류」라는 정형화된 구조를 취한다. 새로울 것이 없다. 기원전 15세기 이전에 쓰여진 인도의 작품 '리그베다'308)는 '황금태아'(黃金胎兒)에 관한 이야기를 담고 있다. 다양한 '황금알' 신화들은 이 이야기로부터 비롯한다.『푸라나』의『브라마 푸라나』(梵天 往世書) 장에 나오는 황금알 신화도 그 중의 하나이다. 이 신화는 천지창조에 관한 내용을 담았다.『리그베다』에는 세상만물의 창조에 관한『푸루사 신화』도 있다. 이 두 신화는 실제로 반고 신화와 매우 유사하다. 이로 미루어 반고설화는 원래 인도에서 유래했을 가능성이 높다.309) 요컨대, 삼국시대 오나라 서정(徐整)은 인도신화의 성분을 활용하여 중국풍의 창세설화를 창작하였다.310)

중국의 창세신화 기록은 기원후 3세기 이후에야 발견됨으로써 황하문명권의 역사에 비하여 창세신화의 역사가 짧고, 반고 신화마저 인도 힌두신화와 유사한 설화 구조를 보임으로써, 알타이·몽골·이집트·메소포타미아·인도 등지와 비교하여, 정체성이 떨어진다는 한계를 보인다. 이는 BC 3000년~2000년 경 발달한 후베이성 스자허(石家河) 문화권이나 BC 2500년경~2200년경 발달한 양자강 중류의 취자링(屈家嶺) 문화권311)의 전승설화가 확인되지 아니한 탓도 있겠다. 문명의 개척자들을 기술하는 산해경과 서경의 신화들은 중원의 지배자가 아닌 동이족 계열의 치우를 배척하는 양태를 보인다. 시대가 바뀌면 역사가 다시 쓰이지만 중국의 경향은 역사로 말미암아 그 상류인 신화가 재구성되는 '거꾸로'(逆)의 과정으로 이해된다.

산동반도, 랴오허강 유역, 만주와 한반도 일원 신화의 제약

여러 가지 이유로 중국의 산해경이나 서경(書經)과 같은 비중을 차지하지 못하는 『환단고기』에 따르면, 한국의 역사는 BC 7199년에 시베리아 바이칼호수 근처에 세워진 환국(桓國)이 7세, 3301년 동안 지속되고, 이어 환웅이 BC 3898년 산동반도 근처에 배달(倍達)국을 세우고, 신시(神市)에 도읍을 정했다. 배달국은 18세, 1565년 동안 이어진다. 그리고 BC 2333년 단군 왕검이 조선을 세워 47세 단군 고열가까지 전한다. 이 책에서는 BC 131년에서 일단 끝났다가 부여와 고구려로 이어진다.312) 환단고기에 가해지는 제약들은 중원을 벗어난 산동반도, 랴오허강 유역, 만주와 한반도 일원에 대한 신화연구에 영향을 미친다.

마고할미와 인류의 조상

중국 기록에서 마고(麻姑)는 갈홍의 『신선전』(神仙傳)과 『태평광기』(太平廣記) 등에 나온다. 이 이야기 속의 마고는 열여덟 전후의 아름다운 여인이다.313) 신라시대 당나라에서 유학하였던 최치원은 『계원필경집』(桂苑筆耕集)에서 "이 세상 벼슬길에 겪은 액운 매양 한스러웠는데 몇 년 동안 마고를 알았으니 너무나 기쁘구나"라는 소감을 적었다.314) 마고할미는 처음에 하늘도 땅도 없었던 세상에서 잠을 자면서 코를 골아 하늘을 내려앉게 만들었다. 잠에서 깨어난 그녀는 하늘과 땅을 갈랐고 해와 달을 걸었으며, 이어 땅을 긁어 산과 강을 만들었다.315)

신라시대 박제상(363~419)의 『징심록』제1지「부도지」에 따르면, 마고성에 사는 마고는 태초에 인류의 조상을 탄생시켰다. 이들은 천인(天人)으로서 조화롭고 이상적인 삶을 살았으나, '오미의 화'316)를 계기로 자재율(自在律) 기능을 상실하게 되면서 존재계의 질서가 와해되었다. 이에 천인들의 장자인 황궁씨가 대표로 복본(復本)을 서약하였다. 사람들은 마고성의 동·서·남·북문을 통해 사방으로 분거했다. 북문으로 나온 황궁씨의 후손들은 항상 정성과 믿음으로 언젠가는 마고성으로 복본한다는 마음으로 늘 수행에 힘썼다.317)

서약 또는 맹약은 현대사회에서도 권장된다. 종래의 편견들은 종종 변화를 향한 장기목표를 달성하려는 과업을 미루게 만든다. 이를 극복할 수 있는 해법이 필요하다. 이른바 공개서약 또는 사회적 맹약(public pledges)은 당사자들을 억압하지 아니하면서 약속을 이행하게 만드는 부드러운 형태의 해법이 될 수 있다.318)

한국에서 지역에 따라 설문대할망, 개양할미, 노고할미, 서구할미, 안가닥할무이 등으로도 불리는 마고할미(사진. 지리산 마고성모상·경남민속문화재 제14호ⓒ석상순2014)는 한국 신화의 원형이다.319) 마고할미 설화의 핵심은 거인설화인데, 그 근원은 해안지역에 유포되어 있는 관음보살의 화신인 할미신과 할아버지신이다. 관음보살과 마고할미설화가 결합하면서 거구의 마고할미가 출현하게 되었다.320) 한국의 마고 할미와 닮은 거대 여신으로는 만주족의 창세

신 압카허허를 들 수 있다. 구전서사시 '우처구우러번'에 따르면, '압카허허'는 처음에 세상을 다스렸으나 시간이 흐르면서 남성신 '압카언두리'에게 점차 세력을 내어준다.321)

　　마고 할미 신화는 한국의 곳곳에 전승되지만 대표적인 전승을 찾기 어렵다. 지역에 전승되는 설화들을 종합하면, 마고할미는 본디 하늘에 살던 하느님의 딸이었는데(@지리산), 하늘에서 내려왔다(@단양). 북쪽을 향해 길게 누워 한 다리를 서쪽 바다에, 한 다리는 동쪽 바다에 담갔다(@보림출판). 그녀는 키가 하늘에 닿아 해를 가렸고(@통영), 한라산 꼭대기를 베개 삼아 베고 누우면 발은 제주 앞바다 관탈섬에 얹혔다(@제주). 굶주리고 목이 말라 흙을 먹고 바닷물을 마시다가 설사가 나서 우리 강산이 되었다(@충남해안). 치마폭에 흙을 담아 나르다가 터진 구멍으로 흘러서 오름들이 되었고, 마지막 날라다 부은 흙은 한라산이 되었다(@제주). 처음에는 옷을 입지 않았다가, 옷을 입고 춤을 추자 삼남 지방에 그늘이 져서 농사를 지을 수가 없었다(@충남해안).322) 마고 할미는 승천하기 전에 자신의 힘을 무당에게 내려 주었다."323)

지리산 성모천왕 '마고'

　　지리산 천왕봉에는 마고라고 하는 성모천왕이 살고 있었다. 하루는 성모천왕이 산을 내려다보는데 '법우'라는 도행(道行)이 높은 화상이 도를 닦고 있었다. 성모천왕은 '내가 저 사람과 부부의 연을 맺어 하늘의 뜻을 펼치리라.' 하고 마음을 먹고 산꼭대기에서 소변을 보았다. 법우화상이 홀연히 보니 산골짜기에 비가 내리지도 않았는데, 갑자기 물이 불어 큰 시냇물이 흘러 내려오는 것이었다. '어디서 이렇게 큰 물줄기가 생겼을까?' 궁금해 하며 천왕봉 꼭대기로 올라간 법우화상은 키가 크고 힘이 센 여인을 발견하고는 놀라지 않을 수 없었다. 이에 성모천왕은 "내가 인간 세계에 귀양을 내려와 있었는데, 그대와 인연을 맺고자 물의 술법을 이용하였다."라고 하였다. 둘은 드디어 부부가 되어 딸 여덟을 낳았고, 이들에게 무업(巫業)을 가르쳐서 조선 팔도에 보냈다. 지금 팔도의 주술사들은 이들의 후손이다.324)

미륵신앙@창세가325)

　　"하늘과 땅이 나뉘지 않은 상태에서 하늘이 가마솥 뚜껑처럼 볼록하게 도드라지자 그 틈새에 미륵이 땅의 네 귀에 구리 기둥을 세워 천지가 분리되었다. 미륵이 두 개씩 있던 해와 달을 하나씩 떼어 북두칠성, 남두칠성, 큰 별, 작은 별들을 만들었다. 미륵은 칡넝쿨을 걷어 베를 짜서 칡 장삼을 입었다. 쥐의 말을 듣고 금덩산으로 들어가서 차돌과 시우쇠를 톡톡 쳐서 불을 만들고, 소하산에 들어가서 샘을 찾아냈다. 미륵이 금쟁반·은쟁반을 양손에 들고 하늘에 축수하여 하늘로부터 금벌레·은벌레를 다섯 마리씩 받아, 남자와 여자로 변하게 만들어 인류가 번성하였다. 석가가 나타나 인간세상을 내놓으라고 요구했다. 석가는 잠을 자면서 무릎에 꽃을 피우는 내기를 제안하고, 미륵이 잠든 사이에 미륵이 피운 꽃을 가져다 자기 무릎에 꽂아 이겼다. 미륵은 석가에게 인간 세상을 내어주고 사라진다. 이로 말미암아 인간 세상에는 부정한 것들이 생겨났다."326)

천지왕327)

"수명장자328)가 무도막심하여 천왕에게 무례하게 굴었다. 천지왕이 노하여 일만 군사를 거느리고 흉험을 주나 실패했다(천주왕이 머리에 상엄을 씌웠으나 종놈이 도끼로 깨뜨렸다). 돌아오는 길에 백주할망 집에 유숙하여 박이왕과 결연하고는 박이왕이 인간 세상을 차지하라 이르고 아들이 태어나면 대·소별왕이라 부르게 한 다음에 칵씨 두 방울을 본미로 주었다. 대·소별왕 형제가 칵씨를 심어 타고 올라가 천지왕을 만나 친자 확인을 받았다. 쌍둥이 형제는 천지왕의 명령으로 인세 차지 경쟁을 벌였다. 은대야에 꽃 피우기 시합을 벌였으나 소별왕이 속임수를 쓰자 대별왕이 이를 질책하였고 소별왕이 사죄했다. 이어 소별왕이 예숙(수수께끼) 시합을 제안하였고, 소별왕이 승리하여 이승을 차지했다. 소별왕은 수명장자의 육신을 모기·파리·빈대로 만들었다. 소별왕은 인간의 버릇을 가르치고 복록을 마련하고 선악을 구별하여 인간 세상을 차지했다."329)

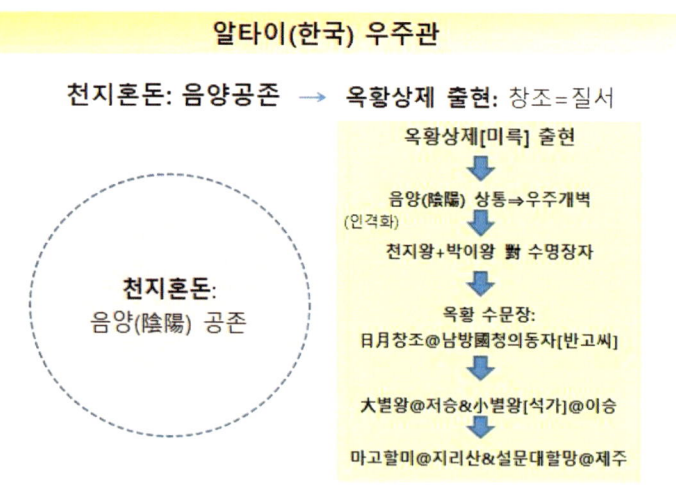

제주도 초감제

"천지가 혼합되었다가 하늘에서 조이슬, 땅에서 둘이슬이 솟아나 음양이 상통하게 되어 개벽하고 사람이 생겨났다(베포도업침). 이때는 밤낮이 암흑이어서 인간이 동서남북을 몰랐는데, 이마 앞뒤에 눈이 둘씩 나 있는 남방국 일월궁의 아들 청의동자가 솟아났다. 하늘 옥황의 두 수문장이 내려와 앞이마의 눈 둘을 취해 해가 둘 생겨나게 하고 뒷이마의 눈을 둘 취해 달이 둘 생겨나도록 했다. 그리하여 하늘에는 해 둘, 달 둘이 생겨났는데 사람이 살 수 없었다. 천지왕이 일월을 조정하기 위해 인간 세상에 하강했다. 천지왕이 인간 세상의 바지왕과 결연하

여 대별왕과 소별왕이라는 쌍둥이를 낳고는 인간 세상을 떠났다.330)

대별왕과 소별왕이 자라면서 아비 없는 자식이라 놀림을 당하자 아버지인 천지왕을 찾아 혈통을 확인했다. 인간 세상에 해와 달이 두 개씩이어서 사람이 죽는다고 하자 천지왕이 천 근의 무쇠 살과 활 둘을 주며 해와 달을 하나씩 쏘아 없애라고 명했다. 이에 대별왕이 해를, 소별왕이 달을 하나씩 없앴는데, 조정된 해는 동산새별이 되고, 달은 어시렁별이 되었다. 이로부터 하늘에 동산새별, 어시렁별, 북두칠성, 견우직녀성, 사백성, 타광성 등 여러 성신이 생겨났다."331)

대별왕과 소별왕은 곧바로 이승법과 저승법을 차지하기 위한 경쟁에 돌입하였다. 이들은 먼저 수수께끼 내기부터 시작하였다. 대별왕이 문제를 내어 어떤 나무는 잎이 지고 어떤 나무는 잎이 안 지는지 그것은 왜 그런지, 동산의 풀은 짧아지고 구렁의 풀은 길어지는 건 왜 그런지 물었으나 소별왕은 제대로 답하지 못하였다. 소별왕이 이번엔 꽃 피우기 내기를 하자고 하였다. 그러나 자기 것은 금세 시드는 꽃이 된 반면 대별왕의 꽃은 번성하는 것을 보고 소별왕은 대별왕이 잠든 사이에 자신의 꽃과 대별왕의 꽃을 바꿔치기하였고, 이 경쟁의 결과로 이승법은 소별왕이, 저승법은 대별왕이 차지하기로 하였다. 저승과 이승의 질서는 이렇게 정해졌다.332)

한라산 설문대할망333)

어디서 왔는지 아무도 모르는 설문대는 거신(巨神)이었다. 설문대가 어느 날 바다 한 가운데에다 치마폭에 흙을 가득 퍼 나르기 시작했다. 치마에 난 구멍들 사이로 흙부스러기가 조금씩 끊임없이 떨어졌다. 드디어 커다란 산이 하나 완성되었다. 어찌나 높은지 은하수를 만질 수 있을 만큼 높다고 해서 '한라산'이라 이름 지어졌다. 치마 구멍 사이로 떨어져 쌓인 흙들은 '오름'들이 되었다. 한라산이 너무 높다고 생각한 설문대는 봉우리를 꺾어 던져버렸고 그 부분이 움푹패어 백록담이 되고, 봉우리는 안덕면 사계리로 날아가 '산방산'이 되었다.

2. 문화에서 문명으로

문화는 어느 한 시대 특정 집단의 생활양식 내지 상징체계이다. 법은 규범을 기반으로 생성·변천·소멸하는 생활양식이라는 관점에서 문화334)이다. 문화가 특수성을 띠듯이 법문화는 역사적·지리적·사회적·인종적 특수성을 보인다. 로마법과 게르만법, 앵글로색슨법, 한국법은 각각의 고유한 특수성을 지닌다. 그러나 법은 다른 한편 문명이다. 문명이 보편성을 띠듯이 법문명은 통시적으로 세계적으로 통용될 수 있는 보편성을 지닌다. 법문명은 문명의 속성에 따라 물질을 기반으로 기술과 기능을 중시한다. 법문화는 문화의 속성에 따라 정신을 기반으로 지식과 전승을 중시한다. 문화는 이를 담지하는 집단의 세계관에 따라 그 모습이 달라진다. 문명이 합리성을 지향한다면 문화는 실존(實存)을 중시한다. 그래서 문화는 때로 어두운 면과 부조리를 내포한다.

제1편 자연의 정의 (Natural Justice)

1) 신화의 위상과 정의관

우리나라의 창세설화는 논리구조가 황하 문명권인 중국보다 알타이 문화권의 몽골·시베리아로부터 영향을 받은 것으로 보인다. 그러나 문헌상으로는 단군신화 정도가 상한이다. 그나마 단군신화는 천지창조가 아니라 인간세를 경영하는 설화구조이다. 기원전 21세기부터 상고시대의 신화와 지리를 기술한 『산해경』(山海經)은 한반도와 연결된 동북아 권역의 고사들을 기술하고 있으나 중국의 문헌이고 판본이 다양하고 서지학 상 논란이 많아 그 풍부성과 독창성에도 불구하고 원용하기가 어렵다. 우리나라에 창세신화가 없었던 바는 아니나 대부분 무가(巫歌)를 통하여 구전되는 것들이어서 중국의 경우와 마찬가지로 알타이·몽골·이집트·메소포타미아·인도에 비하여 신화의 역사적 및 시공간적 고찰에서 한계를 보인다. 문화인류학적 차원보다 민속학적 차원에 머무른다. 결과적으로 한국 신화는 다른 문명권 또는 문화권의 그것들처럼 문학적·예술적으로 발달하지 못하였고 규범·관습 요소나 의례 기능이 약하다.

한국의 신화는 이집트·메소포타미아·그리스·서남아시아·아메리카와는 계열을 달리한다. 알타이계(투르크·몽골족)나 중국 및 인도와 가깝다. 동북아권의 인종의 이동은 – 중앙아시아 천산 쪽에서 만주로 왔던 반대로 랴오허강 유역에서 투르크 쪽으로 갔던 간에 – 신화의 유사성과 맥락이 닿는다. 거대 문명권이나 문화권은 서로 영향을 주고 받는 것으로 해석된다. 예컨대, 도교 계열의 음행오행의 순환은 인도에서 우주창조주인 브라흐마가 허공에서 흙·물·불·바람(地水火風)으로 해체되는 힌두교리와 같은 구조를 취한다. 여기에 비하면 한국 신화는 좁은 지리적 공간에서 여러 문명권과 문화권의 신화가 융합됨을 보여준다.

알타이계 신화 중에서 서역의 투르크족 우주관이나 신화는 동아시아권의 몽골족의 그것과 달리 천황신[남성] 중심의 전개를 보인다. 이에 비하여 몽골족의 신화는 생명신에서 분화된 백산여신이 천신(天神 Tengri)으로 분화된다. 천신이 주신이지만 여성성(女性性)이 선행한다. 중국과 한국의 신화 중에서 마고할미는 몽골족의 신화를 연상시킨다. 지리산 성모천왕은 한라산 여신처럼 몽골의 백산여신이나 힌두교 푸라나 경전의 여성에너지 샤크티의 논리구조를 닮았다. 한편 한국 신화의 우주관에서, 한라산 송씨할망 설화에서, 옥황상제가 출현하고 음양이 조화를 부려 우주가 개벽함은 도교의 태극무극 사상의 영향으로 이해된다. 힌두교와 도교의 유사한 신화구조에 주목할 필요가 있다. 창세가에서 보여주는 미륵신앙은 불교를 따라온 신화계열에 속한다. 그러나 미륵신앙에서 북두칠성·남두칠성과 같은 별자리를 원용함은 시베리아 영향으로 보인다.

우주를 상계·중계·하계로 구분하는 알타이계 신화의 세계에서 신(神)에 대한 제의를 수행하는 무당(巫堂)의 존재와 역할은 중국계 신화에서 접하기 힘든 구조이다. 그러나 천지왕본풀이에서 천왕과 맞서는 수명장자는 헌원 황제에 맞서는 동이족 치우를 연상시킨다. 제주도 초감제는 천지왕본풀이에 나오는 창세서사시이다. 요컨대, 한국의 신화는 천신(天神: 하느님)을 기반으로 하면서도 포용과 공존을 지향하는 몽골(무속)·시베리아(무속), 중국(도교), 인도(불교)와 맥락을 같이 한다. 다른 한편 이집트·메소포타미아·중국의 신화가 문명을 지향함에 비하여 알타이 계열의 몽골한국 신화는 문화를 지향한다. 특수성을 징표로 삼는 문화는 때로 합리적으로 설명될 수 없는 부조리를 잉태한다. 보편성을 징표로 내세우는 문명은 형량이 곤란할 경우 투쟁을 불사한다. 문화는 문명으로 응축되지만 문명은 때로 문화로 회귀한다. 정의는 우선 정당성[正]에서 시작하여 미덕[義]으로 나아가지만, 그 원천은 공공선과 같은 미덕이다.

각국 신화의 문명 지향과 문화 지향은 문명과 문화의 속성을 기반으로 법률문명과 법률문화의 전개에도 영향을 미친다. 문명성향의 신화는 현세지향적이며 이익과 권리를 위한 투쟁을 서슴치 아니한다. 투르크족에서 위르겐과 에를릭의 대결 그리고 중국 서경에서 헌원과 치우의 대결은 법률문명에서 끊임 없는 선과 악의 투쟁 내지 이권을 향한 투쟁을 용인한다. 이에 비하여 힌두교에서 우주정신과 여성에너지가 조화를 이루어 브라흐마: 우주창조를 이뤄내고 질서를 도모하는 논리구조나 마고할미의 여성주의가 도행을 강조하는 법우화상과 인연을 맺어 인류세를 발전시키고 미륵신앙을 긍정함은 법률문화 차원에서 순환과 공존을 지향한다.

2) 문화와 문명의 동시성

역사학자 랑케(Leopold von Ranke: 1795년~1886년)는 역사를 항상 정치생활과 종교생활을 결합시켜서 서술했다. 이것은 그가 국가를 "현실적·정신적인 것"으로, "신의 사상"으로, 그리고 교회를 종교의 대변기관으로 보면서, 국가와 교회는 다 함께 하나이자 동일한 두 개의 정신적 제도들이므로 정치사와 종교사는 분리될 수 없다고 사고했기 때문이다. 로마법대전 중 『법학제요』(Gai Institutiones)는 황제에게 바치는 서문에서 "우리 주 예수 그리스도의 이름으로…"라는 구절로 시작한다.335) 랑케는 문화를 시문학, 예술, 학문 등의 좁은 의미로서가 아니라 정치와 종교생활의, 법과 인간사회의 모든 기반들을 포괄하는 넓은 의미로 확대시켜서 파악했다. 랑케에게 있어 문화는 모든 시대들에서 가장 강력하게 연속성을 보여 주면서 전개된다. 그리하여 랑케는 모든 역사생활을 문화 속으로 용해시켰다. 그러나 다른 한편 정치, 종교, 예술과 함께 법규범은 문화를 넘어 문명의 범주에서 접근이 필요하다.

컴퓨터와 소프트웨어를 기반으로 하는 서구 기술문명이 전세계를 관통함은 문명의 보편성을 보여준다. 유일신을 모시는 기독교가 다신교를 믿던 로마제국을 평정하였음은 종교문화의 보편성을 보여주었다. 조선시대 유학자들이 유학으로써 도교문화를 대체하고자 하였음도 도교를 미신으로 보고 유학의 보편성을 믿었던 탓이다. 한국 출신 BTS가 세계 연예시장을 평정하며 스타벅스가 전세계 여가 문화를 바꿔버림은 문화에도 보편성이 작용함을 시사한다. 물론 보편적인 종교라고 하여 특수성이 배제되지 아니한다. 종교적인 구원이나 해탈과 같은 궁극적인 교리만으로 충족될 수 없는 현세구복(現世救福)의 필요성 때문에 예컨대, 천주교 신자들은 성모마리아나 성인들과 통공하며 불자들은 해탈을 가르치는 석가모니불이 아닌 다른 부처들나 보살들에게 발복한다. 대부분의 절집들은 자식복을 주관하는 칠성각까지 두고 있지 아니한가.

문명이 보편성을 지향한다면 문화는 특수성을 추구한다. 중국 서진(西晉)의 진수(陳壽: 233년~297년)가 삼국시대(220년~280년)를 기술한 『삼국지』「위서동이전」(魏書東夷傳)은 한반도

동이족의 정사(正史)보다 음주가무 문화를 자세히 묘사하였다336): "백성들은 노래와 춤을 좋아하여, 나라 안의 촌락마다 밤이 되면 남녀가 떼지어 모여서 서로 노래하며 유희를 즐긴다 … 그 나라 사람들은 깨끗한 것을 좋아하며, 술을 잘 빚는다. 무릎을 꿇고 절할 때에는 한쪽 다리를 펴니 부여와 같지 않으며, 길을 걸을 적에는 모두 달음박질하듯 빨리 간다." 한국문화의 특수성을 시사하는 대목이다. 우리나라 전국에 노래방이 아직 즐비함을 보면 한국의 음주가무 풍토는 남다르다. 랑케는 문화의 보편성과 특수성이 병존함을 언급했지만 보편성은 문명의 징표이고 특수성은 문화의 징표라고 새길 수도 있다.

문화가 기술발달과 인구집중의 영향으로 고도화되어 문명으로 구현될 경우 종교와 법규범은 도덕과 달리 문화를 넘어서 문명으로서의 속성을 보인다. 종교규범과 법규범은 문화로서의 특수성과 함께 문명으로서의 보편성을 동시에 견지한다. 그렇다면 법규범은 문명으로서의 속성과 함께 문화로서의 속성을 아울러 살펴야 한다. 법을 문화로 이해할 경우 신화와 종교가 모습을 드러낸다. 신화 속의 금기와 의례 그리고 종교 규범에 내재하는 십계나 8정도와 같은 자연법 사상이 법의 문화적 속성을 표상한다.

법감정은 보다 문명 쪽에 가까운 법의식보다 원초적이다. 법문명을 표상하는 실정법은 법감정에 비추어 심층적으로 해석될 수 있다. 문화는 문명에 선행한다. 법문명 없는 법문화는 있을 수 있으나 법문화 없는 법문명은 성립하지 아니한다. 한국의 기층문화에 신화들을 통하여 유라시아횡단(transeurasian) 문화유산이 전승됨을 감안한다면, 한국의 식자층들이 하버드대학의 마이클 샌델 수의 『정의란 무엇인가』에 열광함을 보면, 또 근대 한국사회에서 유불선(儒佛仙)을 통합하고자 애썼던 동학(東學)의 인내천(人乃天) 사상이 여전히 계승되고 있음을 고려한다면, 한국인의 정의관은 개방적이고 역동적이다. 현대 한국사회의 법제와 법률관 내지 정의관은 외세로부터 계수한 서구 고전시대의 자연철학과 근대 자연법 사상 그리고 '이익' 중심의 실용성을 근간으로 삼고 있지만, 여전히 만주와 시베리아 그리고 중앙아시아 등 유라시아를 관통하는 알타이 문화의 천신(天神) 사상, 힌두교와 도교를 수용하면서 전래된 불교의 세계관 그리고 유교문화를 바탕으로 자연관과 정의관을 논한 성리학(性理學)의 사상을 면면히 이어받는다. 문명으로서의 보편성을 동시에 견지한다. 그렇다면 법규범은 문명으로서의 속성과 함께 문화로서의 속성을 아울러 살펴야 한다. 법을 문화로 이해할 경우 신화와 종교가 모습을 드러낸다. 신화 속의 금기와 의례 그리고 종교 규범에 내재하는 십계나 팔정도와 같은 자연법 사상이 법의 문화적 속성을 표상한다.

법을 문명으로 새길 경우 로마법이나 프랑스 민법전 내지 독일 민법전과 같은 성문법전이 모습을 드러낸다. 천년 이상 발달된 로마법을 스스로 계수하여 성문법전을 정비하였던 서구 국가들과 달리 주변국가들에서의 법은 문화 현상만으로 파악하기 어렵다. 한국의 경우, 명청(明淸) 대 계수되었던 중국의 법규범이나 일제 강점기에 적용되었던 의용법령들, 1945년 이후 미군정을 통하여 계수된 영미식 헌법, 1960년대부터 우리 입법자들이 급급하게 수용하였던 프랑스·독일의 민법·형법 등은 한국 법문화를 능가하는 법문명이었다.

역사 속에서 국제적 역학관계의 지배를 받는 정치 그리고 밖으로부터 전래된 종교와 법은 정신세계의 산물이라고 할지라도 문화 차원에서만 접근할 수 없다. 한국 사회에서의 법은 종교와 마찬가지로 문화와 문명의 두 가지 속성을 전제로 성찰하여야 한다. 일부 종교의 정치화도 주목할 만한 현상이다. 외국으로부터 타의적으로 계수된 법문명이 우리 풍토에서 왜곡됨을 보면 법문화의 특수성이 이면에서 법문명의 보편성에 영향을 미친다.

게르만법이 법문화로서의 특징이 두드러졌다면 로마법은 법문명으로서의 특징이 강했다. 한국사회의 관습법이 법문화에 속한다면 한국에 포괄적으로 계수된 대륙법계와 영미법계의 성문법들은 법문명에 속한다. 문명이 문화보다 고도화되고 우월적인 것처럼, 법문명은 법문화보다 명료성과 파급력이 강하다. 조선조에 한국에 적용되던 대명률이 서구의 성문법으로 일거에 대체되었음은 법이 문명이기 때문에 가능한 일이었다. 문명과 문화가 언제나 대척점에 있지는 아니하다. 양자는 서로 수렴하듯이 법문명과 법문화는 한 국가나 지역에서 서로 공존한다. 상법과 절차법들이 법문명의 산물이라면 헌법, 민법, 형법 그리고 각종 행정법들은 법문명의 산물이면서 그 집행에서는 한국에 특수한 법문화의 영향을 현저하게 받는다.

3) 문명관의 반추

삶과 죽음의 순환

생태정의가 지향하는 '생명'은 고도에서 맞이하는 여름철 밤 하늘의 별 만큼이나 신비로운 현상이다. 생명은 어느 때는 우주의 섭리로 고양되지만 어느 때는 부질없는 물거품처럼 짓밟힌다. 생명의 소멸은 거역할 수 없는 숙명이지만 생명의 탄생은 생명을 잉태하는 생명체의 선택일까? 우주가 유한하고 그 안에 담긴 생명의 총량이 유한하다면, 전체 생명체들의 증가는 생명가치의 감소를 초래하지 않을까? 인류의 팽창은 다른 생물종의 감소와 맞물려 있는 것은 아닐까?

우주에 근원이 있다면 그것은 생명의 근원이기도 하다. 모든 생명체들은 근원을 같이 하는 우주적 생명을 분유하고 있다. 그러나 생명체들은 진화를 거듭하면서 우주가 팽창하듯이 생명의 근원과 멀어진다. 근원과 멀어지면서 생명체들은 점차 동질성을 상실한다. 신과 인간이 멀어지고 인간과 동식물이 멀어지며 급기야 인간과 인간이 멀어진다. 몇몇 사람만이 우주의 섭리와 소통하고 극소수의 사람들만이 야생의 마음을 읽으며 소수의 사람들만이 다른 나라 사람들과 대화를 나눈다.

갓난이들의 눈에는 귀신이 보인다고 전한다. 왜 어린 아이 눈에 보이는 귀신이 어른 눈에는 안 보일까? "개도 꿈을 꾼다"는 사실을 어떻게 이해해야 할까? 어떤 사람들은 꿈 속에서 신의 계시를 받는다고 한다. 혹시 개들도 꿈 속에서 신의 계시를 받는 것은 아닐까? 인도네시아 사람들은 왜 그들의 원숭이를 오랑우탕[숲 속의 사람들]이라고 불렀을까? 역시 깨지 못해서 그랬을까?

어떻게 하다 보니 우리는 영성을 분유하는 도깨비도 모르고 야생을 표상하는 여우도 없는

제1편 자연의 정의 (Natural Justice)

세상에서 살고 있다. 삼국유사[일연]에 실린 도깨비 이야기들은 그저 단순하고 허무맹랑한 옛날 이야기일까? 요재지이[포송령]의 주류를 이루는 여우와 인간의 사랑 이야기들은 수간을 노리는 무의식의 소산일까? 그렇다면, 고대의 사람들은 왜 도깨비타령을 늘어놓고 여우놀음을 즐겼을까? 정말 깨지 못해서 그랬을까? 대다수 인문학자들은 모든 전설을 상징으로 해석하지만 혹시 선사시대의 전설들은 실제 그랬었던 것은 아닐까?

고전 삼국지는 제갈공명이 자연의 섭리에 통달했음을 적고 있다. 혹시 그렇다면 원시인들이나 고대의 사람들은 태초의 영성을 어느 정도 유지하고 있어서 귀신을 부르고 도깨비를 볼 수 있었던 것일까? 신화 시대의 야생들 역시 영성을 분유하고 있어 인간과의 의사소통이 가능했던 것은 아닐까? 인류의 영성이 쇠퇴하면서 인간만이 쓸 수 있는 언어 코드가 필요했던 것은 아닐까? 기독교의 성서는 신에 대한 불경(바벨탑) 때문에 인간들의 언어가 갈라지고 불화가 커졌다고 적고 있다. 그렇다면 인류의 불화와 언어의 발달은 영성의 쇠태와 맞물려 있는 것이 아닌가?

거역할 수 없는 우주의 섭리로 같은 근원에서 태어난 생명체들이 왜 그토록 보잘 것 없고 단절되어 가는 것일까? 값을 매길 수 없는 무한가치의 생명이 몇 푼의 돈으로 환산되는 세태를 어떻게 극복할 수 있을까? 모든 생명체들이 서로의 이질성을 극복하고 원형을 향하여 나아갈 수는 없을까? 백색왜성으로 진화한 별이 끝내 폭발한다는 사실로 미루어 진화가 늘 좋은 것은 아니다. 영성과 생명의 단절 그리고 다른 생명체들에 대한 배타적 태도의 증가는, 모든 생명체들이 다 소멸될 때까지 멈출 수 없는 숙명이라고 할 지라도, 제한된 범위에서나마 그 속도를 늦추어야 한다.

거시적으로 이해하는 "생명운동"이란 단순히 "생명이 소중하니까 이를 지키자"는 소극적인 의미를 넘어 선다. 적극적 의미에서의 생명운동은 생명의 근원과 행로를 이해하고 생명의 이질성을 완화시키며 어쩌면 진화의 속성일 수도 있는 다른 생명체들에 대한 배타적 태도를 지양하는 활동과 노력을 포함한다. 이러한 노력을 경주함에 있어서는 먼저 생명의 의미와 접근 가능한 범주를 정립하여야 한다.

생명은 우주의 섭리[영성]와 닿아 있지만 섭리를 깨닫고 영성을 회복하는 운동은 종교영역과 더 잘 어울린다. 생명의 본질 규명은 자연과학의 영역에서 다룰 일이다. 인문학과 사회과학의 영역에서 다룰 수 있는 범주는 생명의 안전과 평화 정도가 아닐까? 물론 그렇다고 하더라도 생명의 안전과 평화를 지향할 경우, 우리들에게 다가오는 "생명"의 본질과 현상에 관한 통찰이 필요하다. "생명"이란 '생명현상'을 말하는 것인지, '생물'을 말하는 것인지, 아니면 생명체들의 '삶'[생활]을 말하는 것인지 등에 관한 논구가 선행되어야 한다.

종래 사회적 운동의 대상으로서의 생명은 주로 생명체를 지향하였다. 철학적 사유의 대상으로서의 "생명"은 사유하는 주체로서의 정신작용을 의미하였다. 탈근대를 지향하는 현대의 생명관은 매우 다의적이다. 상대주의적 세계관이 지배하는 현대의 생명관은 종교학과 자연과학의 영역을 넘어 인문학과 사회과학적 영역까지 넘나들 수 있어야 한다.

종교적 측면에서 생명은 분명히 신성 내지 영성과 닿아 있다. 물론 이 신성이나 영성은 특정 종교의 입장을 대표하거나 그에 얽매이지 아니한다. 그것은 우주이법 또는 태극이나 천지신명일 수도 있고 로고스(logos)일 수도 있으며 절대정신일 수도 있다. 삶과 죽음이 생물학적 현상으로만 설명될 수 없다면, "생명"이란 개체가 우주의 영성을 나누어 가지는 것이며 "죽음"이란 개체가 분유하던 영성을 통일체로서의 유일자 또는 "단자"로 되돌리는 것이다.

삶과 죽음은 서로 연역될 수 없고 그 방향이 서로 다르지만 생명의 양면이요 순환현상이다. 죽지 않는 생명이 없듯이 다시 태어나지 않는 죽음 또한 있을 수 없다. 생명은 삶과 죽음이 영겁순환하는 자연의 본질이다. "우주"(cosmos)는 흔히 "삼라만상"이라는 공간적 질서로 다가온다. 근대적 우주관은 이러한 물리적 세계를 "자연"(nature)이라고 부른다. 이 자연은 흔히 물리적 공간으로서의 "환경"과 생물적 질서로서의 "생명"으로 구분한다. 환경과 생명은 화학적으로 상호 변환되는 것으로 이해된다. 환경과 생명이 유기적으로 결합된 자연 체계를 "생태계"(ecosystem)라고 부른다.

근대적 자연관에서 생명은 유한한 현상으로 이해된다. 어떤 생명체가 한 번 죽으면 그것으로 끝이다. 그 생명체에 머물러 있던 생명 현상의 운명에 대하여서는 과학적 설명이 곤란하다. 뇌의 사고작용이야 생화학적으로 설명할 수 있겠지만, 어떠한 생명체가 소멸하면 그를 둘러싸고 있던 생명현상은 어떻게 되는 것인가, 또 모체에서 새 생명체가 분리될 때 나누어 받는 생명현상은 어디에서 유래되는 것인가에 관하여 근대적 자연관은 침묵을 지킨다.

이러한 분절적 세계관은 자연과 정신을 분리시키고 인식하는 주관과 인식되는 객관을 구분하는 근대적 사고의 소산이다. 근대의 자연과학은 고대의 인문과학적 전통과 철저히 담을 쌓았다. 분석되지 않는 자연현상은 과학의 이름으로 논의될 수 없었다. 과학적 분석은 종교적 성찰을 배제하였을 뿐만 아니라 철학적 사고까지도 멀리 하였다.

생명현상은 분석적/분절적으로 이해될 수 없다. 삶은 죽음을 떠나서 설명될 수 없다. 생물은 무생물을 떠나서 순환할 수 없다. 우주를 채우고 있는 에너지[기]와 물, 유기체 그리고 무기체[돌]는 순환하는 생명의 일면목이다. 생명은 생물체와 함께 그리고 생물체를 떠나서 즉자적으로 존재한다. 피가 돌지 않고 숨을 쉬지 않는 유기체는 의학적으로 죽었지만 생물학적으로 죽지 않았으며 썩기 시작하는 유기체는 생물학적으로 죽었지만 화학적으로 죽지 않았다.

그렇다면 화학적으로도 죽어버린 무기물질은 생명과 무관할까? 생명은 유기체에만 머무르고 무기물질에는 머무르지 않는 것일까? 한 그루의 나무가 썩어 흙이 되고 그 흙이 다시 돌이 된다면 생명은 나무가 쓰러질 때 그 나무를 떠나는 것일까? 나무가 변한 흙에 미생물들이 산다면 아무런 생명이 없는 흙이 생명체를 키우고 있는 것일까? 죽은 무생물에서 어떻게 살아있는 생물이 살 수 있을까?

무기물질들을 모아 유기체를 합성한다고 하여 그것이 바로 새로운 생명체의 창조를 가능하게 하는 것이 아니라면, 생물체나 유기체에만 생명이 깃들어 있고 무생물이나 무기물질에는 생명이 깃들어 있지 않다는 사고는 자연의 순환을 끊어버린다. 평형을 향하여 부단히 움직이는 우주의 질서에서 삶과 죽음이 순환하고 유기체와 무기물질이 순환한다면, 생명 현상은 풀 한 포기 돌맹이 하나에도 깃들어 있으며 대기 속의 물방울에도 스며 있다.

생명운동이 인격운동 내지 동물보호운동을 넘어 생명 자체의 존엄과 가치를 지향하려면 환경운동과의 차별화를 이룩하여야 한다. 종래의 환경운동이 눈에 보이지 않는 생명의 본질과 현상에 대한 이해와 실천보다 물리적 공간[hardware]을 중심으로 자연의 복원과 보전에 비중을 두고 있다면, 생명운동은 자연과 환경에 대한 객관적 사고에 "생명"이라는 주관적 사고를 접목시켜 자연과 생명 그리고 물질과 정신을 합일적으로 파악하고 자연과 생태계에 대한 사람들의 인식을 바꾸려고 노력한다.

"생명을 어떻게 이해할 것인가"에 관한 인식 즉 생명관은 문화의 소산이기도 하다. 편협하거나 왜곡된 생명관을 유연하고 개방적인 것으로 바꾸기 위하여서는 문화적 변용이 요청된다. 그렇기 때문에 생명운동은 필연적으로 문화운동과 만난다. 생명운동은 어느 일면 생명의 안전과 평화를 존중하는 문화적 풍토를 가꾸는 노력이기도 한다. 생명은 문화와 관련지어 해석할 때 사회적 삶과 죽음의 모습으로 나타난다. 삶이란 사회 속에서 생명을 영위하는 현상이다.

생명을 사회적 "삶"의 영역으로 환원시킬 때, 추상적인 생명은 구체적인 삶의 형태로 나타난다. 구체적 삶에 대한 성찰과 실천은 사회과학적 생명운동에 속한다. 생명의 파괴에 맞서는 노력도 생명운동이지만 생명의 정체성을 찾고 삶의 질을 향상시키려는 노력도 생명운동이다. 안전하고 맛있는 먹거리를 찾고 감칠 맛 나는 사투리를 쓰며 자기가 사는 마을을 살기 좋은 곳으로 가꾸려는 노력도 생명운동이다. 현기증이 나는 첨단문명 속에서 삶의 속도를 늦추려는 노력도 역시 생명운동이다.

생태문명론

생태문명(ecological civilization)은 지구가 겪는 기후장애와 사회 부정의에 당면하여 생태주의 원리에 기초하여 인류문명의 양태를 폭넓게 변화시키려는 사고체계이다.337) 생태정의와 맥락을 같이 한다. 생태문명이라는 용어는 1984년 소비에트연방 환경전문가들의 생태문명 훈련방법론338)에서 제안되었다.339) 생태문명은 인간 공동체(경제, 농업, 교육, 생산 및 소비 등의 체계)가 인간과 지구의 전반적인 복지를 증진하도록 설계된 세계를 뜻한다. 생태문명은 보다 지속가능하고 공정한 사회 즉 모두를 위하여 일하는 세상을 이상으로 삼는다.340)

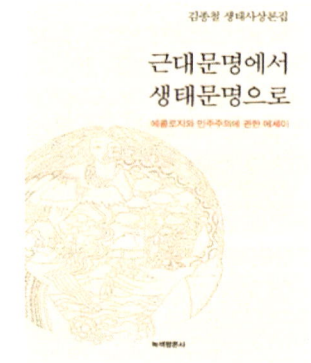

"생존 가능한 인류의 미래는 불가분의 세 가지 조치들에 의존한다: ㈎지구 생명공동체(Earth's community of life)의 재생 역량의 한계를 인식한다 ㈏남아 있는 것들을 공평하게 분배하는 일을 실행한다 ㈐다가올 모든 세대들의 모든 사람들의 양질의 삶을 확보하기 우리 스스

로 그리고 자연과의 연대를 부활시키는 한편 지구를 충분히 건강하게 복원하는 일을 분담한다.341) 다행스럽게도 사람들은 세계적으로 사회계층을 초월하여 세 가지 진실에 공감하면서 미래를 상상하고 창조하는 일에 모여들기 시작하였다: ㈎ 인류는 여러 가지 가능성을 선택하는 종이다. ㈏ 인류의 복지는 살아 있는 지구(the living Earth)의 복지에 의존한다. ㈐ 돈을 많이 버는 쪽으로 매진함은 인류의 미래를 위태롭게 만든다."342)

생태문명은 '과정중시사고'(process thoughts)를 토대로 관계 중심의 접근 방식을 통하여 공동이익의 실현을 지향한다. 과정중시사고는 철학자 화이트헤드(Alfred North Whitehead), 하트숀(Charles Hartshorne) 및 콥(John B. Cobb)의 연구에서 유래한다. 이들은 '변화의 과정'과 '변화하는 존재'에 주목한다. 실존하는 모든 개체는, 석가모니나 헤라클레이토스의 언명처럼, 늘 변화의 과정에 놓여 있다. 개별 행위자들은 그들의 선택을 조화시킬 수 밖에 없다. 과정중시사고는 도덕적·심미적·종교적 직관과 과학적 통찰력을 조화시키는 데 이바지하고자 한다.343)

사회적 지구경계의 도넛 경제학 고리

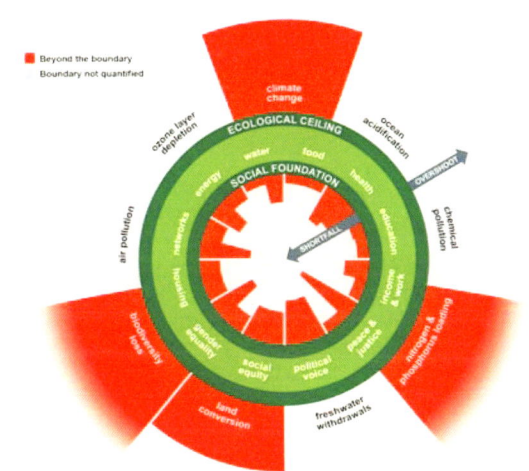

출처 ©Kate Raworth and Christian Guthier/The Lancet Planetary Health (WEF, 2017.4.28.)

유명한 『도넛 경제학』(Doughnut Economics)의 저자인 케이트 로워스(Kate Raworth)는 현대 경제를 관리하려면 [그림]의 두 가지 지표 고리(panel)로 정의된 성과 경계를 설정해야 한다고 제안한다.344) 그림에서 한 고리는 모든 사람이 필수적인 충만하고 만족스러운 삶의 욕구를 충족시킬 수 있도록 집중시킨다. 다른 한 고리는 지구의 재생 체계(Earth's regenerative systems)의 건강이다. 우리의 복리와 더 큰 생명 공동체에 대한 인간의 책임이 행은 도넛의 내부 및 외부 경계의 한계 안에서 인류 경제를 유지하는 방법을 어떻게 터득하는가에 달려 있다. 도넛은 우리가 경제성과를 평가하는데 생태-경제학(eco-nomics)의 안내를 받을 수 있는 기초적인 행렬(metrics) 체계를 제공한다.

중국의 생태문명 체제개혁

희귀한 경우가 될지 모르겠으나 다른 나라들에게 타산지석이 되는 사례가 있다.345) 중국 학계에서 농업경제학자 Ye Qianji에 의하여 '생태문명'이라는 용어가 등장한 시기는 1987년이었고 이후 정치적 담론에서 점차 생태문명이 원용되기 시작하였다.346) 중국은 2015년 9월 21일 발표된 『생태문명체제개혁총체방안』(生態文明體制改革總體方案)에서 이른바 생태문명 개념을 제출하였다. 중국공산당 제19차 대표대회(2017.10.18.)는 생태문명 체제개혁을 가속화하고 '아름다운 중국'을 건설한다고 제시하였다. 이와 함께 친환경 발전을 추진하고, 돌출된 환경문제를 우선 해결하며, 생태계통 보호를 강화하고, 생태환경의 관리감독체제를 개혁하는 4가지 개혁조치를 출범시켰다.347)

* 그림: 중국 생태문명정책의 진화(2023)

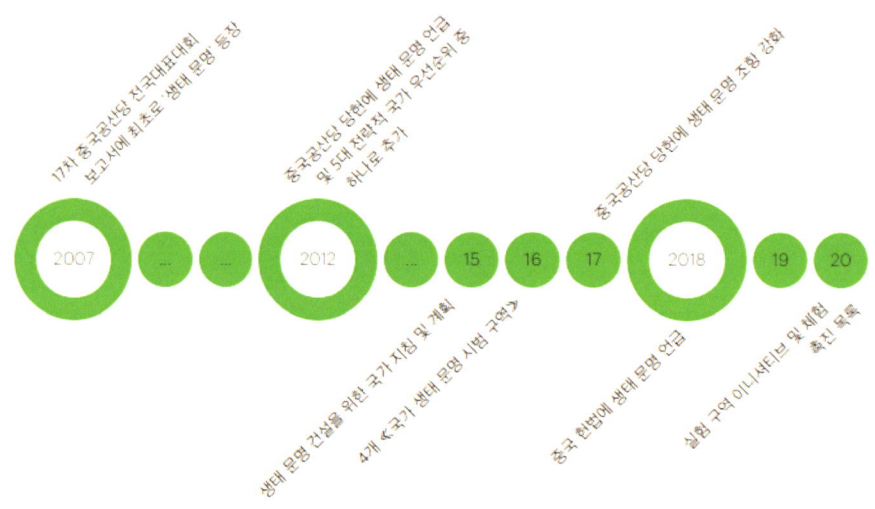

©Dr.Ping Huang & Prof.David Tyfield

헌법보다 우위의 당규

중국에서는 공산당이 국가를 영도하며, 실질적으로는 중국공산당 규약이 헌법보다 우위에 있다. 중국공산당의 지도이념은 중국공산당 제19차 대표대회(2017.10.18.)에서 밝힌 시진핑 주석의 보고서에 잘 나타나 있다: "중국공산당은 창건일부터 공산주의 실현을 당의 최고이상으로, 최종목표로 내세우고 중화민족의 부흥을 실현하는 간고한 투쟁을 진행하였다. 중국공산당은 중화민족의 부흥을 실현하려면 중국인민의 머리를 짓누르는 제국주의, 봉건주의, 관료자본주라는 3개 큰 산을 뒤엎고 민족의 독립과 인민의 해방, 국가의 통일과 사회의 안정을 실현하여야 함을 깊이 인식하게 되었다. … 향락만을 탐내고 소극적이고 태만하며 모순을 회피하는 그 어떤 사상이나 행위든지 모두 그릇된 것이다."348) 실현 여하가 관건이다

중국헌법(2004년 개정 및 2018년 개정)

2004년 개정 제13조(재산권 보장) 공민의 합법적 사유 재산은 불가침이다. 국가는 법률이 정하는 바에 따라 공민의 사유 재산권과 상속권을 보호한다. 국가는 공공이익의 필요를 위하여 법률이 정하는 바에 따라 공민의 사유 재산을 징수하거나 징용하고 보상을 줄 수 있다.349)

2004년 개정 제26조(환경보전) 국가는 생활환경과 생태환경을 보호하고 개선하며, 오염과 그밖의 공해를 예방하고 퇴치한다. 국가는 나무를 심고 숲을 조성하는 활동을 추진하고 장려하며, 나무와 숲을 보호한다.

2018년 개정 제26조(환경보전) ① 국가는 생활환경 및 생태계 환경을 보호, 개선하여 오염과 기타 공해를 예방 방지한다. ② 국가는 식수와 조림을 계획·장려하고 임목을 보호한다.

중국의 토지소유권 변화 및 헌법 개정

중화인민공화국 헌법(2018.3.11. 개정)은 토지소유권의 변화를 보인다. 도시의 토지는 국가의 소유에 속한다(제10조제1항). 농촌 및 도시교외의 토지는 법률의 규정에 의하여 국가소유에 속하는 이외에는 집단소유에 속한다. 택지와 자경지 및 자영림도 집단소유에 속한다(제10조제2항). 도시의 토지를 국유로 남겨두고 농촌 및 교회의 토지를 국유와 집단소유로 이원화시킨다. 택지와 자경지 및 자영림을 개인화시키기 아니하고 집단화시키는 절충양상을 보인다. 집단소유는 국유에서 공유제로의 전환이다.

시진핑주석은 아래 요약문(2017)에서 보듯이 전임자들의 노선을 견지하면서 자신의 사회주의를 건설하고자 한다. 그의 연설을 살펴보면 중화민족의 위대한 부흥을 견인하고 뒷받침하는 이념으로 사회주의를 견지한다. 트럼프 대통령의 이른바 미국 우선주의(美國優先主義: America First)를 내정에 원용한다. G1과 G2가 같은 맥락을 보인다. 실제가 이론을 뒤따르는가 여하가 관심사이다.

"신시대 중국특색의 사회주의사상은 맑스 - 레닌주의, 모택동사상, 등소평이론, '세 가지 대표' 중요사상, 과학적발전관을 계승하고 발전시킨 것이며 맑스주의 중국화의 최신성과이며 당과 인민의 실천적 경험과 집단적 지혜의 결정체이며 중국특색의 사회주의이론체계의 중요한 구성부분이며 전당과 전국 인민이 중화민족의 위대한 부흥을 실현하기 위하여 분투하는 행동지침으로서 반드시 장기적으로 견지하고 끊임없이 발전시켜 나가야 한다."350)

중국은 2018년 3월 11일 헌법 개정을 통하여351) 헌법서문에 '생태문명' 문구를 추가하여, '물질문명, 정치문명, 정신문명, 사회문명, 생태문명'의 조화로운 발전을 촉진하는 것(推动物质文明,政治文明,精神文明,社会文明,生态文明 协调发展)이 국가목적의 일부라고 규정하였다. 중국공산당 중앙위원회 및 국무원은 2018.6.24. 상기 시주석의 보고(2017)와 같은 맥락에서 소강사회 전면 건설, 생태환경 보호 강화, 오염방지 난관 극복, 생태문명 건설 수준 강화 및 아름다운 중국 건설 등을 포함한 「생태환경 보호 전면강화 및 오염방지 난관극복 이행에 관한 의견」을 발표하였다.352) 시주석의 보고(2017)는 다음과 같다.

타산지석: 인간과 자연의 공생

"인간과 자연의 조화로운 공생을 견지하여야 한다. 생태문명 건설은 중화민족의 영속적인 발전을 도모하기 위한 천년대계이다. 그러므로 반드시 청산녹수는 바로 금산은산이라는 이념을 수립하고 그것을 실천하며 자원을 절약하고 환경을 보호하는 기본국책을 견지하고 생명을 아끼듯이 생태환경을 아껴야 한다. 산, 하천, 산림, 농지, 호수, 초원에 대한 체계적 정비계획을 통일적으로 수립하고 가장 엄격한 생태환경보호 제도를 실행하며 녹색발전방식과 녹색생활방식을 형성하고 생산발전, 생활유족, 생태양호를 지향하는 문명발전의 길로 확고하게 나아가며 아름다운 중국을 건설하여 인민들에게 양호한 생산생활환경을 마련해주고 지구적 생태안전을 위하여 기여하여야 한다."353)

생태문명 법률 정비: 중국 민법·형법 등 제정·수정

중국은 2020년에 이르러 기존의 민법총칙(民法總則), 계약법(合同法) 등 민사 관련 단행 법률들을 통합하여 『민법전』을 제정하고 2021년 1월 1일부터 시행하였는데 생태환경보호를 민사법의 기본 원칙(민법전 제9조)으로 정하고 각칙의 여러 곳에도 생태환경보호 규정들을 정하였다(민법전 제346조, 제509조, 제7장 등). 2020년 12월 26일 형법 제11차 개정을 단행하고 이를 2021년 1월 1일부터 시행하였는데, 여기에서는 생태환경 침해범죄에 대한 징역형 상한을 삭제하고(형법 제338조), "자연보호지역 파괴죄(破壞自然保護地罪)" 등 죄명을 신설하였다(형법 제229조, 제342조의1, 제344조의1).354) 장식품에 머물지 않기를 바란다.

4) 정의로운 전환이 곧 정의

'정의로운 전환'이란 국제협상 등에서 사용되는 "just transition"을 번역한 말로서, 우리 환경정책기본법 제2조의 환경정의로부터 모든 이해관계자의 참여, 책임에 따른 비용과 이익의 분배 등 포괄적 원칙으로서 기후정의를 도출하고, 이를 정책적으로 구체화하기 위한 개념으로서 "정의로운 전환" 용어를 사용하는 것으로 국회에서 합의하였다.

우리나라 탄소중립기본법에서는 기후위기에 취약한 계층 등의 현황과 일자리 감소, 지역경제의 영향 등 사회적·경제적 불평등이 심화되는 지역 및 산업의 현황을 파악하고 이에 대한 지원 대책과 재난대비 역량을 강화할 수 있는 방안을 마련하도록 규정하였다.355)

중국의 정의로운 전환론은 아래 요약에서 보듯이 정의의 요체로 인식된다. 산업문명의 생태주의화를 지향하는 "중국의 생태문명론에서는 '정의로운 전환'(JT)과 그 실현이 정의(justice)이고 정의가 곧 전환으로 해석한다. 지속가능한 사회·경제의 발전을 보장하는 정의로운 전환에서 공정성에 대한 인식과 경험은 규모와 시간 모두에 민감하다."356)

『현장에서의 정의로운 전환: 도시화된 중국의 생태문명』[357]
주요 연구결과[358]

- 중국은 생태문명(EC)에 대해 산업문명의 '생태주의화'라는 보다 고정적인 관점을 채택한다.
- EC는 중국에서 정책, 제도 및 전국적 관행에 반영되고 있는 '정치적 현실'이 되었다.
- 중국에서는 지속가능한 사회·경제의 발전을 보장하는 정의로운 전환(JT)의 실질적인 제공이 가장 큰 정의이다.
- 정의로운 전환에서 공정성에 대한 인식과 경험은 규모와 시간 모두에 민감하다.
- 정책 입안자와 다양한 이해관계자의 사회적 학습은 정의로운 전환의 역동적 프로세스에서 필수적이다.

정책 권장 사항[359]

- 체계적 사고가 반영된 제도적 건설
- 점진적 적용: 전략적 유연성을 갖춘 장기 계획
- 수직적 통합: 최상위 설계와 지역 수준 정책 실험 결합
- 수평적 조정: 정부 부처의 세분화된 책임 통합
- 정의로운 전환에서 규모와 시간 모두에 민감한 공정성 인식
- 사회적 학습은 전환의 공정성을 증진하는데 핵심·필수

제4장 신화에서 자연철학으로

제4장
신화에서 자연철학으로

자연의 질서를 인간생활에 접목시킨 무위자연설 내지 태극사상은 자연철학에 해당한다. 지동설을 정립한 갈릴레이(Galileo Galilei: 1564년~1642년)나 행성운동을 법칙화시킨 케플러(Johannes Kepler: 1571년~1630년) 그리고 수학을 통하여 고전물리학을 체계화시켜 프린키피아(1687년)『자연철학의 수학적 원리』(Philosophiae Naturalis Principia Mathematica)를 집필한 아이작 뉴턴 경(1642년~1726년)은 모두 자연철학자였다. 자연과학이라는 용어가 일반화되면서 자연철학(natural philosophy)이라는 말은 자주 쓰이지 않지만, 아인슈타인의 상대성이론도 우주와 빛에 대한 자연철학이었다. 동서양의 고전철학에서 탐구되었던 자연과 우주에 대한 사상들은 앞으로도 천체물리학이나 입자물리학의 상상력에 이바지할 것이다.

1. 인도철학

"세상에는 오직 하나의 실재(實在)가 있다. 각 영혼은 저마다 이 실재를 부분이 아닌 온전한 전체로서 담고 있다. 아침이슬 방울 하나 하나마다 태양의 전부가 투영되어 있다."[베단타]360)

1) 우파니샤드 철학: 인간의 본성은 신(神)

인도 전통문화를 총칭하는 힌두교는 기원전 15세기부터 인도에서 발생하여 네팔·인도네시아로 전파된 사상이다. 인도인들은 그들의 고유한 사상을 '영원한 가르침'(Sanātana Dharma) 또는 법(法 Dharma)이라고 불렀지만 영국인들은 인도 식민통치 당시 '힌두교'라는 말을 썼다. '베다'(Vedas)란 고대 인도의 명상, 철학 및 영적 지식을 산스크리트어로 수록한 힌두교의 경전들이다. 베다 경전들은 이외에도 기도주문(mantras), 축복(benedictions), 제례(rituals), 의식(ceremonies) 및 제물(sacrifices)을 기록하였다.361) 고대 인도철학의 형성에 커다란 영향을 미쳤던 우파니샤드(Upanishads)는 베다 경전들의 일부이지만 인도의 영적 관념의 발전에서 중요한 역할을 차지하여 인도의 종교사와 문화사에서 가장 널리 알려진 문헌이다. 우파니샤드 중심사상은 힌두교 영성의 핵심이다.362) 2대 서사시「마하바라타」와「라마야나」는 경전은 아니지만 힌두권에서 널리 애송된다.

우주정신·궁극실재

우파니샤드(산스크리트어: उपनिषद् Upaniṣad, 영어: Upanishads)는 힌두교의 이론적·사상적 토대를 이루는 철학적 문헌들의 집성체이다. 우파니샤드는 인도 고전 중의 고전인 '베다'(Veda)에 기원을 두고 있어 '베다의 끝' 또는 베다의 결론이라는 뜻에서 베단타

(Vedanta)라고 불린다.363) 베다는 힌두교의 역사를 보여줄 뿐 아니라 영(零)의 개념 등과 같은 철학적·예술적·과학적 개념의 초기 발전의 모습을 볼 수 있다. 베다는 '지식(vid)의 책'이라 불리우는 4가지 종류364)로서 기원전 2천년 전부터 구전되었던365) 여러 문헌과 해석시로 구성되어 있다.366)

우파니샤드들은 후기 힌두 철학의 기초를 제공하였던 후기 힌두철학을 산스크리트어 기원 베다어로 표현한 경전들이다.367) 우파니샤드들은 베다의 최신판이자 힌두주의의 가장 오래된 경전으로서 명상, 철학, 인식론, 존재론을 다룬다. 베다의 초기편들은 주문(mantra), 축복, 의식, 의전 및 제물을 다룬다. 우파니샤드는 인도의 종교와 문화 역사상 가장 중요한 문학으로서 베다 의식주의에서 출발하는 광범위하고 다양한 의례, 현현 및 비전지식을 기록하였고 후기 주석전통을 다양하게 해석하였다.368) 모든 베다 문학에서 우파니샤드만이 가장 널리 알려져 있으며, 다양하게 해석된 각종 관념들을 통하여 후기 힌두이즘의 전통을 알려준다.369)

우파니샤드 철학자 우달라카(Uddalaka)는 우주창조의 근원인 사트(Sat)로 존재론을 설명하였다: "태초에 우주에는 사트만이 존재하였다. 사트는 스스로 '내가 많아지리라, 번식하리라'고 생각하였다. 그는 불(Tapas)을 처음으로 만들었다. 그 불은 물(Apas)을 만들었다. 그 물은 곡식을 만들어냈다. 사트는 다시 생각했다. 내가 아트만(Atman)으로서 흙(地), 물(水), 물(火), 바람(風) 속에 들어가 명색(名色 Namarupa)을 펼치리라.370) 결국 만유(萬有)는 불물흙의 3대 요소로 이루어졌으며 이 요소들이 사물을 전개시킨다. 사트는 만물을 만들었지만, 다시 그 안에 용해됨으로써 사물은 신 자체가 된다.371) 범신론에 해당한다.372)

브라흐만 = 아트만

힌두교 우주관에서 말하는 궁극적 실재(ultimate reality)인 '브라흐만'(Brahman)과 영성(soul) 또는 자아(self)인 '아트만'(Ātman)은 모든 우파니샤드에서 핵심 사상들이다.373) "네가 곧 아트만임을 알라"는 우파니샤드의 화두이다. 우주정신 내지 궁극실재인 브라흐만은 세상이 생겨나고 거기에 속하며 다시 거기로 돌아가는 원천이다(Brahman is the source from which the world came into existence, in whom it inheres and to which it returns). 브라흐마 수트라(Brahma-sūtra)는 힌두철학의 베단타 학파의 기본경전의 하나로서 기원전 5세기부터 2세기까지 형성된 우파니샤드의 철학적 및 영적 사상을 기원후 400년~450년 사이에 요약한 바다라야나(Badarayana)를 산스크리트어로 편찬한 것이다.374)

힌두교의 사상가 샹까라(Adi Śaṅkara 신의 발치에 있는 선생님: 788년~838년)는 인도에서 가장 위대한 철학자로 알려져 있고 힌두교에서 가장 중요한 스승이자 성인으로 숭배되며 아드바이따 베단타 학파의 창시자이다. 그는 현존하는 최초의 주석이자 최고의 권위를 가진 『브라흐마 수트라 주석』(Brahma-sūtra-bhāṣya)을 썼다.375) 샹까라의 생애는 힌두교 전통에서 영웅적이고 극적으로 묘사되지만 힌두권 밖에서는 중국의 장자처럼 역사적 사실로 간주되지 않기도 한다. 샹까라는 '브라흐마'를 제1원인인 형이상학적 실재나 그 실재가 내재된 변형(물)로 해석한다.376)

윤 회

다신교인 힌두교에는 3대 주신인 브라흐마(Brahma)(그림左: en.wikipedia.org), 비슈누(Vishnu)(그림右: en.wikipedia.org), 시바(Shiva) 신이 있고 그밖에 여러 남신과 여신들이 있다. 힌두교리에 따르면 우주는 생성, 발전, 소멸을 되풀이한다. 브라흐마신이 우주를 만들고, 비슈누신이 우주를 움직이며, 시바신이 우주를 소멸시킨다. 계절이 바뀌듯 우주의 시간도 바뀌어 결국에는 낡은 우주가 소멸되고 새로운 우주가 만

들어진다. 힌두교에서는 윤회(Saṃsāra)를 믿는다. 힌두교에서 삼라만상은 수레바퀴처럼 돌고 인간도 이승과 저승을 돈다. 생명체가 짓는 업(業 Karma: action)이 윤회의 향방을 결정짓는다. 수행(요가 Yogas)은 삶과 죽음의 윤회를 벗어나 해탈(涅槃 Moksha/Nirvana: salvation)에 도달하기 위한 방법이다.377)

고대 갠지스 강가 명상가들의 맥을 잇는 우파니샤드 사상의 시점을 대략 B.C. 15세기로 잡는다면, 우주와 자연에 대한 인도인들의 철학은 그리스 문명권이나 황하 문명권보다 앞섰다. 하지만 중세 이슬람 세력은 인도와 동남아시아를 자주 침공하고 힌두교 및 불교 유산을 파괴함으로써378), 힌두교나 불교와 좋은 인연을 맺지 못하였다. 잦은 외침과 식민지배에도 불구하고 인도철학은 힌두교의 생활화를 통하여 소멸되지 아니하고 후대에 전승되면서 미래를 향한 대화의 장을 열었다. 인도철학자 문을식은 그의 저서 『인도의 사상과 문화』(2001년)에서 "인도에서는 어느 학파의 소의경전(所依經典: sutra)이 있으면, 그에 대한 주석과 그 주석에 대한 재주석이 이어진다…인도 철학서는 스승이나 선배들의 저술에 대한 주석을 통하여 이루어진다"고 단정한다. 이 주석들은 과거의 단순 복기가 아니라 전 시대의 전범을 당대에 맞게 다시 해석하기 때문에 진보적이며 독창적일 수 있다.

불이일원(不二一元): 신(神) = 자연 = 영혼 = 우주

힌두승려 비베카난다(Swami Vivekananda: 1863년~1902년)의 철학적 입장은 불이일원론(不二一元論) 베단타이다. 그는 아트만이 본질적으로 브라흐만과 동일하다는 샹카라의 사상을 이어받아, 인간의 내적인 위대함과 신성을 제시하였다. 신은 자연의 외부에도 내부에도 존재하지 않고, 신과 자연과 영혼과 우주는 모두 바꾸어 말할 수 있는 낱말들이다. 신은 어디에서나 어느 것에서나 현존한다.379)

비베카난다에 따르면, "온 우주는 하나이다. 실재는 하나이지 전체(whole)가 아니다. 우주

에는 하나의 자아(One Self), 하나의 존재(One Existence)만이 있다. 불이론(Advaita) 철학에서 전체 우주는 브라흐만이라 부르는 우주적 자아(the Self) 안에서 모두 하나이다."380) 이 대목은 『莊子』(齊物論)에 나오는 "세상만물과 나는 하나(物我一體)"381)를 연상시킨다. 우파니샤드 철학이 물아일체를 논하고 있었음을 시사한다. 두 사상은 고대에 독자적으로 창발하였다고 생각된다.

비베카난다는 말한다382): "우주적 자아가 우주의 배후에 나타날 때 '신'(神)이라 불린다. 그리고 육체라는 이 작은 우주에 나타날 때는 '영혼'이라 불린다. 그러므로 영혼은 인간 안에 깃든 우주적 자아이다. 신은 자연 속의 실재이며, 영혼의 근원이다. 영혼이 바로 신이다. 영혼은 신과 하나이다. 신은 우리 내면에 있는 참 자아이며, 모든 존재 안에 깃들어 있는 본연의 실재이다. 종교는 참 자아, 곧 내면의 신을 찾아가는 것이다."

"비베카난다는 또 말한다 : 우리에게 오직 하나, 무한한 것이 있다면 그것은 우리 안에 있는 자신의 영혼이다. 몸도 마음도, 우리 생각이나 눈에 보이는 이 세상도, 무한하지 않다. 인간의 내면 속에 깨어 있는 참 자아, 오직 이것만이 무한하다. 우주의 궁극적인 근원을 찾으려면 그 속으로 들어가야 한다. 무한한 참 자아 속에서만 무한의 근원을 발견할 수 있다. 참 자아는 물질로 이루어져 있지 않다. 참 자아는 결코 나눌 수 없는 하나다. 결코 파괴될 수 없다. 참 자아는 시작이 없다. 시작도 없기에 끝도 없다."383)

선(善)과 악(惡)

"비베카난다에 따르면 악행 없이는 선행이 없다면, 또 행복을 만들 때마다 불행이 함께 생겨난다면, 선을 행할 필요가 있겠는가? 그렇다. 첫째, 선행은 불행을 줄인다. 이는 우리 자신을 행복하게 만드는 유일한 길이다. 현자는 좀 더 일찍 알아차리고 우둔한 자는 좀 더 늦게 알아차린다. 어리석으면 그 사실을 발견하기까지 값비싼 대가를 치른다. 둘째, 선(善)은 우리가 마땅히 행해야 할 몫이다. 이는 부조리한 삶에서 벗어나는 유일한 방법이다. 선과 악은 우리가 꿈에서 깨어나 이 진흙 덩어리의 몸을 벗어나기까지, 우리가 살아 움직이도록 우주가 부여한 두 가지 힘이다."384)

불평등과 사회정의

비베카난다는 불평등이 인간 본성에 침투한 독이며 인류에 대한 저주이며 모든 불행의 뿌리이며, 모든 육체적 정신적 영적인 속박의 근원이라고 말하지만, 인도의 카스트제도를 용인한다. 그러나 비베카난다는 카스트 제도의 결함을 잊어버리지 않았다. 그는 카스트 제도가 사회적 협애성과 배타성을 낳는 세습적 카스트로 타락하는 것을 전적으로 알고 있었다. 그는 카스트 제도 자체의 폐지보다는 잔인하고 정의롭지 못한 관습의 총체적이고 영구폐지를 제안하였다.385)

비베카난다는 인간에 대한 봉사가 본질적으로는 브라흐만에 대한 봉사와 동일하다고 보았다. 그의 스승인 라마크리슈나 교설처럼, 현실을 초월하고 절대자에 대한 명상 속에서 현실 자체를 잊을 수 있다. 비베카난다는 사회개혁에는 관심이 적었고, 영적 개혁이 선행되지 않고서는 그 어떤 개혁도 있을 수 없다고 보았다. 그는 사회·정치적 이상과 제도는 영원하지 않고 그것들이 변화하는 조건과 환경에 적응하지 못한다면 부패와 소멸에 직면할 수 있다고 보았다. 그의 사회주의는 자유와 평등이 수반되는 사회적 통합의 정신적 기초를 기본원리로 요구한다.386)

2) 불교철학: 현대물리학과 상통

독일의 작가 헤르만 헤세(Hermann Hesse: 1877년~1962년)가 1922년에 발표한 소설『싯다르타』(Siddhartha)는 귀족의 지위를 버리고 구도자의 길을 걷기 위하여 친구 고빈다와 함께 출가하는 청년 싯다르타의 여정과 고뇌를 그린다. 헤세는 그의 다른 작품들에서도 그렇듯이 명상적이고 초월적인 싯다르타(사진·전재경@부산박물관)와 감각적이고 현세적인 고빈다를 대조적으로 그린다. 싯다르타는 석가모니가 득도하기 이전의 속명이지만 소설 속의 인물 싯다르타는 석가모니를 만나기 위하여 길을 떠난다. 그러나 석가모니를 만난 싯다르타는 부처의 가르침 자체가 진정한 깨달음을 줄 수 없고 누구나 각자가 깨달아야 한다. 싯다르타는 뱃사공으로 일하면서 '강물의 소리'에서 가르침을 받았다.

역사 속에 등장하는 '능하고 어진 성자'라는 뜻의 석가모니(釋迦牟尼 Śākyamuni: B.C.624년경~544년경)(속명: 고타마 싯다르타 Gotama Siddhartha)는 샤카족의 거점인 카필라 왕국(네팔)에서 국왕 슈도다나의 맏이로 태어났다. 부질없는 궁중 생활에 미련이 없었던 그는 29세에 윤회(輪回)에서 비롯하는 생로병사의 고통을 벗어나기 위하여 출가하였고, 35세에 보리수나무 아래에서 득도하여 부처(Buddha 佛陀)가 되어 인도 곳곳에서 중생(衆生)을 교화하다가 80세에 쿠시나가라에서 열반에 들었다.

實在論: 색즉시공 공즉시색

불교의 우주관은『반야심경』에 잘 드러나 있다.『반야경』을 압축한『반야심경』(마하반야바라밀다심경 摩訶般若波羅蜜多心經)(般若心經)은 '위대한 지혜의 완성과 그 정수를 담은 경전'이라는 뜻의 산스크리트어를 한자로 번역한 것이다. 반야는 산스크리트어로 '부처의 지혜'라는 뜻이다. A.D.629년에 당(唐)나라 현장(玄奘: 602년~664년) 법사는 인도(天竺國)로 불법을 구하러 가는 길에 관음보살이 병든 노인으로 변신하여 전수한 반야심경을 받아 와, 귀국 후 한자로 번역하였다. 한국 불교계가 쓰는 반야심경은 한자본을 다시 국역한 것으로서 팔만대장경의 요체가 들어 있다고 믿어진다. 불교의 우주론은 이『반야심경』에 잘 나타나 있다.

"물질이 공과 다르지 않고 공이 물질과 다르지 않으며, 물질이 곧 공이요, 공이 곧 물질이다(色不異

空 空不異色 色卽是空 空卽是色)…모든 법의 공한 모양은 나지도 않고 없어지지도 않으며 더럽지도 않고 깨끗하지도 않으며 늘지도 않고 줄지도 않는다(是諸法空相 不生不滅 不垢不淨 不增不減 是故 空中無色)…공 가운데에는 물질도 없고 느낌과 생각과 의지작용과 의식도 없다(空中無色 無受想行識)."

『반야심경』은 B.C.1세기, 불교 교단의 분열로 촉발된 대승불교 운동에 힘입어 형성된 『반야부경전』(般若部經典) 중 하나이다. 불교학자 이중표교수(전남대학교 철학과)의 설명에 따르면387), 반야 사상은 대승불교에서 새롭게 탄생한 것이 아니라 처음부터 부처님 가르침 속에 녹아 있었다. 『반야심경』은 노자의 '무'(無)를 연상시키는 '공'(空)의 개념으로 우주론을 연다. 『반야심경』은 "부처님의 지혜를 완성하기 위해서는 '공'(空)을 이해하고 분별과 개념의 세계에서 벗어나야 한다"고 설파한다.

제행무상(諸行無常)

대승불교는 어느 일면으로 부처를 절대화시키는 경향이 있었지만, 부처는 기독교의 신과 달리 천지만물의 창조자가 아니고, 최고 유일한 존재도 아니며 인간에게 절대적 타자도 아니다.388) 부처를 모시는 불교의 존재론은 법(法 dharma)과 연기(緣起)로 설명할 수 있다. 여기서 법의 의미는 세 가지다. 첫째, '제법'(諸法)이라는 용어에서는 '존재 자체'를 뜻한다. 둘째, '존재의 양상'을 뜻한다. 셋째, 불법(佛法)이라는 용어에서는 '부처의 말씀'을 뜻한다.389) 경전390)에 따르면, 부처는 진지한 사유 끝에 '존재의 양상'이 연기(緣起)임을 깨닫고 일체의 존재에 관한 의혹이 씻은 듯 사라졌다.391) 연기란 '말미암아'(緣) '일어난다'(起)는 합성어이다. 연기는 "만물은 유전한다"는 헤라클레이토스의 언명이나 『주역』의 원형이정 또는 오행의 변화와 같은 맥락이다.

부처가 열반에 들기 전 마지막 행적들을 기록한 『대반열반경』(大般涅槃經)에 **제행무상**(諸行無常)으로 함축되는 무상게(無常偈)가 나온다. "제행은 무상하여 생과 멸의 법이 있으며, 생하여 끝나서는 멸한다. 이들 제행의 적멸은 낙이다(諸行無常 是生滅法 生滅滅已 寂滅爲樂)." 연기에서 말미암은 불교의 제행무상은 『주역』의 원형이정처럼 삼라만상의 부단한 변화를 설파한다.

미덕(美德): 팔정도·자비

불교에서의 도(道)는 존재론보다 수행론인 '팔정도'(八正道)로 나타난다. 부처는 괴로움의 원인이 되는 욕망을 선악 이전의 상태[無記]로 보고, 채우면 채울수록 커지는 숙명을 지니고 있다고 보았다.392) 부처는 수행자 소나에게 말한다: "욕망에 사로잡히나 고행에 열중함은 적당하지 아니하다. 괴로움을 너무 겪으면 마음이 평정할 수 없으며 지나치게 긴장을 풀면 게을러진다. 그러니 중도(中道)를 취해야 한다."393) 중도를 취하면서 욕망을 다스리는 8가지의 바른 길(正道)이 8정도이다.

35세에 우주가 곧 내 자신이고 내 스스로가 우주임을 알게 된 부처는 어느 날 사문들이 고

행중인 녹야원으로 발길을 옮겼다.394) 그는 독일 작가 헤르만 헤세(Hermann Karl Hesse: 1877년~1962년)가 1922년에 발표한 종교소설 『싯다르타』(Siddhartha)에 등장하는 구도자이다.

"저기 고타마 싯다르타가 오는군."

한 사문이 말했다.

"왜 왔을까?"

"자신의 타락을 후회한 모양이지? 고행하다가 도중에 그만 둔 사람이니까."

"우리는 고타마가 가까이 와도 모른 척하세."

하지만 부처가 앞에 나타나자 그들은 이상한 힘에 끌려 자리에서 일어났다.

"고타마, 멀리서 오시느라고 고단하시겠습니다."

한 사문이 인사를 건넸다.

"이제부터는 내 성을 고타마라고 부르지 말고, '여래'395)(如來)라고 불러라."

말을 마친 석가는 다섯 사문들을 향하여 최초의 설법을 베풀었다.

"극단적인 쾌락과 학대의 길을 버리고 중도를 배우라. 중도란 무엇인가? 바른 견해(正見), 바른 생각(正思), 바른 말(正語), 바른 행위(正業), 바른 직업(正命), 바른 노력(正精進), 바른 기억(正念), 바른 명상(正定)의 8가지이다."396)

이때 숲속에서 살던 사슴들이 떼지어 나와 부처의 곁에 머물렀다.

석가모니가 말한 덕목 중에서 가장 중요한 것은 불살생으로 알려진 불해(不害)와 자비(慈悲)이다.397) '자'(mettā)는 어원을 캐 보면 '벗'(mittā)에서 온 말이다. '벗'이 우정이 되고 다시 보편적 사랑인 '자'(慈)가 되었다. 신음(karunā)에서 온 '비'(悲)는 '남을 위하여 울 수 있는 마음'이다.398) 불교에서 추구하는 대자대비(大慈大悲)란 인간존재에 대하여 벗이 되어 함께 울 수 있는 마음이다.

2. 중국철학

1) 노자(老子)

중국에서는 위인 이름과 책 이름이 같아서 자주 혼동되지만, 중국의 자연철학자라면 단연 노자이다. '나이 든 어른'은 모두 노자가 될 수 있으니 노자의 정체에 관하여서도 전설이 있다. 불세출의 위인 노자를 사표로 삼는 도가(道家)와 도교(道敎)는 성립 시기나 성향이 다르다. 도가는 자연철학이고 도교는 종교이다. 하지만 그 사상은 같다.

제1편 자연의 정의 (Natural Justice)

"무위자연"

　　　　　　　　　　　　　　무위자연(無爲自然)으로 잘 알려진 노자399)(老子: B.C.579년경~479년경)는 춘추시대 인물로서400) 도가의 창시자로 전해진다. 도교에서는 그를 신격화하여 '태상노군'으로 모신다.401) 중국 전한(前漢) 시대의 역사가 사마천(司馬遷: BC 145년경~86년경)은 『사기』(史記)에서 노자로 상정되는 인물이 3인이 있다고 적었다. 공자에게 예를 가르쳤다는 초나라 사람 이이(李耳)도 그 중의 한 명이다. 젊은 시절 주나라의 장서를 관리하면서 천문과 점성을 담당하였던 학자였다는 설도 있다. 사마천에 따르면, 노자는 망해가는 주나라를 떠나 진나라로 가는 길목인 함곡관에서 관문지기 윤희에게 책을 써주었다. 칭화대학 교수로서 『중국철학사』를 썼던 펑유란(馮友蘭: 1894년~1990년)은 노자가 전국시대의 사람이었다고 주장한다. 『노자도덕경』은 여러 사람들의 집필이라는 학설도 있다.

　　노자가 그 이름에 '늙을' 로(老) 자를 쓰는 이유는, 전설에 따르면, 어머니 뱃속에서 72년을 살다가, 어머니가 오얏나무 밑에서 옆구리로 그를 낳았는데 태어나자마자 할아버지인 그가 "천상천하 유아독존"이라 말하고 오얏나무를 가리키며 "이 (오얏) 나무를 성씨로 삼아 달라'고 말했다. 이 말은 석가모니(B.C.624년~544년경)의 탄생설화와 유사하다.402) 불교가 중국에 전래된 후, 전설에 따르면, 노자가 서쪽으로 떠나 (혹은 노자가 석가모니로 환생하여) 사람들에게 내려 준 가르침이 불교라는 이른바 '노자화호설'(老子化胡說)이 떠돌았다.

　　노자는 태상노군으로 신격화되었지만, 철학으로서의 도가(道家)와 종교로서의 도교(道敎)는 궤도를 달리 한다. 도교는 전진교의 발달에 힘입어 중국에서 흥망성쇠를 겪었다. 섬서성 출신의 왕중양(王重陽)은 유학을 공부하고 무관으로 출세하려다가 좌절을 겪고 도사가 되었다. 왕중양은 선승들과 교류하면서 기행과 거친 행동을 일삼은 끝에 1163년에 유불선(儒佛仙) 삼교는 그 뿌리가 하나라는 이론을 내세워 선(禪)의 요소를 상당 부분 도입한 전진교라는 교단을 만들었다.403) 1167년에 찾아간 산동반도에서는 마단양을 비롯한 일곱 명의 유력한 제자들을 시작으로 많은 신도들을 확보하였다. 전진교는 제자 중 구장춘이 징기스칸의 초청을 받아 신임을 얻은 뒤에 세력이 급격하게 팽창하였고 원나라 말기까지 천사도와 함께 도교를 양분하는 세력을 유지하였다. 명 왕조는 도교를 전진교와 정일교로 구분하여 관리하였고, 중화인민공화국이 수립되면서 교단으로서의 힘이 거의 사라졌다.404) 그러나 1980년대 이후 중국 정부의 종교정책 변화로 도교가 다시 부흥하였다.

　　책 『노자』 즉 『도덕경』(老子道德經)(제1장) 첫머리는 "도(道)를 도라고 부를 수 있으나 머물러 있는 도는 없다" [도가도 비상도(道可道 非常道)]고 말함으로써 도(道)가 우주의 근원임을 암시한다. '비상도'는 그리스 이오니아(에페소스 출신)의 철학자 헤라클레이토스(Heraclitus: B.C.535년경~475년경)의 "만물은 유전(流轉)한다"와 같은 맥락을 보인다. 헤라클레이토스는 변하지 않는 원질[불··火] 자체보다 변증법적 '유전'에 중점을 두었으나, 노자는 근원과 변화를 동시에 아우른다.

노자에 따르면, "사람은 땅의 법칙에 따르고 땅은 하늘의 법칙에 따르고 하늘은 도(道)의 법칙에 좇고 도(道)는 자연의 법칙에 좇는다"(人法地, 地法天, 天法道, 道法自然)(道德經 제25장). 자연은 사람과 땅과 하늘과 도(道)의 바탕이다.

"무극에서 태극으로"

중국 사상에서 '무극'(無極)이라는 말은 『노자도덕경』(제28장)에 "무궁·무극의 세계로 돌아간다"(復歸於無極)에 처음 나타난다. '태극'(太極)이란 말은 『주역』(周易) 「계사전」(繫辭傳)(上)의 "역(易)에는 태극이 있으니 태극이 양의를 낳고, 양의가 사상을 낳으며 사상이 팔괘를 낳는다"(易有太極, 是生兩儀405), 兩儀生四象, 四象生八卦)에 처음 나타난다. 주역 계사전의 태극은 기(氣)로 분류되어 왔다. 『장자』「대종사」편에서는 태극이 '하늘'의 의미로 사용된다.406)

금오는 노자 주석서를 읽다가 몇 군데 동의하기 어려운 대목들이 있어 벨라에게 『도덕경강의』407)(道德經講義)를 잠시 빌렸다. 이 책은 모두 한문으로 적혀 있으나 벨라가 오래 전 과천의 동학들과 같이 공부하면서 글자 풀이나 설명을 조금씩 적어 놓아 명성 있는 주석들에 얽매이지 않고 자유로이 해석할 수 있는 장점이 있었다.

후대의 일부 주석서들은 제1장의 "천지가 무(無)에서 생겨난다"(無名天地之始)를 "이름 없음이 만물의 시작이다"로 새기는데, 금오는 이 '무명'을 '이름 없음'으로 새김이 의아하였다. 금오는 '무명'을 형태도 이름도 없는 우주의 태초 단계인 '무'로 새겨야 한다고 생각하였다. 현(玄)을 '아득함'으로 보니, 제1장의 "시작과 귀결은 같은 곳에서 나오는 다른 이름이니 이를 하늘이라고 이른다"(此兩者同出而異名 同謂之玄)고 새겨야 할 것을 "…이를 아득함이라고 이른다"로 풀이하는 한계에 봉착하게 된다.

겨우 아득함이라니…지상에서 가물가물함을 '현'으로 표현할 수는 있다. 그러나 광대무변의 우주에서 '가물가물하다'는 정도의 관점은 4차원의 우주를 3차원 식으로 해석하는 단견에 불과하다. 금오는 왜 구태여 '현'을 하늘로 새기려 하는가? 같은 단견은 『도덕경』 제1장의 '동위지현'(同謂之玄)과 '현지우현'(玄之又玄) 뿐만 아니라 제10장의 '시위현덕'(是謂玄德)에서도 마찬가지로 초래된다.

『도덕경』(제10장)에 따르면, "도(道)는 만물을 생장시키지만 만물을 소유하지 않는다(生而不有). 도는 만물을 형성시키지만 그 공을 내세우지 않는다(爲而不恃). 도는 만물을 성장시키지만 만물을 주재하지 않는다(長而不宰). 이것이 컴컴한 하늘의 덕이다408)(是謂玄德)."

"블랙홀"

'현'(玄)을 천자문 식으로 '검다'는 뜻으로만 이해하니 '아득하다'고 풀이할 수밖에 없다는 생각이 든다. 그러나 천자문 첫 구절 천지현황(天地玄黃)의 '현'(玄)은 단순히 '검다'는 뜻을 담고 있는 것이 아니다. 금오는 천지현황도 '하늘은 검고 땅은 누렇다'는 3차원 식으로 해석하면

곤란하다고 생각했다. '천지현황'은 검은(玄) 하늘(天)과 빛나는(黃) 지구(地)를 대비하는 구절이다. 하늘과 '검다'는 같은 것의 다른 표현이다. '현'은 '검다'로 직역하거나 검은 하늘[玄天]로 새겨야 한다. 그렇지 아니할 경우, 앞의 '동위지현' 다음에 이어지는 '현지우현'(玄之又玄)도 '아득하고 또 아득하다'로 풀이하게 된다.

'현'(玄)을 '멀다' 또는 '아득하다'로 풀이함은 고대인들이 섭섭할 일이다. 아인슈타인이 보여 주었듯이, 천체물리학은 상상력에서 출발한다. 고대 현자들은 하늘[우주]에 현천(玄天: 블랙 홀 black hole)이 있음을 직관적으로 파악하였을 것이다. 현(玄)은 천(天)의 부분집합이다. 4차원으로 휘어 있는 우주 공간의 중심에 위치한 '검은 하늘'[玄天]은 성간 물질과 별(星)들이 시작하고 귀결하는 공간[하늘]으로서 도덕경의 표현대로 '동출(同出)하는' 즉 "상무욕(尙無欲)·상유욕(尙有欲)하는" 하늘이다.

"변화하는 도(道)"

중국의 철기시대를 열었던 주(周: B.C.1046년~B.C.256년)나라는 B.C.770년경 게르만족(犬戎)의 침입으로 수도를 동쪽 낙양으로 옮기면서 동주시대를 열었다. 열국지(列國志)는 이때의 이야기들을 쓴 것이다. 『춘추』에 잘 기록되어 '춘추시대'로 분류된다. 주나라 초기에 1천여개에 달하는 제후국들이 춘추시대에는 140여 개국으로 줄었고 다시 10여개로 통합되었다. 이 중에 패권을 잡은 제(齊)환공, 진(晉)문공, 초(楚)장왕 등 제후를 '춘추오패'(春秋五覇)라고 부른다. 『사기』에 와신상담(臥薪嘗膽)의 고사를 남긴 오(吳)부차와 월(越)구천도 이 시대 제후들이다. 춘추시대는 B.C.453년 진(晉)나라가 한(韓)·위(魏)·조(趙)로 분리되면서 진(秦)·초(楚)·연(燕)·제(齊)·한(韓)·위(魏)·조(趙)의 7웅(雄)이 쟁패를 벌인 전국시대409)(戰國時代)가 펼쳐졌다. 『전국책』(戰國策)이 당대의 역사를 잘 기록하고 있어 '전국시대'라는 통칭이 생겨났다. B.C.221년 진왕(秦王) 영정(嬴政: B.C.259년~210년)은 전국7웅(戰國七雄)을 물리치고 중국 최초의 통일국가를 건설하고 시황제(始皇帝)가 되었다.

전국시대 주(周)의 제후국 송(宋)나라 하남성 몽(蒙)에서 태어난 장자(長子: B.C.369년경~286년경)는 이름이 장주(莊周)이다. 맹자(孟子: B.C.371년~289년)와 동시대를 살았으나 서로의 책에 서로에 대한 언명이 없다.410) 노자를 계승한 장자의 도가 사상은 당나라 때 임제종을 창시한 선승 임제(臨濟義玄: 9세기초~866년)를 만나 활짝 피었다. "부처도 죽고 조사도 죽어야 한다"(殺佛殺祖)를 표방한 임제 선사는 『임제록』411)에서 『장자』(莊子) 등 50여 종의 경전과 선어록에 나오는 용어들을 구사하면서, 성불도 좌선도 부정하고 여타의 수행 일체를 거부함은 물론 부처를 변소에 비유하고 불경을 뒤를 닦는 휴지로 단정하였다.

노자의 『도덕경』이 간략한 어록이나 시처럼 쓰였음에 비하여 『장자』는 이야기 형식으로 쓰여, 흔히 우화(寓話)로 알려졌으나, 도에 관하여서는 교설 형식으로 말하였다. 노자가 도를 생성 변화의 근원으로 파악하고 인류가 본받아야 할 귀착점으로 생각하였음에 비하여, 장자는 근원으로 돌아가기보다는 그냥 변화에 몸을 맡겨 함께 흐르거나 그대로 변하기를 강조하였다. 도덕경이 도의 생(生)하는 측면을 부각시켰다면, 장자는 도의 화(化)하는 기능에 주목하였다.

장자는 제1편「자유롭게 노닐다」(逍遙遊)로 시작하면서 자유로움을 표방하였으나, 제6편「큰 스승」(大宗師)에서 도를 정면으로 다룬다412):

"무릇 도(道)가 실재라고 믿을 만한 증거는 있지만, 실재하는 도는 행함도 없고(無爲) 형체도 없으며(無形), 전할 수는 있으나 받을 수가 없으며, 터득할 수는 있으나 볼 수가 없다. 도는 스스로를 근본으로 삼고 뿌리로 삼는다. 하늘과 땅이 있기 이전부터 본래 있었다. 귀신과 하늘님을 신령스럽게 만들고 하늘과 땅을 내었다. 태극보다 높으나 높다 하지 않고, 육극(六極)보다 낮으나 깊다 하지 않는다. 하늘과 땅보다 먼저 있었으나 오래되었다고 하지 않고, 옛날보다 더 오래되었지만 늙었다고 하지 않는다."413)

"이심전심의 묘법"

"도를 전할 수는 있으나 받을 수가 없으며, 터득할 수는 있으나 볼 수가 없다."는 구절은 소피스트의 언명에도 등장한다. 아울러 불교의 "말로 설명할 수 없는 진리" 즉 불립문자(不立文字)를 연상시킨다. 석가모니도 느낄 수는 있으나 대중들에게 전하기는 어려운 묘법을 "마음에서 마음으로"(以心傳心) 전하고자 하였다. "아무 것도 존재하지 않는다[無]. 존재한다고 하여도 알 수 없다. 알 수가 있다고 하여도 타인에게 전달할 수가 없다"고 말한 그리스의 고르기아스(Gorgias, B.C.483년~375년)도, 일부 평론가들은 회의론이라고 보지만, 진리설파의 어려움을 고백한다.414)

2) 세상만물과 나는 하나(物我一體): 장자(莊子)

장자(莊子)는 그의 책 만큼이나 신비롭다. 노자의 사상을 계승·발전시켜 제자백가 중 도가를 대표한다. 도교에서는 그를 남화진인(南華眞人) 또는 남화노선(南華老仙)이라 칭하고, 그의 책은 『남화진경』(南華眞經)이라고 부른다. 남화노선은 『삼국지연의』에서 황건적의 지도자 장각에게 도를 전수하는 선인으로 등장한다.

장자의 「제물론」415)(齊物論)은 "만물이 하나의 본체에 속한다"는 인식을 핵심으로 한다. 그에 따르면, "하늘과 땅은 하나의 그릇이요, 만물은 하나의 체(體)이다. 제물은 그 자취를 잊으면 평등해진다." 바꾸어 말하면, "우주에 존재하는 모든 만물이 근원적으로는 동일한 실체에 속한다. 인간에게는 물론이고 길거리의 돌멩이 하나, 풀 한 포기에도 똑같은 자연의 도(道)가 있다. 편견과 분별심을 버리고 초월적 시각에서 만물을 바라보면 만물은 서로 상충되지 않고 하나의 통일체로 인식될 수 있다."416)

무위자연의 생성소멸

장자는 무위자연의 생성소멸을 부연하여 설명한다: "사물이 생겨남은 마치 말이 달리듯 빠르다. 움직여서 변화하지 않는 것이 없고, 시간에 따라 이동하지 않는 것이 없다. '무엇을 하고, 무엇을 하지 말아야 하겠는가?' 무릇 모든 것은 저절로 변화하게 마련이다.417)

나비의 꿈

장자 왈 "꿈에 나비가 되어 날개를 펄럭이며 꽃 사이를 즐겁게 날아다녔는데 너무 기분이 좋아서 내가 나인지 몰랐다. 깨어보니 나는 나비가 아니고 내가 아닌가? 꿈에서 나비가 되었을 때는 내가 나인지 몰랐는데 깨어보니 분명 나였다. 그렇다면 지금의 나는 진정한 나인가? 아니면 꿈에서 나비가 내가 된 것인가? 내가 나비가 되는 꿈을 꾼 것인가? 나비가 내가 되는 꿈을 꾸고 있는 것인가?"(周之夢爲胡蝶與 胡蝶之夢爲周與 周與胡蝶)418)

상대주의

"장자 왈 천하에서 가을 짐승의 털 끝보다 더 큰 것이 없다고 여길 수도 있고, 태산을 작다고 여길 수도 있다. 어려서 요절한 아이보다 더 오래 살 수 없다고 여길 수도 있고, 팽조[요순시대 태어나 800년 이상을 산 사람]를 일찍 죽었다고 여길 수도 있다. 하늘과 땅은 우리와 더불어 존재하고 있고, 만물은 우리와 더불어 하나가 되어 있다. 이미 하나가 되어 있으니 또한 이론(異論)이 있을 수 있겠는가? 이미 하나로 되어 있다고 말하면서 또 이론이 없을 수가 있겠는가? 하나라는 것과 이론은 두 가지가 되며, 그 두 가지와 하나는 또 세 가지가 된다. 이렇게 미루어 본다면 계산을 잘 하는 사람이라 하더라도 계산해 낼 수 없을 것이니, 하물며 보통 사람들이야 어찌하겠는가? 그처럼 없는 것으로부터 있는 것으로 나아가는 데도 세 가지가 되었으니, 하물며 있는 것으로부터 있는 것으로 나아가는 데는 어찌 되겠는가? 나아감이 없이 인시(因是)를 근거로 해야 할 것이다."419)

혼돈의 죽음

남해의 제왕을 '숙'이라 부르고, 북해의 제왕을 '홀'이라 부르며, 중앙의 제왕을 '혼돈'(渾沌)이라 부른다. 어느 때 숙과 홀이 혼돈의 땅에서 서로 만나게 되었다. 혼돈이 이들을 매우 잘 대접하자 숙과 홀은 혼돈의 은덕을 갚을 방법을 의논하여 말하였다.

"사람들은 모두 7개의 구멍을 가지고, 보고 듣고 먹고 숨쉬는데, 혼돈만은 이것을 가지고 있지 않소. 그에게도 구멍을 뚫어 봅시다."

그리고는 혼돈의 몸에 하루에 한 구멍씩 뚫어 나갔는데, 7일만에 혼돈은 죽고 말았다.420)

무용지용

"장자 왈 사람들은 모두 쓸모 있음의 쓸모[有用之用]만 알고 쓸모없음의 쓸모[無用之用]는 알지 못한다."(人皆知有用之用 , 而莫知無用之用也.)421)

『장자』제7편「황제와 임금의 자격」(應帝王)에는 정(鄭)나라의 족집게 주술사 계함(季咸)과 열자(列子)에 관한 이야기가 나온다.

정나라 사람들은 계함의 신통함에 기가 질렸으나 열자는 그와 가까이 지냈다. 어느 날 열자는 그의 스승 호자(壺子)에게 계함의 도가 높다고 말했다. 계함은 호자를 처음 만나면서

"곧 죽는다"고 예언했고, 두 번째는 "운이 좀 틔었다"고 예언했고, 세 번째는 "호자의 관상이 일정치 않아 볼 수 없다"고 포기하였다. 계함은 호자를 네 번째 만나는 자리에서 '더 할 수 없이 커다란' 공허(沖) 속에서 '균형 잡힌' 기(氣)의 움직임을 보고 줄행랑을 쳤다. 호자가 '근원에서 아직 나오기 이전의 본모습'(未始出吾宗)을 보여주었기 때문이다. 호자는 열자에게 말했다: "나는 그 근원 속에서 나를 비워 사물의 변화에 그대로 따라, 내가 누구인지 모른 채, 바람 부는 대로 나부끼고, 물결치는 대로 흘렀다. 그래서 그가 달아나 버렸다."422)

충격을 받은 열자는 집으로 돌아가 삼 년간 두문불출하면서 아내를 위하여 밥도 짓고 돼지도 사람 대하듯 먹이고, 세상사의 좋고싫고를 구별하지도 않았다. 열자의 이야기는 영원불변의 본 모습이란 존재하지 아니하며 개인과 집단의 운명조차 변함을 시사하는 한편, 열자를 『장자』첫머리에 나오는 「자유롭게 노닐다」(逍遙遊)를 실천하는 인간상으로 묘사한다. 열자는 무념무상 무장무애(無念無想 無障無碍)를 수행하는 선승들의 표상이기도 하다.

3) 성리학의 우주론

송대 성리학에서는 세 가지 우주론이 나타났다.423) 첫째가 주돈이(周敦頤: 1017년~1073년)의 우주론이다. 그는 『태극도설』(太極圖說)에서 우주의 본질을 태극으로 보고, 이것이 음양오행과의 결합으로 만물을 생성하며 변화를 무궁하게 이어간다고 하였다. 둘째는 장재(張載: 1020년 ~ 1077년)의 우주론이다. 그는 태허일기(太虛一氣)의 승강부침(升降浮沈)과 이합취산(離合聚散)에 의하여 우주가 생성변화한다고 보았다. 셋째는 소옹(邵雍: 1011년~1077년)의 우주론이다. 그는 만물의 생성과 변화를 『주역』의 괘도(卦圖)와 수리(數理)로써 해명하였다. 중국의 우주론은 주돈이(周敦頤)를 거쳐 주희(朱熹)에 이르러 이기론적 세계관과 우주론으로 통합되었다.

"태극에서 음양이 생기고 음양에서 오행이 생긴다"

송대 주돈이(濂溪 周敦頤: 1017년~1073년)는 계사전을 바탕으로 태극도라는 기존의 도표를 이용하여 서로 불가분의 관계에 있는 우주[天地]와 인간 양자를 일관된 틀 내에서 연관시키는 철학체계[태극도설]를 수립하였다. 주돈이는 『노자』에 나오는 무극(無極)을 태극으로 이해할 수 있는 길을 열었다. 주돈이가 작성한 『태극도설』(太極圖說)은 태극도(太極圖)에 붙인 설명문으로서 자주(自註)를 빼면 전문이 249자(字)로 되어 있는 문장이다. 도면은 태극에서 음양이 생기고 음양에서 오행(五行)이 생기며 태극과 음양과 오행의 묘합(妙合)에서 남녀(자웅)가 생기고 여기에서 만물이 발생하는 양태를 보여 준다."424)

남송(南宋)의 주희[주자: 1130년~1200년]는 『주자어류』425) 첫 문답에서 태극의 정체에 관한 제자의 질문에 다음과 같이 답한다: "스승께서 말씀하시기를, '태극'(太極)은 단지 천지만물의 이(理) 바로 그것일 뿐이다. 천지만물의 보편적 차원에서 말하자면 천지 안에 바로 태극이 실재한다. 만물의 개별적 차원에서 말한다면 만물의 각 개체 안에 태극이 실재한다. 천지가 있기 이전에 반드시 이(理)가 먼저 있었다. 태극도설(太極圖說)에 '움직여(動하여) 양(陽)을 낳았다(生하였다)'와 '머물러(靜하여) 음(陰)을 생하였다'는 표현도 단지 이(理)를 주체로 말한 것이다."426)

주희는 주돈이의 『태극도설(太極圖說)』을 해설한 『태극해의』427)(太極解義)를 집필하였고 동시대 육구연(陸九淵: 1139년~1193년)과의 논쟁을 통하여 태극 개념을 절대화시켰다. 주희의 교설에 따르면, "태극은 변화를 주재하는 것이자 변화 속에서 변화하지 않는 그 무엇이다428)…태극은 음양을 떠나 있지는 않으나 음양 그 자체로 환원될 수 있는 성질은 아니다429)…태극은 음양 안에도 있고 밖에도 있기 때문에 절대적이다430)…인간의 이상이자 자연의 이상은 세계의 근거이며 실현되어야 할 당위[當行之路]이다431)…인간이 인륜법칙을 통해 구현하는 이상이나 이념[仁義禮智등]은 천지에 앞서 있다.432)"

존재[易]과 주체[心]를 아우르는 포괄적 이론인 주희의 태극론은 유학에서 전통적으로 주장해온 천지의 세 가지 구성요소[3才: 天·地·人]의 균형과 무관한 이론이 아니다. 3재론(三才論)에서는 인간의 지위가 천지와 동등하다는 점에서 존재[易]와 주체[心]가 같은 틀 내에서 포용된다.433) 주희는 이기론(理氣論)의 틀 안으로 태극론을 수렴하려는 의지를 보였으나 '태극이 이와 기를 포함한다'는 언명이 보이지 않고 태극이 곧 이라고 추론함으로써 '이기2원론'의 입장에 서는 것으로 이해된다.

명대(明代)의 왕정상(王廷相: 1474년~1544년)은 태극을 "혼돈미분(混沌未分)의 기"로 여겼다.434) 왕정상은 변화하는 기에 이(理)를 종속시켜 이의 변화를 이끌어냄으로써, 제도 개혁의 이론적 당위성을 확보한다. "그러나 그 때문에 규범의 근거로서 이(理)의 역할을 잃어버린다. '본성은 이(理)'라는 주희의 명제와는 달리, 본성이 기에서 나왔다고 보는 왕정상의 이론은 기의 순선을 담보하지 못함으로써, 본성에 선과 악이 모두 존재함을 인정한다. 그 결과 왕정상은 도덕 규범 실천의 근거를 인간성 내부에 정초하지 못하고 객관적으로 외화된 규범으로서 예(禮)와 형법에 의존한다. 그것을 강제할 근거도 성인의 권위에 의존한다. 사상사적으로는 순자(荀子)에 접근하는 면모를 보인다."435)

4) 래지덕의 착종설

명대(明代)의 역학자 래지덕(瞿唐 來知德: 1525년~1604년)은 착종설(錯綜說)을 주장하여 후대에 큰 영향을 끼쳤다. 그의 『주역집주』(周易集注)(1599년)는 중국 각지에서 지속적으로 번각되어 유행하였고 중국뿐만 아니라 조선과 일본에도 유입되었다.436)

성인이 괘효사를 지을 때 오로지 설괘만을 참조하여 괘효사 속의 상(象)을 만들어 낸 것이 아니라 다양한 방식에 따라 상을 만들어냈다. 따라서 괘효사의 상을 이해하기 위해서는 괘효사를 쓴 성인이 상을 취한 다양한 방식을 알아야 한다. 이에 따라 래지덕은 "착괘(錯卦)와 종괘(綜卦)로 상을 취해야 한다"는 착종설(錯綜說)을 주장하였다. 그의 태극도와 현대의 은하계 상상도를 비교하면 서로 닮았다.

"착(錯)은 건괘(乾☰), 곤괘(坤☷)와 같이 음양이 서로 반대 관계에 있는 괘이고, 종(綜)은 태괘(兌☱), 손괘(巽☴)와 같이 괘의 위아래를 뒤집어 놓았을 경우 모양이 서로 반대가 되는 괘이다. "착괘와 종괘로 상을 취한다"는 것은 특정 괘와 착(錯)이나 종(綜)의 관계에 있는 괘를 그 괘와 동일한 것으로 보고 상을 취하는 방법을 말한다. 예컨대, 태(兌☱)는 호랑이 상이 아니지만 태(兌☱)와 착의 관계인 간(艮☶)이 호랑이 상이므로 호랑이 상을 취할 수 있다. 마찬가지로 종의 관계에 있는 괘의 경우에도 본래의 괘가 아닌 종괘로부터 상을 취할 수 있다. 따라서 착괘와 종괘에서 상을 취하는 방식을 채택한다고 하면 상을 취하는 경우의 수가 무한히 늘어날 수 있다."437)

은하계 ⓒes.wikipedia.org

來知德의 태극도 ⓒupload.wikimedia.org

3. 한국 철학

조선시대에 도교(道敎)는 이단으로 배척되었지만 도가(道家)의 서적들은 학자들의 교양 필독서였다. 한국의 성리학은 전통적으로 주희의 우주론을 수용한 형태로 발전되었다. 조선 숙종 때 서인소론(西人少論) 학자 박세당(西溪 朴世堂: 1629년~1703년)은 임희일(林希逸)의 『장자구의』(莊子口義)와 곽상(郭象)의 『장자주』(莊子注)438) 등을 참고하여 『남화진경주해산보』(南華眞經註解刪補)를 지어 『장자』 전편을 주해하였다.439) 박세당에 따르면, 장자는 도(道)를 정확하게 파악하고 성(性)에 대하여 가장 잘 알았던 인물이며, 『장자』는 왕도(王道)를 논한 책이다.

조선의 성리학자들은 중국 우주론의 영향으로 "우주는 이(理)나 기(氣)에서 비롯하고 운행되는데 그 중에서 어느 것이 근원인가"를 두고 '이기 2원론'에서 시작하여 1원론으로 나아갔다. 화담과 율곡 및 후기 기철학파(氣哲學派) 그리고 최한기 등이 성리학의 우주론을 계승하였다. 화담 서경덕(花潭 徐敬德: 1489년~1546년)은 주기론[생기론]을, 회재 이언적(晦齋 李彦迪: 1491년~1553년)은 주리론의 입장을 취하였다. 율곡(栗谷 李珥: 1537년~1584년)은 화담의 생기론을 승계하여 理氣 2원적 1원론을 폈다. "화담은 장재의 우주론과 맥락이 유사한 생기론

(生氣論)를 전개하였다. 율곡은 『천도책』(天道策)·『역수책』(易數策)에서 자연 이론과 본체론적 실재로서의 도의 이론을 통일적으로 파악하였다."440) 퇴계 이황(退溪 李滉: 1501년~1570년)은 회재의 주리론을 계승하여 理氣 2원론을 정립하였다. 조선시대 자연철학은 음양오행 계열보다 태극론에 따른 원형이정(元亨利貞)을 심성론에 적용하여 인의예지(仁義禮智)의 원리를 발전시킨 것으로 이해된다.

"스스로 그렇다": 화담 서경덕

송나라 장재(張載: 1020년~1077년)는 태허(太虛) - 객형(客形: 현상 사물)을 우주의 기본 구조로 제시한다. 태허는 크게 빈 것, 즉 공간이면서, 거기에 가득찬 기(氣)이다. 태허에서 객형이 발생하는 기제를 음양의 상호 작용(感通)이라 한다. 그 상호 작용이 잘되면 '위대한 조화'[太和]를 이룬다. 천지는 테두리가 아니라 태허의 무한 공간이다. 거기에서 음양의 작용으로 사물들이 생겨났다가 없어진다. 태허 - 음양(태화) - 객형의 구조이다. 장재는 자연과 인간의 동일구조(天人合一)론을 전개한다. 자연에 테허 - 객형의 구조가 있듯이, 사람에게도 그 구조가 있다. 태허 - 마음, 객형 - 신체와 같은 식의 대응이 된다. 동일구조론을 통해서 장재는 마음과 인식의 구조, 마음 수양의 방법을 제시한다.441)

화담은 장재의 「태화」편 우주론을 논리적으로 정리한다. 우주의 최초의 순간을 선천(先天), 천지와 만물(客形)이 발생하는 이후를 후천(後天)이라 구분한다. 선천은 태허이고, 후천은 객형이다. 이 사이를 매개하는 것이 음양의 상호 작용이다. 선천의 태허는 균질하고 절대평형 상태[太虛一氣]이다. 이 상태가 깨어져야 음양의 상호작용 속에 사물이 발생한다. 그렇다면 무엇이 태허를 요동치게 만드는가? 이를 서경덕은 '기자이'(機自爾: 스스로 그러하다)이라 칭한다. 바탕이 원래 그렇다는 것으로, '그냥'이라는 말과 같다. 그래서 그는 기자이를 理의 때, '理의 주재'라고 부연 설명한다. 理가 개입하는 순간 선천 태허는 음양으로 분리되면서 만물이 발생한다. 화담은 장재의 천인합일 - 동일구조론 대신에 理 주재로 간다. 성리학은 사람의 마음과 인식을 理로 설명한다. 장재와 서경덕 이래 혼천설이 다수설로 되었다.442)

"무극이면서 동시에 태극이다": 회재 이언적

회재는 일찍부터 관직에 나아가 이상 정치를 실현하고자 하였으나, 을사사화(乙巳士禍) 이후에는 뜻을 잃고 낙향하여 학문과 교육에 종사하였다. 그는 『대학장구보유(大學章句補遺)』, 『속대학혹문(續大學或問)』, 『중용구경연의(中庸九經衍義)』, 『봉선잡의(奉先雜儀)』, 『구인록(求仁錄)』 등 저술을 남겼다. 회재의 이기론(理氣論)은 성주 출신의 학자 정구(鄭逑)[1543~1620]가 1622년 편찬한 『태극문변』(太極問辨)443)에 수록되어 있다.

회재는 (현재는 전하지 않는) 망기당(忘機堂 曺漢輔)의 무극태극설(無極太極說)이 불교의 선학(禪學)에서 영향을 받았다고 지적하고, 이를 성리학의 입장에서 비판하였다. 『태극문변』에 따르면, 망기당은 주돈이의 '무극이태극'(無極而太極)을 남송의 육구연(陸九淵)과 같이 "무극에서 태극이 생겼다"고 해석한 것 같다. 그러나 회재는 주자와 같이 이를 "무극이면서 동시에 태극이다"라고 해석하여 무극을 허무와 같은 것으로 인식하지 않았다. 왜냐하면 그것은 만물의 중심[樞紐]이 되어 우주의 총체적인 원리로 보았기 때문이다. 회재는 기본적으로 주자의 이원론적 이기설의 바탕 위에서 논리를 전개하였고, 주리적인 입장을 고수하였다.444)

理氣 2원적 1원론: 율곡 이이

율곡 이이(栗谷 李珥: 1536년~1584년)의 이기론은 주리론과 달랐다. 율곡의 주장을 따르면, 理와 氣는 형식상 두 개의 개념으로 나누어지지만, 서로 따로따로 독립해 있는 것이 아니라, 理 속에 氣가 있고, 기 속에도 이가 들어 있다. 이를 '이기이원적 일원론'(理氣二元的 一元論)으로 부른다. 다시 말해서 이와 기는 둘인 듯하면서 하나요, 하나인 듯하면서 둘이다. 어떻게 둘이 하나가 되는가? 이는 기를 올라타고 있어서 하나가 되고, 기는 항상 이에 기대고 있기 때문에 하나가 된다. 이를 '기발이승'(氣發理乘)으로 불렀다. 기가 발동하면 동시에 이가 기에 올라탄다.445)

율곡은 이런 우주론을 인성론에 대입하여 사단과 칠정의 관계를 논한다. "사람에게는 기가 서로 섞여 있는 정도가 사람마다 조금씩 달라 좀 더 착한 사람도 있고, 덜 착한 사람도 있지만, 완벽하게 착한 사람과 완벽하게 나쁜 사람은 존재하지 않는다." 사단과 칠정은 반대개념이 아니다. 사단 속에 칠정이 섞여 있고, 칠정 속에도 사단이 들어 있다. 그래서 칠정 가운데 기쁨(喜), 슬픔(哀), 사랑(愛), 좋은 욕망(欲)은 사단의 인(仁)과 서로 통한다. 그리고 칠정 가운데 노여움(怒), 미워함(惡)은 사단의 의(義)와 통한다. 또 칠정의 두려움(懼)은 사단의 예(禮)와 서로 통한다.446)

"이(理)가 기(氣)를 움직인다": 퇴계 이황

퇴계가 표방하였던 주리론은 주자의 견해를 충실하게 받아들여, 理氣 2원론의 입장에서 理(본질)와 氣(현상)는 서로 다른 것이면서 서로 의지하는 관계에 있지만 어디까지나 이가 기를 움직이는 본원이라고 생각하였다. 퇴계는 주자의 이론과 다른 사상은 이단으로 배척했다. 퇴계철학에 따르면, 리(理) 없는 기(氣)가 없다. 퇴계는 4단7정론(四端七情論)에서 리발(理發), 리동(理動)을 주장했다. 理가 발한 것이 4단으로 순선(純善)인데 반해 7정은 중절(中節) 여부에 따라 선(善)할 수도 있고 악할 수도 있다. 그런데 여기서 理는 무위(無爲)라고 했는데 어떻게 발하느냐는 문제가 생긴다. 이에 퇴계는 理의 체용론(體用論)을 들고 나왔다. 理의 체(體)는 무위이지만 理의 용(用)은 동정(動靜)이 있다. 퇴계에게 있어, 理는 자연법칙적·객관적 理에 끝나는 것이 아니라, 시비, 선악을 밝히는 가치론적 理, 곧 도덕적 리이다. 선행을 하는 것을 우주론인 리기론에 연계한 셈이다.447)

다산의 역리사법

주역의 해석방법을 의리역학(義理易學)과 상수역학(象數易學)으로 나눌 때 조선의 역학은 전기에 의리역학이 주도하였으나 후기로 갈수록 상수역학에 대한 관심이 확대되는 흐름을 보였다.448) 주역은 문자언어와 괘상(卦象)과 효상(爻象)이라는 상징언어가 합쳐져 있는 경전인데, 다산 정약용(茶山 丁若鏞: 1762년~1836년)은 이러한 상(象)으로부터 역사(易詞)가 생겨난 다는 상수역학적 관점을 견지하였다.449)

다산은 래지덕의 착종설이 착괘와 종괘를 가지고 괘효사의 상을 설명할 수는 있으나 그것이 과연 괘효사에 대한 정확한 해석임을 어떻게 보장할 수 있는가에 의문을 제기하였다. 래지덕의 착종설을 적용하면, 결국은 문장과 일치하는 상을 찾아 그 괘사를 해석하게 되는데, 다산은 이를 우연의 결과라고 생각하였다. 다산은 이러한 결과가 "마치 귀신에 홀려 산길에서 길을 잃고 헤매다가 우연히 길을 찾게 된 사람이 애초부터 제대로 된 길을 알았다고 착각하는 것과 비슷하다"고 간주하고, 착종설이 잘못된 것이라고 비판하였다.450) 다산은 래지덕이 목표로 삼았던 주역의 상(象)에 관하여 새로운 '역리사법'451) 이론을 창안하여 정이의 『역전』이나 주희의 『주역본의』에 비견되는 『주역사전』을 완성하였다.452)

다산은 『춘추좌씨전』과 『국어』(國語)의 점서례(占筮例)에 대한 철저한 분석을 통하여, 이것이 단지 몇 가지 사례에 국한되지 아니하고 『주역』 64괘 384효 전체에 적용되어야 할 방법론임을 확신하였다. 그는 역학의 정통적인 맥이 단절된 이유도 바로 이 효가 변동하는 법이 온전히 전수되지 못했기 때문이라고 생각했다. "효변을 취하지 않으면, 물상(物象)이 맞지 않고, 그러면 「설괘전」을 폐기하게 되니, 이로 말미암아 아예 주역을 올바로 해석하게 되는 길이 끊어져 버린다. 그렇지만, 효변설을 취하고 다시 변동된 물상을 설괘전에 대조하면, 384개의 효사(爻詞)가 글자마다 부합하고 글귀마다 계합(契合)하여 의심이나 불통이 사라진다. 이에 다산은 『여윤외심서』(與尹畏心書)에서 효변을 궁전(宮殿)의 천문만호(千門萬戶)를 모두 여는 열쇠에 비유하였다."453)

전통무용의 철학

눈에 보이지 않는 원리인 이(理)와 만물을 형상하는 기(氣)가 일원적으로 존재하는 우주['태극'(太極)이라고 부르며 태극은 시작과 끝이 없다는 의미에서 무극(無極)이다]는 음(陰)과 양(陽)의 조화[음과 양은 플러스(on)와 마이너스(off)의 2진법로 움직인다. 태극이 양을 낳고 양이 멈추면 음이 되는 것이 아니다. 음과 양은 본래 눈에 보이지 않는[형이상학 形而上學] 두 가지 모습[양의 兩儀]으로 존재하며 대립과 화합을 반복한다. 움직임이 극에 달하면 고요해지고 고요함이 극에 달하면 다시 움직인다. 『주역』(周易)에서는 이(理)의 원리에 따라 기(氣)가 원(元)→형(亨)→이(利)→정(貞)의 변증법[辨證法: 정(正)→반(反)→합(合)→정(正)]으로 변화한다. 음양오행(陰陽五行)설에서는 만물이 음양의 이치에 따라 수(水)→화(火)→목(木)→금(金)→토(土)의 다섯 가지 기운[오행]으로 움직인다. 한국무용은 이러한 변화를 춤으로 표현하기도 한다.454)

공화주의(公治): 혜강 최한기

조선후기의 실학자이자 지리학자인 혜강 최한기(惠崗 崔漢綺: 1803년~1879년)는, 화담과 마찬가지로, 우주의 생성·변화의 원리를 '선천'과 '후천'으로 설명하였는데, 선천이란 본체라 할 수 있고, 후천이란 그 현상이라 할 수 있으며, 본체는 기이다. 최한기는 청나라를 통해 들어온 서구의 자연과학적 세계관과 성리학의 氣 철학적 세계관을 천인론의 입장에서 결합시켜

"인간과 세계의 변화를 운화(運化)라 부르고, 우주의 변화를 대기운화(大氣運化), 인간의 변화를 통민운화(統民運化)라 일러, 이를 모두 신기(神氣)의 운화로 파악하였다."[人政 제12권]455) 즉, 신기를 모든 변화의 근원적인 힘으로 보고, 천인론의 입장에서 우주와 인간의 변화를 해명하였다.

"천하만물은 기와 질(質)이 서로 결합되어 있다(在氣和質相合). 처음에는 기에서 질이 생겨나고 다음에는 기가 질로 말미암아 스스로 사물이 되어 각각 자기의 기능을 드러낸다."456)

혜강의 자연철학에 따르면, 우주만물은 태양의 빛이 서로 다른 물체의 그림자를 만들어 내는데 아무런 목적이나 의식이 없듯이 자연스럽게 만들어진다. 그는 이를 그림자에 비유한다.

"만물은 그 형태에 따라 그림자를 만들어 낼뿐이다(物自因其形而生影耳). 이루어진 사물을 가지고 비유하자면, 천도는 햇빛과 같고 지도(地道)는 형질과 같고 그림자는 만물과 같다. 그러므로 그 땅에 따라 그 때에 따라 그 습성에 따라서 생성된 바가 각기 다르다."457)

혜강은 코페르니쿠스의 지동설을 조선에 소개하면서 "지구는 둥글고, 태양 주위를 돈다"고 역설하였지만 시중에서는 궤변 내지 헛소리로 취급하였다.458) 그러나 그럼에도 불구하고 혜강은 형이상학적 담론이 일반적인 한국 철학사에서 자연과학적 사고를 기반으로 헤라클레이토스의 만물유전론과 유사한 맥락에서 변증법과 유물론 입장을 취하였다: "천지의 기는 운행을 쉬지 않고 천지인물의 기는 순서에 따라서 운행하며 나라의 제도·풍속에 이르기까지 고금에 걸쳐 마땅함을 달리하여 왔다. 운동은 물질과 불가분의 관계에 있을 뿐만 아니라, (지동설의 관점에서 볼 때), 정지와도 상보관계에 있다."459)

"사람이 하늘에서 품부받은 것은 한 덩어리의 신기와 기가 통하는 여러 개의 구멍 및 팔다리이니 사람에게 필요한 것은 이와 같은 것들 뿐이다. 달리 더 나누어 가질 것이 없다. 어렸을 때부터 어른이 될 때까지 얻어진 지각이나 활용되는 인식[推測]은 모두 자기가 스스로 얻은 것이요, 하늘이 내게 준 것이 아니다."460)

혜강은 아울러 경험주의 입장에 선다. 인식하는 주관이 인식의 대상 즉 객관을 결정한다는 칸트의 인식론과는 정반대 입장에 선다: "사람은 감각기관을 가지고 있기 때문에 비로소 외부의 사물을 인식할 수 있다. 바깥에서 얻은 것도 없는데 안에서 스스로 쓰는 것이 아니다."461)

혜강에 따르면, 인식의 주체는 감각기관의 매개작용을 통해서 외부의 사물을 접촉하고 인식기관의 생리적 기초인 '신기'(神氣)를 작용시켜 인식하게 된다. 인식을 증험하는 기준은 주관적이 아니라 객관적이어야 한다.462)

"사물이 없는데 신기만 헛되이 발해서는 통하는게 없다. 사물은 있는데 신기가 발하지 않아도 통하는 것이 없다. 사물도 있고 신기도 그에 따라 발해야만 비로소 통하는 것이 있다."463)

혜강은 진리도 사물의 발전에 따라서 발전하므로 그 기준 역시 그에 따라 변화한다고 생각하였다. 사회역사는 전반적으로 발전해 나가는 추세에 있다. 사회가 발전할수록 속도도 빨라지고 과학과 문명도 그만큼 풍부해 진다. 물론 혜강이 생각하는 발전이란 근본속성의 변화를 의미하지 않고 점진적인 양적 변화를 의미한다. 사회는 단지 변화된 형세를 근거로 변통해 나갈 수 있다.464)

"정치와 교육에서 변통(變通)이란 뒤바꾼다[換易]는 말이 아니라 그 불통을 변화시켜서 통하게 한다는 뜻이다. 정치에는 선왕의 치적이 있고 교육에는 성인의 계도가 있으니 이를 받들어 높이 행해야 한다."465)

혜강은 조광조의 지치주의(至治主義)와 유사한 맥락을 보이는 정치개혁을 주창하였다. 혜강은 국왕의 전제정치와 세도정치를 반대하고 백성들이 관리를 뽑는 공치(公治)제도를 제안하였다: 관리들을 뽑을 때에는 신분이나 문벌에 한정하지 아니하고 평등에 기초하여 예의와 법칙에 조예가 깊고 재화·기계·기구에 정통한 사람들을 두루 선발하여 백성의 감독을 받게 해야 한다.466) 그의 공치사상은 현대의 공화주의(共和主義)와 맥락이 같다.

혜강의 정치사상에서 읽을 수 있는 뚜렷한 특징은 근대 동학농민운동(1894년)으로 이어지는 대동(大同)사상이다. "인류평등·상호불침범·평화발전·상호교류·공동번영·상호친애 등을 나누는 대동세계(大同世界)를 건설하자"는 혜강의 대동사상은 "나라와 백성이 부유한 사회를 만들기 위하여 대내적으로는 전제정치와 세도정치를 막고 사회공치를 실현하며 대외적으로는 봉건쇄국을 버리고 개방정책을 펴 선진 과학기술을 수용하여야 한다"고 주장한다.467)

그러나 혜강은 민족지역마다 언어와 문자가 다르고 종교가 다르기 때문에 대동세계의 건설이 장벽에 부딪힌다고 파악하였다. 혜강은 어림잡아 불교는 허무하고 기독교는 황당하며 유교는 우매하다고 봤다. 따라서 혜강은 "대동세계를 건설하기 위하여 각 민족의 언어와 문자를 하나로 통일시켜야 하며 현실적이고 보편적인 의의를 가진 교법(敎法) 즉 세계종교를 만들어야 한다"고 제안한다.468)

대한민국은 단기 4281년(1948.7.17.) 「헌법」(제1조제1항)에서부터 선언한 "대한민국은 민주공화국이다"라는 구절을 해석하기 위하여 서구의 공화주의와 평등원리를 원용하지만 그 개념이 다분히 서구적이었다. 혜강은 안과 밖으로 평등과 공존 및 친애와 번영을 누리는 대동세계를 건설하기 위하여 취하여야 할 덕목으로서 권력균분(勸力均分)을 추구하고 개방·개혁을 내용으로 삼는 공치(公治)를 표방하였는데 이는 오늘날 공화주의의 덕목으로 꼽아도 손색이 없다.

4. 희랍 철학

고대 희랍(그리스)에서는 엘레우시스 신비교, 미트라교, 오르페우스교(Orphism)를 비롯하여 많은 신비주의 숭배가 행해졌다. 이러한 밀교(密敎)의 참가자들은 비밀의식을 통하여 입문하였다. 이 종교집단들은 로마에서 기독교가 공인되기 전까지 매우 인기를 끌었고 보다 외래적인 헬레니즘 이교도들과 나란히 자리를 잡았다.469) 오르페우스 교도들은 자그레우스(Zagreus)라고도 불리우는 디오니소스(Dionysus) 신을 숭배하였다.470) 오르페우스(Orpheus)의 이야기는 변형되어 중세 영국 로맨스인 '오르페오경'(Sir Oefeo)에서 행복한 결말을 맞이한다. 오르페우스라는 캐릭터는 클라우디오 몬테베르디(Orfeo, 1607), 크리스토프 글룩(Orfeo ed Euridice, 1762), 자크 오펜바흐의 오페라(Orpheus in the Underworld, 1858)를 포함한 수많은 작품에 나온다. 장 콕토(Jean Cocteau)의 드라마(1926)와 영화(1949)인 Orphée : 브라질 감독 마르셀 카뮈의 영화 Black Orpheus(1959)에도 등장한다.471)

1) 존재론

주역(周易)과 같이 우주를 추상화시킨 거대하고 정치한 체계는 아닐지라도, 그리스에서 천체와 지구의 근원과 구조를 성찰한 자연철학이 발달하였음은 괄목할 만하다. 아리스토텔레스가 '철학의 아버지'라고 불렀던 소아시아(터키) 밀레토스 출신 탈레스(Thales: B.C.625년경~547년경), 그의 제자 아낙시만드로스(B.C.610년~546년)와 아낙시메네스(B.C.585년경~525년) 등 밀레토스 학파는 자연[우주]의 근원을 탐구하고 거기에서 정의(justice)의 개념을 연역해내기 시작하였다. 탈레스는 만물의 근원은 물이라고 생각하고 만물이 신들로 충만해 있다고 믿었다.

이오니아는 현재 소아시아(Minor Asia)로 불리던 터키 땅이지만, 호메로스의 고향 이즈미르(즈미르네)에서 밀레토스까지 지역이다. "가장 번성했던 밀레토스에서는 탈레스, 아낙시만드로스, 아낙시메네스 같은 철학자들이 나왔고, 헤라클레이토스(Heraclitus: B.C.535년경~475년경)는 이웃 에페소스 출신이다. 피타고라스의 고향 사모스 섬은 에페소스 바로 건너편에 있다. 이오니아는 히타이트 제국 시절 B.C.1500년 이전부터 메소포타미아의 선진 문명을 받아들였다."472) 이오니아는 그리스와 페르시아가 쟁패하던 곳이다. "B.C.6세기에 페르시아가 소아시아 지방으로 진출하자 이오니아는 페르시아와 그리스 사이의 교역과 문화 교류를 담당하였다. 이오니아 지식인들은 동방 문명을 받아들이는 과정에서 그리스 신화에 대하여 의문을 품고 새로운 사상을 싹틔웠다."473)

"평형을 향한 영원한 운동": 아낙시만드로스

아낙시만드로스는 만물의 근원이 되는 존재는 성격이 무규정적(無規定的)이어야 한다고 믿었다. 동시에 세상의 모든 것을 이루어야 하므로 무한정하다고 생각했다. 그는 무규정적이고 무한정한 존재를 '아페이론'(apeiron)이라고 불렀다.474) 노자(老子)의 도(道)를 연상시키는 아페이론은 영원하고, 늙지 않으며, 모든 세계를 둘러싸는데, 이것으로부터 모든 것이 생겨나며 소멸하여 이것으로 돌아간다. 따라서 세상에서 크고 작은 생성과 소멸이 발생할 때 부분들은 변화를 겪지만, 전체로는 변화가 없다. 그래서 이것은 신적인 것으로 여겨지기도 한다.475)

아낙시만드로스에게서는 주역(周易)의 원·형·이·정과 같은 사고가 발견된다. 그는 원통형

161

우주의 영원한 운동으로 인하여 하나인 아페이론으로부터 불, 공기, 물, 흙의 원소들이 분리되었고 이들의 결합을 통해 만물이 생겨난다고 믿었다.476) 서로 반대되는 힘[열과 냉 및 건과 습]이 만물의 형태를 이루는데, 이때 한 가지 힘이 지나치게 커질 경우, 반대 힘에 의해 자신의 불의(不義)에 대한 처벌을 받아 소멸되어 아페이론으로 돌아간다.477) 정의(justice)란 이 4대 원소들이 평형을 이룬 상태를 뜻한다.

고대 아테네에 철학을 도입: 아낙사고라스

아낙사고라스(B.C. 480~430)는 이오니아 태생이다. 아낙시메네스의 학파에 속하며 소크라테스에게 영향을 미쳤다. 페리클레스가 그를 아테네에 초청하여 철학을 처음으로 도입하였다.478) 그는 "물리적인 변화의 제1원인은 정신이다"라고 주장하였다. 페리클레스는 과학자이던 아낙사고라스에게 마음이 끌려 고귀한 사물에 대한 학설을 즐기며 지혜와 어리석음의 진정한 본질에 관해 추구했다. 페리클레스는 이 근원에서 웅변술의 본질을 배웠다.

플라톤의 '파이드로스편' 등에 따르면, ㈎ 아낙사고라스는 태양을 가리켜 붉고 뜨거운 돌이라고 주장하고 달을 흙이라고 가르쳤다. 같은 이유로 고발당하였다. 달이 빛을 내는 것은 광선이 반사되기 때문이라는 사실을 처음으로 해명하였다. ㈏ 모든 것은 끝없이 분할한다. ㈐ 물질의 가장 적은 부분도 각 원소의 일부분을 다 조금씩 포함하고 있다. 사물들은 각 원소들 중에 제일 많이 포함되어 있는 원소를 그 사물 자체인 것처럼 보이게 한다. 정신 이외에는 모든 사물이 다 반대되는 요소를 포함하고 있다. 따라서 눈(雪 ; snow)도 부분적으로는 검다. ㈑ 정신(nous)은 생명있는 사물의 구성요소이다. 정신은 생명있는 모든 사물을 지배한다. 정신은 모든 운동의 근원이 된다. 정신은 균일해서 인간이나 동물들 속에서 똑같이 훌륭한 것이다. ㈒ 필연성과 우연이 사물의 기원이 된다는 사실을 부인하였다. 이오니아인의 합리주의적이고 과학적인 전통을 존중하였다. ㈓ 윤리적 및 종교적인 선입견을 배제하였다.

만물불변론: 파르메니데스

파르메니데스(Parmenides of Elea)는 기원전 6세기 후반 이탈리아 남쪽의 엘레아에서 태어나 기원전 5세기 전반에 활동하였다. 피타고라스의 영향을 받았다. 논리학을 기초로 한 형이상학을 창안하였다(이러한 논법은 후의 헤겔에 이르기까지 거의 대부분의 형이상학자들에게서 찾아 볼 수 있다). 소크라테스는 그에게서 많은 것을 배웠다. 파르메니데스의 견해는 다음과 같이 요약된다479): ㈎ 유일한 참된 실재는 일자(the one)이며 이것은 무한하고 분할할 수 없다. 헤라클레이토스가 말한 대립물의 통일이란 있을 수 없다. 대립물 자체가 없기 때문이다. ㈏ 생각할 수 있는 사물과 이로 말미암아 사유가 존재하는 한 사유와 사물은 동일하다. 사유가 말로써 표현하려는 사물이 없다면 사유도 있을 수 없다. ㈐ 아무 것도 변하지 않는다. 변화란 사물이 어떤 때에는 존재하고 어떤 때는 존재하지 않는데서 이루어지기 때문이다. ㈑ 언어란 불변의 의미를 갖고 있다. ㈒ 과거라는 것도 우리가 현재 알 수 있는 것이므로 그것은 실재의 과거가 될 수 없고 어떤 의미에서 현재 존재하여야 한다.

원자론의 시작: 아낙시메네스

아낙시메네스(Anaximenes of Miletus: 586/585~526/525 B.C.)는 만물의 근원을 공기라고 생각했다. 그는 모든 물질의 차이를 양적인 차이로 파악하였다. 그는 공기가 수축되면 짙어지면서 바람을 만들고 계속해서 물을 만들고 그 다음에는 땅이 되며 마지막에는 암석을 만든다고 생각하였다.480) 아낙시메네스의 이러한 접근은 탈레스와 아낙시만드로스보다 구체적으로 운동 원리를 설명한다. 질량의 차이를 기반으로 하는 아낙시메네스의 관점은 뒷날 레우키포스($\Lambda\varepsilon\acute{\upsilon}\kappa\iota\pi\pi o\varsigma$: B.C.4세기 중반)와 데모크리토스(Democritus: B.C.460년경~380년경)의 원자론(Atomon: 不可分)으로 이어진다. 밀레토스 학파는 자연을 해석함에 있어 의인화시키거나 도덕관념에 의존하지 않았다.

지수화풍 4원소론/우연과 필연에 의한 지배: 엠페도클레스

기원전 494년에 시칠리에서 태어난 엠페도클레스(Empedocles: BC 434 또는 444~443 사망 추정)는 자신을 신이라고 주장한 철학자, 예언가, 과학자, 무면허 의사, 민주주의 정치가로 이해된다. 자신이 신이라는 것을 입증하기 위하여 에트나 화산의 분화구에 뛰어들었다는 전설이 있다. 그는 물질계를 구슬모양(球形)으로 보았다. 그의 학설은 헤라클레이토스와 비슷하다. 그의 종교관은 대체로 피타고라스와 동일하다. 플라톤의 '동굴의 비유'는 이미 엠페도클레스가 말한 것이다. 이 비유의 근원은 오르페우스교에서 비롯한다. 그는 원심력의 실례를 발견하였고 흙, 물, 불, 공기[地水火風]를 4원소로 단정하였다.481) 그에 따르면, 4원소들은 사랑에 의하여 결합되고 미움에 의하여 분리된다. 황금시절에는 미움은 밖에 있고 사랑은 안에 있다. 엠페도클래스에 따르면, "세상에 변화가 있는 것은 어떤 목적이 지배하고 있기 때문이 아니다. 세계는 오직 우연과 필연이 지배하고 있을 따름이며 순환을 이루고 있는데, 이 요소들이 사랑에 의해 완전히 혼합되었을 때 미움은 점차로 이들을 다시 분리시키고 미움이 이들을 분리시켜 놓았을 때 사랑은 이들을 점차로 다시 통합시킨다."

영혼론

영혼이라는 뜻을 가진 그리스어 '프시케'는 서양문학의 시작인 호메로스(기원전 8세기 경)의 서사시에서 발견된다. 당시 이 말은 사람이 죽을 때 내뱉는 마지막 '숨결'을 가리켰다. 프시케는 육체(그리스어 '소마')보다 결코 우월하지 않다. 그리스 신화에서 흔히 보듯이 프시케는 숨결이라고는 해도 육체를 빠져나오면 여느 바람처럼 공중에 흩어지거나 떠다니지 않고 영혼의 주인이 생전에 지냈던 모습을 희미하게 간직하고 지하세계로 들어간다. 호메로스는 '일리아스'에서 헥토르가 죽는 장면을 "그의 프시케가 그의 사지에서 달아나 하데스로 갔다"라고 묘사했다. 그리스인들은 영혼이 실재하고 사후 육체를 빠져나간다고 인식하였다.482)

제1편 자연의 정의 (Natural Justice)

피타고라스를 교주로 모셨던 피타고라스학파는 영혼의 윤회를 기본 교리로 삼았다. 그들은 육체가 사멸하지만 영혼은 불멸하며 육신을 바꿔가며 여러 생을 산다고 믿었다. 영혼은 육체에 머무는 동안 금욕적 수행을 통해 정화되어야 다음 생에 보다 나은 존재로 환생한다. 그래서 영혼은 육체보다 우월해 진다. 이를 이어받은 플라톤(BC 428~348)은 영혼을 영원히 변치 않는 이데아 세계와 끊임없이 변하는 물질세계의 중간에 위치시켰다. 플라톤에 따르면, 인간은 부단히 변하며 결국에는 사멸하는 육체를 갖고 있으면서도 영원불변하는 이데아의 세계를 상기하고 연모하며 그것을 향해 나아갈 수 있다.483)

플라톤의 제자이지만 그의 영혼론을 수정하였던 아리스토텔레스(BC 384~322)에 따르면, 세계는 '형상'과 '질료'(質料)라는 두 존재자의 결합으로 이루어졌다. '형상'이란 어떤 것의 실체를 발현시키는 기능이고, '질료'는 그 기능을 실현하게 하는 재료다. 질료는 형상이 아니고 형상은 질료가 아니지만, 둘은 결코 서로 분리되어 따로 존재할 수 없다. 인간을 비롯한 생명체에 있어서는 영혼이 형상이고 육체가 질료다. 이 둘은 구분되지만 분리되지는 아니한다.484)

원자론: 데모크리토스

데모크리토스(Democritus: B.C.460~370)는 소크라테스나 소피스트들과 같은 시대의 사람이다. 그의 철학의 일부는 프로타고라스에게 답변하기 위하여 쓰여졌다. 플라톤은 그를 매우 싫어하여 그의 저작들을 다 불태우고자 주장하였다. 원자론의 입장은 오늘의 과학의 입장과 매우 유사하며 그리이스인들의 사유가 범하기 쉬운 여러 가지 결함을 잘 피하고 있다. 원자론들은 유물론(唯物論)의 입장에 선다. 즉 영혼은 원자로 되어 있으며 사유는 물리적인 과정이었다. 우주에는 목적이 없고 오직 기계적인 법칙에 지배되는 원자가 있을 뿐이다.

데모크리토스에 따르면485), ⑺ 만물은 원자로 되어 있다. 이 원자는 기하학적으로는 더 분할할 수 있으나 물리적으로 더 분할되지 아니하며 각 원자들 사이에는 공간이 있다. ⑷ 무한한 공간에서는 상향하는 일도 없고 하향하는 일도 없다. 영혼에 있어서의 원자의 운동은 바람이 없을 때에 햇빛 속에서 떠도는 티끌의 운동에 비유된다. 원자들의 집단은 충돌한 나머지 소용돌이친다. 그러나 이 소용돌이는 정신활동에 의하지 아니하고 기계적이다.

원자론자들은 엄격한 결정론을 고수하였다 : ⑺ 모든 것이 자연법에 따라 일어난다. 무엇이든지 우연히 일어날 수 없다. "무에서는 아무 것도 일어나지 않는다. 모든 것이 어떤 원인에서부터 필연적으로 생긴다"(루키포스). 일단 세계가 존재한 후의 발전은 기계적인 원리에 의한다. ⑷ 소크라테스, 플라톤, 아리스토텔레스 등과는 달리 원자론자들은 세계를 설명하는데 있어 목적 즉 목적인(目的因 final cause)을 도입하지 아니하였다.486) ⑸ 공간487)을 뜻하는 진공 없이는 운동이 있을 수 없다.488)

데모크리토스는 윤리학에서 즐거움을 삶의 목표로 삼았다. 절제와 교양이 최상의 수단이다. 그는 격렬하고 정열적인 것을 싫어하였다. 성생활도 찬성하지 아니하였다. 왜냐하면 쾌락으로 의식에 혼란을 가져올 수 있기 때문이다. 그는 우정을 높이 평가하지만 여자들에 대해서는 좋지 않게 말한다. 그리하여 그는 아이들을 원하지 않았다. 아이들의 교육은 철학에 방해가 되기 때문이다.

데모크리토스 이후 가장 훌륭한 철학에서도 우주보다 인간을 지나치게 중요시하는 오류(회의주의 등장, 윤리 강조, 감각세계 부인, 목적에 대한 신앙 도입)를 범하였다. 인간의 철학이 소크라테스 이전의 철학자들이 지니고 있던 특질인 독립성과 활기를 회복하게 된 것은 르네상스 이후의 일이었다.

2) 변증법적 세계관

고대 자연철학자들은 종교로부터 독립하여 자연을 이해하려고 하였으나, 아낙시만드로스의 교설을 이해하려면 여전히 그리스의 종교적 인식에서 그 연원을 찾아야 한다는 학설이 있다. 네덜란드 법학자 헤르만 도예베르트(Herman Dooyeweerd, 1894년~1977년)의 설명에 따르면[489], "그리스 사상은 (그리스 문학·시 등과 마찬가지로) 초기부터 변증법적인 종교적 동인(動因 motive), 즉 형식-소재(素材) 동인(form-matter motive)에 의하여 지배되었다. 그 모든 표현들은 두 개의 축, 즉 형식동인과 소재동인을 언급한다. 이 두 축 간의 변증법적 관계는 해소할 수 없는 종교적 긴장과 반대로 구성되어 있다. 이러한 동인의 영향을 받아 그리스 사상은 상호 화해할 수 없는 방향으로 분산된다. 처음에는 어느 한 쪽 극을 지향하였다가 그 다음에는 변화무쌍한 다른 쪽 극을 지향한다. 이 축들의 하나가 처음에 용인되는 경우 다른 축은 침체를 보이면서도 그 영향력을 지속적으로 행사하며, 두 개의 상반된 동인들을 사유에 의하여 하나로 통합하려는 모든 시도는 (헤라클레이토스의 예처럼) 필연적으로 실패하기 마련이다."

"그리스의 종교적 인식 중 두 개의 동인이라 함은 첫째, 보다 고대의 원시자연 종교에 기원을 두는 소재동인과 둘째, 비교적 보다 후대의 올림푸스의 종교문화에 기원을 두는 형식동인을 말한다."[490] 그렇다면, 철학은 종교를 통하여 종교를 넘어섰다. 한 쪽 극을 지향하다가 다른 쪽 극을 지향하는 변증법적 세계관은 주역(周易)을 완성한 공자(孔子)의 중용(中庸)과 어느 일면 같은 맥락을 보인다.

주역은 기하학적 우주관에 64괘와 같은 숫자로 만물의 변화를 설명하였는데 서구의 고대 자연철학에서도 도형과 숫자를 통하여 비례·균형 또는 형평의 개념을 구체화시키고 이를 정의(正義)로 발전시켰음은 흥미롭다. 이러한 인식론을 제시한 현인들로서는 탈레스(Thales B.C.624년~546년: 사진 https://en.wikipedia.org), 솔론 그리고 피타고라스가 있다.[491]

"손에 잡히는 수학적 논증": 탈레스의 정리

선분 AB를 지름으로 하는 원 위에 A나 B가 아닌 점 P가 주어졌다고 하자. 탈레스의 정리에 따르면, 삼각형 APB = 90도이다. 즉, 삼각형 APB에 대하여, 다음 두 조건이 서로 동치

(logical equivalence)이다: ⓐ 꼭짓점 P에서의 내각은 직각이다. ⓑ 대변 AB는 삼각형 APC의 외접원의 지름이다.492)

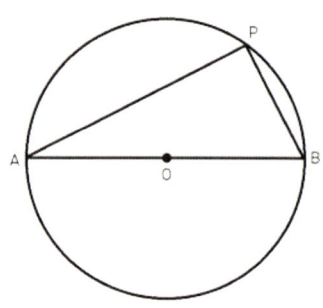

탈레스는 "㉮ 원의 지름이 원의 둘레에 있는 점과 이루는 각은 직각이다. ㉯ 교차하는 직선에서 서로 마주 보는 동일한 길이의 두 선분각은 동일하다. ㉰ 평행선이 여러 개 있을 때, 이들 사이의 간격[비례]은 일정하다"는 명제를 후대에 전하였다. 탈레스의 기하학적 원리는 실용적인 문제를 해결하는 데 매우 유용하게 사용되었다493): 예컨대, ㉮ 건축과 토목 공사에서는 탈레스의 원리를 이용하여 건축물의 높이, 길이, 각도 등을 정확히 측정할 수 있었다. 이는 건축물의 안정성과 정확성을 높이는 데 기여하였다. ㉯ 지도 제작에서는 평행선과 비례의 원리를 이용하여 지도를 제작할 때 지형의 비율을 정확히 맞출 수 있었다. 이는 항해와 탐험에서 중요한 역할을 맡았다. ㉰ 고대 천문학에서는 탈레스의 정리를 이용하여 천체의 위치와 움직임을 예측하는 데 도움을 받았다.

탈레스 정리는 영원불변의 법칙을 시사한다. 그리스인들은 영원불변한 진리의 발견에 크게 감명을 받았고 수학적 명제나 정리가 경험세계의 사물들보다 더 '참된' 존재라고 여기게 되었다. 탈레스는 우주의 근원을 생각하고 천문학과 수학(기하학)을 통하여 증명가능한 명제들을 정립함으로써 정의와 미덕에 관하여 직접적인 언명이 없음에도 아리스토텔레스로부터 '철학의 아버지'라는 찬사를 들었다.

"올바른 법"(正法): 솔론

솔론(B.C.638경~558년경)은 B.C. 594년 아테네 시민들의 합의로 집행관으로 뽑혀 헌법을 마련하면서 '올바른 법'[正法]의 개념을 생각해 냈다. 정법은 정률을 기초로 한다. "올바른 법은 다양한 사회계층들 간의 이해관계를 올바른 비율로 조정하는 것을 의미하였다. 여기에서 '올바른 비율'이란 관직을 차지하는 데 귀족과 민중이 행사하는 영향력의 비율을 뜻하는 것으로서 공적인 논쟁이라는 검증절차를 밟아야 했다. 이에 따라 사제들의 비의적(祕義的) 지식이나 귀족 가문의 전래적 관습 등과 같은 기성의 권위들은 더 이상 영향력을 행사할 수 없게 되었다. 올바른 비율이 이루어져야 평화와 복지를 누릴 수 있다. 평화와 복지를 누리는 곳이란 사회의 여러 세력들이 올바른 비율로 균형을 이루는 곳이다. 전쟁과 내전은 정치적 질서의 균형이 잘못된 것에 그 원인이 있다."494)

솔론은 '올바른 법'을 통하여 쇠퇴하는 아테네의 정치, 경제, 도덕을 바로 세우고자 노력하였다. 그는 토지 생산물의 과다에 따라 시민들을 4등급으로 나누었고, 그에 따라 참정권과 병역의무를 정하였다. 솔론의 개혁은 당대에 성공하지 못했으나 아테네 민주정(民主政)의 기초를 세웠다는 평가를 받는다.

"과학적 방법론의 시작": 크세노파네스

이오니아 태생의 크세노파네스(Xenophanes: B.C. 570년경 ~ 478년)는 자신의 사색을 한 가지 물질이나 실체에 국한시키는 대신에 선배들의 저작을 계승·발전시키려고 노력하였다. 그의 이론은 "현존하고 생장하는 만물은 땅(地과) 물(水)이다"(frag. 29)라는 말처럼 땅과 물이라는 두 가지 물체의 상호작용에 기반을 둔다. 그는 습기와 건기라는 대립자를 기초로 삼아 자연계의 현상을 잘 설명할 수 있다고 믿었다.495) 예컨대, 로마시대 성직자 히폴리투스의 『모든 이단에 관한 논박』(Refutation of All Heresies)496)(1.14.)에 등장하는 크세노파네스는 자연계의 역사가 극단적 건습(乾濕)의 지속적 교차였다고 주장하였다: 극단의 습기 때 땅은 완전히 진흙에 잠겼고 모든 인류가 멸종하였다. 땅이 다시 마르기 시작하자 땅 위의 뭇 생명들이 다시 소생하였다. 크세노파네스는 다양한 경험적 증거를 특히 화석(化石)을 고찰하여 그의 이론을 전개하였다.

히폴리투스는 크세노파네스가 내륙 안쪽에서 발견된 조개를 비롯한 해양생물들의 각종 화석의 흔적으로부터 이러한 추론의 증거를 어떻게 수집하였는가를 따졌다. 크세노파네스의 견해에서 중요한 것은 그가 도달한 결론이 아니라 이를 지지하는데 활용하였던 과정이었다. 전 시대 사상가들은 지구가 진흙으로 환원되었을 가능성에 집중하였지만 크세노파네스는 그의 이론을 지지하고 개발하는 추론과 결부된 경험증거를 확보함이 우선이라고 생각하였다. 크세노파네스는 어쩌면 화석의 실제 중요성에 우선 주목하였지만497), 다른 한편 우리는 그에게서 과학적 방법론의 시초를 찾을 수 있다.498)

그는 철학의 계몽성에 확신을 가지고 그리스인들의 신화와 전통적 종교에 조소를 퍼부었다. 그는 "유일신이 존재한다면 이 신은 결코 인간과 닮지 않았을 것이라고 전제하고 다양한 신들은 단지 그 민족의 인간상을 본뜬 것에 불과하다"고 주장하였다. "신학의 문제에서 진리를 확정할 수 없다"고 주장하였고, 신비적 경향을 보였던 피타고라스의 윤회설을 반대하였다. 그의 종교비판은 B.C. 5세기에 등장하는 소피스트들의 선구가 되었다.499)

3) 수학과 신학에서 파생된 철학: 피타고라스

피타고라스(Pythagoras: B.C.570년~495년)는 무역에서 밀레토스의 적수였던 사모스 섬에서 부유한 시민의 아들로 태어났다. 아폴로 신(神)의 아들로 태어났다는 전설도 있다. 그는 참주 폴리크라테스 정부에 혐오를 느끼고 사모스를 떠나 이집트를 여행하였고, 이탈리아 남부의 크로톤에 정착하였다. 고대 전기작가 디오게네스 라에르티우스(Diogenes Laërtius: A.D.3세기)에 따르면, 아리스토텔레스의 제자였던 아리스토크세노스(Aristoxenus: B.C.4세기)는 피타고라스가 델피의 여사제 테미스토클레아(Themistoclea)로부터 도덕 교설을 배웠다고 적었다.500) 피타고라스는 석가모니나 예수처럼 자기 이름으로 아무런 저서를 남기지 않았다.501)

디오니소스(Dionysos)는 그리스 신화에 나오는 풍요와 '술(포도주)의 신'(酒神)이다. Dio-는 '다시'란 뜻으로, 제우스의 허벅지에서 다시 태어났다. 로마신화에서는 '바코스'($Bάκχος$)라는 이름으로 등장한다. 호메로스의 서사시 『일리아스』(VI, v. 128~140)에서 그는 아직 올림포스의 12신(神)에 속하지 않는다. 디오니소스는 포도주를 아테네로 들여온 '문화의 창시자'이자 전수자라는 의미에서 '도래하는 신'이요 '오고 있는 신'으로 해석된다.502)

오르페우스교: 디오니소스교의 개혁

디오니소스교를 계승발전시킨 오르페우스교(Orphism)는 오르페우스를 섬기는 고대 밀교였다. 오르페우스는 그리스·로마 신화에 등장하는 노래하고 연주하는 음유시인이다. 오르페우스교는 기원전 8세기에서 기원후 5세기까지 그 존재가 확인된다. 오르페우스가 명계를 다녀오고 죽은 사람을 살릴 뻔했다는 전설에 주목해 그를 섬기기 시작한 것이 그 시초이다. 오르페우스와 함께 명계를 다녀간 신인 페르세포네와 디오니소스 역시 같이 숭배했으며, 이들은 디오니소스 탄생 설화 속 티탄의 잔인함과 아기의 순수함을 바탕으로 금욕적인 생활을 강조했다. 금욕을 통해 티탄과 같은 인간 내면의 폭력성을 억제하여 영혼의 구원을 가질 수 있다고 본다. 오르페우스교는 그리스 신화 계열 종교와는 달리 사후세계를 신앙의 기반으로 삼는다. 이들은 디오니소스 탄생 과정에서 제우스가 티탄을 번개로 살해한 뒤, 프로메테우스가 티탄의 재와 디오니소스의 재로 인간을 만들 때 티탄의 폭력성과 디오니소스의 원초적 순수함이 합쳐져 인간이 태어났다고 믿었다. 신성성과 불멸성을 가진 디오니소스적 영혼 덕분에 인간의 영혼은 기본적으로 불멸하지만, 티탄의 재로부터 만들어진 육체가 영혼을 구속하고 있다고 믿었다. 이들은 인간이 '원죄'에 의하여 '윤회와 전생'이라는 슬픔의 고리를 반복하지만, 금욕생활을 통하여 슬픔의 고리로부터 벗어나 영혼이 구원받으면 신들과 교감할 수 있다고 믿었다.503)

오르페우스교의 개혁: 피타고라스교

피타고라스는 오르페우스교를 개혁한 종교를 창시한 교주였다. 그는 이탈리아의 크로톤에 공동체를 세우면서 여러 가지 규칙을 내세웠다. 그는 윤회를 믿었다: "영혼은 불멸이며 다른 생물들로 탈바꿈한다. 아주 새로운 존재란 없다. 생명을 타고난 것은 다 혈연관계에 있다." 엠페도클레스(Empedocles)는 그의 시(詩)에서 "피타고라스가 전생을 기억하는 능력을 가졌다"고 주장했음을 암시하였다.504) 그의 교도들은 "누에콩(fava bean, 蠶豆)을 먹지 말라"505), "흰 수탉에 손을 대지 말라"506), "떨어지는 것을 줍지 말라", "말 위에 앉지 말라", "불빛 곁에서 거울을 보지 말라"는 등 원시적 금기에 속하는 계율들을 엄격히 지켰다. 로마 시인 오비드(Ovid)의 『변형』제15권 (Book XV of Metamorphoses)에 나오는 그림(상상도)에서 피타고라스는 그의 추종자들에게 엄격한 채식주의 식단을 설교한다.507) 피타고라스교단에는 남녀가 모두 같은 조건으로 가입하였다. 피타고라스는 "친구들의 것은 공동의 것이다"라고 가르쳤는데 플라톤은 이를 수용하였다.

피타고라스 교리 체계는 내세적·신비적인 경향이 있었으며, 모든 가치를 신에 대한 눈에 보이지 않는 것과의 일치에 두고, 눈에 보이는 세계는 허위요 환상이요 혼탁한 매개물이라 이 것을 통과할 경우에는 하늘의 광선도 혼란되어 안개와 암흑 속에 희미해진다고 생각하였다. 이러한 생각은 눈에 보이지 않는 본질을 추구하였던 플라톤의 이데아론에 영향을 미쳤다. 피타고라스교에서 육신은 영혼의 무덤이다. 인간은 목자인 신의 소유물이며 그의 명령이 내리지 않는 한 우리 스스로 이 무덤을 떠날 수는 없다. 플라톤은 피타고라스에게서「자기의 지적 흥분의 주 원천을 발견하였다」고 말하였다.

피타고라스에 따르면508), 만물의 원리는 하나(단위: monas)이다. 그리고 하나에서 한정되지 않은 둘이 생긴다. 그 둘은 마치 질료인 것으로서, 원인이 되는 하나의 바탕에 있게 된다. 그리고 하나와 한정되지 않은 둘에서 수들이 생긴다. 또 수들에서는 점들이 생긴다. 점들에서는 선들이, 선들에서는 평면들이 생긴다. 평면들에서는 입체들이 생긴다. 이것들에서는 감각이 되는 물체들이 생긴다. 그리고 감각이 되는 물체들의 원소들은 흙(地), 물(水), 불(火), 공기(風)의 4가지다. 이 원소들은 서로 변화해서 완전히 바뀌며, 이것들로부터 영혼이 있고 지성을 가진 구형이고 중심이 되는 지구를 둘러싸고 있는 우주가 생겨나며, 지구 자체는 구형이며 두루두루 사람이 살고 있다.

"정의의 본질과 수리론"

피타고라스 학파는 세계 내의 형식과 관계에서 수(數)로 표현할 수 있는 척도, 질서, 비례 및 통일적 순환을 발견하였다. 그들은 수가 없다면 그런 관계와 통일성, 질서, 법칙이 있을 수 없다고 추론하였다. 그래서 그들은 수가 참된 실재이며 사물의 근거임에 틀림없으며 다른 모든 것은 수의 표현이라고 생각하였다. 후대의 플라톤과 아리스토텔레스에게서 형이상학 체계에 핵심적인 질료와 형상의 구분은 수와 사물을 구분하는 피타고라스를 따랐다.509)

수에 관한 피타고라스의 상징화를 살펴보면, 피타고라스 교도들이 왜 숫자를 신성시하고 숫자를 인용하면서 기도를 올렸는가를 알 수 있다. 피타고라스는 1, 2, 3, 4의 네 가지 숫자를 가지고 음악세계(musica universalis)와 우주를 상징적으로 표현한다. 1(monad)은 통일, 2(dyad)는 유한/무한의 힘, 3(triad)은 조화, 4(tetrad)는 우주를 상징한다. 자연 자체가 대립자, 홀수와 짝수, 유한과 무한의 결합이다.510)

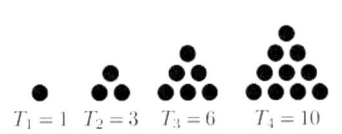

10점4열(tetractys) 삼각형은 피타고라스 수리철학의 정점에 있다.511) 이 삼각형 또는 '10개점'(tetrad)이란 10개의 점으로 삼각형을 만들어 4개의 열로 배치한 모형을 말한다. 각 열의 점들은 1부터 시작하는 연속된 자연수의

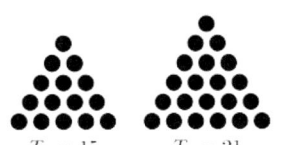

합을 나타내는 '삼각수'512)(triangular number)를 기하학적으로 표현한다. 삼각수는 정삼각형 모양으로 배열된 물체의 개수와 같다.

'10점4열'(그림 $T_4=10$)에서 제1열은 점으로서 0차원을 나타낸다. 제2열은 두 점을 연결하는 선으로서 1차원을 나타낸다. 제3열은 세 점으로 만들어진 삼각형의 평면으로 2차원을 나타낸다. 바닥의 제4열은 4개의 점으로 한정되는 4면체로서 3차원을 나타낸다. 4열 삼각수는 신비한 상징으로서 피타고라스 교도들의 비밀의식에서 대단히 중요하게 여겨진다. 그 안에 사계절이 존재하며 숫자는 지구의 움직임 및 음악과도 관련된다.513)

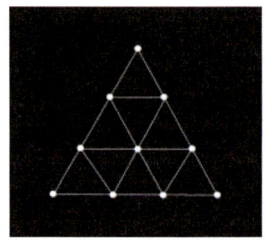

피타고라스에 따르면, 수학은 사색적인 생활을 존중하는 윤리의 한 수단으로서 관련을 가진다. 공간의 형식은 물체의 원인이며 이 형식들이 수로 표현될 수 있기에 수는 궁극적 원인이다. 수학을 토대로 삼을 경우, 사유는 감각보다 우월하고 직관(直觀)이 관찰보다 우월하다.514)

피타고라스의 자연관에서, 우주는 정연한 규율적 전체(kosmos)이고 도처에 질서조화의 원칙이 행해진다. 국가도 하나의 코스모스이고, 질서조화의 원칙에 의해 지배된다. 피타고라스는 "조화는 미덕이다. 건강과 모든 선(善) 그리고 신성 역시 마찬가지이다. 결과적으로 모든 사물들 역시 조화에 따라 구성된다"고 주장했다.515)

피타고라스 수리철학에서 정의(正義)는 제곱수의 기본형태인 「4」와 같은 것이며 「4」는 균분·평등·공평을 의미한다. 정의를 위반한다든가 이를 침해할 때는 수리적 필연성에 의해서 그것에 대한 응보나 배상이 요구된다. 「10」은 완벽한 숫자로 간주되었다."516) 피타고라스에서 시작되는 수학과 신학의 결합은 그리스 시대와 중세기 그리고 칸트에 이르기까지의 근대 종교철학의 특징이 되었다.

코페르니쿠스와 케플러는 성서의 신이 다름 아닌 수학적 '완전성'의 원리들로써 미루어볼 때, "우주의 대건축자는 순전한 수학자임이 드러난다"고 말한다. 아인슈타인에게 있어 신은 전적으로 수학적 '법칙들'에 기초하여 수학적으로 우주를 실현하는 일에 몰입한다. 신을 영혼의 구원자가 아니라 수리·물리적 창조주로 인식하였던 스티븐 호킹과 그의 일체이론(a theory of everything: TOE) 동료들은 우주의 수학적 '완전성'이라는 피타고라스식 개념에 의존한다.517)

피타고라스 정리

공리나 정리들은 우리의 경험에 주어진 실재의 공간에 대하여 '참'이라는 것을 주장할 수 있다. 기하학에서 피타고라스 정리 (Pythagorean theorem)는 직각 삼각형의 빗변을 변으로 하는 정사각형의 넓이는 두 직각변을 각각 한 변으로 하는 정사각형 넓이의 합과 같다는 정리이다. 이 정리는 피타고라스 방정식이라고 불리는 다리 a, b와 빗변 c의 길이에 관련된 방정식($a^2+b^2=c^2$)으로 쓰여질

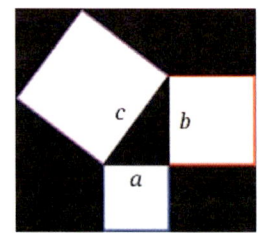

수 있다.518) 피타고라스 정리는 수학적 난해함, 신비성, 또는 지적 힘의 상징으로서 문학, 연극, 뮤지컬, 노래, 우표, 그리고 만화 등 수학 외의 영역에서 관심을 끌었다.519)

4) 의학관

건강과 질병에 관한 고대 그리스 의학의 전통적 사상은 '히포크라테스 이전 의학의 아버지'로 불리기도 하는 크로톤의 알크마이온(Alkmaion)의 사상에 뿌리를 둔다. 알크마이온은 인간의 신체가 온과 냉, 건과 습 등의 대립적인 요소들로 이루어진 것으로 본다. 알크마이온은 건강이란 대립적인 요소들의 '평형상태'나 '균형 잡힌 혼합'이라고 보았는데 이는 고대 그리스 의학의 전통적인 견해가 되었을 뿐 아니라, 고대 그리스 철학의 중심적 인물인 플라톤에게도 영향을 주었다.520)

그리스에 태어난 히포크라테스(Hippocrates: 약 B.C.460~370)는 치료를 기록함으로써 치료의학을 발달시켰고, 히포크라테스 선서를 제정하여 서양 의학의 아버지로 칭송받는다. 역사적으로 '히포크라테스 의학'은 초자연적·종교적 접근방법을 벗어나 합리성을 추구했다는 데에 의의가 있다.521) 한국어로 번역·출간된 『히포크라테스선집』(나남, 2011년)은 선서, 공기·물·장소에 관하여, 신성한 질병[간질]에 관하여, 전통 의학에 관하여 그리고 인간의 본질에 관하여로 구성되었다. 히포크라테스는 "지나친 모든 것은 자연을 거스르는 행위이다. 인생에서 가장 귀중한 것은 건강이다. 우리 안에 있는 자연적인 힘이야말로 모든 병을 고치는 진정한 치료제이다"는 등의 경구를 남겼다.

고대 그리스 페르가몬에서 태어난 클라디우스 갈레노스(Claudius Galenus: 129년~199년?)는 히포크라테스의 맥을 이었다. 그리스에서 검투사들을 치료하는 의사로 성공을 거두었고 로마에 이주하여 귀족들에 대한 강연을 통하여 명성을 얻었으며 공동황제였던 마르쿠스 아우렐리우스와 루키우스 베루스의 주치의가 되었다. 그는 자연의 이치에 따라 인체를 해석하였다. 아리스토텔레스 때부터 이어져 온 세 가지 계통에 관한 이론에 따르면, 인체에는 3가지의 연결된 계통이 있다522): 첫째는 영양 공급과 성장을 담당하는 자연 기운이고, 둘째는 생명의 에너지를 주는 생명 기운이며 셋째는 감각과 지성을 제공하는 동물 기운이다. 간과 정맥은 자연 기운으로, 심장과 혈액은 생명 기운으로, 뇌는 동물 기운으로 각각의 기관들을 각 계통에 연관시킨다. 갈레노스는 온몸에 퍼져 있는 정맥, 동맥, 신경계가 각기 다른 세 종류의 기운들을 운반한다고 주장하였다. 아리스토텔레스는 "자연에 헛된 일은 없다"고 말했는데 갈레노스는 이를 받아들여 생명 과정에서도 인체가 어떤 목적을 위하여 기능한다고 생각하였다.

고대 그리스 의학은 현대 서양의학보다 한의학과 상통하는 면이 훨씬 많다. 동과 서에서 합리적 의학의 본격적인 출발을 알리는 『히포크라테스전집』과 『황제내경』의 탄생 시기와 배경이 비슷하거니와, 두 의학의 특성도 상당히 닮았다. 구성 요소와 원리가 각기 네 가지 체액과 음양오행으로 차이가 있지만, 인체 특정 부위에 자리 잡은 개개 질병의 치료보다 전체 인간(인체)의 조화와 균형을 강조하는 체계와 방식은 매우 흡사하다.523)

5) 자연정의론 : 헤라클레이토스

만물유전의 변증법

피타고라스보다 한 세대 늦게 기원전 535년경 (현대 터키 쿠샤다시 근처) 에베소에서 태어난 그리스 철학자 헤라클레이토스(Heraclitus)는 기원전 475년에 죽을 때까지 자신이 신탁 언어로 표현한 독특한 이론들을 제시하였다. 그에 따르면, "사물은 끊임없이 변한다"[만물유전 萬物流轉]. "대립물들이 공존한다"[대립통합 對立統合], "세상의 기본 물질은 불이다". 헤라클레이토스의 사유 체계에서는 종종 모순된 명제들이 참이라는 추론이 성립한다. 그는 『자연에 관하여』라는 한 권의 책(파피루스 두루마리)을 써서 에베소에 있는 아르테미스 신전에 보관했다고 전한다. 당시 사원은 종종 돈과 기타 귀중품의 보관소로 사용되었다.

헤라클레이토스 책의 편제는 여전히 논란의 여지가 있다. 이 책은 일관되고 연속적인 주장으로 구성되었을 수도 있지만 오늘날 전해지는 100개 이상의 단문들은 전체의 상당 부분을 구성하고 있음에도 불구하고 서로 쉽게 연결되지 않는다. 어쩌면 같은 책은 연속적 해설보다는 속담과 경구로 더 많이 구성되었을 가능성도 있다. 그렇다면 그 형태는 밀레시아인의 우주론이라기보다는 일곱 현인의 속담 모음집에 해당한다. 그를 잘 알고 있었던 테오프라스토스는 작가의 우울증 때문에 그 책이 절반밖에 완성되지 못했다고 생각한다.

기원후 3세기 전기작가 디오게네스 라에르티우스(Diogenes Laertius)는 이 작업이 우주론, 정치(및 윤리), 신학(9.5-9.6)의 세 부분으로 편성되었다고 추측한다. 헤라클레이토스는 독학한 것으로 알려졌는데, 보는 관점에 따라 물질적 일원론자 또는 과정의 철학자로서 과학적 우주론자, 형이상학자, 또는 주로 종교적인 사상가; 경험주의자, 합리주의자, 신비주의자; 전통사상가 또는 혁명가; 논리의 개발자 또는 모순의 법칙을 부정한 사람; 최초의 진정한 철학자 또는 반(反)지성적 모호주의자로 통한다.[524]

"로고스"

헤라클레이토스는 고대 그리스 철학에서 로고스(logos[525] 말씀·이성)를 특별히 주목한 최초의 철학자이다.[526] 헤라클레이토스에게 있어 로고스는 세상의 이치를 표상하는 교설이다.[527] 헤라클레이토스의 언명에는 로고스가 세 차례 나온다[528]:

"이 로고스는 항상 존재한다. 그러나 사람들은 로고스를 듣기 전에 그리고 로고스를 최초로 들었을 때 로고스를 한결같이 이해할 수 있음을 증명하지 못한다. 모든 사물들은 이 로고스에 따라 발현되지만, 사람들은 사물들을 각각의 본성에 따라 구별하고 이것이 어떠한 상태인가를 설명하는 나의 말과 행동을 실증할 수 없다. 어떤 사람들은 그들이 잠잘 때 그들이 행하였던 것들을 잊어버리는 것처럼 그들이 깨어 있을 때 무엇을 행하였는가를 인식하지 못한다."[Diels-Kranz, 22B1]

"이러한 이유로 항상적인(common) 것을 따라야 할 필요가 있다. 로고스는 항상적이지만 대부분의 사람들은 그들 자신의 사적인 인식을 가지고 있는 듯이 살아간다."[Diels-Kranz, 22B2]

"내 말이 아닌 로고스에 귀를 기울이라. 모든 사물들은 하나임을 동의하는 것(all things are one)이 현명하다."[Diels-Kranz, 22B50]

헤라클레이토스는 '로고스'(logos)의 다양한 의미를 매우 신중하게 구사하였지만[529] 로고스는 말씀, 근원, 원리, 계획, 형식, 측정, 비율 또는 추론으로 쓰이기 때문에 해석을 요한다. 헤라클레이토스가 동시대에 그리스에서 보통 쓰이는 용례와 달리 특별히 기술적인 의미에서 로고스를 사용하였다고 추론할 만한 이유는 없다.[530] 후기 스토아학파는 로고스를 "모든 것을 다스리는 근원"(the account which governs everything)[531]으로 이해하였고, 3세기 '교회의 아버지' 성 히뽈리투스(Hippolytus)는 기독교의 요한복음 제1장제1절["태초에 말씀(로고스)이 있었고 그 말씀은 하느님이었다"(In the beginning was the Word (logos) and the Word was God.)]에 나오는 '하느님의 말씀'(Word of God)과 로고스를 동의어로 새겼다.[532]

여기에서 로고스가 의미하는 바는 명확하지 아니하다. 로고스는 객관적인 우주법칙의 관점에서 이성(理性, reason)이나 설명을 의미할 수도 있고 말씀 또는 지혜에 불과할 수도 있다.[533] 그러나 헤라클레이토스는 보편적 로고스의 독자적 실재를 명확히 제시하였다.[534]

만물평등

헤라클레이토스 이전 탈레스의 물, 아낙시만더의 아페이론(apeiron) 그리고 아낙시메네스의 공기처럼 헤라클레이토스는 불을 원소(arche)로 생각하였다.[535] 헤라클레이토스가 불을 만물의 기원으로서 로고스를 갈음하여 은유적으로 구사하였다고 해석되기도 한다.[536] 어떤 설명은 불을 춤추거나 펄럭거리는 화염과 같이 변화의 비유로 본다. 불은 또 정수(atar)의 개념으로서 페르시아 배화교(Zoroastrianism)의 영향으로 추정되기도 한다.[537] 이 세상은 모두에게 동동한 것이며(the same for all) 그 어떠한 신이나 사람들이 만든 것도 아니다. 그러나 살아 있는 불은 켜지고 꺼지면서 항상 존재하였고 앞으로도 그럴 것이다.[538] 상품과 금의 관계 및 금과 상품의 관계처럼, 만물은 불과 교환되고 불은 만물과 교환된다.[539] 번개는 만물이 가는 길을 안내한다.[540]

"소멸은 불멸이고 불멸은 소멸이다"

헤라클레이토스는 아낙시만더처럼 대립자들의 혼합을 믿었다. 그는 존재하는 모든 실체들이 서로 대립하는 짝을 가진다고 믿었다. 만물의 이러한 대립관계는 "소멸은 불멸이고 불멸은 소멸이요(Athánatoi thnetoí, thnetoi athántatoi) ; 한쪽의 삶은 다른 쪽의 죽음이고 한쪽의 죽음은 다른 쪽의 삶이다"라는 그의 언명에 극명하게 드러난다.[541] 이는 "인류는 소멸하는 신들이고 신들은 불멸의 인류이다"[542]를 뜻하는 것으로 받아들여진다. 그는 또 잠은 죽음과 같다고 지적하였다. 그는 알쏭달쏭하게 말하기를 즐겼다: 사람은 밤에 스스로를 위하여 불을

제1편 자연의 정의 (Natural Justice)

밝히고, 죽으면서 살아난다. 잠자는 사람은 그의 이상이 없어졌다가 망자로부터 빛을 얻고, 깨어 있는 사람은 잠자는 자로부터 빛을 얻는다.543) 우리가 선잠 속에 보는 모든 것들이 잠자는 것처럼, 깨어 있을 때 보는 것들은 모두 죽은 것이다.544)

"투쟁이 정의다"

헤라클레이토스는 창조와 파괴의 대립자들이 만나 서로 다른 과정을 밟는 것을 투쟁(eris)이라고 불렀고 그 조화를 명백히 안정적인 상태(dike) 즉 정의(justice)라고 추론하였다.545) 아낙시만더는 같은 상황을 불의(不義 insustice)라고 묘사하였다. 아리스토텔레스는 헤라클레이토스가 호머(Homer)를 싫어했다고 말하였다. 호머는 "세상에서 투쟁이 떠나야 한다"고 말했지만 헤라클레이토스가 보기에는 이것이 오히려 세상을 파괴하는 일이다. 높은 음과 낮은 음이 없다면 조화가 존재하지 않을 것이며 서로 대치되는 암수가 없다면 동물을 멸종할 것이기 때문이다.546) "태양이라고 할지라도 그 궤도를 벗어난다면 정의의 집행관 에리니에스(Erinyes) 자매들[Tisiphone, Megaera 및 Alecto]이 그것을 따라잡을 것이다."547)

전 쟁

헤라클레이토스는 전쟁이 선이라고 주장한 최초의 철학자이다. 그에 따르면, "모든 짐승은 회초리에 의하여 목장으로 이동한다."548) "전쟁은 모든 것에 일상적이며 만물은 필연적으로 투쟁을 통하여 탄생함을 우리는 알아야 한다."549) "전쟁은 만물의 아버지이며 만물의 왕이다." "전쟁은 어떤 사람들을 신으로 보여주고 또 어떤 사람들을 사람으로 보여준다. 전쟁은 어떤 사람들을 노예로 만들고 또 어떤 사람들을 자유인으로 만든다."550) 신들과 사람들은 전사자들을 명예롭게 생각한다.551) 사람들은 그 성벽을 위하여 싸우듯이 법(law)을 위하여 싸워야 한다.552)

현악기의 활과 현의 조화

헤라클레이토스는 비유에서 그리고 철학사에서 무력을 가장 일찍 사용한 사람들의 한 명이다. 그는 대립자들의 혼합을 현의 긴장이 균형을 이루는 연주용 활과 수금에 비유하였다.553) 활과 현의 경우에 구부러진 호(弧 palintropos)에 음의 조화가 있다. 그는 이것이 실재에 관하여 보이지 않은 진실, 즉 "감추어진 조화가 드러난 조화보다 낫다"는 것을 보여준다고 주장하였다.554) 그에 따르면, 활(bow)은 죽음에 이르는 작용을 맡지만 그 이름은 생명(life)이다. 활과 생명은 글자로 써 놓으면 '생'(生 biós)이다.555)

실재의 불확정성

스코틀랜드 태생의 그리스철학 전공자 버넷(John Burnet)의 설명에 따르면556), 헤라클레이토스는 이 세상이 하나이면서 동시에 여러 개이며 대립물들의 긴장이 혼합된 하나를 이룬다고 주장한다. 이는 피타고라스와 설명이 다르지만 결론은 같다.557) 버넷은 헤라클레이토스에 관한 플라톤의 이해를 소개한다: 플라톤에 따르면, 헤라클레이토스는 실재란 여러 개와 하나가 동시에 존재한다고 가르쳤다.558) 이는 논리적 원칙을 의미하는 것이 아니다. 헤라클레이토스가 서로 다른 것들의 차별성을 설명하는 정체성이란 모든 외관 속에 존재하는 핵심 실재를 말한다. 이 정체성은 밀레토스학파에 의하여 이미 입증되었지만 이 학파는 차이를 설명하는데 어려움을 겪었다. 앞에서 언급한 바와 같이, 아낙시만더는 대립물들의 투쟁을 부정으로 간주하였지만 헤라클레이토스는 이를 최고의 정의로 파악하였다.559)

순 환

헤라클레이토스는 실재의 순환성과 변화를 설명하며, 불의 변신과 같이, 한 가지 요소가 다른 요소에 의하여 대체되는 현상을 설명한다.560) 이는 감추어진 조화일 수 있고 일원주의가 아닌 다원주의와 일맥상통한다.561) 불의 죽음은 공기의 탄생이고 공기의 죽음은 물의 탄생이다.562) 왜냐하면 영혼의 죽음은 물이 되고 물의 죽음은 지구가 되기 때문이다. 그러나 물은 지구로부터 오고 영혼은 물로부터 온다.563) 차가운 것은 더운 것이 되고 더운 것은 차가운 것이다. 습기찬 것은 건조해 지고 바싹 마른 것은 촉촉해 진다564) 우리에게 있어 빠름과 느림, 깨어 있음과 잠들어 있음 및 젊음과 늙음은 같은 것이다. 전자는 후자로 그리고 차례로 후자는 전자로 변한다.565)

상대주의

헤라클레이토스의 언명들 중에는 상대주의(relativism)를 지지하는 것으로 해석될 수 있는 것들이 있다.566) 예컨대, 선과 악은 하나이다.567) 나귀는 금보다 짚을 더 좋아한다.568) 바다는 가장 청결하면서 동시에 가장 불결한 물이다. 물고기는 이를 마실 수 있고 그들에게 좋은 것이지만 내게 있어서는 마실 수도 없고 파괴적이다.569)

신과 영혼: 신 앞의 평등

헤라클레이토스가 말하는 신(God)이란 기독교식으로 천지를 창조한 유일신이 아니다. 그는 신 자체에 관하여서보다 신성(the Divine)을 논한다. 그는 인간법(human laws)과 신성법(divine law)을 구분한다.570) 그는 신과 불이 "결핍과 과잉"이라고 말한다. 그는 불을 근본실재로 보는 것에 덧붙여 신성한 우주(cosmos)로 제시한다. 불은 실재이자 다른 것을 적극적으로 변경시키는 변화의 동인(動因 motivator)이다. 그는 불이 만물을 심판하고 평결한다고 묘사한다.571) 여기에서 심판이란 문자 그대로 '분별하는' 것이다. 이 분별은 고대에 만물이 궁극적으로 불에 의하여 소멸됨(ecpyrosis)을 의미하는 것으로 해석되었다. 히뽈리토스는 불을 신성한 심판과 지옥에 대한 표상으로 이해하였다. 그러나 히뽈리토스는 "사람들은 시비곡직을 가리지만 신에게 있어서는 만물이 선하고 공정하다"572)고 말함으로써 신의 관념에서 인간의 정의관을 제거하였다.

가변성, 태양, 강물

헤라클레이토스는 인식대상들이 시간의 흐름과 함께 근본적으로 변화함(예컨대, 가변성)과 변화에 관한 철학적 쟁점을 인정한다. 그는 "만물은 유전한다"(everything flows: panta rhei)는 명제를 제시하였다.573) 헤라클레이토스는 "태양은 날마다 새롭다"574)(the Sun is new every day)고 말함으로써, 오늘 떠오르는 것과 동일한 태양이 내일 떠오른다고 생각하지 아니하고, 만물의 부단한 변화(flux)를 상정하였다.

헤라클레이토스의 철학은 "누구든지 같은 강물을 두 번 건널 수 없다"(No man ever steps in the same river twice.575)는 격언으로 유명하다. 이 말은 "만물은 유한하다. 무(無: what is not)는 존재할 수 없다"는 파르메니데스의 언명과 비교된다. 헤라클레이토스에 따르면, "같은 강물에 발을 들여 놓는 사람에게는 언제나 새로운 물이 흐른다."576) "우리는 같은 강물에 발을 들여 놓지만 동시에 들여놓지 못한다. 우리는 존재하면서 동시에 존재하지 아니한다.577) 헤라클레이토스는, 대립자들의 혼합이나 또는 "맥주(kykeon)조차도 휘저어 주지 않으면 분리된다"578) 및 "맥주도 변화한다"579)라는 인용문에서 알 수 있는 바와 같이, 변화가 사물을 결합시킨다고 생각했던 것으로 보인다.

헤라클레이토스 사상이 현대철학에 미친 영향

헤라클레이토스의 자연관과 철학관은 신화나 전설이 아니라 현대에 재생되는 사상이다. "우는" 철학자는 현대에서도 여전히 철학에서 불가결한 반복주제로 간주되었다. 심리학자 칼 융(Carl Jung)은 "헤라클레이토스가 모든 심리법칙들 중에서, 대립자들의 규칙적인 작용, 즉 '모든 것들은 조만간 반대편으로 달려간다'는 것과 같은 가장 경탄할 만한 것들을 발견하였다"고 적었다.580) 융은 이 대립전화(enantiodromia 對抗轉化) 법칙을 그의 분석심리학에 채택하였다. 그는 또 이것을 중국의 고전581)과 연결시켰다. 서구세계가 노자(老子)의 가르침을 따른다면 모두 기독교도 대신에 중국인이 될 수도 있다. 우리는 헤라클레이토스가 동과 서의 전환장치(switch)를 만들었다고 생각할 수 있다.582)

헤겔은 헤라클레이토스를 극찬하였다. 그에 따르면, "철학의 기원은 헤라클레이토스로부터 비롯한다." 그는 변증법(dialectics)의 기원을 아리스토텔레스처럼 엘레아 출신 제논에게서 구하지 않고 헤라클레이토스에게서 구한다: "헤라클레이토스의 명제들 중에서 나의 논리에 적용하지 아니한 것이 없다."583) 청년 헤겔학파들과 어울렸던 프리드리히 엥겔스도 자신의 변증법적 유물론에 관하여 변증법을 발견한 공로를 헤라클레이토스에게 돌린다. 페르디난드 라살(Ferdinand Lasalle)도 헤라클레이토스로부터 영향을 받은 사회주의자였다.

프리드리히 니체(Friedrich Nietzsche)는 그의 유작 『그리스 비극의 시대』(1873년)에 나타난 사유에서 알 수 있듯이 헤라클레이토스로부터 커다란 영향을 받았다. 니체는 그를 아낙시만드로스의 비관주의의 확실한 반대편에 서 있는 자로 본다.584) 독일 역사학자 오스왈드 스펭글러(Oswald Spengler)는 니체로부터 영향을 받아 헤라클레이토스에 관한 논문을

썼다.585)

철학자 마틴 하이데거(Martin Heidegger)도 헤라클레이토스로부터 영향을 받아 그의 『형이상학』 서문에서 보이는 바와 같이 니체와 그밖의 사람들과 매우 다른 해석을 내놓는다. 하이데거에 따르면, "존재에 관한 파르메니데스의 교리와 판이하게 다른 바를 내세운 헤라클레이토스에게서 파르메니데스와 같은 주장을 발견할 수 있다."586) 오스트리아 출신 철학자 칼 포퍼(Karl Popper)는 헤라클레이토스에 관하여 많은 지면을 할애하였는데 포퍼와 헤라클레이토스는 보이지 않는 작용의 과정을 믿었다.587)

6) 자연은 신이다.

정령신앙과 무속신앙

정령신앙(精靈信仰 animism)은 생물은 물론 무생물 같은 모든 사물에 생명과 영혼이 존재한다고 믿는다. 정령신앙은 이 세상에 영들과 영적 권세자들이 거주한다고 믿는다. 서구에서는 영국의 인류학자인 타일러(E. B. Tylor: 1832~1917)가 종교의 기원을 설명하기 위하여 애니미즘이라는 말을 사용하였다(1871년『원시문화』). 정령신앙에서는 어떤 종류의 동물이나 식물을 신성시하여 자신이 속해 있는 집단과 특수한 관계가 있다고 믿고, 그 동·식물류(독수리·수달·곰·메기·떡갈나무 등)를 토템이라 하여 집단의 상징으로 삼는다.

정령신앙은 무속신앙(shamanism)과 문화계열이 다르다. 자연계에 내재하는 신성(神性)을 부르거나 의지하는 무속신앙은 전세계에 걸쳐 각양각색의 유형을 띠고 분포되어 있다. 만주·몽골·시베리아 등 동북아시아에서 무당(巫堂 샤먼)을 매개로 영적 세계와 소통하는 무속신앙은 종래 미신으로 분류되기도 하였다. 천군이나 소도 혹은 나무로 만든 수신(隧神)은 동북아시아대륙 무속신앙에 입각한 토속 종교문화의 전형을 보여준다.588) 정치적 군장이 곧 제사장이었던 제정일치 시대 무당은 영계와 속계를 넘나들고 신령을 불러내는 초능력자라는 관점에서 신인(神人)이었다.

엠페도클레스

엠페도클레스(B.C.490 ~ B.C. 430: 시칠리아 태생)에 따르면, "만물은 지수화풍 4개 원소[뿌리]로 구성되어 있다. 그 밖에 이것들을 결합시키는 '사랑'(Philia)과 이것들을 분리시키는 '불화'(Neikos)가 있다. 이것들은 끊임없이 자리를 바꾸어 결코 멈추는 일이 없다. 4원소는 모두 동등하며 각기 자신만의 성질을 지니고 있다. 그것들은 서로 혼합되어 만물을 만들어 낸다. 그리고 어떤 것이 더 많이 섞이거나 어떤 것이 더 적게 섞이냐에 따라 온갖 다양함이 생겨난다."589) 엠페도클레스는 피타고라스의 영향을 받아 동물을 희생해서 제사를 지내는 희생제의를 반대하였는데, 그 이유는 사람이 윤회하여 동물로도 환생할 수 있기 때문이었다.590)

스피노자의 범신론(pantheism): "신은 자연이다."

근대 철학자 중 고전 철학과 같은 맥락에서 범신론을 전개한 사상가는 네덜란드의 스피노자[591]이다. 그는 이 세계 모든 정신적 현상과 물리적 현상은 신(神)의 속성인 사유와 연장의 표현인 양태로 본다. 이 정신적 현상과 물리적 현상들은 우연적이고 가변적인 현상이긴 하지만, 이것은 단독 실체인 신의 속성의 표현인 만큼 신의 본질과 필연적 연관을 가지지 않을 수 없다. 따라서 스피노자에게 있어 정신적 현상과 물리적 현상은 신의 속성을 나타내는 양면이며, 신은 바로 자연이다. 신은 완전한 존재이고 보편적 존재이므로 온 우주와 함께 하나인 존재이다. 신은 자연과 결코 분리할 수 없다. 그것은 자연이란 바로 신의 속성을 나타내는 것 이외의 다른 것이 아니기 때문이다. 단지 신은 '만들어 내는' 자연(능산적 자연 natura naturans)이고 물리적 세계는 '만들어진' 자연(소산적 자연 natura naturata)일 뿐이다. 결국 신은 원인으로서의 자연이고 자연은 결과로서의 신일 뿐이다.[592]

스피노자에 따르면, 신은 무한히 많은 속성을 가지고 있지만 우리 인간에게는 두 가지 속성인 사유와 연장만이 알려진다. 연장은 물체로 드러나고 사유는 정신으로 그 모습을 드러낸다. 정신과 물체는 더 이상 실체인 것이 아니라 유일한 실체인 신의 두 가지 모습인 양태로 된다. 정신과 육체도 동전의 양면처럼 서로 다른 실체를 가진 두 속성일 뿐이다. 스피노자에게 있어, 자유와 필연도 별개의 것이 아니다. 자유는 실제로 선택이 아니다. 필연적인 결정만이 존재한다. 개인의 의지와 선택은 존재하지 않는다. 자유는 신의 눈인 '영원한 관점'(sub specie aeternitatis)에서 보면 그렇게 될 수 밖에 없는 필연의 결과이다. 우연은 없다.[593]

제5장 과학이 법률관에 미치는 영향

제5장
과학이 법률관에 미치는 영향

1. 근대 과학과 법률관

　근대 철학자들과 법사상가들은 뉴턴의 세계관을 따라 정의를 그리고 법을 설계하였다. 가로(x)·세로(y)·높이(z)의 세 축으로 구성된 3차원의 공간에서 정의는 직선의 궤적을 그렸다. 정의가 원이나 포물선을 그리는 경우에도 직선으로 미분될 수 있으며 항상 그 위치를 파악할 수 있었고 벡터 값을 구할 수 있었다. 정의는 모든 법에 만유인력으로 작용하였다. 정의가 구현된 법치국가에서는, 태양계에서 위성들이 태양을 중심으로 공전하듯이, 인과법칙이 통용되는 '정당한 법의 절차'(適法節次 due process of the law)에 따라 명확성의 원칙, 신뢰보호, 죄형법정주의, 자기책임, 손해배상, 과잉침해금지가 법리의 근간을 형성하였다.

1) 에피소드

당신은 기억해야 한다

　평지풍파당이 제18대 국회의원 선거(2008.4.9.)에서 3석의 의원을 배출하자[594] 비례후보 2번으로 당선된 李아무개 의원에 대한 검찰의 수사가 시작되었다. 그가 학력과 경력을 위조하여 선거에 활용하였다는 혐의가 적용되었다. 풍모가 그럴듯한 그는 흥보에게도 광주의 명문고를 졸업했다고 밝힌 바 있다. 당을 조직할 당시 조직위원장과 창당집행위원장으로 활동하였던 흥보는 수원지방검찰청에 소환되었다. 담당 Y검사가 심문을 맡았다. 그는 흥보의 연구실을 압수수색한 자료들과 흥보의 전화통화 내역 그리고 이메일들을 뒤적이면서 따졌다.

　Y검사: "강남의 ○○호텔에서 당대표랑 아무개씨를 같이 만났지요?"
　흥보: "네."
　Y검사: "만나서 뭘 이야기했어요?"
　흥보: "공천의 일반적인 기준과 요건들을 이야기했습니다."
　Y검사: "공천에서 잘 봐줄 테니 정치자금을 내라고 요구하지 않았어요?"
　흥보: "그런 일은 없었습니다. 내 역할도 아니구요."
　Y검사: "만나기 전에 아무개씨가 당신에게 전화를 두 차례 걸었던데, 무슨 이야기를 나누었지요?"
　흥보: "통화 사실은 인정하는데 무슨 대화를 나눴는지는 기억하지 못하겠는데요."
　Y검사: "왜 기억을 못해요? 당신을 기억해 내야 합니다. 이때 공천 이야기가 오고갔을 것

아닙니까?"
흥보: "몇 달 전에 통화한 내역을 어찌 기억합니까? 만나기 직전의 통화는 장소와 시간을 확인하는 정도였던 것으로 생각됩니다."
Y검사: "비례공천을 약속하고 헌금을 받았잖아요! 그이를 누가 공천심사위원회에 추천했습니까?"
흥보: "모르겠는데요. 나는 공천심사위원을 맡지 않았습니다."

통화내역을 기억하지 못함을 빌미로 기선을 제압하려던 Y검사는 당대표를 법의 수중에 집어넣겠다는 의도를 은연중에 드러냈다. 금오는 검찰의 핵심 목표가 아니었다. 바둑의 사석에 불과하였다. 자금의 흐름과 다른 의원들에 대한 정보를 캐내서 당을 와해시키겠다는 의중을 읽을 수 있었다. 어쨌거나 이 공방에서 쟁점은 범죄 혐의자들이나 쟁송사건의 당사자들이나 증인조차도 평소 자기의 위상과 행위내용을 기억하고 있어야 한다는 사실이다. 기억이 오락가락해서는 아니될 뿐만 아니라 정확하게 기억해야 한다. 그렇지 아니하면 허위진술이나 위증의 부담을 지게 되고 방어에서 결정적인 약점을 안게 된다.

증거 기반 의사결정의 부조리

불확실한 진술이나 증언을 가지고 확실한 결론을 내려 당사자를 처벌하려는 장면은 석궁사건을 다룬 영화 「부러진 화살」(2011년)에서도 인상적으로 묘사된다. 극중 인물 김경호 교수는 "법은 수학처럼 아름답다. 문제를 제대로 입력하면 정답이 나온다"고 믿는다. 김교수가 담당 부장판사에게 석궁을 쏘았느냐에 대하여 항소심 재판부는 "목격자의 진술, 물적 증거 등 객관적·직접적인 증거"를 이유로 유죄결정을 내렸다. 영화에서 김교수는 석궁을 들고 담당 부장판사를 찾아갔다는 사실을 인정하지만 실제 발사하지는 않았다고 항변한다. 박준 변호사와 담당 부장판사의 공방이 의혹을 드러낸다.

박변호사: "피해자의 옷가지 혈흔에 대해서도 석명해 주십시오. 증거로 제출된 피해자의 옷에는 화살이 관통한 구멍이 나 있었고 속옷 상의와 내복 상의 그리고 조끼에는 구멍 주위로 피도 묻어 있었다. 그러나 그 중간에 입었던 와이셔츠만 깨끗합니다."
부장판사: "석명하지 못하겠습니다. 검찰 제출 증거로 충분합니다."
박변호사: "부러졌다는 화살도 찾지 못했는데 당초 없었던 아닙니까?"
공판검사: "부러진 화살은 어디로 갔는지 모릅니다."
박변호사: "옷에 묻은 혈흔이 정말 피해자의 것인지 검증해 봐야겠습니다. 검증을 신청합니다."
부장판사: "1심에서 다루지 않았으므로 혈흔검증 신청을 기각합니다."
박변호사: "이게 재판입니까?"

「부러진 화살」영화는, 사건의 실체적 진실에 얼마나 다가갔는가는 별론으로 하고, 일상의 증거기반 의사결정 내지 재판이 기대만큼 확실하지 못함을 시사한다. 어떻게 보면 심판자들은, 탈주자가 강물에 떠내려가는 유빙들을 딛고 강을 건너듯이, 여기저기 흩어져 있는 산발적 증거들을 수집하고 잘 연결되지 아니하는 논리를 재구성하여 결론을 내린다. 어떤 수사관들은 자기가 세운 심증[시나리오]에 사건을 꿰맞추는 사례도 본다. 이런 경우 법이 핵심이념으로 삼는 법적 안정성은 형이상학의 세계에 머무르거나 불확실성 가운데 잠시 모습이 드러나는 빙산의 일각과 같은 관념이다.

2) 3차원 세계관과 뉴턴의 운동법칙

점을 벗어나 선으로 구성되는 면적과 공간을 지니는 '차원'이라는 개념은 유클리드 기하학에서 비롯한다. 우주에서는 4차원이 기본이지만 인류가 사는 지구는 3차원이다. 보통의 국지적 물리공간은 가로×세로의 2차원에 높이가 곱해져서 3차원을 형성한다. 3차원이란 차원이 세 개인 공간을 말한다. 흔히 땅을 기어다니는 개미는 '2차원의 세계에 살고' 하늘을 나는 나비는 '3차원의 세계에 산다'고 비유한다. 2차원에 사는 개미는 3차원을 이해할 수 없다고 말한다. 3차원의 세계에서는 입체적 사고를 가능하게 한다. 세계관이란 사람이 세계를 바라보고 해석하는 관점을 말한다. 3차원에 사는 사람이 자기 세계를 바라보는 관점이 3차원 세계관이다. 4차원 개념이 안출되기 전까지 세계관이란 곧 3차원 세계관이었다. 3차원의 세계관에서는 우주와 자연 그리고 지구의 움직임을 직선운동이건 원운동이건 간에 모두 3차원으로 환원시켜 해석하였다. 지동설로 바뀔 때에 그랬고, 행성운동을 관찰하던 요하네스 케플러(Johannes Kepler: 1571년~1630년)가 '타원궤도 법칙'(제1법칙), '면적 속도 일정의 법칙'(제2법칙: 행성과 태양을 연결하는 가상적인 선분이 같은 시간 동안 쓸고 지나가는 면적은 항상 같다), '조화의 법칙'(제3법칙: 행성의 공전주기의 제곱은 궤도의 긴반지름의 세제곱에 비례한다)을 정립할 때에 그랬으며 뉴턴이 케플러의 법칙들을 증명할 때에도 역시 그랬다.

ⓒhttps://lgtvblog.tistory.com/1179

유클리드 기하학과 고전 물리학은 이 3차원의 세계에서 통용되던 세계관이었다. 두 점 사이의 가장 가까운 거리는 직선이다. 삼각형의 내각의 합의 180도이다. 마주 보고 달리는 두 평행선은 만나지 않는다. 이는 어느 공간에서나 통용되는 자명한 진리였다. 고전물리학의 완성자 뉴턴은 3차원의 세계에서 직선으로 운동하는, 또는 미분이 가능한 원으로 운동하는 물체들을 관찰하여 관성의 법칙(제1법칙: 외부에서 힘이 작용하지 않는 경우, 정지한 물체는 계속

정지해 있고, 운동하는 물체는 그 운동을 유지하려고 한다), 가속도의 법칙(제2법칙: 운동하는 물체의 힘(F)은 그 물체의 질량(m)에 가속도(a)를 곱한 것과 같다: F=ma) 및 작용과 반작용의 법칙(제3법칙: 한 물체ⓐ가 다른 물체ⓑ에 힘을 가하면 그 힘을 받는 물체ⓑ도 힘을 가한 물체 ⓐ에 크기가 같고 방향이 반대인 힘을 가한다)을 수립하였다. 만유인력[중력]의 법칙은 오늘날 4차원의 세계에서도 통용되지만 여전히 3차원의 세계를 무대로 삼았다.

서로 떨어진 두 물체 사이에 작용하는(끌어당기는) 힘은 똑같다. 뉴턴이 정립한 만유인력의 법칙은 '질량이 있는 모든 물체 사이에는 서로 끌어당기는 힘(만유인력)이 작용한다'는 법칙을 말하며, 수식으로는 '두 질량의 곱을 두 물질 사이의 거리의 제곱으로 나눈 값과 같다'고 표현된다. 뉴턴은 이 법칙을 그의 운동의 제2법칙에 대입시켜 행성의 가속도를 구할 수 있었고, 이를 통해 행성의 궤도가 타원형임을 증명할 수 있었다. 고전물리학에서는 만유인력을 중력과 구분하고 만유인력에 원심력이 작용하면 중력으로 이해하였다. 그러나 현대물리학에서는 중력을 자연계에 존재하는 기본적인 네 가지 힘 가운데 하나로서 모든 물질이 서로를 향해 끌어당기는 상호작용으로 이해하고 중력과 만유인력을 구분하지 아니한다.

뉴턴의 운동법칙

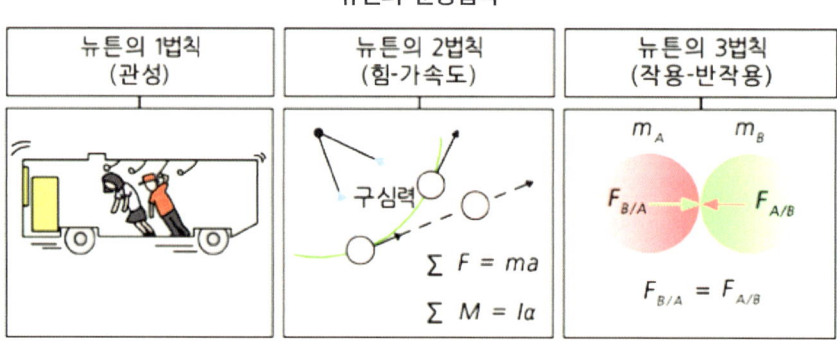

©https://blog.naver.com/skkim12345/221425867255

3) 근대 법률관의 정착

벨라: "로마법이나 게르만법도 그렇고…법은 어찌 보면 과학과 무관하게, 차라리 상업이나 무역 또는 전쟁의 발달에 영향을 받으면서 발전하였지 싶은데, 근대 법률관은 언제 어떻게 정착되었을까요?"

금오: "근대 이전까지는 상당히 그랬어요. 역사적으로 보면 법률은 고조선의 8조법금(八條法禁)이나 바빌론의 함무라비법전(Code of Hammurabi) 등 고대 사회부터 존재하였으나 응보와 복수의 관념이 뿌리 깊은 동해보복과 금지·명령이 주류를 이루었을 뿐 이성적 사유의 소산인 법률사상 즉 법률관이라고 내세울 만한 것은 드물었어요. 로마법대전(Corpus Juris Civilis)이나 진나라(秦, B.C 900년경 ~ B.C. 206년) 때부터 국가통치의 근간을 형성한 율령

격식(律令格式)은 법전화를 통하여 지배체계를 구축하였으나 국가권력이 백성들을 지배하는 강행법 체계였습니다. 중세 신학적 법사상에서는 모세의 율법인 '10계명'(Decalogus)이 자연법의 주류로 정착되었으나 법률관의 독자성이 확립되지 못했어요. 법률관이 독립된 세계관으로 자리잡기 시작한 계기는 유럽에서는 '대헌장'(Magna Carta)(1215)에 기반한 '자연적 정의'(natural justice)에 의존하여 처음에는 귀족들의 자유와 권리를 보장한 영국의 명예혁명 그리고 시민(유산계급)들의 인권을 보장하기 시작한 프랑스의 '인간과 시민의 권리선언'을 꼽을 수 있어요.

벨라: "동양에서는 어땠나요?"

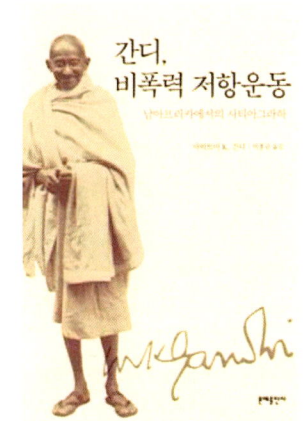

금오: "중국에서는 일찍부터 노자·공자·장자·법가 등 걸출한 사상가들이 정치철학 속에 법률관을 담았으나 이것이 실정법이나 재판에 반영되지는 못했어요. 1894년 청일전쟁에서 청나라가 패한 후 1898년 광서제의 '명정국시'(明定國是) 조서를 기점으로 캉유웨이(康有爲: 1858~1927)가 추진한 '법을 바꾸어 국력을 강화하자'는 '변법자강'595)(變法自彊) 운동의 시책들에서 근대 법률관의 단서들이 엿보였으나 서태후 등 수구파의 견제로 말미암아 빛을 보지 못했어요. 인도에서는 고대 우파니샤드 철학이 '미래세대신탁'과 같은 법률관을 잉태하였으나 근대혁명과 연결되지 못했지요. 마하트마 간디(1869~1948)의 '비폭력 저항운동'[책표지: 문예출판사 2016]은 폭군방벌론의 계열을 잇는 현대적 저항권 사상의 효시를 이루어요. 한국에서는 동학(東學)사상이 혁신적인 평등사상과 함께 '사람이 곧 하늘'[人乃天]596)이라는 인권사상을 정립했지요."

4) 유클리드 기하학과 뉴턴 물리학에 기반한 근대 법률관

근대국가에서 통용되는 고전적 세계관, 법률관 내지 정의관은 유클리드 기하학과 뉴턴의 물리법칙들에 의하여 형성된 근대 세계관으로부터 영향을 받았다. 3차원 세계에서는 당구대 위의 당구공들이 벡터에 따라 정확하게 움직이고 탁자 위의 원판(룰렛)이 돌만큼 돌다가 멈추듯이 정의는 객관적으로 실현된다. 고전물리학으로부터 영향을 받은 세계관은 다음과 맥락을 보인다: "의지는 본질적으로 자유이며 선하다."[칸트] "우주에 있는 모든 원자의 정확한 위치와 운동량을 알고 있는 존재[악마]가 있다면, 뉴턴의 운동법칙을 이용해 과거와 현재의 모든 현상을 설명하고, 미래까지 예언할 수 있다."[프랑스 라플라스(Laplace: 1749~1827) 후작] "세계정신은 변증법[正→反→合→正]으로 부단히 발전한다."[헤겔] "자본주의 모순이 격화되면 공산주의 세상이 온다."[마르크스] "증거기반 의사결정(EBDM)은 연구증거, 경험증거, 맥락증거를 활용하여 정책·프로그램·프로젝트에 대한 의사결정을 내리는 과정이다"597)[Evidence-based Policymaking Commission Act of 2016]598) "과정이 공정하고 책임자의 태도가 공정하면 결과도 정당하다."[Preet Bharara: 뉴욕타임스 베스트 셀러 『Doing Justice: A Prosecutor's

Thoughts on Crime, Punishment, and the Rule of Law』(정의는 어떻게 실현되는가)(2019) 저자]. 그러나 현대 과학이 상정하는 세계에서 물리량 벡터는 고전물리학이 예상하는 경로대로 움직이지 아니한다. 수사 과정이 공정하지 않을 수 있고, 설사 그렇더라도, 결과가 정당하지 아니할 수 있다.

2. 현대 과학의 세계관

패러다임 전환

"나는 시간, 공간, 장소, 및 운동이 모든 사람에게 잘 알려져 있기 때문에 정의하고자 하지 않는다."("I will not define time, space, place and motion, as being well known to all.")(Isaac Newton, 1689) → "공간은 물질에게 움직이는 방법을 알려주고 물질은 공간에게 휘는 방법을 알려준다."("Space tells matter how to move. Matter tells space how to curve.")(John Archibald Wheeler, 1973)

유클리드 기하학과 고전 물리학의 세계관은 3차원의 세계에서 물체의 움직임을 잘 설명한다. 그러나 시공간 축을 가지는 비유클리드 기하학과 현대 물리학에서 물체의 움직임은 고전 물리학으로 설명되지 아니한다. 뉴턴의 중력이론이 수정된 일반상대성이론이 통용되기 때문이다. 움직이는 좌표계에서는 시간과 공간이 역동적으로 변한다. 물체가 가속한다면 시간과 공간이 더욱 복잡하게 변한다. 일반적으로 말하자면, 4차원 시공간(time-space)은 굴곡이 생겨 휘어진다. 중력이란 결국 시공간의 휘어짐이다. 중력장에 에너지가 퍼져 있으면 그 주변의 시공간이 휘어진다. 확률론적 세계관에 기초한 양자역학은 초끈이론이 나오기 전까지는 고전역학과는 만나지 못했다. 고전 물리학의 자연관과 결정론에 기초한 정의(正義)의 개념과 궤적은 현대 물리학의 세계관에 따른 수정이 필요하다. 아울러 현대 생물학은 인식작용의 실체를 밝힌다. 인간의 뇌는 일상에서 의식적인 생각 없이 다음에 일어날 정형[패턴]을 감지한다.

1) 시간과 공간

고전 물리학에서, 공간은 3차원의 유클리드 기하학으로 표현되며 그 자체로 독립적인 존재였다. 시간은 전체 공간에 부여되는 절대적인 하나의 기준으로서 관찰자의 현재, 혹은 동시라는 개념은 혼란 없이 정의된다. 또한 현재 이후의 모든 사건은 관찰자의 미래가 되며, 현재 이전의 모든 사건은 관찰자의 과거가 된다.[599] 뉴턴은 시공간이 시간과 공간으로 분리되어 서로 영향을 주고받지 않는 별개의 공간인 점과, 공간 위의 한 점에 위치한 물체에 어떠한 영향도 받지 않을 것이라고 생각하였다. 현대에 이르러 중력은 일반적인 힘이 아닌 우주와 같은 시공간의 기하학적 특성과 관련된 현상으로 이해된다.

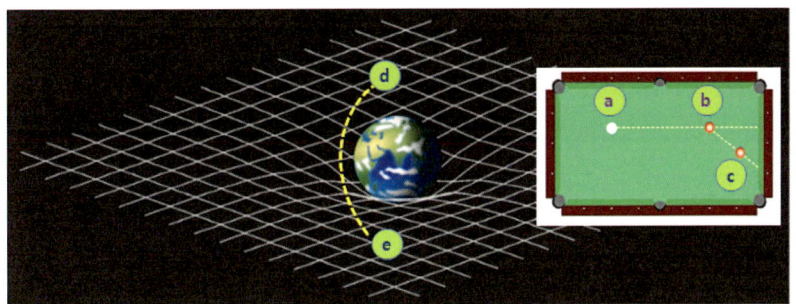

4차원 공간에서 정의의 궤적

3차원 세계[예컨대, 당구장]에서는 당구공의 벡터를 계산하거나 운동궤적(ⓐ→ⓑ→ⓒ)을 예상할 수 있다. 우주공간을 통과하는 빛이나 물체는 블랙홀 등의 중력 영향으로 직선이 아닌 곡선궤적(ⓓ→ⓔ)을 그린다. 3차원에서 정의(正義)의 궤적은 벡터 값을 구할 수 있고 인과법칙에 지배되나 4차원에서는 그렇지 않다.

아인슈타인의 일반상대성이론에 따르면, '중력'은 거대한 질량의 물체가 형성하는 시공간의 왜곡에 의하여 느끼는 힘이다. *중력공간 그림ⓒWikipedia *당구장 그림ⓒ소년한국일보

시공간

스티븐 호킹: "1915년 아인슈타인의 일반상대성 이론이 나오기 전까지 시간과 공간은 영원히 계속된다고 생각하였다. 아리스토텔레스와 뉴턴은 모두 절대시간을 믿었다. 그러나 상대성이론은 절대시간이라는 개념을 무너뜨렸다. 우주의 한계 바깥에서 공간과 시간에 대해서 이야기함은 무의미하다. 시간과 공간은 동역학적인 양들이며 영원이 계속되지 않는다. 물체가 움직이거나 힘이 작용하면 그것은 시간과 공간의 곡률(曲率)에 영향을 미친다. 그리고 시공구조는 다시 그 속에서 움직이는 물체와 작용하는 힘에 영향을 준다. 시간과 공간은 우주 속에서 일어나는 모든 것에 영향을 줄 뿐만 아니라 영향을 받기도 한다."600)

아인슈타인: "우주에서는 시간과 공간이 서로 상호작용하며 하나로 연결되어 있다. 우주는 4차원 형태의 '시공간'의 연속체이다. 일반적으로 공간 속에 어떠한 질량을 가진 물체가 위치할 경우 중력으로 인하여 주변의 공간이 휘어진다. 즉 왜곡된다. 질량이 클수록 공간이 왜곡되는 정도도 커진다. 이 공간의 왜곡은 고전 역학에서 말하는 '중력장'이 된다. 중력장이 미치는 공간에서 작은 물체는 공간의 왜곡을 따라서 큰 물체를 향하여 가속 운동을 한다. 이는 자유낙하 운동으로서, 우리가 어떤 물체를 떨어뜨렸을 때 흔히 보는 현상과 같다. 중력에 의하여 공간 뿐만 아니라 시간도 휘어진다. 시공간이 휘어진 곳에서는 시간이 더 천천히 흘러가는 이상한 현상이 나타난다."601)

스티븐 호킹: "구름 위를 나는 비행기를 예로 들어보자. 이 비행기는 3차원 공간에서 직선을 따라 비행하지만 그 그림자는 2차원 지면 위에서 휘어진 경로를 따라 진행한다."602)

아인슈타인: "모든 물체는 4차원 시공 속에서 항상 직선을 따라 나아가지만, 우리에게는 그 물체들이 3차원 공간 속에서 휘어진 경로를 따라 움직이는 것처럼 보인다."603)

공간꼴의 분리와 인과관계

시공간 상에서 관찰자를 비롯한 모든 물체의 움직임은 하나의 곡선 즉 세계선(world line)(그림)으로 나타낼 수 있다. 관찰자의 운동상태를 화살표로 표시할 경우, 그에 대하여 동시인 사건들의 집합, 즉 현재는 "화살표에 수직"인 하나의 3차원 평면을 이룬다. 그리고, 이 평면은 관찰자의 운동 상태에 따라 다르게 규정된다.604)

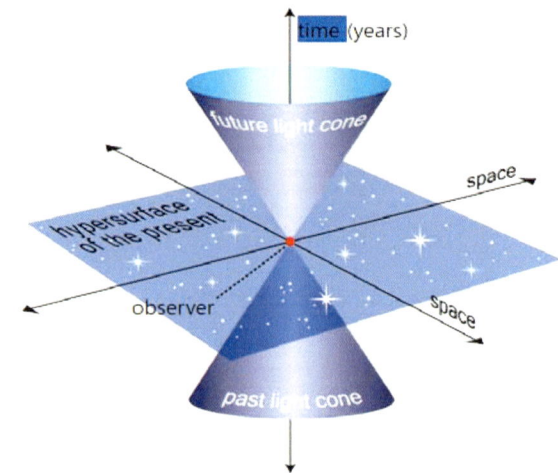

시공간을 광원뿔(light cone)[그림 ©wikipedia]로 표현하면 그 경계(빛에 허용된 경로)는 빨간 꼭짓점(원점 p)에서 뻗어나간 빛들이 그리는 모든 세계선들로 이루어져 있다. 질량을 가진 물체들은 빛의 속도보다 느리게 움직이므로 그 경로는 미래광원뿔 속에 놓인다. 태양의 소멸은 8분 16초 이전에는 지구에 사는 인류에게 영향을 미치지 않는다. 인류가 아직 그 미래광원뿔 속에 들어있지 않기 때문이다.605) 원뿔 바깥에 있는 사건들은 허용되지 않은 경로로서, 즉 공간꼴(space-like)로 분리되어 있어서, 꼭짓점과 인과관계가 존재하지 않는다. 반면 원뿔 내부에 있는 사건들은 시간꼴(time-like)로 분리되어 있어서 꼭짓점과 인과관계가 존재한다.

고전역학은 전후관계와 인과관계를 구분하지 않지만, 상대성 이론은 전후관계와 인과관계를 구분한다. 고전역학에서는 동시성이 절대적으로 정의되어 인과관계를 가질 수 없는 것은 오로지 동시에 놓인 사건 뿐이다. 그러나 상대성 이론에서는 동시성이 상대적이므로 인과관계를 가진 수 없는 사건이 보다 확장된다. 인과성의 입장에서 보았을 때 고전 역학의 "동시" 개념은 상대성 이론의 "공간꼴 분리" 개념으로 확장되었으며, 이에 따라 "항상" 먼저 발생하는 사건을 과거, "항상" 뒤에 발생하는 사건을 미래라고 다시 정의할 수 있다.606)

2) 상대성이론

현대물리학의 패러다임을 바꾼 아인슈타인의 상대성(relativity) 이론은 1905년에 발표한 특수상대성 이론『운동하는 물체의 전기역학에 대하여』및 1915년에 특수상대성 이론을 확장한 일반상대성 이론으로 구성된다. 상대성 이론은 자연법칙이라기보다 사고체계이다. 상대성 이론은 시간과 공간을 다룬 이론인데 '상대성'이라는 개념이 부가됨은 옛 이론의 모순을 해결하기 위하여 제창한 시간·공간 측정의 '상대성' 때문이다.

지구가 우주의 중심이 아니듯이 관찰자의 상대성 원리는 여러 좌표계에서 물리 현상, 혹은 물리 법칙을 동일하게 기술한다. 지구가 우주의 중심이 아니듯이 관찰자의 특정한 운동

상태는 다른 운동 상태에 비해 특별하지 않다. 수학적 도구인 좌표계가 물리 세계에 영향을 줄 수 없으므로, 좌표계의 변환이 물리 법칙을 바꾸지 않는다.607) 이 점은 갈릴레이나 뉴턴에게서도 동일하다. 그러나 아인슈타인은 물리법칙의 절대성[모든 좌표계에서 물리법칙이 동일하게 적용된다]을 전제하면서도 '좌표계의 상대성'을 상정하였다. 상대성 이론에는 절대시간도 존재하지 아니한다.

(1) 특수상대성 이론

특수상대성 이론은 빛에 가까운 속도로 움직일 때 시간과 공간이 어떻게 변하는지 밝혀낸다. 아인슈타인이 1905년 도입한 특수상대성 이론은 상대성 원리[모든 관성 좌표계에서 물리법칙은 동일하게 적용된다]608) 및 광속불변의 원리[모든 관성 좌표계에서 진공 중에서 진행하는 빛의 속도는 관찰자나 광원의 속도에 관계없이 일정하다]라는 두 가지 가정[공준 公準]을 바탕으로 성립한다.

특수상대성 이론은 ⓐ 동시성의 상대성609)[두 사건의 동시성은 상대적으로 정의된다], ⓑ 시간 지연610)[관측자에 대해 빠른 속도로 운동하는 물체는 시간이 느려진다], ⓒ 길이 수축[관측자에 대해 빠른 속도로 운동하는 물체는 길이가 짧아진다], ⓓ 상대론적 운동량611)[관측자에 대하여 빠른 속도로 운동하는 물체는 고전적 운동량보다 더 큰 값을 가진다], ⓔ 질량-에너지 등가원리($E = mc^2$)[질량이 에너지로, 혹은 에너지가 질량으로 바뀔 수 있다]와 같은 결론들을 도출한다.

동시성의 상대성

지구 경도에 따라 표준시가 달라지듯, 어느 하나의 시계가 알려줄 수 있는 것은 엄격하게 말해서 그 시계가 위치한 곳의 시간뿐이다. 고전 역학에서는 동시성이 절대적으로 정의되었으며 우주의 최고 속도[광속]란 존재하지 않았기 때문에 인과관계를 가질 수 없는 것은 오로지 동시에 놓인 사건뿐이었다. 그러나 시간과 공간이 뒤섞인 4차원 시공간에서는 '동시'의 정의가 관찰자의 운동상태(위치 및 속도)에 따라 다르다. *"동시에 일어난 사건이라고 하더라도 어느 관성계에서 사건을 보느냐에 따라 동시에 일어나지 않을 수도 있다."*[동시성의 상대성]. 공간 상에서 떨어진 두 점에서 벌어진 사건이 관찰자에 따라 동시일 수도 있고, 아닐 수도 있다.612)

예컨대, 달리는 기차 한 가운데에 빛을 발하는 광원이 있다고 가정할 때 기차에 탄 관찰자[S]에게는 기차의 앞쪽과 뒷쪽에 빛이 도달하는 두 사건이 동시에 일어난다. 하지만 기차 외부에 정지한 관찰자[S1]에게는 기차의 뒷쪽에 빛이 먼저 도달한다. 빛은 기차의 진행방향으로 더 이동해야 하기 때문이다. 기차 외부 관찰자의 기준 틀에서는 실제로 두 빛이 동시에 도달하지 않는다. 이러한 현상을 우주로 확장하면, 21세기의 지구와 안드로메다가 동시인 관찰자와 21세기의 지구와 22세기의 안드로메다가 동시인 관찰자가 공존한다. 동시에 일어난 사건이라고 하더라도 어느 관성계에서 사건을 보느냐에 따라서 동시에 일어나지 않을 수도 있다. 동시성의 상대성은, 까마귀가 날아 배가 떨어지는 것이 아니라 배가 떨어지자 까마귀가 나른 것처럼,

사건의 전후관계를 뒤바꾸기 때문에 자칫하면 인과율을 깰 수도 있는 상황이 가능하다.

로렌츠 변환

특수상대성 이론의 핵심 수학인 '로렌츠 변환'(Lorentz transformation)이란 정지한 기준틀과 일정한 속도로 움직이는 기준틀 사이의 시공간 좌표의 물리적 변환을 말한다. 상대 운동하는 두 기준계에서 상대속도가 일정할 경우, 관성의 법칙이 적용되고 공간상 거리와 시간 간격은 불변이다. 여기에서 뉴턴의 운동법칙은 동일 형태를 유지한다. 고전역학의 절대시간 개념에 따르면, 예컨대, 정지한 플랫폼에서 재는 시간과 움직이는 기차에서 재는 시간은 당연히 같다. 이 경우 관찰자는 수평방향의 좌표 변화만 파악하면 된다.

몰리 법칙이 좌표변환에 의하여 형태가 변하지 않는 것을 공변(共變, covariant)이라고 부른다. 낙하법칙은 정지계에서나 이에 등속운동하는 운동계에서나 꼭 같은 수식으로 쓰인다는 뜻이다. 이때 정지계와 운동계의 좌표변환은 상대성 원리를 만족하는 갈릴레이 변환이다. 상대성 원리(갈릴레이 변환)의 기초 위에 세워진 '뉴턴역학은 갈릴레이 변환의 공변이다. 하지만 빛은 고전적인 상대성의 원리를 만족시키지 못한다. 동시성의 상대성 원리에 따르면 플랫폼에서의 시간과 기차 안에서 시간이 각각 다르다. 아인슈타인이 빛의 전파 법칙(광속불변의 원리)의 형태가 두 기준계에서 꼭 같도록 (상대성 원리를 만족시키도록) 만드는 좌표변환을 찾아보니 로렌츠 변환(1900년)[613]이 있었다. 아인슈타인이 광속불변의 원리와 상대성 원리를 공준으로 채택하였음은 '신의 한 수'였다. 그러나 네덜란드 물리학자 로렌츠(Hendrik Antoon Lorentz: 1853년~1928년)는 아인슈타인의 특수상대성이론(1905년) 논문을 읽은 후에도 아인슈타인의 새로운 시간과 공간 개념을 수용하지 못했다.[614]

(2) 일반상대성 이론

특수상대성 이론은 광속이 (마이컬슨-물리의 실험에서 입증되었듯이) 모든 관찰자들에게 동일함을 설명하고 물체가 빛의 속도에 가깝게 움직일 때 어떤 일이 일어나는가를 설명하는데 매우 성공적이다. 그러나 이 이론은 뉴턴의 중력이론과 모순된다. 뉴턴 이론에서는 모든 물체가 그들 사이의 거리에 따라서 달라지는 힘으로 서로를 끌어당긴다[만유인력]고 설명하므로, 예컨대, 태양이 파괴되면 중력효과가 무한한 속도로 전달되므로, 지구에 미치는 힘도 동시에 변화를 일으키고 따라서 지구는 즉시 궤도를 이탈하게 된다. 그러나 특수상대성 이론에서는 태양이 파괴된 중력효과는 빛의 속도 이하로 전달된다.[615] 지구는 태양의 파괴로 인한 중력효과를 8분 16초 이후에 받는다. 특수상대성 이론은 정속으로 움직이는 좌표[시간+공간]에서 통용된다. 특수상대성 이론은 물체의 운동 속도가 점점 빨라지거나 느려지는 좌표계에까지, 적용될 수 없었다. 특수상대성 이론을 가속도 좌표계에까지 일반화시킬 수 있는 일반상대성이론의 출현이 필요하였다.

아인슈타인은 1908년에서 1914년에 걸쳐 특수상대성 이론과 모순되지 아니하는 중력이론을 수립하려고 노력하였지만 성공하지 못하다가 1915년에 이르러 일반상대성 이론을 제안하였다. 아인슈타인의 우주관에서는 시공간이 결합되었으며 물질이 중력장을 형성하고 중력을 발휘하여 그 시공간을 휘게 만든다. 일반상대성 이론은 시간과 공간에 물질이 결합된 중력 이론으로서 만유인력[중력]을 물체와 시공간의 상호작용으로 파악한다. 요컨대, 일반상대성 이론은 시공간의 기하학, 관성 및 중력을 통합한 물리학 이론이다.616)

일반상대성이론은 거시적 수준에서 공간, 시간, 중력 및 물질에 대한 포괄적이고 일관된 설명을 통하여 공간과 시간이 고전역학의 절대적 실체가 아니라 물질의 에너지 분포와 운동과 함께 결정되는 동적 양(量)이라는 방식으로 공식화되었다. 아인슈타인 방정식은 미분 기하학을 기반으로 하는 다중선형사상(tensor) 방정식으로서 물질이 시공간의 곡율을 어떻게 만드는가를 결정한다.617) 아인슈타인은 일반상대성이론은 ㈎ 등가원리를 자연에 내재된 법칙으로 받아들인다. ㈏ 시간과 공간을 동등하게 다루는 일반 공변성(general covariance)으로 표현되는 상대성 원리를 받아들이고, 이론에 나타나는 상수들(광속 c와 뉴턴 상수 G)은 바뀌지 않는 것을 포함한, 일반 불변성(general invariance)을 토대로 한다. ㈐ 중력이 아주 약한 곳에서는 뉴턴의 중력 이론으로 근사적으로 접근하고, 그 유효성을 검증한다. ㈑ 리만 기하학을 수학적 방법론으로 채용하여 중력 상호작용을 시공간의 곡률로 기술한다.618) 아인슈타인은 본인의 일반상대성이론을 검증할 세 가지의 예로서 (1) 강한 중력장에서 빛의 굴절 (2) 수성의 근일점 이동 (3) 중력장에 의한 빛의 적색 편이를 제시하였다.619)

중력이론

아인슈타인: "시간과 공간과 물질은 상호작용하며 그 결과가 바로 중력이다. 중력은 우주에 펼쳐진 공간의 성질이다."620)

스티븐 호킹: "아인슈타인의 중력 이론은 뉴턴의 초기 중력 이론과 여러 면에서 다르다. 가장 중요한 차이점 중 하나로서 아인슈타인은 우주 속도의 한계를 빛의 속도로 설정하였다. 뉴턴은 중력이 우주의 모든 곳에서 즉시 느껴진다고 가정했다. 다시 말해, 중력은 무한한 속도로 이동한다. 따라서 뉴턴은 태양이 지금 사라지면 지구는 중력이 없음을 즉시 알아차리고 태양계를 벗어날 것이라고 예측했을 것이다."621)

아인슈타인: "우주의 그 어느 것도, 심지어 중력조차도, 빛의 속도보다 빨리 이동할 수 없으므로 지구는 중력이 태양에서 지구까지 이동하는 데 걸리는 시간(300,000km/s 또는 670만 mph)인 8분 16초 동안 중력이 없음을 알아차리지 못할 것이라고 생각한다."622)

스티븐 호킹: "지구와 같은 천체는 중력이라고 부르는 힘에 의하여 궤도를 따라 움직이는 것이 아니라 휘어진 공간 속에서 직선 경로 즉 측지선(geodesic)에 가장 가까운 경로를 따라 움직인다. 측지선이란 인접한 두 점을 잇는 최단(또는 최장) 경로를 말한다."623)

아인슈타인: "중력은 다른 힘들과는 달리 실제로는 힘이 아니며, 전부터 추측해 왔듯이, 시공이 평평하지 않기 때문에 발생하는 결과이다. 시공은 그 속에 들어 있는 에너지와 질량의 분포에 따라 구부러지거나 휘어져(warped) 있다."624)

등가원리

1907년에 이르러 아인슈타인은 줄이 끊어진 엘리베이터에서 자유낙하하는 사람은 중력을 느끼지 못할 것이라는 발상을 떠올렸다. 반대로, 엘리베이터를 타고 올라가면 엘리베이터가 위로 움직이는 순간 우리 몸이 무거워짐을 느낀다. 탑승객의 입장에서는 엘리베이터가 위로 가속하는지 중력이 강해졌는지를 구분할 길이 없다. 두 효과가 동등하기 때문이다. 무중력장에서의 가속 좌표계는 중력장에서의 관성계와 동일하다. 이를 통하여 아인슈타인은 가속도와 중력의 효과가 같다는 '등가원리'를 정립하였다.625) 등가원리에서 중력의 방향과 가속도의 방향은 서로 반대방향으로 나타난다.626)

오래 전 갈릴레이는 중력에 의한 질량의 가속도 실험으로 물체가 가속되는 양은 질량의 양과는 상관없음을 보였다. 갈릴레이가 발견하였던 '약한 등가원리'에 따르면, 다른 힘이 작용하지 않을 때 중력장의 물체는 질량과 관계없이 같은 방식으로 떨어진다. 이 발견은 "관성 질량과 중력 질량이 같다"는 중력 이론을 이끌어냈다.627) 등가원리는 1971년 아폴로 15호 우주비행사 데이브 스콧이 달 표면에 서서 망치와 깃털을 같은 높이에서 동시에 떨어뜨리는 낙하 실험으로 인상적으로 입증했다. 당시 깃털은 공기 저항이 없는 상태에서 망치와 같은 속도로 떨어졌으며, 스콧은 "갈릴레이가 옳았다"고 말했다.628)

아인슈타인은 등가원리를 이용하여 질량을 가진 물체가 시공간을 휘게 만들며 빛 또한 중력의 영향을 받는다는 결론을 제시했다.629) 예컨대, 우주선에 빛이 한 줄기 들어올 수 있는 구멍을 만들어놓고, 바깥으로 들어오는 빛을 빛알[光子] 모형으로 가정할 경우 우주선이 앞으로 지속적으로 가속한다면, 우주선에 들어오는 빛알은 제아무리 빛의 속도로 빠르게 들어올지라도 벽면에 찍힐 때까지 걸리는 시간만큼 우주선이 앞으로 나아가게 되어 처음 뚫어놓은 구멍의 높이보다 약간 아래 쪽에 도달하게 될 것이다. 가속에 의한 효과와 중력에 의한 효과는 같으므로 빛은 중력에 의해서도 휠 것이라고 예측할 수 있다.630)

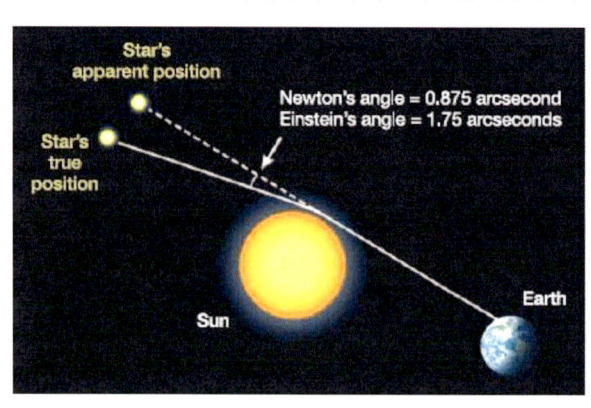

아인슈타인은 1915년에 일반상대성 이론을 발표하고, 곧 태양의 중력이 뉴턴 물리학이 나타낸 것[0.875 초각]보다 두 배[1.75 초각]나 더 빛을 굴절시킬 것이라는 놀라운 예측을 내놓았다. 그림에서 보는 바와 같이, 그는 태양 바로 가장자리에 나타나는 별에서 나오는 빛의 굴절이 약 1.75초각이 될 것이라고 계산하여 그림에서와 같이 약간 이동된 것처럼 보이게 만들었다. 고대인들은 일식을 위대한 신의 징조로 여겼지만, 물리학자들은 1919년 일식을 과학의 승리로 삼았다. 1919년에 영국의 천체물리학자 아서 에딩턴 경(Sir Arthur Stanley Eddington, 1882~1944)은 일식을 이용하면 태양 가장자리 근처에서 별빛의 굴절을 측정할 수 있다고 제안하였다.

아인슈타인이 옳았음을 증명한 일식

브라질(1912년)과 러시아(1914년)의 일식 중에 측정이 이루어졌지만, 그다지 정확하지 않았다. 1919년 5월 29일, 서부 아프리카 연안 프린시페 섬에서 태양은 6분 51초 동안 사라졌고 에딩턴 경은 별빛이 태양 근처를 지날 때의 굴절을 측정할 수 있었다. 어두운 별빛은 태양의 코로나 빛에 잠겨서 잘 보이지 않는다. 태양이 상대적으로 밝은 별들이 있는 영역을 지나가면 천문학자들은 태양에 아주 가까운 곳에 위치한 별들에 대하여 양질의 영상을 얻을 수 있다. 1919년 일식의 경우, 밝은 태양 코로나의 눈부심으로 인하여 사진에서 보이는 별은 몇 개뿐이었다. 대기 왜곡, 별의 명멸, 그리고 정밀한 측정에 불리한 화상의 크기를 감안할 때 측정에 한계가 있었다. 그러나 이러한 관찰은 중력을 시공간의 곡률로 설명하는 일반상대성 이론을 확인하였다. 이 획기적인 확인은 아인슈타인으로 하여금 전 세계적인 찬사를 받게 만들었을 뿐만 아니라 우주를 형성하는 근본적인 힘에 대한 우리의 인식에도 혁명을 일으켰다.631)

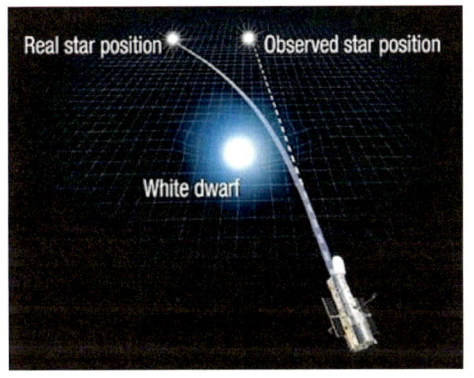

최근의 실험[Brune 1976]은 아프리카에서 이루어졌다. 이는 영웅적인 실험이었지만 불확도는 11%에 불과했다. 새로운 실험은 무선 망원경 관측으로 0.0002초각까지 편향을 초정밀로 측정하기 때문에 원래 실험을 기념하는데 불과하다.632) 오늘날의 기술로는 훨씬 더 작은 노력으로 더 나은 결과를 얻을 수 있다. 예컨대, 허블망원경은 (사진) 백색왜성(white dwarf)과 같은 전경 물체의 의한 빛의 굴절을 측정할 수 있다.633)

계산에 의존하지 아니하고 별 위치의 외관상 변이(apparent shift)를 결정하기 위한 방법은, 일식 중에 태양 주위의 별밭(star field)634)의 사진을 찍은 후, 다시 태양이 없는 밤에 비교건판(comparison plate)으로서 동일한 별밭을 찍어 비교하는 것이었다. 비교건판은 그 해의 다른 시간과 날짜에 찍어야 한다. 비교건판은 그 별밭이 하늘에서 동일한 위치(동일한 고도와 방위각)에 올 때 찍는 것이 바람직스럽다. 이는 일출 전에 하늘의 동일한 고도에 별밭이 떠올라 있어야 함을 의미하고, 그러기 위해서는 태양이 황도를 따라 충분히 멀리 움직여야 한다.635)

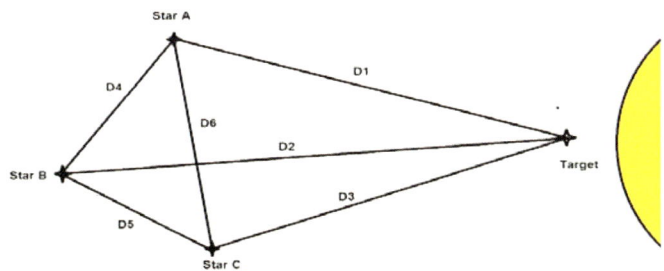

위 그림[©eclipse2017.nasa.gov]은 굴절 측정의 기본 틀을 보여준다. 거리 D1, D2 및 D3는 대상 별이 기준 별에서 얼마나 떨어져 있는가를 정하고, D4, D5 및 D6는 기준 별이 일식 전후에 얼마나 움직이는가를 정한다. 별 A, B 및 C가 대상 별에서 충분히 멀리 떨어져 있어 왜곡[상대 거리의 변화]이 거의 없다고 가정한다.

대상 별이 태양 중심에서 멀수록 볼 수 있는 굴절이 줄어든다. 감지 가능한 많은 변두리 별에서 이러한 측정을 수행한 후에는 이제 태양이 없을 때 이러한 대상 별이 어디에 있는가를 측정해야 한다. 이를 위하여 밤에 같은 별밭을 촬영하고 상대 측정을 다시 반복하여 태양이 없을 때 대상 별의 위치를 구한다. 각 거리 측정에 대하여 해당 일식 및 비일식 측정을 빼서 왜곡된 장면과 왜곡되지 않은 장면의 차이를 확인한다. 각 대상 별에 대한 이러한 기준 별 수의 평균을 구하여 해당 대상별의 평균 차이를 구한다. 각 대상 별의 평균 거리에 대한 실효값(root-mean-square: RMS)을 계산하여 임의오차 한계가 얼마나 큰가를 추적한다. 오차를 1초각 이하로 낮추어 통계상 의미 있는 신뢰도로써 편향을 감지하고자 한다. 운이 좋으면 기준 별과 대상 별의 거리가 약간 어떻게 변했는가를 감지할 수 있다. 평균편향 측정치가 RMS의 2~3배라면 별빛의 중력편향에 대한 증거가 된다.

사실, 관측자가 알아낼 수 있는 것은 별의 위치에 약간의 차이가 있었다는 것뿐이고, 실제로 그것이 초각으로 얼마인가를 측정할 수는 없다. 진정한 중력 변위가 되려면 관측자가 감지하는 이동은 각 별과 태양 중심 사이의 선을 따라서만 발생할 수 있다. 이 '방사형' 선을 따르지 않는 이동은 공간의 왜곡과 아무런 관련이 없지만 별의 이미지가 '반짝이는' 방식으로 어떻게 이동하는가를 측정한 것이다. 여러 영상을 빠르게 연속 촬영하고 평균 위치를 결정하면 이 효과를 최소화시킬 수 있다.636)

중력렌즈

아인슈타인의 상대성 이론은 중력이 실제 힘이 아니라 일반적인 뉴턴 물리학에서 예측할 수 없는 시공간을 기하학적으로 굴절시킨 것이라고 제안한다. 이 굴절은 물체에 중력을 생성할 질량이 많을수록 커진다. 이 굴절은 공간을 이동하는 물체의 궤적을 바꾸고, 거대한 물체를 지나갈 때 광선의 경로도 바꾼다. 그러나 광선이 태양처럼 밝은 물체를 지나갈 때에는 굴절이 발생하고 있음을 감지하기 어렵기 때문에 상당한 주의가 필요하다. 일반상대성 이론은 물체의 질량을 감안할 때 얼마나 많은 빛이 휘어지는가를 예측한다. '중력 렌즈'라고 불리는 이러한 현상은, 허블 우주 망원경의 이미지에서 볼 수 있듯이, 은하계 전체가 뒤에 있는 더 먼 은하계의 빛을 왜곡하기 때문에 우주적 규모에서 감지되었다.637)

3) 우주의 시공간

비유클리드 기하학

피타고라스의 정리는 유클리드 기하학에서만 성립한다. 굽은 공간에서는 유클리트 기하학이 성립하지 않는다. 예컨대, 비(非)유클리드 기하학과 현대물리학에 따르면, 우주의 공간은 휘었기 때문에 임의의 어느 공간에 직각삼각형을 그리면, 말 안장 위에 삼각형을 그리거나 둥근 공[구형] 위에 삼각형을 그리게 되고, 이러한 삼각형에서는 피타고라스의 정리가 성립하지 않는다. 삼각형의 내각의 합은 '쌍곡선적 기하학'(hyperbolic geometry)에서는 180도를 넘지 않고, '구면 기하학'(spherical geometry)에서는 180도를 넘는다.

유클리드 기하학으로 설명되는 3차원 세계에서는 벡터(vector)[638]를 정확히 구할 수 있다. 벡터와 스칼라는 예컨대, 당구를 칠 때, 활용될 수 있다. 내가 친 공(Y)이 굴러 다른 공(X)을 맞추어 어떤 방향으로 어느 정도 움직이게 만들 것인가를 계산하려면 벡터를 이용할 수 있다. Y벡터만큼의 힘이 X벡터에 가해졌을 때, X벡터가 어떻게 변하는가를 가늠할 때 '내적'(內積 inner product)을 계산한다. 여기에서 곱셈 개념인 내적은 벡터와 벡터를 곱한 결과치로서 스칼라가 나오기 때문에 '스칼라곱'이라고 부르기도 한다. 두 벡터의 충돌 각도가 둔각인가 예각인가를 예측하려면 좌표 평면에 그림을 그려 시각적으로 알 수 있다.[639]

유클리드 기하학과 뉴턴의 고전물리학에서 시간과 별개로 3차원 공간은 언제나 평평하다. 뉴턴의 중력 이론은 일반적으로 중력장, 또는 시공간의 곡률이 매우 약한 경우에 해당된다. 평평한 공간에서 중력이 작용할 때 물체의 움직임은 뉴턴의 운동 법칙에 따라 기술된다. 곧 중력마당에 해당하는 가속도(g)가 생기고, 그에 따라 각 순간마다 속도와 위치가 정해져서 물체의 경로가 결정된다. 그래서 지표면에서 공을 던지면 지구 중력에 의하여 포물선 경로를 따라간다. 지구는 태양의 중력에 의하여 타원 궤도를 따라 움직인다.

우주에서의 공간

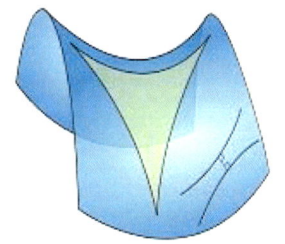

굽은 공간에서는 어떻게 최단경로에 도달하는가? 유클리드 기하학에서는 두 점 사이를 잇는 직선은 하나다. 선택의 여지가 없다. 그러나 수학자 볼리아이(János Bolyai)와 로바체브스키(Nikolai I. Lobachevsky)가 19세기 초 고안한 '쌍곡선적 기하학'(hyperbolic geometry)은 공간이 말 안장처럼 휘었다고 가정한다. 이 휜 공간에서는 이쪽의 점 a에서 반대편 점 b로 갈 때 공간이 휜 곡률(曲律)에 따라 여러 가지 길이의 평행선이 그어질 수 있다. 그러나 이 평행선은 직선이 아니다. 두 점 a와 b 간에 그어지는 직선은 옆에서 관찰할 경우에 휘어 있다.

독일 수학자 베른하르트 리만(Bernhard Riemann: 1826년~1866년)은 19세기 중반에 "평행선이란 하나도 없다"고 전제하고 리만 기하학(Riemannian geometry)이라고 불리는 새로운 개념의 타원적 기하학(elliptic geometry)을 만들었다.[640] 2차원에 표현하면, 그림[641]처럼 공(球)의 겉면과 같다. 지구에서 지표면을 따라서 평행선을 그리면 선들을 결국 어디서든 서로 만난다. 구면에 삼각형 ABC를 그리면 배가 불룩한 모양이 되어 내각의 합이 180도

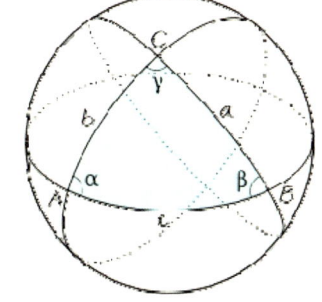

를 넘는다. 또 동그라미를 그리면 원주율은 파이보다 작아진다.

다양체(多樣體, manifold)는 곡선과 곡면을 일반적 차원으로 자연스럽게 확장시킨 수학적 대상이다.642) 다양체를 분류하는 일은 기하위상수학의 궁극적인 목표중 하나이다. 특히 미분 기하학 및 위상수학 등에서 '다양체'는 국소적으로 유클리드 공간을 닮은 공간을 말한다. 다양체는 다변수 미적분학에 등장하는 곡선과 곡면 등의 개념을 높은 차원으로 일반화한 것이다. 미분 다양체(M)의 각 접평면에 대해 주어진 내적(R)이 매끄럽게 변할 때, 이 내적의 모음을 '리만 계량'이라 정의하고, 리만 계량이 주어진 다양체를 '리만 다양체'(Riemannian manifold)라 정의한다.643) 리만 계량이 주어진 매끄러운 다양체[미분 가능 다양체]를 다루는 기하학을 리만의 이름을 따서 '리만 기하학'(Riemannian geometry)이라고 부른다.644)

고전물리학이 그린 공간은 x, y, z의 3차원으로 구성되지만 현대물리학이 상정하는 우주공간은 여기에 시공간(ct) 축이 하나 추가되는 4차원 공간이다. 뉴턴의 만유인력 법칙을 수정한 아인슈타인의 일반상대성(general relativity) 이론에서는 중력을 시공간의 휘어짐으로 기술하며, 이때 물질이 받는 중력은 질량이 만드는 시공간의 곡률을 따라 자연스럽게 진행한 결과로 이해한다. 이는 수학적으로 리만 기하학에 의하여 기술된다.645)

일반상대성 이론에서 모든 물체는 중력에 의하여 굽어진 시공간에서 최단경로를 따라간다. 공을 던지면 지구 중력을 받아 날아가는 것이 아니라 지구 중력 때문에 굽어진 시공간에서 최단경로를 따라 간다. 이것이 관찰자에게는 포물선으로 보인다. 지구도 태양의 중력 때문에 굽어진 시공간에서 단지 최단경로를 가는데 그것이 관찰자에게는 타원 궤도로 보인다.646)

리만의 타원적 기하학은 쌍곡선적 기하학과 함께 비(非)유클리드 기하학(non-Euclidean geometry)으로 불린다. 비유클리드 기하학은 현대 물리학이 상정하는 우주 공간을 설명하는 데 유용하다. 뉴턴 물리학과 유클리드 기하학에서는 우주선이 일정한 벡터를 가지고 우주를 비행하면 일정 시간 후 같은 우주선이 어디에 위치하는가를 알 수 있다. 그러나 일반상대성이론이 적용되는 비유클리드 기하학의 우주에서는 같은 우주선의 위치를 특정할 수 없다.

이론 물리학자들이 상상하는 우주는, 미국항공우주국(NASA)이 제시한 그림처럼, 대팽창(Big-bang)의 근원인 극미의 꼭지점(밝은 부분)이 있는 컵 모양이다. 우주공간에는 직선이라는 개념이 없다. "하루 살면 한 걸음 전진하고 싶다"(一日生きることは、一歩進むことでありたい。)는 어록을 남긴 일본 오사카대학의 유카와 히데키(湯川秀樹: 1907년~1981년) 교수는 양성자와 중성자를 매개하는 중간자 이론으로 1949년에 일본인 최초로 노벨 물리학상을 받았다.647)

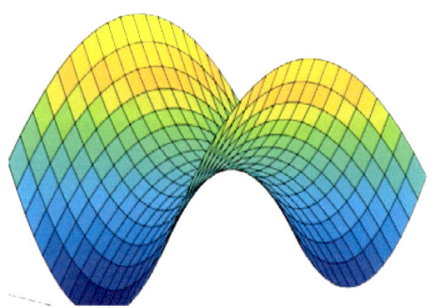

유카와 히데키 교수는 전자의 200배 질량을 가진 중간자를 이른바 보즈입자[힘의 매개입자]로 가정하여 핵력인 강력을 이끄는 데 성공하였고 강력으로 페르미의 약력을 이끌었다. 유가와 교수는 '민코프스키 시공간' 상 폐곡면에서의 확률 진폭을 정의하

면 "인과율이 깨진다"는 문제[이른바 '유가와(湯川)의 환(環)']를 제기하고, 여기에 평생을 걸었다. 그가 상상한 우주는 쌍곡선적 기하학이 그리는 '말 안장' 모양(그림 https://bskyvision.com 함수그래프)을 닮았다.

지구가 속한 태양계는 우리 눈에 보이는 은하계의 가장자리에 위치한다. 우주 여기 저기에 분포하는 수 많은 은하계들(그림 Dwarf Galaxy with Growing Black Hole&Jet ©NASA 2022)은 납작한 타원으로 보이는데 여기에서의 공간은 타원적 기하학이 상정하는 '구형' 모양으로 나타난다.

우주공간에서의 시간

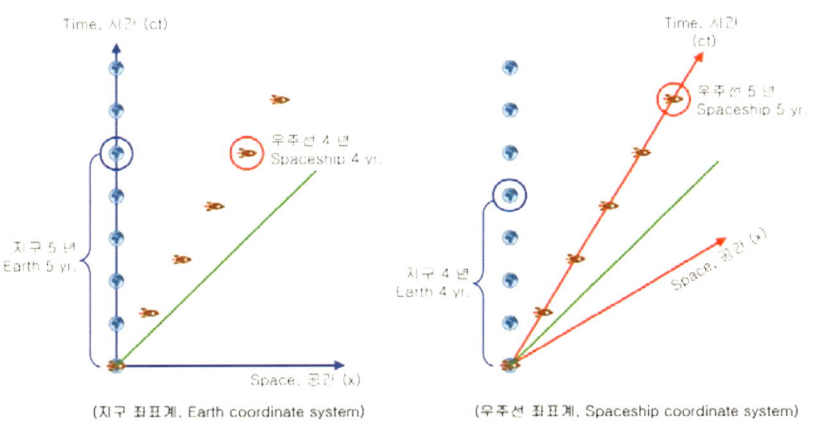

독일 수학자 민코프스키(Minkowski)는 좌표계에 공간(space)뿐만 아니라 시간(time)도 들어있는 '민코프스키 시공간'(spacetime)을 고안하였다. 민코프스키 시공간은 수학의 행렬을 사용하여 3차원 공간과 시간을 통합하여 4차원의 좌표계(x, y, z, ct)를 표현한다. 민코프스키 시공간을 사용하면 '쌍둥이 역설'과 같은 상대성 이론에 따른 시간 팽창 현상을 설명할 수 있다.648)

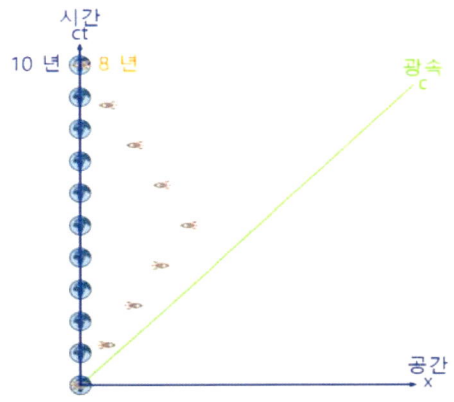

그림은 우주선이 광속의 0.6배로 지구로부터 멀어지는 것을 나타낸다. 두 그림은 서로 같은 운동이며, 좌표계만 다르게 관찰한 것이다. 지구 중심 좌표계로 보면 우주선의 시간이 천천히 흐른다. 그러나 우주선 중심 좌표계로 보면 지구의 시간이 천천히 흐르는 것으로 보인다. 이러한 역설이 발생함은 각자의 좌표계를 통해 상대편을 관찰하기 때문이다.

쌍둥이 역설과 민코프스키 시공간

'쌍둥이 역설'(twin paradox)은 특수상대성이론의 '시간지연' 개념이 모순을 내포하는 것처럼 보이는 데서 비롯한다.649) 예컨대, 한 쌍의 쌍둥이 중에서 한 명(지구인)은 지구에 남고, 다른 한 명(우주인)은 우주선을 타고 빛에 견줄만한 빠른 속도로 지구를 떠났다가 10년 후 지구로 돌아온다는 가정 아래 쌍둥이가 서로 만났을 때, 누가 더 늙었을까? 지구인의 입장에서 지구는 정지해 있다. 우주인의 위치가 변화한 것이므로 우주인의 시간이 느리게 흐른다. 따라서 우주인에 비하여 지구인이 더 늙어 있을 것이다. 그러나 우주인의 입장에서, 지구는 아주 빠른 속도로 우주선으로부터 멀어진다. 따라서 지구의 시간이 느리게 흐른다. 그러므로 우주인이 훨씬 더 늙어 있을 것이다.650)

이 쌍둥이 역설은 민코프스키 4차원 시공간을 적용하여 해결이 가능하다.651) 예컨대, 지구를 떠난 우주선이 지구로 되돌아오려면 방향을 바꿔야 하고, 바꾸는 과정에서 감속과 가속이 이루어진다. 이 과정에서 민코프스키 시공간의 축(ct)은 중간에서 꺾인다. 우주선은 감속·가속 과정에서 블랙홀 근처에 있는 것처럼 큰 중력가속도를 겪는다. 그동안 우주선 바깥의 시간이 많이 흘러가 버린다. 각자의 좌표에서 줄어들었거나 늘어났던 시간은 다시 늘어나거나 줄어들어 지구인과 우주인이 재회했을 때에는 똑 같이 10년간 늙은 모습으로 만난다.

사건의 지평선652)

별[태양.백색왜성.중성자별]들과 블랙홀에 의한 시공

[그림 설명] 공간 왜곡은 점점 더 큰 질량 주변에서 더 눈에 띈다. 질량 밀도가 임계 수준에 도달하면 블랙홀이 형성되고 시공간의 구조가 분열된다. 공간의 곡률은 표시된 처음 세 개의 물체의 표면에서 가장 크고 유한하다. 그런 다음 물체의 중심으로 이동하면 곡률이 감소하여 표시되지 않다가 '0'이 된다. 하지만 블랙홀은 다르다. 곡률이 무한대가 된다. 표면이 특이점으로 붕괴되고 원뿔은 무한대로 확장된다(이 다이어그램의 축척은 가상이다).

슈바르츠실트 반지름653)(Schwarzschild radius)은 블랙홀의 사건의 지평선이라고도 한다. 우리는 공간과 시간이 모두 블랙홀과 같은 거대한 물체 근처에서 늘어짐을 알았다. 그림은 공간에 미치는 그 효과를 보여준다. 우리 태양에 의하여 발생하는 왜곡은 실제로 매우 작으며, 명확성을 위하여 다이어그램이 과장되었다. 그림에서 설명한 중성자별을 가정해 보면, 중성자별 표면의 시공간 왜곡은 매우 크지만, 반지름은 여전히 슈바르츠실트 반지름보다 크다. 물체는 여전히 표면에서 탈출할 수 있다.

그러나 중성자별이 추가 질량을 얻으면 결국 붕괴되어 슈바르츠실트 반경을 넘어 줄어든다. 그렇게 되면 전체 질량이 필연적으로 특이점(singularity)으로 끌려간다. 다이어그램에서 공간은 무한대로 늘어난다. 시간도 무한대로 늘어난다. 물체가 사건의 지평선(event horizen: 블랙홀의 바깥 경계)으로 떨어지면서 점점 더 느리게 접근하지만 사건의 지평선에 도달하지는 않는다. 외부 관찰자의 입장에서는 물체가 사건의 지평선을 통과하는 것을 결코 볼 수 없다. 사실상 시간이 멈춰 선다. 경이롭다.

4) 우주에 존재하는 물질과 힘

소립자와 자연의 힘들: 스티븐 호킹 이론

"지구상의 물질은 양성자와 중성자로 이루어져 있고, 양성자와 중성자는 다시 쿼크로 구성된다. 고에너지 충돌 과정에서 생산된 극소수의 입자/반입자를 제외하면 은하계 안에도 반중성자나 반양성자는 혼재하지 않는다. 쿼크(Quirk)[654]와 반쿼크는 초기 우주에서 서로 소멸했을 것이다. 모든 은하는 반쿼크가 아니라 쿼크로 이루어져 있다고 믿는다. 대통일 이론은 반쿼크가 전자로 또 전자와 반전자가 반쿼크와 쿼크로 바뀌는 것도 허용한다.[655]

물질과 반물질에 관하여 흥미로운 사실은 '상당 부분의 질량을 이루는 양성자가 자연발생적으로 반전자와 같은 더 가벼운 입자들로 붕괴하리라'는 예견이다. 대통일 에너지 아래에서는 쿼크와 반쿼크 사이에 어떠한 본질적인 차이가 없기 때문이다. 양성자 안에 있는 세 개의 쿼크들은 일반적인 조건에서는 반전자로 바뀔 만한 충분한 에너지를 가지지 않는다. 아주 드물게 그 중 하나가 전이하기에 충분한 에너지를 얻을 수 있다. 불확정성 원리에 따르면 양성자 내의 쿼크들의 에너지가 정확하게 고정될 수 없기 때문이다. 그렇게 되면 양성자는 붕괴할 것이다. 쿼크가 이런 에너지를 얻을 확률이 워낙 낮아서 최소한 빅뱅으로부터 현재까지의 시간(10^{10}: 100억년)보다 더 긴 10^{30}년을 기다려야 한다.[656]

1956년까지 물리법칙들은 C[법칙들이 입자와 반입자에 대하여 모두 동일하다], P[모든 법칙들이 모든 상황과 그 거울상에 대해서 동일하다], T[모든 입자와 반입잔르의 운동방향을 역전시키면 그 체계의 초기상태로 돌아간다]라는 세 가지 대칭성들 가운데 하나를 따른다고 믿어졌다. 바꾸어 말해, 모든 법칙들은 시간의 정방향과 그 역방향에 대해서 동일하다는 뜻이다. 그러나 1956년에 중국 태생 미국 물리학자 李政道와 楊振寧이 약한 핵력은 실제 P대칭성을 따르지 않는다고 주장하였다. 동료 吳健雄은 자기장 속에 방사성 원자의 원자핵을 일렬로 늘어세워서 같은 방향으로 회전하게 만든 다음 전자들이 다른 방향들보다 한쪽 방향으로 방출된다는 사실을 증명하여 李·楊이 1957년 노벨상을 타는데 기여했다. 약한 핵력은 C대칭성을 따르지도 않는다. 따라서 반입자로 구성된 우주는 우리 우주와는 다른 방식으로 움직일 것이다. 시간의 방향이 역전되면 물리법칙들은 바뀔 수 밖에 없으면, T대칭성을 따르지 않는다.657)

대통일 이론에서 말하는 중력은 아주 약한 힘이지만 그 효과가 누적되기 때문에 먼 거리까지 영향을 미치고 항상 인력으로 작용한다. 충분히 많은 물질입자의 경우 중력은 다른 모든 힘들보다 더 큰 지배력을 가질 수 있다. 중력이 우주 진화를 결정하였음도 바로 이런 이유 때문이다. 별 정도 크기의 물체에 대해서조차 중력의 인력은 그밖의 다른 힘들을 압도해서 별을 붕괴하게 만든다.658)

입자물리학

현대 이론물리학은 중력이 작용하는 우주 공간을 재구성하더니 극미의 세계에서 물질의 최소 단위를 쪼개고 또 쪼개었다. 그러다가 양자 단위에서 우주의 힘을 만나면서 우주를 창조한 조물주의 관점에서 힘과 물질들을 통일적으로 설명하려는 신의 영역에 도전하기에 이르렀다. 이론물리학에 따르면, 자연계에는 중력, 전자기력, 강력659), 약력660)의 네 가지 힘이 작용한다. 일부 물리학자들은 표준모형, 만물이론 또는 최종이론 등의 이론을 통하여 우주창조 과정을 일사불란하게 설명하고 모든 힘의 역학관계를 통일적으로 규명하고자 한다. 일단의 이론물리학자들은 조물주의 섭리에 거의 접근했다고 믿는다.

『주역』이나 『노자』가 상정하는 우주론의 추상성은 극미의 세계를 다루는 현대 입자물리학의 방법론과 접근한다. 입자물리학은 자연에 존재하는 기본입자의 특성과 상호작용을 이해하고자 한다. 입자물리학에서 우주는 현상적 감각으로는 수용되지 아니한다. 고대의 원자론자 데모크리토스는 만물이 더 이상 나눌 수 없는 알갱이로 만들어졌다고 주장하고 이 가상의 알갱이를 '원자'(atom)라고 불렀다. 현대 물리학은 여러 방법으로 원자를 쪼갰다. 영국의 핵물리학자 어니스트 러더퍼드(Ernest Rutherford: 1871년~1937년)는 원자가 전자와 원자핵으로 만들어졌음을 밝혔다. 원자핵은 양성자와 중성자로 만들어졌다. 양성자661)와 중성자는 쿼크(quark)와 글루온(gluon)662)이라는 소립자(素粒子)로 이루어졌다. 전자(電子)와 쿼크가 내부구조를 가진다는 증거는 아직까지 없다.

기본입자

전자나 쿼크 등과 같은 기본입자(elementary particle)는 물질을 구성하는 가장 기본적인 입자로서 내부구조가 없어 물리적으로 더 쪼개질 수 없는데, 20세기 초, 전자기파에 대한 지식이 축적되고 양자역학이 정립되면서 '양자'(量子)663) 개념에 의하여 발전하였다.

기본입자들은 크게 힘을 매개하는 '보손'(boson)과 물질을 구성하는 '페르미 입자'로 나뉜다. 페르미 입자는 다시 강력을 느끼는 쿼크와 강력을 느끼지 못하는 경입자(輕粒子 lepton)로 나뉜다. 기본입자는 원자핵을 이루는 양성자[그림: 쿼크(quark) 구조 https://en.wikipedia.org]와 중성자 및 중간자와 같은 강입자(hadron)의 물리적 특성으로 인하여 발견이 예견되었다. (a) 페르미 입자는 정수의 절반 값의 스핀을 가진다.664) (b) 보손 입자는 정수 스핀을 가진다.665) 자연계의 기본 상호작용은 게이지 보손에 의하여 전달되며, 질량은 힉스 보손에 의하여 생기는 것으로 추정된다. 표준모형에 나타나는 보손들에는 광자(光子)666), W(전하±1), Z, 글루온, 힉스 보손이 있다.

쿼크는 강하게 상호작용하는 기본입자이다. 미국 이론물리학자 머리 겔만(Murray Gell-Mann: 1929~2019)은 강입자가 기본입자(중성자·양성자·전자)가 아닌 다른 더 미세한 기본입자로 이뤄진 복합입자여야 한다는 결론에 도달한다. 그는 1964년 물질의 기본입자인 쿼크를 제시하고 그 존재를 증명했다. 아일랜드 작가 제임스 조이스의 소설 『피네간의 경야』의 갈매기 울음소리에서 이름을 따온 쿼크는 현재 발견된 물질을 구성하는 단위 중 가장 작은 입자다.667)

자연 쿼크는 암흑물질에서 만들어지고 수명이 무한대이다. 쿼크의 종류는 6가지[up·down·harm·strange·top·bottom]이다. 각 쿼크는 가시광선이 아닌 빨강, 초록, 파랑 세 개의 색깔을 가질 수 있다. 각 쿼크에는 이에 대응하는 반(反)입자인 반(反)쿼크(antiquark)가 존재한다. 반쿼크는 반빨강, 반초록, 반파랑의 색전하를 가진다. 반 쿼크는 대응하는 쿼크와 질량이 같지만 전하(電荷: 물체가 지니는 정전기의 양)와 색전하가 반대다. 일상적인 에너지에서 쿼크는 홀로 존재하지 않고 언제나 중간자나 중입자를 이룬다. 중간자는 쿼크와 반쿼크로 이루어진 입자이고, 중입자는 세 개의 쿼크로 이루어진 입자다. 중간자와 중입자를 통틀어 '강입자'라고 부른다. 홀 쿼크는 관측할 수 없다. 관측 가능한 강입자는 항상 기본 전하의 정수배의 전하를 가지며 항상 무색이다.668)

경입자(lepton)는 물질의 기원을 설명하는 표준모형669)에서 중요한 위치를 차지한다. 경입자는 스핀이 ½이고 강한 핵력에 영향을 받지 않는 기본입자이다. 전자, 뮤온, 타우온과 각각에 해당하는 중성미자로, 현재까지 총 6종이 알려져 있다. 경입자는 전하 여부에 따라 두 종류로 분류할 수 있다. 전하를 띠는 경입자(electron-like lepton)는 다른 입자들과 결합하여, 원자와 같은 합성입자(composite particle)를 구성한다. 전하를 띠는 경입자보다 질량이 작은 중성미자(neutrino)는 전하를 띠지 않으며 다른 입자들과 거의 상호작용하지 아니하기 때문에 좀처럼 관찰되지 않는다.670)

과학자들은 '쿼크보다도 더 작은 입자가 있다'고 생각하고, 이를 쪼개기 위한 노력을 기울였다. 1964년 물리학자 피터 힉스는 빅뱅 후 기본입자에 질량을 부여하고 사라졌다는 '힉스입자'를 주장하였다. 힉스입자는 '사라진 입자'·'신의 입자'로 불렸고, 이를 증명하기 위한 시도가 줄을 이었다. 세계 최대의 입자물리학연구소인 유럽원자핵공동연구소(CERN)는 힉스입자를 찾기 위하여 14년 동안 100억 달러를 투입하여 지하 100m 터널에 둘레 27㎞에 달하는 '대형 강입자 충돌기'를 건설하고 우주탄생 직후 1조분의 1초 상태를 재현하였다. 이 기기를 통해 광속으로 날아가는 양성자를 서로 충돌시켜 '충돌 이전에는 존재하지 않던' 입자를 찾는 실험을 계속했다. 그 결과 2012년 7월 4일 '힉스입자를 99.999994% 확률로 발견했다'고 발표했고, 이후 추가 실험과 데이터 분석을 거쳐 2013년 3월 14일 힉스입자 발견 소식을 전 세계에 공포했다.671)

5) 양자역학

상대성이론이 그리는 거시세계의 시공간에서는 상식이라고 생각했던 현상들과는 매우 다른 물리적 실재가 자주 일어난다. 양자역학672)이 탐색하는 소립자들의 극미세계는 불연속적이며 예측 불가능의 세계라고도 볼 수 있다. 거시세계와 극미세계는 궁극적으로는 일원적으로 설명될 수 있어야 한다.673)

미시세계에서 양자화되어 나타나는 물리량들을 다루는 역학이 양자역학 또는 양자물리학 (量子物理學, quantum physics)이다. 이 용어는 독일 물리학자 막스 보른(Max Born: 1882~1970)이 처음 제시한 Quantenmechanik을 영어에서 'Quantum mechanics'로 번역하였고 일본어에서 '量子力學'으로 번역하였다. 물리량이 특정한 양의 양자를 통해서 기술될 때 '양자화되어 있다'고 말한다. 양자물리학은 원자와 이를 이루는 아원자 입자 등 미시세계와, 그러한 계에서 일어나는 현상을 탐구하는 현대물리학의 한 분야이다. "양자"(quantum)라는 단어는 '얼마나 많이'(how much)라는 뜻의 라틴어 quantus에서 유래했다. 양자는 특정한 원소나 아주 작은 알갱이의 명칭이 아니라 "일정한 양을 가졌다"는 표현이다. 빛, 전파, 중력 등의 파동이나 에너지, 각운동량 등에서 나타나는 불연속적인 단위 요소가 양자이다. 전자기파의 양자가 광자이고, 중력파674)의 양자가 중력자다. 고전역학에서 물리량은 언덕처럼 연속적이지만 양자역학에서 물리량은 기본적으로 계단처럼 불연속적이다.675) 양자역학에 따르면, 입자와 반입자쌍은 찰나의 순간에 끊임없이 무(nothing)로부터 생성·소멸한다.676) 한국과 독일의 물리 교육과정에서 공통으로 다루는 양자물리의 주제는 ①보어 원자 모델 ② 불연속 에너지 준위(선스펙트럼) ③ 빛과 물질의 상호작용 ④ 파동-입자 이중성 또는 상보성 ⑤ 물질파(수식 포함) ⑥ 불확정성 원리 ⑦ 확률적 예측 ⑧ 1차원 모델 또는 우물이다.677)

일반상대성 이론의 한계

스티븐 호킹: "일반상대성 이론은 우리에게 우주가 어떻게 시작되었는가를 설명하지 못한다."678)

황금까마귀: "그 점은 모든 신화들에서도 마찬가지이다. 창세는 모두 혼돈에서부터 시작한다. 아인슈타인은 물리학자이지 철학자가 아니었다."

노자(老子): "나는 일찍이 무위자연(無爲自然)이라고 설파하였다. 사람들은 이를 도덕론으로 원용하지만 나는 태초 무극(無極)의 실재를 설명하였다. 우주는 무(無)에서 시작되었다."

석가모니: "초끈이론을 논하는 양자역학의 세계를 넘나들 때에는 언제나 절집에서 외우는 '반야심경'에 나오는 색즉시공(色卽是空) 공즉시공(空卽是色)을 떠올리라."

크리스토퍼 놀런 감독: "시간여행 영화의 고전「인터스텔라」(2014년)(사진)는 양자역학을 기반으로 만들어졌다."

양자역학은 미시세계 뿐만 아니라 거시세계에서도 통하는 이론이지만 거시세계에서는 고전역학이 훨씬 더 편해서 쓰이지 않는다. 자연계에 존재하는 기본 상호작용의 힘은 중력, 전자기력, 약력과 강력으로 이루어져 있다. 강력과 약력은 원자핵 내부에서 상호작용하므로 일상생활에서는 경험할 수 없다.[679)]

특수상대성이론에서 관찰자와의 상대속도로 물리량들이 변하는 것처럼 광양자 가설의 파장이나 진동수 또한 상대론적으로 결정된다고 가정하고 광양자 가설을 물질에 적용한 물질파 가설이 제기되었다. 새로운 아이디어들을 받아들이며 양자역학은 더욱 힘을 얻게 되었고, 결국 슈뢰딩거 방정식과 불확정성 원리의 등장으로 양자역학은 우주의 미시적 근본원리를 해명한 새로운 표준으로 자리잡는다. 상대성 이론은 고전역학의 결정론(deterministic)적 관점에 따라 이론이 성립되었고 발전하였으나 양자역학은 비결정론, 혹은 확률적 결정론을 따르기 때문에 철학적인 면에서 일차적으로 충돌한다.[680)]

표준모형

스티븐 와인버그(Steven Weinberg: 1933년 뉴욕 태생)는 1967년에 발표한 3쪽짜리 논문「경입자 모형」(A Model of Lepton)에서 현대 입자물리학과 이론물리학의 근간이 되는 소립자에 대한 '표준모형'(Standard Model)을 제시하였다. 이 논문은 일상생활을 지배하는 전자기력과 원자핵 속에서 작용하는 약력이 실제로는 '전자기약력'[681)]이라는 하나의 힘의 다른 형태이며, 강력 역시 이와 비슷한 방식으로 설명할 수 있음을 입증함으로써, 중력을 제외한 우주의 세 가지 힘을 통일적으로 설명하는 데 성공하였다.[682)] 전자기력과 약력은 가까운 거리에서는 같은 힘이지만, 거리가 멀어지면서 대칭성이 깨지며 전자기력과 약력으로 나뉜다. 이는 1984년 가속기 실험을 통하여 증명되었다. 이것은 20세기 최고의 이론 물리학자라인 아인슈타인이 죽을 때까지 해결하지 못했던 통일장 이론, 즉 중력, 전자기력, 약력, 강력을 통일적으로 설명하는 만물이론[683)](theory of everything)에 다가갔다.[684)]

와인버그: "우리가 최종이론에 도달하게 되면 더 이상 다른 원리로 설명되지 않는 원리가 있다. 그리고 그 원리가 어떤 것임을 발견하게 될 것이다."[685)]

이종필(KAIST): "살아 있는 생물들의 현상은 궁극적으로는 DNA라고 하는 화학 분자로 설명된다. DNA 분자는 화학적 친화성, 극성, 분자간력 같은 화학 원리로 설명된다. 이 화학 원리들도 분자를 이루는 원자와 전자의 성질을 다루는 양자역학으로 설명된다. 양자역학은 원자핵과 전자를 이루는 쿼크나 접착자 같은 존재들을 다루는 표준모형으로 설명된다. 이 표준모형은 초끈 이론이나 초대칭 이론 같은 것으로 설명될 수도 있다. 이런 식으로 모든 과학 원리는 다른 원리로 환원되어 설명될 수 있다."

이종필·이강영: "유럽원자핵연구기구(CERN)는 2012년 7월 4일, 대형강입자충돌기(LHC)에서 지금까지 발견되지 않은 17번째의 입자를 '거의' 발견하였다. 이 입자는 현대 입자물리학의 표준모형에서 가장 중요한 퍼즐 조각인 힉스 입자와 부합하는 성질을 보인다"[686)]

박헌권: "우주는 불교의 금강경에서 말하는 자타불이(自他不二) 색심불이(色心不二)이다"[687)

이종필·이강영: "입자는 소멸해서 에너지[氣]가 되기도 하고, 에너지에서 입자가 새로 생겨나기도 한다. 우주에서는 물질과 에너지의 구별이 사실상 없다. (우주나 극미의 세계에서는) 입자가 장벽을 뚫고 지나가거나 하나의 입자가 동시에 두 개의 길로 지나가는 일도 일어날 수 있다."[688)

고대 그리스의 탈레스나 20세기 초반의 원자론자들과 달리 현대의 물리학자들은 이 세상을 이루는 것은 입자가 아니라고 생각한다. 양성자, 중성자, 전자, 광자 같은 입자들은 본질적으로는 전자기장이나 중력장 같은 어떤 장(field)의 현현이며, 그 장 역시 '끈'[689)(string)이라고 하는 괴상한 존재의 변형일 뿐이다. 현대 물리학자들은 그러한 장과 끈을 지배하는 원리, 예컨대 '대칭성의 원리' 같은 것을 추적한다. 스티븐 와인버그 교수는 그의 저서 「최종이론의 꿈」(Dreams of a Final Theory: The Scientist's Search for the Ultimate Laws of Nature)(1994)에서 "더 심오한 원리들로 설명되지 않는 원리들"로 이루어진 이론을 '최종이론'으로 규정한다.[690)

초끈이론(Superstrings)에 따르면, 우주의 만물은 소립자나 쿼크와 같은 기존의 단위보다도 훨씬 작은 구성요소인 '진동하는 가느다란 끈'으로 이루어져 있다. 바이올린이나 첼로에서 각기 다른 소리가 나는 것이 현의 진동 패턴과 주파수가 서로 다르기 때문인 것과 마찬가지로, 끈들이 진동하는 패턴에 따라서 각기 입자마다 고유한 성질이 생긴다. 최근 초끈이론이 각광을 받는 이유 중의 하나는, 이것이 우주와 자연의 모든 원리를 통합하여 설명하는 이른바 '만물이론(theory of everything)'이 될 가능성이 있기 때문이다.[691)

초끈이론(Superstrings)[692)

㈎ 초끈 이론 (또는 끈 이론)에는 전자나 쿼크와 같은 기본 입자가 없지만 진동하는 끈 조각이 있다. 각 진동 방식은 전하와 질량을 결정한다. 끈은 어떤 것으로 "만들어진" 것이 아니라 물질을 구성하는 근본 요소이다. 물질은 점과 같은 입자 대신에 진동하는 미세한 끈으로 구성된다. 초끈이론에서 인식하는 우주는 4차원 시공간보다 더 다차원이다. 우리는 끈 이론이 상정하는 (나머지 6차원이 작고 촘촘하게 말려 있는) 10차원 시공간에서 여전히 4차원 시공간만 관찰한다. 초끈이 우리 우주를 설명하려면 어떻게든 두 차원을 연결해야 한다.

㈏ "통일된" 이론으로서, 초끈 이론은 자연에서 관찰되는 네 가지 힘을 모두 설명하려고 시도한다. 실제로 초끈 방정식의 풀이 중 하나는 중력처럼 보이는 힘이다. 끈 이론은 중력을 성공적으로 설명하고 초대칭 입자를 예측할 수 있었다. 하지만 끈 이론은 보여줄 만한 결과나 구체적인 예측이 없었기에 아름다운 수학적 구성에 불과하였고 몇 년 전까지도 물리학의 난제와 거의 관련이 없는 듯이 보였다.

㈐ 1996년에 이르러 상황이 바뀌었다. 당시 산타바바라 이론물리학연구소의 Andrew Strominger와 하버드대학의 Cumrun Vafa는 끈 이론을 사용하여 특정 유형의 블랙홀을

구축하였다. 이는 양자역학에서 유도된 방정식을 적어 두었다가 양성자와 결합된 전자를 설명함으로써 수소 원자를 구축하는 것과 유사한 방식이다.

㈘ 스트로밍거와 바파는 Jacob Bekenstein과 스티븐 호킹이 1970년대 후반에 도출하였던 결과를 확인했다. 베켄슈타인과 호킹은 특별한 종류의 블랙홀에서 무질서의 양(엔트로피)이 매우 큼을 발견했다. 이는 놀라운 결과였는데, 아무도 (단순히 질량과 회전으로 특징지을 수 있는) 블랙홀처럼 단순한 물체가 어떻게 그렇게 많은 무질서를 지닐 수 있는지를 이해할 수도 계산할 수도 없었기 때문이다.

㈙ 스트로밍거와 바파는 끈 이론을 사용하여 특별한 블랙홀을 구축한 결과, 베켄슈타인과 호킹이 예측한 무질서에 대한 올바른 값을 얻을 수 있었다. 이 결과는 물리학계에 큰 충격을 주었다! 고전물리학으로 도출한 결과를 처음으로 초끈 이론에서 얻을 수 있었다. 결과가 도출된 블랙홀은 은하계 중앙에 있다고 믿어지는 블랙홀과 공통점이 거의 없음에도 이 새로운 계산은 끈들과 중력 사이의 관계를 설명하고 물리학적으로 해답을 추론할 수 있게 만든다.

㈚ 궁극이론(ultimate theory) 내지 만물이론(theory of everything)이 있다면 끈 이론이 그렇게 될 수 있는가는 아직 아무도 모른다. 그러나 끈 이론의 놀라운 우아함과 잠재력은 이를 다음 세기까지 우주의 내부 작용을 더 자세히 설명할 수 있는 강력한 선두 주자로 만든다. 이론 선구자 중의 한 명인 위튼(Edward Witten)의 표현에 따르면, "끈 이론은 21세기 물리학의 일부가 우연히 20세기로 뛰어든 것이다."

고전역학과 양자역학의 상통693)

알버트 아인슈타인과 반더르 요하네스 더 하스는 1915년 미시세계에서 거시세계로도 각(角)운동량694)이 보존된다는 것을 '아인슈타인-더 하스 효과'를 통해 실험적으로 확인했다. 하지만 어떠한 원리로 미시세계에서 거시세계로 각운동량을 전달하는가에 대해서는 초고속 측정 기술의 한계로 1915년 이후 100년이 넘도록 밝혀지지 않았다. 양자역학 이론과 일반상대성이론이 서로에 대해서 영향을 미칠 수 있는가에 대한 최초의 암시[양자중력이론]는 '블랙홀'(black hole)에 의해서 가능해졌다. 물론 아직까지는 양자중력이론의 모습에 대하여서는 단서를 얻지 못하고 있다.695)

'각운동량 보존 법칙'(angular momentum conservation)은 에너지 보존 법칙·운동량 보존 법칙과 함께 물리현상을 설명하는 가장 근본적인 세 가지 법칙 가운데 하나다. 고전역학의 거시세계와 양자역학의 미시세계에 모두 적용한다. 예컨대, 피겨스케이팅 선수가 회전할 때 몸을 움츠리는 동시에 팔을 오므리는 행동은 회전 관성을 줄여 회전 속도를 조절하는 모습이나 헬리콥터가 꼬리 날개를 활용해 균형을 유지함은 실생활에서 각운동량 보존 법칙이 적용되는 사례이다.

2022년 독일 콘스탄츠대학교 연구팀은 스핀-격자 상호작용을 통하여 미시세계 속 스핀에서 격자들의 집단 움직임인 포논으로 각운동량을 전달할 수 있다는 사실을 밝혀냈다. 이때 각운동량을 전달받은 포논을 '카이랄 포논'(chiral phonons)[696]이라고 부르며, 이는 미시세계와 거시세계를 이어주는 핵심적인 각운동량 전달 매개체이다. 그럼에도 카이랄 포논의 생성[수 피코초(1조분의 1초)]과 '아인슈타인-더 하스 효과'[수 밀리초(1000분의 1초)] 사이에 방대한 시간적 차이가 존재하며, 그 사이에 어떠한 일이 일어나는지는 지금까지도 수수께끼로 남아 있었다.

광주과학기술원(GIST) 이종석 교수팀은 자성 산화물인 루테륨산 스트론튬($SrRuO_3$)과 비자성 산화물인 타이타늄산 스트론튬($SrTiO_3$)을 결합시킨 인공복합구조물인 초격자(artificial superlattice)[697]를 만들었고, 보스-아인슈타인 통계(Bose-Einstein statistics)를 따르는 카이랄 열포논의 생성을 세계 최초로 직접 관측하여 1조분의 1초와 1000분의 1초 사이의 각운동량 전달의 수수께끼를 푸는 데 성공했다.[698]

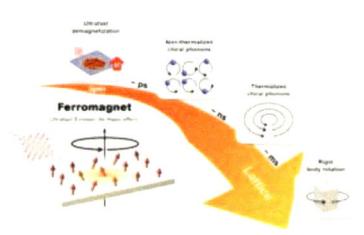

연구팀은 광여기를 통해 $SrRuO_3$에서 초고속 자기소거를 유도하고, 카이랄 열포논을 생성했다. 이렇게 생성한 카이랄 열포논은 인접한 $SrTiO_3$ 층으로 전달되고 동적 다강성 효과로 큰 자기 모멘트를 형성하게 된다. 펨토초(1000조분의 1초) 레이저를 이용한 시분해 '자기광학 커 효과'(magneto-optic Kerr effect) 측정으로 루테륨산 스트론튬과 타이타늄산 스트론튬 초격자 내의 카이랄 열포논이 생성하는 자기 모멘트를 실시간으로 관측했다. 카이랄 포논이 생성된 직후 물질의 회전이 발생하기 전까지 카이랄 열포논이 중요한 역할을 하는 것을 밝혀냈다.[그림 ⓒChoi, I.H., Jeong, S.G., Song, S. et al.(2024)]

GIST 이종석 교수: "이번 연구는 포논이 자기 수송에 직접적으로 기여할 수 있음을 입증하는 결과로서 스핀 공학과 포논 공학의 접점이 존재할 수 있다는 가능성을 보여주는 한편, 향후 자기 및 열 기능성이 결합한 다기능성 나노 소자 개발에 대한 중요한 디딤돌을 제시한 것으로 평가할 수 있다."

암흑물질

종래 우주론에 따르면[699], 우주에 존재하는 물질 중 인간이 볼 수 있는 물질은 항성, 행성 같은 천체와 가스 등으로 고작 약 5%에 불과하다. 예컨대, 은하계의 가장자리에 있는 별들은 중력이 약할 것으로 예상되기 때문에 중심에 있는 별들보다 느리게 회전해야 하지만 실제론 거리와 무관하게 일정한 궤도 운동 속도를 보인다. 이 때문에 천문학자들은 은하의 회전운동에 관여하는 물질이 있을 것으로 보고 이를 '암흑물질'(dark matters)로 칭했다.[700] 과학자들은 우주의 나머지 68%가 암흑에너지, 27%는 암흑물질로 이뤄져 있다고 설명한다. 암흑에너지와 암흑물질은 우주 팽창을 가속화하는 힘으로 추정된다. 암흑물질의 존재는 중력으로 설명된다. '힉스 입자' 존재를 실험적으로 입증한 거대 강입자 가속기(LHC)를 통해서도 관측되지 않지만 암흑물질 없이는 은하계의 운동 패턴 등을 설명하기 어렵다.

영국 유니버시티칼리지런던(UCL) 조너선 오펜하임(Jonathan Oppenheim) 교수팀은 2024년 2월 29일 '아카이브'(Arxiv)에 암흑물질로 설명했던 우주 현상을 암흑물질 없이 설명할 수 있다는 논문을 발표하였다.701) 오펜하임 교수는 '고전 중력의 포스트 양자 이론'702)을 통해 암흑물질 없이 은하의 회전운동을 설명하면서 암흑물질은 '신기루'로 보인다고 주장했다. 오펜하임 교수는 별들이 일정한 속도로 도는 데 필요한 에너지는 암흑물질이 아니라 시공간의 무작위적인 변동에 의해 생긴다고 전제하고, "우주 에너지의 95%는 시공간의 불규칙한 특성" 때문이라며 "암흑물질이나 암흑에너지 없이도 우주의 팽창과 은하의 회전을 설명할 수 있다"고 단정하고, "암흑물질에 대한 직접적인 증거는 아직 없다"는 결론을 내렸다.703)

암흑상태

자연에는 빛을 흡수하거나 방출하지 않아 관측이 어려운 암흑상태가 존재한다. 다만 관측하기 어려워 존재를 분명하게 입증할 수 없지만, 다양한 자연 현상에 영향을 주기 때문에 자연에 숨어 있는 암흑 상태의 존재를 규명하기는 난제에 속한다. 연세대학 김근수교수 연구팀은 국제 공동연구(2024.7.29.)를 통하여 세계 최초로 고체물질 속에서 빛으로 관측할 수 없는 '암흑전자'의 존재를 규명하였다.704) 연구팀에 따르면, 고체물질의 원자들은 미세 단위 구조가 규칙적으로 반복되는 형태로 배열되는데, 이 단위 구조에 같은 종류의 원자 네 개가 두 쌍으로 짝을 지어 대칭을 이루면 전자 간 상쇄간섭이 발생해 어떠한 측정 조건에서 관측할 수 없는 암흑 상태가 발생한다(그림ⓒ연세대학 김근수 교수: "같은 종류의 원자4개가 두 쌍으로 짝을 지어 대칭을 이룰 때 발생하는 전자파동의 간섭무늬." 어두운 부분이 '상쇄간섭'으로 인한 전자의 암흑상태이다). 연구팀은 전자의 암흑상태를 설명하는 모델을 고안하고 방사광가속기를 활용해 고온초전도체 구리산화물에서 관측할 수 없었던 전자가 암흑상태에서 존재함을 확인하였다.

6) 생물학 상 인식의 실체

뇌는 일상에서 의식적인 생각 없이 정형[패턴]을 감지한다

뇌의 일정 부위에 있는 신경세포(neuron)들은 '언제' 그리고 '무엇'이라는 정보를 결합하여 실시간으로 일어나는 사건들의 사건들의 숨겨진 순서를 식별한다. 의학적 이유로 뇌 조직에 전극을 이식한 환자들의 신경활동에 대한 연구705)가 밝힌 바에 따르면, 인간의 뇌는 일상 경험에서 끊임없이 정형을 포착하고 있으며, 의식적인 사고작용(conscious thought) 없이도 그렇게 할 수 있다.[(대뇌 측두엽의) 해마(hippocampus)의 신경세포들은 뇌에 쏟아지는 정보의 홍수 속에서 정형들(patterns)을 파악하는데 이바지한다.ⓒArthur Chien/Science Photo Library]

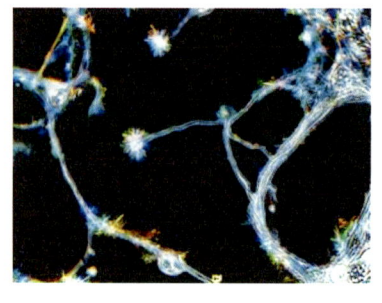

같은 연구에 따르면, 뇌의 핵심 부위에 있는 뉴런들은 무엇이 언제 발생하는가에 대한 정보를 결합하여 뇌가 시간의 경과에 따라 펼쳐지는 사건들의 정형을 파악할 수 있게끔 한다. 이러한 정형파악은 뇌가 다가올 사건을 예측하도록 돕는다. 노르웨이 과학기술대학의 신경과학자 에드바르트 모저(Edvard Moser)는 "뇌가 우리들이 의식적으로 인식하지 못하는 많은 일들을 해낸다. 여기에는 예외가 없다"고 말한다.

뇌는 우리 주변 세계를 이해하기 위하여 언제 어디서 무슨 일이 일어나는가에 대한 엄청난 양의 정보를 처리해야 한다. 연구팀은 시간의 경과에 따라 뇌가 학습과 기억의 중요 단계에서 다량의 정보를 어떻게 구성하는가를 알고자 하였다. 연구진은 간질을 앓고 있어서 외과수술용으로 뇌에 전극을 이식한 17명의 환자들을 연구하였다. 연구진은 이 전극을 통해 뇌의 여러 부위에서 개별 뉴런들의 활동을 직접 포착할 수 있었다.

이러한 부위 중에는 기억과 조종에 관여하는 해마와 측두엽 피질(entorhinal cortex)이 있다. 여기에는 신체 내부시계와 GPS 체계 기능을 맡는 시간 및 장소 세포들(time and place cells)이 있어 시간과 위치를 부호화한다. 공동 연구자인 캘리포니아대학교 로스앤젤레스의 신경외과 의사 이츠하크 프라이드는 "뇌로 들어오는 모든 외부 세계 경험은 이 체계를 통해 걸러져야 한다"라고 말한다.

[실험방법] ㉮ 얼굴 행진(parade)[706]

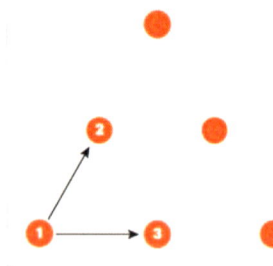

연구진은 6개의 얼굴들을 원들 안의 각각에 하나씩 담아 삼각형으로 배열한다. 인식실험 참가자들에게 일련의 사진들을 보여준다. 각 사진 바로 옆에는 다른 사진이 있다. 예컨대, 참가자가 보는 첫 번째 사진이 위치 1에 있는 얼굴이라면, 두 번째 사진은 위치 2나 위치 3의 어느 하나에 있는 얼굴이 될 것이다. 삼각형 그림 @Nature

연구진은 실험을 진행하면서 각 참가자에게 다양한 얼굴 형상을 보여주었다. 각 참가자에 대하여 과학자들은 참가자의 뇌에서 개별 신경세포들이 강하게 창발할 수 있도록 유도한 6개의 얼굴들을 특징지웠다. 예컨대 참가자는 '선글라스를 쓴 남자' 뉴런과 '모자를 쓴 여자' 뉴런, 그리고 각각 특정한 얼굴을 선호하는 4개의 뉴런을 가질 수 있다.

연구진은 각 참가자의 얼굴 형상 6개를 (각 모서리에 하나의 형상과 각 변에 하나의 형상이 있는) 삼각형으로 배열했다. 각 형상은 삼각형의 변을 따라 내려가고 내부를 통과하는 선으로 가장 가까운 이웃과 연결된다.

이 시도에서 참가자들은 일련의 얼굴 형상들을 본다. 형상의 순서는 간단한 규칙에 따라 결정된다. 각 얼굴 다음에 삼각형에서 연결된 얼굴이 나온다('정형인식' 그림 참조). 예컨대, 첫 번째 얼굴이 삼각형의 왼쪽 아래 모서리에 있는 것이라면 두 번째 얼굴은 두 개의 바로 이웃 중 하나(삼각형 밑변 가운데 있는 얼굴 또는 삼각형 좌측변의 가운데 있는 얼굴)가 된다. 연구진은 참가자들에게 이 규칙을 밝히지 않았다. 게다가 연구진은 각 시도 동안 얼굴 형상의 내용을 물어 참가자들의 주의를 분산시킨다.

실험 중 각 참가자의 해마와 측두엽 피질의 신경세포들은 제시된 얼굴뿐만 아니라 삼각형에서 직접 연결된 얼굴들에도 점차적으로 반응하기 시작하였다. 얼굴 형상의 순서에 어떤 정형이 있는가를 물었을 때, 참가자들은 '그렇지 않다'고 말했다. 하지만 그들의 뇌 세포는 여전히 정형을 학습하여 뇌가 의식적인 사고 없이도 정형을 인식할 수 있음을 보여주었다. 실시 중 휴식 시간에 참가자들의 '얼굴' 신경세포는 자극 없이도 스스로 정형들을 순환하면서 학습내용을 재생하였다. 연구진의 Fried는 "이러한 활동은 암묵적으로 이뤄진다. 뇌는 적확하고 매우 빠르게 정형들을 익힌다. 우리는 개별 세포들에서 그러한 변화를 볼 수 있다"고 말한다.

[실험방법] ㉯ 앞을 예상하는 신경세포[707]

연구진은 신경세포가 다음에 어떤 형상이 나타날 것인가를 예상할 수도 있음을 발견했는데, 이는 뇌가 학습된 정형을 바탕으로 미래의 사건을 예측하는 법을 배울 수 있음을 시사한다.

영국 브리스톨대학 신경과학자 매트 존스(Matt Jones)는 "외부 동기 없이 이런 일이 일어남은 정말 흥미롭다"고 말한다. 그는 "많은 발견이 설치류 연구의 예측과 놀라울 정도로 일치하며, 해마 회로가 어떻게 진화하여 우리의 인지 지도를 구성했는가를 강조한다"고 덧붙였다.

Fried의 설명에 따르면, 뇌가 일련의 사건들(sequences of events)에 관한 정보들을 어떻게 구성하는가를 이해하면 임상에서 중요하게 응용할 수 있다. 예컨대, 기억향상 요법은 중요한 기억을 담은 신경 형상들을 강화하는 데 초점을 맞출 수 있다. "인식에서는 궁극적으로 시간의 순서에 따른 기억의 조합(putting things together in time)이 관건이다. 이것이 바로 기억의 요체(crux)이다."

3. 현대 과학과 법률관 및 이데올로기

시간과 공간이 결합된 '시공간'이라는 새로운 축이 존재하는 4차원 세계에서 정의는 직선으로 움직이지 아니하고 곡선의 궤적을 그린다. 그럼에도 현대인들은 플라톤의 동굴인들처럼 정의가 직선 궤도를 따라 움직인다고 믿는다. 법률가들은 근대 법치국가가 인과법칙을 기반으로 적법절차에 따라 정립한 법리를 여전히 금과옥조로 여긴다. 이성에 기반을 둔 모든 법률행위, 불법행위 그리고 범죄조차도 당구대 위에서 당구공들이 굴러가듯이 목표를 향하여 직진한다. 원(circle) 운동조차도 직선으로 미분된다. 근대 법률세계에서는 이성인의 자유의지에 따라 이루어진 모든 행위들이 인과관계에 따라 일정한 목표로 귀결된다. 법률세계에서 모든 행위자들은 꿈꾸는 시간에도 자기 행위의 의미와 결과를 명확하게 인식하며 죽을 때까지 이를 기억하여야 한다. 상대성원리와 양자역학이 지배하는 현대 세계에서는 일사불란한 법적안정성이 발휘될 수 없다. 관찰자의 좌표에 따라 정의의 궤적이 달라지며 미시의 세계에서도 불확정성 원리가 통용되고 인과관계가 동요한다.

1) 과학철학과 법학의 변증법

노자(老子)의 무위자연 說에서는 무위와 자연의 관계가 정립되어야 한다. 노자는 오늘날 우주로 확장되는 자연과학의 대상인 '자연'(nature)에서 형이상학의 도(道)를 연역하고 도에서 천지를 이끌어낸다. 사람들은 천지(天地)를 본받는다.

"도(道)가 크고, 하늘(天)이 크고, 땅(地)이 크며, 왕(王)도 크다. 세상에는 네 가지 큰 것이 있으니, 왕도 그 중의 하나이다. 사람은 땅을 본받고, 땅은 하늘을 본받으며, 하늘은 도(道)를 본받고, 도는 '자연'을 본받는다."708)

노자에게 있어 자신이 지닌 본래적 성향이 외부의 영향이 아닌 자기 내면의 힘이나 원리에 의하여 발현된다고 하는 의미의 자발성(spontaneity)을 함축한다. 노자의 자발성 개념은 노자 제64장의 '만물자연론'(萬物之自然)709)에 잘 나타난다. 만물의 자발성은 외부의 영향을 받지 않고 스스로의 힘이나 원리에 의하여 운동하거나 생장하는 만물의 속성을 가리킨다.710) '무위자연설'은 노자의 사상을 대표하는데 자연을 이렇게 해석한다면 노자의 사상은 "무위와 자연을 바꾸어" '자연무위설'(自然無爲說)로 표현할 수도 있겠다.

현대물리학의 세례를 받은 자연관과 담을 쌓은 구체제나 기득권층은 "사회질서가 자연의 질서를 투영한다"는 진리를 모르거나 외면하면서 그들만의 집단이익을 추구한다. 뉴턴 물리학의 3차원 세계관을 벗어나지 못한 마르크스의 유물사관(唯物史觀)을 계승한 공산주의자들은 공산당의 옷을 벗거나 공산당 중심의 국가자본주의를 추구한다. 근대 형사사법제도는 복수가 형벌의 실체임을 부인하면서 교화개선을 목표로 형량을 가중시킨다. 자유무역협정을 수단으로 삼는 세계화는 제국주의의 부활이다. 계급이론에 충실한 노동운동 세력은 노동운동의 연원을 망각하고 사회경제 질서의 변화와 동떨어져 노동조합원들의 권익을 추구한다. 자신들의 이기적 행위가 공공복리를 지향한다고 생각하는 이익집단들은 공동체를 해체시킨다. 생태문명의 세례를 받지 못하고 반생태주의를 고수하는 개발규범은 문명세계에서 역주행을 일삼는다. 문명세계의 이러한 시대착오 내지 역주행은 자연계의 질서에 맞지 아니한다. 변화된 자연관에 적응하지 못한 사회질서는 도태되거나 갈등을 빚는다.

벨라가 약간 궁금한 표정으로 금오에게 묻는다.

벨라: "사회질서가 자연의 질서를 투영한다는 생각은 중세 토마스 아퀴나스와 같은 자연법 사상가들의 철학과 같은 맥락으로 이해되는데요. 자연의 질서는 자연법과 같은가요? 신의 의지가 인간의 이성을 통해 투영된 선물인가요?"

금오: "카톨릭 교리를 완성시킨 중세의 지성들은 그렇게 이해했어요. 인류는 이성을 통하여 신의 의지를 깨달았지요. 그러나 신의 의지가 바로 인간의 이성에 투영된다고 보기 어려워요. 고대 그리이스의 자연철학자들 (Raffaello Sanzio 그림, 아테네학당 Scuola di Atene©바티칸 Palazzo Apostolico 소장: puiblic domain)이나 소피스트들은 자연에 대한 관찰과 사유를 통하여 그들의 과학관을 정립하고 이로부터 자연철학을 연역해냈어요. 물론 자연철학자들에게는 과학관과 철학관이 분리되었다고 보기는 어려워요. 과학관 = 철학관이었지요."

벨라: "그럼 철학관은 신학관으로부터 독립하기도 힘들었는데 언제부터 과학관과 분리되었어요? 고대 중국의 노자도 그랬나요?"

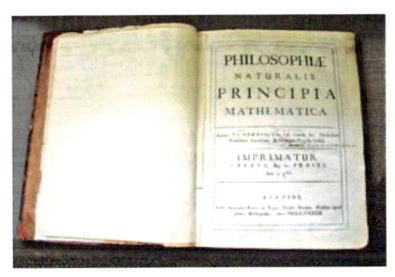

금오: "노자는 과학관과 철학관을 구분했다고 생각해요. 노자는 먼저 '무'(無)와 '유'(有)라는 우주의 자연질서를 먼저 정리하고 그의 무위자연(無爲自然) 사상을 전개하지요. 자연철학에 내재된 과학의 원리를 명료하게 구분한 사람은 뉴턴이예요. 그는 『자연철학의 수학적 원리』(사진·프린키피아: Principia)를 라틴어로 출판하여(1687년), 물체의 운동, 고전역학의 기초 그리고 태양계의 구조를 설명했지요. 그러나 역설적으로 17세기까지도 과학은 철학으로부터 독립하지 못했어요. 중세까지는 철학조차 신학에 종속되었으니까요. 프린키피아가 출판된 후 자연철학은 보편성을 지향하는 '과학'으로 정착되었어요.

프로이센의 철학자 임마누엘 칸트는 쾨니히스베르크 대학에서 만난 스승 크누첸 교수를 통하여 뉴턴의 프린키피아를 접했지요. 그 영향으로 인하여 칸트는 물리학·지리학·천문학 등의 과학을 연구하면서 1754년에 『자연사와 천체이론』을 썼고 석사논문 『불에 관하여』를 제출했어요. 칸트는 뉴턴의 자연과학적 원칙에 따라 세계를 관찰하는 관점을 진지하게 수용했지요. 1770년 이후 그는 강사 생활을 면하고 윤리학이 아닌 논리학 및 형이상학 교수로 활동했어요. 하지만 칸트는 난해하기로 정평이 나 있는 『순수이성비판』(1781년)을 펴내면서 과학으로부터 인식론을 독립시키는 코페르니쿠스적인 전환을 이룩했어요. 뉴턴은 외부 사건과 무관한 절대적·현실적 시간과 공간을 가정했지만, 칸트는 시공을 주관화하고 객관적 성격을 부인하면서 시간과 공간을 감성의 순수형식 조건으로 파악했어요. 칸트는 공간과 시간 속의 대상을 감성적으로 직관할 수 있음이 이러한 형식 조건 때문이라고 생각했어요. 여기에서 그의 유명한 명제 "인식하는 주관을 닫으면 우리 앞에는 자연이 존재하지 않는다. 인식주관이 인식의 대상 즉 객관을 결정한다"가 비롯하지요.

벨라: "설명을 들으니, 자연관·과학관·철학관의 변증법적 관계가 이해되네요. 그렇다면 국가 영역에서 법제도의 근간을 이루는 법률사상 즉 법률관은 이들과 어떻게 관계를 맺지요?"

금오: "자연관·과학관·철학관·법률관은 반드시 정반합(正反合)의 순과정을 거치지는 아니하더라도 대체적으로 자연관→과학관→철학관→법률관의 변증법적 전개로 이해할 수 있겠어요. 법률관이 독자적 사상으로 자리잡은 시기는 근대 시민혁명 이후이고요."

2) 법 해석과 적용에서 과학의 한계

벨라: "법제사에서 근대 법제는 로마법이 르네상스 시대 이탈리아 주석학파의 노력으로 부활되었고 이를 프랑스와 독일 등이 수용하여 게르만 관습법과 조화를 이루면서 근대 법제가 발전한 것으로 보던대요. 앵글로 색슨법계와 라틴법계는 로마법에서 다소 떨어져 있었구요. 그렇다면 근대 법률이 유클리드 기하학과 뉴턴 물리학의 영향을 받았다는 가설은 실제 법의 계수 경로와 다른 셈인데, 왜 그렇게 생각하나요?"

금오: "좋은 의문입니다. 근대 법제는 르네상스 이후 실제 그와 같은 경로로 발달했어요. 법률관이 과학의 영향을 받았다는 가설은 해당 법제를 접하는 법학자나 법조인 그리고 일반 법률 수요자들이 근대 과학 방법론에 기반을 두고 법제나 계약 또는 불법행위를 해석하고 적용한다는 사실입니다. 환경오염으로 인한 건강피해나 생태계 파괴에 대하여 걸핏하면 인과관계나 개연성을 들먹이는데 이는 과학의 도움 없이는 해결될 수 없잖아요. 범죄수사에서도 과학 기반 수사를 강조하고 증거수집이나 분석에서도 과학적 방법을 원용합니다. 증거 기반 의사결정은 모든 회의나 재판에서 단골 메뉴입니다. 보험료 산정이나 보상은 수학적 확률에 기반을 둡니다. 이 정도면, 법률관이 과학으로부터 많은 영향을 받고 있음을 알 수 있지 않겠어요."

벨라: "좋아요. 하지만, 법률이 문제해결에 과학을 활용한다고 하여 법률관이 과학으로부터 영향을 받는다는 가설은 어떻게 이해해야 할까요?"

금오: "매우 예리한 질문인데요… 많은 분들이 비슷한 의문을 가지겠어요. 그렇다면 구체적인 법률관계를 통해서 접근해 봅시다. 근대 법제의 구조는 이렇습니다: 명석한 의사능력을 갖춘 법률행위 당사자가 분명하게 의사표시를 행하였다면 법률은 거기에 대하여 효과를 부여하고 행위자는 자기 결과에 대하여 책임을 집니다. 이때 고의나 과실은 행위자의 인지능력[책임능력]을 기준으로 판단하지요. 불법행위나 범죄도 비슷한 요건과 절차가 진행됩니다. 개인주의와 자유주의를 기반으로 하는 근대법제는 법률행위나 불법행위에 나서는 모든 행위자가 대등한 의사와 객관적 행위능력을 가지고 있다고 전제하고 대등한 책임을 추궁합니다. 재판관

은 법률행위가 있었으므로 인과관계에 따라 당연히 일정 시간 후에는 모종의 사실적·법률적 효과가 발생하였을 것이므로 사후에 해당 증거들을 가지고 이러한 경로를 모두 입증하고 당사자의 기여도 만큼 책임을 물을 수 있다고 생각하지요. 물론 의사무능력자나 심신상실의 상태에 대하여서는 예외를 인정합니다. 하지만 평균인들에 대하여서는 같은 기준에 따라 같은 값으로 처우합니다. 여기에서 행위자는 자기로 인한 모든 행위의 결과에 대하여 책임을 져야 합니다. 몰랐으면 과실이고 알았으면 고의이지, 어떤 일이 행위자가 인식하지 못한 상태에서 또는 무의식 중에 벌어졌다는 면책사유가 인정되지 않아요. 인과관계도 일정 시간이 경과하면, 일정한 물체가 과녁을 통과하거나 화학반응이 일어나는 것처럼, 당연히 모종의 결과로 귀속됩니다. 그래서 객관적이고 확실한 책임을 물을 수 있어요. 로마법이나 게르만법에서처럼 神이 저지르는 불법행위나 범죄란 있을 수 없어요. 모든 사건은 순차적으로 그리고 객관적으로 입증이 가능하다고 자타가 믿습니다. 근대법제는 어떤 사건이 미궁에 빠지거나 미완으로 남아있는 사태를 상상하지 못합니다."

벨라: "대부분 그렇게들 알고 법률생활을 영위했는데, 더러 찜찜하거나 애매했던 때도 있었지만 어쩔 수 없었던 측면도 있었어요. 피고인에게 저승사자처럼 준엄하게 구형하는 검사나 하루에 수십 건씩 판결을 내리는 법관들을 보면 그 사건 구성력에 종종 놀랍니다."

금오: "그러나 법실무가 보여주는 결정론적 논리구조는 실제 종종 예상을 벗어나지요. 예컨대, 오래 전 '존엄하게 죽을 권리'(Right to die with dignity)라는 의제로 전 세계를 뒤흔들었던 미국 뉴저지주 카렌 앤 퀸란 양의 안락사 사건711)(1976년)을 보면, 누가 그녀의 죽음을 결정할 것인가를 두고 심각하게 다투었고, 또 생명연장장치를 제거하면 그녀가 바로 사망할 것이라고 예상하였지만, 퀸란 양은 장치 제거 후에도 상당 기간 생존하였어요. 다른 한편 장시간 다투어도 해결되지 아니하는 환경오염 사건을 봐요. 2023.8.24. 시작된 일본 후쿠시마 원전 여과수 배출 건을 보더라도 해양투기가 무해하다/유해하다를 두고 다투었는데, 神이 보시기에 명료한 사실을 과학과 법률이 해결하지 못하잖아요. 누출수가 몇 년만에 한국 해역에 영향을 주는가도 시뮬레이션 결과들이 다릅니다. 이 두 사건에서는 인과관계, 증거, 의사결정, 책임, 구제 모두 불확실성 속에 빠져있다는 뜻입니다."

벨라: "아인슈타인의 상대성이론이나 하이젠베르크의 불확정성 원리 또는 인간의 두뇌가 일정한 정형(패턴)을 스스로 학습한다는 최근 생물학 연구결과를 보면, 법률세계는 그렇게 신념과 확실성에 자신만만할 처지가 아니겠어요."

금오: "양자물리학에서 밝힌 소립자들의 특성을 보면, 불가의 색즉시색 공즉시색과 같은 맥락이고 찰나에 사라지는 반입자(反粒子) 개념은 노자의 무위자연과 다를 바 없습니다. 빅뱅이론 자체가 우주는 혼돈이나 무(無)에서 시작되었음을 의미하잖아요. 많은 사람들이 제 정신이 아니거나 온통 '휘어있는' 세상에서 법학과 법실무도 불확실성이나 동시성을 전제하면서 확률로 말해야 할 것입니다."

과학적 의사결정의 한계

앨빈 M. 와인버그(Alvin M. Weinberg) 박사는 원자력과 같은 첨단기술의 환경위험에 관하여 같은 한계를 지적한다712): 원자력에너지위원회와 같은 의사결정기구들은 방사능 방출 기준치를 정하면서 방출량 영(0)을 기준치로 설정하지 못하고 영이나 낮은 수준에 근접하면 "허용한다"(OK)는 결정을 내린다. 잔존 위험에 관하여서도 마찬가지이다. 사람들이 방사선에 피폭될 위험이 여전히 잔존함에도 면역력을 갖춘다면 위험을 용인한다. 이러한 판단은 약간의 배출이 있으면 "불가"가 아니라 일정 기준치 이하이면 "배출을 허용한다"는 방식을 원용한다. 유전자 교란 문제에서도 모태의 양수(amniotic fluid)에서 효소 결핍(enzyme deficiencies)이 확인되면 치료목적의 낙태를 허용한다. 이 경우 생명이라는 절대가치는 다른 과학적 근거에 따라 침해된다. 이것은 일종의 '교묘한 회피'713)에 해당하며 과학에 기반을 둔 의사결정의 한계이다.

개연성 이론의 한계

과학이 주장하는 개연성이란 실은 불확실성으로 가득 차 있다. 항공산업에서는 개연적인 위험영향평가가 오랫동안 이뤄졌지만 이것이 원자로 안전연구에 최초로 적용된 것은 1975년의 일이다.714) 경험이 축적될 때까지 우리는 전문가들이 예측하는 개연성이 고도의 불확실성을 안고 있음을 인정하지 않을 수 없다.715) 수많은 위험영향평가에도 불구하고 과학에는 동역학(dynamics)이나 체계동역학(system dynamics)으로 인과관계를 파악하기 어려운 불확실성이 여전히 존재한다. 개연성에 매달려 시간과 돈을 소모함은 현명한 처사가 아니다. 자연적 재난에 대하여 사회가 신(神)의 사고로 인정하고 보상한다면, 개연성이 낮아 증명이 불가능한 사고도 같은 맥락에서 보상할 수 있다.716)

불행하게도 시간은 사고빈도에 관한 확실성 만큼이나 명확하게 결과에 관한 불확실성을 삼제하지 못한다. 대형 원자로나 화학공장은 건강에 직접적이고 격심한 영향을 미치고 지연되고 만성적인 효과를 초래한다. 대규모 사건에서 소량 화학물질에 노출된 사람들은 농도가 낮아서 용량반응에서 유해하지 않은 것으로 나타날 수도 있지만 예단이 어렵다. 보팔 참사에서 20만명의 사람들이 이소시안산메칠에 노출되었다가 회복되었지만 우리는 그들이 어떠한 만성질환으로 고통받을 것인가를 적극적으로 말할 수 없다.

3) 상대성 이론이 법철학에 미치는 영향

신칸트주의

19세기 말의 법실증주의(法實證主義)와 유물론(唯物論) 등에 염증을 느낀 일단의 학자들은 가치적인 것 내지 이념적인 것을 추구함으로써 정신의 공백을 메우고자 노력하였다. 이들은 칸트의 비판주의(批判主義)에 입각하여 그들의 사상을 전개하였으므로 신칸트주의라는 명칭을 부여 받았으나, 한편으로는 「칸트를 통하여 칸트의 위에」(durch Kant, aber über ihn hinaus)를 추구하였다.717)

선험적 이성(先驗的 理性)에 바탕을 둔 현대 자연법사상의 개척자는 독일의 슈타믈러 (Rudolf Stammler, 1856~1938)이다. 칸트의 철학적 제자로서 그는 인간의 정신 속에는 인간으로 하여금, 역사속에 그 모습을 드러내는 구체적·가변적 법현실과는 다른 독립적인 법의 관념을 이해하게 하는 순수이성양식이 존재한다고 믿었다. 그러면서도 그는 법의 관념을 2개의 구성요소로 나눔으로써 칸트로부터 이탈하였다. 2개의 구성요소란 바로 법의 개념(槪念)과 법의 이념(理念)이다. 그는 칸트가 내린 법의 정의(定義)를 오류라고 단정하였는데, 그 이유는 칸트가 법의 개념과 "정당한" 법의 이념을 혼동하였기 때문이다.

슈타믈러에 의하면, 법의 개념은 인류역사상 가능한 모든 법현실과 법형식을 망라할 수 있는 방식으로 정의되어야 한다. 그리하여 그는 "법이란 불가침적·자주적 결합의욕이다"라고 정의한다. 그는 법의 개념과 구별하여 법이념을 논하였는 바, 우선 법의 이념은 정의의 실현이다. 정의는 모든 법적 효력이 가장 완전한 사회생활의 조화를 추구하도록 요구한다. 이러한 조화는 개인적 염원을 공동체의 목표에 적응시킴으로써 달성될 수 있다. 「법의 지배」의 내용은 그것이 개인의 목적과 사회의 목적을 조화시키는 한에 있어서만 정당하다. 이상적 사회는 "자유로이 의욕하는 사람들의 공동체"이다.718)

슈타믈러가 말한 정당한 법[정법 正法]은 바로 법의 순수이념에 합치되도록 정립된 실정법질서이다. 그러나 그 정법은 영구불변의 것도 단순히 역사적인 것도 아니다. 종래의 자연법론은 구체적인 내용을 구비한 이상법을 찾으려고 하였기 때문에 독단론에 빠졌고, 역사법학은 실정법질서가 역사와 함께 변한다는 것을 보았으나, 그것을 올바로 규제하는 항상적인 원리가 있음을 간과하였기 때문에 편견에 사로잡혀 있었다. 이리하여 슈타믈러는 이들의 양극을 종합하여 내용상으로는 변화하는 법질서이면서도 그것의 길잡이가 되는 순수이념이 있으므로써 영원하고도 절대적인 정당성의 척도가 될 수 있다는 것을 인정하여 「변화하는 내용을 가진 자연법」을 주장하였다.

이탈리아에서 법실증주의를 배척하고 자연법에 접근한 학자들 중에 대표적인 사람은 델 베끼오 (Giorgio Del Vecchio, 1878~1970)이다. 그 역시 슈타믈러처럼 법개념과 법이념을 명백히 구별하였다. 그의 주장에 의하면 법의 개념은 논리적으로 법적 경험에 앞선다. 즉 선험적 소요(先驗的 所與 a priori datum)를 구성한다. 법의 본질적인 특징은 첫째로 여러 개인들의 행동을 윤리적 원리에 따라 객관적으로 조화시키는 것이고, 둘째로 양면성 (bilateralness)719)·명령성(imperativeness)·강제성(coercibity)이다. 한편 그에 의하면 "자연법은…우리들로 하여금 실정법을 평가하고 그 내재적 정의를 가늠할 수 있게끔 하는 표준이다."720)

일반적으로 델 베끼오는 신칸트주의자로 분류되지만, 그가 칸트와 구별되는 점은 그의 국가론(國家論)에서도 나타난다. 즉 칸트는 모두의 평등한 자유를 보호하도록 고안된 법의 선포·집행에 온힘을 기울이는 것이 국가권력의 목적이라고 하였음에 비해, 델 베끼오는 국가가 경제적·문화적·도덕적 생활의 문제에 냉담할 필요가 없다고 본다. 국가는 그 조정적 권력을 인간의 모든 사회생활의 제측면에 확대시킬 수 있고, 국가의 최고의 기능은 사회복지(well-being of society)를 전반적으로 증진시키는 것이다.721)

방법이원론

칸트에 의하면 우리가 어떠한 대상을 인식한다는 것은 감성에 의해서 우리에게 주어진 대상을 오성(悟性)에 의하여 사유함으로써 가능한 것이다. 곧 인식주관(認識主觀)이 대상을 결정하는 것이다. 신칸트주의에 의하면 자연계도 가치계도 우리의 선천적인 주관의 작용에 의하여 구성된다[구성주의 構成主義].722) 특히 리케르트(H. Rickert, 1863~1936)는 대상에 따라 인식방법이 좌우되는 것이 아니고 인식방법에 따라 대상이 제약된다고 논하고 문화과학의 새로운 방법론을 개척하였다. 그에 따르면 문화의 세계는 가치에 관계지워진(wertbezogene) 실재(實在)이다. 가치에 관계지워지면 대상의 개별성이 확실히 인식되므로723) 이 대상이 갖은 문화적 의미를 명백히 하는 방법은 개성기술적이다.724) 즉 문화현상에 대한 가치가 문제될 경우에는 오직 그것을 개성화하여 역사적으로 다루는 것만이 정당하게 된다. 자연으로서 즉 「보편적」 개념이나 「법칙」 밑에다 놓고 볼 경우에는 그것은 「동일류(同一類)에 속하는 다른 사례」로 대체하여도 상관없는 하나의 유례(類例)가 될 것이요, 따라서 그것을 일반화시키는 것만으로는 만족스러울 수가 없다.725) 이 문화과학 방법론을 법학에 적용한 사람은 라스크(Emill Lask, 1875~1915)이다.

라스크에 의하면, 소여(所與)로서 주어진 자연과 문화과학적 지식 사이에는 법·경제·국가·정치 등의 여러 문화현상이 혼재하고 있다. 여기에 이들 문화현상의 개성에 대하여 과학적 가공을 하는 「역사적 문화과학」과 그 동질적인 제유형을 목표로 하여 과학적 가공을 하는 「조직적 문화과학」이 성립된다. 그런데 법현상도 문화현상의 하나인 이상, 이에 대응하여 역사적 법학과 조직적 법학이 성립되는데, 전자는 법사학(法史學)이 그 실례가 되고, 후자에는 다시 하나의 역사적 의미를 가진 사회적 사실로서의 법을 연구하는 「법사회학」과 순수한 규범 의미의 복합체로서의 실정법규를 연구하는 「법해석학」으로 나누어진다. 여기에서 라스크(Lask)의 법학적 방법2원론(法學的 方法二元論)이 확립된다.

가치상대주의

신칸트주의의 약점은 이상과 현실을 대립시켜 가치와 존재를 준별하는데 분주한 나머지 법의 이념을 내용 없는 형식에서 찾고자 한 점이다.726) 이 결점은 특히 슈타믈러에 대하여 지적할 수 있는 점이다. 이러한 약점을 극복하면서 등장한 사람은 독일의 법철학자 라드브루흐(G. Radbruch, 1978~1949)이다. 라드브루흐는 법의 이념에 관하여 여러 가지 가치판단이 대립하는 경우에 어느 것이 가장 올바른 것인가는 각자의 세계관에 따라 결정할 일[相對主義]이라고 보았다. 그는 정의(正義)가 법이념에 속하지만 질서와 평화를 유지하기 위해서는 또 하나의 법이념인 법적안정성(法的安定性)이 필요하다고 보고 이를 정의에 우선시켰다.

나치스의 전체주의를 겪은 후에는, 상대주의라고 하더라도 민주주의 자체를 부인하는 사고까지 포섭할 수는 없다고 추론하였다.

라드브루흐는 정의의 실체를 어느 한 쪽으로 파악하기 어렵다는 한계 때문에 일반적인 예측가능성[法的安定性]을 존중하면서도 개별법들의 구체적인 목적[合目的性]을 통하여 정의를 실현하려는 상대주의적 방법론을 추구하였다. 라드브루흐는 "우리들 경험의 무형식적 소재, 즉 소여(所與 Gegebenheit) 속에는 현실과 가치가 무질서하게 혼재해 있다"727)는 가정 아래, 소여 존재와 당위, 실제와 가치의 대립을 전제하고, 이러한 "가치와 반가치가 부착되어 있어 인간과 사물을 체험함에 있어 이 가치와 반가치가 사물과 인간 자체에서 부터가 아니라 관찰자인 우리에게서 생긴다"728)고 말함으로써 이른바 구성주의(構成主義)의 입장을 지지한다. 그러므로 그에게 있어서는 관찰자의 인식주관에 해당하는 정신이 취하는 태도에 따라 거기에 상응하는 소여가 상이하다. 즉「가치맹목적 태도」앞에는 자연이,729)「가치평가적 태도」앞에는 논리·윤리·미(美)가,730)「가치관계적 태도」앞에는 문화가,731)「가치초월적 태도」앞에는 종교가732) 등장한다.

이러한 태도는 곧 각 학문의 고찰방법이 된다. "법은 문화현상, 즉 가치에 관계된 사실"이므로 "법은 가치관계적 태도의 범위 안에서만 파악될 수 있다." 그러나 "법이념 그것은 법적 현실733)을 위한 구성적 원리인 동시에 그 가치척도로서 가치평가적 태도에 속한다." 또한 법을 신 앞에 귀의시키는 입장도 있을 수 있다. 이 입장은 가치초월적 고찰에 속한다. 이리하여 법에 대한 세 가지 가능한 고찰이 정립된다 : "가치관계적 고찰, 즉 법을 문화사실로서 고찰하는 것(이것은 법과학734)의 특징을 이룬다) 및 가치평가적 고찰, 즉 법을 문화가치로서 고찰하는 것(이에 의하여 법철학이 특징지워진다) 그리고 법의 가치초월적 고찰, 즉 법의 본질 또는 무본질성을 고찰하는 것(이는 법의 종교철학의 과제이다)의 셋이 그것이다."735)

라드브루흐에 의하면, 이러한 "법의 가치고찰 방법은 2개의 본질적 특징을 드러내게 된다. 방법2원주의(方法二元主義 Methodendualismus)와 상대주의(Relativismus)가 그것이다." 736) 칸트철학이 제시하는 바는 존재하는 것(Was ist)에서부터 가치있는 것, 바른 것, 있어야 할 것(Was sein soll)을 연역할 수 없다는 사실이다. 그러므로 "가치고찰과 존재고찰은 독립된, 전혀 자신 속에 폐쇄된 원으로서 공존한다. 이것이 방법이원주의의 본질이다 … (그러나) 때로는 … 이념은 어떤 특정한 소재에 대하여 적용되며 그 소재 위에서 배열된다. 그렇기 때문에 그것이 지배하려고 하는 소재에 의하여 규정된다" [이념의 소재규정성(die Stoffbestimmtheit der Idee)].737) 이것은 "이념이 소재 안에서 미리 형성된다는 것"을 의미하지는 않는다 하더라도 이념이 소재에 의하여, 당위가 존재에 의하여 어느 정도 영향을 받는다는 것을 뜻한다. 그러므로 방법에 있어서는 철저히 이원주의를 취할 수 있다고 하더라도, 그것은 어디까지나 방법에 있어서만 그러할 뿐, 존재와 당위가 서로 묻고 수정하는 것까지도 부인하는 것은 아닐 것이다. 그러나 라드브루흐는, 이원주의와 완전히 결별할 수 없었기 때문에, 가치체계를 현실에 적응시킬 수 있도록 상대화시킴으로써 이른바 상대주의의 길을 걷게 된다.

제1편 자연의 정의 (Natural Justice)

라드브루흐는 "당위명제·가치판단·평가라고 하는 것은 존재의 확정을 기초로 하여 귀납적으로가 아니라 같은 종류의 다른 명제들을 기초로 하여 연역적으로만 이루어 질 수 있다"고738) 보기 때문에 "최후의 당위명제는 입증할 수 없으며…다만 고백할 수 있는 것에 지나지 않는다. 그래서 최후의 당위명제에 관한 서로 대립하는 주장 즉 서로 대립하는 가치관 및 세계관이 각각 싸우며 대치되어 있을 때, 더 이상 그것들을 과학적·일의적으로 해결한다는 것이 불가능하다. (왜냐하면) 과학적 고찰은 참으로 사람이 무엇을 할 수 있는가, 무엇을 하려고 하는가를 가르쳐 줄 수는 있었지만, 무엇을 해야 하는가를 가르쳐 줄 수는 없다."739) 그리하여 그는 법률관의 선택을 각 개인에게 맡긴다. 즉 "상대주의철학은 각 개인에게 태도결정의 가능성 전부를 제시하는 데 자기의 임무를 한정시키며, 각 개인의 태도결정 자체는 그의 인격의 깊은 곳 - 결코 그의 자의가 아니라 오히려 그의 양심(Gewissen) - 에서 형성된 결단에 위임된다"740)

라드브루흐가 신(新)칸트주의의 약점을 극복했다는 것은 상대주의(相對主義)에 의하여 가치체계에 다양성이 스며들 수 있는 길을 열어 놓았고 그자신이 법가치·법이념에 새로운 요소 즉 합목적성과 법적안정성을 추가시켰다는 점에 기인한다. 먼저 그에 의하면 "법은 법가치, 법이념에 봉사한다는 의미를 가진 현실이다.741) 그런데 "법의 이념은 정의이외에 다른 것이 될 수 없다."742) 정의(正義 Gerechtigkeit)는 평등(平等 Gleichtheit)을 의미한다. 이러한 "정의는 다만 법의 형식만을 규정한다. 법의 내용을 획득하기 위하여는 두 번째 사상이 부가되지 않으면 아니된다. 합목적성(合目的性 Zweckmässigkeit)이 그것이다."743) 합목적성이란 정의가 법의 목적에 적합하여야 한다는 뜻이다. 그런데 "법은 그 본질적 부분에 있어서 국가의 의사이고, 국가는 그 본질적 부분에 있어서 법적 제도이다." 그러므로 "법의 목적과 국가의 목적에 관한 문제는 서로 나눌 수 없는 것이다."744) 그러므로 법의 목적 즉 법률관(法律觀)은 국가관과 다를 바 없고, 이 법률관의 선택은 각자의 세계관에 맡긴다.

서로 다른 세계관은 국가 안에서 서로 대립·항쟁할 것이다. 세계관은 "인간의 개인 인격, 인간의 전체 인격, 인간의 작품" 중 어느 하나에 가치를 부여한다. 이 가치들은 "실체의 표준에 따라 개인가치·단체가치·작품가치의 세 가지로 분류할 수 있다."745) "표어적으로 총괄하면 궁극적 목적은 개인주의적 견해에 있어서는 자유이며, 초개인주의적 (권위적) 견해에 있어서는 국민이며, (작품가치를 추구하는) 초인적 (보편주의적) 견해에 있어서는 문화이다."746) 또한 "초인주의적 이론은 국가 및 법공동체에 관한 그 견해를 유기체라고 비유로서 설명하고…개인주의적 견해는 계약을…초인격적 견해는 건축(Bau)이라는 비유를 사용한다."747) 라드브루흐에 따르면 이들 가치관은 각각 다른 것으로 변모한다. 즉 변증법적으로 발전한다. 그들 각각은 다른 것을 향하여 노력함으로써만 달성될 수 있다. 변증법적 관계는 법이념 상호간에도 적용된다.

법의 이념에 최후로 요구되는 것은 법적 안정성이다. 라드브루흐는 "법은 공동생활의 질서이기 때문에 각 개인의 의견의 다양성에 내맡겨질 수 없으며 모든 사람의 위에 위치하는 하나의 질서로 되지 않으면 아니된다."고 언명하고, 상대주의가 법철학의 최후의 말로 머무를 수 없다고 하였다. 이러한 "법의 안정성은 법의 실정성을 요구한다."748) "안정성은 사실이고, 실정성은 법을 제정하는 실력(Macht)을 전제로 한다."749) 그리하여 그는 자신도 모르게 실력이 법을 지배할 수 있는 길을 터 놓은 셈이다. 전체주의의 횡포를 체험한 라드브루흐는 만년에 이르러 (물론 형식적 의미에 있어서) 정의의 가치가 합목적성 및 법적 안정성의 가치보다 위에 있음을 말하였다.750)

라드브루흐에 따르면, 근대시민법(近代市民法)은 이기적·지성적·활동적인 자유로운 인간을 모토로 하여 제정되었고 형식적 평등과 계약자유를 바탕으로 경쟁을 할 수 있도록 계획되었지만, 자본주의의 발전은 법의 형식과 법의 현실을 동떨어지게 하였고 따라서 실질적 자유·평등이 존립할 수 없다. 그러므로 그는 사회 속에 존재하는 개별적인 인간 - 사회적 약자 - 를 보호하기 위하여서는 가진 자의 자유를 어느 정도 제한하고 국가가 사법관계(私法關係)에 간섭할 필요성이 있고 따라서 법체계 또한 공법화된 사법(私法) 곧 사회법(社會法)을 포함하여야 된다고 논하였다.751)

라드브루흐가 계승한 가치상대주의 계열의 법철학은 그 명칭에서 알 수 있듯이 현대 물리학 중 상대성이론의 영향을 받은 것으로 보인다. 그는 법의 이념으로서 '정의' 개념 외에 '합목적성'(목적적합성)이라는 통로를 이용하여 다양한 법의 가치를 수용하고자 하였다. 그러나 라드브루흐는 여전히 법적안정성을 이념으로 법체계의 안정성을 지향함으로써 양자물리학의 불확정성의 원리와 같은 현대물리학이 현대 법사상에 미치는 영향에 주목하지 못하고 고전물리학의 세계관으로 회귀하는 경로를 탈피하지 못했다. 그는 정의를 '평등'과 같은 차원으로 이해하고 법적안정성에 비중을 둠으로써 결과적으로 법률행위자의 자유의지에 따른 책임, 물리적 인과관계를 기반으로 하는 입증과 재판, 증거기반 의사결정과 같은 법의 기능을 용인하였다. 나아가 사회적 약자를 위한 사회법의 확장은 '법의 홍수'를 초래하는 동인으로 작용하였다. 라드브루흐의 가치상대주의는 근대 결정주의 법률관을 현대 상대주의 법률관으로까지 변화시키지 못하고 '법목적'의 상대주의에 머물렀다.

4) 불확정성원리등 양자역학의 영향

양자역학 개념을 창시한 사람은 양자가설을 제시한 막스 플랑크(Max Plank, 1858년 ~ 1947년)이다. 그는 1899년 플랑크 상수를 발견하였고, 대응원리라고 하여 플랑크 상수에서 0으로 극한을 취할 경우 양자역학에서 고전역학으로 수렴한다는 사실을 알아냈다. 이를 통해 1918년 노벨 물리학상을 받게되었다. 이러한 양자역학의 형성기에는 Ⓐ보어의 원자모형 → 대응원리 → 행렬 역학으로 나갔고 Ⓑ아인슈타인의 광자 → 루이 드브로이의 물질파 → 파동역학으로 발전하였지만 뒷날 양 쪽이 같은 내용임이 밝혀져 통일되었다. 양자역학은 고전역학과는 달리 확률적인 입장을 취하고 있다.

양자역학의 대표적인 실험: 리처드 파인만의 2중슬릿 실험

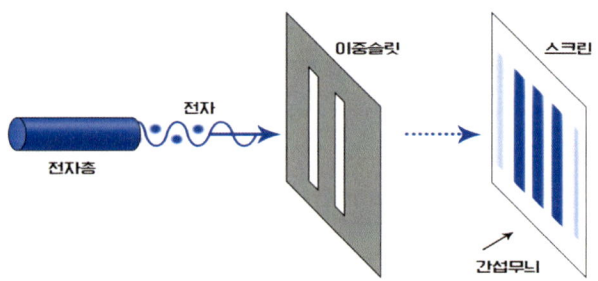

그림 https://roytravel.tistory.com/121: 양자역학이란 무엇인가

양자역학이란 미시계의 현상을 연구하는 물리학의 한 분야이다. 물리학은 크게 고전역학과 양자역학으로 나눌 수 있으며 양자역학은 고전역학으로 해석하지 못하는 현상을 설명한다. 양자역학에서 사용되는 요소적인 개념 중 하나는 이중성이 있다. 이중성의 특징은 입자성을 띠면서 동시에 파동성 또한 띤다는 것이다.[752]

입자의 경우 실체가 있고, 운동량이 있으며 이산적이라는 특징을 가진다. 또한 입자의 총 물리량 = 개별 입자의 물리량 총합이라는 특징을 가진다. 반면 파동의 경우 실체가 없는 것이며 그렇기에 운동량 또한 없으며, 연속적이라는 특징을 가진다. 파동의 총 세기는 개별 파동이 갖는 세기의 단순 합과는 다른데 이는 합성파를 이룰 때 파동에 간섭이 발생하기 때문이다. (그림. 이중슬릿 실험)

간섭은 크게 두 종류로 보강간섭과 상쇄간섭이 있다. 보강간섭은 파동이 간섭에 의해 더욱 커지는 것을 의미하며 상쇄는 파동이 간섭에 의해 축소되는 것을 의미한다. 이러한 이중성에 대한 예시로는 물과 물결, 소리와 음파와 같다. 물과 소리의 경우 매질이 있어, 매질의 진동 모습을 통해 파동의 모양을 관찰 가능하며, 파동 관련 모든 물리량을 측정 가능하다.

미국 물리학자 아서 콤프턴은 1922년 산란 실험(그림)을 통해 아인슈타인의 주장과 같이 빛이 파동일 뿐만 아니라 입자임을 증명했다. 실험에서 광자가 입사한 후 두 개의 산란 복사가 나타난다. 하나는 원래 빛과 동일한 파장이고 다른 하나는 더 긴 파장이다. 후자는 원래 빛보다 에너지가 줄었음을 뜻한다.

법률세계에서는 흔히 행위자의 자유의지를 법률효과의 근거로 삼는다. 하지만 양자역학은 자유의지의 절대성을 흔들었다. 그 첫 번째가 빛의 이중성이다. 입자이면서 파동인 빛의 이중성은 파동으로 간섭을 빚을 수도 있고 입자로 산란 효과를 일으킬 수도 있음을 보여줌으로써, 법률행위나 불법행위로 나아가는 행위자의 의지와 행동이 언제나 일의적으로, 즉 목적을 향하여 자유의지를 일의적으로 - 일사불란하게 - 조정하는 경로를 밟지 않을 수도 있음[753]을 일깨워준다. 만약에 행위자의 자유의지가 일사분란하다면 그는 계약이나 범죄행위의 초기부터 자기에게 불리한 증거를 지우고 유리한 증거들을 확보하면서 결과로 나아갈 것이다. 그러나 대부분의 행위자들은 실제 그 반대이다. 예컨대 자본시장법을 위반하는 행위자들은 자기행위가

어느 구성요건을 어떻게 충족시켰는가를 잘 알지 못하는 사이에 결과적 불법을 저지르거나 결과적 가중범에 이르게 된다. 계약체결이나 사건 발생일로부터 수년이 경과하여 기억도 희미해진 상당수의 계약불이행자들이나 범죄 피의자들은 채무자의 불이행 증거를 확보하여 재판을 유리하게 이끄는 채권자들이나 범법자들의 불법증거를 수집하여 결과를 목적적으로 조종하여 재판을 유리하게 이끄는 수사관들을 결코 당하지 못한다.

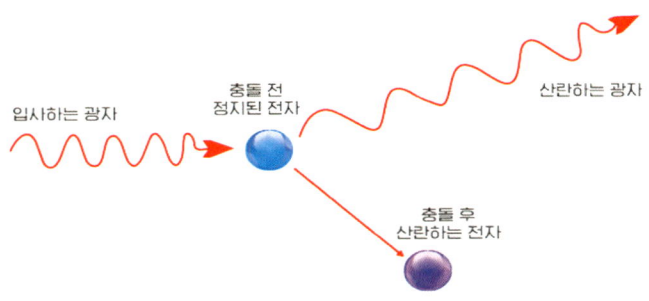

그림 https://roytravel.tistory.com/121: 양자역학이란 무엇인가

양자역학이 현대법학에 미치는 두 번째 영향으로서 불확정성의 원리를 들 수 있다. 미시의 세계에서 관찰자는 전자(電子) 등 물리적 입자들의 위치를 특정할 수는 없고 확률로 말할 수 있을 뿐이라는 하이젠베르크의 불확정성원리(그림 @https://news.skhynix.co.kr/post/thirds-eyes-kimbeomjun-2)는 법률행위자들의 자유의지를 확정하고 확실한 증거를 확보하여 행위자에게 책

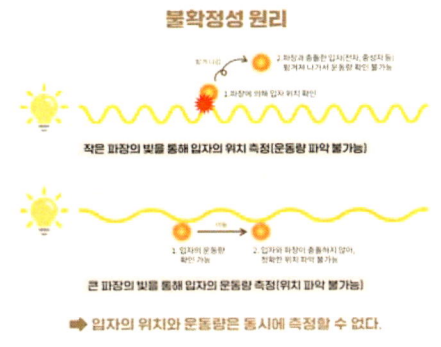

임을 묻겠다는 근대 소추 내지 재판의 확실성을 흔들기에 충분하다. 증거기반 의사결정은 때때로 흔들리는 자유의지의 결과인 계약이나 불법행위 내지 범죄행위를 사후에 채권자나 소추자의 관점에서 확정짓는 오류를 범할 수 밖에 없다. 자유심증주의라는 재량을 부여받은 법관의 마음조차 때로 흔들릴 수 있다. 법경제학은 법관이 어떠한 결정을 내리더라도 이익의 총량 안에서 분배의 정의가 실현될 수 있음을 시사하지만 이는 정의가 이익형량에 머무를 때에만 가능한 이야기이다. 공공선이나 義는 이익형량의 대상이 될 수 없다.

5) 과학이 이데올로기에 미치는 영향

동굴의 우화

플라톤은 『국가론』에서 「동굴의 우화」를 말한다: "동굴에 갇혀 벽만 바라보고 사는 사람들은 동굴 벽에 비친 그림자를 실체라고 믿는다. 어쩌다가 밖으로 탈출한 현인이 동굴로 돌아와

제1편 자연의 정의 (Natural Justice)

광명세계의 실상을 전하지만 동굴인들은 그가 미쳐서 횡설수설한다고 측은하게 여긴다." 헤라클레이토스를 제외한 고대 그리스의 자연철학자들과 토마스 아퀴나스 등 자연법사상가들은 필연주의(naturalism)를 믿었고 뉴턴 물리학의 세례를 받은 칸트와 헤겔 등 근대 관념주의 철학자들은 세계가 이성의 산물이거나 변증법적으로 발전할 것임을 믿어 의심치 않았다.

변증법적 발전의 종언

마르크스(1818~1883)도 현실 세계를 유물론적 변증법이 지배하는 결정론의 관점에서 바라보는 사상가였다. 역사 유물론자들과 과학적 공산주의자들은 생산력의 발전 단계에 따라 사회경제체제가 원시 공산사회에서 고대 노예사회로, 다시 중세 봉건사회를 거쳐 근대 자본주의로 나아가지만 자본주의 구성이 고도화되면서 모순이 격화되어 결국은 공산사회에 이르게 된다고 믿었다.

사회주의 내지 공산주의란 오직 계급투쟁을 매개로 하여서만 실현될 수 있는 미래의 사회형태였고, 노동계급에 의한 국가권력의 획득은 노동계급의 경제적 해방을 위한 전제였다. 러시아 혁명과 1차 세계대전의 와중이던 1917년 출간된 『국가와 혁명』에서 레닌은 "계급이 소멸될 때 국가 역시 소멸될 것"이라는 마르크스·엥겔스의 주장을 이어받아, "기존의 국가기구를 파괴하기 위해선 폭력혁명이 불가피하다"고 주장하였다.754)

마르크스는 자본주의가 고도화되기도 전에 자본주의의 몰락을 예고하였다. 그러나 그는 이러한 몰락을 기다릴 수 없었다. 마르크스의 「포이어바흐에 관한 테제」제11번에 따르면, "지금까지의 철학자들은 세계를 여러 방식으로 해석하기만 했다. 그러나 중요한 것은 세계를 변혁시키는 일이다."(Die Philosophen haben die Welt nur verschieden interpretiert; es kommt aber darauf an, sie zu verändern.) 자본주의의 독점적 단계를 제국주의로 인식한 레닌은 "혁명 여건이 무르익기를 언제까지 기다리느냐"는 식으로 인위적인 공산혁명을 선동하였다.

실제 공산주의 혁명은 마르크스 사후 러시아·중국 등 자본주의 발전단계가 낮은 국가에서 진행되었다. 그러나, 역사학자 랑케에 따르면, 역사는 끊임없는 생성과 변화 속에서도 연속성을 보여주면서 발전하기 때문에 모든 역사적 성과들은 역사의 필연적인 변화 속에서도 새로운 형식으로 계승 및 지속될 가치를 지니고 있다. 그에게는 변화를 수용하지 아니하는 연속성이나, 연속성을 파기하는 변화는 모두 다 비자연적이고 비역사적이다. 그러므로 랑케는 혁명을 거부했다.755)

정치경제학에서는 일정한 사회를 특징짓는 사회제도와 이데올로기적 요소의 총체를 상부구조(superstructure)라 말한다. 여기에서 일단 구축된 상부구조는 온갖 장치를 동원하여 묵은 생산관계의 변화를 방해한다. 상부구조는 사유재산과 자본축적을 보호한다. 지배계급은 '동의에 의한 지배'와 '자발적 복종'을 이룩하기 위하여 이데올로기를 강조한다. 생산수단을 장악한 지배계급이 대중을 지배하는데 필요한 조직적 힘이 곧 국가이다.

마르크스에 따르면, 국가와 법은 그때그때의 지배 계급이 피지배 계급을 지배·억압하기 위한 기관·도구에 불과한 것이며, 계급 대립이 완전히 소멸될 때 — 공산주의 사회가 실현될 때 — 국가와 법도 사멸된다. 뉴턴 물리학의 근대 세계관에 따르면, 이러한 변증법적 전개가 가능하다. 마르크스는 '자본주의 사회가 필연적으로 몰락할 것'이라고 보았고 어떻게 몰락할 것이며 그것이 어떻게 앞당겨질 것인지를 서술하고 다음 단계의 사회를 예측하였다. 그러나 현대 물리학의 세계관에 따르면 이러한 전개는 실제 예측이 불가능하다.

미국의 정치학자 프랜시스 후쿠야마는 동유럽의 사회주의권이 붕괴되기 시작한 1989년 「역사의 종말」논문을 발표하면서 주목을 받았다. 그는 이 논문에서 역사가 끝났다고 선언했는데, 여기서의 종말은 대재앙이나 묵시록적인 종말을 의미하는 것이 아니다. 후쿠야마는 인류의 역사가 공산주의가 패배하고 자유(혹은 자본)주의가 승리함으로써 헤겔과 마르크스적 의미의 역사는 끝났다고 선언했다.756)

『역사의 종말과 최후의 인간』은 미국의 정치학자 프랜시스 후쿠야마가 1992년에 쓴 정치철학서로, 냉전(1945~1991년)과 소련 해체(1991년) 이후 서구 자유주의 민주주의가 부상하면서 인류는 "단지 ... 전후 역사의 특정 시기가 지나간 것뿐만 아니라 역사 자체의 종말, 즉 인류의 이념적 진화의 종착점과 서구 자유주의 민주주의가 인간 정부의 최종 형태로 보편화되는 종착점"에 도달했다고 주장한다.

후쿠야마는 인간 역사를 한 사회경제적 시대에서 다른 시대로 이어지는 선형적 진행으로 정의하는 게오르크 빌헬름 프리드리히 헤겔과 칼 마르크스의 철학과 이념을 비판한다. 이 책은 후쿠야마가 The National Interest 저널, 1989년 여름에 발표한 에세이 "역사의 종말"을 확장한 것이다.

4. 정상후과학 이론의 적용

"과학은 악마가 인간에게 행한 가장 큰 속임수입니다." 하워드 윈 대법관은 철제의자에 앉아 불편하게 몸을 꼼지락대고 있는 졸업생들을 향해 큰 소리를 내며 주먹을 들어 올렸다. "악마는 우리 스스로가 운명을 조종할 수 있다고 믿게 만들었지만, 우리가 만들 수 있는 건 종말밖에 없어요. 사당을 짓기 위해 자연의 법칙을 파괴하는 것은 악마의 짓입니다. 이제 그런 짓은 그만둬야 합니다."757)

1) 정상후과학의 등장

1990년대에 들어와 런던대학의 생의학 교수인 루이스 월퍼트(Lewis Wolpert)는 『과학의 비자연적 본질』(The Unnatural Nature of Science)이라는 과학 개설서를 통하여 과학이 특별한 지식임을 강조하면서 사회구성주의에 기반을 둔 과학사회학에 반론을 폈다. 그는 과학이 우리의 시각, 경험, 직관 등에 의존하는 상식과는 정반대의 "비자연적"(unnatural) ― 수학의 사용, 복잡한 실험 데이터의 해석, 추상적 개념의 사용 등을 요구하는 ― 사고를 바탕으로 한다고 전제하면서, 이렇게 상식에 반(反)하는 과학의 특성이 과학을 일반인에게 이해할 수 없는 것으로 만들었고, 이와 같은 몰이해가 상대주의적 과학사회학의 기반이 되었다고 역설하였다.758)

그 다음 해에 스티븐 와인버그759)(Steven Weinberg)는 그의 저서 『최종이론의 꿈』(Dreams of a Final Theory, 1993)에서 "근대 철학이나 20세기 과학철학이 과학자에게 미친 영향이 거의 전무하다"면서 과학에서 철학(사회구성주의)의 무용론을 강조했다. 하지만 1997년부터 북미와 유럽의 학자들은 "과학전쟁이 서로를 헐뜯을 일이 아니라 과학자와 과학연구자 사이의 대화와 토론을 증진시켜 과학과 사회의 이해를 높이는 건설적인 방향으로 나아가야 한다"는 방향으로 나아가기 시작하였다.760)

Funtowicz와 Ravet이 말하는 문제해결 전략에는 우선 두 가지 관점이 있다. 하나는 지식 속에 담긴 서로 다른 종류의 불확실성과 정보의 의도적인 기능의 양자를 기반으로 하여 분석된 과학적 정보의 질이다.761) 다른 하나는 지식과 윤리의 양자에 내재된 불확실성을 기반으로 분석된 문제해결전략이다. 과학은 정책쟁점에 적용될 경우 정책건의에 확실성을 제공할 수 없으며, 어떠한 의사결정과정에서 상충되는 가치들은 문제해결활동 그 자체에서 무시될 수 없다.762)

정상후과학론은 세 가지의 문제해결전략을 검토한다: (a)응용과학의 전략, (b)전문자문의 전략 그리고 (c)정상후과학의 전략이 그것이다. 정상후과학론은 [그림]에서 보는 바와 같이, 불확실성과 현안의 강도를 나타내는 두 개의 축을 가지고 다이어그램을 그린다. 전통적으로 과학은 '확실성'과 '가치중립성'을 표방하지만, 여기에서 불확실성 체계와 결정상 이해관계는 서로 반대의 속성을 지닌다. 응용과학과 전문자문 그리고 정상후과학이 두 개의 차원에서 서로 층위를 이루면서 다른 위치에 분포한다.

정상후과학의 문제해결 다이어그램

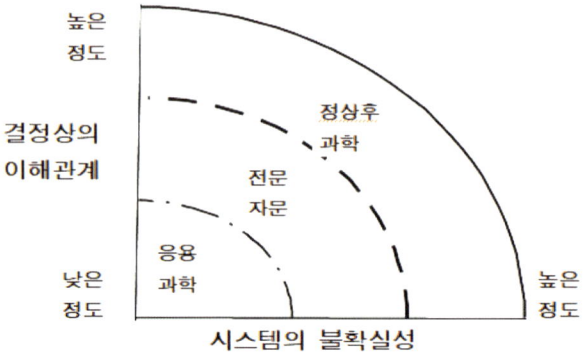

자료: Funtowicz et.al.,1994 19941994

순수과학 내지 기초과학은 호기심이나 연구자의 선택에 의하여 수행되므로 이해관계자들로부터 독립되어 있다. 이에 비하여, [그림]에서 보는 응용과학은 순수과학과 달리 연구의 적극적 성과가 성공전망에 관한 강한 불확실성을 보상할 수 있다.763) 쿤(Kuhn, 1962)의 입장을 따르면764), 순수과학과 응용과학은 정상과학(normal science)에 해당한다.

전문자문은 고객에게 봉사하는 문제해결을 추구하므로 어느 일면 응용과학과 유사하지만 그보다 광범위하다. 여기에서는 고도의 숙련에 의존하는 개인적 판단이 요구되며 방법론의 수준에 따라 불확실성이 달라진다. 과업의 목표는 응용과학의 경우처럼 완전히 명료할 수 없다. 이해당사자 스스로가 가변적이거나 상충적이기 때문이다. 응용과학은 재생과 예측이 가능하지만, 전문자문의 과업은 다른 경우와 비슷해 보임에도 서로 다른 독창적인 상황을 다룬다. 어떠한 문제가 제도적으로 해결될 수 있겠으나 전문가 공동체에 의하지 아니하고 의뢰인들 스스로에 의하여 해결되는 것이 보통이다.765)

2) 정상후과학의 방법론

정상후과학의 방법론은 와인버그의 초과학과 일맥상통한다. 초과학은 어떠한 문제를 규모나 기술적 가능성 측면에서만 응용과학과 차별화시켰다. 하지만 이러한 접근은 전문자문과 거의 다르지 아니하였다. 정상후과학의 다이어그램에서는 인식론이나 윤리적 부류의 불확실성이 대두될 때 또는 결정해야 할 현안이 이해관계자들 사이의 상충된 목적을 반영할 때 정상후과학이 등장한다. 정상후과학론은 순수과학 실험실의 성공이 응용과학을 통하여 자연정복에 성공적으로 확장되었으나 지구환경문제들을 풀기에는 적절하지 아니한 정상과학의 난제해결 연습을 지칭하기 위하여 '정상후과학'이라는 개념을 정립한다.766)

컴퓨터 방법론이 문제해결전략을 지배하는 경우에도 인식론상의 불확실성은 전문가들에게 익숙하다. 다수 전문가들은 데이터 입력상의 착오로 인한 기술적 불확실성 및 입력에 대한 모형들의 (예컨대, 민감도 분석 또는 모형간 비교에 의하여 계측되는) 반응에서 나타나는 방법론상의 불확실성에 이미 적응되어 있다. 전문가들은 그들의 실험에서 '무시와 맞닿아 있는' 극단적 형태의 불확실성을 목격한다. 어떤 문제들은 시스템에 따라 해결될 수 없어 무시되곤 한다. 그러나 이러한 '무시의 무시'(ignorance of ignorance) 양상은 인류가 겪는 가장 위험한 상황이다.767)

사실과 가치의 호환

정상후과학은 문제해결활동에서 "엄격사실"이라는 전통영역을 "유연가치"로 전환시키는 역설적 모습을 띤다. 높은 수준의 불확실성, 일부 사례들에서의 완전한 무시 그리고 극단적인 이해관계(결정현안) 때문에 정상후과학론은 다이어그램 상의 축을 바꿔버릴 수도 있다. 즉 기후변화로 인한 해수면 상승효과 같은 '유연' 가치를 수평축의 독립변수로 설정할 수도 있다.768) 과학적 입력은 전통적으로 엄격했겠지만 가치판단 여하에 따라 유연해질 수도 있어 해수면 상승을 억제하기 위한 정책을 성공적으로 결정하는데 도움을 줄 수도 있다.769)

정상과학에서는 전통적인 사실/가치의 구분이 호환되지 아니하였다. 그러나 정상후과학에서는 두 개의 범주가 서로 분리될 수 없다. 윤리를 수용하기 위하여 불확실성이 시스템을 벗어날 수도 있다. 모든 지구환경 쟁점들은 새로운 형태의 형평을 수반한다. 형평은 종래 과학기술사업에서 외부효과로 간주되었다. 이제 외부효과는 미래세대[770], 다른 생물종 그리고 생태계 전반과 같은 새로운 이해관계자들의 복지와 관련된다. 지식의 불확실성과 윤리의 불확실성 사이의 친숙한 관계는 생물다양성과 멸종의 문제에서 각각 따로따로 또는 지구차원으로 설명된다. 일부 개발로부터 이익을 얻을 수 있는 사람들의 권리와 해악을 입을 수 있는 특정한 동식물종들의 권리를 판가름하는 단순한 이론근거를 정립할 수 없다. 그러나 윤리적 불확실성은 우리가 해법을 찾는 것을 단념시키지 못한다. 뿐만 아니라 의사결정자들도 말이나 투표로 의사를 밝히지 못하는 생물들의 우려를 대변하는 열정적 사람들의 정치적 힘을 간과할 수 없다.[771]

문제해결 전략 간의 전이와 공조

세 가지 형태의 문제해결전략을 담고 있는 다이어그램은 다른 구간에 놓인 다른 문제가 상호작용하고 전이가 가능할 경우 정태적으로 해석하여서는 아니된다. 어떤 문제에 심각한 불확실성과 가치충돌이 존재하고 해결과정에서 전문가 참여가 없다고 하여, 전통적 문제해결 전략이 무용함을 뜻하지는 아니한다. 정상후과학에서는 쟁점이 진화할 수도 있으며 뒤따르는 상이한 문제해결 전략들이 두드러져 궁극적으로 전략간 대화가 해결에 기여할 수도 있다. 정상후과학은 쟁점을 동적으로 해결하기 위하여 합법적인 참여를 점진적으로 늘려 과학적 입력의 질을 보장할 수도 있다.

참여주체들의 정당성과 권능

문제해결 전략에 참여하는 주체들은 광범위한 사회적 및 문화적 제도와 운동을 통하여 정당성과 권능을 확보하여야 한다. 정상후과학이 잘 작동되기 위하여서는 '확장된 동등 공동체'가 필요하고 이해관계자들이 문제해결과정에 참여하여야 하며 양질이 확보되어야 한다. 환경갈등 참여자들은 특정 집단이 필요로 하는 데이터만을 제공하고 나머지는 무시하거나 은폐하는 과학자들을 고용된 총잡이 정도로 볼지도 모른다. 자기들이 예단한 사례에 반하는 논쟁과 증거에 대하여서는 눈을 감는 사람들도 있다. 이러한 참여자들은 확장된 동등 공동체의 구성원이 될 수 없다.[772]

정상후과학론의 최근동향

2016년에 일단의 과학철학자들은 현대과학이 지니는 위기의 근원을 논하면서 여러 가지 주제들을 내걸고 정상후과학의 경향을 검토하였다.[773] 2019년에 Jerome R. Ravetz는 네이처(Nature) 지에 과학교육 방식이 재고되어야 할 것이라는 글을 기고하면서 정상후과학을 거론하였다.[774] 2020년 9월에는 플로렌스에서 제5차 정상후과학 심포지움이 열렸다.[775]

제 2 편
인류의 정의
Human Justice

"자연의 법칙은 모든 사람에게 동일하다. 철학자는 『윤리학』(Ethic)에서 '자연적인 것은 어디에서나 동일한 힘을 갖기 때문에 정의롭다'고 말한다. 그렇다면 인간의 법칙이 자연법에서 파생되었다면 그 법칙은 모든 사람에게 동일할 것이다. 그러나 그것은 분명히 참이 아니다."(聖 토마스 아퀴나스)[776]

제1장 정의는 강자의 이익인가

제1장
정의는 강자의 이익인가

"정의(δικαιοσύνη)는 강자의 이익 이외의 그 어느 것도 아니다. 지배자들은 그들이 다스리는 사람들보다 강하다. 정의는 어떤 행위이건 어떤 상대이건 간에 강자들이 자신들의 이익을 위하여 법(nomos)의 이름을 덧씌운 것에 불과하다. 강자의 법은 자기들의 사적이고 특권적인 이익을 도모하기 위하여 만들어졌다. 지배자는 오직 힘(dynamis)으로 자기의 권리를 만들어 낸다. 이것이 법이자 정의이다." 트라시마코스(Thrasymachus: Θρασύμαχος: BC 459~400).777) 트라시마코스에게 있어 "정의란 더 강한 자의 편익이고, 법을 준수함으로써 통치자들에게 복종하는 것이며, 남에게 좋은 것이다."778)

1. 왕도정치

대항해 시대 선원들은 천년 전 북극성을 출발한 별빛을 바라보면서 항해하였고 현대 법률가들은 1,500년 전 동로마제국 **유스티니아누스** 황제(A.D.482~563)(모자이크 그림) 치세에 빛을 본 『로마법대전』(A.D.534)에 힘입어 법리를 가르치고 적용한다. 고전 시대부터 별빛의 안내를 받던 문명사회의 규범은 그 별의 현존 여부와 관계 없이 변용을 계속한다. 중국은 명나라와 청나라 시대의 율령을 공산주의 이념으로 각색한 사회주의 법체계를 운용함으로써 법률문화의 단절을 피하면서 그들의 정체성을 유지한다고 믿는다. 舊 소련의 지배를 받았던 동유럽 국가들과 몽골 등은 페레스트로이카 이후에도 소비에트식 사회주의 규범을 벗어나지 못하고 있다.

1) 덕치주의

치세와 난세

전국시대(戰國時代)에 활동한 사상가 맹자(孟軻, 371~289B.C.)는 치세(治世)와 난세(亂世)에 대해 다음과 같이 말한다.779)

"정치가 청명한 때에는 소덕(小德)의 인물이 대덕(大德)의 인물을 받들고, 소현(小賢)의 인물이 대현(大賢)의 인물을 받든다. 반면에 정치가 혼탁한 때에는 몸집이 왜소한 사람이 장대한 사람을 받들고, 약자가 강자를 받든다. 이 두 상황은 모두 하늘로부터 결정된다. 하늘에 순응하는 자는 살아남고, 하늘에 거역하는 자는 망한다."

제2편 인류의 정의 (Human Justice)

천인합일

사람이 사는 도리를 파악하려면 천지의 이치를 알아야 한다. 유학에서는 하늘과 사람을 일체[天人合一]라고 파악하였다.『주역』에서는 천지합의의 경지를 "천지와 그 덕을 합하고 일월과 그 밝음을 합하고 사시와 그 차례[序]를 합하고 귀신과 그 길흉을 합하여 천지와 혼연일체가 되어 같이 흐른다"고 묘사한다. 원래『예기』(禮記)의 제31편이었던『중용』780)(中庸)에서는 '천명지위성'(天命之謂性)(제1장)이라 하여 인간 존재의 본질인 성(性)을 천명과 동일한 것이라고 설명하였다.『중용』은 천인합일을 달성할 수 있는 방법으로서 "자기의 성을 다하여야 남이 성을 다하고 그러면 물(物)도 성을 다하며, 천지의 화육(化育)을 도울 수 있으면 천지와 더불어 그 작용에 참여할 수 있다"(能盡人之性 則能盡物之性 能盡物之性 則可以贊天地之化育 可以贊天地之化育 則可以與天地參矣)(제22장)고 말한다. 맹자는 "대인이란 갓난 아기의 마음을 잃지 않고 보존하는 자"(大人者 不失其赤子之心者)(『孟子·离娄下』)라고 설함으로써 '갓난 아기의 마음'을 성으로 보았다. 한대(漢代)의 동중서(董仲舒)는 "하늘도 인간과 같은 희로애락이 있다"고 설명함으로써 천인합일사상을 더욱 발전시켰다.781) 그리스 올림푸스의 신들과 같다.

인간의 본성

전국시대 제나라에서 태어나 초나라에서 여생을 보낸 사상가 순자(荀子, 속명 荀況: B.C.316년~237년)는 유물론(唯物論)의 입장에서782) "하늘의 도(道)는 언제나 존재하여 성군이라고 요(堯)임금을 오래도록 남겨두고 폭군이라고 걸(桀)임금을 순식간에 없애지는 아니한다"(天道有常 不爲堯存 不爲桀亡)고 여겼다.783)

순자의「성악편」에 따르면, "인간의 본성은 악하며 착함(善)은 꾸민 것이다(人之性惡 其善者偽也). 인간은 태어날 때부터 이익을 구하고 서로 질투하고 미워하며, 귀와 눈 그리고 목소리와 표정에 욕망을 담고 있다(人與生俱來有好利 嫉惡之心 耳目聲色的欲望)". "이를 방치하면 음란해지고 예의규범이 사라진다. 사람이 본성을 따르고 정에 얽매이면 반드시 쟁탈이 일어나고 분란으로 이(理)가 무너져 폭력으로 돌아간다"(順是 故淫亂生 而禮義文理亡焉 然則 從人之性 順人之情 必出於爭奪 合於犯分亂理 而歸於暴).784) 순자가 상정하는 원초적 투쟁과 폭력은 홉스(T. Hobbes: 1588년~1679년)가『리바이어던』에서 "만인의 만인에 대한 투쟁"(The war of all against all: Bellum omnium contra omnes)으로 파악하였던 자연상태를 연상시킨다.

순자는 "옳은 것을 옳다"고 말하고 "그른 것을 그르다"고 말하는 시비곡직(是非曲直)을 지혜라고 생각하였다. 순자는 후대의 한(漢)나라에서는 정통 유가로 우대받았으나 송(宋)나라 이후 성리학이 발달하고 성악설이 비난받으면서부터 오랫동안 홀대받았다.

"보편성의 원천"

당말(唐末)의 이고(李翺)는 천인합일의 방법론으로서 복성론(復性論)을 제창하고 복성 방법으로서 성(誠)의 실천과 멸정(滅情)을 제시하였는데, 주돈이(周敦頤)에 이르러 복성론은 성의 실천과 무욕(無欲)으로 계승되고 또 복성의 객관적인 방법으로서 우주론이 전개되었다. 주희는 성의 실천과 무욕을 거경(居敬)으로 우주론을 궁리(窮理)로 집약하여 복성의 방법을 거경과 궁리로 정리하였다.785) 주희는 '천'(天)을 의리천으로 정의하여 도덕성을 보편성으로 삼을 수 있었고, 음양오행설을 수용하여 천리(天理)로부터 공통된 도덕본성과 만물의 차별적 형체가 생성됨을 설명하였다.

반면에 조선 후기 실학자 혜강 최한기(惠崗 崔漢綺, 1803년~1879년)는 '天'을 유형(有形)이라 명하고, 천기(天氣)가 가지는 성을 활동운화(活動運化)라 규정하여 만물의 성 또한 유형이 활동운화하는 것으로 규정한다. 이 차이점은 보편성의 인식 및 활용에서도 유지된다. 주희의 도덕본성은 선천적으로 인간 내면에 품부된 것이기 때문에 보편적 도덕법칙의 인식은 이미 내게 있는 것을 지켜나가는 것이 관건이며, 활용 측면에서는 도덕성이 일신을 주재할 수 있게 하는 것이 요체이다. 반면에 혜강에게서는 인식 주체와 인식 대상이 천에서 품부된 활동운화로 관통되어 있기 때문에 지각활동으로 얻어진 경험지식이야말로 보편성으로서의 가치를 지닌다.786)

전국시대 추연(騶衍: B.C.305년~240년) 등의 음양론자들은 우주의 변화를 순환론적인 시각에서 파악하고, 그 변화를 오행의 상생상극(相生相克)으로 이해하였다. 한대(漢代: B.C.202년~A.D.202년) 이후에는 태극을 노자(老子)의 도(道)에 적용시키는 설과 원기(元氣) 개념에 적용시키는 설이 있었다. 송대(宋代) 이전까지는 태극을 기로 이해하였다. 전한시대 동중서(董仲舒: B.C.179년~104년)는 유가의 천인론과 음양론자의 우주관을 결합하여 인간을 소우주로, 세계를 대우주로 보는 우주론을 전개하였다. 동중서는 현량(賢良) 대책으로서 백가(百家)를 몰아내고 유교에 의한 사상의 통일을 주장하였다.787)

위진현학788)(魏晉玄學)은 자연과 명교(名敎: 인간사회)에 대한 탐구이고 그 대표적 인물은 위(魏)나라의 왕필(王弼: 226년~249년)과 위(魏)에서 태어나 진(晉)에서 죽은 곽상(郭象: 252년경~312년)이다.789) 『노자』(老子)를 주해한 왕필과 『장자』(莊子)를 주해한 곽상은 모두 유무론(有無論)을 철학의 근간으로 삼았다.

왕필에 의하면, '유'(有)는 모든 존재를, '무'(無)는 '유'의 근거와 원리를 지칭한다. 자연은 '무'를 지칭하는 것으로 모든 존재의 원인이자 원리이다. 각 개체는 자연과 닿는 자기의 개성을 '성'(性)으로 삼는다. 왕필은 '유'에 의하여 발생하는 사사로움을 버리고 자연에 의하여 정초된 '성'을 따르는 '무위'(無爲)를 사회철학으로 삼는다.790)

곽상(郭象)은 그 이전까지의 기록들을 6만5천여자 33편으로 줄이고 주를 달아 오늘날의 『장자』를 편찬하였다. 이 중 내편 7편은 곽상이 편집하기 이전부터 묶여 있었다.791) 곽상에 따르면, '무'(無)는 존재하지 않는 것이기에 '유'를 생할 수 없으니 '유'는 결국 아무런 이유 없이 자생한다. 자연은 이 '무'(無: 이유 없음)를 의미한다. 이 개체성을 '성'(性)이라 부르는데, 개체의 모든 활동은 필연적으로 이 '성'에 근거한다.792)

제2편 인류의 정의 (Human Justice)

2) 지치주의(至治主義)

연산군을 폐위시키고 반정으로 왕위에 오른 중종(中宗)은 연산군의 폐정을 개혁함과 동시에 반정 이후 축재와 권력남용을 일삼던 공신 세력을 견제할 목적으로 연산군 때 쫓겨난 신진 사림을 다시 등용하였고, 대의명분과 삼강오륜의 도를 존중하는 성리학을 크게 장려하였다. 이때 조광조(靜庵 趙光祖, 1482년~1519년) 등 젊은 선비들이 대거 정계로 나갔다. 정암은 중종에게 공감과 위임을 건의하였다. 공감과 위임이란 "군주는 성실하고 어지러운 자세로 사람들의 신뢰를 얻고 마음을 감화시키며 대신들에게 일을 맡기고 그 결과에 따라 공과를 논한다"는 통치술이다.793)

조광조는 유교에 입각한 지치주의(至致主義)를 정치이념으로 내세워 급진적 이상국가를 건설하고자 하였다. 사림파(士林派) 유학자들은 유교 사상과 이념을 정치·경제·교육 등 모든 분야에서 실현시켜 요순(堯舜) 시대와 같은 태평성세를 이루고 싶었다.794) 지치주의는 하늘과 인간의 근본은 하나로서 서로 떨어질 수 없는 관계라는 천인합일론에 기초한다. 지치주의는 또 백성이 근본이라는 민본의식과 백성을 위한 정치의 실현을 내세우는 왕도정치 사상을 지향한다.

지치주의를 실현하기 위하여 조광조가 내세운 방법은 5가지이다795): "㈎ 군자와 소인을 올바로 분별하여 인재를 등용한다. ㈏ 군신 상호간에 신뢰하고 협조한다. ㈐ 선비의 습성을 올바로 세우고 그들의 사기를 진작시킨다. ㈑ 유학(儒學) 이외의 이단을 배격한다. ㈒ 여론이 자유롭게 전달될 수 있도록 언로를 확대한다." 지치주의(至致主義)에서는 제자백가와 같은 사상의 자유시장이 불가능하였다. "백성을 위한다"는 하향식 민본은 왕도의 통치목표였으나 실제 통치는 선비나 군자와 같은 선량(選良 엘리트) 계층의 몫이었다.

2. 분열의 정치

1) 사색당파

조선조에서 정치경제 이념을 기준으로 훈구파가 보수파이고 사림파가 진보파는 아니었다. 조선 건국에 협조한 무신 중심의 공훈 세력이 시간의 흐름과 함께 훈구파(勳舊派)로 굳어졌고 고려에 의리를 지킨 문신들이 사림에 칩거하면서 사림파(士林派)가 형성되었다. 사화(史禍)는 어찌 보면 유학으로 이론을 갖춘 사림파들이 정계로 복귀를 시도하면서 자주 역사적 사실들을 인용하였기 때문에 훈구파와 사림파들은 역사논쟁을 펼치는 것처럼 보였다.

조선조 성종(成宗)은 훈구파를 견제하기 위하여 성리학자 김종직(金宗直, 1431년~1492년)을 중심으로 사림파를 중용하였다. 그러나 연산군 재위 때 무신 유자광(柳子光, 1439년~1512년) 등 훈구파들은 김종직 사단의 김일손(金馹孫)이 김종직의 조의제문(弔義帝文)을 사초[成宗

實錄]에 넣으려고 시도하였음을 빌미로 무오사화(戊午士禍: 1498년, 연산군 4년)를 일으켜 영남 신진 사림을 축출하였다. 이어 연산군은 생모 폐비 윤씨 문제로 갑자사화(甲子士禍: 1504년, 연산군 10년)를 일으켜 나머지 신진 사림을 몰살시키고 유학을 배척하였다.

정암 조광조가 뜻을 펴지 못하고 사약을 받았던 기묘사화(己卯士禍, 1519년 中宗 14년) 이후, 신진사림들의 정치적 진출이 다시 봉쇄되었다. 학문적으로는 성리학의 발전이 이루어지는 계기를 맞이하였으나 진보정치가 다시 지체되었다. 중종 승하 후 인종 때에는 중종비 장경왕후의 오빠인 윤임(尹任)[大尹]이 득세하여 이언적(李彦迪) 등 사림파를 대거 등용하였다. 정암은 여러 가지 혁신에도 불구하고 구시대 청군백군 경기를 극복하지 못하였다. 그는 궁중의 종교 영역에 해당하는 소격서(昭格署)를 불의로 간주하였으나, 추천과 면접으로 관리를 뽑았던 현량과(賢良科)에서 공정하지 못한 추천을 거듭함으로써 스스로 불의의 편에 서는 결과를 빚었다.

세력 다툼에서 밀린 훈구파들은 중종의 계비 문정왕후의 남동생 윤원형(尹元衡)[小尹] 밑에 모여 대윤을 공격할 기회를 엿보았다. 인종이 일찍 죽고 명종(明宗)이 즉위하자 소윤은 반역죄 등을 내세워 대윤을 축출하는 을사사화(乙巳士禍: 1545년, 명종 원년)를 일으켰다. 그러나 문정대비 사망(1565년) 후 소윤이 몰락하였고, 신진사류가 다시 정계에 복귀하였다.

조선 중기 한국 사회를 피폐화시켰던 사화는 유학의 대의명분이 겉에 드러났으나, 속으로는 왕족과 귀족 간의 권력투쟁 그리고 토지분배를 둘러싼 훈구파와 신진사림의 각축이 자리잡고 있다. 조선조의 사화는 권력투쟁 속에서 위로부터 이상사회를 실현하려는 신진세력들의 염원이 기득권층인 훈구파들에 의하여 배척당한 역사적 사실들이었다. 사화 무대에서는 인간의 존엄가치나 평등 또는 대동(大同)사회의 실현과 같은 아래로부터의 개혁은 아직 싹트지 않았다.

조선 전기의 사화들은 대체적으로 신진사류가 화를 입었다. 대의명분을 중시하는 사림의 유교정치는 선조(宣祖: 1552년~1608년) 치세로 넘어오면서 붕당과 당파싸움으로 이어졌다. 사화는 학통과 정치이념이 비중을 차지하였으나 당쟁에서는 정권을 잡으려는 정치투쟁이 크게 부각되었다.

선조 때 서울 서쪽에 사는 심의겸을 중심으로 기득권 사림이 서인(西人)을 이루었고 서울 동쪽에 사는 김효원을 중심으로 신진 사림이 동인(東人)을 이루었다. 이들은 선조 8년(1575년)에 인사처장인 이조전랑의 임명을 둘러싸고 당쟁을 벌여 붕당정치의 막을 열었다. 동인은 정여립 모반사건으로 인한 기축옥사(己丑獄事, 1589년)를 계기로 온건파 남인(南人)과 강경파 북인(北人)으로 나뉘었다. 조식(曺植: 1501년~1572년)의 학통을 따르는 선비들은 북인을 그리고 이황(李滉: 1502년~1571년)의 학통을 따르는 선비들은 남인을 이루었다.

1567년에 선조가 즉위하면서 사림파가 훈구파의 탄압을 이겨 내고 정치 주도 세력이 되었다. 일본이 임진왜란을 일으키기 위하여 막부가 각 지역 장군들의 군사력을 현해탄 건너에 집결시키고 있을 무렵 조선은 붕당으로 나뉘어 당쟁이 격화되었다. 관점에 따라서는 당쟁을 공론화(公論化)로 이해하고 세도정치보다 긍정적인 기능을 수행하였다고 보는 견해도 있지만, 이익(李瀷, 1681년~1764년)은 『붕당론』에서 당쟁이 관직을 차지하기 위한 싸움이었으며 폐단

이 많다고 지적하였다. 임진왜란과 같은 외세의 침입은 붕당을 기반으로 하는 당쟁이 국론 수렴과 합리적 의사결정에 별 다른 도움이 되지 아니하였음을 시사한다.

숙종(肅宗: 1661년~1720년) 6년 (1680년) 재상 허적이 조부의 시호를 받는 기념식 때, 왕의 허락 없이 천막을 가져가, 왕의 분노를 사, 남인 일파가 대거 실각당한 경신출척(庚申黜陟) 이후 정권을 잡은 서인들은 남인에 대한 처벌을 놓고 강경한 송시열(宋時烈: 1607년~1689년) 일파의 노론(老論)과 온건한 윤증(尹拯: 1629년~1714년) 일파의 소론(少論)으로 나누어졌다.

정조(正祖, 1752년~1800년) 때 영조(英祖)로부터 '내 손자'라고 총애를 받았던 홍국영(洪國榮: 1748년~1781년)은 정조를 보호하여 1776년 왕으로 옹립한 공로로 도승지 겸 금위대장에 임명되어 모든 국사를 자기를 거쳐 상주·결재하도록 왕권을 위임받았다. 척신들이 왕권을 대행하는 세도정치(勢道政治)가 시작되었다. 홍국영의 누이 원빈 홍씨는 1778년 정조의 후궁이 되었다.

2) 척사파와 개화파

조선의 당쟁은 구한말 개항[1876년 강화도조약] 후 위정척사파와 개화파의 대립으로 이어졌다. '바른 것을 지키고 사악한 것을 배척한다'는 위정척사(衛正斥邪)는 처음에 남송(南宋) 때 주희(朱熹, 1130년~1200년)에 의하여 제시되었다. 당시 남송은 여진족에게 위협을 당하는 한편 전래 불교의 영향을 받고 있었다.796) 위정척사파는 유교가 아닌 다른 문화를 모두 사악한 것으로 간주하였다. 구한말 위정척사론도 외세와 천주교 등에 맞서 성리학의 가치와 질서를 옹호하였다. 천주교의 평등사상과 제사 거부는 성리학 기반의 국가질서를 위협하는 해악으로 간주되었다.

고종 때 프랑스 선교사들을 처형하였던 병인박해(1866년)에 대응하여 프랑스 군대가 침입한 병인양요(1866년)와 오페르트가 대원군의 부친 남연군의 묘를 파헤친 사건(1868년)은 위정척사를 진작시켰다. 강화도조약에 따른 일본의 침략이 시작되자 왜는 서양과 한 통속이라는 외침[倭洋一體論]이 세력을 얻었고 위정척사의 대상이 일본으로 확대되었다. 최익현(崔益鉉, 1833~1906) 등의 유생들은 의병을 조직하거나 일제의 침략에 맞서는 위정척사를 실천하였다.

개화파(開化派)는 서양 문물을 적극적으로 받아들여 조선을 근대화시켜야 한다는 입장을 취했던 세력이다. 유길준(俞吉濬)은 '개화'를 "인간과 관련된 모든 사물이 지극히 선하고 아름다운 경지에 다다름을 이르고, 모든 사물을 궁구하고 경영하여 날로 새롭기를 기약하는 것"이라고 설명하였다.

고종 때 유길준은 1870년 박규수(朴珪壽)의 문하에서 김옥균(金玉均)·박영효(朴泳孝)·서광범(徐光範)·김윤식(金允植) 등 개화 청년들과 실학사상을 배우면서, 위원(魏源)의 『해국도지(海國圖志)』와 같은 서적을 통해 해외 문물을 습득하였다.

개혁·개방의 열망은 조선에서 개항 이전부터 북학론자(北學論者)와 서학도(西學徒) 사이에 싹트고 있었다. 개화파의 뿌리는 북학과 서학이었다. 북학은 중국에서 들어온 선진 학문을 말하고 서학은 천주교를 중심으로 시작된 서양의 학문을 말한다.

일찍이 북학론자인 박지원(朴趾源, 1737년~1805년)은 정조 때 북학 도입의 필요성을 강조하였으며, 박제가(朴齊家, 1750년~1805년)는 역산(曆算), 농상(農桑), 의약, 건축, 조함(造艦)의 선진 기술을 도입하기 위하여 서양인을 초빙해야 한다고 주장하였다. 실학자 정약용(丁若鏞, 1762년~1836년)은 기술문화 및 서구세계와의 연계를 적극 주장하였다.[797]

척사파의 최익현은 단발령 때 상투를 보전하기 위하여 산중에 숨거나 바다에 빠져죽는 것도 고려했다. 상투는 유교의 도를 상징했기 때문에 국가의 존망보다 중요했다. 옥에 갇힌 최익현은 "죽어도 거부하겠다"는 편지를 개화파 유길준에게 보냈다. 유길준은 이에 반론을 제기한다: "나라가 병이 들어 구원하려는데 한 묶음의 상투를 아낄 것이 무엇이 있겠습니까?" 이에 최익현은 유길준이 '진짜 역적'이며, "이에 대해 왈가왈부한다면 짐승에게 예의를 말하는 것과 같다"고 응답했다.[798]

구한말 개화파와 척사파의 갈등은 격렬하였으나, 임오군란(壬午軍亂, 1882년)을 계기로 척사파가 후퇴하였고 정부는 개화에 주력하였다. 1874년경에 만들어졌던 개화당은 임오군란 이후 김옥균·홍영식·서재필·서광범·박영효 등 급진 개화파와 김윤식·어윤중·김홍집 등 온건 개화파로 쪼개졌다. 온건 개화파는 청국과의 전통적 국제관계를 중시하면서, "중국학문을 본질로 서양학문을 사용하자"는 중체서용(中體西用)을 기반으로 자강운동을 추진하였던 청나라(淸國)의 양무운동[洋务运动: 1860년 제2차 아편전쟁 패배~1895년 청일전쟁 패배]을 점진적 개혁의 모범으로 삼고, 상대적으로 보수적 입장에서 서양기술을 받아들이되 종교와 사상은 한국 전통을 고수하기를 바랐다.[799]

고종(高宗)의 즉위(1863년)로 권좌에 오른 흥선 대원군(1820년~1898년)은 안동 김씨 세력과 겨루면서 세도정치를 멀리하고 당파·지역·신분을 가리지 않고 인재를 등용하였다. 중종 때 조광조의 지치주의(至治主義)가 흥선 대원군의 치세에서 잠시 나타난 셈이다. 흥선 대원군은 민생 안정을 위하여 양반에게도 납세를 명하였다. 그는 1차 집권기(1863년~1873년)부터 폐쇄경제 체제를 유지하였으나 서구 열강과 청·일의 내정간섭 속에서 명성황후와의 갈등을 빚으면서 집권과 실각을 반복하였다. 그는 짧았던 2차(1882년) 및 3차(1894년) 집권후 말년에 권좌에서 밀려나 1898년에 사망하였다.

급진적인 개화독립당은 갑신년(1884년: 고종 21년)에 청나라에 의존하려는 척족 중심의 수구당을 몰아내고 개화정권을 수립하려는 갑신정변[甲申革命黨의 亂]을 일으켰다. 개화독립당은 근대국가 건설을 목표로 "조공 폐지 등 중국의 속방화 배제, 문벌과 신분제 타파, 능력에 따른 인재 등용, 인민 평등권 확립, 조세 제도" 등의 개혁 정책[甲申政令 14개조]을 내놓았다. 갑신정령의 개혁안은 기존 지배질서를 근본적으로 변혁함으로써 새로운 질서를 창조하기보다는 지배체제 안에서 근대화를 지향하였다는 평가를 받기도 한다.[800] 하지만 갑신강령에 나타난 '능력에 따른 인재 등용'은 조광조의 지치주의와 맥락을 같이 한다. 인민 평등권의 주장은 지치주의자들이 내세웠던 "백성이 근본"이라는 민본의식을 연상시킨다.

갑신정변 실패 이후 온건개화파의 개화인식이 달라졌다. 김윤식은 개화에 대하여 말하였다: "내가 일찍이 개화에 대하여 매우 괴이하게 여겼다…구주(歐洲)의 풍(風)을 듣고 그 속(俗)을 변화하는 것을 개화라 말하는데 동토(東土)는 문명의 땅인데 다시 어찌 개명시켜 변화할 것이 있겠는가. 갑신 제적(諸賊)들이 구주를 매우 높이고 요·순(堯·舜)을 박대하고 공·맹(孔·孟)을 폄하하여 이륜(彛倫)의 도로써 야만(野蠻)이라 이르고 그 도로써 바꾸고자 하여 걸핏하면 개화라 하니 이는 천리(天理)가 끊어지고 갓과 신이 거꾸로 된 것이다."801)

3) 좌파우파·보수진보

좌파와 우파

정치에서 좌파(left side)와 우파(right side)라는 개념은 의회 구성원들이 두 파로 나뉘었던 1789년 프랑스 대혁명 때 등장하였다. 당시 국왕 지지자들은 의장석 오른쪽에 앉았고 혁명 지지자들은 왼쪽에 앉았다.802) 1789년의 프랑스 제헌국민의회는 새로운 정치체제에서 국왕이 거부권을 가질 것인가의 여부를 결정짓기 위하여 만났다. 제헌국민의회는 거부권을 절대적으로 인정할 것인가 아니면 당분간 유지시킬 것인가를 두고 다투었다. 표결과정에서 절대적 거부권 지지자들은 의장석 오른쪽에 앉았다. 기독교 전통에 따르면, 신의 오른쪽에 앉거나 만찬에서 가족의 으뜸 오른쪽에 앉는 일은 명예이다. 거부권을 극도로 제약하기를 원하는 사람들은 의장석 왼쪽에 앉았다.803)

(그림:1877년 프랑스의회 ©Jules-Arsène Garnier@Wikimedia)

당시 의원이었던 고빌(the Baron de Gauville) 남작은 이렇게 설명하였다. "우리는 서로 깨닫기 시작하였다: 종교와 국왕에 헌신하는 사람들은 의장석 오른쪽에 앉은 탓에 맞은편 진영의 고삐 풀린 고함, 선서와 무례를 피할 수 있었다."804) 제헌국민의회에서는 방의 좌석 배치가 정치적 상징성을 띄었다: 오른쪽은 왕권을 많이 보전하기를 추구하는 군주정 지지자들이고 왼쪽은 왕권을 축소시키기를 원하는 사람들이다.805)

19세기에 이르러 이 좌우라는 말은 점차 프랑스 의회 구성원들의 정치적 경향을 묘사하는데 쓰였다. 좌파·우파 표지는 그 단순성이 특징이다: 정치적 관념의 복잡성을 단순하게 양분시킨다. 또한 좌우 표지는 사람들로 하여금 그들이 속한 편을 "바른"(right) 쪽으로 인식하고 그들이 비난하는 편을 "틀린"(wrong) 쪽으로 인식하게 만든다.806) 러시아 혁명 당시 볼셰비키(Bolsheviks)는 프랑스 혁명에 매료되었다. 예일대학의 유럽문화 및 지식사 교수 쇼어

(Marci Shore)에 따르면807), 그들은 프랑스 유산의 완수와 고양(高揚)에 몰두하였다.

보수와 진보

보수주의(Conservatism)는 전통적인 사회제도들을 증진시키고 보전하려는 미학적, 문화적, 사회적 및 정치적 철학이다. 보수주의의 중심 교의는 이것이 등장하는 문화와 문명의 맥락에 따라 달라질 수 있다. 서구의 문화에서 보수주의자들은 조직화된 종교, 의회정부 및 재산권과 같은 폭넓은 제도들을 보전하고자 한다.808) 보수주의에 대한 집착은 종종 진보주의에 맞서면서 전통적 가치에로의 회귀를 추구한다.809) 1818년에 보수주의라는 말을 정치적 맥락에서 처음 쓴 사람은 프랑스 대혁명의 정책을 후퇴시키려던 부르봉 반동기 동안 샤또브리앙의 프랑시스 르네810)(François-René de Chateaubriand)로 거슬러 올라간다.

진보주의(Progressivism)는 사회개혁을 지지하는 정치철학이다.811) 진보주의는 과학, 기술, 경제발전 및 사회조직상의 진전이라는 관념에 근거하여 유럽 계몽기 동안 유럽사회가 그 존립 기반인 경험지식을 강화시켜 문명화가 떨어지는 시민의식을 문명 쪽으로 나아가게 할 수 있다는 신념으로 말미암아 대단히 중요해졌다. 계몽인사들은 모든 사회들에서 전진이 보편적으로 통용되고 같은 사상들이 유럽 전역으로 확산될 수 있다고 믿었다.812)

임마누엘 칸트는 진보를 야만에서 문명으로 가는 운동으로 보았다. 18세기 프랑스의 철학자이자 정치가인 콩도르세 마퀴스(Marquis de Condorcet)는 정치적 진보가 노예의 소멸, 문해능력의 증가, 성불평등의 감소, 가혹한 감옥의 개혁 및 빈곤의 감소를 수반할 것으로 예측하였다.813)

근대성 또는 현대화는 자유시장과 사람들의 자유이동에 대한 전통적 장애를 제거하기 위하여 급속한 경제와 사회의 현대화를 요청하였던 19세기와 20세기의 고전적 자유주의자들에 의하여 촉진된 진보 관념의 핵심 형태였다.814)

19세기 후반 서구사회에서 진보는 광범위한 부자와 빈자 사이의 경제적 불평등, 독점기업들을 통제할 수 없는 규제최소의 자유방임형 자본주의, 자본가들과 근로자들의 극심하며 종종 폭력적인 충돌에 의하여 질식되고 있는 중이며 이를 해소할 수 있는 조치들이 아울러 필요하다는 유력한 정치적 견해가 부상하였다.815)

19세기 후반 산업화와 제2차 산업혁명에 의하여 야기된 광범위한 사회적 변화로 인하여 20세기 초반의 진보주의 관념이 등장하였다. 진보주의자들은 광범위한 경제적 불평등, 최소한의 규제만 받는 독점기업들 그리고 근로자들과 경제적 엘리트들 간의 치열하고 종종 폭력적인 갈등에 의한 진보가 질식중이는 견해를 취하면서 이러한 문제들을 해소하기 위한 조치들이 필요하다고 주장하였다.816)

진보주의는 다양한 정치적 운동에 영향을 미쳤다. 사회자유주의는 영국의 자유주의 철학자 존 스튜어트 밀의 "진보적 존재"(progressive beings)로 나아가는 사람들이라는 관념으로부터 영향을 받았다.817) 영국의 벤자민 디즈레일리 수상은 통합국가(one-nation) 왕당주의라는

인류의 정의 (Human Justice)

기치 아래 진보적 보수주의(progressive conservatism)를 발전시켰다.818)

프랑스에서는 사회적 혁명과 사회적으로 보수적인 자유방임형 중도우파(centre-right) 사이의 간격은 사회적 진보가 반종교주의, 인도주의 및 공화주의를 요구한다고 생각하는 급진주의의 발현으로 메워졌다. 특히 반종교주의는 20세기 중반까지 프랑스어와 라틴어계 국가들에서의 중도좌파(centre-left)에게 현저한 영향을 미쳤다. 독일제국에서는 오토 폰 비스마르크 재상이 사회주의자 운동으로부터 근로자들을 격리시키려는 가부장적 보수주의 동기에 따라 그리고 산업혁명의 지속을 도우려는 인도주의적 방법으로서 각종 진보적 사회복지조치들을 고안했다.819)

3. 식민지 유산의 잔재

1) 일제 강제징용 배상판결에 대한 오해와 진실820)

(1) 배상판결의 경과와 오해

일제 때 강제징용 피해를 입은 여 아무개씨 등 4명은 지난 2005년 자신들이 일했던 신일철주금을 상대로 피해배상 청구 소송을 제기했다. 1심과 2심은 원고 패소 판결을 내렸다.

여씨 등은 우리나라 법원에 소송을 내기 전 1997년 일본 오사카지방 재판소에 신일철주금과 일본 정부를 상대로 손해배상을 청구했었다. 2001년 원고 패소 판결이 내려졌고, 이 판결은 항소심을 거쳐 2003년 일본 최고재판소에서 확정됐다.

2012년 우리 대법원은 신일철주금에 배상 책임이 있다는 취지로 원심을 깨고 사건을 파기환송했다. 이후 열린 파기환송심은 대법원 취지대로 "신일철주금이 피해자 4명에게 각각 1억원씩 배상해야 한다"고 판결했고, 2018년 10월 대법원은 판결을 확정했다.

대한민국과 일본의 국교가 회복된 1965년부터 2005년까지는 40년의 세월이 흘렀다. 민법(제766조)은 '가해자를 안 날부터 3년, 불법행위를 한 날부터 10년의 소멸시효'를 규정한다. 대법원은 '피고측이 소멸시효 완성을 주장함은 신의성실에 반하여 권리남용이 되므로 허용될 수 없다'고 판시하였다.

그런데 조선일보(2019.7.31.)가 보도한 아무개 부장판사 등 일부 극우파는 우리 대법원이 "보충적이고 거의 수용하지 않는 신의성실의 원칙(민법 제2조)을 내세워 소멸시효를 부정했다"고 딴지를 걸었다. 신의성실 원칙이 보충적이라는 시비는 민법821)(民法)에 대한 도전이다.

극우파는 "원고들을 고용했던 구(舊) 일본제철(신일철주금 新日鐵住金)이 1950년 4월 1일 해산·소멸됐기 때문에 법인의 법리에 따라 원고들은 소멸한 회사를 상대로 더 이상 손해배상을 구할 수 없게 된다"고 주장했다.

우리 대법원은 "일본 법률 (및 판결)을 따를 경우 대한민국의 공서양속(公序良俗)에 위반될 때에는 일본 법률의 적용을 배제하고, 대한민국 법률을 적용해야 한다"고 판단하였다. 이는 「국제사법」822)(國際私法)에 따른 것이다.

극우파는 이에 대하여 "일본이 자국 의회를 거쳐 제정한 법률을 우리의 공서양속에 반한다고 판단함은 지극히 이례적이다. 기판력은 재판을 무한 반복하여 남용하는 것을 막아 법적 안정성을 유지한다. 외국 판결에 대해 기판력을 무시하고 한국 법원이 다시 판결하려면 그만한 사정이 있어야 한다"고 주장했다.

극우파는 "우리 대법원 판결이 다른 민법 조항들을 무력화시킬 우려가 있다. 앞으로 많은 소송 당사자들이 법원에 찾아와 자신들에게도 이러한 법 적용을 구하는 특혜를 달라고 요구할 것이다"고 전망했다. 기우이다.

미국 캘리포니아 연방법원은, 조선일보(2019.7.31.)에 따르면, 전쟁포로수용소 피해자였던 미군 병사가 일본 회사를 상대로 낸 소송을 기각하면서, "원고가 받아야 할 충분한 보상은 앞으로 올 평화와 교환되었다"고 판시하였다. 법학을 문학으로 각색한 판결이다.

(2) 배상판결의 진실

(가) 총 설

극우파는 해당 법률들의 위계와 기능에 대한 이해부족으로 혼란을 겪는다. 민법 법리를 내세우면서 그 민법을 무시한다. 금반언(禁反言 Estoppel: 앞뒤 틀린 말은 Stop)을 범한다.

국가간의 불법행위는 국제법 원리로, 개인간의 불법행위나 가족사는 국제사법 원리로, 그리고 시민 상호 간의 법률관계는 민법 원리로 각객 규율한다. 극우파는 이 위계를 무시한다. 한일협정823)(1965년)은 국제법 관계이고, 징용기업에 대한 징용피해자의 배상청구는 국제사법 관계이다. 극우파는 한일협정의 법적좌표를 오해하였다.

정부와 사인(私人) 간에 "정부가 사인의 손해배상청구권을 대위(代位)행사한다"824)는 강행규정 또는 사전약정이 없는 한, 정부간 협정과 사인의 청구는 별개이다. 국가간 배상청구가 일단락되었어도, 피해 당사자 개인은 별도의 배상을 청구할 수 있다.

(나) 시효에 관하여

우리 민법(제1편제7장)이 규정한 시효(時效)는 평온·공연한 상황에서 권리행사를 소홀히 한 사람의 주장을 배척한다. 징용은 상황이 다르다. 징용 피해자의 가해자에 대한 배상청구는 한국전쟁, 한일협정, 정부의 비협조, 가해기업의 합병, 국제적 교섭의 곤란성 등 시효완성을 방해하는 요소들이 많다. 독일은 자체적으로 유대인 학살 등 전쟁범죄 조사와 재판을 벌여 1963년부터 1990년까지 총 6,468명에게 유죄판결을 내렸고, 1969년에는 의회 결의로 나치

범죄에 대해서는 공소시효를 아예 없애기로 결정했다.825)

㈐ 신의성실에 관하여

극우파는 " 보충적이고 거의 수용하지 않는 신의성실의 원칙을 내세워 소멸시효를 부정했다"고 반박하지만, 신의성실의 원칙은 보충적 원리가 아니라, 헌법상 공공복리의 원칙과 함께 로마법이래 사법(私法) 전체를 관통하는 최고의 기본원리이다. 비판진영이 의존하는 일본법학도 같은 입장을 취한다.

㈑ 일본제철과 신일철주금 (新日鐵住金)

일본제철이 소멸되었기 때문에 배상을 청구할 수 없다는 극우파의 주장은 법인이론을 도외시한다. 징용가해기업 일본제철은 분할과 합병을 거쳐 신일본제철 ☞ 신일철주금(株)으로 승계되었다. 상법에 따라 분할·합병되는 기업은 그 앞 법인의 채권채무를 승계한다. 신일철주금은 일본제철의 책임을 면할 수 없다.

㈒ 준거법과 기판력에 관하여

"로마에 가면 로마의 법을 따라야 한다." 한국의 공서양속은 한국의 법원이 판단한다. 한국 법원은 일본 법원의 기판력을 배척할 수 있다. 불법행위 로 인한 손해배상청구권은 그 성질이 명백히 피해자의 적절한 배상을 위한 것이 아닌 때에는 이를 인정하지 아니한다(국제사법 제32조제4항) .

㈓ 특혜여하

가해 기업에 대한 우리 대법원의 배상명령이 "피해자에 대한 특혜이고 이로 인하여 수 많은 당사자들의 줄 소송이 이어질 것이다"는 우려는 같은 소인(訴因)을 가진 사건들을 일관되게 해결하려는 집단소송 내지 단체소송의 법리를 외면한다. 피해자 개인에 대한 배상은 국가에 대한 배상과 중첩되지 아니하므로 특혜가 아니다.

㈔ 보상과 평화의 혼동

조선일보가 소개한 캘리포니아 법원의 판결은 국가의 평화라는 추상적 집단이익을 위하여 개인의 구체적 법익을 희생시켰다. 국가가 그 이름으로 개인의 법익을 희생시킴은 근대 사법의 3대 원칙인 '개인책임'의 원칙에 맞지 아니하며, 전체주의적 발상이다.

㈕ 맺음말

일제 강제징용 배상에 관한 우리 대법원 판결에 대한 극우파의 반박은 어느 하나도 법리에 맞거나 합리적인 것들이 아니다. "극우파는 법리를 잘 몰라서 그렇다" 치고, 율사 출신 정치인이나 중견 판사마저 법리를 헷갈리거나 혼동함은 유감스럽다. 극우파는 우리 대법원의 배상판결을 무리하게 꼬집다 보니 법리를 벗어난다. "때리는 시○○보다 말리는 시○○가 더 밉다"는 속담이 되살아난다.

2) 위안부 피해사 바로 쓰기826)

정의기억연대(舊 정신대문제대책협의회의)의 기부금 회계에 관하여 세간에 말들이 많았다. 검찰 수사가 진행 중임에도 각자 이 문제와 윤MH 의원의 처신에 나름대로 예단을 가진다. 심지어 소녀상을 훼손하는 사태도 빚어진다. 급기야 대통령까지 위안부 문제와 기부금의 투명성을 거론하였다. 위안부 비극의 본질보다 기부금을 둘러싼 논쟁이 부각되어 유감스럽다. 차제에 위안부 피해자 문제에 관한 역사적 성찰에 이바지하고자 한다.

국내에서 출간된『제국의 위안부-식민지 지배와 기억의 투쟁』(2013년)은 '위안부의 자발성'을 주장하여 파문을 일으켰다. 자발성론은 위안부 사업자들이 일제말년에 경성신문(1944.7.26.)과 매일신보(1944.10.27.)에 낸 광고에 근거하는 것으로 보인다. 경성신문 광고는 "근무지가 후방부대이며 월수300엔(당시 제국대학 졸업자 월급의 4배) 이상을 올릴 수 있고 3000엔까지 가불이 가능하다"는 내용을 담았다. 이 광고들은 위안부를 합법적이라고 주장하는 일본 지식인들이나 단체들이 즐겨 인용하는 자료이다.

역사적·법률적 안목이 다르면, 사료(史料) 선택을 그르치기 쉽다. 이 광고를 사료로 쓰려면 세 가지 전제가 필요하다. 첫째, 일제말 한국의 미혼여성들이 일간지 광고에 쉽게 접할 수 있었어야 한다. 둘째, 계약 당사자(청약인 사업자 甲과 승락인 위안부乙)가 대등한 교섭력을 가지고 있었어야 한다. 셋째, 위안부 계약이 정상적으로 이행되었어야 한다.

하지만 식민통치기 일제의 행태나 태평양 전쟁말년 일본군의 형편으로 미루어, 이 세 가지 전제는 거의 충족되기 어렵다. 평시에도 힘없는 을(乙)은 악덕 사업주(甲)에게 돈을 뜯기는데 전시에 정상적인 거래들이 과연 얼마나 있었겠는가. 위안부 알선사업자들의 광고는 견본에 불과하였다.

금오가 어려서 들었던 집안 어른들의 옛날 말씀에 따르면, 원산 등지에서 어떤 위안부 사업자들은, 양두구육(羊頭狗肉)처럼, 근로정신대를 모집하고 위안부로 끌고 가거나, 일제 순사와 함께 마을마다 여성들을 색출하러 다니기도 했다. "정신대에 갔다 왔다"면 위안부로 오해받을까 봐, 아예 말을 꺼내지 못한 분들도 있었다.

전시 일용 노동자를 관리하는 야마구치현 노무보국회 시모노세키 지부에서 동원 부장을 맡았던 요시다 세이지(吉田淸治 1913년~2000년)씨는 1983년에 펴낸 자신의 책「나의 전쟁범죄」에서 자신의 체험으로 "제주도에서 전쟁 중 약 200명의 젊은 여성을 잡아냈다"고 썼다. 용기 있는 고백이다.

아사히(朝日) 신문은 당시 그를 인터뷰한 기사를 냈다. 언론본연의 자세였다. 하지만 30년 후 문제가 커지자, 아사히는 "언론인, 역사가, 한국 연구자를 제주에 보내 보강조사를 벌였지만 어느 누구도 아무런 증거·증언도 얻지 못했다"며 옛날 보도를 취소한다고 밝혔다. 역사를 새로 쓰고 싶었을까? 일본 산께이(産業經濟)신문사 출판부는 2017년에 요시다 씨의 장남[大高 未貴]의 독백(?)을 담은 『부친의 사죄비를 철거합니다』는 책을 펴내 요시다 씨의 증언을 부정하였다.

제주에서 75년 전에 벌어진 위안부 피해자 역사를 누가 어떻게 증언하겠는가. 요시다씨를 기억하는 주민이 아직 생존한다고 하더라도 잠시 다녀간 조사자들이 그들을 만나기란 불가능하다. 역사가 크로체의 말처럼, 시대가 바뀌면 역사를 새로 쓸 수 있겠으나, 아사히와 산께이는 역사를 새로 쓰기보다 왜곡시킨다. 작금 일부 일간지들은 비판론자들의 글(페이스북)을 전재하거나 인터뷰하여 정신대와 위안부 피해자 운동단체 또는 여성단체들을 공박한다. 대체 어디를 향하여 돌을 던지는가?

이용수할머니는 기자회견(5.25.대구)에서 "정신대와 위안부가 다름에도 흔히 같은 것으로 혼동한다"고 비판하였다. 말씀처럼 정신대는 여자정신근로령(1944.8.23.)에 근거한다. 그럼에도 일반인들은 거의 구분하지 못한다. 정신대와 위안부가 다르다면, 「정의기억연대」는 강령상 위안부 문제에만 전념할 수 없음에도 정신대를 표방하면서 위안부 피해자들의 우산 아래 모금하였고, 그 일부를 정신대 문제에도 지출했다는 가정이 성립한다. 명분과 실질이 갈린 셈이다.

아직 단정할 수 없는 정의기억연대와 윤MH 의원 측의 회계오류는 차치하고, 이용수할머니와 윤 의원의 불화 그리고 이를 틈탄 정치권의 아전인수식 공방은 이 땅의 페미니즘과 여성운동에 찬물을 끼얹는다. "넘어진 김에 쉬어 간다"...위안부를 합법화시키기에 몰두하는 집단들의 노력에 비하여 그 반대측의 역사적 성찰이 아쉽다. 위안부 피해를 둘러싼 운동을 넘어 '역사 바로 쓰기'에 충실할 때이다.

4. 강자들의 힘 앞에서

사슴처럼 생겼고 뿔이 하나인 외뿔양 '치'(廌)는 해치(獬豸) 혹은 해태라는 전설의 동물이다. 갑골문의 廌(치)자는 긴 뿔을 가진 영양류의 동물 모양을 상형한 것이다. 이 글자는 나중에 豸(치)자로 대체된다. 『신이경』(神異經)에는 해치가 사람들이 싸우는 것을 보고 정직하지 않은 사람을 들이받으며, 사람들이 논쟁하는 모습을 듣고 사기치는 사람을 들이받는다고 기록되어 있다. 법(法)자는 이 모습을 글자로 풀이하였다.827) '치'(廌)는 고대 중국 화북지방에 실존했던 동물로서, 갑골문에는 노란색 털이 달린 이 동물을 포획했

해치@방콕(사진 전재경 2024)

다는 기록이 발견된다. 나중에 화북지방의 기온이 내려가면서 남쪽으로 이동해 갔으나 현대 중국에는 멸종되어 전설의 동물이 되었고 베트남의 산림 속에는 아직 적은 수가 생존한다고

전한다.828)

1) 사필귀정

금오: "사필귀정(事必歸正)이 실현되려면 정의가 스스로 살아 움직이거나 신화 시대처럼 정의를 주관하는 신들이 따로 있어 악행을 일삼는 무리들을 퇴치하여야 하는데 이성의 세계에서는 둘 다 허망한 이야기라 걱정입니다. 정의는 스스로 힘이 없고 저울이나 거울과 같아서 이를 적용하는 사람들의 몫이 되었습니다. 정의는 이(理)의 세계에 속하므로 무위자연의 도에서처럼 억지로 촉진시키지 아니하고 의(義)가 자연스럽게 실현되기를 기다리자니 어둠이 깊어 갑니다."

황금까마귀: "미국에서는 연방대법원판사를 '정의'(Justice)라고 호칭하던데, 단순한 경칭이 아니라 대법관을 살아 있는 '정의의 화신'으로 본다는 뜻이지 … 대단해요. 대법관들이 신이나 해치의 자리를 갈음하고 있는 셈이라."

금오: "정의의 화신이라니…참 좋습니다. 신화시대 정의의 신들도 가끔 오판하거나 의롭지 못한 결정을 내렸나요?"

황금까마귀: "빅 데이터가 없으나 다신교의 경우 신들이 서로 속고 속이거나 골탕 먹이는 일들은 가끔 있었지…기독교 같은 유일신 체계에서는 현세에서 가끔 미완의 부정의가 일어나지만 최후의 심판 때에는 공정하고 준엄한 심판이 이뤄진다지…"

금오: "예수님은 영생을 말씀하셨지만 사후세계나 저승이 없다면 사필귀정은 물 건너가서 부정의가 묻힐 수도 있겠군요. 정의에 대한 선량한 사람들의 신뢰나 불신은 신앙과 같이 느껴져요."

황금까마귀: "양자론과 불확정성원리가 지배하는 우주에서는 색즉시공 공즉시색(色卽是空 空卽是色)이라는 부처님의 가르침처럼 저승이 이승이요 이승이 곧 저승이니, 삶(生)과 죽음(死)이 의미가 없어…우주가 언젠가 팽창을 멈추고 영으로 축소되어 만물유전이 멈춘다면 모를까. 지구는 훨씬 그 전에 백색왜성이 되어 블랙홀로 빨려들어갈 테니 영겁이 아닌 유한한 시공간에서 정의를 바라봐야겠지."

금오: "천국과 지옥이 따로 없고 현세의 지구가 곧 천국이요 지옥이라고 가끔 상상합니다."

황금까마귀: "현세의 천국지옥론은 공감할 수 있지만, 시공간 여행 자체가 이승에서 그치지 아니하고 저승에까지 이어지니 저승에서도 천국과 지옥이 여전히 공존하는가를 살펴봐야 하지 않을까."

금오: "우주에서는 선악의 구별이 없다면 신의 영역에서도 선악의 구별이 없을 텐데 인류가 너무 선악을 구별하는 경향도 있다고 봅니다. 모든 신화들에서는 천지창조 이후 대부분 선악이 구별되고 대립항쟁하던데요."

황금까마귀: "지구생태계에서 벌어지는 화산이나 지진 또는 태풍과 같은 자연현상을 재난

제2편 인류의 정의 (Human Justice)

이라고 표현하지만 지구가 악행을 저지른다고 말할 수는 없지. 인류는 뱀이 개구리를 잡아먹는 일은 생태계의 먹이사슬이라고 용인하면서 악의 무리들이 전쟁을 일으키거나 악당이 양인을 못살게 구는 일은 참을 수 없어 하지…선악은 자연세계가 아니라 윤리세계의 문제인데, 정의가 선악의 윤리세계를 넘어 자연세계에까지 미치는 현상이라면, 정의의 문제에 대하여 다시 생각할 필요가 있어…"

금오: "아무리 정의를 세우더라도 악의 무리들이 여전히 존속하고 활개를 칠 수 있다는 취지로 들립니다. 제2차 세계대전을 끝으로 악의 세력들이 다 자취를 감추었다고 믿었지만 자꾸 전쟁을 유발하는 도발을 보면 선악을 다시 생각하게 됩니다. 비록 정의세계에서는 '선을 행하고 악을 피하라'고 가르치지만, 정의가 윤리세계에서 선악의 영역에 국한되지는 아니한다고 믿습니다."

황금까마귀: "불확정성의 원리가 시사하는 바는 악행이 저질러진다고 하여 사필귀정이 언제나 100% 실현되지 않을 수도 있다는 사실이야. 고전 물리학에서는 악행이라는 작용에 대하여 응징이라는 반작용이, 시차는 있을 수 있지만, 궁극적으로는 따른다고 생각하였고 종교관과 윤리관은 이를 선악의 영역에 반영하였어. 하지만 자연정의가 인류에게 가르치는 바는 절대적 정의란 과거 현재 미래 그 어느 시공간에서도 있을 수 없고 상대적 정의가 통용된다는 사실이라…"

금오: "윤리규범과 법령규정을 갈고 닦아도 정의의 실현에 한계가 있겠군요. 판타지 드라마 『지옥에서 온 판사』(2024년)처럼 악의 무리를 깔끔하게 퇴치할 수 없다면, 정의란, 룰렛 게임처럼, 경우의 수와 확률을 따져 봐야겠군요."

황금까마귀: "신앙의 영역에서는 절대적 정의관을 포기할 필요는 없겠으나, 악의 세력들과 공존하는 현세에서는 정언명령이 언제나 승리하지는 아니하고 때로 묻히므로 애매함과 억울함에 당면하여 악에 대한 비분강개(悲憤慷慨)와는 별론으로 적응과 선택이 필요하겠지."

2) 열강들 사이에서

일제 강점기 군함도의 진실

금오는 2016년에 『왕과 대통령』을 쓰는 작업의 일환으로 큐슈 나가사키 인근에 있는 군함도(군깐지마)에 동무들과 같이 다녀왔다. 그 때는 군함도가 영화로 제작되는 줄을 몰랐다. 우리 마라도보다 작은 섬이었다. 군함처럼 생겼다고 해서 군함도라는 이름이 붙여졌다. 일본인들은 이곳을 유네스코 근대산업 유산으로 가공하는데 정성을 들였다. 일본인 해설사의 말을 들으니, 한국인들도 이곳에 와서 일을 했었다. 광부는 군인이나 위안부가 아니니 "징용"이라는 말을 쓰기는 곤란했겠으나 수긍이 가지 않았다.

군함도에는 거의 망가진 탄광용 채탄시설들이 섬 한가운데에 자리를 잡았고 갱도로 들어가는 리프트가 눈에 띄고 언덕 위에는 아파트 잔해들이 늘어서 있다. 지상에는 우체국·병원·가게·음식점 등이 초미니 도심지를 형성하였고 누구를 위한 것인지 수영장도 갖추고 있었다. 이 곳은 1970년대 중반에 석탄산업이 사양길을 걸으면서 폐쇄되었다가 아베 정권이 들어서면서 인근 군수산업 시설들을 근대산업유산으로 추진하면서 관광지로 개방하여 각지의 사람들이 몰려들었다.

군함도는 탄광섬이었으나 자체에서는 석탄이 나지 않았다. 군함도는 주변 해저탄광으로 진입하는 길목이었을 뿐이다. 군함도 앞에는 해저탄광에 공기를 소통시키는 커다란 공기통이 지금도 수면 위로 솟아 있다. 일본 국립사가대학 이응철교수의 설명에 따르면, 어느 해인가 태풍이 불어 공기통으로 물이 넘쳤고 수백명이 물 밑에서 수장된 적도 있었다. 인근의 작은 섬들도 사정은 비슷하였다. 일대 해저가 모두 탄광이었다. 군함도처럼 도시가 형성되어 있지는 않았으나 광부들과 관리자들이 거주하였고, 해저로 연결된 갱도들이 있었다.

오늘날 역사적 관심사는 이 군함도에 일본 정치가들이 주장하듯이, 한국인들이 1960년대 독일에 파견되었던 광부들이나 1970년대 중동으로 갔던 토건 인력들처럼, 돈벌이를 위하여 자발적으로 취업하였겠는가의 여부이다. 여러 가지 정황으로 미루어 적어도 한국에서 인력을 모집하였을 때만큼은 취업을 명분으로 내걸었다. 영화 『군함도』는 같은 상황을 시사한다. 하지만 속임수에 의한 모집광고는 취업이라고 볼 수 없다. 그리고 군함도 현장에서 일본인들이 한국인들에게 저질렀던 노예와 같은 만행은 징병보다 더 잔혹한 착취였다.

군함도 언덕 꼭대기에는 지금도 커다란 망루가 우뚝 서있다. 탄광섬에 등대도 아닌 망루가 왜 있는가? 죄수들의 탈주를 감시하는 감옥의 초소가 아니라면 섬 전체를 조망하는 망루가 필요하지 않다. 일본인들은 영화 속의 일부 장면들이 역사적 사실과 다르다며 영화를 깎아내리기에 분주하다. 영화 뒷부분에는 인명이나 지명들이 역사적 사실과 부합하지 아니한다는 자막이 나온다. 이 대목을 일본어로 번역해 놓을 것을 그랬을까? 영화라는 창작품을 두고 "역사적 사실과 맞네~ 맞지 않네~"라고 시비함은 픽션과 넌픽션을 구분하지 못하는 졸열이다. 역사란 역사가가 만들듯이 영화도 영화인들이 만든다. 다큐멘터리 영화도 아닌 극영화를 두고 시비함은 E.H.카아가 말하는 역사학 방법론과도 부합하지 않는다.

군함도가 실은 취업을 미끼로 한국인들을 착취한 곳이었다는 사실은 현장에 가보면 금방 느낄 수 있다. 한때 못된 유흥업소의 포주들에 속아서 취업한 여성들이 갈수록 빚에 쪼들렸던 것처럼 군함도의 광부들도 갖가지 명목으로 임금을 착취당하였다. 설사 군함도에는 돈을 모았다고 한들 이를 한국에 송금할 수 있는 시스템이 없었다. 일년에 한번도 귀국하지 못하는 상황에서 또 일본인 관리자들이 죽은 광부들의 돈까지 가로챈 판국에 과연 누가 누구를 통하여 한국에 돈을 보냈겠는가? 영화에서는 일본인 관리자들이 돈을 갈취하거나 사취한 것으로 묘사된다.

일본인들의 항의에 맞서 한국 방송들이 보도한 다큐멘터리에 따르면, 명목상의 임금조차 현금으로 주지 않고 휴지에 불과한 채권으로 광부들에게 지급되었다. 인플레가 하늘을 찌르는 패전국가에서 채권이 무슨 소용이 있었겠는가? 군함도의 한국인들은 휴지를 안고 돌아왔다. 현금으로 주고 임금을 갈취하였건 채권으로 주고 떼어먹었건 모두 만행보다 더 극심한 악행이다. 극영화를 두고 사소한 시비를 일삼을 것이 아니다. 군함도의 진실은 식민시대 일제 만행의 일부에 불과하다. 늦었으나 역사청산의 일부로 군함도의 진상을 규명해 보아야 할 것이다.

아름다운 나라

춤을 출 때 잡스러운 것들이 끼어드는 것을 '협잡'(挾雜)이라 한다. 치기배들도 그렇다. 사드(THAAD) 배치를 둘러싼 미국인들의 행태를 보면서 아메리카를 '아름다운'(美) 나라라고 믿었던 과거를 되돌아 본다. 미군이 사드 배치를, 일부 고위 정치인들의 주장처럼, "확정된 국제합의"라면서, 서두를 때 2017.4.16. 방한한 펜스 부통령은 차기 한국정부가 사드를 결정할 것이라고 말했다. 말이나 마시지…그 직후 한국군은 사드가 이미 가동중이라고 밝혔다.

2017.4.28. 미국 트럼프 대통령은 "사드 운영비 10억달러를 한국에 물리겠다. 외교경로를 통해 한국에 전달했다"고 말했다. 한국 외교부는 "통보받은 적 없다"고 밝혔고, 국방부는 운영비는 미군 몫이라고 강조했다. 한국의 대선후보 토론에서 "사드 운영비 10억 달러를 우리가 물어도 사드배치에 찬성하겠느냐"는 의문들이 나왔다. 보수를 자처하는 정객들은 "트럼프 말씀은 진심이 아니고 협상에서 유리한 고지를 차지하기 위한 엄포다"라고 말씀하신다. 정말 그런가?

일부 정객들은 트럼프의 사드 운영비 발언이 목전에서 뉴스로 보도되고 있음에도 국방부 발표를 인용하면서 "그럴 리 없다"고 강변했다. 대선 후 "이제 통보를 받았어요(외교부)…미군이 운영비를 내라는데요(국방부)"라면, 어떻게 할 것인가? 보수정객들은 미국을 사랑한다면 두둔하는 해석을 아껴야 한다. 그렇지 않으면 그들은 미국인들이 합동으로 협잡을 일삼고 있음을 고백하는 셈이다. 그렇지 않다면, 미국인들은 또 다른 구도 아래 한국내 반미 감정을 부채질하는 중이다.

로마법 이래 법률행위는 구두가 원칙이다. "입법자의 세 마디 정정의 말이면 도서관의 모든 장서들이 휴지가 된다."(베를린 검사 키르히만) 한미자유무역협정(FTA)이 휴지라면서, 한미행정협정 (SOFA)은 금과옥조라고 말함은 앞뒤 틀린 반언(反言)이다. 속담에 "입은 비뚤어도 통수는 바로 불라"고 이른다. 아름다웠던(美) 나라가 이제 살림살이가 어렵다고 정의를 포기하면서, 동맹국을 깔보고 약소국을 흔들더라도, 상대가 헷갈리지 않게, 일관되게 흔들어야 한다.

미국 지도자들이, 수시로 땡기는 대로, 앞뒤 틀린 발언들을 쏟아낸다면, 미국은 세계의 경찰은 고사하고, 군도 제대로 통제하지 못하는 콩가루라는 평판을 면하기 힘들 것이다. 작금 서태평양과 동북아에서 전쟁 분위기를 한껏 연출하는 국제무기상들은 대선후보들이 우왕좌왕 하는 무대 뒤에서 웃는다. 그들은 이 시대의 진짜 태형(Big Brother)이다.

주한미군 방위비 분담금829)

당시 북한의 지도자는 대북경협을 실천하지 못하는 남측이 원망스러워 "금강산 관광시설까지 철거하라"지만, 미국은 대한·대일 분담금이 대폭 상향되지 아니하는 한, 대북 제재를 풀지 아니할 것이다. 트럼프 대통령은 남북 지도자들을 번갈아 만나면서 뭔가 변화를 가져올 것 같은 뉘앙스를 풍겼으나 속내는 달랐다. 한국인들은 분담금 고지서가 날아오자 비로서 대북 제재가 계속되는 이유를 알아차렸다. 차기 미국 대선에서 '한반도 평화'보다는 '분담금수확'이 더 큰 득표원이 되었다.

아시아·태평양 지역의 정치군사적 최대 현안은 역내 주둔 미군의 방위비 분담금이다. 한국이 미군을 필요로 하는지 아니면 미군이 한국을 필요로 하는지 의아하지만, 작금 분담금 협상을 보노라면, 미군은 제2차 세계대전 후 일본(오끼나와)에 그리고 한국전 후 한국에 장기간 주둔하면서 "역내 국가들이 미군을 간절히 바란다"는 확신을 가진 것으로 보인다. 그도 그럴 것이, 북한은 걸핏하면 미사일을 발사하여 주변국들을 긴장시키고, 한국의 극우파들과 태극기부대들은 연일 태극기와 성조기를 나란히 걸고 "정부 불신과 대통령 하야"를 외치니, 미국으로서는 "한국인들이 정말 미군을 간절히 원한다"고 여길 만하였다.

"정치를 잘 모른다"면서도 "광화문 집회에 다녀왔다"는 한 걱정 많은 여성에게 "주한미군이 필요한 것 같냐"고 물었다. 대답은 조심스럽지만 분명히 "그렇다"였다. 군사정전협정(1953)이 아직 평화협정으로 전환되지 아니한 상황에서 전쟁이라도 일어나면 저 집과 땅들을 어찌하랴. 또 주식은 휴지조각이 되지 않겠는가. 미국 정보통들이 어찌 한국인들의 이런 막다른 정서를, 비록 일부라고 할지라도, 모르겠는가. 미국이 한국과 일본에 분담금을 대폭 올리라고 요구할 만하다.

주한미군의 역할을 부정하고 미국의 분담금 요구를 냉정하게 뿌리치기에는 외세 앞에 개화파와 수구파가 대립하던 구한말처럼 쉽지가 않다. 일본, 청나라, 러시아가 한반도에서 각축하던 1세기 전 상황과 중국·미국·일본이 패권을 다투는 작금의 상황이 얼마나 다를까? 1905년에 일본 공사 하야시는 군대를 이끌고 대한제국의 황제가 거처하는 경운궁(지금의 덕수궁) 중명전(重明殿)으로 들어가 高宗 황제와 대신들을 협박하면서 을사보호늑약에 서명할 것을 요구했다.

다른 듯 비슷한 장면이 역사 속에서 반복된다. 마크 에스퍼 미국 국방장관은 2019년 11월 15일 청와대로 M 대통령을 예방하면서 해리 해리스 주한대사, 마크 밀리 합참의장, 로버트 에이브럼스 한미연합사령관, 랜들 슈라이버 국방부 인도·태평양 안보 차관보 등을 대동하였다. 그들은 주한미군 방위비분담금뿐만 아니라 일본을 대리하여 한·미도 아닌 한·일 군사정보보호협정(GSOMIA)까지 거론했었다.

미국은 평택 미군기지를 무상으로 쓰고 이전비용도 모두 한국이 부담하는 조건에서 방위분담금을 현 1조원 선에서 6조원으로 올리라고 요구했다. SNS를 장식하는 수사처럼 미군에게 "갈 테면 가라"고 외칠 것인가 아니면 "죽어도 아니 눈물 흘리오리다"라고 외울 것인가? 미군에게 방위비를 지불한다면 얼마나 지불하여야 할까? 미국의 아시아·태평양 전략 때문에 남북 평화협정이 맺어지지 아니할 수도 있겠지만, 평화협정이 맺어질 때까지는 사즉필생의 수판을 놓아야 한다. 한번 따져보자.

제임스 매티스 전 미 국방장관의 연설비서관이었던 가이 스노드그래스는 자신의 국방부

제2편 인류의 정의 (Human Justice)

시절을 회고한 책 『선을 지키며』(2019)에서 해외주둔 미군문제를 거론했다. 트럼프가 2018년 초 국방장관 매티스에게 물었다: "주한미군의 댓가가 무엇인가?" 매티스는 답했다: "미국의 안전보장이다." 트럼프는 반박했다: "손해를 보는 거래다. 한국은 연 600억 달러(70조원)를 내야 한다".

존 볼턴 백악관 국가안보보좌관과 매슈 포틴저 백악관 국가안보회의(NSC) 아시아 담당 선임보좌관은 2019년 7월 동북아 지역 방문 당시 일본에 약 300% 인상한 80억 달러(약 9조3천360억원)의 방위비 분담금을 요구한 것으로 알려졌다. 양국의 방위비 분담금 협정은 2021년 3월 종료되며, 현재 일본에는 미군 5만4천명이 주둔 중이다.

주한 미군의 주둔비용과 한국의 분담율은 종잡기 어렵다. 빈센트 브룩스 전 주한미군사령관은 2016년 청문회 때 한국의 분담률이 50% 가량이라고 말했다. 보수 성향의 싱크탱크인 「아메리칸 액션 포럼」은 『미국 동맹국 방위비 분담 보고서』(2016년)에서 한국 분담률이 41%라고 썼다. 독일은 18%였고, 일본은 50%였다.

미국은 반타작할 셈(3조원)으로 6조원을 제시하였을 것이다. 만약 한국이 2조원을 내면 분담율 100%가 된다. 분담금(contribution)이 100%를 넘으면 이미 분담금이 아니다. 한국인들이 미군들의 봉급까지 부담하게 된다. 이는 지원군의 지위가 끝나고 한국이 미군을 고용함을 의미한다. 미국이 전파한 신자유주의 체제에 따르면, 고용은 살람살이(경제)에 달려 있다.

러시아의 우크라이나 침공[830]

러시아 푸틴 대통령의 우크라이나 침공을 두고 미국 정치학자 존 미어샤이머(John Mearsheimer) 석좌교수(시카고대학)는 2022년 3월초 "북대서양조약기구(NATO)의 세력 팽창 탓"이라고 언론에 기고하였다가 미국 다수 언론으로부터 비판의 십자포화를 맞았다. 호기라고 생각한 러시아가 이를 SNS에 퍼날라 비판을 가중시켰다. 미어샤이머 교수는 우리에게 낯설지 않다.

그는 2007년 한국에서도 번역 출간된 『강대국 국제정치의 비극: 미중 패권경쟁의 시대』(이춘근 옮김)에서 방어주의를 뛰어넘는 이른바 '공격적 현실주의'(offensive realism)를 분석하였다. 이에 따르면, "국가들의 관계를 지배하는 것은 규범이나 도덕이 아니라 힘과 국가이익이다…국제체제는 실제 무정부 상태이다…강대국들은 세력균형에 그치지 않고 다른 국가들을 압도할 수 있는 막강한 힘을 추구한다." 이쯤되면 전쟁과 평화의 법을 논하는 국제법학자들이 무색해진다.

미국 언론사들은 이러한 정치철학을 논하는 미어샤이머 교수에 대하여 "미국의 자유주의를 지지하지 않고 악의 근원인 푸틴을 돕는다"느니 "불난 집에 부채질한다"느니 등의 비난을 쏟아냈다. 한국 언론도 일부 논객을 제외하고는, 같은 맥락을 취하였다. 같은 상황이 한국에서 펼쳐졌다면 국가보안법이 발동되었을 것이다. 그러나 그는 국제정치의 실상을 냉정하게 간파하였다. 자유주의는 우리 대통령 당선인이 주창하는 자유민주주의와 맥락을 같이 하여 신정부의 입장이 관심을 끌었다.

그러던 중에 영국의 가디언(2022.3.19.)이 미어샤이머 교수의 NATO 팽창론을 다시 올려 논쟁에 다시 불을 붙였다. NATO 팽창은 울고 싶었던 푸틴을 넘어뜨린 셈이다. 러시아의 인플레이션이나 외환보유고 또는 급전직하 경제사정을 보라…전쟁의 원인이야 어디 NATO 팽창뿐이겠는가…전쟁이 일어난 마당에 "누가 왜 전쟁을 일으켰는가"보다 전쟁에 대하여 어떻게 대응할 것인가가 시급하다. NATO와 러시아의 틈바구니에 있는 우크라이나는 국제협약을 통한 중립국화가 바람직스럽겠으나 이는 전후의 해법에 속한다.

정당한 전쟁(just war)에 관하여서는 고전의 가르침이 있다. 가톨릭 신학을 대표하는 교부 철학자 성(聖) 아우구스티누스는 평화주의자였지만, 물리적 힘에 의하여 중단되어야 마땅한 중대한 악행에 당면하여, 평화 속에 안주함은 죄(罪)라고 말씀하셨다. 정당한 전쟁을 옹호하였던 그는 『신국론』에서 "정의롭지 못한 행위에 맞서 합법적 권능에 따라 승인되는 자력이나 타력에 의한 방어는 불가결하다"고 썼다. 이 가르침은 '타력에 의한' 정당방위를 담고 있어 양면성을 지닌다. 그러나 평화유지가 외려 전쟁의 수렁에 빠져들게 만든다면 자가당착이다.

타국간 전쟁에 우리나라가 어떻게 대응할 것인가에 관하여서는 타산지석이 있다. 2001년 9·11 테러를 당한 미국 부시 정부는 탈레반 정부가 오사마 빈 라덴을 보호하고 있다는 이유로 같은 해 10월 NATO 등 동맹국과 아프간으로 진격하였고, 한국에도 파병을 요청했다. 한국 정부는 그해 12월 수송 담당할 해성부대와 청마부대를 보냈고, 다음 해 2월에는 의료지원단 동의부대를 보냈다. 한국은 2007년 12월 아프간에서 군부대를 철수했다. 한국은 아프간에게 공적개발원조(ODA)도 베풀었다.  환경운동(More Tree)으로 널리 알려진 일본 음악가 사카모토 유이치(坂本龍一)는 9·11 테러와 그 이후의 국제정세를 다룬 지인들과의 대담을 정리한 『비전』(非戰)(2011.2.20.)을 펴냈다.

한국 정부는 아프간에게 1991년부터 2020년까지 파병비용을 빼고 총10억4백만달러(약 1조1천790억원)를 지원하였다. 한국은 또 2011년부터 2020년까지 나토의 아프간 군경 훈련과 유엔 등 국제기구의 경제사회개발사업에 7억2천8백만달러를 썼다. 한국은 아프간 재건 노력에 20년간 동참하였지만 서방의 '아프간 실험'은 성공하지 못했다. 아프간에 대한 파병은, 전투부대가 아니라지만, 당시 지적하였던 바와 같이, 우리 헌법 해석상 문제가 있다. "대한민국은 국제평화의 유지에 노력하고 침략적 전쟁을 부인한다"는 헌법(제5조제1항) 규정은 방어전쟁만 가능한 것으로 해석된다. 아프간 사례는 우크라이나에 대한 우리 입장을 정하는 기준이 되어야 한다.

미시적인 사안으로서 "우크라이나를 돕겠다"며 정부허가 없이 출국한 한국인 UDT 출신 이근 전 대위를 처벌할 것인가도 법률적 관심사였다. 19세기 영국의 정치가이자 낭만파 시인이었던 바이런 남작이 오스만 터키 제국에 대항하는 그리스 독립 전쟁에 용병으로 참전할 때

인류의 정의 (Human Justice)

에는 영국의회의 승인이 있었다. "6·25 전쟁 당시 도와줘서 고맙다"는 이근 전 대위의 SNS 메시지는 역사적 오류이겠으나, 양심에 따른 자발적 참전까지 처벌함은 형법 상 정당방위 이론에 맞지 아니한다.

3) 영세중립국을 꿈꾸며

대한민국 국호(國號) 시비

임시정부 수립 100주년을 맞이하여, 정치인들이 로고「100」을 붙이고 다니는 가운데, 민속학자 이윤선 교수가 SNS에 올린 글을 보니, 대한민국(大韓民國)이라는 국호에 설왕설래가 많은가 보다. 일본과 중국이 조선이란 용어를 선호하니 조선으로 돌아가자는 입장도 있는데, 일본·중국의 조선 취향은 침탈자 시절의 향수 때문이리라. '조선'은 지금 북측의 국호에 들어 있어 우리나라에서는 알게 모르게 기피(휘)되고 있다.

어느 논객은 중국의 역사서(史書)에 '韓國'이라는 말이 나오지 않는다고 걱정하는데, 단견이다. 진수가 3세기에 편찬한 삼국지 위서 동이전(東夷傳)에 '韓'이 나오지 않는가? 잉글랜드가 커져서 대영제국이 되었듯이, 한(韓)이 커져서 대한제국이 되고 이것이 대한민국이 되었다고 생각하면 되지 않겠는가? 제국(帝國)이 민국(民國)으로 바뀌었을 뿐이다.

「조선전」(朝鮮傳)이라는 명칭의 사서는 없었다. 조선전은 중국 정사[24史]에 포함된 동이전 등에 대한 통칭일 뿐이다. 한(韓)은 칼을 든 군장이 아니라 탑을 쌓은 제사장의 나라 신정(神政)의 후예라고 생각한다.

호랑이에게 물려가도

M 대통령은 "한반도에서 전쟁을 막고 국민 생명과 안전을 지키기 위하여 사드(THAAD) 배치를 더 이상 미룰 수 없다. 우리 정부가 취할 수 있는 최선의 조치다"(2017.9.8.)라고 밝혔다. 사정변경을 강조한 고육지책이다. 사정이 또 변하면 사드를 치울 수도 있겠다. 그럼에도 불구하고 여기에는 짚어야 할 허상[사드가 한반도를 방어한다…군비강화가 안전을 보장한다…사드가 북핵을 견제한다…공포의 균형을 위하여 핵무기를 한반도에 배치한다]들이 도사리고 있다. "호랑이에게 물려가도 정신을 차려야 한다." 한반도를 둘러싼 강대국들의 행태를 보면 속내가 드러난다.

북핵개발을 지원한 러시아는 북한이 ICBM 성공을 자축하는데 북한 미사일이 중거리라고 평한다. 무기를 수출하지 않으면 군수산업이 휘청거리는 미국이 "한국에 첨단무기 수출을 허용하겠다"고 말한다. 북한은 핵무기를 터트리고 미사일을 날리는데 러시아는 한국에게 대북대화를 종용한다. 중국은 북한에 이중적 태도를 보이면서 대북 원유공급 중단을 주저한다. 중국은 사드를 볼모로 대미 무역불균형의 시비를 덮고자 한다. 강대국들은 손바닥으로 하늘을 가린다. 사드가 핵탄두 미사일을 요격해도 한반도 상공에서 터지면 끝장이다. 지금은 비록 힘이 약해 이러고 있지만, 장막 속에서 불빛을 가리고 실력을 키워야 할 일이다.

모두 그대 때문일까?

북한의 리용호 외무상은 2017.9.23. UN에서 "우리는 미국 때문에 핵을 가졌다… 국제적 정의가 실현되지 않으면…힘에는 힘으로 맞서야 한다…핵보유는 정정당당한 자위적 조치이며 최종 목적은 미국과 힘의 균형을 이루는 것이다…유엔 안전보장이사회가 기득권에 집착하여 북한을 불공정하게 대우한다"고 주장했다. 李 외무상은 "모두 너 때문이야"라고 외치지만 몇 가지 모순이 있다.

국제사회는 북한이 핵무기를 가졌다고가 아니라 핵 실험과 미사일 발사로 지구를 위협하고 오염시킴을 시비한다. 힘에 대하여 힘으로 맞섬은 전근대적 동해보복(同害報復: talio)에 해당하는 악의 정의이다. 어느 나라가 핵을 보유하므로 다른 나라가 핵을 보유한다면 모든 나라가 핵을 보유하게 된다. 북한은 자위를 강조하나 미국이 군사적 선택(옵션)을 꺼내기 전부터 핵무기를 개발하였다. 힘(공포)의 균형은 무력강화로 이어져 한반도를 화약고로 만든다. UN은 북한처럼 행동하는 어느 국가에 대하여서도 같은 조치를 취할 것이다.

한반도의 긴장

한반도에서는 여태 군사정전협정과 남북교류협력이라는 두 개의 경로(track)가 각축한다. 군사정전협정에 서명한 북한은 협정 상대방인 미국에게 직접 대화하자고 제안할 수 있으나 서명 당사국이 아닌 우리는 미국과 북한에 대화를 권고할 수 있을 뿐이다. 우리는 남북교류협력을 재개할 수는 있었으나 군사협정을 평화협정으로 바꿀 수는 없었다. 그 동안 북측은 한반도 평화에 아랑곳하지 않고 우리 머리 위로 미사일을 날리면서 미국을 향하여 기염을 토하였다. 북은 이제 스스로 핵무기 보유국가라고 주장하면서 미국과 대화하고 싶어 하지만 이를 인정하지 못하는 미국은 핵개발을 저지하려고 압박한다.

북미 간에 쌓이고 파인 불신과 적개심을 어떻게 해소할 수 있을까. 북한에 대한 선제공격도 불사하겠다는 미국 당국자들과 그들의 배후에 버틴 공화당을 무슨 수로 무마할 수 있을까. 우리의 관할과 재량 바깥에 있는 군사정전협정 외에도 한미조약에 묶여 이를 조금만 벗어나도 즉각 견제를 받는다. 독도에 사활을 거는 일본도 미국에 못지않다. 일본은 미국이라는 지렛대를 이용하여 한반도에 깊숙이 개입한다. 우리는 종래 이러한 역학관계에서 한반도 평화를 모색할 수밖에 없다. 통일을 향한 행보는 남북한에 절대절명의 소명일 수 있겠으나 동아시아와 태평양에서 패권을 겨루는 미국과 중국에는 거북한 장애물일 수 있다. 미국은 여전히 우리의 맹방이지만 우리가 냉전의 첨단에 서 있을 때 그렇다.

국제정치적으로 그리고 국제법상으로 우리가 북측의 협력을 얻어 지금 독자적으로 할 수 있는 방법은 남북 교류협력을 확대·증진시키는 일이다. 그간에 막힘이 올림픽으로 겨우 통로가 열렸을 뿐이다. 문화예술관광뿐만 아니라 동포애에 기반을 둔 숙원사업들도 있다. 남북 환경보전과 경제교류도 그 뒤를 따를 수 있다. 통일은 막대한 비용문제 때문에 내부에서도 반대를 부를 수 있다. 교류협력을 확대하다보면 통일은 어느 날 불시에 이루어질 수 있을 것이다. 미

제2편 인류의 정의 (Human Justice)

국을 자극하지 않으면서 교류협력을 강화하려면 힘들더라도 적법절차를 따라야 한다. 미국인들이 좋아하는 적법절차 경로는 사전통지(prior notice)와 청문(hearing)을 말한다. 청문이란 사전에 당사자의 말을 듣는 것을 의미한다.

석연치 않았던 북미회담 결렬

낙심천만이다. 한국인들이 북한과 미국의 하노이 북미회담(2019년 2월)에 걸었던 기대는 컸다. 하지만 빈 수레가 요란하였다. 결과를 놓고 과정을 재해석하면, 양측은 신의에 따라 성실하게 회담에 임하지 않았던 것으로 보인다. 앞으로 미국은 과연 남북교류나 통일을 바라는가에 관하여 의심을 받기에 이르렀다.

"완전한 비핵화가 먼저냐" 아니면 "대북제재 해제가 먼저냐"는 회담 전부터의 숙제였기 때문에 이것 때문에 회담이 결렬될 수 없었다. 비핵화와 제재해제의 교환이 핵심의제였다면, 서로 조건과 담보를 붙여 이 문제를 해결할 수 있었다.

그럼에도 회담이 결렬되었음은, 단적으로 말하자면, 미국이 사전협상을 소홀히 하였고, 북한이 투명성을 갖추지 못하였기 때문이다. 미국과 북한은 북미 회담의 성공이 한국인들의 염원처럼 절실하지 않았다.

트럼프 대통령은 북한이 영변 외의 지역(강성)에 있는 고농축우라늄(HEU) 농축용 시설(원심분리기)에 대하여 명확하게 답변하지 아니하여 (은폐하여) 완전한 비핵화를 확신할 수 없어 회담이 결렬되었다고 말한다.831)

영변의 플루토늄 처리시설은 커서 정찰위성에 포착되기 쉽다. 강성지역에 위치하는 것으로 추정되는 고농축우라늄(HEU) 제조시설(농축우라늄 원심분리기)는 크기(600㎡)가 작고 소형 발전기만으로 가동이 가능하다.

그렇다면 미국은 사전협상에서 강성의 HEU 농축용 시설을 의제에 올려 북한의 답변을 미리 받았어야 마땅하다. 사전에 조율되지 아니한 의제를 정상회담에 올림은 국제법이 좋아하는 관례에 맞지 않는다.

미국 정보 당국이 2010년부터 파악하였고, 워싱턴포스트가 2018년 6월에 문제를 제기하였던 '강성의 원심분리기' 의혹을 준비과정에서 미리 묻고 답하지 아니하고, 정상회담에 와서야 꺼냈다는 사실은 '사전통지'(prior notice)라는 미국식 정당절차(due process)에 맞지 아니한다.

북한은 영변 외 지역[강성]의 핵무기 제조시설에 관한 미국의 질문에 진지하게 답변함으로써, 미국의 의구심을 떨치려는 노력을 회피하였다. 미국이 몰랐을 것이라고 믿었다면, 미국의 실력을 과소평가한 셈이다.

트럼프 대통령은 아직 결정적인 시기가 무르익지 않았다고 판단한 것 같고, 김정은 위원장은 대북제재의 해지에 대한 절실함이 아직은 결여된 것 같다. 그렇지 않다면 뭔가 믿는 데가 따로 있는 것으로 보인다.

이렇게 성실하지도 절실하지도 아니한 북미회담이 자꾸 열리면, 이솝우화 '양치기 소년'의 속편이 등장할 지도 모른다. 정전협정의 폐지와 남북교류의 활성화를 간절히 바라는 한국인들의 가슴에 못질을 그만하기를 염원한다.

국제적 이간질

남북과 미국을 사이에 두고 국제적 이간질이 벌어졌었다. 한국의 「신동아」(2020.1.25.)는 "김정은 위원장과 M 대통령이 트럼프 대통령을 속인다"는 취지의 탈북인사 편지를 보도하면서 M 대통령을 타이틀로 뽑았다. 왠 스파이 영화? 누가 누구를 속이는 지, 또 누가 이간질을 일삼는 지, 따져 보자.

워싱턴타임스(2019.12.11.)는 북한 김정은 정권에서 일한 고위급 탈북자가 도널드 트럼프 미국 대통령에게 편지를 보내 "북한에 속고 있다"며 "북한 엘리트층을 자극해 김정은을 축출할 수 있도록 심리전을 강화해야 한다"고 주장했다고 보도했다.

김정은 북한 국무위원장은 2019년 12월 27일부터 나흘간 개최된 노동당 중앙위원회 제7기 제5차 전원회의에서 "미국이 적대시 정책을 끝까지 추구한다면 비핵화는 영원히 없을 것"이라고 말했다.

트럼프 대통령은 대북제재와 유인을 11월 대선때까지 끌고가 북한효과를 극대화시키고 싶겠으나, 북한 외교관들은 여기에 동조하지 않을 것이다. 결자해지론에 따르면 먼저 위험을 제거하고 지원을 받아야 한다. 하지만 일망타진은 현실성이 낮다. 단계적 해법이 필요하다.

미국은 북한에게 핵무기 개발과 보유 현황을 공개하도록 요구한다. 북한은 이를 거부한다. 미국·러시아는 핵무기 감축협상을 추진할 때 서로의 핵탄두 수를 공개했다. 관측통들은 북한이 핵무기를 개발해 놓고 대륙간 로켓을 시험중이라고 본다. 북한은 핵무기 현황만 공개하고 제재해지와 지원을 받지 못할까 우려한다.

미국 정부는 정치적 풍향에 따라 일관된 신호를 보내지 못함으로써 관측통들의 불신을 산다. 북한이 대미협상을 완전히 거절하면 ICBM을 완성하기 전에 미군의 드론 공격을 받을 수 있다. 북한이 공개를 거부함은 대미 불신에도 기인하겠으나, 양자가 아직 미완이라, 병진중이라고 볼 수도 있다.

과연 누가 누구를 속이는 지, 누가 바보인 지, 두고 볼 일이다. 그전에 한국정부가, 정전협정에 갇혀 있지 말고, 늦었지만, 독일식 국경 해법을 추구하면 좋겠다.

외교적 협력과 자주외교 사이

해리 B. 해리스 주한 미국대사는, 보도에 따르면, 하노이 북-미 회담 결렬 이후 처음 가진 기자회견(2019년 4월 22일)에서 M정부의 비핵화 절충안인 '굿 이너프 딜'(충분히 좋은 합의)에 대해 "무슨 뜻인지 모르겠다---한국 정부가 비핵화 중간단계(굿 이너프 딜) 관련 견해를 나

인류의 정의 (Human Justice)

(미국 행정부)와 공유한 적이 없다"고 말했다. "공유한 적이 없다"는 해군대장 출신의 대사님 말씀에는 뼈가 들어 있다.

그는 "4월 11일 한·미 정상회담에 배석했다"고 말했는데, 정상간 대화시간이 2분에 불과해, '굿 이너프 딜'을 인지하지 못했나 보다. 정상 외교의 주제가 된 통일전략이 담당 대사와 공유되지 못했다면, 우리 측의 사전통지가 소홀했을 수도 있다. 주한 미국대사는 일제 강점기 조선총독과 다르다고 생각한다.

경영인과 경세가

트럼프 대통령은 이윤을 추구하는 경영자 출신이기 때문에 한계에 노출된다. 그는 "제 버릇 남 주지 못한다"고 철두철미 이익에 주목하여 주한미군 철수론 외에 전세계를 상대로 시종일관 이익을 다투었다.

경영은 돈벌이지만 경제는 살림살이다. 경영은 이윤의 극대화를 추구하지만 경제는 후생의 극대화를 지향한다. 경영과 달리 경제에서는, 코로나19 사태에 재정적자를 감행하듯이, 빚을 질 때는 져야 한다.

지도자란 모름지기 경영자가 아니라 세상을 다스리는 경세가(經世家)라야 한다. 세상을 다스리는 경세(經世)란 국가의 이윤을 극대화하는 것이 아니라, 『경세유표』(經世遺表)가 시사하는 바와 같이, 형평과 효율의 조화를 도모하면서, 총후생의 극대화를 지향한다.

기업가 출신이었던 트럼프 대통령은 권력의 정상에 오른 후 경영자에서 경세가로 변신하지 못하고 여전히 이윤에 매달림으로써, 즉 경영과 경제를 구분하지 못함으로써, 자기이윤에 집착하는 무리로부터는 추앙받았겠으나 경제를 조화롭게 발전시키려는 집단으로부터는 배척당하였다.

불난 집에 부채질하기

에반스 리비어 前 미국 국무부 동아시아·태평양 수석 부차관보는 2020년 가을 한국의 중앙일보와의 인터뷰에서 "국민 살해를 알고도 유엔연설 강행한 M 대통령이 '세월호 순간'을 맞았다"고 논평했다. 그는 세월호가 아킬레스 건임을 알고 빗대었다. 걱정해 주기보다 불난 집에 부채질한다.

물론 이번 사건에서 故人이 왜 바다에 투신했는가는 알기 어렵지만, '월북의도'니 '빚이 얼마니' 등의 분석은 부적절하며, 한국측이 적절히 대응했다고 칭찬하기는 힘들다. 아울러 미국과 한국의 대북정책이 성공적이었다고 평가하기도 힘들다.

하지만, 한국의 대북정책은 UN에 영향을 미치는 미국의 정책에 기속되어 독자성이 없었으므로 리비어 前부차관보의 말과 달리 평가대상이 될 수 없다. 그가 남북통일을 바라는 인사인가도 의문이다. 매파로 생각된다.

이번 사망사고 순간에 종전선언을 제안하는 대통령의 UN외교가 정말 잘못되었을까? 그렇게 생각할 수 없다. 남북통일을 바라는 인사라면 종전선언을 시비하지 말아야 한다. 이번 사고나 남북대결은 따지고 보면 정전협정(1953년) 탓이다.

"통일은 대박"이라고 외곽에서 외치면서 실제 북한과 아무런 접촉이 없었던 박근혜정부도 소기의 성과를 내지 못했었고, 태산명동에도 남북공동선언에 그쳤던 M정부도 울림에 비하여 실질이 약했다.

정전협정을 대체할 수 없는 '종전선언'에 맴도는 대북정책은 미국의 영향력 탓이다. 이제 와서 종전선언은 퇴보이다. 남북이 체결할 수 있는 불가침협정과 군비축소회담 같은 실질접근을 모색해야 한다. 그랬더라면 이번과 같은 사고가 없었을 것이다.

트럼프 대통령 노선에 반대하는 인사라고 하여 남북통일을 바라는 인사라고 단정하기 어렵다. 리비어氏가 진정 남북통일을 바랐던 인사라면, 사고순간에 종전선언을 제안했다고 나무랄 일이 아니라, 외려 미국이 말린다고 제자리에 맴돌았던 우리 대북외교의 소극성을 지적해야 한다.

사고와 외교는 구분되어야 한다. 사고를 되도록 잔혹하게 표현하여 민심을 자극하고 세월호와 연결시켜 여론을 선동하는 행태나 이를 확산시키는 매체는 좋게 새길 수가 없다. 제국주의자들이 식민지를 통치하였듯이 한국을 끊임 없이 분열시키려는 책동이다.

남북평화

BTS와 함께 UN을 방문한 M 대통령은 2021년 9월 22일(한국시각) 총회 연설 에서 "남북미 3자 또는 남북미중 4자가 모여 한반도에서 전쟁이 종료되었음을 함께 선언하길 제안한다"고 말했다. 혹자는 맞불을 질렀지만, 적극 공감한다. 욕심을 내자면, 노태우정부 때 일이라, 김영삼정부에서 탄력을 받지 못한 「남북기본합의서」(1992年 발효)에 밝힌 남북한불가침 및 군비축소 합의를 상호확인하고 쌍무협정을 맺으면 좋겠다.

남북협력은 한반도 발전의 초석이건만 실타래처럼 꼬인 남북문제는 누가 어디에서부터 어떻게 풀어야 하나...북한은 M 대통령이 유엔총회에서 제안한 종전선언 추진에 대해 "시기상조"라는 입장을 내놨다.

리태성 외무부상은 2021년 9월 24일 "미국·남조선 동맹이 계속 강화되는 속에서 종전선언은 지역의 전략적 균형을 파괴하고 북과 남을 끝이 없는 군비경쟁에 몰아넣는 참혹한 결과만을 초래하게 될 것"이라고 주장했다.

금오는 평소 비당사국으로서 우리나라 몫이 아닌 종전선언 이전에 남북이 불가침협정을 맺고 단계적 군비축소회담에 착수하자는 입장을 취했다. 약속이나 계약이란 상호승인이기 때문에 당사자들이 함께 모여 조건과 절차를 정하고 때에 맞춰 이행하면 된다.

이런 기본을 외면하고 각자 허공에 "통일이 대박이다", "선결조건을 이행하라", "시기상조이다", "맞는 말씀이다"라고 외쳐서야, 어느 세월에 합의인들 이뤄지겠는가? 공염불이 될 뿐이다.

인류의 정의 (Human Justice)

비핵화가 능사가 아니다. 한반도에 쌓아놓은 엄청난 화력을 감축하지 아니하고는 평화가 요원하다

제2장 정의관의 진화

제2장
정의관의 진화

황금까마귀는 무엇이 공공선832)(公共善)의 윤리 즉 미덕(美德)인가를 모색하기 위하여 동서고금의 고전을 탐색하기 전에 어떤 행위가 공공선을 해치는 불의[非]인가가 궁금하였다. 신탁(oracle)에 물어볼 일이나, 씨줄날줄에 물어보기로 마음먹었다. 참가자들에게 비교적 널리 알려진 십계명과 같은 자연법을 제외하고 각자가 평소 생각하는 불의를 한 가지씩 제안하도록 부탁하였다. 보통의 제어장치로 대응하기 어려운 엄청난 불의 내지 교묘한 가해를 짚어 내시지요.

황금까마귀: "벗님들은 각자의 경험이나 상식에 비추어 인류사회에서 어떤 행위들이 가장 불의이거나 **악행**(惡行)이라고 생각하세요? 먼저 사람이 말한 바를 피하면 좋겠습니다. 아울러 혹시 가능하다면 선정 이유를 덧붙일 수 있다면 더 좋겠습니다."

금오: "로마법에 '선(善)을 행하고 악(惡)을 피하라'고 일렀는데, 피해야 할 악행들을 통하여 선행을 찾을 수 있겠군요."

벨라: "**전쟁**입니다. 히틀러 같은 정치인들은 아리안족의 순수혈통을 내세워 살육을 자행하고 전쟁을 선동하였지만 전쟁은 인류최대의 불행입니다. 방어전쟁도 역시 전쟁입니다."

고결한: "지금도 종교나 정치적인 이유로 자행되는 **집단학살**입니다. 전쟁에 버금가는 반인륜적·반평화적 범죄입니다."

착실한: "평화를 깨뜨리는 물리적 폭력 즉 **강폭**(强暴)입니다. 폭행·고문·유괴·유기·납치 등 인간의 존엄성을 파괴하는 갖가지 악행들이 포함되겠습니다."

세심한: "현저하게 부당한 **차별**입니다. 평등질서를 해칩니다."

나울분: "**공화주의**를 파괴하는 폭정, 편가르기, 사기성 공약을 들 수 있습니다. 권력분립 내지 민주주의를 무시합니다."

억울해: "공직자들의 숨겨진 **직권남용**입니다. 합법을 가장한 불법수사, 자기실적이나 출세를 위하여 선입견으로 세운 시나리오에 따라 범죄를 꿰맞추기, 방어권을 보장하지 아니하는 절차, 거기에 동조하는 재판 등이 포함됩니다."

다보전: "미래세대의 몫을 가로채는 **자원파괴**입니다. 환경오염·생태파괴 행위가 여기에 해당합니다. 과학적 증거를 요구하면서 피해를 떠넘기는 행위들은 기대가능성이 없는 악의적인 변명들입니다."

261

혼미해: "**마약사범**입니다. 인간의 영혼을 파괴하고 가정과 사회의 평화를 깨뜨립니다. 타인을 유인하거나 마약을 생산·거래·알선하는 자들이 특히 악랄합니다."

최존엄: "**정체성**을 파괴하는 행동입니다. 약자들의 존엄가치를 침해하는 억압·착취·방관, 개인학대 또는 집단따돌림들이 여기에 해당하겠습니다."

못참아: "공공선택을 앞세워 사리사욕을 채우는 **탐관오리**(貪官汚吏)입니다. 자리나 제도를 남용하는 견강부회, 권위주의적 행정규제 양산, 재량남용, 오리발 내밀기, 회전문인사 등 '빛 좋은 개살구' 사례가 많습니다."

금오: "탐관오리는 조선시대 숙종 때를 무대로 삼은 고전소설 『춘향전』(春香傳)이나 벽초 홍명희의 소설 『임꺽정』(일제 강점기 1928년부터 1940년까지 『조선일보』와 『조광』에 연재된 대하장편 역사소설)833)(林巨正: 1504년~1562년: 조선 명종 때 도적) (사진@ 철원 고석정)에서나 나오는 이야기인 줄 알았는데요…"

공정한: "공공연히 부당경쟁을 자행하는 **기회남용**입니다. 이른바 '허가받은 도둑질'에 해당하는 부패·폭리·경제투기·부정축재·분식회계·허위광고·매점매석·차익환불(리베이트)이 그렇습니다."

모범생: "도처에 깔려 있는 '**떼법**'(어거지)입니다. 한국산 법률용어입니다. 집단이기주의라고도 하지요."

금오: "일단의 진보논객들은 억눌린 대중의 하소연이 있고 답답한 군중의 함성이 있을 뿐 '떼법은 없다'834)는 반론을 취하기도 하는데요…"

황금까마귀: "혜안들에 감사드립니다. 생각보다 많지 않습니다. 핵심어를 꼽자면, 전쟁·학살·강폭·부당차별·공화주의파괴·직권남용·자원파괴·마약·정체성파괴·탐관오리·기회남용·떼법 등 12가지가 대표적인 불의로 제안되었습니다. 물론 이러한 제안들에 대하여서는 시비가 분분할 것입니다. 순위 다툼도 있겠군요. 구체적인 사례들을 살펴볼 일입니다. 이 불의를 예방·해소하는 가치가 바로 정의가 정당성을 넘어 지향하여야 공공선 즉 미덕이 아닐까 싶습니다. 고전의 바다에서 항해를 시작해 보겠습니다.

1. 악행에 맞서는 법가(法家)

"법을 안다는 건 학력과 상관이 없어. 정신이 중요하지. 마음이 중요하기도 하고. 법의 의도만큼이나 그 이면에 담긴 뜻을 이해해야 해. 진실을 찾는 법을 알아가야 해."835)

1) 법에 의한 부국강병

진(秦)이 중국을 통일하기(B.C. 221년) 이전 한(韓)나라의 정치가 한비(韓非: B.C.280년경~233년경)는 군웅들이 할거하고 크고 작은 나라들이 명멸하던 전국(戰國)시대의 혼란을 극복하고 부국강병을 이룩하기 위하여 도가, 유가, 묵가 등 여러 학문을 두루 섭렵하고 법에 의한 부국강병의 논리를 정립했다. 성악설을 주창한 순자(荀子: B.C.316년~237년)의 문인이었던 한비는 진의 침략을 막기 위하여 진에 사신으로 갔었다. 한비는 동문수학하였던 이사(李斯: B.C.284년~208년)를 통하여 진시황(영정 嬴政: B.C.259년~210년)을 소개받았다. 이사는 법치를 강조하고 도량형을 통일하는 한편 분서(焚書)를 실시하여 법가로 분류되는 인물이다. 한비의 사상에 매료된 진시황은 그를 자기 사람으로 만들려고 노력하였다. 그러나 한비는 이사가 꾸민 음모에 휘말려 투옥당했고, 49세에 음독으로 삶을 마쳤다. 법가(法家)에 속하는 상앙(商鞅)은 법을 그리고 신불해는 술(術)을 강조하였다. 한비는 "어느 쪽이 더 절실한가"라는 질문에 대하여, 「법도를 확정하다」(定法) 편에서 법과 술을 정리하였다. 조선조 중종 때 기묘사화로 사약을 받았던 조광조(靜庵 趙光祖: 1482년~1520년)의 지치주의(至治主義) 기반 개혁정책은 실패한 법가의 한국판으로 볼 수 있다.

"그루터기에 목이 부러져 죽은 토끼를 기다리는 농부"

한비는 "역사란 진화하므로 문제가 발견되면 시대와 환경의 변화에 순응하여 새로운 방법으로 대체해야 한다"고 보았다.『한비자』에서 혜시(惠施)가 말했다: "원숭이를 우리 속에 가두면 돼지처럼 된다."836) 환경의 변화에 따라 본래의 모습이 달라짐을 시사한다.

『한비자』의 역사관을 시사하는 송나라 농부의 이야기다. "토끼가 달려가다 밭 가운데에 있는 그루터기를 들이받아 목이 부러져 죽자 농부는 쟁기를 놓고 그루터기를 지키며 다시 토끼를 얻고자 하였다. 그러나 토끼는 얻을 수 없었으며, 농부는 송나라 사람들의 비웃음을 사고 말았다."837)[守株待兎]

"털을 불어서 작은 흠을 찾으려 말라"

한비자는 도(道)를 천리로 보고 이를 정치에 응용한다. 도는 공평하고 호오(好惡)의 감정이 없기 때문이다. 도(道) 아래 법이 있다. 하지만 한비가 생각하는 도는 "사악한 도로써 바른 도를 치는 자는 망하며 천리를 거스르는 도리로서 천리를 따르는 자를 치는 자는 망한다"838)는 언명에서 알 수 있는 바와 같이, 주역이나 도가의 경우처럼 우주의 섭리가 아니라 매우 인위적이다. 한비자는 도법(道法)의 개념에 따라 세상을 다스리도록 말한다.

나라를 다스리는 요체를 온전하게 한 자는 하늘의 이치를 거스르지 않았고 사람의 정서를 상하게 하지도 않았다. 하늘과 땅을 바라보고 강과 바다를 보았으며, 산과 골짜기에 따라 덕을 베풀었고, 해와 달이 비추며 네 계절이 따라가듯 구름이 펼쳐지고 바람이 움직이듯이 하였다.839)

인류의 정의 (Human Justice)

털을 불어서 작은 흠을 찾아내지 않았고 때를 씻어서 어려운 것을 살피려고 하지도 않았으며 정해진 줄 밖으로 끌어내지도 않았고 안으로 줄을 밀어내지도 않았으며, 법 이외의 것을 급하게 하지 않았고 법 안의 것을 느슨하게 하지도 않았다. 정해진 원리를 지키고 자연을 따랐다.840)

화와 복은 도와 법에서 생겨나지 사랑과 미움에서 나오는 것이 아니며, 명예와 치욕의 책임은 자기에게 있지 다른 사람에게 있는 것이 아니다.841)

도에 따라 법을 온전하게 함으로 군자는 즐거워하고 크나큰 간사함이 멈추게 된다.842)

한비자는 "나라의 평안함과 위태로움은 옳고 그름을 구분하는 기준에 달려 있지, 국력이 강한가 약한가에 달려 있지 않다"고 생각하였다.843) "군주가 청렴한 자를 벼슬길에 앉혔다가 주위 신하들과 맞지 않는다고 물러나게 하거나 공정하다고 칭찬하며너 자신의 말을 따르지 않는다고 폐출시킨다면, 백성들은 두려워하며 중간에 서서 갈 바를 알지 못한다."844) 법가는 모순(矛盾)이나 조령모개(朝令暮改)를 기피하고 법적 안정성을 지향한다.

"나라를 평안하게 만들기"845)

* 화와 복은 선과 악에 따라 내린다.
* 잣대가 있어서 마음대로 헤아리는 일이 없다.
* 신의(信義)가 있어서 거짓이 없다.

"나라를 위태롭게 만들기"846)

* 법도의 테두리에서 자기 마음대로 일을 처리한다.
* 법도 밖에서 마음대로 일을 재단하고 처리한다.
* 사랑해야 할 사람을 아끼지 않고, 미워해야 할 사람을 멀리하지 않는다.

고대의 은나라는 천자의 나라인데도 옳고 그름을 구분하지 않아 공로가 없는데도 상을 주고, 아첨하는 자가 거짓수단으로 귀한 신분이 되도록 하였으며, 죄 없는 자를 처형하고 태어날 때부터 꼽추인 자의 등을 가르려고 하였고, 거짓을 옳다고 하고 선천적인 본성을 그르다고 했으므로 작은 나라[주나라]가 큰 나라[은나라]를 이길 수 있었다.847)

2) 공정과 공평

"도를 실천하는 법"

『한비자』는 여러 대목에서 군주와 공경대부들의 법철학과 통치술을 밝히지만, 만물의 도(道)와 인류의 법이 어떠한 관계를 이루는가에 관하여 말을 아낀다. "법이란 무엇인가"를 아무리 잘 정의하더라도 근대 독일의 임마누엘 칸트(Immanuel Kant: 1724년~1804년)의 조소를 피하기 어렵다. 한비는 법을 적극적으로 정의하는 대신에 법의 요건과 원칙 및 특징 그리고 법을 부리는 방법[術] 그리고 법을 뒷받침하는 세(勢)에 관하여 여러 일화들을 통하여 설파한다. 법은 통치의 근본이고 백성들의 행위준칙이다. 『한비자』는 법이 원칙으로 삼는 정의(正義)에 관하여서도 적극적으로 정의하기보다 공평과 같은 정의의 요체를 제시한다. 한비는 『한비자』 종반에 이르러 법이 도를 거스를 수 없으며 사람이 법 위에 서서는 아니 된다고 강조한다.

"영원한 도를 없애고 현명한 자를 높이 여기면 혼란스럽게 되고, 법을 버리고 지혜로운 자를 임명하면 위태롭게 된다. 그러므로 법을 위에 두어야지 현명한 사람을 위에 두어서는 아니 된다."848)

"현자가 아닌 법을 위에 두라"는 『한비자』의 언명은 읽기에 따라서는 '사람에 의한 지배'가 아닌 '법 앞의 평등'(equality under the law), 독일식 법치국가(Rechtsstaat) 내지 영국식 '법의 지배'(rule of law)로 해석될 수도 있다. 영국 옥스퍼드 대학의 보통법 교수 A.V. 다이시(Dicey: 1835년~1922년)에 의하여 보편화된849) '법의 지배'라는 말은 입헌주의와 밀접한 관련을 맺으며, 역사적으로는 "왕도 법 앞에 평등하다"는 판결에서 비롯하였다.

영국 대법관 에드워드 코크 卿(Chief Justice Sir Edward Coke: 1552년~1634년)은 명예혁명(1688년) 이전인 1607년에 금지판결850)(Case of Prohibitions)에서, "법은 사건의 소인(訴因)들을 심리하고 폐하를 안전하고 평화롭게 보호하였던 황금의 지팡이와 척도(golden met-wand and measure)이었다. 왕은 이에 대하여 격분하면서 그가 '법 아래 서야 된다'는 발언을 반역으로 다스려야 한다고 언급하였을 때, 나는 '왕은 어떠한 사람 아래에도 서지 아니하지만 신(神)과 법 아래 선다'(the King ought not to be under any man but under God and the law)는 보통법 최고 논문「잉글랜드 법과 관습에 관하여」(1235년) 저자 브랙튼(Henry de Bracton)의 말을 인용하였다"고 판시하였다. 이 판결은 영국에서 '법의 지배'(Rule of Law)를 확립한 이정표였다.

평등이론

도킨은 저서 『최고미덕』(Sovereign Virtue)에서 그가 '자원의 평등'(equality of resources)이라고 명명한 이론을 옹호하였다. 자원평등 이론은 첫째, 인류는 그들이 내린 삶의 선택들에 대하여 책임을 질 수 있다는 이론과 둘째, 천부적으로 부여받은 지능과 재능은 도덕적으로 자의적이므로 사회에서 자원의 배분에 영향을 미쳐서는 아니된다는 이론을 결합시킨 것이다. 자원평등 이론은 그래서 모든 사람은 사회 구조의 설계에서 동등한 관심과 존중을 받을 자격이 있음을 핵심원리로 삼는다. 도킨의 평등이론은 이른바 행운의 평등주의로 지칭되지만 그는 이를 인정하지 아니하였다.851) 도킨은 그의 논문 "가치들은 충돌하는가? 고슴도치의 접근"에서 자유와 평등의 가치들이 반드시 충돌하는 것은 아니라고 주장하였다.852)

"법도를 확정하다"

한853)(韓)나라는 진(晉)나라에서 떨어져 나온 나라였다. 진의 옛법이 폐지되지 않았는데 한의 새 법이 나오고 이전 군주의 영이 거두어지지 않았는데 다음 군주의 영이 다시 내려졌다. 한의 소후(昭侯)를 보좌하는 신불해(申不害)가 법령들을 통합하지 못하자 간악한 자들이 많아

제2편 인류의 정의 (Human Justice)

졌다. 사람들은 앞뒤가 맞지 않는 옛 법령과 새 법령 중 유리한 것을 따랐다. 신불해는 소후에게 술(術)을 쓰도록 진언하였지만 간악한 신하들은 그 말을 속였고 법이 지켜지지 아니하였다.854)

공손앙855) [상앙 商鞅]이 진(晉)나라를 다스릴 때 연좌제를 두어 그 사실을 따지고 열 집이나 다섯 집을 하나로 묶어 그 죄를 함께 묻고 상을 두텁게 하되 믿음을 주었고 형벌을 무겁게 하되 확실하게 시행하였다. 이 때문에 백성들은 역량을 발휘하여 수고로우면서도 쉬지 않아 적을 추격함에 있어 위태로웠으나 물러서지 않았으므로 나라는 부유하고 군대는 강성해졌다. 그러면서도 술(術)로써 간신을 알아내지 못하였기에 그 부유함과 강성함이 신하에게 도움을 줄 뿐이었다. 세월이 흘러 효공과 상앙이 죽고 혜왕(惠王), 무왕(武王), 소양왕(昭襄王)에 이르러, 전쟁에서 이긴 대신들이 우대를 받고, 국가 영토가 늘어나면서, 사사로운 봉토를 늘렸다. 지난 시대 상앙이 열 번이나 국법을 바로 잡았지만 신하들은 도리어 법을 자기 밑천으로 이용하였다.856)

근대 독일의 사회학자 막스 베버(Maximilian Carl Emil Weber: 1864년~1920년)는 관료제(官僚制 bureaucracy)를 개념화시켰고, 관료제는 자본주의 윤리와 함께 독일의 발전에 적지 아니 기여하였지만, 한비는 관리들의 독직과 탈법을 경계하였다. 옛날의 관리들은 "백성들이 법을 어지럽힌다"고 나무랐지만, 오히려 "뇌물로 정치에 임하는 관리들이 법을 의심하게 만들었고 법을 어지럽혔다".857) 한비는 이렇게 상도(常道)가 없는 나라를 바로 잡아 '도(道)의 나라'를 만들 수 있는 대안으로 의로움을 행할 것(行義)을 제시한다.

"공적과 명성이 생기는 바는 반드시 관청의 법에서 나와야 한다…법도를 확립하여 백성들을 가지런히 하고 상벌을 믿어 백성들의 능력을 다하도록 하며 비방과 여예를 분명히 하여 권하거나 저지시킨다. 명호(名號), 상벌 및 법령의 세 가지가 짝을 이루어, 대신들이 일을 하고 군주를 받들며, 백성들이 공적을 세워 윗사람을 이롭게 하는 나라를 가리켜 '도가 정립된 나라'라고 이른다."858)

"금령을 지켜야 천하가 공평해진다."

『한비자』는 말한다. "옛날에 나라를 잘 지켰던 군주는 백성들이 무겁게 여기는 것 [형법]으로 가볍게 여기는 죄를 금지하였으며, (견디기) 어려운 형벌로 소홀히 저지른 죄를 멈추게 하였다. 그래서 군자와 소인이 모두 바르게 되었고, (탐욕스런) 도척859)이나 증삼(曾參)과 사어860)(史魚)와 같이 정직한 사람들도 모두 청렴해졌다."861) "우리를 설치하는 것은 쥐(鼠)를 막기 위해서가 아니라 겁 많고 약한 자가 호랑이를 굴복시킬 수 있도록 하기 위함이요, 법을 세우는 것은 증삼이나 사어를 대비하는 것이 아니라 평범한 군주로 하여금 도척 같은 자를 금할 수 있도록 하기 위해서다. 부절(符節: 증표)을 만드는 것은 미생862)(微生) 같은 사람을 예비하기 위해서가 아니라 많은 사람들로 하여금 서로 속이지 못하게 하기 위함이다."863)

"법을 잘 움직이는 술"

군주는 훌륭한 법(法)을 잘 세울 뿐만 아니라 이를 잘 움직여야 한다. 『한비자』는 법과 술

(術)에 관하여 말한다.864) "법이란 공포된 법령이 관청에 드러나 있고, 형과 벌은 반드시 백성의 마음 속에 새겨져 있어서, 상은 법을 삼가는 자에게 존재하며, 벌은 명령을 어기는 자에게 가해지는 것이니, 이는 신하가 받들어야 하는 바이다."…"신하에게 법이 없으면 아래에서 어지럽게 된다."…"술이란 능력에 따라 관직을 주고 명분에 따라 실적을 추궁하며 죽이고 살리는 칼자루를 쥐고 여러 신하들의 능력을 평가하는 것이다." "군주에게 술이 없으면 윗자리에서 눈과 귀가 가려진다…법과 술은 제왕이 모두 갖추어야 할 조건이다."

아무리 훌륭한 법이라도 이를 잘 움직여야 세상의 평화와 행복이 실현된다. 법은 정의를 원칙으로 삼지만, 많은 경우 실정법은 대체적으로 정의와 불의(不義)를 동시에 담고 있다. 왜 그럴까? 처음부터 법에 입법자의 불의가 끼어든 탓도 있었고 어떤 법은 정의롭지만 이와 짝을 이루는 다른 법은 불의롭기 때문이다. 시대의 변화에 따라 가치관이 바뀌었음에도 입법자가 이를 방치함으로써 법이 불의에 봉사하는 탓도 있다. 법을 부리는 술(術)의 단계[행정 및 사법]에서 불의가 끼어드는 경우도 있다. 그렇다면 법이 정의롭기 위하여서는 어떠한 요건과 효과를 갖추어야 할 것인가? 한비는 이러한 세속의 화두에 대하여 공평(公平)을 제시한다.

『한비자』에 나오는 일화이다.865)

공자(孔子)가 위(衛)나라의 재상으로 있을 때, 제자 자고(子皐)는 형관(刑官)이 되어 어떤 자에게 발꿈치를 자르는 형벌을 집행하였다. 발꿈치를 잘린 자는 문지기가 되었다.

어떤 사람이 위나라 군주에게 공자를 험담해 말하였다.

"공자가 난을 일으키려고 합니다."

군주가 공자를 잡아들이라고 명하자 공자와 제자들이 달아났다. 자고가 뒤따라 성문을 나오는데, 발꿈치를 잘렸던 문지기가 그를 이끌어 성문 근처의 집으로 피신시켜 관리들이 추격했으나 그를 놓쳤다.

한밤중이 되자 자고가 물었다.

"나는 군주의 법령을 허물 수 없어 그대의 발꿈치를 잘랐소. 지금은 그대가 원수를 갚을 때이거늘 그대는 어찌하여 나를 달아날 수 있게 돕는 것이오?"

문지기가 답하였다.

"제가 발꿈치를 잘렸음은 저의 죄에 합당하여 어찌할 수 없는 일이었습니다. 그런데 당신은 저의 죄를 판결할 때 다방면으로 법령을 살피고 앞뒤로 저를 변호하시며 죄를 면하게 해주려고 무던히 애썼습니다. 저는 그것을 알고 있습니다. 재판이 결정되고 죄가 확정되자 당신께서는 애처롭게 여기시고 내키지 않는 모습이 얼굴에 나타났습니다. 사사로운 편견 때문이 아니라 당신의 천성이 어질고 마음이 진실로 그러했습니다. 당신을 덕망이 있다고 여기는 까닭입니다."

공자가 평하였다.

제2편 인류의 정의 (Human Justice)

"벼슬아치 노릇을 훌륭히 하는 이는 덕을 쌓지만, 벼슬아치 노릇을 잘못하는 자는 원망을 삼는다. 개866)(概)는 양을 재는 도구이고, 벼슬아치는 법을 공평하게 집행하는 자이다. 나라를 다스리는 자는 공평함을 잃어서는 아니 된다."

도를 세우려는 한비자의 '술'은 때에 따라 매우 구체적이다. "말을 참조하여 그 성실함을 알아내고 관점을 바꾸어 뜻밖의 궤적을 살핀다…소문을 선전하여 아직 드러나지 않은 것을 밝히고 무리가 패거리를 지으면 이간질로 흩어지게 만든다…암행감사로 실정을 살핀다…말이 누설되면 술은 불가하다."867)

"관리의 위세가 중대함은 법이 없거나 멈추었기 때문이다."868) 통치에서 법이 근간이요 세가 거시적 배경을 이룬다면 술은 미시적 기술이다. 자고(子皐) 사례에서 『한비자』가 평미레에 비유한 공자의 논평은 통치가 법치(法治)이고 법치는 '공평'을 핵심으로 삼아야 함을 설파한다.

3) 도덕적 해이와 자본주의 정신

현대 국제연합(UN)이 제시한 「지속가능발전목표」(Sustainable Development Goals: SDGs) 중 제1목표(Goal 1)는 도처의 모든 형태의 빈곤근절[No Poverty]을 선언한다. 빈곤과 빈민에 관한 『한비자』의 술(術)에는 조건이 따른다. 당시에도 "가난하고 궁핍한 자들에게 땅을 주어 없는 자산을 채워 주라"는 요구가 있었다.869) 한비는 이에 대하여 "부자에게서 세금을 거두어 가난한 자들에게 주어야 하는가?"를 묻는다.

빈곤근절에 관하여 『한비자』는 자문자답한다. "노력하며 검소한 자는 잘 산다. 굶주림이나 병치레, 재난이나 벌을 받는 재앙도 없으면서 가난하고 궁핍한 사람은 사치스럽거나 게으르기 때문이다. 만일 군주가 부자에게서 세금을 거두어 가난한 집에 베푼다면 노력하고 검소한 자의 것을 빼앗아 사치스럽고 게으른 자에게 주는 셈이 되어, 백성들이 힘써 일하고 절약하지 않는다."870)

빈민과 그 복지를 위한 자선에 관한 한비의 견해는 근대 막스 베버(M.Weber)가 『프로테스탄트 윤리와 자본주의 정신』(Die protestantische Ethik und der Geist des Kapitalismus: 1904년부터 1905년까지 『사회과학과 사회정책학』에 연재한 후 1920년 단행본으로 간행)에서 근면성실을 통한 상공인들의 부(富)의 축적을 강조한 교설과 맥락을 같이 한다. 1930년대 케인즈 식의 정부개입을 축소시키고 시장과 기업 활동의 자유를 확대시키고자 노력하였던 1940년대 경제학자 하이에크의 이론에서 시작되어 1960년대 프리드만 등의 시카고학파에서 활성화된 신자유주의(neoliberalism) 경제학은 1970년대 경제불황을 거치면서 주목을 받았고 1980년대 영국 대처 정부와 미국 레이건 정부에서 각광을 받았다.

더불지당 정치인들이 2020년 총선에서 압승을 거둔 후 고용보험 (雇傭保險)에 이어 사회안전망(social safety network)을 꺼내는 걸 보면서, 자본주의 계열의 정당이 당색을 빨강으로 내걸었을 때와 반대의 느낌을 받는다. 사회주의에서는 정부가 "보이는 손"으로 일자리와 자원을 배분하므로 사회안전망이 필요 없다. 하이에크나 프리드먼 등 신자유주의가 표방한 사회안전망은 경쟁이 불가피한 경쟁체제에서 낙오된 실업자나 병자를 지원한다. '사이비' 신자유주의자들은 사회안전망을 외면하고 해고의 자유만을 누렸다. 사회주의 계열이 신자유주의를 강화하면 자본주의 계열이 설 땅은 어디일까? 작금 보수파들이 자본주의를 남용하다가 버림을 받지 않기를 바란다.

빈민에 대한 한비의 견해는 자칫 자선(慈善)에 반대하고 자본주의 정신 및 신자유주의와 같은 맥락으로 이해될 소지가 있었다. 한비가 노약자, 병자 또는 재난 피해자 등에 대한 대안을 제시하지 아니하였기 때문이다. 한비는 선비와 관리들보다 농상공 계층의 경제활동에 무게를 실었다.

"무릇 관리가 세금을 거두는 대상은 밭을 가는 자들이지만, 군주가 봉양하는 대상은 학자들이다. 밭을 가는 자들에게는 세금을 무겁게 매기고 학자들에게는 상을 많이 주면서 백성들에게 '힘들여 일하고 논의거리를 적게 하라'고 요구할 수는 없다"

한비의 견해는 국가경영에서 철학자를 우대하였던 그리스 플라톤(Plátōn: B.C.428/427년 또는 424/423년 출생 B.C.348/347년 사망)의 생각과 대조적이다. 한비는 상인이나 장사치와 기술과 재주를 갖춘 인사들이 농사도 짓지 않고 먹고 사는 것을 개탄하였다.[871]

한비는 마음 밑바닥에서부터 사람들과 측근에 대한 신뢰가 없었다. 그는 "군주의 근심은 사람을 믿는 데서 비롯된다. 사람을 믿으면 그에게 제압당하게 된다. 무릇 아내처럼 가까운 사람과 혈육의 친분이 있는 자식도 신뢰할 수 없거늘, 그 밖의 사람들을 어찌 믿을 수 있겠는가? 부부는 골육의 정이 없다. 사랑하지 않으면 소원해진다"[872]고 한탄한다. "사람들은 증오하는 자를 방비하지만, 재앙은 사랑하는 자에게 있다"[873]고 경계하는 한비에게는 "두루 사랑하라"는 묵자(墨子)의 겸애(兼愛)를 찾을 수 없다. 한비가 농상공(農商工) 생산자들을 우위에 두었음은 인간을 양심에 따라 행동하는 존재가 아니라 이익에 따라 행동하는 존재로 파악하였기 때문이다.

춘추시대 왕량이 말을 사랑하였고 월나라 구천(句踐)이 사람을 아꼈음은 전쟁에 내보내기 위해서였다. 의사가 환자를 치료함은 골육의 정이 있어서가 아니라 이익을 얻기 위해서이다. 수레 제작자는, 마음이 어질어서가 아니라 사람들이 부유해지지 않으면 수레가 팔리지 않으므로, 사람들이 부유해지기를 바란다. 관을 파는 자는, 사람들을 증오해서가 아니라 사람들이 죽어야 이득을 얻으므로, 사람들이 때때로 죽기를 바랄 것이다.

4) 자기책임

군웅들이 명멸하던 전국시대의 격변 속에서 국경을 넘나들면서 활동하였던 한비는 인성에 대한 신뢰보다는 이익을 중심으로 행동하는 인간상을 정립하였기 때문에 법에 기반을 둔 실리와 성과를 중시하는 국가경영을 선호한 것으로 이해된다. 그러나 한비는 "굶주림이나 병치레,

제2편 인류의 정의 (Human Justice)

재난이나 벌을 받는 재앙도 없으면서…"라는 전제에서 알 수 있는 바와 같이 사회적 취약계층에 대한 배려나 자선조차 거부하지는 아니하였다. 돌이켜 보면, 사회적 취약계층, 실직자 또는 경쟁에서 도태된 사람들을 배려하는 사회안전망(social safety network)은 자기책임의 원리에 충실한 합리적 경제인들의 경제활동과 경쟁을 중시하는 신자유주의의 출발선이었다.

그럼에도 1980년대 이후 유럽, 미국 및 한국 등지에 도입된 신자유주의는 사회안전망 및 사회공헌책임(CSR)과 같은 자유와 경쟁의 전제 및 기반을 외면하고 비정규직 양산, 무노동 무임금 및 해고의 자유와 같은 기업편의주의를 허용함으로써 순진한 경제학자들이 명예를 회복할 수 있는 기회를 앗아갔다. 하버드대학의 마이클 샌델(M.Sandel)은 그의 『정의란 무엇인가』 (JUSTICE: What's the right thing to do?)(2009년)에서 기업들의 부(富)가 기업가들의 혁신과 노력만의 결실이 아니라 제도보장과 가치사슬 그리고 소비자 참여로 축적됨을 지적하였다. 신자유주의 진영에서 『한비자』를 아전인수 식으로 해석함을 경계해야 할 것이다.

『한비자』가 추구한 공평(公平)이란 무엇인가? 공정(公正)과 같은 뜻인가? 현대의 생물다양성협약(Convention on Biological Diversity, 1992년)874) 또는 「국제 식량 농업용 식물 유전자원 조약」875) (International Treaty on Plant Genetic Resources for Food and Agriculture)과 같은 국제법은 대체적으로 '공정하고 공평한 이익 공유'(fair and equitable benefit sharing)라는 구절을 담고 있다.876) 공정과 공평이 동일한 의미라면 늘 같이 붙어 다닐 이유가 없다. 한비는 법을 저울(衡)로 생각하였다.877) 공정과 공평을 구분하고 서로 연계시키자면 평미레(槪)와 저울에 관한 현대적 해석이 뒤따라야 한다.

"상을 줄 수 없으면 차라리 벌을 내리라"

법을 부리는 술(術)과 관련하여, 『한비자』에 나오는 고사이다.878)

노나라 사람이 북쪽 늪지[積澤]에 사냥하려고 불을 질렀는데 불길이 크게 번졌다. 주위 사람들은 모두 짐승을 쫓느라 불길을 잡을 수 없었다. 애공은 두려운 나머지 공자(孔子)를 불렀다.

"무릇 짐승을 쫓는 것은 즐거우면서도 벌을 받지 않지만, 불길을 잡는 것은 고달프면서도 상이 없기 때문에 불을 끄지 못합니다."

공자가 말하였다.

"옳소."

애공이 말하였다.

"사태가 긴급하여 상을 줄 여유가 없습니다. 불길을 잡는 자에게 모두 상을 준다면 나라의 재력으로는 부족할 것입니다. 청컨대, 벌을 내려 보십시오."

공자가 다시 말하였다.

"좋소."

애공이 말하였다.

"불길을 잡지 않는 자는 적군에게 항복하거나 도망친 죄로 다스리고, 짐승을 쫓는 자는 금지한 땅을 침범한 죄로 다스릴 것이다."

공자는 곧 명령을 내려 말하였다. 그러자 명령이 끝까지 내려지기도 전에 불길은 잡혔다.

현대에서도 질서유지를 위한 규제와 유인의 효용이 다투어진다. 유인이 규제보다 더 나은 경우가 있다. 그러나 이 일화는 모든 사람에게 제공되는 상은 유인이 되지 못할 수 있음을 시사한다. 모든 사람들에게 유인을 제공할 수 없다면 규제가 더 효율적일 수 있다.

"각자의 직분을 다하면 우환이 없다."

초나라와 진(晉)나라 사이에 끼어 있는 정나라의 자산(子産)이 재상이 되자 간공(簡公)이 그에게 일렀다.879)

"술을 마시는 즐거움이 없고, 제수(祭需) 그릇이 크지 않으며, 종이나 북, 피리와 거문고 소리가 울리지 않는 것은 과인의 죄이다. 나라가 안정되지 않고 백성들이 잘 다스려지지 않으며, 농사를 지을 때나 전쟁을 할 때 힘이 합쳐지지 않는 것은 그대의 죄이다. 그대에게는 그대의 직분이 있고, 과인에게는 과인의 직분이 있다. 저마다 자신의 직분을 지키도록 하자."

자산이 물러나와 정치를 한 지 5년이 지나자, 나라에는 도적이 없어졌고, 길에서 떨어뜨린 물건을 줍지 않았으며, 복숭아나 대추가 길가에 가득해도 따가는 자가 없게 되었고, 송곳을 길에 떨어뜨려도 사흘 안에 다시 찾을 수 있었으며, 3년간 흉년이 들어도 백성들 중에 굶주리는 자가 없었다.

직분에 관한 고사는 플라톤의 『국가론』에 나오는 '이상국가'의 분업(分業)과 같은 맥락을 보인다. 플라톤은 국가를 구성하는 계급[철학자·군인·상인·농부]들이 각자의 위치에서 각자의 고유한 덕목에 따라 분업을 실천하는 것이 이상국가를 실현시키는 방안이라고 생각하였다. 이는 『한비자』의 견해와 같다.

5) 세도정치

"세(勢)를 잘 부린다"

법가는 정치의 본질을 권력으로 파악한다.880) 『한비자』에 나오는 세(勢)는 권세와 권위를 말한다. 세를 부림에서는 교묘함과 졸렬함 그리고 현명함과 어리석음이 교차한다. 흔히 군주의 어진 덕을 논하지만 권세는 덕성만으로는 충분하지 않다고 본다. 『한비자』는 군주의 덕성과 권세의 공존이 필요함을 역설한다.

법가와 도가의 기풍을 겸비하고 있다는 평을 듣는 전국시대의 인물 신도(愼到)가 말하였다.

"용(龍)은 구름을 타고 뱀은 안개를 노닐지만 구름이 걷히고 안개가 개면 탈 것을 잃어 지렁

제2편 인류의 정의 (Human Justice)

이나 개미와 같아진다. 현자가 못난이에게 굴복함은 권세가 가볍고 지위가 낮기 때문이다. 현명함과 지혜로움으로는 백성들을 복종시키기에 부족하며, 권세나 지위로는 현자를 굴복시키기에 충분하다." 권세가 우위에 섬을 강조한다.

논객이 신도에게 반론을 편다.

"구름이 왕성하게 일어나더라도 지렁이가 탈 수 없고 안개가 짙게 끼더라도 개미가 노닐 수 없다. 지렁이나 개미의 재주가 빈약하기 때문이다. 어진 자가 권세를 사용하면 천하는 다스려지고 어리석은 자가 이를 사용하면 천하는 어지럽게 된다. 사람의 감정과 본성이란 어진 자는 적고 어리석은 자는 많다…주서(周書)에서 '호랑이에게 날개를 붙여주지 말라'고 이르니, 어리석은 자에게 권세를 타게 하지 말라는 뜻이다. 하루에 천리를 달리는 왕량881)(王良)과 같이 능력이 있는 사람을 기다려야 한다."

신도와 논객의 대화에서는 권세와 덕성 중 어느 것을 택할 것인가가 관건이다. 『한비자』는 권세를 존중하면서도 덕성을 동시에 갖추어야 함을 창(矛)과 방패(盾)의 역설로 비유한다.882)

초(楚)나라 저잣거리에 방패와 창을 늘어놓고 파는 장사꾼이 있었다.

그는 방패의 견고함을 자랑하여 "사물 중에 이 방패를 뚫을 수 있는 것은 아무 것도 없다"고 말하였다.

얼마쯤 있다가 그는 또 자기 창을 자랑하여 "나의 창이 날카로워 어떤 물건도 뚫지 못할 것이 없다"고 말하였다.

구경꾼 중 한 사람이 물었다.

"너의 창으로 너의 방패를 찌르면 어떻게 되겠는가?"

장사꾼은 대답할 바를 몰랐다.

그러나 세를 잘 부릴 수 있는 어진 자가 쉽사리 나타나지 아니할 경우가 문제된다. 『한비자』는 "권세가 충분히 쓰임이 있음에도 꼭 어진 자를 기다려야 한다(必待賢)고 주장함은 옳지 못하다"883)고 덧붙임으로써 현실적인 권세와 이상적인 덕성 간에 타협의 길을 연다.

"뚫을 수 없는 방패와 뚫지 못할 것이 없는 창은 명분상으로는 함께 설 수 없다. 무릇 어진 사람이 권세를 부리면 금할 수 없으며, 권세라는 길은 금하지 못할 것이 없게 된다. 무릇 어진 사람과 권세는 서로를 용납할 수 없다. 그러나 금할 수 없는 어짊과 금할 것이 없는 권세를 가지고 '**함께 서게 하는 것**'이 창과 방패의 가설이다."884) '생일에 잘 먹으려고 이레를 굶는다'는 비유가 있다. "요와 순 임금처럼 어진 군주를 기다려 세상의 백성들을 다스리려 한다면 곡식과 고기를 기다리려 굶주림을 구제하겠다는 가설과 같다."885)

그러니 옛날의 왕량을 기다릴 일이 아니다. 바닷가의 수영선수를 기다려 강물에 빠진 사람을 구할 일도 아니다. 따라서 『한비자』는 말한다. "무릇 좋은 말과 견고한 수레를 50리마다 하나씩 두고 중간 정도의 마부로 하여금 이를 부리도록 한다면, 하루 동안 천리를 갈 수 있을 것이다."886) 한비의 교설처럼 세(勢)를 부림에서는 차선을 추구할 수도 있다. 대신과 백성들은 현군을 기다리다가 폭군이나 못난이가 세를 남용하도록 방임할 일이 아니다. 대신과 백성들은 중간 정도의 지도자들이 이어달리기(繼走)하면서 세를 모으고 또 부릴 수 있도록 협력하여야 한다.

『한비자』는 군주가 법과 술을 넘어 세(勢)를 잘 움직이기 위하여 신하를 다스리는 방도를 말한다. "권세를 잘 장악하는 자는 간사한 싹을 일찍 잘라버린다"887)…"술집의 개를 죽이지 않으면 술은 쉬어버린다. 무릇 나라에도 개와 같은 존재가 있으며, 군주의 주위에 있는 자들은 모두 사당의 쥐(鼠)이다"888)…"상을 내리고 칭찬해 줘도 힘쓰려 하지 않고889), 벌을 주고 비난을 해도 두려워하지 않으며 이를 모두 가해도 바뀌지 않는 신하라면 제거해야 한다."890) "까마귀를 길들이려는 자는 그 날개 끝을 잘라주어야 한다. 그러면 까마귀는 사람에게 의지하여 먹게 되니 길들여진다. 현명한 군주가 신하를 기르는 경우 또한 그러하다."891)

한비는 법가의 창시자답게 기성의 법질서가 아닌 무력에 의한 권력의 침탈을 배척하였다. 『한비자』는 중국 최초의 통일국가 진(秦)나라의 시황제에게 진언하는 형식으로 시작하고892), 시종일관 군주제에서 법을 잘 움직이는 술(術)과 권력을 잘 부리는 세(勢)에 의한 군주의 통치기술을 강론한다. 한비가 생각하는 백성이란 편하고 이로운 것을 좋아하되 수고로움을 싫어하는 사람의 천성을 가졌다. 『한비자』에서의 법은 법전에 나타나는 실정법이 아니라 '왕 노릇'하는 기본으로 파악되고, 형벌이란 사랑 실마리이다.893)

6) 공포에 의한 통치

"삼수와 삼겁"

군주론과 제왕학의 고전 『한비자』는 군주가 지켜야 할 세 가지 원칙(삼수 三守)을 든다.894) 군주는 첫째, 신하들이 권력의 핵심에 있는 자의 옳지 못한 행동에 대하여 간언하였을 때 그 말을 누설하지 말아야 한다. 둘째, 군주가 신하들을 아끼거나 미워할 경우 측근들의 의견에 좌지우지되어서는 아니 된다. 셋째, 군주가 할 일을 신하들에게 맡겨서는 아니 된다.

한비자는 군주가 신하들에게 위협당하는 세 가지 경우[삼겁 三怯]를 말한다.895) 첫째, 허명(虛名)에 의한 위협이다. 명분에 의한 협박이다. 대신이 조정 안팎의 일을 처리함에 있어 패거리를 짓고 자신이 아니면 할 수 없게 만든다. 둘째, 나랏일을 빌려 군주를 위협한다. 즉 사겁(事劫)이다. 신하가 군주의 총애를 팔아서 권세를 부리고 외국의 사정을 거짓으로 꾸며 나라 안의 정치를 좌우하며 화복득실을 왜곡하면서 군주가 좋아하고 싫어하는 것에 영합한다. 셋째, 신하가 형벌의 권한을 장악해서 위협하는 것(刑怯)이다. 사법부나 감옥, 금지, 형벌에 이르기까지 신하가 제멋대로 처리하는 것을 말한다.

군주가 이와 같은 협박에 대비하지 않는다면 나라의 위험은 물론 군주 자신의 목숨까지 위험한 지경에 이르게 된다고 한비자는 경고한다.896) 2019년 대한민국 검찰은 검찰개혁에 맞서 "수사권 독립을 표방하면서 형겁으로 나아가는 것이 아닌가"라는 의구심을 일으킨다. 군주가 권위를 유지한다고 하여 민주주의에 반하지 않는다. 한비자는 「노자를 비유하다」(제21

편)에서, "군주가 신하들 사이에서 엄중한 권세를 잃으면 다시 얻을 수 없다897) … 작은 조짐을 조심하라"898)고 이른다.

2. 이권을 지지하는 정당성

독일 근대법학은 I.칸트의 이성비판과 함께 R. 예링이 강조한 '권리를 위한 투쟁' 등에 힘입어 체계를 정립하였다. 이익과 권리[利權]를 위한 투쟁은 그리스 신화 속 평화의 여신[에이리니 Eirene/팍스 Pax]이 아닌 정의의 여신[디케/유스티티아] (사진 Astræa 조각 1886년 @버몬트주하원청사ⓒWikipedia: public domain)을 모델로 삼는 로마법의 유산이다. 로마법은 문명의 보편성을 내세워 전세계의 법률세계를 평정하였다. 보편적 법질서는 먼저 정당성[正]의 논리에서 출발하여 투쟁을 통하여 정의를 정립하기 시작하였다. 이권을 지지하는 정당성의 논리는 이익형량심사(利益衡量審査 interest balancing test)를 기초로 한다. 이익형량에서 이익은 공공복리를 표방하지만 다수의 침묵하는 공공선은 투쟁에 능숙한 소수나 강자의 이권에 묻히기 쉽다.

1) 이익형량심사

자유와 권리를 제한하는 공공복리의 실체는 공익(公益)이다. 역시 이익이 주류이다. 이익과 권리 즉 이권을 편드는 정의는 정당한 쪽에 선다. 그러나 선(善)과 짝을 이루지 아니하는 정당성[이익형량심사]은 한 쪽으로 기운다.899) 正은 잘 해야 형이하학적인 이익(得)을 따른다. 이에 비하여 주관적 도덕세계의 선이 객관화된 공공선(公共善)은 윤리세계의 의리(義理)와 같다. 평화는 공공선이고 행복은 개인선이다. 우리 「헌법」은 개인의 '행복을 추구할 권리'를 개인선으로 보장한다(제10조). 헌법은 통일(제4조)과 국제관계(제5조)에서 평화를 기본질서로 정립하지만, 공공선의 전면에 평화를 내세우지는 아니한다.

기름 쏟고 깨 줍기(大失小貪)

우리 여당과 제1야당이 세간에 "더불어 한국당"이라는 신조어까지 만들어내면서 결의한 2019년 예산안은 "벼룩의 간을 내 먹는" 결과를 빚었다. 실세 의원들이 제 논에 물대기(我田引水)를 하면서 퇴출시킨 예산항목들을, 모아놓고 보니, 스스로 놀랄 만하다.

출산장려금, 노인지원금(기초생활수급 월10만원), 청년일자리, 농업소득 보전, 비교섭 단체 지원을 희생시키면서, SOC를 증액했다. 누군가 반문한다. "지금 우리가 무슨 짓을 한 것이지?"

입법의 실패는 정의(正義)를 무색하게 만든다. 불발된 연동형 비례대표제가 단식 농성장에 서리로 맺혔다. 유치원 3법의 실패로 학부모가 후원금을 내고 정부가 국고를 보조하면서도 "

공금이 용돈으로 둔갑하는" 적폐를 막지 못한다.

스스로 적폐는 아니나 다른 적폐를 생산하는 구조가 따로 있었다. 국회 교섭단체가 그것이다. 원내대표들이 주도하는 교섭단체간 협상이 작동되지 않으면 적폐가 쌓인다. 교섭 실패시, 소관 상임위원 3/5의 찬성으로 법안을 통과시키는 신속경로 '패스트 트랙'을 밟을 수 있는데, 그 '패스트'가 330일이나 걸리는 초완행이다.

헌법은 "입법권은 국회에 속한다"(제40조)고 선언하였지, 국회법에 "상임위원회를 만들라", "교섭단체를 만들어 협상하라"고 수권하지 않았다. 교섭단체가 위헌은 아니나, 국회의원들이 "국가이익을 우선하여 양심에 따라 직무를 수행하는" (헌법 제46조제2항) 것을 가로막는다. 정당이라는 집단이익에 포위된 교섭단체 제도가 개혁되어야 한다.

비행기에서 잔 밤은 출장비에서 제외

촛불혁명 성공에 취해 있는 동안 기초질서가 망가져 간다. 국무총리실은 여러 해 전 국책연구기관 연구진들이 해외출장을 가면서 비행기에서 잔 일자를 소급 계산해서 숙박비를 환수한 적이 있었다. 그러나 지자체 행정을 보면 우리는 기름 쏟고 깨 줍는 셈이다. 예천군 의원들의 폭행 연수가 그렇고 지방공무원들의 해외연수도 그렇다. 2018년말을 기준으로 지방공무원 100명 중 연인원 43명이 1년에 해외여행을 간다.

돈벌이면 모든 것이 용서되는 풍토 속에서 폭력성을 키우는 산천어 축제로 비판을 받으면서도 고수익을 올리는 강원도 화천군도 그렇다. 중앙일보(2018.12.19.)에 따르면, 인구 2만 6000명의 화천군에는 433명의 지방공무원이 있다(2017년 말 기준). 그중 43%(185명)가 지난해 중국·일본·독일·미국 등에 출장을 다녀왔다.

중앙일보가 243개 도·시·군·구의 2017년 재정공시와 결산서, 국외 출장보고서, 세출 현황을 검증한 결과, 지방공무원 31만 555명 중 5만 2946명(17.1%)이 2017년에 해외출장을 다녀왔다. 공무해외출장에 예산 1,389억 원이 들었다. 지자체와 거래하는 업체들로부터 찬조를 받아 출장가는 사례는 제외됐다. 선진국(?)에 가서 배울(?) 것이 많은가 보다. 남의 나라만 따라가면 언제 그들을 앞서겠는가. 지방세가 아깝다.

2) 이익에서 목적으로

역사법학에서 출발한 법사회학자 예링(Rudolf von Jhering, 1818~1892)은 역사학파의 강령을 완수한 나머지 그것을 극복하였다. 완수하였다고 하는 것은, 역사학파가 강령으로만 주장하고 결코 세목적으로 명시하려고 하지 않은 법과 민족정신의 관련을 「로마법의 정신」 (der Geist des römischen Rechts)에서 천재적으로 보여 주었기 때문이다. 그러나 역시 극복하였다. 그는 맹목적인 충동 대신에 법발전의 담당자로서의 목적의식적인 의사를 설정했다. 즉, "목적은 모든 법의 창조자다." 그래서 "투쟁 속에서 너는 네 권리를 발견하여야 한다." - 이것이 그의 두 저서 「**법에 있어서 목적**」(Der Zweck im Recht)과 「**권리를 위한 투쟁**」(Der

인류의 정의 (Human Justice)

Kampf ums Recht)의 지도적 주제이다. 그는 역사학파의 비합리주의에 새롭게 합리주의를 대치시켰다.900)

예링에 의하면, 법은 다른 모든 사회적 행위와 같이 이익을 그 내실로 하는 목적의 소산이며, 타인에 대한 협력의 대가인 보상(Lohn)과 자기에 대한 이익의 침해를 방지하려는 수단인 강제(Zwang)의 두 요인에 의하여 사회생활의 질서를 유지하고 공존하는 사회인의 이익을 위한 「사회적 공존조건」이다. 또한 그는 목적(Zweck)이야말로 모든 법질서의 창조자이므로, 법은 자연적·무의식적으로 생성하는 것이 아니라 인간의 의식적 노력과 활동에 의하여 만들어지는 것이라고 하였다. 이러한 목적관념은 예링으로 하여금 「사법이론의 사회학적 방향의 창시자」라는 평가를 듣게 하였다.

「권리를 위한 투쟁」은 두 가지의 명제를 중심으로 고찰이 전개된다. "권리를 위한 투쟁은 권리자의 자기자신에 대한 의무이다"(Der Kampf ums Recht ist eine Pflicht der Berechtigten gegen sich selbst).901) "그러나 이러한 권리주장은 동시에 사회공동체에 대한 의무이다"(Diese Behauptung des Rechts ist aber zugleich eine Pflicht gegen das gemeinwesen).902) 이러한 권리주장은 「권리 위에서 잠자는 자는 보호되지 않는다」는 격언과 맥락을 같이 하고 사법관계(私法關係)에서 자기권리를 철저히 찾고자 하는 자, 예컨대 「베니스의 상인」에 등장하는 '샤일록'을 「권리의 투쟁을 실천한 사람」으로 평가하게 된다. 그러나, 예링의 말대로, "이 같은 투쟁의 이익은 사권(私權)이나 사생활(私生活)에만 국한되는 것은 결코 아니고 그것을 넘어서 훨씬 멀리까지 미치고 있다."903)

개념법학에 대하여 비판적 태도를 취하는 점에서는 자유법론이나 목적법학과 같은 조류에 속하지만, 특히 적극적으로 이익의 개념을 법학에 도입하여 법과 사회생활의 결합을 시도한 것이 뤼멜린(Rümelin)과 헤크(Philipp von Heck) 등의 이익법학(利益法學)이다. 이것은 특히 예링의 영향 밑에서 법을 사회에서의 諸이익의 소산으로 보고 법의 해석에 있어서도 이들 제 이익간의 상호조화와 비교형량에 중점을 둔다. 예링에 의하면 목적(Zweck)은 전법률의 창조자인 바, 여기의 목적의 내실을 개인적 또는 사회적 이익의 추구에 둔다면 이는 곧 이익법학의 내용과 일치한다. 따라서 목적법학의 수립자인 그는 이익법학의 선구자라고도 할 수 있다. 이러한 점에서 어떤 사람들은 이 양자를 구별하지 아니하고 이익법학을 목적법학에 포함시켜 설명하기도 한다.

3) 정당성 때문에 공공선을 희생시킬 것인가

전쟁은 정당성[正] 때문에 공공선[義]를 희생시키는 사례에 해당한다. '안전'이라는 국가이익을 표방하는 국가 안전보장론은 正 대 正의 대결이다. 흔히 전쟁에서는 '평화'라는 공공선[義]이 결여된 경제적 이익, 집단간 원한 또는 종교와 이데올로기의 대결을 겪는다. 전쟁 당사국들은 서로 '네 탓'이라고 주장한다. 대다수의 전쟁은 그럴 듯한 명분을 붙이지만 전쟁에는 상징조작과 국익수호 등이 주요 계기로 작용한다. 방어전쟁과 침략전쟁이 실제 구분되기 어렵다.

대통령 선거가 다가오면 후보들은 늘 이런저런 입장들을 낸다. 모병제(募兵制)도 그렇다. 혹자는 헌법상 국방의무(§39①)와 병역의무(§39②)를 염두에 두고 모병제에 반대한다. 모병제가 시행되면 부자집 아들이 군대에 가지 않는다는 입장도 있다. 모병제는 위헌이며 빈부차별이라는 주장와 같다. 그러나 모병제는 직업임을 간과한 발상이다. 직업선택을 부자와 빈자의 대립으로 규정할 일이 아니다. 나아가 국가의 존립을 위한 국방의무는 모병제와 관계 없이 영속적이다. 모병제가 실시되더라도, 전시에는 징병이 부활될 수 있다는 차원에서, 병역의무 존속도 문제되지 아니한다

강정마을 해군기지는 시민사회의 평화대행진을 불렀다. 2017년 5월 10일 M 대통령이 취임하였다. 그후 얼마 지나지 아니하여, 제주 강정마을 해군기지에 군함이 드나들었다. 하지만 마을회, NGO, 천주교계 등에 대한 해군의 손해배상 구상소송이 계속되었다. "구상을 철회하라"는 슬로건을 내건 "평화야 고치글라"(같이가자) 대행진이 일주일만에 막을 내렸고 마지막을 장식하는 문화제가 2017.8.5. 저녁 제주탑동에서 3시간 동안 진행되었다.

가톨릭 사제 문정현신부님은 여전히 목소리가 쩌렁쩌렁하였다. 아우 문규현신부님은 본인이 환송한 생명회의·녹색연합의 「세대간 릴레이」(2002년 새만금~여의도)를 기억하시고 반가워하셨다. 강정마을 강동균회장은 카이웨이커스 밴드에 맞춰 춤을 추느라 땀이 범벅이다... NGO지도자들은 밥짓고 설겆이하느라 분주했다...오늘 보니 행진의 주역들은 역시 어린 대안학교(볍씨·보물섬) 생도들이었다. 제주의 평화는 이들의 가슴 속에 흘러 미래세대로 이어질 것이다.

3. 정의의 윤리적 기초: 美德

1) 고대 중국

(1) 노자·공자·고자

고대 사회에서 '예'(禮)는 자연법적 질서로 정당화되었다. 예에 충실하면 법과 도덕의 양쪽을 만족시킨다고 인식되기도 한다. 공자는 이름에 걸맞은 행위의 실천을 통해 '예'를 회복할 수 있다고 기대했다. 하지만 노자(老子: B.C.579년경~479년경)는 '예'의 자의성과 허위성에 초점을 맞춘다. 노자는 "예는 혼란이 일어나는 시작점"이라고 보았다. '예'는 진실함과 미더움이 상실된 시대의 표징으로 단지 침략 전쟁의 구실로서만 기능할 뿐이다. 서주에서 춘추를 거쳐 전국에 이르는 동안 '예'가 너무 번잡하게 늘어나기도 했지만, 제후국들은 종종 상대국의 무례(無禮)를 구실로 전쟁을 일으키곤 했다.[904]

주역(周易)의 도(道)와 선성(善性)

주역 계사전(繫辭傳)에서는 자연의 운동법칙인 도(道)를 인간의 선험적인 도덕의식에 의하

제2편 인류의 정의 (Human Justice)

여 규범원리로 정립하고 이를 실천하는 것이바로 '선'이라고 정의한다.905) 음양의 움직임[動靜作用], 곧 변화에 대하여 계사전에는 다음과 같이 이른다.

"한 번 음(陰)하고 한 번 양(陽)하는 것을 도(道)라고 한다. 이를 계승한 것이 선(善)이고, 이를 이룬 것이 성(性)이다."906)

『주역』곤괘(坤卦)의 문언전(文言傳)에 따르면, "의(義)로써 바깥을 반듯하게 한다"(義以方外). 왕부지(王夫之)는 '도'와 '성'과의 관계에 대해, 인간이 도를 따를 수 있는 까닭과 인간이 현상의 존재 자체 속에 내재된 도를 체득함에서 성과 도가 내통된다고 생각했다.907)

사람을 먼저 생각한다: 공자(孔子)

공자(B.C.551년~479년)(그림)908)는 비록 정의가 무엇인지 직접 말하지 않았지만 그의 사상은 이러한 정의에 부합하는 중요한 내용을 많이 포함하고 있다. 공자의 사상에서 기준이나 원칙은 사람이며, '옳은 길'이란 사람이 더불어 살아갈 수 있는 길이다. 사람이 살아가는 세상에서 사람보다 귀중한 것은 없다. 사람은 모든 가치에 우선하는 개념이다.909) 그 어떤 이유에서도 사람을 배척하거나 억압해서 안 되며 그 어떤 경우에서도 사람이 소외되어서는 아니 된다. 공자의 사상에서 드러나는 정의란 개인의 권리를 보호해 주는 것도 아니고 억지로 균형을 유지하는 것도 아니며, 사람을 먼저 생각하고 사람을 귀하게 여기는 것이다. 사람의 생명을 존중하는 사람이 가장 정의로운 사람이며, 사람의 가치를 중요하게 생각하는 사회가 가장 정의로운 사회이다.

공자의 중의경리(重義輕利) 사상

공자는 『춘추』를 통하여 당시 춘추시대의 불의한 천자를 비판하고, 무도한 제후를 배척하고, 대부의 비행을 토죄하여 선악 판단의 대의명분을 밝혔다. 『춘추』에 담긴 의(義)의 이념은 개인의 도덕적 차원을 넘어 정치·사회적 윤리 문제로 확대된다. 공자는 물질 중심의 삶보다는 도덕 중심의 삶을 강조해 의(義)와 이(利)의 가치 선택에 따라 군자와 소인을 구분하였다. 전국시대에 들어와 더욱 도덕적인 인도(人道)를 외면하고 이기적 부국강병으로만 내닫는 사회 풍조가 되자, 맹자는 이에 대한 적극적 비판 의식에서 이(利)보다 의(義)를 중요시하는 중의경리사상(重義輕利思想)을 주장하였다.910)

도덕인의예에 대한 비판

유교 문화에 익숙한 한국인들에게 '인'과 '의'는 공자와 맹자가 좋은 정치의 표상으로 내세웠던 최고의 덕목으로 각인되어 있다. 의리는 인간이 마땅히 행해야 할 도리로 정리된다. 규범문화가 "도 → 덕 → 인 → 의 → 예"로 변천해 온 순서는 교사(狡詐)와 지교(智巧)가 늘어남에 따라 인간의 자발성과 본래성이 상실되어 가는 반비례의 과정이다. 규범문화의 변화와 더불어 국제적으로는 영토 쟁탈전과 무력 분쟁이 일상화되었고 국내적으로는 군비 강화를 위해 백성

들에 대한 억압과 수탈이 증대하게 되었다.911)

그런데 왜 노자(老子)는 인·의를 쇠락한 시대를 상징하는 하덕(下德)으로 여길까? 노자에 의하면, '인'과 '의'는 '도'와 '덕'이 사라진 후에 나타난 유위적 규범으로서, 사사로움과 편파성의 혐의에서 벗어나기 어렵다. 노자는 "천도(天道)에는 친소(즉 편파성)가 없다"라고 말하고, "천지는 인(仁)하지 아니하다."라고 설파한다. 노자에게 있어 '예'는 인·의보다 한 단계 더 쇠락한 규범이다.912)

노자(老子)에 따르면, "도가 사라진 후에 덕이 생겨났고, 덕이 사라진 후에 인(仁)이 생겨났으며, 인이 사라진 후에 의(義)가 생겨났고, '의'가 사라진 후에 '예'가 생겨났다. 그러나 예(禮)는 충신(忠信)이 희박해진 시대의 표징으로, 또 다른 혼란이 시작되는 지점이다.913) 규범의 마지막 단계인 예조차 쇠락을 면할 수 없다면 대안이 필요하다.

노자에 따르면, 유위적(有爲的) 규범으로서는 사사로움과 편파성의 혐의에서 벗어나기 어려우니, 예교(禮敎)의 질서를 복원하는 대신에 "원시 상태의 통나무를 뜻하는 박(樸)"으로 표상되는 천진성을 간직한 질박함에 주목할 필요가 있다. 질박함[樸]이란 아직 사물에 이름[名]이 붙여지기 이전의 상태로서, 인간의 인식과 관심에 포착되지 않은 혼돈의 상태이다. 사물은 인간에 의하여 '이름'으로 불리면서 사회 제도와 구조 안으로 편입된다.914)

노자가 제시하는 대안은 '본성의 발휘를 돕는' 무위(無爲)이다. 노자 제64장에는 "성인이 만물의 자연을 돕는다"는 구절이 나온다. 여기에서 만물의 '자연'을 돕는다는 말은 만물 각자가 지닌 본래적 성향이 타자가 아닌 스스로 힘으로 발현될 수 있도록 돕는다는 뜻이다. 노자의 무위란, 예컨대, 벼를 밭이 아닌 논에 심고 물을 충분히 대줌으로써 벼의 타고난 본성(본래 그러함)이 스스로의 힘으로 잘 발현될 수 있도록(스스로 그러하도록) 도와주는 행위이다.915)

버들가지론: 고자(告子)

맹자 고자(告子) 편에 실려 있는 고자(告子)가 주장한 '성무선무불선론'의 내용을 제시하는 구절은 다음과 같다:916)

"본성은 버들가지와 같고 의(義)는 버드나무 그릇과 같다. 사람의 본성으로 인(仁)과 의를 행하는 것은 버들가지로 버드나무 그릇을 만드는 것과 같다.917) 본성은 소용돌이 치는 여울물과 같아 동쪽으로 트면 동쪽으로, 서쪽으로 트면 서쪽으로 흐른다. 사람의 본성이 선함과 선하지 않음에 구분이 없는 것은 물이 동쪽과 서쪽의 구분이 없는 것과 같다.918) 식욕과 색욕이 본성이다. 인은 안에 있지 밖에 있는 것이 아니며, 의는 밖에 있지 안에 있는 것이 아니다."919)

(2) 묵자(墨子)

"두루 사랑하라"

춘추시대 노(魯)나라 사람 묵자(墨子, 속명: 묵적墨翟: B.C.468년 내지 459년 출생

인류의 정의 (Human Justice)

390~382년 사망)는 농민 출신의 철학자로서 공자보다 약간 늦게 활동하면서 유가(儒家)와 함께 현학이라고 불릴 만큼 커다란 영향력을 발휘하였다. 묵자는 유가를 통하여 유가를 넘어선 인물이다. 공자가 봉건사회를 지지하는 선량[엘리트]의 성향을 보였다면, 묵자는 서민풍의 입장을 취하였다. 춘추시대 말기에는 빈번한 전쟁으로 노동자계급인 사농공상(士農工商)중 공민의 역할이 늘어났다. 묵자는 이들의 계급의식을 인식하고 사회개혁에 대한 의지를 품은 것으로 짐작된다. 마오쩌둥(毛澤東: 1893년~1976년)은 "묵자가 관직을 맡지는 않았으나 공자보다 현명한 성인이다"라고 평하였다.920) 묵자는 자연철학으로서 천지명귀를, 평화이론으로서 겸애를 그리고 개혁이론으로서 비명을 표방하였다.921)

"하늘의 의지와 귀신의 조화"

묵자는 하늘(天)을 만물의 창조자이며 주재자로 인식하였다. 묵자는 「천지」(天志) 편에서 "하늘은 의지가 있어서 자연계의 별들과 사계절, 춥고 더움 등의 운동과 변화가 인간세상의 정치에 직접적인 영향을 준다"고 주장하고, "하늘이 백성을 사랑하기에 만약 임금이 하늘의 뜻을 어기면 천벌을 받고 하늘의 뜻을 받들면 상을 받을 수 있다"고 말하였다. 묵자는 귀신의 존재를 믿었으며, 「명귀」(明鬼) 편에서 귀신이 인간세상의 임금과 귀족들에게 선악에 따라 상벌을 내린다고 주장했다.

"사랑과 평화"

겸애는 임금과 신하, 아버지와 아들, 형제가 서로 사랑하고 '다른 사람을 자신처럼 사랑함'을 말한다. 묵자는 「겸애」(兼愛)편에서 강자가 약자를 지배하고, 부자가 빈자를 모욕하며, 귀족이 천민을 무시함은 사람들이 서로 사랑하지 않기에 나타나는 현상임을 지적하고 관리자는 "만민에게 이로운 일을 발전시키고 해가 되는 일을 제거해야 한다"고 설하였다. 묵자는 「비공」(非攻)편에서 반전 입장에 서서 전쟁을 '하늘의 뜻을 어기는 반인류적 죄악'으로 규정하였다. 묵자는 적의 공격으로부터 성을 방어할 수 있는 방성(防城) 기구를 만들었을 뿐만 아니라 전쟁이 벌어졌을 때에는 병사들을 이끌고 약소국 수비를 도와주기도 하였다.

"노력에 따른 성공"

묵자는 유가와 도가의 영향으로 사회에 뿌리 깊이 박힌 운명론과 숙명론을 반대하였다. 운명이란, 「비명」(非命) 하편에 따르면, "포악한 임금이 지어낸 것이고 궁지에 몰린 사람들이 떠받드는 것이지 어진 사람이 말하는 것은 아니다(命者 暴王所作 窮人所術 非仁者之言也). 만약 운명론을 믿는다면, 봉건 계급사회에서는 어떠한 경우라도 지배자의 횡포에 복종해야 하며, 운명론에 따르면 하늘과 귀신에 대한 믿음을 바탕으로 겸애를 널리 행함으로써 사회를 개혁할 수 없게 되기 때문이다. 묵자는 「비명」(非命)편에서 운명을 부정하고, 사람이나 사회의 모든 것을 결정하는 것은 명(命)이 아닌 역(力)이라 주장하였다. 여기에서 역이란 사람의 능력에 바탕을 둔 노력을 뜻한다. 묵자에 따르면, 세상의 모든 일들은 역행에 의하여 결정된다.

묵자의 겸애설은 천하의 혼란을 이해타산의 문제로 파악하고, 인과적 처방에 따라 "천하의 혼란을 다스리려면, 서로가 서로를 사랑하고 서로를 이롭게 하라"는 명제에 도달한다. 겸애설은 서로 미워하고 서로 해치는 혼란을 다스리기 위하여 서로 사랑하고 이롭게 할 것을 제창한다. 겸애설은 천하 혼란의 원인을 다의적으로 설명하거나 인과관계의 오류를 빚을 수도 있다.922) 그러나 논리적 미비나 오류는 다른 사상가들에게서도 발견된다. 그리스의 헤라클레이토스는 후학들의 저작에 인용된 100여개의 단편적 언명을 통하여 그 사상이 전승되었고 후대에 큰 영향을 미쳤다. 귀신에 대한 묵자의 믿음이 종교적 충돌을 야기할 수 있겠고, 좌파적 성향이 우파철학과 충돌할 소지가 있겠으나 묵자의 겸애는 수천 년의 세월이 떨어졌음에도 타인을 배려하는 이타주의(利他主義 altruism)의 원형이라고 새길 수 있다.

(3) 맹자(孟子)

제자백가

맹자는 공자의 사상을 이어 발전시킨 전국시대의 유학가로 이름은 맹가(孟軻) 자는 자여(子輿) 또는 자거(子車)이다. 맹자는 기원전 372년경에 태어나 기원전 289년경에 죽은 것으로 추정된다. 지금의 산둥 성 쩌우청 시에 해당하는 추나라에서 태어났다. 맹자의 어린시절과 성장기에 관해서는 신빙성있는 자료가 전해지는 바가 없으나 어려서 아버지를 여의고 어려운 환경에서 성장하였다고 전한다. 맹자는 교육열이 높은 어머니 슬하에서 자랐다고 하는데 어머니가 아들의 좋은 교육환경을 위해 이사를 세 번 했다거나(맹모삼천지교) 중도에 공부를 그만두어서는 안 된다는 것을 아들에게 명심시키기 위해 자신이 짜던 베를 잘랐다는 이야기(맹모단기지교)들이 전해온다.

맹자가 살았던 시기는 전국시대로 주 왕실 기반의 봉건 질서가 무너지고 7개의 제후국이 서로 힘을 다투던 약육강식의 시대였다. 혼란한 사회에서 어떻게 살아갈 것인가, 어떻게 천하를 제패할 것인가에 대한 관심이 높아졌고 자연스레 다양한 사상이 출현하게 되었다. 이를 제자백가(諸子百家)라 한다. 이 시기 법가, 도가, 농가, 종횡가, 명가, 음양가, 잡가 등 수많은 학파가 등장하였고 맹자는 공자의 사상을 이어받은 제자임을 자처하며 다른 학파를 비판하고 이들과 논쟁하며 자신의 정치사상을 완성시켜 나아갔다. 부국강병의 정치술을 필요로 하던 전국시대의 제후국은 맹자의 이론을 채택하지 않았고 맹자는 여러 국가를 떠돌다 고향으로 돌아간다. 고향에서 제자들과 함께 『시경』과 『서경』, 그리고 공자의 정신에 대하여 토론했으며, 그 때 만들어진 책이 오늘날 전해지는 『맹자』 7편이다.923)

왕도정치

맹자 사상의 핵심은 인(仁)과 의(義)이다. 《중용》에서 공자가 이르기를 "인(仁)은 인(人)이요, 의(義)는 의(宜)이다"하였는데, 이때 인(仁)을 풀이한 인(人)은 '사람다움'을, 의(義)를 풀이한 의(宜)는 '마땅함'을 뜻한다. '인'에 대한 맹자의 인식은 다음에서 잘 나타난다.

제2편 인류의 정의 (Human Justice)

"어버이를 섬기는 마음으로 백성들을 인자하게 대하고 백성들을 인자하게 대하는 마음으로 동식물을 아낀다."924)

이처럼 '인'은 인간으로 마땅한 친애, 사랑으로 가까운 사람부터 백성, 만물까지 확장된다. '의'는 정의·도의인데 맹자는 '의'가 곧 올바름을 행하는 길이라고 보았다. 맹자는 의(義)가 인(仁)을 현실 정치에 적용할 방법이라고 생각하여 '의'를 체계화하여 인과 같은 지위로 끌어올렸다. 그는 '의'를 개인의 완성 및 개인과 사회의 조화를 위해 필수규범으로 설정하였고, 사회구성원으로서 개인은 '의'를 실천하여 사회 질서 수립과 안정에 기여해야 한다고 주장하였다.

인의(仁義)가 정치 사상으로 확장된 것이 곧 왕도정치이다. 맹자는 무력에 의한 패도정치가 만연했던 세상에서 이를 부정하고 인의를 통한 '왕도정치(王道政治)'를 주장했다. 왕도정치는 한마디로 어진 정치인데 인의도덕의 구체적 실천을 통해 백성을 살리고 백성과 함께하는 정치이다. 맹자는 위정자가 세상을 다스릴 때 민심이 가장 중요하다고 주장했다. 민심은 왕도정치를 통해 백성들에게 얻을 수 있다.

역성혁명

맹자와 공자의 다른 점은 공자의 덕치주의에 맹자가 민본주의 덕치이념을 결합시켜 혁명을 정당화했다는 점이다. 맹자는 위정자가 민심을 잃을 경우 천명에 들어맞지 않는 것이기에 다른 지도자를 세울 수 있다고 주장했다.

"백성이 귀하고, 사직이 그 다음이며, 임금은 가벼움이 된다…제후가 무도하여 장차 사직이 남들이 멸하는 바가 되면 마땅히 현군으로 바꾸어 세우니 이는 임금이 사직보다 가벼운 것이다.925)"

맹자는 하늘(天)을 백성과 동일시하여 천명(天命)의 개념을 전제하고 이를 바꾸는 '혁'(革)의 기준으로 민심을 설정함으로써 민본주의(民本主義)를 제창하였다.926) 맹자는 아래로부터의 혁명을 '역위'(易位)로, 또 위로부터의 혁명을 '변치'(變置)로 불렀다.927) 맹자의 민본주의는 사회적 모순과 폭정에 저항하는 서구의 폭군방벌론과 맥락이 같지만 왕[天子]을 주인공으로 상정함으로써 역시 입헌군주제의 편에 선다.

천인합일

사람과 하늘에 관하여 맹자는 『중용』에서 천명지위성(天命之謂性)이라 하여 인간의 본질인 성(性)을 천명과 동일하다고 말했다. 하늘은 만물의 근원이다. 성은 개체의 본질이고, 천명은 만물 전체의 작용이다. 맹자는 주역의 혼연일체론과 같은 맥락에서 인간행위가 천지와 함께 움직인다(與天地同流)고 보았다. 맹자에 따르면, 사람은 자기 본성을 완전히 이해할 수 있으면 하늘도 완전히 이해할 수 있다. 자기의 심성을 수양하는 것은 바로 하늘을 섬기는 것이다. 그러나 순자는 맹자의 천인합일 사상에 반대하고 하늘은 자연의 일부분일 뿐이지 인격을 갖춘 개체가 아니라고 주장하였다.928)

대장부

"뜻을 얻으면 백성과 더불어 함께 나누고(得志與民由之), 뜻을 이루지 못하면 홀로 그 도를 행할 것이니(不得志獨行其道), 부유하고 귀한 사람이 되어도 능히 음란하거나 도리에 어긋나지 아니하며(富貴不能淫), 가난하고 낮은 자리나 지위에 있어도 지조나 절개를 잃거나 변하지 아니하며(貧賤不能移), 강자의 위협과 무력에도 능히 비굴하게 굽히지 아니하니(威武不能屈), 이러한 사람을 대장부라고 일컫는다(此之謂大丈夫)."929)

왕도정치의 이념을 제시한 맹자는 『등문공』(滕文公)」(上)에서 "백공의 일은 본래 농사를 지으면서 할 수 있는 일이 아니다"(百工之事 固不可耕且爲也)라고 말하면서 노심자(勞心者)와 노력자(勞力者)를 구별하여 사회적 분업의 개념을 제시하였다.

"농사 때를 어기지 않으면, 곡식을 다 먹을 수 없고, 웅덩이와 연못에 촘촘한 그물을 드리우지 않으면 물고기와 자라를 다 먹을 수 없으며 산림에 도끼와 자귀를 제때 들여 나무를 베면 목재를 다 쓸 수 없다."930)

"사람이 길에서 굶어 죽어도 구휼하지 않으면서 '내가 그런 것이 아니라 시대가 그러한 것이다'라 말함은 사람을 찔러 죽여놓고는 '내가 그런 것이 아니다, 병기가 그런 것이다'라고 말함과 다를 바가 없다. 세월에게 죄를 돌리지 말라."931)

"땅은 방 백리만 있어도 가히 왕을 할 수 있다. 왕께서 만일 인정을 백성에게 베푸시고, 형벌을 살피시며, 세금 거두는 것을 적게 하면 백성들은 밭을 깊이 갈고 김매기를 잘 할 것이다."932)

"태산을 겨드랑이에 끼고 북해를 건너는 일을 '할 수 없다'고 말한다면, 정말 그렇다. 그러나 어른을 위하여 나뭇가지를 꺾어 주는 일을 '할 수 없다'고 말한다면, 할 수 없는 것이 아니라 하지 않는 것이다."933)

"일정한 직업이 없으면서도 일정한 마음을 가지고 있는 자는 오직 선비만이 가능한 것이요, 백성의 경우 일정한 직업이 없으면 이로 인하여 일정한 마음이 없어진다."934)

"천시(天時)가 지리(地利)만 못하고, 지리(地利)가 인화(人和)만 못하다."935)

"하늘이 장차 큰 임무를 이 사람에게 내리려 하실 적에는 반드시 먼저 그 심지(心志)를 괴롭게 하며, 그 근골(筋骨)을 수고롭게 하며, 그 체부(體膚)를 굶주리게 하며, 그 몸을 궁핍하게 하여, 행함에 그 하는 바를 어지럽게 하니, 이것은 마음을 분발시키고 성질을 참게 하여, 그 잘하지 못한 바를 증익(增益)해 주고자 함이다."936)

(4) 인간의 본성: 선과 악의 대결

착하다: 맹자

맹자는 유가의 정통파로 공자의 제자다. 맹자는 성선설을 주장했다. 사람은 선천적으로 선한 기질을 타고 난다. 이것을 양지양능 또는 양심이라고 부른다. 양지(良知)란 생각하지 않아도 할 수 있는 것이고 양능(良能)이란 배우지 않아도 할 수 있는 것을 말한다. 맹자는 모든 사람이 이미 가지고 있는 사단(四端)을 키워나가면 네 가지 덕목인 사덕(四德)이 터득된다고 가르친다.

맹자는 인간이 선악을 구분할 수 있는 도덕적 존재로 규정한다. 맹자는 본연적 양지(良知)의 발현은 상지(上智)나 하지(下智)나 모두 같다는 점에서 인간이 선천적·도덕적으로 선한 존재임을 논증한다.937)

"사람이라면 누구나 보편적으로 태어나면서부터 갖게 된 선한 본성, 즉 '차마 남에게 잔악하게 하지 못하는 마음'인 불인인지심(不忍人之心)을 가진다."938) "어린아이가 물에 빠지려 하는 상황을 보면 누구든 놀라고 측은히 여기는 마음에서 아이를 구하게 되는데, 이는 그 아이의 부모에게 인사를 받으려는 것도, 명예를 얻으려는 것도, 나쁜 소문을 듣기 싫어 건져 준 것도 아니다."939)

맹자에 따르면, "인(仁)은 사람의 마음이고, 의(義)는 사람의 길이다."[孟子 告子 上] "인은 사람의 편안한 집이고, 의는 사람의 바른 길이다."[孟子 離婁 上] 즉, 인(仁)은 사람의 마음 중에서도 편안한 집과 같은 마음이므로, 남과 갈등을 일으키지 않는 도심(道心)을 말한다. 그리고 사람이 걸어야 하는 바른 길에 비유된 의(義)는 사람의 올바른 실천 원리를 뜻하는데, 도심, 즉 인(仁)에서 이를 찾을 수 있다.940)

"측은히 여기는 마음이 없으면 사람이 아니고, 부끄러워하는 마음이 없으면 사람이 아니고, 사양하는 마음이 없으면 사람이 아니고, 시비를 가리는 마음이 없으면 사람이 아니다. 측은히 여기는 마음은 인(仁)의 단서이고, 부끄러워하는 마음은 의(義)의 단서이며, 사양하는 마음은 예(禮)의 단서이고, 시비를 가리는 마음은 지(智)의 단서이다. 사람이 이 네 가지 단서를 가지고 있는 것은 그들이 사지를 가지고 있는 것과 같다."941)

사람은 인의예지(仁義禮智)의 덕을 갖추면 이상적인 성인(聖人)이 될 수 있다. 그러나 사단은 그 자체만으로 완전하지 아니하므로 존심양성(存心養性)하는 수양이 필요하다. 맹자는 그 방법으로 구방심(求放心)·부동심(不動心)·과욕(寡慾) 등의 수양론을 제시하여 사단의 도덕심을 온전하게 갈고닦도록 권장한다.942)

악하다: 순자

공자는 주대(周代) 문물이 가장 이상적이라 여기고, 주례(周禮)를 회복하는 것이 당대의 문제를 해결하는 지름길이라고 생각했다. 즉 주대(周代) 정치제도 등 예제를 시대에 맞게 만들기 위해 노력했다. 그렇지만 공자의 주례 회복 노력은 당대 정치영역에서 실제 영향력을 크게 끼치지 못하였다. 공자의 사상을 계승하려고 했던 맹자는 예(禮)를 사단(四端)의 인의예지(仁義禮智)중 하나인 것으로 인식했다. 이에 비해 순자(荀子: B.C.298년경~238년경)의 경우 예(禮)를 그 자신의 사상에서 중심기둥으로 삼았다.943)

순자(荀子)는 맹자와 대적적인 위치에 서서 가치의 근거를 외재적인 규범으로부터 정립시키면서 맹자의 성선설을 비판한다.944) 순자에 따르면, 사람은 나면서부터 이익을 좋아한다.945) 순자는 하늘과 인간의 관계 또한 무관하다고 여긴다. 하늘의 성질을 그대로 따를 경우 욕망이 충돌하여 혼란에 빠진다. 이 혼란이 곧 악이다.946) 따라서 순자는 '인위'(人爲)라는 '후천적 교정' 없이는 선이라는 가치를 얻을 수 없다고 논한다. 인위 즉 위(僞)는 넓은 의미의 후천적 작용을 가리키며, 구체적으로 외재적인 영향과 내재적인 노력을 포괄한다.947)

"사람의 본성은 악하니, 선한 것은 인위이다."948) "'성'(性)이란 본시 질박한 바탕이며 '위'(僞)는 꾸밈과 예의 융성함이다. 본성이 없으면 '위'를 더할 것이 없고 '위'가 없으면 본성은 스스로 아름다워지지 아니한다."949) "길 위의 일반 백성들도 선을 쌓아서 온전하게 다하면 성인이 된다."950)

공맹이 사용하는 예는 제사에서 출발해서 그 의미가 점차 확대되어 주로 사회 도덕적 함의를 가진다. 공자는 예를 기본적으로 '인을 표현하는 방식'으로, 맹자는 '주인과 손님 사이의 공손함'으로 인식한다. 그러나 순자는 다르다. 순자의 예(禮)는 "집단의 내적 질서 및 조화의 표현"이다. 순자에게 예는 관습·문화·군자의 표식이며, 근대국가의 헌법적 기능을 담지한다. 예는 무엇보다 법의 이념과 일치하고, 법의 작용을 수행한다.951)

"인간 스스로의 힘으로 산다"

유학의 천인합일 사상은 "인간의 본성은 선하다"는 성선설(性善說)에 이르게 되는데, 전국시대 말기에 태어나 투쟁이 계속되고 있는 사회적 현실을 직시하면서 투쟁에 염증을 느끼고 그 해결 방법을 모색하려던 순자(荀子)는 성선설이나 천인합일사상을 신뢰하지 않았다. 순자는 하늘(天)을 객관적인 자연세계로 파악하고, 인간의 일과 직접적인 인과관계가 없다고 말하였다. 하늘이 내포하는 의미가 다르기 때문에 지천과 불구지천은 서로 모순되는 것이 아니며, 인간의 인식과 이용대상은 자연현상이고, 형이상학적 실체는 알 수 없다는 불가지론(不可知論)의 입장을 취한다. 다만, 형이상학적 실체로서의 하늘은 만물의 근원이라는 점에서 섬겨야 하는 대상(事天)이다.952) 그는 투쟁의 직접적인 해결 방법을 모색하기 위하여 "인간은 본질적으로 서로 투쟁하게 되어 있다"[만인의 만인에 대한 투쟁]라고 봄으로써 성악설(性惡說)을 제창하고 아울러 천인합일과 구분되는 천인지분(天人之分)을 주창하여 인간은 천(天)의 의지에 의해서가 아니라 인간 스스로의 힘에 의하여 인간 사회의 조화와 질서를 이루어야 한다고 단정하고 그 원리로서 예(禮)를 강조하였다.

2) 서구 고전철학

(1) 플라톤

고대 그리스 언어철학에서는 사물에 대한 이름953)을 두고 필연론과 관습론이 대립하였다. 그리스의 헤르모게네스(Hermogenes)954)와 같은 극단적 언어 관습주의자(conventionalist)는 "어떤 사물을 지칭하는데 어떤 말을 사용할 것인가는 그 지방이나 국가의 관습에 따라 결

제2편 　인류의 정의 (Human Justice)

정된다"고 주장한다: 말을 사용하는 사람들이 어떤 관습에 속하느냐에 따라 같은 이름이라도 아주 다른 사물에 붙여질 수 있었고 같은 사물이라도 아주 다른 이름이 붙여질 수 있었다. 이에 비하여 그리스의 크라틸루스(Cratylus)955)와 같은 극단적 언어 필연주의자956)(naturalist)는 "이름이란 구체적인 사물에 자연스럽게 속하므로 관습이 묘사하거나 두둔하는 방식에 따라 임의적으로 사용될 수 없다"고 주장한다: 누구든지 어떤 사물을 그 본연의 이름이 아닌 다른 것으로 부른다면 고유한 명명(命名)에 실패한다.957)

플라톤은 헤라클레이토스와 파르메니데스를 화해시키고 자기를 통하여 두 사람의 영향력을 후대 서양철학에 남기고자 노력하였다. 플라톤은 크라틸루스를 통하여 헤라클레이토스를 알았고 그래서 같은 이름으로 그의 『대화편』(dialogue)을 썼다.958) 플라톤은 "헤라클레이토스의 추론대로라면, 어떠한 실체가 일정한 상태나 시간을 차지할 수 없다"고 생각하고 다음과 같이 반론을 편다959):

"오로지 변화만 있다면 실체라는 것이 있겠는가? … 관찰자가 어떤 사물에 접근하는 순간 그것이 다른 것으로 변한다면, 그는 그 본성이나 상태를 더 이상 알 수 없게 된다 … 어떠한 실체가 상존하지 않으면서 그 변화과정만을 보여줄 수 있겠는가…그럴 수 없다."960)

플라톤은 자연법론에 입각한 필연주의(naturalism)에 선다. 『대화편』중 언어철학 대목은 정작 크라틸루스의 대화가 몇 마디 되지 아니함에도 「크라틸루스」로 명명되었다. 플라톤은 『대화편』에서 처음에는 소크라테스의 입을 통하여 관습주의를 비판하면서 필연주의를 지지하도록 헤르모게네스를 설득한다. 대화는 크라틸루스 쪽으로 기우는 듯이 보였다. 그러나 대화 후반부에서 소크라테스는 크라틸루스로부터 멀어져 필연주의자로서의 기대를 저버린다: "이름이란 사물의 본질을 완벽하게 구현할 수 없고 일부 관습의 요소를 인정하지 아니할 수 없다." 학자들은 소크라테스가 궁극적으로 관습주의와 필연주의 중에서 어떠한 입장을 취하였는가 혹은 그 어느 쪽도 아니었는가를 두고 오랫동안 의견을 달리하였다.961)

플라톤은 "사물은 불변하며 만물은 지식의 대상으로 존재한다"는 이른바 '원형'(형식 Forms)이라는 영역에서는 파르메니데스로부터 영향을 받은 듯이 보이지만 다른 한편 늘 변화하는 세상이라는 그리고 세부지식들을 인식할 수 없는 우리의 무능력에 관한 헤라클레이토스의 관념으로부터도 영향을 받은 듯이 보인다.962) 그는 『심포지움』(Symposium)에서 헤라클레이토스와 유사한 사상을 펼쳤다.963)

어떠한 생물체는 예컨대 사람은 머리카락, 살, 뼈, 피 그리고 전신에 영향을 미치는 신진대사를 겪으면서 늘 새로운 개체로 변화하지만 생존하고 그 정체성을 유지하는 동안에는 나이가 들어 같은 속성을 유지할 수 없어도 같은 사람으로 지칭된다. 그의 육신뿐만 아니라 정신도 마찬가지이다. 누구나 성격, 습과, 의견, 욕망, 기쁨, 고통 및 두려움이 늘 그대로 유지되지 아니한다: 묵은 것들이 사라지고 새로운 것들이 다가온다.964)

(2) 아리스토텔레스

플라톤의 제자이자 알렉산더 대왕의 스승이었던 아리스토텔레스($Aριστοτέλης$ B.C.384년~322년)에게 있어, 정의는 미덕과 구분되는 것으로 이해된다. 즉 정의는 미덕 그 자체가 아니라 실현된 미덕에 따라 영광과 보상을 수여[배분]하는 원리 내지 방식으로 보인다. 아리스토텔레스 시대에는 국내외 거래에 수반하는 시장에서의 정의보다 도시국가[공동체]에서의 정의개념에 비중을 두었을 것이다. 도시국가 시대에는 기업 중심의 시장경제가 발달하지 않았고 공동체가 경제활동의 중심지였을 것으로 생각된다. 따라서 아리스토텔레스 시대에는 정의와 미덕이 적용되는 국가영역[시장과 공동체]을 구분할 실체가 없었을 것으로 생각된다. M.샌델은 아리스토텔레스의 목적론적 정의관을 원용하고 미덕과 정의를 원인과 과정의 관계로 파악한다.

아리스토텔레스는 그의 저작에서 그리스 신들이나 종교가 세상과 인민들을 다스린다고 가르치지 않았다. 그 대신에 그는 관찰을 통하여 자연은 목적적이며 인간이성이 발견할 수 있는 자연법(natural laws)에 의하여 인도된다고 결론을 내렸다. 그는 『정치학』(The Politics) 저술에서 "인간은 천성이 정치적 동물이다"고 추론하였다. 이는 곧 사람들에게는 모종의 지도자나 정부를 필요로 하는 집단으로 살아가는 자연적 성향이 있음을 의미한다. 아리스토텔레스에 따르면, 인류는 선한 생활(the good life)을 확보하기 위하여 공동체 속에서 살아야만 용기, 정직 및 정의와 같은 덕(virtues)을 완수할 수 있다. 그의 시대에는 아테네와 같은 도시국가가 인류공동체였다.

아리스토텔레스는 그의 과학적 관찰방법과 증거분석을 적용하여 그리스 세계의 158개 도시국가들의 정부들을 연구하였다. 그는 왕정(monarchy)에 의한 그리고 보다 우수한 소수의 귀족정(aristocracy)에 의한 지배를 '선한'(good) 정부로 분류하였고 소수의 부유한 과두정(oligarchy)과 다수의 가난한 민주정(democracy)에 의한 지배를 '나쁜' 정부로 판단하였다.

아리스토텔레스는 최상의 정부는 과두정과 민주정이 혼합된 양상을 취한다고 결론짓는다. 예컨대, 모든 시민들은 추첨에 의하여 일단의 공무원들을 선발할 수 있다. 그러나 일정한 재산이나 부를 가진 시민들만이 다른 공직들에 자격을 부여할 수 있어야 한다. 아리스토텔레스는 이러한 정부형태가 정치적 안정을 위한 최상의 기회를 제공한다고 생각하였다.

아리스토텔레스 정치철학의 핵심은 두 가지이다: 첫째, "정의는 목적론에 근거한다. 권리를 정의하려면 문제가 되는 사회적 행위의 목적(telos: 목표·본질)을 이해해야 한다." 둘째, "정의는 영광을 안겨주는 것이다." 어떤 행위의 목적을 이성적으로 판단하거나 논한다는 것은, 적어도 어느 정도는, 그 행위가 어떤 미덕에 영광과 포상을 안겨줄 것인가를 추론하거나 논의하는 것이다. 도시국가의 목적과 목표는 좋은 삶이며 사회생활의 여러 제도는 그 목적을 위하여 존재한다.[965] 정치의 목적은 좋은 삶의 구현이기 때문에 도시국가의 시민은 정치참여가 장려된다.

아리스토텔레스는 정치 혐오자를 짐승 아니면 신(神)이라고 비유하였다.[966] 아리스토텔레스는 도덕적 미덕(virtue)은 연습과 습관의 결과로서, 책만 읽어서는 훌륭한 발레리나가 될 수 없듯이, 행동으로 터득하여야 하기 때문에 공동체 생활을 영위하여야 습득이 가능하다고 본다. 즉 "도덕 교육은 규칙을 선포하는 것이라기보다는 습관을 기르고 인격을 형성하는 것이다."967) 다소 동어반복이지만, "공정하게 행동해야 공정한 사람이 되고, 절제된 행동을 해야 절제하는 사람이 되며, 용감한 행동을 해야 용감한 사람이 된다."968)

아리스토텔레스에게 정의란 사람들에게 그들이 마땅히 받아야 할 것[각자에게 그의 것]을 주는 것이다. 여기에서 무엇을 기준으로 그의 것을 정할 것인가 여부가 문제된다. 이에 대하여 아리스토텔레스는 미모와 같은 타고난 조건이나 제비뽑기와 같은 우발적 기준이 아닌 각자의 능력에 따라 우수성에 따라 차별적으로 각자의 것을 주어야 한다고 말한다.969) 이는 이른바 "같은 것은 같게 다른 것은 다르게" 분배하는 상대적 정의론이다. 그러나 각자의 능력은 재능(talent)과 같이 선천적으로 타고나는 면이 있기 때문에 능력에 따른 배분이 완전하다고 단정 짓기는 곤란하다.

아리스토텔레스는 논증을 예술적 방식과 비예술적 방식의 두 가지로 구분한다.970) 예술적 방식은 수사학자가 만드는 자기논증으로 정의된다. 관계, 증언 및 활용이 같은 예에 속한다. 비예술적 방식은 수사학자가 자기외 출처에서 가져오는 정보를 가지고 인용하는 논증이다. 법률, 계약 및 선서가 같은 예에 속한다.

(3) 수사학에서의 설득

그리스어의 로고스(logos 根本理法·말씀)는 논자에 따라 용례가 다르다. 아리스토텔레스(Aristotle: 384-322 BC)는 『수사학』(the Rhetoric)에서 언어의 다의성을 검토한 다음에 "설득의 세 가지 양식 중의 하나인 이성에 기인하는 논증이 곧 로고스"라는 기교적인 정의를 내렸다. 다른 하나의 양식은 듣는 사람을 정서적으로 설득하여 일정한 심리구조로 유도하는 파토스(pathos: πάθος 感性呼訴)이다. 나머지 하나의 양식은 듣는 사람에게 도덕심을 확신시켜 설득하는 에토스(ethos: ἦθος 話者氣風)이다. 아리스토텔레스에 따르면, 로고스는 웅변을 통하여 증명이 가능하거나 가능한 것처럼 보인다.971) 효과적인 설득을 위하여서는 로고스(이성논증), 파토스(감성호소) 및 에토스(화자기풍)의 세 가지 양식이 모두 원용될 수도 있다.

미국 역사가 파울 라에(Paul A. Rahe)에 따르면972), 아리스토텔레스에게 있어 로고스(이성논증)는 사적 감정을 공유하는 역량을 초월하여 인간으로 하여금 다른 동물들이 할 수 없는 행위를 가능하게 만들고 추론 과정을 거쳐 유리함과 해로움, 정의와 불의 그리고 선(善)과 악(惡)의 차이를 인식하고 다른 이들에게 분명히 전하는 기능을 수행한다.

로고스, 파토스 및 에토스는 시기에 따라 달리 구사될 수 있다.973) 이성에 따른 주장[이성논증]은 데이터를 인용하기가 표면상 어려울 때 유리하다. 이러한 논증에 대하여서는 반론을 펴기가 어렵다. 이성논증은 화자가 잘 준비되어 있으며 정통하다는 느낌을 청중에게 준다. 다른 한편 에토스(화자기풍)를 통하여 화자에게 형성되는 신뢰는 이성에 따른 설득의 호소력을

높인다.974)

로버트 와디(Robert Wardy)의 설명에 따르면975), 아리스토텔레스는 로고스(이성논증)의 원용에서 정서적 호소를 거절한 것이 아니라 쟁점과 무관한 정서적 호소를 거절하였다. 어느 변론가는 피고인이 유대인이어서 반유대 청중들을 독려하여 분노를 이끌어 내려고 노력할 수도 있고, 정치인을 지지하는 어느 유세자는 해당 정치인의 조상에 대한 청중의 존경심을 이용할 수도 있는 것처럼, 파토스(감성요소)는 논자들이 추구하는 쟁점과 내적 접점을 결여할 수 있다.

아리스토텔레스의 『수사학』에 따르면976), 우리는 어떠한 사안이 증명되었다고 생각하면 대부분 설득되기 때문에 설득은 분명히 증명의 일종이다. 그가 말하는 설득의 양식은 세 가지이다: ⑴연설을 듣는 이가 화자를 신뢰할만하다고 생각하면 설득이 이뤄진다. ⑵연설이 청중들의 감성을 휘저으면 청중 사이에 설득이 퍼져나간다. ⑶우리가 설득력 있는 주장을 통하여 진실이나 같은 외관을 증명하면 웅변 자체를 통하여 설득 효과를 거둘 수 있다.

⑷ 예수의 의리론

"예수님께서는 갈릴래아 호숫가를 지나가시다가 두 형제, 곧 베드로라는 시몬과 그의 동생 안드레아가 호수에 어망을 던지는 것을 보셨다. 그들은 어부였다. 예수님께서 그들에게 이르셨다. '나를 따라오너라. 내가 너희를 사람 낚는 어부로 만들겠다.' 그러자 그들은 곧바로 그물을 버리고 예수님을 따랐다.(마태오 4:18~20)" 카톨릭 교리에서는 이 구절을 의리로 해석한다.

피에타@하우현성당(사진·전재경 2024)

예수의 가르침에 따르면, 의리는 하느님의 선물이다(마태복음 5:6 ; 6:33 참조). 의리는 다른 사람과의 올바른 관계를 포함하는 삶의 특성을 의미한다(마태복음 23:38 ; 루카복음 18:9-14 참조). 마태복음은 말한다: "불행하여라, 너희 위선자 율법 학자들과 바리사이들아! 너희가 박하와 시라와 소회향은 십일조를 내면서, 의로움과 자비와 신의처럼 율법에서 더 중요한 것들은 무시하기 때문이다."(23:23) 예수는 인간을 끝까지 신뢰하고 십자가의 죽음을 통해 의리를 완성시켰다(로마서 8:3 참조).977)

⑸ 신플라톤주의

헬레니즘이 확산되는 가운데 아테네는 계속하여 플라톤의 학당(Academy), 아리스토텔레스의 철학당(Lyceum), 그리고 다른 네 개의 헬레니즘 학파(견유주의 Cynicism, 쾌락주의 Epicureanism, 금욕주의 Stoicism 및 회의주의 Skepticism)와 함께 철학의 본산으로서 지

제2편 인류의 정의 (Human Justice)

배력을 유지하였다. 헬레니즘 시대 동안 이 6개의 철학파들은 일단의 여성들을 최소한의 회원들로서 거느렸고 소수의 여성들이, 오늘날에는 전하지 않지만, 영향력 있는 책들을 저술하였다. 그러나 로마에 의하여 헬레니즘 왕조들이 정복당하면서 로마는 아테네에 있는 철학자들이 달아나게끔 압력을 넣었다.978) 신플라톤주의(Neoplatonism)는 아랍에 대한 로마제국의 힘이 쇠퇴하던 250년경 마지막 고대 그리스 철학파로서 부상하였고 역시 여성들을 회원으로 거느렸다.

헬레니즘 시대와 로마시대를 관통하여 5개의 새로운 학파들은 자연, 실재 및 지식과 같은 동일 쟁점들에 관한 논의를 이어갔고 그들의 철학적 후계자들도 같은 양상을 보였다. 그러나 이들은 개인적 행복에 어떻게 도달할 것인가를 이론화하는 치유적 요소를 토론 쟁점에 추가하였다. 그리스어에서 행복은 유다이모니아(eudaimonia)인데 '善한 삶', '최상의 인간적 선' 또는 '복리'(well-being)로 번역되기도 하였다. 아리스토텔레스는 그의 윤리학 이론에서 이 개념을 발전시켰고, 인간 이성과 조화를 이루면서 도덕적으로 살아가는 것이 인간행복을 이룩한다고 주장하였다. 하지만 각 헬레니즘 학파와 로마 학파는 무엇이 인간을 행복하게 만드는가에 관한 독자적 관념들을 발전시켰다.979)

신플라톤주의(Neoplatonism)는 3세기 이후, 중동 및 소아시아 지역에서 플라톤·아리스토텔레스·스토아 학파 등 고대 그리스 철학과 종교를 계승하여 일원론적 통일성에 기반하여 물질과 정신의 실제를 해석하였다.980) 북아프리카 리코폴리스(Likopolis) 출신으로 로마제국에서 영향력 있는 사상가로 활동한 플로티노스(Plotinus: AD 205~270)는 그의 제자 포르피리오스(Porphyry: 페니키아 티로스 출신: 234~305)가 집대성한 논문집『엔네아데스』(The Six Enneads)를 통하여 이데아계-현상계(現象界)라는 플라톤 학풍을 계승하였다. 일자(一者)에 의한 일원론적 세계관을 강조한다는 점에서 이전의 플라톤주의와 구분된다. 신플라톤주의는 529년 유스티니아누스 대제가 이교도(異教徒) 플라톤 학당 폐쇄를 명하면서 막을 내렸지만, 르네상스시대에 플라톤주의를 부흥시켰고 근세 말기 과학적 방법론 도입에 영향을 미쳤다.981)

신플라톤주의 관념은 플라톤의 그것보다 더욱 종교적 색채가 드러나며 플라톤의 사상을 중의적으로 해석하는데 대체적으로 반대하였다. 예컨대, 신플라톤주의는 사유와 실재 또는 이념과 형식 사이의 분열을 극복하고자 노력하였다. 플라톤주의는 이념의 무한한 세계 즉 일자(一者 the One)에서 형식의 유한한 세계(인간·동물·사물)를 도출하는 방법을 탐색하였다. 반면에 신플라톤주의는 기독교적 신플라톤주의에, 유한한 세계에 그리고 인간의 경험에 일자 또는 신을 정초시키고자 노력하였다. 이 노력은 "절대자는 모든 곳에 그 중심을 가지고 있지만 그 주변은 그 어느 곳에도 없다"는 플로티누스의 유명한 명제에서도 드러난다.982)

쾌락주의나 금욕주의와 같은 고대 유물론자나 물질주의자들이 쇠퇴한 결과, 신플라톤주의는 우주와 그 안에서 인류의 좌표를 포괄적으로 설명하는 당대의 주류 철학이념이 되었다. 그러나 금욕주의, 소요학파 또는 플라토닉과 같은 분류와 비교하여 신플라톤이라는 명명은 현대에 만들어진 신조어이며 다소 부적절한 명칭이다. 고대 후기 철학자들은 스스로 플라톤의 대화편의 정신과 문자를 부활시키려는 구체적인 노력을 기울였다고 생각하지 아니하였다. 확실히 그들은 자신을 플라톤주의자로 불렀고 플라톤의 견해를 취하였다. 그들은 플라톤의 철학교리를 소크라테스 이전, 아리스토텔레스 또는 다른 후대 어느 사상가의 신조보다 더 공경하였다. 그러나 그들의 중요과업은 당시 지나치게 풍요로웠던 지적 유산을 화려하게 종합하는 일이었다.983)

실제 신플라톤주의자들은 헬레니즘의 전체 전통을 철학·종교 및 문학까지 — 예외가 있다면 그들이 강력하게 거절하였던 쾌락주의와 금욕학파의 완전유물론를 제외하고 — 흡수하고, 적용하고 창조적으로 조화시켰다. 이러한 노력은 천년의 지적 유산을 거창하고 강력하게 성찰한 설득력 있는 사상체계로 전환시켰고 플라톤과 아리스토텔레스의 과학 및 도덕 이론 그리고 금욕학파의 윤리학을 문학, 신화 및 종교행위가 결부된 생산적 대화로 만들었다. 다수 선현들의 저작물에 대한 타고난 존경심 덕분에, 신플라톤주의자들은 모두 수세기에 걸쳐 인간상황을 지속적으로 탐구하여 총체적인 형이상학 교설과 성찰을 제공하였다.984)

(6) 헬레니즘

신플라톤주의는 '헬레니즘 시대'(Hellenistic period)를 배경으로 등장한다. '헬레니즘'이라는 말은 '그리스 같다'(Greek-like) 즉 "그리스어를 쓰거나 그리스인처럼 취급함"을 뜻하는 '그리스風'(Hellazein)에서 유래한다. 그리스인들(Greeks)은 스스로를 라틴어(Graeci)에서 온 그리스인(Greek)이라고 부르지 않고 '헬레네人'(Hellenes: Ελληνες)라고 불렀다. 헬레니즘(Hellenism)이라는 말은 고대부터 그리스 역사와 더불어 헬레네인들이 세계에 영향을 미쳤던 언어, 문화 및 가치를 표상하지만 헬레네인이 아닌 사람들조차도 헬레네인들의 가치와 미를 수용하고 전파하였다는 점에서 그리스 문화를 넘어서는 개념이다. 헬레니즘은 다른 문화에 영향을 미친 불변의 문화가 아니라 다른 문화를 변화시키면서 스스로를 변화시켰다. 서구와 중동·근동에 걸쳐 새로운 사상, 아름다움과 진리에 대하여 문을 여는 개방성이야 말로 헬레니즘의 근본특징이다.985)

유럽에서 헬레니즘 시대는 기원전 323년 알렉산더대왕 사후부터 로마군대가 마케도니아 왕국을 점령한 기원전 31년까지 지속되었다.986) 이후 헬레니즘으로 표상되는 고대 그리스 문화·종교·언어의 영향은 비잔틴제국987)(330~1453)으로 전파되어 '헬레니즘化'(hellenization)가 이루어졌다. 유명한 헬레니즘 미술품으로는 '미로의 비너스'(Venus de Milo), '승리의 여신: 사모트라케988) 사원의 니케'(Winged Victory of Samothrace: Níki tis Samothrákis), '라오콘 군상'(Laocoön and His Sons), '죽어가는 갈리아인'(Dying Gaul)989), '가시를 뽑는 소년'(Fedelino: Boy With Thorn)과 '앉아 있는 권투선수'(Terme Boxer: Boxer at Rest) 등이 있다. 헬레니즘은 18세기와 19세기 신고전주의 시대 영국과 독일에서 미학운동으로 재현되었다.

스스로 로마인이라고 인식하며 살았던 비잔티움 제국(동로마제국)은 서유럽을 페르시아와 사라젠 제국, 몽골의 침입으로부터 지켜낸 최일선 방파제이자 고대 그리스·로마 문명의 보고였다. 근대의 씨앗을 뿌린 이탈리아의 르네상스 운동도 콘스탄티노플 함락(1453년) 이후 피난

인류의 정의 (Human Justice)

온 비잔틴 학자들에 의하여 지펴졌다. 비잔틴이 화폐경제와 교역을 통하여 발전시킨 비단·섬유산업은 서유럽으로 이식되어 산업혁명으로 이어졌다. 기독교의 안식일(주일·일요일)도 비잔티움 제국을 세운 콘스탄티누스가 정했다. 서유럽이 중세 암흑기에 빠져 화폐제도까지 무너졌을 때 비잔티움 제국이 발행한 노미스마(헬라스어: 라틴어로는 솔리두스) 금화는 제국이 유지되는 내내 높은 순도를 자랑하며 당시 알려진 세계의 기축 통화로 통했다. 비잔틴 제국은 로마 제국 시절 권력자들이 누렸던 대농장(라티푼디움)의 폐해를 극복하기 위하여 자영농을 육성하였다. 농민들은 농지를 떠나 전쟁터로 떠나기를 꺼렸기 때문에 비잔틴 제국은 정복 사업에 나서지 않았다.990)

기독교회는 로마의 분열과 함께 로마 교황을 중심으로 하는 서방교회와 콘스탄티노플의 대주교를 중심으로 하는 동방교회로 나뉘었다. 이 동방교회를 흔히 동방정교회(The Eastern Orthodox Church)로 불렀다. 동방정교는 비잔틴 제국의 활발한 선교로 세르비아, 불가리아, 러시아 등 슬라브 민족인 대부분의 동유럽권과 일부 중동권에 기독교가 확산되었고 비잔틴 제국은 정교회의 본산지 역할을 담당하였다. 슬라브 민족은 동방정교회와 함께 그리스어를 토대로 만든 키릴문자를 받아들였다. 비잔틴 사회에서는 교회가 중추적인 역할을 맡았다. 교회는 사람이 태어나서 죽을 때까지 세례, 결혼, 장례 등 개인생활에서 중요한 역할을 담당했으며 신학·예술·경제·정치·외교 등 국가와 사회의 모든 부문에 지대한 영향을 미쳤다.991)

"꿈 속에서도 플라톤의 공리를 해석하였다"는 플로티노스(205~270)는 플라톤의 영혼론을 부활시켰다. 그는 우주에 존재하는 세계를 이데아계와 현상계로 2분한다. 이데아계는 '1자(一者)', '누스'(지성 내지 정신), '프시케'(영혼)의 3원리로 설정된다. 프로티노스에 의하면, 영혼은 신적 존재로서 물질세계의 모든 생명 기능을 주관하지만 물질이 아니고 '현실화 원리'다. 영혼은 인간으로 하여금 '낯설고 세속적인' 물질세계와 이별하게 하고 천상세계의 신성을 향하여 '단독자로서' 비행하게 한다. 플로티노스의 영혼에는 물질계에 접촉하지 않고 신의 본성으로 작용하는 '고급 영혼'과 물질계에 접촉하여 자연의 본성으로 작용하는 '저급 영혼' 두 가지가 있다. 이 이론은 신플라톤주의자인 프로클로스(410~485)와 같은 기독교 신학자들에 의하여 기독교로 들어가 영혼을 신적인 '영'(靈)과 인간 생명과 연관된 '혼'(魂)으로 구분하는 계기를 이루었다.992)

동방정교에서 주장하는 삼분설은 인간을 '소마'(몸), '프시케'(혼) 그리고 '프네우마'(영)의 세 가지 요소의 혼합으로 본다. 이에 따르면, 인간 영혼에는 육체와 연결되어 생명을 주도하는 혼만 들어 있는 것이 아니라 신과 연결되어 구원의 기능을 하는 영이 들어 있다. 중세의 지성 聖 토마스 아퀴나스는 아리스토텔레스의 형상질료론을 받아들여 인간을 '몸'과 '영혼'의 결합으로 보는 이분설을 지지하였다. 아퀴나스는 육체와 영혼이 분리될 수 없다는 아리스토텔레스의 주장을 성서교리993)에 맞게 변형시켜 육체가 죽은 후에도 영혼이 개별적으로 존속함을 강조했다. 영혼은 죽음과 함께 육신을 떠나지만 언젠가 그리스도에 의하여 몸이 부활하면 다시 결합하여 하나가 된다. 서방 기독교는 아퀴나스의 이분설을 따른다.994)

3) 교부철학

(1) 聖 아우구스티누스

聖아우렐리우스 아우구스티누스(St.Aurelius Augustinus: 영어식 이름 Augustine)(사진 ©franciscanmedia.org)가 고대 사상에서 물려받은 관념은 "철학은 지혜에 대한 사랑이다"995)라는 점이다. 그는 바오르의 교설996)과 플라톤의 사상997)에 공감하여 마지막으로 의지할 존재인 신(神)과 지혜가 일치하기 때문에 진정한 철학자는 신을 사랑하는 사람이라고 확신하였다. 이것이 아우구스티누스가 기독교를 '진정한 철학'998)이라고 생각하는 이유이다.999) 요컨대, 철학은 지혜에 대한 사랑이고 철학자는 신을 사랑하는 사람이다.

聖者의 삶

세상에 위인들은 많지만 아우구스티누스의 삶만큼 감동을 주는 사람은 드물다.1000) 그는 로마령 아프리카인 타가스테(오늘날 알제리아 Souk Ahras)에서 354년에 태어나 출향·귀향하여 430년까지 살았다. 그의 헌신적인 어머니 모니카는 그의 종교적 발전에 심오하지만 때로 모호한 영향을 미치려고 노력하였다. 그의 부친(Patricius)은 임종 때 세례를 받았다.

아우구스투스 자신은 일찍부터 구도자였다. 그는 마다우로스와 카르타고의 중심지에서 라틴어 문법과 수사학을 공부하였으나 이로 인하여 그가 황제 집정부의 고위직으로 진출하는 길을 닦기를 바랐던 중산층 부모를 재정적으로 궁핍하게 만들었다. 그는 약 18살 무렵 카르타고에서 일부일처로 약14년 동안 살았던 여성을 만났고 아들[Adeodatus]을 낳았다. 이 아들은 밀라노에서 아버지와 함께 세례를 받았으나 18살 무렵 죽었다. 373년경 아우구스투스는 페르시아에서 발생하였으나 북아프리카에서 기독교와 동화되어 이단으로서 정부의 박해를 받았던 마니교(Manicheism)의 청문관(hearer)이 되었다.1001)

아우구스티누스의 마니교에 대한 심취는 9년간 지속되었고 모니카의 거센 반발을 불러일으켰다. 그는 마니교의 적극적인 옹호자이자 선교사였지만 고행과 성적금욕을 실행하는 종단 선사(eclcti)가 된 적은 없었다. 383년에 그는 로마제국 서쪽 절반의 중심지였던 밀라노로 이주하여 공공급여를 받는 수사학 교수에 이어 제국법정에서 변호사가 되었다.

밀라노에서 아우구스티누스는 그의 정부(情婦)가 정략결혼1002)의 혜택을 받을 수 있도록 보내주었다. 어느 날 그는 육체의 욕망과 신의 뜻을 조화시킬 수 없는 무능력에 깊이 좌절한 나머지 신에게 깨달음과 구원을 갈구하였다. 그는 라틴어로 "짚어 들고 읽어라"(Tolle, lege) 는 목소리를 들었다. 그는 성서를 들고 자기와 비슷한 삶의 고통을 극복한 바오로의 서간을 열었다. 아우구스티누스는 서간 작가의 말들에서 위안을 받으면서 과거 향락적이었던 습관을 반성하고 신을 섬기는데 삶을 바쳤다.1003)

제2편 인류의 정의 (Human Justice)

　아우구스티누스는 밀라노에서 자기에게 우화적 방법에 기반한 성서주해를 가르쳤던 뽀 암브로즈(Ambrose: 339~397) 주교의 영향을 받았으며 그가 이미 스스로 거리를 두기 시작하였던 마니교보다 지적으로 더욱 만족스러웠던 기독교와 친숙하고 그 철학에 정통하였던 신플라톤주의 성향의 기독교인들로부터 영향을 받았다. 고백록에서 중세적 감각의 위기로서 묘사되었던 바 386년 여름 불확실성과 의문이 꼬리를 물었던 시대를 마감하면서 아우구스티누스는 금욕적 기독교로 개종하였고 그의 수사학 직책과 나머지 경력들도 포기하였다. 밀라노 인근 시골 카시키아쿰에서 철학적 여가를 보낸 겨울 이후 그는 387년 부활절에 암브로즈 주교로부터 세례를 받았고 자기 어머니와 약간의 친구들과 그리고 아들과 함께 아프리카로 돌아왔다. 모친은 388년 귀국 길에 작고하였다. 그는 391년에 분명히 자기 의지에 반하여 해양도시 히포 레기우스(Hippo Regius: 오늘날 알제리아 Annaba/Bône)에서 성직자로 서품받았다. 그는 약 5년후 396년경 지역 주교직을 승계하였다. 이 성직은 목회 외의 정치적·행정적 및 사법적 책무들과 일반 기독교 신자들에 대한 책임 그리고 그들과의 경험은 은총과 원죄에 관한 그의 견해를 수정하는데 이바지하였다.1004)

　아우구스티누스의 수사학적 기법은 그의 일상 설교와 종교적 논쟁에서 그를 잘 무장시켰다. 그는 주교로서의 삶을 통하여 마니교, 북아프리카 기독교분파(Donatist), 영국 펠라기우스파 그리고 때로는 비기독교도들과의 종교적 논쟁을 겪었다.1005) 그의 종전 종교였던 마니교에 대한 논쟁은 400년경까지 그의 저작에서 많이 보인다. 그들과의 논쟁은 악의 비본체성에 관한 그리고 인간의 책무에 관한 그의 사고들을 형성하는데 기여하였다. 도나투스 분파는 4세기 초 최후의 대박해에 뿌리를 두었다. 도나투스파는 스스로를 박해 동안 정체성을 유지하였고 아프리카에서 기독교 '순수정신' 전통을 대표한다고 주장하였던 교인들의 적통으로 간주하였다. 405년 이후 도나투스파는 이단에 대응하는 제국의 법률에 포획되어 법적 수단에 의하여 가톨릭 교회로 다시 들어가도록 강제되었다. 이러한 조치들은 아프리카에서 공식적으로 도나투스 교를 끝장낸 411년 카르타고회의 이후 강화되었다.1006)

　아우구스티누스는 도나투스파에 대한 성실근면한 저작을 통하여 그의 교회정신을 가다듬고 그리스도의 사랑에 관한 의도주의에 기반한 종교강제론을 발전시켰다. 영국 펠라기우스파는 아우구스티누스가 412년경에 인식한 운동이었다. 그와 그의 아프리카 동료 주교들은 418년에 이를 이단으로 비난하기에 이르렀다. 펠라기우스와 그의 추종자들은 신의 은총이 중요함을 부인하지는 않았지만 인간은 본래 자유롭고 죄를 짓지 아니할 수 있다(possibilitas)고 주장하였다. 아우구스티누스는 이러한 견해에 맞서 은총에 대한 인간의 근본적 의존에 관한 확신을 즉 『고백록』에서 이미 선을 보였지만 논쟁을 통하여 다듬어지고 단단해진 교리를 열정적으로 방어하였다.1007)

　아우구스티누스 인생의 마지막 10년은 펠라기우스파의 전직 주교였던 아클라눔의 줄리앙(Julian of Aeclanum)과의 혹독한 논쟁으로 장식되었다. 줄리앙은 아우구스티누스를 비밀 마니교도이며 자유의지를 부인한다고 비판하였고 아우구스티누스는 줄리앙과 펠라기우스파를

원죄를 부정함으로써 그리스도의 희생을 공허하게 만든다고 비판하였다.1008)

이교도 전통주의자들과의 논쟁은 400년에 정점을 찍는 듯이 보였다. 이 때 그리고 로마시가 고트족의 알라릭(Alaric)에 의하여 약탈당한 410년 이후 아우구스티누스는 기독교에 반대하는 신플라톤주의자 포르피리(Porphyry)의 논문에서 발췌되었음이 분명한 기독교에 대한 일련의 반론을 반박하였다.1009) 아우구스티누스의 대변증론『신국론』(De civitate dei)(427년)은, 결코 이교도 논쟁에 대한 대응만이 아니었음에도, 이 상징적 사건에 의하여 촉진되었다.

아우구스티누스의 삶은 반달족이 히포를 침공했을 때 끝났다. 그는 플로티누스(Plotinus: 이집트 태생의 로마 철학자)의 말을 입에 담고 서거했다고 전해진다.1010) 아우구스티누스는 평생 232권의 책을 썼고 500편이 넘는 설교를 남겼다. 그는 자기의 과오와 실패를 부인하지 아니하고 정직하게 씀으로써 후대 사람들이 그의 삶을 친근하게 확인할 수 있도록 만들었다. 그의 저서『고백록』은 수 세기 동안 전세계에 걸쳐 성서 다음으로 많이 읽힌 책이었다.1011) 그는 사후에 '마지막 고대인이자 최초의 중세인'이라는 평을 들으면서 고대 후기와 중세를 연결하는 지식의 다리가 되었다. 많은 학자들은 그를 서구에서 가장 영향력 있는 철학자로 여긴다. 후세에 마키아벨리, 루터, 캘빈 그리고 홉스 등에게 영감을 주었다.1012)

창조론

아우구스티누스는『신국론』에서 당대 통용되던 교회의 문서들과 다른 그리스 및 이집트 등의 관념을 거부하였다.1013) 그는「창조의 문리적 해석」에서 신이 우주의 일체를 6일에 걸치지 않고 동시에 창조하였다고 주장하였다. 즉 창세기에 나타난 6일 구도는 물리적 시간의 경과가 아니라 논리체계를 나타내며 글월에 지나지 아니하는 물리적·의미적 차원을 넘어 영성을 지향한다. 아우구스티누스는 이 해석의 근거로서 "그는 일체를 동시에 창조하였다"(creavit omnia simu)고 기술한 외경(外經)『시라의 지혜서』(Sirach 18:1)를 들었다.1014) 아우구스티누스는 창조의 6일을 기술하는 또 다른 체험적 전거로서 창조의 실제는 인간들이 이해할 수 없기 때문에 통역이 필요하다고 생각하였다.1015) 그는 또한 원죄를 우주 속에서 구조적 변화를 일으키는 것으로 상정하지 아니하였기 때문에 아담과 이브의 육신이 인류의 타락 이전에 이미 유한한 존재로 창조되었다고 보았다.1016)

종말신학

아우구스티누스는 처음에『신약성서』요한묵시록(20: 1~6)에 나오는 前천년왕국설(premillennialism) 즉 그리스도의 육신이 부활하기 이전에 문자 그대로 천년의 황금왕국을 건설한다는 교설을 믿었으나 뒷날 이를 육욕의 소산으로 간주하고 거부하였다. 그는 無천년왕국설(amillennialism) 교리를 최초로 정립한 신학자였다. 가톨릭 교회는 중세 동안 아우구스티누스의 無천년왕국설에 기반한 종말신학을 수립하였다. 이에 따르면 그리스도는 그의 개선 교회를 통하여 지구를 영적으로 다스린다.1017) 종교개혁 기간 동안 캘빈과 같은 신학자들은 無천년왕국설을 수용하였다. 아우구스티누스는 "죽음과 더불어 영혼의 영원한 운명이 결정된

인류의 정의 (Human Justice)

다…중간나라 연옥의 불길이 교회의 영성체를 받고 죽은 사람들만을 정화한다"1018)고 가르쳤다. 그의 가르침은 뒷날의 신학에 숨결을 불어 넣었다.1019)

기독교 여성주의의 기원: 성모 마리아

아우구스티누스는 독자적인 성모신학을 발전시키지는 아니하였지만, 마리아에 관한 그의 기술은 숫자나 깊이에서 앞선 작가들을 능가한다. 그는 (제롬과 같은 초기 라틴 작가들을 뒤따라) 동정녀 마리아가 "은총으로 충만하다"고 믿으면서 그녀의 성적 완결성과 순결을 근거로 그녀를 '신의 모친'으로 옹호하였다.1020) 마찬가지로 그는 동정녀 마리아가 "처녀로서 수태하고 처녀로서 출산하였으며 영원히 처녀로 머물렀다"1021)고 확신하였다.

원죄

아우구스티누스는 아담과 이브의 죄가 신에 대한 오만과 불복종이 뒤따른 어리석은 행동이거나 오만이 앞선 행동이었다고 가르쳤다.1022) 인류 최초의 쌍은 선악과를 먹지 말라[창세기 2:17]고 말한 신을 거역하였다1023). 선악과 나무는 창조의 질서를 상징하였다.1024) 자기본위는 아담과 이브로 하여금 선악과를 먹게 유도하였고 존재와 가치의 위계에 따라 신에 의하여 창조된 세계를 인식하고 존중하지 못하게 만들었다.1025) 악마가 아담과 이브의 감각에 '악의 뿌리'(radix Mali)를 뿌리지 않았더라면, 오만과 지혜결핍으로 빠지지 않았을 것이다.1026) 그들의 본성은 인지와 의지뿐만 아니라 성적 희구를 포함하는 애정과 염원에 영향을 미친 욕정과 성욕에 의하여 상처를 받았다.1027) 형이상학적 관점에서 욕정은 존재의 상태가 아니라 선에 궁핍이나 상처를 초래하는 나쁜 품성이다.1028)

운명예정설

신은 모든 것을 명하는 반면에 인간의 자유를 보장하였다고 아우구스티누스는 가르쳤다.1029) 396년 이전에 그는 인간의 운명이 그리스도를 믿는가의 여부를 알아보는 신의 선견지명에 달렸다고 믿었다. 즉 신의 은총은 "인간의 동의에 대한 보상"이었다.1030) 뒷날 그는 펠라기우스에 대응하여 오만의 죄는 "우리가 신을 선택하는 존재라거나 신은 우리 속에 있는 가치 있는 그 무엇 때문에 우리를 선택한다"고 추정하는데 깃든다고 말하고, 신의 은총은 개인적 신앙을 낳는다고 주장하였다.1031)

학자들은 아우구스트의 가르침이 이중적 운명예정(predestination)을 뜻하는가, 즉 신은 어떤 사람들은 지옥에 보내고자 또 어떤 사람들은 구원하고자 선택하는가에 관하여 의견이 갈린다. 가톨릭학자들은 그가 이러한 견해를 취하였음을 부인하는 경향이 있지만 개신교도들과 세속학자들은 아우구스티누스가 이중의 운명예정을 믿었다고 간주한다.1032) 412년경에 이르러 아우구스티누스는 개인들의 영원한 운명이 해당 인간의 선택과 독립적으로 신의 일방적 선결에 따라 예정된다고 이해한 최초의 기독교인이 되었다. 그러나 이 관념은 그가 한 때 신봉하였던 마니교파들이 가르쳤던 바이다.1033) 곤잘레스(Justo L. González)와 같은 일부 개신교

신학자들의 해석에 따르면, 아우구스티누스는 신의 은총은 거역할 수 없고 개종에 이르게 만들며 또 인내를 낳는다고 가르쳤다.1034)

『질책과 은총에 관하여』(De correptione et gratia)에서 아우구스티누스는 "신은 모든 사람들이 구원받기를 원한다"고 썼으나, "모든 사람들이 구원받을 수는 없다"는 말은 여러 가지로 해석될 수 있다. 나는 그 중 일부를 이미 나의 다른 글에서 언급하였다. 모든 종류의 사람들이 운명예정에 포함되어 있으므로 '신은 모든 사람이 구원되기를 원한다'고 새길 수 있다"1035)고 설명하였다. 아우구스티누스는 『인내의 재능에 관하여』에서 야곱과 에서(Esau) 쌍둥이를 인용하면서 "야곱은 운명예정에 포함되고 에서는 포함되지 아니한다"고 확언하였다.1036)

성찬의식

아우구스티누스는 도나투스파에 대한 반박에서 성찬의식(sacraments)의 정형성과 타당성을 구별지었다. 정형적인 성찬은 카톨릭 교회의 성직자에 의하여 수행된다. 반면에 분리론자들에 의하여 수행되는 성찬은 비정형적인 것으로 간주된다. 그럼에도 성찬의 타당성은 성찬을 수행하는 성직자들의 성스러움에 의존하지 아니한다. 그런 까닭에 비정형적인 성찬은 그들이 그리스도의 이름으로 그리고 교회가 규정한 방식으로 행해지는 한 여전히 타당한 것으로 받아들여진다. 이 점에 관하여 아우구스티누스는 분리주의로부터 개종할 때 반드시 재세례를 받아야 한다고 가르쳤던 초기 聖 키프리아누스의 가르침을 따르지 않았다.1037) 아우구스티누스는 카톨릭 교회 밖에서 집전되는 성찬은 진정성이 있더라도 전혀 유효하지 아니하다고 가르쳤다. 그러나 그는 세례가 교회 밖에서 행해질 때 어떠한 은총을 부여받지 아니하지만 교회로 들어오는 순간 은총을 부여받는다고 기술하였다.1038)

아우구스티누스는 손으로 빵을 만지면서 "이는 내 몸이다"라고 말한 그리스도를 언급하면서 성체성사 속에 그리스도가 실재한다1039)고 이해하였고 기독교도들은 빵과 포도주가 그들의 눈에 어떻게 보이든 간에 실제 그리스도의 몸과 피라는 사실을 믿어야 한다고 말했다.1040) 예컨대, 예수는 당신의 몸으로 여기에서 걸었고 우리가 먹으면 구원에 이를 수 있는 몸을 우리에게 주셨다. 그러나 누구든지 먼저 예수의 몸을 경배하지 아니하는 한 그 몸을 먹지 못한다. 따라서 예수의 몸은 십자가의 발받침을 얼마나 경배하느냐에 따라 찾을 수 있다. 또한 우리가 경배한다고 하여 죄를 면하지 아니하며 경배하지 아니함으로써 죄를 짓는다.1041)

아우구스티누스는 교황 펠라기우스 추종자들과 맞서 유아 세례의 중요성을 강조하였다. 그러나 세례가 구원에 절대 필요한가의 여부에 관한 질문에 관하여 아우구스티누스는 평생 동안 그의 신념을 가다듬은 듯이 보여 후대의 신학자들을 헷갈리게 만들었다. 어떤 설교에서는 세례를 받은 자만이 구원받을 수 있다고 말하였다.1042) 이러한 신념은 초기 다수 기독교인들에 의하여 공유되었다. 그러나 그의 『신국론』에 나오는 종말에 관한 구절은 아우구스티누스가 기독교 부모들에게 태어난 어린이들에게 예외가 있다고 믿었음을 시사한다.1043)

제2편 인류의 정의 (Human Justice)

인식론

인식론은 아우구스티누스의 지적 발전을 잘 보여준다. 그의 기독교로의 개종 직후에 쓰여진 초기 대화편[Contra academicos(386) 및 De Magistro(389)]들은 그의 회의적인 입장을 반영하며 그의 신성한 조명(divine illumination) 이론의 발전을 보여준다. 조명이론에 따르면, (데카르트의 '명석하고 판명한 인식'에서 볼 수 있는 바와 같이 신이 인간의 정신을 일관되게 설계한다는 이론과 달리), 신은 인간이 신의 지적 실재를 인식할 수 있도록 인간의 정신에 조명함으로써 인간의 인식과 인지에 능동적이고 규칙적인 역할을 수행한다. 조명은 모든 이성적 정신이 획득할 수 있으며 다른 감각적 인식의 형태들과 다르다. 조명은 정신이 지적 실체들과 연관을 맺는데 필요한 상황을 설명한다.1044)

아우구스티누스는 아마도 『삼위일체에 관하여』(Ⅷ.6.9.)처럼 잘 알려진 저작들을 통하여 정신작용에 의한 유비론[유추론]을 모범적으로 발전시켰다.1045) 플라톤 및 다른 초기 철학자들과 달리 아우구스티누스는 증언(testimony)이 인간지식의 중심이라고 믿고, 우리는 다른 사람들의 증언을 믿을 수 있는 독립된 이성을 가지고 있지 아니하더라도 다른 사람들이 우리에게 말하는 것을 통하여 지식을 얻을 수 있다고 논하였다.1046)

정당한 전쟁

아우구스티누스는 기독교도들은 모름지기 철학적인 입장에서 사람에 대하여 평화주의자가 되어야 마땅하다고 강조하였다.1047) 그러나 물리적 힘에 의하여 중단되어야 마땅한 중대한 악행에 당면하여, 평화 속에 안주함은 죄(罪)를 구성할 수 있다. 합법적 권능에 의하여 승인되는 자력이나 타력에 의한 방어는 필수적이다. 아우구스티누스는 전쟁을 정당화시키는데 필요한 조건들을 깨트리지 아니하면서 그의 『신국론』에 있는 구절들을 작성하였다1048): 본질적으로 평화의 추구는 장기적인 평화의 보전을 위하여 싸우는 선택을 포함하여야 한다. 이러한 전쟁은 선제공격이어서는 아니되고, 평화를 복원할 목적 아래, 방어적이어야 한다.1049) 수세기 이후 토마스 아퀴나스는 어떠한 전쟁이 정당화될 수 있는 조건들을 정의하려는 시도에서 아우구스티누스의 언명을 논거로 인용하였다.1050)

자유의지와 악의 극복

악의 존재의 신의 섭리로 보는 아우구스티누스의 초기 신정론(神正論 theodicy)에서 신은 자유의지를 소유하는 이성적 존재로 신과 인간을 창조하였다. 자유의지가 죄를 지향하지 아니한다는 말은 자유의지가 선과 악에 동등하게 노정되지 아니함을 의미한다. 죄에 의하여 더럽혀진 의지는 상실될 수 있거나 나눠주기 어려운 실체에 얽매여 결과적으로 불행에 이르기 때문에 예전처럼 "자유롭다"고 간주되지 아니한다. 죄는 자유의지를 해치는 반면에 은총은 이를 복원한다. 한 때 자유로웠던 의지라도 죄의 타락에 빠질 수 있다.1051) 아우구스티누스는, 412년 이후, 인간성은 그리스도를 믿기 위하여 자유의지를 가지는 것이 아니라 죄에 대하여 자유의지를 가진다고 가르침으로써 그의 이론을 바꾸었다(Retract.2.1.): "나는 실제 인간 의지의 자유로운 선택을 위하여 노력하였다. 그러나 신의 은총이 이를 정복하였다."1052)

초기 기독교도들은 기원후 초기 4세기 동안 우세하였던 금욕주의, 영지주의(Gnostics) 및 마니교파의 (운명과 같은) 결정론에 반대하였다.1053) 기독교도들은 일방적으로 모든 사건을 미리 예정하는 금욕주의나 영지주의의 신보다 인간들과 상호작용하는 이성적 신의 관념을 옹호하였다(물론 금욕주의자들은 여전히 자유의지를 가르쳤다).1054) 교부철학자 켄 윌슨은 412년의 아우구스티누스 이전 초기의 모든 기독교인 저자가 결정론적 신보다 인간의 자유의지에 따른 선택을 선호하였다고 논한다.1055) 윌슨에 따르면, 아우구스티누스는 그가 412년 펠라기우스파와 다투면서 초기 마니교 및 금욕주의의 결정론으로 되돌아갈 때까지 전통적인 자유선택을 가르쳤다.1056) 기독교인들은 루터와 캘빈이 결정론 교리를 전심전력으로 수용하던 종교개혁 때까지 소수만이 아우구스티누스의 자유의지론을 받아들였다.1057)

가톨릭 교회는 아우구스티누스의 교리가 자유의지와 일치한다고 간주한다. 아우구스티누스는 누구든지 원한다면 구원받을 수 있다고 자주 말하였다: 신은 누가 구원되고 누가 구원되지 아니할 것인가를 알며, 후자는 평생 구원될 가능성이 없지만, 이는 인간들이 어떻게 그들의 운명을 자유로이 선택할 것인가를 신이 완벽하게 알고 있음을 보여준다.1058)

자연법

아우구스티누스는 인정법의 적정성을 검토하고 어떠한 법률과 권리가 유한한 생명체들에 의하여 자의적으로 부여되지 아니하고 자연적으로 생겨나는 경계를 정의하고자 시도한 초기 인물에 속하였다. 지혜와 양심을 가지고 있는 모든 사람들은 자연법(lex naturalis)을 인식하는 이성을 구사할 수 있다고 아우구스티누스는 결론지었다. 유한한 법률은 사람들에게 옳은 것을 행하고 나쁜 것을 피하며 오로지 정당함을 유지하도록 강제하여서는 아니되므로 부당한 법률은 이미 법률이 아니다. 따라서 사람들은 부당한 법률에 그리고 양심과 이성을 소유하고도 사람들에게 자연법과 바른 것을 위반하도록 말하는 자들에 복종할 의무가 없다.1059)

노예반대

아우구스티누스는 히포에서 그의 권한 아래 있는 많은 성직자들에게 경건하고 성스러운 행위로서 그들의 노예들을 풀어주도록 인도하였다.1060) 그는 대담하게도 황제에게 노예상인들을 규율하는 새로운 법을 제정하도록 촉구하는 편지를 썼다. 그의 생전 25년 동안 기독교 황제들은 아동매매를 허용하였다. 그들은 부모들이 아동을 돌 볼 여력이 없을 때 영아살해를 방지하는 수단으로 이 관행을 승인하였다. 아우구스티누스는 특히 소작 농부들이 생존수단으로서 그 자녀들을 임대하거나 매매하도록 내몰린다고 언급하였다.1061)

아우구스티누스는 『신국론』에서 노예제의 발달을 죄의 산물로서 그리고 신의 신성한 계획에 반하는 것으로 묘사하였다: "신은 그의 모습을 본딴 이 이성적 피조물이 인간 대 인간이 아니라 인간 대 짐승과 같이 이상한 지배관계로 들어갈 것을 의도하지 않았다. 원시시대 정상인은

인류의 정의 (Human Justice)

사람에 대한 왕이 아니라 소떼에 대한 파수견으로 태어났다. 노예 상황은 죄의 결과이다. 개인적으로 노예가 된 사람이 처벌을 받을 만한 아무런 죄를 저지르지 않았을 경우에도 노예의 존재는 죄의 실재에 대한 처벌이다."1062)

아우구스티누스에 따르면 "노예제란 형벌이며 자연질서의 보전을 명하며 그 교란을 금하는 바로 그 법률에 의하여 용인된다."1063) 노예제는 노예상태에 있는 사람보다 그를 소유한 사람에게 더 많은 해악을 끼친다. 높은 지위가 주인에게 해악을 끼치는데 반하여 낮은 지위는 하인에게 좋다.1064) 죄에 대한 해법을 가정할 수 있다: 세상의 종말이 선을 위하여 노예제를 근절할 때까지, 모든 부당함이 사라질 때까지 그리고 모든 공국과 인력들이 사라지고 세상에 신이 충만할 때까지, 노예들은 교활한 두려움이 아니라 충직한 사랑으로 섬김으로써 스스로 노예상태를 자유상태로 만들 수 있다.1065)

성생활

아우구스티누스에게 있어 성적 부도덕성의 해악은 성적 행위 자체에 있지 아니하고 전형적으로 이에 수반하는 감정에 도사리고 있다. 『기독교 교리에 관하여』에서 아우구스티누스는 신에 기인하여 누리는 사랑과 그렇지 아니한 성욕을 비교한다.1066) 인류의 타락(the Fall) 이후 (남성의 발정을 자극하기 위하여 필요한) 성욕은 성교에 필요하게 되었고, 성욕은 타락에 기인하는 악이며, 악은 불가피하게 성교를 수반한다.1067) 따라서 출산을 위한 혼인중의 성생활도 불가피하게 악을 영속화시킨다.1068) 올바른 사랑이란 이기적인 즐거움을 부인하고 육체적 욕구를 신에게 복종시키는 것이다. 성교에 의하여 야기된 악을 피할 수 있는 유일한 길은 "더 나은" 길을 걷는 것이며1069) 혼인을 삼가는 것이다.1070) 결혼에 수반하는 성생활은 필연적으로 성욕이라는 악을 낳지만 죄는 아니다. 로마 군대의 약탈 동안 강간당한 순결한 처녀들은 죄를 의욕하지 않았을 뿐만 아니라 같은 행위를 즐기지 않았기 때문에 결백하다.1071)

처벌과 강제

아우구스티누스는 대체적으로 도나투스파 가톨릭과의 갈등 탓에 그의 이력 전반에 걸쳐 폭력과 강제에 관하여 거론할 수 밖에 없었다. 그는 종교적 자유와 강요의 관념은 이론적으로 진지하게 다룬 고대 철학자였다. 그는 형벌개혁에 관한 현대의 논쟁과 유사한 방식으로 불법행위자들을 처벌하고 권능을 행사하는 문제를 다루었다. 강제에 관한 그의 가르침은 종교적 자유주의자들을 잉태하는 듯이 보였기 때문에 현대의 추종자들을 당황스럽게 만들었고 현대의 반대자들을 성가시게 만들었다. 그러나 동시에 아우구스티누스는, 브라운의 주장에 따르면, 교정적 처벌을 우아하게 옹호하고 불법행위자를 개조하고자 하였다. B. 러셀은 아우구스티누스의 강제에 관한 이론이 논자에 따라 그의 다른 가르침과 일치하지 아니한다고 보지만, 독단론으로 가공되지 독창적인 역사적 상황에 호응하였으며 따라서 맥락에 의존하였다고 말한다.

(2) 중세의 지성: 토마스 아퀴나스

인간에게 조명된 신의 이성

알베르투스 마그누스(Albertus Magnus, 1193년~1280년)는 독일의 신학자·철학자·자연과학자이다. 파리와 쾰른에서 가르쳤고 레겐스부르크의 주교가 되었다. 도미니코회의 중심인물로서 토마스 아퀴나스를 파리대학 교수로 만들고 그와 함께 스콜라 철학을 완성시켰다. 당대의 철학, 사변(思辨)신학, 성서해석 및 자연과학 등 전 분야에 걸쳐 아리스토텔레스, 아라비아·유대, 新플라톤, 교부철학 풍의 사상을 폭넓게 수집하여 라틴 사람들이 이해할 수 있도록 번역을 넘어 원전의 결함을 보충하면서 독창적 관점으로 아리스토텔레스 풍의 스콜라 철학 체계를 세웠다.1072)

토마스 아퀴나스의 삶

중세 기독교의 대표적 신학자이자 스콜라 철학자였던 聖 토마스 아퀴나스(Fr.Thomas Aquinas: 1225년~1274년)는 이탈리아 남부 시칠리의 아퀴노(Aquino) 마을 근처 로카세카(Rocasecca) 성(城)에서 귀족의 아들로 태어났다. 그는 5세가 되던 해에 그는 근처의 베네딕도 수도회 소속 몬테 카시노(Monte Cassino) 수도원에 봉헌되어 초등 교육을 받았으며, 14세에는 인근 나폴리 대학에 입학했다. 그곳 나폴리에서 새로운 탁발 수도회인 도미니코 수도회의 활동에 감명을 받아 수도회 총장의 뜻을 따라 당시 신학의 중심지인 파리대학으로 가고자 했으나, 어머니의 반대로 감금되는 등 우여곡절을 겪었다. 파리에서 스승 알베르투스 마그누스 밑에서 공부하면서 많은 영향을 받았으며, 1257년에는 보나벤투라(Bonaventura)와 함께 파리 대학 교수단에 받아들여졌다.1073)

1259년 그는 파리를 떠나 이탈리아로 돌아가 9년 동안 교황청 소속의 학원과 수도원 등에서 강의했으며, 1269~72년까지는 다시 파리 대학에서 강의했다. 이 시기에 그의 학문 활동은 절정에 이르렀는데, 특히 아리스토텔레스의 정통한 주석자임을 자처하던 라틴 아베로에스주의자들과 논쟁을 벌여 그리스도교의 진리를 옹호했다. 그는 1323년 교황 요한 23세에 의해 시성(諡聖)되었으며, 1879년에는 교황 레오 13세의 회칙인 「영원한 아버지」(Aeterni Patris)에서 현대 가톨릭 철학의 스승으로 선포되었다. 그의 대표작으로는 『신학대전』, 『대이교도대전』 및 『신학요강』 등이 있다.1074)

유비·유추

아퀴나스의 주요한 작업은 이후 성서비평학과 기독교 신학뿐만 아니라 언어철학에서도 지속적으로 다루어지는 개념인 '유비'(類比 analogia) 개념의 정립이다. 유비란 '맞대어 비교한다'는 뜻으로 어떤 사물이나 사건의 유사성을 근거로 결론을 내리는 추리를 말한다. 유추(類推)라고도 한다. 논증의 타당성은 보장되지 않지만, 이해하기에 직관적이기도 하고 문제 해결

제2편 인류의 정의 (Human Justice)

시 창의적인 아이디어를 이끌어내는 데 유용하다는 점으로 인하여 실생활에서 많이 사용된다. 특히 동양철학의 논증 중 많은 수가 유비에 근거한다. 아퀴나스에 따르면 명칭이 사용될 때는 일의적이거나, 다의적이거나, 유비적으로 사용된다. 일의적인 것과 다의적인 것 사이의 중간 개념이 유비이다.1075)

대표적이고 직관적으로 받아들이기도 쉬운 유비는 '비례성에 의한 유비'가 있다. 이를테면 6:3=4:2라는 비례식이 있다면, 6과 3 사이의 관계와 4와 2 사이의 관계는 비례적으로 동등한 관계가 된다. 4:2라는 명칭은 6:3을 표현할 때도, 8:4를 표현할 때도 사용될 수 있지만, 그것은 실제로는 서로 다른 대상이 아니라 4:2라는 하나의 비례 관계에 대한 표현이다. 따라서 그것은 일의적이지도 않지만(하나의 대상에만 하나의 표현이 사용되는 것이 아니므로) 동시에 다의적이지도 않다(여러 대상들에 하나의 표현이 사용되는 것 같지만, 실제로는 유일한 대상에 대한 표현이므로). 조금더 일상적인 예로는 다음을 생각해볼 수 있다. "A는 얼굴이 예쁘다"와 "A는 마음씨가 예쁘다"에서 두 문장의 '예쁘다'라는 말은 일의적 뜻이 아니다. 그러나 그렇다고 해서 다의적인 것도 아니며, 서로 다르면서도 어떤 같은 근거 때문에 표현이 같다. 이때 '유비'가 성립한다.

한편으로는 신학적인 의미에서의 유비는 '불완전성의 유비'라고 불린다. 모든 자연의 대상들은 신의 속성을 분유하고 있으며, 신은 불완전한 대상들 속에서 유비적으로만 드러난다. 불완전성의 유비는 자연 그 자체가 곧 신이라는 범신론이나 인간과 신이 같은 형상을 취하고 있다는 신인(神人)동형동성론(anthropomorphism), 혹은 인간은 신에 대해 전혀 알 수 없다는 불가지론을 극복하기 위해 자주 인용된다. 만약 '有'(라틴어: ens, 영어: being)를 일의적으로 파악한다면 신의 有와 인간의 有는 아무런 차이가 없어 범신론이 성립하고, '有'를 다의적으로 파악한다면 신의 有와 인간의 有는 완전히 달라 감각적·물질적 인식에서 초감각적·비물질적 인식에 도달할 수 없어 불가지론이 성립한다.1076) 아퀴나스는 범신론과 불가지론을 극복하기 위하여 유비를 원용하였다.

영혼불멸론

인간 영혼은 신체기관을 사용하며 감각적 힘들을 소유하고 있으나 심상들에 의존하지 않고서는 자신의 고유한 작용을 수행할 수 없다는 점에서 분리된 영적 실체들과도 구별된다. 아퀴나스에 따르면, "인간 영혼은 물질적 실체들과 분리된 실체들과의 경계선에 놓여 있다." [지평(horizon)의 비유] 인간 영혼은 물질적 형상들의 질서에서 최상위에 있지만 신과 천사들을 비롯한 영적 실체들의 질서 안에서는 최하위에 위치한다. 교부철학자 聖 아우구스티누스에 따르면, 아마도 생명체들 가운데, 악덕으로 그토록 불화하면서도, 인간만큼 본성으로는 그토록 사회적인 종자가 없었다.1077) 아퀴나스에 따르면, 인간 영혼은 자립적임에도 불구하고 완전한 본성을 가지지 못하기 때문에 분리된 실체들이 가지는 완전성을 결여한다.1078)

『신학대전』에서 인간 영혼에 관한 문제를 다룬 '인간 본성에 관한 논고'1079)는 현대에서도 심리철학의 역사를 다룰 때 소개되는 저작이다. 인간본성논고는 근본적으로 아리스토텔레스의

『영혼론』에 대한 주석이라는 점에서 스콜라 철학의 한계를 벗어나지는 못하지만, 중세의 철학자들이 영혼과 인간의 심리에 관해 어떻게 생각했는지를 보여준다는 점에서 중요하다. 인간본성논고를 이해하기 위해서는 『영혼론』에 대한 기초적인 이해가 필요한데, 『영혼론』에서 아리스토텔레스는 영혼을 신체의 형상으로 정의하고, 따라서 그것은 그 질료인 신체의 소멸과 함께 소멸하지만, 인간의 지성만큼은 인간의 신체에 속하지 않고 무한히 작용할 수 있는 것으로 신체의 사후에도 불멸한다는 주장을 펼친다.[1080]

아퀴나스는 아리스토텔레스의 이러한 주장을 거의 비판 없이 수용하면서도, 인간의 영혼은 특별한 것이기에 지성은 인간의 영혼 안에 내포될 수 있으며, 지성을 지니는 인간의 영혼은 불멸한다는 논변을 제시한다. 따라서 지성을 지니지 못하는 동물과 식물의 영혼은 육체와 함께 부패하지만, 지성을 지니는 인간의 영혼은 불멸하며 죽음과 함께 육체로부터 분리되어 신에 의한 부활을 기다리게 된다는 결론에 도달한다. 아퀴나스에 따르면, "인간의 구원에는 3가지가 필요하다. 믿을 것, 추구할 것 그리고 해야 할 것을 아는 일이다. 믿음을 가진 사람에게는 설명이 필요 없다. 믿음이 없는 사람에게는 설명이 불가능하다."[1081]

신의 존재를 증명하는 다섯 가지 길

토마스 아퀴나스는 『신학대전』(Summa Theologiae) 제1부제2문제3항에서 운동, 능동원인, 우연과 필연, 우주의 완전한 등급 그리고 모든 사물의 목적으로 구성되는 〈신의 존재를 증명하는 다섯 가지 길〉(quinquae viae: 5 ways)을 제시하였다.[1082]

① 제일의 운동: 모든 사물은 움직인다. 다른 어떤 것에 의해서도 움직여지지 않으면서(a nullo movetur) 다른 모든 것을 운동하도록 만드는 제일의 원동자(primum movens)가 존재한다. 이 존재를 신이라 부른다.

② 능동 원인: 모든 존재하는 것에는 원인이 있다. 모든 것을 있도록 한 제일의 혹은 첫 번째 능동 원인이 존재하지 않을 수 없다. 이 제일의 능동 원인을 신이라 부른다.

③ 우연과 필연: 세상에는 존재할 수도 존재하지 않을 수도 있는 사물들이 있다. 이런 것을 우연적인 존재(esse possibilis)라고 한다. 그러나 무에서 무언가가 생성될 수는 없기 때문에 모든 세상의 사물이 우연적일 수는 없으며 이런 우연적 사물들의 근원이 되는 필연적인 것이 반드시 존재해야 한다. 이러한 존재를 신이라고 한다.

④ 완전함의 정점: 우주에는 여러 등급의 완전함(perfectio)이 존재한다. 다른 모든 완전함의 기준이 되는 가장 완전한 존재로서 완전함의 정점을 신이라 부른다.

⑤ 목적적 활동: 세상의 모든 사물들은 어떤 목적을 향하여 활동한다. 모든 사물들을 목적에 따라(또는 목적을 향하여) 활동할 수 있도록 그들에게 지적인 능력을 부여하거나 혹은 목적을 정해주고 이들을 목적에 부합하는 질서를 통해 활동하게끔 이끄는 어떤 지적인 존재(aliquid intelligens)가 있어야 한다. 이 존재를 신이라 부른다.

제2편 인류의 정의 (Human Justice)

법률관1083)

아퀴나스는 법에 관하여 4가지 화두를 제시한다: 법은 이성적인가? 법은 항상 공공선을 추구하는가? 어떤 사람의 이성은 법률을 만들만한 권능이 있는가? 법률은 선포가 필수인가?

법은 인간의 행위들을 일정한 방식으로 조장하거나 억제하는 규칙이자 척도이다. 인간행위의 규칙이나 척도는 (인간행위의 제1원칙인) 이성이기 때문에 법은 이성적인 그 무엇이라고 결론을 내릴 수 있다.

이성은 인간행위의 규칙이자 척도로서 끝까지 지속될 때 행복을 느낀다. 법은 이성적이므로 행복과의 관계를 적절하게 고려하여야 한다. 한 인간은 완전한 공동체의 일부이므로 법은 우주적 행복과의 관계를 고려하여야 한다. 이성에 근거한 모든 법이 정당한 법은 아니다. 법이 정당하기 위하여서는 사사로운 선이 아니라 시민들의 공동편익을 목적으로 제정되어야 한다. 아리스토텔레스에 따르면, 법률사무는 행복을 낳고 보전하기 위하여 그리고 정치체[국가]의 일부로 적용될 때 정당하다.

법은 공공선을 위하여 처음부터 끝까지 질서를 고려한다. 따라서 법은 전체 인민에게 속하거나, 뒷날 법에 의하여 영향을 받는 전체 인민들을 고려하는 일부 사람들에게 속한다.

아퀴나스는 법률은 선포될 때 확정된다고 주장한다. 규칙과 척도로서 법은 적용될 때 부과되는 것이고 따라서 법은 구속력을 확보하기 위하여 반드시 법에 의하여 지배를 받아야 할 사람들에게 적용되어야 한다. 법은 선포를 통하여 피적용자들에게 고지함으로써 적용된다.

네 종류의 법

아퀴나스는 법을 네 종류로 구분하였다. 영구법(eternal law), 자연법(natural law), 인정법(human law) 및 신성법(divine law)이 그것이다. 영구법은 항구적인 우주의 자연을 규율하는 법칙들로 구성되어 있다. 영구법은 우주의 질서를 규율하는 (물리적, 화학적, 생물적 및 심리적 등) 모든 과학적 법칙들로 구성되는 법이다. 신성법은 영원한 구원을 이룩하기 위하여 인류에 의하여 충족되어야 하는 준칙들을 내용으로 한다. 누구나 자연적 이성만으로는 신성법을 발견할 수 없다. 신성법의 개념은 신성의 현시를 통하여서만 드러난다.1084)

자연법은 이성과 자유의지를 소유하는 존재들의 행동을 규율하는 영구법의 수칙들로 구성된다. 아퀴나스에 따르면, 자연법의 제1수칙 "선을 행하고 악을 피하라"는 어느 측면에서는 순진한 명령이다. 아퀴나스는 "선과 악이 인류의 이성적 본성으로부터 유래한다"는 도덕적 자연법론을 주장하였음을 유념하여야 한다. 즉 선과 악은 목적적이며 보편적이다. 모든 인정법은 자연법에서 유래하는 한 정당하다. 이 명제는 "정당하지 아니한 법은 이미 법이 아니다"라는 아우구스티누스의 언명을 연상시킨다.

자연의 법과 인간의 법1085)

토마스 아퀴나스는 아리스토텔레스와 흡사하게 자연은 선량한 목적에 따라 구성된다고 기술하였다. 그러나 아퀴나스는 아리스토텔레스와 달리 신은 자연을 창조하고 '신성한 이성'(divine reason)으로 세계를 다스린다고 말을 이었다. "인간 안의 이성은 세상 안의 하느님과 같다."

영구법(eternal law)은 인간들에게는 충분히 알려질 수 없는 신의 완전한 계획이다. 영구법은 동물·식물들이 행동하고 사람들이 행동하는 길을 결정한다. 성서로부터 유래하는 신성법(divine law)은 개인들을 세상 너머 아우구스티누스가 '신국'(City of God)이라고 불렀던 곳에서의 영구행복으로 인도한다.

아퀴나스는 자연법에 관하여 아주 광범위하게 적었다. 그는 "이성의 빛이 자연에 의하여, 즉 신에 의하여 모든 사람에게 그의 행위를 인도하기 위하여 투영된다"고 기술하였다. 따라서 인류는 신의 창조물 중에서 유일하게 그들의 삶을 이끌기 위하여 이성을 이용한다. 이것이 자연법이다.

아퀴나스는 "선을 행하고 악을 피하라" 원리가 자연법의 핵심이라고 적었다. 아퀴나스에 따르면, 이성은 자기보전, 결혼과 가족 그리고 신을 알리는 욕망과 같이 인간에게 선한 특수한 자연법을 드러낸다. 이성은 또한 인간으로 하여금 간음, 자살 및 거짓말과 같은 악행을 이해하도록 만든다고 그는 가르쳤다.

자연법은 모든 사람들에게 적용되고 불변임에 비하여, 인정법은 시간·장소 및 상황에 따라 달라질 수 있다. 아퀴나스는 인정법을 공공선을 위하여 통치자나 정부에 의하여 제정되고 집행되는 이성의 규범으로 정의하였다. 그러나 그는 자연과 상충되는 인정법에 사람들이 기속되지 아니한다고 경계하였다.

자연법과 신의 섭리1086)

우리는 현실적 합리성의 원칙들을 구성하는 자연법의 지위에 초점을 맞추는 한편 자연법이 신의 섭리(divine providence)로서의 측면을 지니고 있다는 아퀴나스의 견해에도 주목하여야 한다. 아퀴나스는 자연법이 영구법의 일부임을 기본전제로 확인한다(ST IaIIae 91, 2). 아퀴나스에게 있어 영구법이란 모든 창조에 질서를 부여하는 이성적 계획이다(ST IaIIae 91, 1). 자연법이란 인류가 영구법에 '참여하는' 길이다(ST IaIIae 91, 2). 비이성적 존재는 수동적으로 영구법에 참여하지만 이성적 존재는 영구법을 분유하고 그에 입각하여 자유로이 행동할 수 있다(ST IaIIae 91, 2).

정부와 공공선

기원전 322년에 죽은 아리스토텔레스는 과학, 윤리학, 정치학 및 대부분의 지식 영역에 관하여 저술한 아테네 철학자였다. 예수 시대 이전에 그리스인들은 세상이 어떻게 작동하고 인간이 어떻게 처신해야 하는가에 대한 관념을 발전시켰다. 성 토마스 아퀴나스는 중세 로마 카톨릭 학자로서 아리스토텔레스(Aristotle)의 정치철학과 기독교 신앙을 조화시켰다. 그는 이 과정에서 정당한 지배자나 정부는 모두의 '공공선'(公共善 common good)을 위하여 일해야 한다고 주장하였다.1087)

아퀴나스는 아리스토텔레스의 정치학에 고무되어 "인간이 다른 동물들 이상으로 사회적이고 정치적인 동물이 되어 집단으로 살아감은 아주 자연스럽다"고 주장하였다. 아퀴나스는 사람들이 자기이익을 추구하는 경향이 있다고 관찰한 결과 "모든 다수당사자 관계에서는 사람들로 하여금 공공선을 지향하게 만드는 어떠한 통치권력이 필요하다"고 결론지었다. 공공선은 아리스토텔레스가 '선의 생활'(the good life)이라고 명명하였던 생명의 보호, 국가의 보전 그리고 평화의 증진과 같은 일을 포함한다. 자연법에 어긋나는 인정법을 제정하는 지도자는 폭군이 된다. 아리스토텔레스가 말한 바와 같이 폭군 정부는 공공선을 지향하지 않고 지도자의 개인선을 지향하므로 정당하지 아니하다.1088)

정당한 전쟁과 좋은 통치형태

아퀴나스는 로마의 키케로와 성 아우구스티누스가 논의하였던 '정당한 전쟁'(just war)의 의미를 진전시켰다. 어떠한 전쟁이 정당하려면 세 가지 조건을 갖추어야 한다. 정당한 전쟁에 관한 이러한 조건들은 뒷날 국제전쟁법의 발달에 영향을 미쳤다1089):

(가) 적이 저지른 악행과 같은 과오를 원인으로 하는 복수의 발로로서 적을 공격할 수 있는 "정당한 명분"(just cause)

(나) 적(敵)에 대항하여 공공선을 방어한다는 통치자의 선언

(다) 단순히 토지나 재물을 탈취하려는 것이 아니라 악인들을 처벌하기와 같이 선(good)을 증진시키고 악(evil)을 회피하려는 "올바른 의도"(rightful intention)

아퀴나스는 무엇이 '좋은 통치형태'(good regimes)인가를 논하였다. 그는 아리스토텔레스와 마찬가지로 혼성형태의 정부를 선호하였다. 아퀴나스는 다수의 공공선을 추구하는 파수견을 왕의 덕목이라고 인식하였지만 절대군주에는 반대하였다: "귀족들은 왕에게 조언하고 왕의 권력을 제약하여야 하며, 왕의 법령은 이성에 대한 숙고에서 유래해야 하고 귀족과 서민들 양자의 동의를 받아야 한다."1090)

4) 관념주의

(1) 칸트

선(善) 의지와 정언명령

고대나 중세의 자연법에 대하여 결정적인 타격을 준 것은 법사(法史)나 비교법이 아니라 인식론이며, 역사학파가 아니라 비판철학이며, 사비니(F. Savigny)가 아니라 칸트(I. Kant:

1724년~1804년)이었다.1091) 칸트의 이성비판에 따르면, 이성은 완결된 이론적 인식, 어디에도 적용되는 윤리적·심미적 규범을 담고 있는 병기고가 아니라 오히려 단지 그러한 인식과 규범에 도달하는 능력에 지나지 않으며 해답이 아니라 문제의 총체이고, 사람이 소여(所與)를 취급하는 관점의 총체이며, 주어진 재료에 적용되어 비로소 일정한 내용의 판단 혹은 평가를 내리는 범주의 총체라는 사실을 보여주었다.

이와 같은 내용의 일정한 인식 혹은 평가는 결코 「순수」이성의 산물이 아니라 항상 일정한 소여에 대하여 이성을 적용한 결과에 지나지 않는다. 자연법, 즉 올바른 법은 무엇인가 하는 문제에는 보편타당성이 주어지지만 그 해답은 각각 주어진 사회상태에만, 즉 특정한 시대와 민족에만 타당성을 가지는 것이다.1092) 칸트 이후 이성비판을 거친 자연법은 넓은 의미에 있어서 자연법의 범주에 들기도 하지만 흔히 이성법(理性法)이라고 지칭된다.

칸트의 『도덕형이상학 정초』(Grundlegung zur Metaphysik der Sitten: 1785년)는 '**선의지**'(善意志)라는 개념을 제시한다. 선의지는 "우리가 생각할 수 있는 한에서 세계 안에서, 심지어 세계 바깥에서도 제한 없이 선하다고 여길 수 있다."(GMS, Ⅳ393) 칸트의 『순수이성비판』이 인식론을 정립하였다면, 『실천이성비판』(Kritik der praktischen Vernunft: 1788년)은 '이성의 실천적 사용'을 전제로 도덕률(道德律)을 정립하였다. 실천이성은 행위자가 어떻게 의지를 규정하여야 도덕적 의무를 완수할 수 있는가에 초점을 맞춘다. 인간은 실천이성으로 말미암아 자연의 기계성을 벗어나 자유라는 이념을 추구한다. 이 자유는 인격성이라고 규정할 수 있다. 인간은 신성하지 아니하지만 인격 안의 인간성은 신성하다.1093)

독일의 철학자·심리학자·변호사 볼더마르 오스카 되에링(Woldemar Oskar Döring: 1880년~1948년)이 정리한 칸트 철학교설(Das Lebenswerk Immanuel Kants. Kulturverlag, 1947)의 요지를 살펴보고 이것이 현대 독일헌법1094)(1949년 제정)에 어떻게 구현되었는가를 본다.

누구나 일시적 모면을 위하여 거짓말을 하였을 때 왜 은밀히 마음 아파할까? 칸트에 따르면 이는 무의식적인 도덕률(Sittengesetz)에 반하는 행동을 한 것을 알았기 때문이다. 칸트에 있어 도덕률은 "너의 의지의 격률(格率)1095)이 언제나 동시에 보편적 입법의 원리로서 타당할 수 있도록 행위하라"는 정언명령(定言命令)1096)으로 표시된다. 도덕률이 존재하기 위해서는 우리의 의지는 자유이어야 한다1097). "네가 하여야 하기 때문에 너는 할 수 있는 것이다." 그러므로 모든 사람은 자유이다.1098)

칸트의 도덕률은 1949년의 독일헌법 제2조 ① "누구든지 다른 사람의 권리를 침해하거나 헌법질서 또는 도덕률에 반하지 아니하는 한 자기의 인격(Persönlichkeit)을 자유로이 실현할 권리를 가진다." 제2조 ② "그러므로 독일 국민은 이 불가침·불가양의 인권을 세계의 모든 인류공동체(menschlichen Gemeinschaft), 평화 및 정의(Gerechtigkeit)의 기초로 인정한다"로 계승되었다. 1987년의 우리 헌법은 독일처럼 정의를 인권의 기초로 정립하는 대신에 전문(前文)에서만 "대한국민은 … 정의·인도와 동포애로써 민족의 단결을 공고히 하고, 모든 사회

제2편 인류의 정의 (Human Justice)

적 폐습과 불의를 타파하며, 자율과 조화를 바탕으로 자유민주적 기본질서를 더욱 확고히 … 한다"고 규정함으로써 이념적 지표로 설정하였다.

자연상태에서 모든 인간은 원하는 일을 한다. 법적상태에서 그는 「자기의 자유」가 자기의 자유처럼 제한된 「남의 자유」를 손상하지 않는 범위 내에서 행동하도록 요구된다. 이 요구는 정언명령과 같은 모습을 띤다. 그리하여 칸트는 "법이란 그 아래에 있어서 한쪽의 임의(의욕)와 다른 한쪽의 임의가 자유의 보편적 법칙에 바탕을 두고 하나가 될 수 있는 제(諸)조건의 총체이다"라고 정의한다. 법은 우리에게 외적 규칙에 맞는 행위를 요구한다.[1099] 칸트의 '자유의지' 관념은 실정법 상 독일헌법 전문(前文 Präambel) 중에 "독일인은 자유롭게 자기 결정권(Selbstbestimmung)을 가지며 독일의 통일과 자유를 성취하였다"로 구현되었다.

도덕과 법, 이것은 비슷하지만 확실히 다른 개념이다. 예컨대 하나의 행위가 규칙에 매우 잘 맞으면서도 비도덕적으로 행해지는 경우도 있다. 이와 같은 행위는 규칙에 맞으므로 합법적이기는 하지만 내적인 도덕률에 맞지는 않는다. 도덕적 행위는 결코 강제될 수 없지만, 법은 강제하는 권리와 결부된다. 이 강제가 가능한 것은 그것이 외적 행위와 관계되기 때문이다. 그리고 우리 자유에 방해가 되는 이와 같은 강제도 우리의 자유를 지키려고 하는 법률의 개념과는 결코 모순되는 것이 아니다. 왜냐하면 이와 같은 강제에 있어서는 바로 비합법의 처치만이 우리의 자유를 방해하기 때문이다. 따라서 이와 같은 강제는 자유의 방해를 저지하는 것이다. 따라서 그것은 법의 원리와 일치된다. "법은 각자의 자유와 보편적 법칙에 바탕을 두고 일치되는 완전한 상호강제의 가능성이라고도 일컬어 질 수 있다."라고 말할 수 있는 것이다.[1100]

칸트의 도덕철학이 의지의 자유 위에서 확립되고 성장한 것처럼 법철학도 거기에서 확립·성장하였다. 의지의 자유의 이념은 인간의 이성에 존재하며, 실현을 열망하고 있으므로 이 자유가 작용할 수 있는 상태를 만드는 일이 인류의 사명이다. 이 상태야말로 법률적 상태, 즉 시민적 사회의 상태이다. 이 상태 없이는 모든 개인은 자기의 자유를 남의 자유의 희생 아래 행사하게 되며, 그 결과 일반적으로 각자의 자유를 침해하게 된다. 따라서 칸트에 의하면, "자유는 인간의 생래적인 유일한 법이다." 그러므로 모든 자연법 또는 모든 이성적인 법은 밑바닥에 있어서 자유라고 하는 유일한 내용을 갖는 것이다. 모든 자연법, 예컨대 평등한 법은 모든 도덕률이 정언명령에서 생기는 것처럼 이와 같은 근원적인 법에서 생긴다.[1101]

"국가는 법 아래에서의 다수의 인간의 결합이다."라고 칸트는 정의한다. 법이란 그 밑에서는 한 사람의 자유가 다른 사람의 자유와 양립할 수 있는 조건의 총칭이며 국가란 그와 같은 법을 행하여야 하는 것이라면, 국가는 국민의 자유를 실현시키는 임무를 갖는 것이라고 보아야 한다. 국가는 계약에 의해 성립되고 있다고 생각하여야 한다. 국민은 이 계약 속에서 자유의지로 정부에 복종하고, 그럼으로써 외부의 공격으로부터 국민의 자유를 지키게 된다.[1102]

국가의 개념으로부터 국가의 3가지 권력이 연역된다. 입법적 권력·실력적 권력(이에 의하여 국가는 규칙으로 요구되는 상태를 실현한다)·사법적 권력이 그것이다. 국민의 개념에는 3가지

속성이 결부되어 있다. 첫째로 법적 자유이며, 이것은 자기가 동의한 법 이외의 법에는 복종하지 않는다는 것이다. 둘째로 시민적 평등이며, 이는 자기와 같은 법 아래 설 수 없는 국민이 존재하는 것을 용납하지 않는다. 셋째로 시민적 독립이며, 이는 자기의 생존을 남의 전단(專斷)에 맡겨서는 아니 된다는 것이다. 우리는 자유·평등·독립이라는 루소의 말을 듣고, 프랑스 혁명의 외침을 듣는데, 그것은 칸트가 그의 초기에 있어서 생생한 공감을 가지고 추구한 것이었다.1103) 칸트의 평등 사상은 독일헌법 제3조① "모든 인간은 법 앞에 평등하다"(Alle Menschen sind vor dem Gesetzgleich)로 계승되었다.

(2) 헤겔

세계이성

칸트와 같은 관념론의 입장을 취하면서도, 영미의 철학자들에 의하여 헤겔(Hegel: 1770~1831)이 더 많은 조명을 받는 것은 흥미로운 일이다. 예컨대 러셀(B. Russell)은 칸트의 중요성을 인식하지 아니하는 것은 어리석은 일이라 전제하면서도 그 자신은 칸트가 현대의 가장 위대한 철학자라는 평가에 동의하지 아니한다.1104) 영미에서, 19세기 말, 영향력있는 철학자들의 대부분은 헤겔주의자들이었으며 그의 역사철학은 정치이론에 심오한 영향을 미쳤다.1105) 마르크스가 청년시절에 헤겔의 제자였다는 사실도 특기할 만하다.

헤겔은 절대적인 실재를 이성활동(理性活動 Logos) 혹은 이념(理念 Idee)이라고 부르고, 세계를 곧 이념의 발전으로 보았다. 이성활동(Logos)은 말하자면 세계창조 이전의 순수한 신의 사유이며, 신의 의도와 창조를 간직한 실체가 곧 Idee인 것이다. 그것은 스스로 발전하는 이성적·정신적인 것이기 때문에 헤겔은 그것을 세계이성(世界理性 Weltvernunft) 또는 절대정신(絶對精神 Absoluster Geist)이라고도 불렀다. 이와 같이 헤겔은 절대적인 실재를 여러 이름으로 불렀는 바 그것은 한갓 추상적 개념이 아니라 스스로 발전하여 현실적인 세계의 생성으로 나타난다. Idee는 이런 의미에서 가장 현실적인 것이라고 할 수 있다. 따라서 헤겔은 "이성적인 것은 현실적이며, 현실적인 것은 이성적이다."(Was vernünftig ist, das ist wirklich ; und was wirklich ist, das ist vernüntig.)라고 말하였다.1106) 헤겔이 「현실적」이라고 한 것은 결코 경험주의자들이 말하는 「현실」인 것과는 다르지만, 현실적인 것과 이성적인 것의 동일시는 어느정도 자기도취에 젖어 「존재하는 모든 것은 정당하다」는 신념과 불가피하게 연결된다.1107)

이념(理念 Idee)은 스스로 발전하되, 그것은 이성적인 것이기 때문에 일정한 논리적 법칙에 따라 발전한다. 헤겔에게는 이 논리적 발전 법칙이 이른바 정(正)·반(反)·합(合)의 변증법이었다. 이 이념의 변증법적 발전을 그대로 따라가며 사유하는 것, 즉 추사고(追思考 nachdenken)가 다름 아닌 철학이다.

헤겔에 따르면, 법 또한 정신적인 것이고 변증법적 발전을 거친다. 다만 이 법은 객관적 정신의 한 부분이요 도덕과 함께 전개되는 것이다. 즉 자유의지[자유정신]1108)는 통상적으로

제2편 인류의 정의 (Human Justice)

자유인 것에 머물지 않는다. 그것은 자유를 실현하려는 의지와 정신이다. 자유의 실현은 자유를 객관화하지 않을 수 없다. 그러므로 참다운 자유의지는 객관적 정신으로 이전하는 필연성을 지닌다.1109) 이 객관적 정신의 변증법적 발전은 추상법(抽象法)(오히려 권리)의 개념에서 출발한다. 법은 처음에는 소유·계약·형벌 등으로 발현한다. 그런데 특수의지와 보편의지(즉 자연법) 사이에 불화가 생길 수도 있고, 양자간의 분열로 인해서 불법(예컨대 민사상의 불법행위, 범죄)이 생긴다. 그러나 법 자체는 개인의 불법행위에 의해서 일시적인 훼손을 당할 뿐 형벌 등의 형식에 의해서 곧 자신을 회복한다.1110) 객관적 정신의 제2단계는 도덕성이다. 도덕성은 권리로서의 추상법 (또는 시초의 법)이 외향적으로 소유를 노림에 대하여 내면적인 심정의 동기에 주목하는 것이다. 그러나 도덕의 내면의 선은「주관적 보편성」만을 띤다. 객관적 정신의 세째 단계가 인륜(人倫)1111)이다. 인륜은 권리인 법과 도덕성의 종합이다. 그것은 사회제도의 진정한 실질을 지지하고 있는 공동체적이고 필연적인 생활이다. 선은 사회제도 안에 있어서는 주관적 당위가 아니고 이미 객관적 실재로 되어 있고 인간은 그러한 선에 따라서 생활하지 않을 수 없다. 이런 뜻에서 인륜생활은「살아있는 선(善)」이다.1112)

사회제도에는 세 가지 단계가 있다. 즉 가족(正)·시민사회(反)·국가(合)가 그것이다. 가족은 국가를 구성하는 필수적인 공동체이고 시민사회는 외형상으로는 국가와 같지만 아직 국가 이하의 단계이다. 국가는 가족과 시민사회의 양자를 지양한 유기적 전체요 최고의 인륜적 공동체이며, 자유를 가장 구체적으로 실현하고 있는 제도이다.1113) 국가는 현실적이요, 그것의 현실성은 국민전체의 이익이 시민의 특수목적들의 달성중에 실현되는 데에 존립한다. 즉 국가는 특수적 목적과 (전체적)복지를 달성하기 위한 유일한 조건이다.1114)

이상에서는 객관적 정신의 발전단계를 서술하였지만 이 발전단계는 역사적 사실이 아니라「인식의 변증법적 전개」이다. 헤겔은 그의「법의 철학」(1821)에서 이 객관적 정신의 철학이고, 그가 말하는 법은 단순한 법률이 아니요, 추상적 법과 도덕으로서의 법이 결합되어 있다는 의미에서 이른바「도덕법」(비고: 일반적 용례는 아니다)이라 부를 수 있고, 역사적·사회적 현실세계에 타당한 객관적 이법(logos)[곧 윤리]이라고 할 수도 있다. 이러한 헤겔의 법철학을 꿰뚫는 사상을 다음에서 읽을 수 있다:

「법의 지반은 일반적으로 정신적인 것이다. 정밀하게 말하면, 법의 입장과 그것의 출발점은 자유의지이다. 따라서 자유가 법의 실체요, 법의 사명이다. 법의 체계는 실현된 자유의 왕국이요, 의지가 자기 자신에서 생산한 세계이며, (눈에 보이는 첫째의 자연에 대비해서) 제2의 자연(eine zweite Natur)이다.」1115)

헤겔의 세계정신의 변증법적 발전은 고전물리학의 세계관에 따라 일관되고 확실하게 정반합으로 진행함으로써 결과의 예측이 가능하다. 세계사는 인과관계에 따라 점진적으로 ‒ 후퇴없이 ‒ 계단식으로 발전한다. 이러한 세계관은 역사학자 랑케의 역사발전 모형과 다르다. 랑케의 역사관에 따르면, "모든 시대들은 자체의 공유성과 가치를 지니고 신과 연결되어 있다" [萬有在神論]. 랑케의 역사관[만유재신론]에서는 역사의 직선적·전반적인 진보가 인정될 수 없

다. 역사에는 퇴보도 있고, 해체와 생성이, 몰락과 재생이 함께 전개되고 있다.1116)

5) 자연적 정의의 부활

(1) 자연법과 자연적 정의

자연법(Natural law) (라틴어: ius naturale, lex naturalis)은 인간이 도덕적 가치와 같은 본능적 성향과 이성적 결정을 내리는 능력을 소유한다고 기술하는 철학적·윤리적 이론의 하나이다. 도덕적으로 움직이는 사람은 옳고 그름 그리고 좋고 나쁨을 구분할 수 있다. 자연법은 인간본성에 기초한 보편적이고 항구적인 법이며 문화, 관습 또는 사회로부터 영향을 받지 아니한다.1117)

자연법은 인정법(man-made law) 또는 실정법(positive law)과 대조를 이룬다. 실정법은 자연법에 의하여 고무될 수 있지만 자연법은 실정법에 의하여 고무되지 아니한다. 예컨대, 난폭운전을 다스리는 법령은 자연법에 의하여 고무된 법령이다. 구체적 수요나 행태를 다스리기 위하여 정-부에 의하여 제정된 법령과 달리 자연법은 누구에게나, 어디에서나 같은 방식으로 적용되는 보편성을 지닌다. 예컨대, 자연법은 누구나 살인이 나쁘며 그 처벌은 정당하다고 믿는다고 단정한다.

특정한 사회의 구성원은 누구나 무엇이 옳고(right) 그른가(wrong)에 관하여 같은 생각을 공유한다는 관념에 기초한 철학이 자연법이다. 나아가 자연법은 모든 사람들이 선하고 결백한 삶을 살기를 원한다고 판단한다. 요컨대, 자연법은 도덕성(morality)의 근거로 생각될 수도 있다.

자연법은 인간의 본성에 관한 밀접한 관찰을 기반으로 실정법(국가나 사회의 제정법)과 독립적으로 연역되며 적용될 수 있는 인간의 본성에 내재하는 가치를 기반으로 삼는 법 체계이다.1118) 한스 켈젠에 따르면, 모든 사람들은 입법행위에 의하여서가 아니라 신, 자연 또는 이성에 의하여 부여된 천부적 권리를 가진다.1119) 자연법 이론은 윤리학 이론, 정치학 이론, 시민법 이론 및 종교적 도덕성 이론으로 지칭될 수도 있다.1120)

서양 전통에서 자연법은 예컨대, 우주와 인류를 다스렸던 원리들을 탐색하였던 소크라테스 이전 철학자들에 의하여 예견되었다. 자연법의 관념은 아리스토텔레스를 포함하여 고대 그리스 철학에 기록되었으며1121), 고대 로마 철학에서도 키케로에 의하여 거론되었다. 자연법에 대한 언명들은 구약 및 신약 성서들에서도 발견되며 중세 독일의 뿠 알베르투스 마그누스(Albertus Magnus: 1200~1280)와 이탈리아의 뿠 토마스 아퀴나스(Thomas Aquinas: 1225~1274)와 같은 기독교 철학자들에 의하여 상론되었다. 스페인의 뿠 프란치스코(Francisco de Vitoria: 1483~1546)를 따르는 살라만카(Salamanca) 학파는 르네상스 동안 자연법에 주목할 만한 기여를 이룩하였다.1122)

자연법의 중심 관념은 로마 제국 이래 기독교 사상의 일부가 되었지만, 일관된 체계로서 자연법의 기초는 선구자들의 사상을 종합하여 '자연법'(Lex Naturalis)으로 집약한 아퀴나스

제2편 인류의 정의 (Human Justice)

에 의하여 정립되었다. 아퀴나스에 따르면, 인류는 이성을 가지고 있고 또 이성은 신성의 투영이기 때문에 모든 인간은 성스럽고, 다른 피조물들에 비하여 무한한 가치를 지니며, 근본적으로 동등할 뿐만 아니라 인간이 제거할 수 없는 일단의 고유한 기본권을 부여받았다.1123)

근대 자연법론들은 로마법, 기독교의 스콜라 철학 그리고 사회계약론과 같은 당대의 관념들로부터 받은 영감을 결합시켜 계몽시대 형성되었다. 근대 자연법론은 왕권신수설에 도전하는데 쓰였고, 사회계약, 실정법, 정부 그리고 고전적 공화주의 방식에 따른 법적 권리를 정초시키기 위한 정당화 근거로 자리를 잡았다. 21세기 초에는 자연법 관념은 자연권 관념과 밀접한 관련을 맺었다. 자연법과 자연권을 구분하는 입장도 있지만1124), 실제 다수 철학자들, 법학자들 및 학자들은 자연법을 자연권(ius naturale) 또는 자연적 정의(natural justice)와 동의어로 사용한다.1125) 자연법과 자연권 사이의 호환 때문에 자연법은 미국의 독립선언(1776), 프랑스의 인간과 시민의 권리 선언(1789) 그리고 국제연합의 인권선언(1948) 뿐만 아니라 유럽의회의 유럽인권협약(1953)의 핵심요소로 주장되거나 간주되었다.1126)

(2) 현대 자연법론

자연법(natural law)이라는 말은 모호하다. 자연법은 도덕론을 언급하는 한편 법리론을 언급하지만 두 이론의 핵심주장들은 논리적으로 상호의존적이다. 자연법은 과학이 기술하고자 하는 법칙 즉 자연의 법칙들을 지칭하는 것이 아니다. 도덕적 자연법론에 따르면, 인간행동을 규율하는 도덕적 기준들은 어떤 의미에서는 인류의 본성과 세계의 본성에서 객관적으로 유래된다. 도덕적 자연법론은 논리적으로 법리적 자연법론과 구별되지만 두 이론들은 상호 교차한다.1127)

자연법론에 따르면, 법적 기준은 필연적으로 적어도 어느 일면 도덕적 가치와 관련을 맺는다. 런던대학 교수를 역임한 법철학자 존 오스틴(John Austin: 1790~1859)의 법리론은 현상계에서 법과 비법을 구분하는데 필요하고 충분한 조건들을 제공한다. 제레미 벤담, 제임스밀 그리고 존 스튜어트 밀과 가깝게 지냈던 오스틴은 "인류의 법체계가 경험적으로 또 가치로부터 벗어나 탐구될 수 있고 탐구되어야 한다"고 주장하였다.1128) 이에 비하여 뽈 토마스 아퀴나스의 이론과 같은 고전적 자연법론은 도덕적 자연법론과 법리적 자연법론 사이의 중첩에 초점을 맞춘다. 호주 법철학자로서 2010년까지 옥스퍼드대학 법철학 교수를 역임한 존 피니스1129)(John Finnis)의 신자연주의는 고전적 자연법론을 발전시켰다.1130)

하버드대학의 법철학 교수 론 퓰러(Lon Luvois Fuller: 1902~1978)는 옥스퍼드대학의 하트(Herbert Lionel Adolphus Hart: 1907~1992) 교수와의 논쟁을 통하여 실증주의를 비판하면서 세속적이고 절차적인 형태의 자연법 이론을 옹호하였다.1131) 그러나 그는 실체적 도덕이 법의 내용을 필연적으로 제약한다는 관념적 자연주의 이상을 거부하였다.1132) 퓰러는 『법의 도덕성』(The Morality of Law: 1964)에서 "법의 모든 체계는 모든 개인들에게 추정적 준수의무를 부과하는 '내재적 도덕성'(internal morality)을 포함한다"고 주장하였다.1133)

퓰러에 따르면, 모든 의도적인 법적 규칙들은 진정한 법률로 간주되기 위하여 8가지 최소한의 조건들을 충족시켜야 한다: 법적 규칙들은 ①충분히 일반적이고 ②공포되고 ③(과거가 아니라 미래의 행위에 대하여서만 적용될 수 있도록) 장래를 향하고 ④적어도 명료하고 이해가 능하고 ⑤모순이 없어야 하고 ⑥상대적으로 지속적이어서 빈번하게 바뀌지 아니하고 ⑦준수 가능하여야 하며 ⑧확실하고 분명한 의미를 크게 벗어나지 아니하는 방식으로 집행되어야 한다.1134) 이것들이 풀러가 말하는 '적법성(legality)의 원칙들'이다. 이 원칙들은 모든 법이 '법의 지배'(rule of law)의 요체인 존중, 공정 및 예측가능성이라는 도덕적 기준들을 형상화하도록 보장한다고 풀러는 덧붙였다.1135)

미국 법철학자로서 예일 법학대학원 교수를 역임하고 하트 교수의 뒤를 옥스퍼드 대학교수를 지냈던 로날드 도킨(Ronald Dworkin: 1931~2013)은 하트의 법실증주의(legal positivism)를 논박·비판하였다.1136) 도킨의 저서 『법의 제국』(Law's Empire)에서 "법관들은 일관성 있는 도덕원리들 특히 정의와 공정성에 비추어 법을 해석한다"고 기술한 '완결성으로서의 법'(law as integrity) 이론은 자연법에 관한 당대의 가장 영향력 있는 이론 중의 하나이다. 도킨은 합중국 헌법의 도덕적 독해(moral reading)와 법률 및 도덕성에 대한 해석주의적 접근을 옹호하였다.1137) 그는 당대의 정치적 및 법률적 쟁점들 특히 합중국 대법원을 둘러싼 쟁점들에 대한 단골 평론가였다.

프랑스의 철학자이자 정치사상가인 자끄 마리땡(Jacques Maritain: 1882~1973)은 20세기 토마스주의의 핵심 주창자 중의 한 명이었고 토마스 아퀴나스 사상을 가장 비중 있게 해석한 학자였다. 교황 바오로 6세는 제2차 바티칸공회(1962~1965) 말에 그의 오랜 친구이자 멘토인 마리땡에게 그의 "인간에 대한 사상과 과학에 관한 문언"을 주었다. 교황은 그를 재속 추기경으로 서품하는 방안을 심각하게 고려하였으나 마리땡이 이를 거절하였다.1138)

마리땡의 사상은 특히 라틴 아메리카에 영향을 주어, 브라질학술원의 교신회원으로 지명되었다. 그는 1940년에 미국으로 건너가 프린스턴과 콜럼비아 대학에서 학생들을 가르쳤고 뒷날 미국의 여러 대학들에서 강의하였다. 마리땡은 전쟁중 중에 점령당한 프랑스로 송출되는 방송을 녹음하고 '미국의 소리'(VOA)에도 기여하였다. 그는 주 바티칸 프랑스 대사로 활동하는 1944년~1948년에 UN 세계인권선언의 기초에도 적극적으로 참여하였다.1139) 「인권의 철학적 기초에 관한 UNESCO 조사」에 대한 마리땡의 답신(1947년)에는 자연법과 실정법에 관한 그의 사상이 잘 나타나 있다.

(3) 자연법론과 자연법

마리땡에 따르면, 자연법의 이성적 관념은 우리에게 자연법을 국가법 및 실정법과 본질적으로 구분할 수 있는 차이점을 잘 알려준다. 인권선언에는 서로 보장 정도가 다른 권리들이 불가피하게 섞여 있다. 생존권, 고백권 또는 종교의 자유와 같은 권리들은 국가의 개입을 허용하지 않는 자연법의 절대요건을 충족시키지만 ; 재산권이나 근로권과 같은 권리들은 자연법에 기반하지만 인정법과 공동이용 내지 공공선의 요건에 따라 적용과정에서 국가법의 제약을 받

제2편 인류의 정의 (Human Justice)

으며 ; 표현의 자유나 결사의 자유와 같이 권리들은 공공선에 의하여 제약이 따른다. 마지막 형태의 자유는 절대적 권리로 고양될 수 없지만, 정치적 정의의 조건을 갖춘 어느 사회가 인식하도록 요청되는 (공공선에 따르는 조건이 붙는) 권리를 형성한다. 현대 자유주의가 스스로 이러한 구분을 지을 수 없음은 불행이며 기본적 자연권과 혼동되는 권리들을 그리고 이론상 절대적이고 신성불가침이라고 선포된 권리들을 실제 행사과정에서 제약하기 위하여 모순에 당면하거나 위선에 의존함도 불행이다.1140)

우리 시대에 자연법 관념은 너무 많이 남용되고, 끌려다니고 왜곡되거나 늘어진 나머지 많은 식자들이 스스로 자연법 관념을 식상해 하더라도 별도 놀랄 만한 일이 아니다. 그럼에도 식자들은 히피아스와 알키다마스 이래 인권의 역사와 자연법의 역사가 하나라는 사실과 어느 한 기간 동안 실증주의가 자연법 관념에 끼친 불신이 불가피하게 인권 관념에 대한 불신을 수반하였다는 사실1141)을 인정할 수 밖에 없다. 라트비아의 법철학자이자 정치가였던 라제슨(Maksis Lazersons: 1887~1951)이 기술하였던 바처럼, "자연법의 교리는 자연법 자체와 혼동되어서는 아니된다. 자연법 교리는 다른 정치적·법적 교리처럼 자연법을 실현시키거나 정당화시키기 위하여 다양한 주장이나 이론을 전개할 수 있지만, 어떠한 법리나 법철학의 전복이 법 자체의 전복에 이르지 아니하는 것처럼, 자연법 이론들을 전복한다고 하여 자연법 자체를 전복시킬 수는 없다. 자연법 교리에 대한 19세기 전반부 법실증주의의 승리는 자연법 자체의 사망을 의미하지는 아니하며, 동시대의 역사적 맥락에 따라 보수적 역사학파가 진보적 합리주의 학파에게 거둔 승리에 불과하다. 19세기 말에 주창된 이른바 '자연법 부흥'은 이를 잘 증명한다."1142)

4. 선을 지향하는 법치주의

1) 법의 창조

그리스나 로마보다 더 고대사회에서 신화가 아닌 실정규범으로 공민들의 법률관계를 규율한 사례로서는 메소포타미아 문명권의 고대 도시 니푸르(Nippur: 이라크의 바그다드 남동부)에서 발견된 수메르 부흥기 우르 제3왕조(B.C.2112년~2004년) 우르남무 왕의 법전(B.C. 2112~2095)과 바빌로니아를 다스렸던 함무라비(BC 1792년~1750년) 왕의 법전이 있다.

메소포타미아 우르남무 법전

메소포타미아 신화는 인류 창조 이야기를 담고 있다. 이 지역의 문명은 에게해 문명과 그리스의 세계관 형성에 커다란 영향을 미쳤고 팔레스타인의 구약성서와도 밀접한 관련이 있다. 메소포타미아 문명은 이집트 문명과 함께 유럽에 가장 근접해 있었다. 뒷날 그리스 기반의 헬레니즘 세계는 역으로 고대 바빌로니아 등 메소포타미아 문명권으로 확장되었다. 그럼에도 지정학적인 위치와 페르시아 전쟁(B.C.490년~479년/B.C.479년~B.C.449년) 및 로마-페르시아전쟁(A.D.603년~628년) 등의 영향으로 메소포타미아 문명권은 유럽 중심의 세계사에서 벗어나 있었다. 점토판에 수메르語로 기록된 문서 형식을 갖춘 현존하는 가장 오랜 성문법인 우르남무 왕의 법전(점토판 사진 ⓒ이스탄불 인류학박물관: public domain)은 니푸르(Nippur: 이라크의 바그다드 남동부)에서 발견된 최초 점토판의 5개 조와 우르(Ur: 페르시아만으로 유입되는 유프라테스강과 티그리스강 하구)에서 발견된 추가 점토판의 52개 조 중 해독 가능한 40개 조가 번역되었다.

우르남무 왕의 법전은 살인(§1), 강도(§2), 유괴(§3), 위증(§28)을 중하게 처벌하였다. 증인이 선서를 철회하여도 벌금을 물었다(§29). 신분에 따른 차별을 용인하였으나 역설적으로 이를 제어하고자 하였다. 우르남무 법전은 폭행·상해의 경우 후대의 함무라비 법전에서 볼 수 있는 바와 같은 동해보복(同解報復 Talio) 대신에 속죄금 제도를 취하였다1143): 사람의 눈을 못쓰게 만들었을 때에는 1/2 미나1144)를 배상한다(§18). 발을 절단하였을 때에는 10 쉐켈1145)을 배상한다(§19). 실랑이 중에 폭행으로 상대방의 팔을 부러뜨렸을 때에는 1 미나를 배상한다(§20). 칼로 코를 베었을 때에는 2/3 미나를 배상한다. 이를 부러뜨렸을 때에는 2 쉐켈을 배상한다(§22). 노비를 소유하지 아니한 사람이 노비로 배상하여야 할 책임을 부담할 경우 노비 대신에 다른 물건으로 배상한다(§24).

법의 기반에는 신분질서가 가로놓여 있었다1146): 노비가 결혼하려면 주인의 동의가 필요하며 결혼하면 신분이 자유롭게 된다(§4). 그러나 해방노비는 여전히 가족의 일원이며 부양을 받아야 하기 때문에 주인은 해방노비가 아이를 가지는 등의 생계비를 이유로 그 가족을 집에서 강제로 쫓아낼 수 없다.1147) 노비가 양민과 결혼하면 처음 낳은 아기를 결혼 전 주인(master)에게 보내야 한다(§5). 성범죄는 특히 무겁게 처벌되었다. 남자가 권원 없이 다른 청년의 처녀를 겁탈하였을 경우 사형에 처한다(§6). 여성노비가 자기 안주인을 자기와 비교하면서 무례를 범하면 1쿼트(quart)의 소금으로 그녀의 입을 문지른다(§25).

우르남무 법전은 아프리카에서 근대에도 행해졌던 바와 같은 신판(神判)의 기원을 보여준다. 어떤 남자가 주술(sorcery)을 이유로 고소를 당했을 때, 강물의 신판을 통하여 결백을 입증하면 고소인은 3 쉐켈을 배상하여야 한다(§13). 남자가 자기 아내를 간음으로 고소하였을 때 그 아내가 강물의 신판(odeal)에서 결백을 입증하면 고소하였던 남자는 1/3 미나의 은화를 지불하여야 한다(§14).1148)

수메르 인들은 농경질서 유지를 공공질서로 여겼다. 타인의 땅을 몰래 경작하거나(§30), 물에 잠기게 방치하거나(§31), 경작 가능한 땅을 놀릴(§32) 경우, 경작자가 배상금을 물었다. 노비가 도시 경계를 벗어나 달아났을 때 누군가 주인에게 그를 되돌려 주면 노비의 주인은 그 사람에게 2 쉐켈을 지불하여야 한다(§17).1149)

바빌로니아 함무라비 법전

함무라비 법전은 서문과 본문 282개조[물권(物權)관계, 수리권(제48조), 채권관계, 친족상속, 상업, 형사관계, 근친상간 및 병역 등] 및 결문으로 구성되었다.1150) 불법행위자의 책임이나 죄책에 대하여서는 탈리오[Talio 同害報復: 눈에는 눈(제196조) ; 이에는 이(제200조)]이나 1책12배상(제5조) 법칙 등이 엄격하게 적용되었다.1151) 무고죄의 책임이 특히 무거웠고(제1조), 신분에 따라 책임이 가중되었으며(제202조), 불충한 노예는 엄하게 다스려졌다(제18조·제20조 등). 미성년자 유괴죄는 사형에 처하였다(제14조). 불가항력은 신의 행위로 인정되고 면책받는다: "폭풍의 신이 농사를 망쳤을 경우 기존 채무가 면제된다(제48조). 어떤 이가 황소를 빌렸는데 신(神)이 이를 때려죽였을 경우 빌린 사람은 신에게 서약하고 면책받을 수 있다"(제249조). 결문에는 "함부로 이 법전의 내용을 고치거나 짐(함무라비)의 이름을 지우면 신의 징벌이 따를 것이다"는 내용이 기록되어 있다. 프랑스와 이란의 합동 발굴팀이 1901년 고대 바빌로니아왕국[이란의 서남부, 걸프 지역 북쪽에 있는 고대 도시] 수사(Susa)에서 발굴한 높이 2.25m의 검은 현무암 돌기둥에 새겨진 함무라비 법전(Code of Hammurabi)(사진·2012)은 파리 루브르 박물관에 전시되어 있다. 현무암 상단 왼쪽에는 함무라비 왕이 서 있고 오른쪽 의자에는 법을 관장하는 태양신 샤마쉬 神이 앉아 있다.

로마법과 로마법대전(Corpus Juris Civilis)

로마법은 기원전 449년경의 12표법(Duodecim Tabulae)[표1.절차: 법원·재판; 표2.재판증보; 표3.판결집행 ; 표4.가장의 권리; 표5.후견 및 상속; 표6.취득·점유; 표7.토지권리 및 범죄; 표8.불법행위·계약불이행(손해배상); 표9.공법; 표10.신성법; 표11. 보충I; 표12.보충II]에서 시작하여, 6세기에 동로마 황제 유스티니아누스 1세의 명령으로 학설·판례·칙령을 종합한 로마법대전(Corpus Juris Civilis)에 이르기까지 발달한 고대 로마의 법체계를 말한다. 로마법은 서로마 제국이 해체된 후에도 동로마 제국에서 효력을 유지하였다. 로마법은 18세기 말까지 서유럽 대부분에서 적용되었다. 독일에서는 신성로마제국(963~1806) 시대에 로마법 관행이 오래도록 유지되었다. 이후 로마법은 근대 유럽국가들의 식민지로 계수되었다. 영미법의 근간을 이루는 앵글로색슨 법계도 로마법의 영향을 받았다. 동유럽에서는 중세 루마니아와 같은 국가들에서 로마법과 농부법 등 지역법을 혼합한 새로운 법체계가 만들어지기도 하였다.1152)

로마법은 자연철학자들이 정립한 자연법 사상과 규범을 근간으로 민법의 근간인 시민법을 발전시키고 로마 영토가 확장되면서 로마시민이 아닌 사람들에게도 적용되는 만민법(jus gentium)을 발달시킴으로써 보편성과 탁월성을 보였다. 시민법이 자연법과 충돌할 경우에는 자연법이 우선하였다. 자연법 관념은 시대와 장소에 따라 변화하였으나 로마시대 자연법론은 키케로에 힘입은 바 크다. 키케로는 그의 저서(De Legibus)에서 "정의와 법은 모두 자연이 인간에게 준 것이고, 인간의 마음이 받아들이는 것이며, 인간을 하나로 묶는 데 기여한다"고 썼다. 키케로에 따르면, 자연법은 우리에게 더 큰 사회의 일반적인 이익에 기여할 것을 의무화시킨다.1153) 키케로에게 있어 "법은 악을 개혁하고 미덕을 장려해야 한다 … 우리가 함양해야할 미덕은 항상 우리 자신의 행복을 지향하며, 이를 증진하는 가장 좋은 방법은 상호이익으로 굳건해진 연맹과 자선을 통하여 사람들과 함께 사는 것이다."1154)

유스티니아누스 1세는 10명의 법조인·법학자, 39명의 서기관으로 구성된 위원회를 소집하여 로마법의 역사적 전통, 언어, 문화를 제국의 모든 구석구석에 퍼뜨리기 위해 법률을 하나의 작업으로 편찬했다. 수백 개의 문서와 로마법을 연구해야 했는데, 그 중 일부는 반복적이거나 시대에 뒤떨어졌다. 학자들은 약 2천권의 책에서 비잔틴 제국의 칙령과 라틴 로마법을 포함한 출처들을 찾았다. 많은 법률들이 모순되었고 일부는 당시와 관련이 없었다. 유스티니아누스는 새로운 법전체계가 관련된 모든 사람들이 법을 더 명확히 이해하고 법정에서 소송처리 속도가 빨라지리라고 기대했다.1155)

『로마법대전』은 과거 법사상가들의 이론, 법리에 대한 설명, 그리고 유스티니아누스와 그의 후계자들에 의하여 제국을 위하여 보존되고 증보될 수 있었던 고대 법률들에 뿌리를 두고 있었다. 형법과 처벌에서부터 황제와 다른 고위 공무원의 권한, 사법, 교회법, 행정법까지 법과 사회의 모든 측면을 다루으며 세금, 지방정부 권한, 공무원 및 계엄령을 다루었다. 또한 계약, 결혼, 이혼, 상속, 계승 및 재산 소유권에 대한 규범을 설명했다.1156)

로마법대전은 법원(法源) 차원에서 제국의 법전뿐만 아니라 네 가지 주요 저작물을 모았다. 실제 조례나 법률은 일부에 불과했다. 대전은 처음에 세 부분으로 구성되었다: 정의와 법에 대한 모든 고전 법학자들의 저술을 요약한 학설휘찬(學說彙纂, Digesta); 제정법, 제국헌법, 포고령에서 가려뽑은 칙법휘찬(勅法彙纂, Codex); 그리고 학설휘찬을 요약한 작은 저작물인 법학제요(法學提要, Institutiones)가 그것이다. 법학자 가이우스(Gaius: 130년~180년)가 저술한 법학제요는 당대의 법학생들을 위한 교과서였었는데 로마법대전 편찬 때 제3부로 재구성되었다.1157) 로마법대전이 일단락된 534년 이후 법학자들은 유스티니아누스 헌법을 요약하고 새로운 법령들을 증보하여 신칙법집(新勅法集, Novellae)으로 펴냈다.1158)

 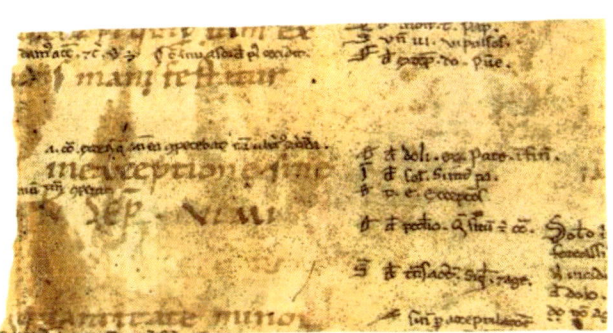

로마법대전(Corpus Iuris Civilis)(529-534년 발행) 사본 조각©public domain

제2편 인류의 정의 (Human Justice)

　　로마법은 동로마 제국이 멸망한 후 수 세기 동안 잊혀졌다. 그러나 11세기 말엽부터 13세기 중엽에 걸쳐 북이탈리아의 볼로냐 법과대학을 중심으로 로마법 연구를 부활시킨 전기 주석학파(Glossator)는 '법의 명성' 이르넬리우스 (Irnerius : 1050년~1125) (그림 @wikimedia.org ©public domain)를 주축으로 개개 법문들의 자구에 대한 주석에 주력하였으며, 근대의 법전이 편찬되기까지 커다란 영향을 주었다.1159) 14세기에 발흥한 후기 주석학파는 로마법을 당시 이탈리아 실생활에 적합한 법으로 실용화함을 목적으로 삼았다. 주석학파는 로마법대전을 절대시하고, 주석에 의하여 그 법문 상호간의 모순의 조화에 힘썼다. 19세기 프랑스에서는 나폴레옹법전의 조문을 엄격히 해석하고 형식적·논리적 방법으로 논리적으로 모순 없는 입법자 의사 — 국민총의 — 를 인식하는 데 심혈을 기울였다.1160)

　　어느 날 금오의 작가노트를 살펴보던 벨라가 불쑥 물었다.

　　벨라: "금오, 노트 곳곳에 로마법대전이 인용되던데, 로마법대전을 실제 읽어봤어요? 법학에서는 매우 중요하게 여기던데… 아리랑문학관에 갔을 때, 조정래선생님의 작가노트를 봤더니 현장을 답사하신 약도랑 등장인물들의 성격 그리고 줄거리 전개 등을 상세하게 기재하였더군요. 이 노트에서도 몇몇 중요한 대목들은 확인이 필요하지 않겠어요?"

　　금오가 약간 당황하여 어물거린다.

　　금오: "음…그러니까, 뭐냐…로마법대전은 학부 때 서양법제사에서도 배웠고 뒷날 내가 학생들에게 법사상사를 가르칠 때에도 자주 인용했었지요."

　　벨라: "그러니까 원전을 봤냐구요.『로마법대전』은 뒷날 나폴레옹민법전 → 독일민법전 → 일본민법전을 거쳐 한국민법전 제정에도 영향을 미쳤다니1161), 매우 중요하다고 봐요. 차제에 원전을 좀 살펴봐야 되지 싶어요."

　　금오: "대저, 그렇겠어요…"

　　하지만 금오는『로마법대전』한국어본을 본 적이 없었고 대학원 시절에도 원전을 공부한 적이 없었던 터라, 자신이 없었다. 이리저리 검색하다가 한국법사학회가 걸어놓은 링크1162)에서 라틴어 원본을 찾았다. AI의 도움으로 우선 법학제요의 라틴어 원문을 한글로 옮겨 보았으나, AI 실력은 아직 라틴어까지 미치지 못하나보다. 대의는 알겠으나 정확한 법률용어로 옮길 수 없었다. 다행히 옥스퍼드 대학의 J. B. Moyle 교수가 1913년에 번역한 영어본은 감수가 가능했다. 금오는 날을 꼬박 새면서 영어본을 살폈다. 영어본은 번역이 곤란한 말은 라틴어를 그대로 써서 애로가 많았고 계약·계약·불법행위·입양·유언소송 등에서 법률용어가 일반용어와 달라서 개념을 특정하기 힘들었다.

　　금오는 로마법대전을 살피면서 적지 아니한 충격을 받았다. 학부 때부터 배운 정의(juctice)와 법에 관한 그리고 계약과 불법행위 등 민법과 형법 상의 기초개념이 법학제요에 고스란히 들어 있었다. 학설휘찬에는 "법률행위는 구두약정이 원칙이다"는 익숙한 설명도 들어 있었다. 로마법이 천년에 걸쳐 발전하였음은 익히 알았으나, 금오가 대학에서 배운 법철학·민법·형법·소송법의 지식이 1900년 전의 법학자 가이우스의 교과서에서 비롯한다는 사실을 몰랐음이 부끄러웠다. "우리나라 삼국시대부터 로마인들은 이렇게 발달된 법리를 구사했었구나…"

라틴어까지는 그렇다고 치고, 1세기 전에 번역된 영어본이라도 대학원 시절에 공부할 수 있었을 텐데 그렇지 못했음이 민망스러웠다. 로마법이 보편적인 문명일 수 밖에 없음을 인정할 수 밖에 없었다. 현대물리학과 상통하는 고대 자연철학자들에게 대한 정의관에 공감하였던 금오는 로마법대전 앞에 다시 겸손해져서 법학제요의 장절 목차를 우리 법제상의 용례에 맞게 번안하여 벨라에게 건넸다.

로마법대전 중 『법학제요』 장.절 목차1163)

제1장	제2장	제3장	제4장
1.정의(正義)와 법	1.물건의 종류(§1~§48)	1.무유언 상속의 개시	1.불법행위·범죄(delict)로 인한 채무
2.**자연법**·국가법	2.무체재산	2.상속인부재時부계상속	2.강도 배상책임
3.사람에 관한 법	3.종물(從物)	3.부계상속 부재시 모계상속특례	3.노비·가축 불법살해에 따른 손해배상
4.자유인 출생 남자	4.용익권(Usufruct)	4.유언 없이 죽은 모친재산상속	4.폭행·상해 배상책임
5.자유인 남자	5.사용 및 거주	5.친족상속	5.준불법행위책임: 위험방치·사용자책임
6.해방불가농노·그 사유	6.소유권취득 장기점유	6.친족서열	6.소송(§1~§40)
7.Fufia Caninia법 폐지	7.증여	7.자유민의 재산승계	7.권원 있는 자가 체결한 계약
8.독립인·의존인	8.양도권자/양도불능자	8.자유민의 위임	8.노비의 불법행위에 대한 주인의 책임
9.아버지의 권능	9.소유권 취득 대리인	9.물건의 소유	9.사육동물이 야기한 손해의 배상
10.결혼	10.유언집행	10.입양(adrogation)에 의한 가문 재산 상속	10.소송대리인
11.입양	11.군인의 유언	11.자유부여를 보전하려는 망자재산의 재판	11.소송담보
12.부권소멸방식	12.유언무능력자	12.파산시 매매물건승계	12.제척기간·피고적격
13.후견인의 신분	13.자녀의 상속권 박탈	13.채무	13.예외: 訴因·소송포기·이익충돌
14.유언방식후견 적격자	14.상속개시	14.부동산계약 및 양도계약 이행방식	14.주장·항변·재주장·재항변
15.부계의 법정후견권	15.일반대리	15.구두채무(verbal obligation)	15.금지명령(interdict)
16.자격상실	16.미성년대리(Pupillary Substitution)	16.다수당사자약정	16.무모한 소송에 대한 처벌
17.후원자의 법정후견권	17.무효인 유언방식	17.노비가 체결한 약정	17.판사의 직무
18.부모의 법정후견권	18.불충실한 유언	18.약정(stipulation)종류	18.시민 누구나 검찰이 될 수 있는 공소
19.수탁 후견인	19.상속인 종류와 구분	19.무효약정(§1~§27)	
20.Atilian후견인·Julia법에 따른 임명자	20.유증(§1~§36)	20.담보인·보증인	
21.보호자의 권능	21.유증 철회와 투명성	21.문서에 의한 채무	
22.후견종료방식	22.유증총량제한법	22.동의에 의한 채무	
23.후견인	23.신탁의 상속	23.매매	
24.보호자·후견인 담보	24.단일물건(노비포함)의 신탁 유증	24.임대차	
25.후견인·보호자면책사유	25.유언보충서(codicil)	25.조합(partnerships)	
26.미심쩍은 후견인·보호자		26.대리	
		27.준채무·사무관리·비채변제·자연채무	
		28.채무자	
		29.채무이행방식	

인류의 정의 (Human Justice)

금오: "이 표를 한번 볼래요? 로마법대전 중 『법학제요』의 장·절 목차예요."

벨라: "오~ 익숙한 용어들이 많이 나오네요? 교재 전체의 목차라는 말이지요?"

금오: "그래요. 이 법학제요의 체계는 우리에게 익숙한 독일 민법체계와 다르지요? 총칙-물권-채권-친족상속 조항들이 혼재되어 있는 느낌을 받을 겁니다. 학설휘찬보다 수백년 앞서 편찬된 법학제요의 항목들은 학설휘찬의 체계와 동일하지 않아요. 독일의 입법자들은 학설휘찬의 항목들을 총칙, 물권, 채권, 친족상속으로 재구성하고 이를 '로마법대전 식 체계'라는 취지에서 라틴어(pandéctæ)를 독일어(Pandekten)로 번역했어요. 우리 강단에서는 이를 '판덱텐'이라는 외래어로 썼는데, 구태여 판덱텐을 번안하자면 '대전체계'라고 새길 수 있어요. 사례(case) 중심으로 발달한 영미법의 '판례체계'와 구별되어요."

벨라: "평소 '판덱텐'이라는 말이 궁금했었는데 '대전체계'군요. 판례체계와 비교하니 쉽게 이해가 되어요. 형법의 총칙과 각칙도 대전체계와 같은 맥락이겠네요."

금오: "법학제요 제1장은 사람에 관한 법리를 기술하다가 보니 친족이 포함되었어요. 제2장은 물건에 관한 법리를 다루었어요. 우리 민법상으로는 물권편이지요. 제2장은 소유권과 용익권 등의 양도와 증여 등을 다루다가 보니 유언·신탁 등이 수반하구요. 제3장은 우리 민법상 계약편에 해당하는 용어들이 많지요. 상속을 계약에 준해서 다루고 있어요. 제4장은 불법행위를 주로 다루지요. 범죄도 불법행위의 일종이잖아요. 불법행위 대응을 규율하다가 보니 권원·대리·소송중지명령 등이 따라요."

벨라: "그럼, 독일민법의 판덱텐(대전체계)은 외려 법학제요의 분류에 가깝군요. 제4장 중 불법행위를 채권편에 넣는다면 법학제요도 총칙-물권-채권 체계가 되겠어요. 친족상속이 혼재되어 있음은 어떻게 새겨야 할까요?"

금오: "친족상속은 어느 나라나 관습법의 적용을 많이 받기 때문에 로마법에 비하여 관습법이 발달하였던 독일법제에서는 법학제요에 있는 신분행위를 친족상속편으로 분리했다고 보면 되어요. 우리나라 민법에서도 친족상속 편에서는 관습법 요소를 대폭 수용했지요."

나폴레옹법전과 독일민법전

로마법대전의 영향을 받아 나폴레옹 1세 때 제정되고 공포된 「프랑스 민법전」(Code civil des Français, Code Napoléon)(1804년)은 프랑스 사법체계의 근간을 정립한 법전으로서, 1807년에 『나폴레옹 법전』(Code Napoléon)으로 이름이 바뀌었다. 이는 1세기 뒤에 제정된 독일 민법전과 함께 대륙법계 민법의 2대 지주를 형성한다. 나폴레옹 법전은 법적 기초를 형성하였다. 근대시민사회는 개인주의·자유주의·평등주의의 정치·철학사상, 자유경제주의·자본주의의 경제사상 그리고 사회계약론으로 대표되는 자연법사상을 그 사상적 배경으로 탄생하였다. 프랑스민법전은 프랑스 대혁명의 근본정신을 따라서 근대시민사회의 근본정신을 표현하는 법적 장치였다.1164)

프랑스 근대 사법학의 역사적 발전과정을 방법론적 측면에서 보면 크게 두 단계로 구분할 수 있다. 첫 단계는 1804년부터 제니(Francois Geny)의 「실정 사법에서 해석의 방법 및 연원」(Methode d´interpretation et sources en droit prive positif, I & II)이 출간된 1899년까지의 기간이다. 이때는 주석학파가 활동했던 시기이며, 두 번째 단계는 살레이유(Raymond Saleilles)와 제니에 의하여 창도된 과학학파의 기간으로서, 과학학파의 방법론은 오늘날까지 영향을 미친다. 양 학파는 법원론(法源論), 법해석 방법, 법창조에서 법관의 역할과 같은 방법론상의 근본문제에서 전혀 다른 입장을 보이고 있다. 주석학파는 민법전의 역사·사회·경제적 배경을 고려하지 아니하고 법조문과 구조에 대한 엄격한 기속성을 주장하며, 법관은 단지 법률의 입으로서 입법자 의사의 수동적 도구에 지나지 않는다는 것을 강조한다. 과학학파는 이러한 주석학파의 해석방법을 철저하게 비판하면서, 특히 현재 프랑스 법관의 역할을, 낡은 법문(法文)을 현대적 필요성에 적합시키는 진화적 해석의 주체이며 법의 계속적 발전자로 이해한다.1165)

2) 시대가 바뀌면 역사를 새로 쓴다.

역사학적 방법론에서는 역사적 사실이 누적된 것이 역사가 되는 것이 아니라 역사가의 요리법[안목]에 따라 가공된 역사적 사실들만이 역사가 된다. 그래서 "역사란 역사가가 만든다"는 명제가 성립한다. "역사상의 사실이란 역사가 자신이 그것을 창조하기 전까지는 그네에게 존재하지 않는 것이다"(Carl Becker: 1873~1945년. 미국 역사가). 같은 맥락에서, "모든 역사는 현대사이다. 시대가 바뀌면 새로 역사를 써야 한다"(Benedetto Croce: 1866~1952년. 이탈리아 철학자·역사가).

영국의 역사철학자 콜링우드(Robin George Collingwood, 1889년~1943년)에 따르면, "역사철학은 '과거 그 자체'나 과거 그 자체에 대한 역사가의 사상을 다루는 것이 아니라 '상호관계에서의 양자'를 다루는 것이다…역사가가 연구하는 과거는 죽은 과거가 아니라 어떤 의미에서는 아직도 현실 속에 살아 있는 과거이다. 그러나 과거의 행위는 역사가가 그 배후에 가로놓인 사상을 이해할 수 있을 때까지는 역사가에게서는 죽은 것, 즉 무의미한 것이다. 그러므로 모든 역사는 사상의 역사이며 '역사는 역사가가 그 역사를 연구하고 있을 때의 사상이 역사가의 마음 속에서 재현된 것'이다." 정의와 미덕의 역사도 역사가가 이해하는 사상의 역사이다.

콜링우드는 그의 책 『역사의 이상』(The Idea of History, 1945)에서 말한다: "먼저 역사가를 연구하라. 역사상의 사실은 결코 '순수한' 채로 우리 앞에 나타날 수 없다. 즉 그것은 언제나 기록자의 마음을 통해 굴절된다. 따라서 우리가 역사책을 읽을 때 먼저 관심을 두어야 할 것은 그 책에 내포된 사실이 아니라 그 책을 쓴 역사가에 대한 것이다." 그는 이어 "상상적 이해가 필요하다"고 주장한다. 역사가는 자기가 연구하고 있는 인물들의 마음과 그들의 행위의 배후에 있는 사상을 상상적으로 이해할 필요가 있다. 나아가 그는 "현재의 눈을 통해서 본다"는 관점을 견지하였다.

제2편 인류의 정의 (Human Justice)

콜링우드에 따르면, "우리는 현재의 눈을 통해서만 과거를 볼 수 있고 과거를 이해할 수 있다. 역사가도…인간존재의 제 조건에 의하여 자기 시대에 속박당한다…역사가의 기능은 과거를 사랑하는 일도 아니고 과거로부터 자신을 해방시키는 일도 아니며 현재를 이해하는 열쇠로써 과거를 지배하고 과거를 이해하는 일이다."

3) 현재와 과거 사이의 대화

그러나 E.H.카아는 이러한 관점이 회의주의와 프래그머티즘을 극복하지 못한다면서 콜링우드를 비판한다. 콜링우드의 가설을 논리적 귀결점에까지 밀고 나간다면 모든 객관적 역사를 완전히 배제하게 되며…결국 완전한 회의주의에 빠지게 된다는 것이 비판의 요지이다. 요컨대, 카아에 의하면, "역사가가 자기가 연구하는 역사시대를 자기 시대의 눈을 통해서 본다면 또한 현재의 문제에 대한 열쇠로써 과거의 문제를 연구한다면, 역사가는 순전히 실용주의적 사실관에 빠지게 되어, 올바른 해석의 기준이 현재의 어떤 목적적합성(目的適合性) 속에 존재한다고 주장할 가능성도 있다."

그렇다면 역사가의 연구 자세는 어떠한 것인가? 카아에 따르면, 역사가는 자기가 연구하는 주제나 계획하는 해석에 어떠한 의미에서건 관련성이 있는 모든 사실 — 알려진 것이든 알려질 수 있는 것이든 — 을 그려내려고 노력하지 않으면 아니된다…물론 그렇다고 해서 이번에는 역사의 생명인 해석을 제거해도 괜찮다는 말은 아니다…읽는 것과 쓰는 것이 동시에 진행된다. 한편으로는 읽어나가며 한편으로는 써 보태고 깎아내고 다시 쓰고 지워버리는 셈이다. 쓰는 일로 인하여 읽는 길이 유도되고 방향이 주어지며 풍요로워진다."

역사학계에서는 전통적으로 역사를 '사실의 객관적인 편찬'이라고 보는 견해 (역사의 중점은 과거에 있다)와 역사를 '역사가의 마음의 주관적 산물'이라고 보는 견해 (역사의 중점은 현재에 있다)가 불안정한 대립상태에 있었다. 카아는 과거와 현재를 둘러싼 역사이론의 조화가 가능하다고 생각하였다. 카아에 따르면, "역사가는 자신의 해석에 따라 사실을 형성하고 자신의 사실에 맞추어서 해석을 형성하는 끊임없는 과정에 매달려 있다. 양자 중의 어느 한 쪽을 우위에 놓기는 불가능하다…역사가는 현재의 한 부분이고 사실은 과거에 속해 있기 때문에 쌍방의 상호작용에는 현재와 과거의 상호작용이 포함되어 있다."

카아는 말한다: "사실을 갖지 못하는 역사가는 뿌리가 없으며 따라서 열매를 맺지 못한다. 역사가가 없다면 사실은 생명이 없는 무의미한 존재이다." 역사가가 역사에 생명력을 불어넣는다는 생각이다. 그는 이러한 추론을 거쳐 그의 신고전 『역사란 무엇인가』(WHAT IS HISTORY?, University of Cambridge & Penguin Books Publication, 1961)에서 다음과 같은 명제를 제시한다: "역사란 무엇인가라는 물음에 대한 나의 첫 대답은 역사란 역사가와 사실의 상호작용의 과정이며 현재와 과거 사이의 끊임없는 대화이다."

금오는 1975년에 접했던 영국 역사학자 E.H. 카아의 신고전 『역사란 무엇인가』(What Is History: 1961년 초판)에서 정립한 역사적 사실에 대한 관점과 역사학적 방법론에 공감하고 이를 받아들여, 정의와 미덕에 관한 선인들의 사상을 살펴보고 현재에 적절한 정의관과 미덕관을 세우려는 마음을 먹었다. 조선후기 실학사상가 다산 정약용(茶山 丁若鏞)의 대표작인『주역사전』(周易四箋)(1808년)에는 19세기 초 조선의 시대상이 녹아 있다. 다산의 양호작괘법(兩互作卦法)은 중국의 금(金)과 원(元) 시대에 방법론의 하나로 공고화된 것이었다. 이는 호체를 이용해 새로운 괘를 만들고 본괘와의 상호연계를 통해 새로운 해석을 시도하는 것이다. "중심과 주변 논리로 볼 때, 본괘는 중심이며 호괘는 주변에 해당한다. 이민족의 시대에 주변의 논리가 해석의 중심에 오게 된 것은 시대정신과 문화의 반영이라 해야 할 것이다."1166) 1억년이 순간인 자연[우주]에서의 정의조차 과학과 인지의 발달로 인하여 변할 수 있으며, 1천년을 격한 고대와 중세의 그리고 공간을 달리하는 현대 석학들의 정의관과 미덕관도 달리 해석할 수 있다고 믿는다. 역사학적 방법론을 씨줄로 삼고 철학을 날줄로 삼아 정의와 미덕의 관계를 성찰한다.

4) 자연성의 회복

근대 법치국가에서는 '자의에 의한 지배'를 배척하고 '법에 의한 지배'(rule of law)를 이상으로 세운다. 그러나 '법에 의한 지배' 즉 법치국가가 성공할 것인가는 의문이다. 정부에 의한 규제가 법규의 과잉화(Normenflut), 조문의 복잡화(Paragrafendickicht), 법의 인플레이션(Gesetzesinflation)이라는 현상에 직면하게 되었다. 정부규제의 확대가 개인의 자유를 제한한다는 위기에 직면하여 독일에서는 1970년대 이후 과도한 입법화에 따른 "국가 내지 정치의 기능마비" 내지 "통치무능력(Unregierbarkeit)"현상을 비판하고, 현대법에 대한 새로운 진단과 해명을 시도하고 있다.1167)

근대국가에서 '법에 의한 지배'는 노자(老子)가 경계하는 자의적 지배와 간섭이 될 수 있다. 노자는 '자연의 회복'을 통하여 자의적 지배와 간섭을 배제하여야 백성들이 자발적 삶과 본래성을 유지할 수 있다고 논한다. 통치자는 강압·간섭·수탈·착취와 같은 '유위'(有爲)를 벗어나야 한다. 백성들에 대한 과도한 세금, 빈번한 역무 부과, 을러메기(威嚇) 및 무거운 형벌은 유위에 해당한다.1168)

노자의 이상적 통치자는 유위 대신 무위의 지배를 행하고, 언설에 의한 교화 대신 '말 없는 가르침[不言之敎]'을 행한다. 그리고 강압적 힘에 의해 백성을 변화시키려 하기보다 백성들의 자기화육[自化]을 지지한다. 노자의 성인은 백성들의 삶을 실질적으로 향상시키는 일[實腹强骨]에 주력하되, 허위의식과 이념적 열정은 약화시키고자 한다[虛心弱志].1169)

'무위'는 자의적인 권력의 남용을 배제하는 불간섭의 정치이지만, 문자 그대로, "아무 일도 하지 않는" 무관심하거나 무기력한 정치는 아니다. 분배 정의를 실현하기 위해서는 공정한 조세 정책과 엄정한 수취 체계를 확립하려는 '노력'이 필요하다. 백성들의 자화(自化)를 지원하기 위한 이러한 노력은 이미 남음이 있는 자에게 다시 보태주려는 '유위'의 노력이 아니라 '천도'의 균평함을 본받으려는 '무위'의 노력이다.1170)

5) 형평과 관용

스위스 제네바의 종교 개혁자 장 칼뱅(John Calvin: 1509년~1564년)은 '로마법의 부활'이라는 이름으로 대변되는 프랑스 르네상스기에 오를레앙과 부르주에서 법학계의 양대산맥을 이루는 학자들로부터 시민법과 교회법을 배웠다. 전기 작가(Theodore Beza 및 Nicolas Colladon)들에 따르면, 칼뱅의 부친(Gérard)은 변호사가 사제보다 돈을 더 많이 벌 수 있다고 믿고 1525년/1526년에 아들을 콜레주 드 몽테귀(Collège de Montaigu)에서 빼내 오를레앙 대학에 등록시켜 법학을 배우게 하였다.1171) 오를레앙 법과대학에는 후기 주석학파의 맥을 잇는 법학자 레뚜알이, 또 부르주 법과대학에는 이탈리아에서 초청받은 알찌아띠가 가르쳤다. 알찌아띠는 조문에 대하여 문헌학적·역사적 해석을 가함으로써 로렌쪼 발라 이후의 휴머니즘 정신을 법학 분야에서 계승하였다. 칼뱅은 기독교 인문학의 관점에서 법학을 다루고 이를 성경해석에 적용시키려고 노력했던 기욤 부데의 영향도 받았다.1172)

종교개혁의 전당 제네바 聖베드로성당: 칼뱅이 1564.5.27. 죽을 때까지 설교한 곳이다.
사진.전재경(2024)

종교개혁 때 제네바인들은 성당내 성상들을 부시고 성화들을 지웠다. 설교강단에는 성경만 있다.
사진.전재경(2024)

칼뱅의 교설에 따르면, 하느님의 법은 경건하고 의로운 삶의 규범과 모세법이 기반하는 종교의 형식 즉 아브라함의 후손들과 맺은 은혜언약(foedus gratuitum)을 포함한다. 칼뱅은 에덴에서 하느님이 주신 명령과 이후에 주신 전체 도덕법의 기록인 십계명(十誡命)을 규범적으로 파악하여 '경건과 의의 완전한 가르침'이 세상에 공포된 것으로 본다. 의(義 iusteque)를 근간으로 삼는 율법은 (산상수훈에 나타나는) 자연법에 대한 증언과 같고, 율법의 규례(規例)는 로마법과 서로 어울린다.1173)

칼뱅은 형평(aequitas)을 자연법적 개념으로 추론하고, 법이 형평을 기초로 기독교 공동체와 교회를 세우는 육신의 힘줄과 같다고 생각하였다. 형평만이 전체 법의 목적이고 규범이며 한계이다.1174) 그는 법을 도덕법, 의식법, 재판법으로 구분하였으며 약속과 형벌에 기초하여 법을 적용할 것을 논증하였다.1175) 칼뱅은 율법(律法)을 본래 경건하고 의로운 삶의 규범(regula vivendi pie et iuste)으로 정의하고 "율법은 하느님의 지식과 교리를 연결하고…

기독교인의 삶을 연결한다"고 새겼다.1176)

칼뱅은 율법의 쓰임새를 ㈎죄인을 정죄하여 그리스도를 믿게 하는 신학적 기능, ㈏ 죄에 대한 형벌의 공포로 사회를 유지하는 정치적 기능, 그리고 ㈐ 믿는 성도들에게 삶의 길을 알려주는 규범적 기능의 세 가지로 파악한다. 신학적·정치적 기능은 형벌의 위하적 작용과 관계되고, 규범적 기능은 사회적·교육적 작용과 관계된다. 칼뱅은 동시대 다른 종교 개혁자들과는 달리 율법의 규범적인 기능을 가장 중요하게 여겼다.1177) 칼뱅 신학을 계승한 칼뱅주의자들은 그의 율법관을 정치하게 체계화하여 율법의 규범적 기능과 더불어 언약(foedus) 혹은 계약(compact)으로서의 율법의 상호성을 토대로 신학을 전개하였다.1178)

칼뱅의 법학 수업의 영향은 그의 처녀작 『세네카의 관용론(De Clementia) 주석』에서도 나타난다. 「관용론」 주석에서 칼뱅은 군주를 법의 해석자이자 집행자이며 법 자체로 묘사한다. 군주는 개인적 덕과 사회적 도덕성 사이에 존재하는 긴장을 풀어가는 화해자이며 하느님과 백성들 사이의 중재자로서 백성들을 다스리는 한편 섬겨야 한다. 칼뱅에 따르면, "사람들은 공동체 삶을 갈망함고 동시에 공공선(公共善)에 따라 다스림을 받기를 원하는 사회 구성원이다. 사람들은 죄인이며 동시에 법에 의하여 훈육되어 원 상태로 회복되어야 할 존재이다."1179) 인간이 공공선을 향하여 나아가지만 법에 의하여 훈육되어야 한다는 견해는 고대 중국 『한비자』의 법가(法家) 사상과 맥락을 같이 한다. 칼뱅은, 법가와 마찬가지로, 제네바 교회법과 제네바 헌법을 제정하는데 주요한 역할을 맡았었다.1180) 근대 국가의 공법과 사법 및 국내법과 국제법 체계 수립에서 칼뱅 신학이 미친 영향은 상당하다.

6) 실학의 유산

신유학(新儒學)이라고도 불리는 주자학(朱子學)은 동아시아 한자, 유교 문화권에서 절대적 비중을 차지한다. 성리학을 창시한 남송의 주자(朱子: 1130년~1200년)가 남긴 사상의 정수는 주자문집(朱子文集), 주자어류(朱子語類: 주자와 제자들의 문답집), 주자경학(朱子經學)의 세 가지에서 확인할 수 있다. 한국의 주자학자인 이의철(李宜哲: 1703년~1778년), 이항로(李恒老: 1792년~1868년) 및 박문호(朴文鎬: 1846년~1918년)는 이 저작들을 풀이하였다. 이들의 저술은 조선의 주자학이 수백 년에 걸쳐 축적한 주자 문헌에 대한 주석과 용어 해설을 집대성하였다.1181)

실학론은 한국의 근대민족주의 역사학의 담론 속에서 배태됐으며, 그 가운데 다산 정약용(丁若鏞: 1762년~1836년)의 학문이 위치하고 있다. 실학자들은 끊임없이 근대적 요소를 발견하고자 노력하였다. 실학자들의 사상은 주자학의 자장(磁場)으로부터 크게 벗어나지 않아 근대적·진보적이지 아니하다는 평가를 받기도 한다.1182) 차이전펑의 저서『다산의 사서학: 동아시아의 관점에서』에 따르면, 다산의 '성기호설'은 인간 모두가 '선(善)을 향하는 마음'을 지니고 있다는 사상에 바탕을 둔다. 다산은 맹자의 심성론을 이어받으면서도 선(善)의 자연적인 발출보다는 오랜 도덕적 실천[行事]을 강조하였으며, 주체성을 강조하는 동시에 상호 주체성을 강조함으로써 '변화하는 시대'의 질서 유지를 위한 철학적 기초를 마련했다.1183)

다산은 소송을 통해서도 제대로 억울함을 해소하지 못한 백성들을 위하여 중국과 조선의 법전 및 재판조서 등을 분석하여 한국법제사상 최초의 법률학 연구서인『흠흠신서』(欽欽新書: 1822년)를 지었다.1184) '흠흠'은 지방관들이 인명(人命)에 관한 일을 신중에 신중을 거듭하여 처리하라는 뜻을 담고 있다. 다산은 관료들의 역할에 기대를 걸었다.『흠흠신서』는 주로 살인사건들을 다루었지만 다산의『목민심서』와 함께, 중앙과 지방의 관료들이 솔선하여 도덕적 책무를 다하고, 부모가 자식을 대하는 심정으로 직무를 수행함으로써, 어지러운 시대상황을 극복하고 정의로운 사회를 이룩할 것을 설파한다.

7) 지상천국: 사람이 곧 하늘(人乃天)

갑신정변 후 10년 만에 일어난 동학농민혁명(1894년)은 선량(엘리트)들을 중심으로 전개되었던 권력투쟁과 '위로부터의 혁명'에 대응하는 '아래로부터의 혁명'이었다. 동학농민혁명은 동학(東學)(1860년)에서 기원한다. 동학의 우주관은 초자연적 신의 존재와 피안의 세계를 인정하지 아니하는 현세 중심의 일원론을 보인다.

동학(東學)에서는 서학(西學)에서처럼 사후 하늘에 천국을 세울 일이 아니라 생전에 지상에 세워야 한다는 지상천국(地上天國) 사상을 내세운다. 최제우선생은 "사람들이 수심정기(守心正氣)하여 수양하고 동학에 귀의하여 지상신선(地上神仙)과 지상군자(地上君子)가 된다면 저승이 아니라 이승에 '지상천국'을 건설할 수 있다"고 주장한다.1185)

동학 교조 수운(水雲) 최제우(崔濟愚, 1824년~1864년)가 만든 교리서『동경대전』(東經大全)과 찬송가『용담유사』(龍潭遺詞)에 따르면, 동학은 우주의 궁극자를 '지기(至氣)'로 보며 거기에서 유출되는 음(陰)과 양(陽)의 대립·통일전화(轉化)에 의하여 만물이 형성된다. 여기에서 '지기'는 천주(天主)를 의미한다. 천주란 인간과 자연계의 모든 근원이자 바로 인간자신을 뜻한다[인내천 人乃天]. 천주를 모신다는 것[시천주 侍天主]은 '인간 자신을 모신다'는 뜻이다. '사람이 곧 하늘'(人乃天)이라는 동학의 사상은 봉건적 신분제도를 부정하고 인간 평등을 강조한다.1186)

동학의 제2대 교주 해월(海月) 최시형(崔時亨, 1827년~1898년)의 가르침은 "천지만물이 시천주 아님이 없나니 만물을 일체 공경으로 대하라"1187), "사람은 한울[天主]이라 평등이요 차별이 없나니라. 사람이 인위로써 귀천을 가림은 한울님의 뜻을 어기는 일이니 제군은 일체 귀천의 차별을 철폐하여 선사(先師)의 뜻을 맹세하라"1188) 및 "어린 아이를 때리는 것은 한울님을 때리는 것이다"1189)라는 범천론적 동학사상으로 나타났다. 이러한 교설은 동학농민혁명(1894년) 당시 동학농민군을 결속하는 중요한 요소로 작용하였다.1190)

최제우는 대동사상을 바탕으로 교인간의 유대를 강화하는 경제공동체정신[유무상자 有無相資]을 가르쳤고 최시형은 이를 더욱 활성화시켰다. 최시형은 1875년부터 1892년에 이르기까지 통문을 통하여 유무상자의 실천을 강조하였다. 대동(大同)이라는 개념은 『예기』(禮記)에서 비롯한다. 예기 예운편(禮運篇)은 "권력을 독점하는 자 없이 평등하며, 재화는 공유되고 생활이 보장되며, 각 개인이 충분히 재능을 발휘할 수가 있고, 범죄도 없는 세상"을 대동사회로 표현한다. 동학의 대동사상은 교조신원운동을 비롯하여 동학농민혁명을 통해서 실천적으로 나타났다.1191)

새야 새야 파랑새야

금오는 평생을 서학(西學)의 전형인 법학을 익히고, 영미법으로서 학위를 받고, 일본을 통하여 계수된 우리 실정법제를 연구하고 또 강단에서 학생들을 가르친 사람으로서, 동학(東學)에 대한 미안함을 안고 있다.

2022.11.27. 저녁 서울 나루아트센터에서 평화나무합창단(양효석 단원外)이 앵콜곡으로 연주한 "언젠가 또 다시 만나지리다"(이현관 작곡·지휘)는 우금치 전투에서 절멸한 동학농민군의 비극을 노래하였다. 지금도 생각하면 눈물이 흐른다.

우금치 전투는 공주 우금치 일대에서 1894년(고종 31년) 10월 23일부터 11월 11일 사이에 이루어진 두 차례의 전투 중 2차 전투를 지칭한다. 죽창 수준의 농민군 화력은 당초 일본군과 관군의 상대가 되지 못했다.

농민군 세력은 우금치 전투에서의 패배를 계기로 급속도로 와해되었고, 농민운동의 동력도 잃었다. 우금치 전투는 동학운동의 마지막 불꽃이었다. 그 불꽃(녹두꽃과 파랑새)을 합창에서 만났다.

5. 정의관을 재정립하기 위한 시론

1) 정의의 차원과 형식

고대 자연철학자들은 우주론을 기반으로 자연적 정의를 논하였다. 선인들은 정의를 한 가지 관념으로 설명하였다. 많은 철학자들은 오랫동안 사회정의를 즐겨 다루었다. 법에서의 정의는 사회정의의 일환으로 다루어졌다. 현대사회에서는 여러 차원에서 정의를 논할 수 있다. 적어도 4차원인 천체에서의 정의가 3차원 사회에 통용되기 위하여서는 각색이 필요하다. 자연[우주]에서의 정의와 환경에서의 정의 그리고 생태에서의 정의는 같은 원리에 따라 다른 모습으로 나타날 수 있다. "정의란 강자의 이익"[트라시마코스] 또는 "강자의 미덕은 관용" [플루타르코스]이라는 명언들은 정치권력에도 정의와 미덕이 있음을 시사한다. 사회가 분화되면서 시장에서의 정의와 공동체에서의 정의가 다른 모습으로 나타날 수 있다.

인류사회가 "복수와 응보"의 시대를 벗어나면서 정의의 관념은 사회복지 내지 경제후생과 결부되었다. 자원의 희소성과 인구의 과잉 때문에 경쟁질서가 보편화된 현대 산업사회에서는 "사회적 이익과 부담을 적절하게 나눈다"는 분배적 정의(distributive justice)가 각광을 받는

제2편 인류의 정의 (Human Justice)

다. 자원의 희소성과 성장의 한계가 문제되면서부터 정의의 중점은 경제정의로 넘어갔지만 여전히 사회정의의 고유영역[안전·행복·존엄가치 등]이 존재한다.

"사회 있는 곳에 법이 있다"는 아리스토텔레스의 명제에서 "법"은 사회정의를 추구하였다. "이에는 이 눈에는 눈"[Talio법칙]을 추구하였던 전통사회에서의 사회정의는 형사사법적 정의이었다. 인간의 내면세계에 주목하는 사회정의 영역에서의 "부정의"(unjustice)는 곧 범죄(crime)를 의미한다. 부정의의 판단 기준은 인간의 양심과 사회의 상식이었다.

"정의란 무엇인가"를 모색하는 현대 철학의 담론은 아리스토텔레스의 고전적인 틀["같은 것은 같게 다른 것은 다르게"]에 따라 "형평"(equity)을 정의의 형식으로 삼고 정의의 실질적인 내용을 확보하는 일에 주력한다. 실질적인 정의론은 "공평한 기회를 보장한다"는 명분으로 "바빌론의 제비뽑기"1192)와 같은 우연에 의하여 사회적 이익과 부담이 분배되는 불합리함을 극복하여야 한다는 과제를 안고 있다. 그러나 여전히 "정의"의 실체는 불확실하다. 그러나 정의의 형식이나 내용을 가늠할 수는 있으며 구체적으로 어떠한 상태를 "정의롭다" 또는 "정의롭지 못하다"[不正義하다]고 판단할 수도 있다.

2) 로마법의 정의관과 그 영향

근대 이탈리아, 프랑스 그리고 독일의 법학에 커다란 영향을 미친 유스티니아누스 1세의 『로마법대전』중 「법학제요」는 정의(iustitia)와 법학(iurisprudentia) 그리고 법의 교훈(iuris praecepta)에 관한 총강을 제시한다. 법학제요에 따르면, 법학은 신과 인간에 대한 지식이며, 정의(iusti: the just)와 불의(iniusti: the unjust)에 대한 과학(scientia)이다(제1절제1조). 여기에서 '정의'는 근대법학이 즐겨 인용하는 '각자에게 그의 것'을 주는 즉 "모든 사람에게 마땅히 주어야 할 것"을 주는 확정적이고 변함없는 목적이다(Iustitia est constans et perpetua voluntas ius suum cuique tribuens)(제1장제1절 본문). 법은 정직하게 살고(honeste vivere), 누구에게도 해를 끼치지 말고(alterum non laedere), 모든 사람에게 마땅히 주어야 할 것을 주는(suum cuique tribuere) 것을 교훈으로 삼는다(제1절제3조).1193)

생각건대, 로마법은 올바른 정의[是]과 올바르지 아니한 불의[非]라는 2원적 시비(是非)의 구조로 정립하였으나, 정의를 "각자에게 그의 몫"(suum cuique: Jedem das Seine: to each his own)이라는 '공정한 이익(권리)의 분배' 개념 즉 '정'(正)으로 정립하고 이를 목적(voluntas)으로 설정함으로써 정의의 범주를 절반만 새겼다. 이러한 이념은 법학제요 제1절제3조에서 "모든 사람에게 마땅히 주어야 할 것"(suum cuique tribuere)으로 강조된다. 법학제요는 물론 분배를 초월하여 "정직하게 살고…누구에게도 해를 끼치지 말라"1194)는 미덕을 법의 또 다른 교훈으로 삼았음에도 불구하고 이익[正]이 정직이나 무해와 같은 윤리에 우선하였다. 결과적으로 근대에 이르러 로마법의 영향을 받은 여러 법계에서는 공화주의1195), 존엄가치 내지 생태가치와 같은 공공선의 윤리보다는 '평등'을 형식으로 하는 절대적 공정이나 상대적 공평이 우선하는 법해석이 주류를 이루었다.

3) 정의에서 정(正)과 의(義)의 상호작용

로마법대전 법학제요는 정직·무해와 같은 미덕을 법의 교훈으로 제시하였음에도 각자에게 그의 것을 주는 이익형량에 치중함으로써 정의의 절반인 정당성의 세계를 구축하였으나 정의의 나머지 절반 즉 공공선과 같은 윤리에까지 미치지 못했다. 법학제요는 정의가 아닌 것[非]을 불의(iniusti)라고 단정하는데 그쳤다. 법학제요는 그 심원한 영향에도 불구하고 "아닌 것은 아니다"라는 부정의 변증법에 그침으로써 법이 추구하는 미덕을 적극적으로 정립하지 못한 아쉬움을 남긴다.

사람들은 "선(善)과 형평이 있다"1196)고 믿는다. 그러나 현실의 재난, 빈곤, 질병, 악행 앞에 종종 좌절한다. 정부와 시장을 지배하는 집단의 힘(實力)이 법과 제도에 앞서 자원을 배분하기 때문이다. "정의란 무엇인가"라는 개념이 제시되더라도 그에 이르는 경로가 막연하다. 절대적 평등을 형식으로 삼는 공정(公正 fairness)은 자기 확신에 젖어 상대적 평등을 목표로 삼는 공평(公平) 즉 형평(equity)을 가로막기 때문이다. 공정을 바탕으로 경우에 따라 구체적 타당성이 확보되는 공평이 실현되어야 한다. 경우에 따라 '합리적 차별'이 용인되는 형평은 의리와 같은 공공선에 의하여 뒷받침된다. 국제환경법이 흔히 "공정하고 공평한"(fair and equitable) 방식이라는 표현을 같이 씀1197)은 양자를 구분하고 정의를 내림이 외려 시비를 부르기 때문이다.

금오는 국무총리실『협동연구』1198)(2011)의 분석틀에서 정의와 미덕을 구분하였다. 정의는 단순화시켜 시장의 이념으로 분류하였고 미덕은 공동체의 이념으로 분류하였다. 정의와 미덕 사이에 울타리를 칠 수는 없지만 일단 정의와 미덕을 구분하였고 공동체에서는 정의보다 미덕의 이념이 앞서며 시장에서는 미덕보다 정의의 이념이 앞선다고 추론하였다. 금오는 미덕을 공공선과 동류의 개념으로 이해하였지만 정의의 '正'이 자꾸 선(善)을 방해하였기 때문이다. 하지만 정의에서 '의'(義)를 선과 같은 개념으로 이해한다면 미덕을 구분할 필요가 없다. 외려 미덕은 '義' 즉 善으로서 정의의 일부를 구성한다고 볼 수도 있다. 그래서 금오는 자신의 연구노트에서 다음과 같이 "정의 = 정 + 의"라는 도식을 세웠다.

> 정의(正義) = 정(正) + 의(義)

서구(西歐)의 석학들은 정의(justice)를 하나의 가치관으로 일의적으로 정립하고자 노력하였다. 가이우스, 아리스토텔레스, 칸트, 헤겔, 존 롤스, 마이클 샌델이 그랬다. 로마법, 게르만법, 영미법, 라틴법, 사회주의법이 그랬다. 그러나 정의(正義)는 일의적이 아니라 중의적이다. 정의는 '정'(正)과 '의'(義)의 균형이다. 정당(正當)과 의리(義理)가 상호조화를 이룰 때 정의가 실현된다. 현실적인 이권 앞에서는 정(正)이 부각되지만 이권이 없거나 이권과 이권이 충돌할 때에는 의(義)가 앞에 나서게 된다.

공정하고 공평한 이권의 분배라는 틀에 갇힌 정(正)이 "언제 어디서나" 보편타당한 이념이 되기 위하여서는 현실의 이권[正]을 초월하여 '의'(義)로 나아가야 한다. 의(義)는 선택의 갈림

 인류의 정의 (Human Justice)

김에서 "어느 길이 올바른가"[是]를 따진다. 현실적인 이익이나 권리 즉 이권이 후퇴하고 자비와 연민, 관용과 양보, 또는 예의[체면과 염치]와 같은 덕목을 내용으로 삼는다. 여기에서 '이권'(利權)은 '법률상 보호받지 아니하는' 이익 내지 '법률상 보호받는' 이익 즉 권리를 포함하는 개념이다. 라틴어의 benefactum '좋은 일을 하다'에서 유래하는 '편익'(benefits)은 이권에 '선'(善)의 요소가 부가된 개념으로 새길 수 있다.

규범의 세계에서 의(義)는 유교의 인의예지(仁義禮智)를 내용으로 하는 사단칠정론(四端七情論)을 대표한다. 종교가 인(仁)을, 윤리가 예(禮)를, 도덕이 지(智)를 지향한다면, 법은 의(義)의 표상이다. 정(正)의 사고에 길들여진 안목에서 바라본다면 의인(義人)은 자기 몫을 챙길 줄 모르는 어리석은 사람일 수도 있다.

제3장 정의의 이념

제3장
정의의 이념

1. 헌법상 도덕률(정언명령)

정부와 시장 그리고 공동체로 구성되는 국가 영역에서 공화주의(共和主義)는 공리주의, 자본주의, 공산주의, 실용주의, 사회주의를 넘어서 모든 사람들의 안전과 평화를 도모한다. 닭 속에 잉태된 크고 작은 달걀들처럼 수 많은 공동체들로 구성되는 사회영역에서 공동체주의(communitarianism)는 집단주의, 배타주의, 흑백분리, 청백대결, 독점이익을 넘어서 구성원들의 존엄가치와 행복을 추구한다. 국가가 지향하는 공화주의는 사회가 추구하는 공동체정신과 같은 맥락이다. 이하에서는 공화주의의 규범적 근거와 역사적 전개를 살핀다.

대헌장(마그나 카르타)　　자유의 여신ⓒEugène Delacroix(1830년)

1) 공공선의 철학

하버드대학의 정치철학자 샌델(Michael. J. Sandel)은 구제금융을 둘러싼 미국인들의 분노를 소재로 하여 정의(justice)에 이르는 길을 찾는다. 샌델은 그의 공전의 베스트셀러 『정의란 무엇인가』(JUSTICE: What's the Right Thing to Do?)[1199])에서 정의의 존재방식과 개념 그리고 의미를 밝히기 위하여 아리스토텔레스, 제레미 벤담, 임마누엘 칸트, 존 스튜어트 밀 그리고 존 롤스 등의 사고를 충실히 분석한 다음에 다시 아리스토텔레스로 돌아가 자기의 입장을 정리한다. 샌델에게 있어 정의(正義)란 올바른 분배만의 문제에 그치지 않고 좋은 삶을

인류의 정의 (Human Justice)

살고 공공선(公共善)의 정치를 펼치는 데 필요한 올바른 "가치 측정의 문제"1200)로 이해된다.

샌델에 따르면, 정의를 이해하는 데에는 3가지 방식이 있다. 공리주의자는 정의란 공리나 행복 극대화, 즉 최대다수의 최대행복을 추구하는 것이라고 말한다. 임마누엘 칸트는 정의란 선택의 자유를 존중하는 것이라고 말한다. 그 선택은 자유시장에서 사람들이 실제로 행하는 선택일 수도 있고[자유지상주의의 견해], 원초적으로 평등한 위치에서 '행할 법한' 가언적 선택일 수도 있다[자유주의적 평등주의의 견해]. 아리스토텔레스는 정의란 미덕을 키우고 공공선을 고민하는 것이라고 말한다.1201) 샌델은 이 중에서 마지막 입장을 택한다. 그 이유는 정의로운 사회는 단순히 공리를 극대화하거나 선택의 자유를 확보하는 것만으로는 만들 수 없으며 좋은 삶의 의미를 함께 고민하고, 으레 생기기 마련인 이견을 기꺼이 받아들이는 문화를 가꾸어야 하기 때문이다.1202)

공리주의

공리주의를 주창한 제레미 벤담에 따르면, 옳은 행위는 공리(功利 : 유용성)를 극대화하는 모든 행위이다. 그가 말하는 '공리'란 쾌락이나 행복을 가져오고 고통을 막는 것 일체를 가리킨다. "정부는 법과 정책을 만들 때, 공동체 전체의 행복을 극대화하는 일은 무엇이든 해야 한다. 그렇다면 공동체란 무엇인가? 벤담에 따르면, 공동체란 '허구의 집단'이며 그것을 구성하는 개인들의 총합으로 이루어진다. 따라서 시민과 입법자들은 '우리가 이 정책에서 얻는 이익을 모두 더한 뒤에 총비용을 빼면 다른 정책을 펼 때보다 더 많은 행복을 얻을 수 있을까?'라고 물어야 한다."1203)

공리주의는 행복을 계량하고 통합하고 계산하는 데 기초가 되는 도덕 과학을 제공한다고 주장한다. 또 사람들의 선호를 심판하지 않고 다만 그 무게를 잰다. 따라서 모든 사람의 기호는 동등하게 계산된다.1204) 사적 판단을 배제하는 이런 태도 덕분에 공리주의는 상당한 호소력을 지닌다. 그리고 도덕적 선택을 과학으로 만들어준다는 약속은 오늘날 경제 분야의 논리적 사고에 상당한 밑거름이 된다.1205) 이는 작금 경향에서 주목을 받는 이른바 '포퓰리즘'의 이론적 근거가 될 수도 있다.

마이클 샌델에 따르면, 공리주의의 가장 두드러진 약점은 개인의 권리를 존중하지 않는다는 점이다. 오직 만족의 총합에만 관심을 두는 탓에 개인을 짓밟을 수 있다.1206) 이 경우에 도덕성은 결국 비용과 이익을 계산하는 문제로 환원되고 만다.1207) 자유주의자들은 이러한 결과를 수용하지 못한다. 인간의 존엄은 숫자로 정당화될 수 없으며 공리를 초월하는 도덕에 기초한다.

존 스튜어트 밀은 사회적 공리주의의 약점을 보완하고자 노력하였다. 그는 『자유론』(On Liberty)을 통하여 사람들은 남에게 해를 끼치지 않는 한, 원하는 것은 무엇이든 자유롭게 할 수 있어야 한다고 주장하였다. 정부는 개인의 자유를 간섭하면서 개인을 보호하려 들거나 다수가 믿는 최선의 삶을 개인에게 강요하지 않아야 한다. 개인이 사회에 책임을 져야 하는 유일한 행동은 타인에게 영향을 미치는 행동이라는 것이 밀의 주장이다. "내가 어느 누구에게도 해를 끼치지 아니하는 한, 내 독립은 당연히 절대적이다. 개인은 자신에 대해 자신의 몸과 마음에 대하여 주권을 갖는다."1208) 밀은 벤담과 달리 욕구의 양이나 강도만이 아니라 질(質)을 평가해 고급 쾌락과 저급 쾌락을 구별할 수 있다고 믿는다.1209) 그리고 다른 도덕적 이상이 아니라 공리만으로 그 구별이 가능하다고 생각한다. 그러나 밀은 개성을 존중하였음에도 개인의 존엄가치보다 이익이나 욕구를 우선시킴으로써 공리주의의 한계를 벗어나지 못하였다.

인간을 목적으로 대하라

공리주의를 거부하면서 인간의 존엄성을 강조한 칸트(I.Kant)는 순수 실천이성을 연마하여 도덕의 최고 원칙에 도달할 수 있다고 말한다. 여기에서 실천이성은 어떤 경험적 목적과 관계없이 선험적으로 정해진다. 칸트가 제시한 도덕의 최고 원칙은 상황에 구애받지 않는 정언명령으로 나타난다. 제1 정언명령은 "당신의 행동준칙을 보편화하라"이다. 제2 정언명령은 "인간을 목적으로 대하라"이다.1210) "인간은 그리고 일반적으로 모든 이성적 존재는 이런저런 의지에 따라 임의로 사용되는 수단이 아니라 그 자체가 목적으로 존재한다." 그렇기 때문에 "나 자신이든 다른 어떤 사람이든, 인간을 절대 단순한 수단으로 다루지 말고, 언제나 한결같이 목적으로 다루도록 행동하라."1211) 칸트는 공공법의 정당성을 '집단적 동의'라는 상상의 행위에서 찾는다.

칸트의 정언명령인 '존엄가치' 관념은 현대 독일헌법(1949년 제정) 제1조① "인간의 존엄은 침해되지 아니한다(Die Würde des Menschen ist unantastbar). 모든 국가권력은 이를 존중하고 보호할 의무를 진다"로 구현되었다. '존엄가치'는 한국의 제3공화국 헌법(1962.12.26. 전부개정) (제8조: "모든 국민은 인간으로서의 존엄과 가치를 가지며, 이를 위하여 국가는 국민의 기본적 인권을 최대한으로 보장할 의무를 진다")으로 계수되었고, 이후 헌법학자들에 의하여 주(主) 기본권으로 자리잡았다.

마이클 샌델은 이성적 존재의 존엄가치에 관한 칸트의 견해에 동의하면서도 "도덕이 권력과 이익의 손아귀에서 놀아나지 않는다고 장담할 수 있는가?"라는 의문을 표한다.1212) 나아가 샌델은 회피할 수 없는 발언에도 진실을 담아야 한다는 칸트의 절대정직 내지 진실의무[진실을 말해야 할 의무는 결과에 상관 없이 항상 유효하다]의 실효성에 의구심을 드러낸다. 칸트는 누가 들어도 '빤한 거짓말'과 일부만의 진실을 말하는 '교묘한 회피'를 구분하였는데, 칸트의 논리대로라면 '교묘한 회피'는 거짓말을 피하고 상대를 오도하지만 엄밀히 따져 진실인 말을 애써 꾸며내는 사람은 비록 애매할지라도 도덕법에 존중을 표하는 셈이다.1213) 그러나 '교묘한 회피'는 불가피하다고 할지라도 엄격한 도덕주의에는 반하기 때문에 칸트의 정언명령은 한계를 드러낸다.

가언적 사회계약

샌델은 정의를 고민하는 올바른 방법은 원초적으로 평등한 상황에서1214) 어떤 원칙에 동의해야 하는가를 묻는 것이라는 롤스(John Rawls)의 방법론에 동의한다. J.롤스는 가언적 사회계약에 기초하여 정의의 두 가지 원칙을 도출한다. 하나는 "언론의 자유와 종교의 자유 같은 기본자유를 모든 시민에게 평등하게 제공한다"는 원칙이다. 이는 사회적 공리나 일반적 행복에 앞선다. 두 번째는 사회적·경제적 평등과 관련한 원칙[최소 후생계층의 극대화]이다. 이것은 소득과 부를 똑같이 분배해야 한다고 주장하지는 않지만 "사회적·경제적 불평등을 인정한다면, 그 이익이 사회 구성원 가운데 가장 어려운 사람들에게 돌아가야 한다"는 원칙이다. "모든 사람에게 경기에 참가할 기회를 주는 것은 좋은 일이지만 애초에 출발선이 다르다면 그 경기는 공정하다고 보기 힘들다 … 능력 위주 사회가 사회적 우연을 완전히 제거한다 한들, 타고난 능력과 재능에 따라 부와 소득의 분배가 결정되는 상황은 여전히 허용된다.1215) [자유시장에서는 공정한 분배가 불가능하다]"는 논리에 따라 J.롤스는 사회에서 가장 약자에 속하는 사람에게 이익이 돌아가는 경우에만 사회적·경제적 불평등을 인정한다는 '차등원칙'을 정립하였다.

평등주의

J.롤스는 분배의 불공정이 제도의 산물이라고 보았다. "자연의 분배 방식은 공정하지도, 불공정(不公正)하지도 않다. 인간이 태어나면서부터 특정한 사회적 위치에 놓이는 것 역시 타당하지 않다. 그것은 단지 타고나는 요소일 뿐이다. 공정이나 불공정은 제도가 그러한 요소들을 다루는 방식에서 생겨난다."1216) 이러한 J.롤스의 평등주의적 사고는 시장과 효율을 중시하는 신자유주의자들이 등장하면서 반론에 부딪혔다. M.프리드먼에 따르면, 불공정이야말로 이익의 원천이다. "삶은 공정하지 않다. 자연이 낳은 것을 정부가 수정할 수 있다고 믿는 싶은 유혹도 생긴다. 그러나 우리가 한탄하는 적잖은 불공정에서 얼마나 많은 이익을 얻고 있는지 깨닫는 것 또한 중요하다."1217) M.프리드먼은 실상을 기초로 불공정이 참모습이라고 단정하였음에 비하여 J.롤스는 당위명제에 기초하여 불공정을 해소할 수 있는 형평(equity)의 원리를 정립한다.1218) 샌델은 J.롤스의 정의관을 평등사회를 옹호하는 가장 설득력 있는 주장으로 이해한다.1219) J.롤스의 차등 원칙은 오늘날 한국 사회에서 전개되는 무상복지와 반값등록금 논쟁에 시사하는 바가 많다.

2) 미덕의 실체

샌델의 정의론이 각광을 받는 까닭은 시장에서의 경쟁에 지친 현대인들에게 공동체가 무엇인가를 이야기하고 그 공동체가 추구하는 정의를 넘어 미덕의 실체를 밝혔기 때문이다. 그는 자신이 공동체주의자로 분류되기를 주저하였지만 공동체에 정체성 개념을 접목시킴으로서 공동체의 모든 구성원들을 하나하나 소중한 존재로, 즉 존엄가치를 지니는 존재로 변모시켰다. 샌델은 '이야기하는 존재'로서의 '우리'를 매개로 삶의 모습을 풀어내는 알레스데어 매킨타이어(Alasdair MacIntyre)를 인용하면서 현존재(現存在)로서의 인간을 설명한다. 매킨타이어는 『덕의 상실』(1981)에서 이렇게 이야기한다 : "우리는 누구나 특정한 사회적 정체성을 지닌 사람으로서 자신을 둘러싼 환경을 이해한다 … 나는 내 가족, 내 도시, 내 부족, 내 나라의 과거에서 다양한 빚, 유산, 적절한 기대와 의무를 물려받는다."1220)

샌델은 매킨타이어가 깔아놓은 사색의 길을 따라 인간을 '서사적 존재'로 파악하고 삶의 모습을 묘사한다 : "삶이란 특정한 통합이나 일관성을 갈망하는 서사적 탐색을 규정하는 것이다. 그 과정에서 여러 갈림길에 마주쳤을 때, 우리는 완전한 삶, 내가 관심을 갖는 삶으로 이끄는 길을 찾아내려 애쓴다. 도덕적 고민은 내 의지를 드러내는 것이라기보다 내 삶의 이야기를 해석하는 것에 가깝다. 여기에는 선택이 끼어들지만, 그것은 해석에서 나오는 선택일 뿐, 의지에서 나오는 절대적 행위가 아니다."1221)

샌델은 "나는 개인이라는 '자격'만으로는 결코 선을 추구하거나 미덕을 실천할 수 없다"1222)는 매킨타이어의 언명을 "나는 내가 속한 이야기[나는 누구인가?]와 타협할 때만이 내 삶의 서사를 이해할 수 있다"는 뜻으로 새긴다.1223) 내가 '속한' 이야기가 있으려면 나는 내 이야기가 만들어지고 내 이야기를 들을 수 있는 '공동체'의 일원이어야 한다. 공동체의 구성원들은 "우리는 누구인가"[정체성]를 알려주는 선인들의 이야기를 물려받음으로써 역사를 공유하고 서로의 이야기에 관심을 기울임으로써 연대의식을 확보한다. 연대의무에는 역사를 공유하여야 하는 도덕적 책임이 들어 있다. 공동체와 연대의식에 관한 샌델의 견해는 다음과 같은 언명에 잘 집약되어 있다 :

"인간을 자발적 존재로 볼 것인가, 서사적 존재로 볼 것인가를 결정하는 한 가지 방법은 사회계약으로는 설명할 수 없는 제3의 범주1224)에 속하는 의무를 인정하는가를 묻는 것이다. 그 의무를 연대의무 또는 소속의무라고 말해두자. 자연적 의무와 달리 연대의무는 보편적이지 않고 특수하다. 그 의무에는 우리가 떠안아야 할 도덕적 책임이 있다. 이 책임은 상대를 이성적 존재가 아닌, 역사를 공유하는 존재로 인식한다. 그러나 자발적 의무와 달리, 합의에 좌우되지는 않는다. 이 책임에 담긴 도덕의 무게는 소속된 자아라는 도덕적 고민에서, 그리고 내 삶의 이야기는 다른 사람의 이야기에 포함된다는 인식에서 나온다."1225)

이익조정의 기술에서 존엄가치로

샌델에 따르면, 정의와 권리에 관한 논쟁은 사회제도나 조직의 목적, 그것이 나눠주는 재화, 그리고 영광과 포상을 안겨주는 미덕에 관한 논쟁으로 이어질 수 밖에 없다. 법을 제정할 때 이런 문제에 중립을 지키려 노력하지만, 좋은 삶의 본질을 논하지 않고는 공정성을 말하기가 불가능해 보인다.1226) 사회과학으로서의 법학은 가치판단을 배제하는 것이 좋다고 인식되어 왔지만, 입법과정에서 '삶의 본질'에 관한 성찰이 이뤄진다면, 법은 '이익조정의 기술'에서 탈피하여 인간의 존엄가치를 실현하는 데 기여할 수 있을 것이다.

칸트에서 J.롤스에 이르기까지 자유주의 정치론을 주장하는 사람들은 목적론적 사고가 자유와는 어울리지 않는다고 우려하였다. 이들에게 정의는 적합성의 문제가 아니라 선택의 문제이다. 권리 할당이란 사람들에게 본성에 맞는 역할을 찾아주는 것이 아니라 스스로 역할을 선택하도록 하는 것이다. 그러나 아리스토텔레스에게 정의는 적합성의 문제이다.1227) 권리 할당이란 사회조직의 목적(telos)을 확인한 뒤에 그것과 관련한 역할에 적합한 사람을 찾아, 그에게 본성을 실현할 기회를 주는 일이다. 사람들에게 제 몫을 준다는 것은 그들의 자격에 맞는 공직과 영광을 주고 본성에 어울리는 사회적 역할을 부여한다는 뜻이다. 근현대의 정치론은 적합성이라는 개념을 불편해 했지만 샌델은 아리스토텔레스의 사고를 이어받아 적합성을 기초로 정의론을 전개한다.

공공선을 추구하는 정치의 모습

샌델은 목적론적 정의관에 기초하여 공공선을 추구하는 정치의 모습을 네 가지로 나누어 묘사한다 : "첫째, 정의로운 사회에는 강한 공동체 의식이 필요하다면, 사회는 시민들이 사회 전체를 걱정하고 공공선에 헌신하는 태도[시민의식과 희생 및 봉사를 키울 방법을 찾아야 한다.1228) 둘째, 시장은 생산활동을 조직하는 데 유용한 도구이지만, 사회적 행위를 시장에 맡기면 그 행위를 규정하는 규범이 타락하거나 질이 떨어질 수 있기에, 시장이 침입하지 못하도록 보호하고 싶은 비시장적 규범이 무엇인지 물을 필요가 있다. 이를 위해서는 善의 가치를 측정하는 올바른 방법을 놓고 공개 토론을 벌여야 한다.1229) 셋째, 빈부격차가 지나치면 민주시민에게 요구되는 연대의식을 약화시킨다. 공공 서비스를 더 이상 이용하지 않는 부유층이 납세를 꺼리면서 서비스의 질이 떨어진다. 다양한 계층의 시민들이 서로 만날 수 있는 곳에 학교, 공원, 운동장, 시민회관 같은 공공시설이 들어서지 않는다 … 이렇게 공적 영역이 비어버리면 민주시민 의식의 토대가 되는 연대와 공동체 의식을 키우기가 어려워진다.1230) 따라서 공공선을 추구하는 정치는 시민 삶에 기반이 되는 시설들의 재건을 1차 목표로 삼을 있다.1231) 넷째, 좋은 삶에 관한 문제에 공적으로 개입하는 행위는 시민의 삶을 침해하는 행위이자 자유주의적 공적 이성의 범위를 넘어서는 행위라고 여기는 사람들도 있으나 … 도덕에 기초하는 정치는 시민의 삶에 적극적으로 개입해야 한다.1232) 도덕에 기초하는 정치는 회피하는 정치보다 시민의 사기 진작에 더 도움이 된다. 더불어 정의로운 사회 건설에 더 희망에 찬 기반을 제공한다."1233)

공공선을 추구하는 정치에서는 규범 분석을 넘어 '사회적 힘'(soial forces)을 이용하는 방안이 장려된다. 사람들을 독려하기 위하여서는 사회적 압력이 이용될 수도 있다. 사회적 힘은 비슷한 입장에 처한 다수의 사람들이 패배주의나 자기불신을 극복하고 실행목표를 향하여 나아갈 수 있도록 행태의 변화를 유발하는 강력한 동인이 될 수 있다. 일단 사회적으로 상승기류가 형성되면, 사람들은 '규범을 초월하는 행태' 변화로 나아갈 수도 있다.1234)

타자의 윤리

프랑스 철학자 에마뉘엘 레비나스 (Emmanuel Levinas: 1906년~1995년)의 '타자의 윤리'(ethics of the Other)는 공동체를 넘어 '나와 타자와의 관계'를 중시한다. 현상학과 실존주의에 심취하였던 그는 타자와의 관계를 '존재를 넘어서는' 무한성으로 생각한다. 그가 타자를 설명할 때 쓰는 비유는 '타인의 얼굴'(Le visage d'Autrui)이다. 얼굴(visage)이란 몸과 사람 전체이다. 타인의 얼굴은 나에게 다가와 '얼굴을 보존하라'고 호소하며 때로 위엄있게 명령한다. 타인의 얼굴은 '살인하지 말라'는 가치관처럼 준엄한 얼굴은 다른 사람이 나에게 얼굴을 맞대고 접근하여 얼굴을 보존하라고 애원하고 위엄있게 명령하는 방식이다. 그 얼굴에는 "살인하지 말라"와 같은 최초의 그리고 유일한 명령이 담겨 있다.1235)타인의 얼굴은 '나'라는 관점에서 남을 바라보는 주관을 넘어서야 보인다. 한국사회에서 중시하는 체면(體面)이 겉치레(外觀)를 넘어 타자에 대한 배려로 나아간다면 '타자의 윤리'와 만날 수 있겠다.

레비나스는 러시아 문학과 히브리어 성경, 프랑스 철학을 대표하는 베르그송, 그리고 20세기 초반 혁신적인 사상가였던 독일 철학자 후설과 하이데거를 읽으면서 자신의 철학 사상을 정립했다. 그는 초기에는 현상학자로 활동했으나, 이후 '타자와의 관계' 속에서 무한을 향한 초월적 욕망을 밝혀냄으로써 현대 철학의 가장 전위적이고 대담한 입장을 확립한 철학자이다.1236)레비나스는 '존재'로 대표되는 서양철학의 전체성의 전통을 극복하고 존재보다는 시간의 흐름을, 전체성보다는 개별적이고 자유로운 것들을 존중하였다. 그는 자신이 사는 구체적 삶들을 '향유'하고자 한다. 레비나스에게는 사랑은 물론 성과 생활도 철학의 주제가 된다. '묵직한 것'들만을 소재로 잡는 서양철학의 전통에서 벗어나 '여성적인 것', '소소한 것', '하찮은 것'도 그에게는 철학의 중요한 소재가 된다.1237)

타자에 대한 책임

레비나스의 '타자의 윤리'는 법철학에서 '타자에 대한 책임'을 부각시킨다:1238) "지금까지 법학에서 책임이론은 주로 신, 주체, 절차에 의지하여 타자에 대한 책임을 논증하였다. 종래의 주관주의 책임이론에서 보면, 타자는 객체 내지 대상에 불과하다. 이에 반하여 레비나스는 타자에 대한 무한책임을 도출한다. 레비나스는 이를 위하여 실증주의로부터 비판받은 형이상학을 재인식한다. 나는 타자의 얼굴을 보면서 나의 책임을 인식한다. 나와 타자의 관계가 제3자로 확장될 때 의식, 이성, 언어, 그리고 법과 제도의 형성으로 이어진다."

법체계는 그 자체로 자족적인 완결된 체계일 수 없고, 초월적인 타자에 대한 무한책임으로부터 끊임없이 동력을 공급받고 그로부터 비판받아야 한다. "나의 권리보다는 타인에 대한 책임"에서 접근하는 레비나스의 철학은 오늘날의 법철학에 여러 가지 함의를 밝힌다1239): "법은 우리의 욕구와 그 절박성, 그리고 그 즉시성의 폭력으로부터 자유롭게 된 인간적 실존의 차원을 열어주어야 한다. 합법성이 윤리의 모든 문제를 해소하지는 아니하므로 법은 그 시초부터 부정의를 내포하고 있다는 관점에서 끊임없이 재검토되어야 한다. 법체계는 그 자신 안에 자신을 해체할 수도 있는 길을 열어두어야 한다. 이 경계에서 전통적인 저항권이나 시민불복종, 양심범 등의 개념은 새로운 지평을 연다. 근대 법체계의 기본가치인 인권은 타인의 인권으로 인식될 때 보편성과 상대성으로 나아갈 수 있다."

인류의 정의 (Human Justice)

2. 공화주의 [公治]

1) 개념과 함의

공화주의(共和主義 republicanism)는 공산주의 내지 사회주의를 표방하는 국가들도 천명하는 이념이다. 19세기 말 이후 사회주의가 공화주의의 이상을 계승·대체하는 세력으로 등장한 경험이 있어 일각에서는 사회주의와 공화주의를 혼동하는 경우도 있다. 중국 헌법은 사회주의적 생산·분배 원칙으로서 "사람이 사람을 착취하는 제도를 철폐하고 각자의 능력에 따라 일하고 노동에 따라 분배한다"(2018년 개정 헌법 제6조제1항)는 원칙을 제시한다. 나아가 같은 헌법은 공동소유를 주체로 삼고 노동에 따라 분배한다는 기본경제제도를 정립한다(제6조제2항). 중국식 사회주의는 과거 북한의 1972년 헌법이 규정한 "능력에 따라 일하고 필요에 따라 분배한다"는 공동체주의를 탈피하였다. 대한민국 헌법이 지향하는 공화주의는 대중들을 현혹시키는 사회주의 국가들의 사회주의와 다른 개념과 구조를 지닌다. 공화주의를 지탱하는 규범은 무엇일까? 한국 헌법이 명문으로 규정하는 공화주의 조항은 "대한민국은 민주공화국이다"라는 제1조제1항은 공화주의의 핵심규정이다.

> 중화인민공화국 헌법(2018.3.11. 개정) 제6조① 중화인민공화국의 사회주의 경제제도의 기초는 생산수단의 사회주의 공유제 즉 전민소유제와 근로대중의 집단적소유이다. 사회주의적 공동소유는 사람이 사람을 착취하는 제도를 철폐하고 각자의 능력에 따라 일하고 노동에 따라 분배하는 원칙을 실행한다. ② 국가는 사회주의 초급단계에 공동소유를 주체로 하고 여러 가지 소유의 경제가 함께 발전하는 기본경제제도를 견지하며 노동에 따른 분배를 주체로 하고 여러 가지 분배방식을 병존시키는 분배제도를 견지한다.

공화주의(republicanism)는 공동체의 공공선(common good)을 위한 시민참여를 강조하는 정부 이론이다.[1240] 공화주의는 폭정을 방지하고 국민의 자유를 증진시키기 위하여 다원적 헌법, 견제와 균형, 법의 지배(rule of law)를 통하여 국가와 국민의 공공선에 이바지하는 법률과 국가를 강조하는 주의이다.[1241] 공화주의는 로마공화정처럼 왕정[절대군주제]에 대립되는 개념으로 시작되었다. 현대의 공화주의는 장 자크 루소(Jean-Jacques Rousseau)의 일반 의지(總意) 개념에서 추론되는 사회계약의 한 형태이다. 각 시민은 국가와 직접적인 관계를 맺으며 지역적·종교적·인종적 편견을 배제한다. 현대에 이르러서는 미국의 권력분립과 프랑스의 국민주권의 개념 등이 공화주의의 가치로 발전하였다. 조선 후기 혜강 최한기(惠崗 崔漢綺: 1803년~1879년)의 공치(公治)[1242] 사상은 공화주의에 해당한다.

공화주의는 자유주의와 함께 민주주의를 실천하는 덕목으로 이해되었다. 자유주의가 경제와 개인주의에 기초한다면, 공화주의는 공동체의 가치인 시민들의 미덕과 공공선에 초점을 맞춘다. 마이클 샌델은 자유주의를 공화주의로 보완할 것을 지지하였다. 자유주의가 정의 중 正에 중점을 둔다면 공화주의는 정의 중 義에 중점을 둔다. 공화정의 정부는 혼자 다스리는 체제가 아니기 때문에 혼합정부 형태를 띤다. 코넬 법학원의 K. Sabeel Rahman 교수는 그의 책 『Democracy Against Domination』에서 공중통제에 기반을 둔 경제규제를 목적으로 공화주의를 부각시켰다.

2) 공화주의 규범 체계

공화주의에서는 법과 국가가 국민 내지 시민(populus)의 공동선(res publica)을 위하여 적절하게 존재한다. 로마의 공화정 전통에서 드러난 공화주의는 주권재민, 숙의하는 상원과 통제받는 하원을 갖추고, 독립된 사법부의 통제를 받으며 법의 지배를 받는 다원적 헌법의 견제와 균형을 통하여 공공선을 실현하는 정부를 요구한다. 일부 공화주의자들은 권력분립, 적기의 선거 또는 재산권의 평등을 추가하여 공중의 자유(libertas)를 보장함으로써 로마처럼 군중의 폭정과 군사적 전제주의로 전락함을 피하고자 한다. 공화주의적 자유는 법과 집행관에게 복종하고, 공공선을 위하여 행동하되, 사적 지배자의 개인적 욕구나 지배(dominatio)에 결코 복종하지 아니함을 뜻한다. 공화주의는 키케로 이래 균형 잡힌 정부와 법률을 통하여 시민들 사이에 이익의 조화를 도모하고 공공선을 반영하는 정의관을 이룩하여 공공선을 지향한다. 공화주의 이론은 공화국(res publica)에 가장 잘 부합하는 원칙과 기본 정치 구조를 발견함으로써 양법과 선량한 관습을 정립하고자 한다.[1243]

공화주의에서는 시민의 책임과 의무가 핵심이고, 모범시민은 개인적 이익을 공적 이익에 양보한다. 개인적 및 사적 권리에 관심을 두는 자유주의와 대조적으로, 공화주의는 시민이 공동체를 지원하기 위하여 협력하는 공민권과 의무를 강조한다. 공화주의의 필수요소는 개인, 공동체 및 정부의 관계에 대한 신념이나 책임부담으로서 다음과 같은 관념을 포함한다[1244]:

- 공동체의 요구는 개인의 그것보다 우월하다.
- 시민들은 공무에 광범위하고 협력적으로 참여할 의무가 있다.
- 시민들의 공동 정체성은 다양하고 개인적인 정체성보다 우선한다.
- 정치적 및 시민적 통합은 공동체의 다양성이나 다원주의보다 더 중요하다.
- 시민들은 의무, 책임 및 권리에서 평등하다.
- 시민참여는 정부에 대한 책임이자 개인적 성취를 이루는 수단이다.
- 국민주권은 좋은 정부의 기초이다.
- 좋은 정부는 시민들의 총의를 수행한다.
- 모든 시민들은 자치가 가능하다.
- 모든 시민들은 시민의 미덕을 발휘할 수 있고 이를 함양할 책무가 있다.
- 공화정부는 미덕을 갖춘 시민들의 지속적 시민참여와 정치참여에 의존한다.

이러한 범주에 따른다면 공화주의는 권리장전 상의 기본권 규범보다는 통치기구를 지도하는 원리에 해당한다. 같은 맥락에서 대한민국은 민주공화국임을 천명한 1987년의 헌법 제1조

제1항의 공화주의를 체계화시킬 수 있다. 1987년 헌법상 '법의 지배' 내지 법치국가원리 또는 자유민주적기본질서 계열에 속하는 주권재민(제1조②: 國民主權), 평등주의(제11조), 공공복리·명확성원칙·적법절차(제37조②), 권력분립: 입법권(제40조), 행정권(제66조④) 및 사법권(제101조①), 교육자치(제31조④), 지방자치(제117조), 시장경제체제(제119조) 규정들은 공화국 조항(제1조①)을 이행하는 공화주의 규범체계를 형성한다. 공화주의 원리 중 공동체 이념은 드러나지 않는다.

3. 공동체주의

1) 풍토

인도네시아 산촌의 순환형 생활양식과 산림관리[1245]

자카르타가 위치한 자바섬은 개발이 많이 진행되어 산촌이나 원시림에 접근하기가 쉽지 않다. 자바는 킬리만탄 등지와 달리 살기가 좋아 많은 인구가 집중되어 있기 때문이다. 국제임업연구소(CIFOR)가 위치한 보골시에서 자동차로 5시간 정도 달리면 오지에 속하는 '시르나 레스미' 마을에 도착한다. 큰 길에서 벗어나 골짜기에 들어섰는가 싶었지만 도로와 가까운 모든 구릉지대들은 논으로 개간하였거나 바나나, 야자, 고무나무등의 작물들을 재배하는 밭들이 펼쳐진다. 산은 산인데 숲이 보이지 않는다. 150여년 전에 형성된 시르나 레스미 마을의 주민들은 '순다' 말을 쓰고 회교를 믿는다. "모두 합법적"이라는 뜻을 가진 이 마을은 7개의 작은 마을들로 이루어져 있고 인구는 약4,800명이다. 소녀들은 약16살이 되면 결혼한다. 팔순 노인들이 흔하다. 정부에서 임명한 행정요원이 있지만 기능이 미약하다. 종교의례를 제외한 마을의 대소사는 세습 촌장이 주관한다. 아내가 넷인 촌장은 건강이 좋지 않아 외지 손님들과 상견례만 치르고 실제 마을 일은 부코리(Bukhori) 서기장이 처리한다. 3년 전에 전기가 들어왔는데 전등불은 저녁에만 켜진다. 걸핏하면 전기가 꺼진다. 전화는 아직 없다. 맨발로 다니는 사람들이 많다.

시르나 레스미의 생활양식은 자급자족하는 순환형이다. 토지와 물의 이용에 있어 특히 그렇다. 토지이용은 크게 산림 지역과 밭농사 지역 그리고 논농사 지역으로 구분된다. 생활용수는 골짜기로부터 대나무 관로로 받는다. 물이 공급되는 곳에는 모두 논농사를 짓는다. 논들은 모두 계단식이다. 집에서 나오는 생활하수들은 연못을 거쳐 논으로 들어간다. 촘촘한 대나무 발로 벽면을 두른 집들은 대부분 경사면에 오밀조밀 자리잡고 있다. 주거지역과 논들 사이에 연못들이 끼어 있다. 대부분의 집들이 전용 연못을 가지고 있는데 그 쓰임새가 자못 돋보인다. 물고기를 키우니 양어장인가 싶지만 이 물고기들은 집에서 나오는 음식찌꺼기들을 처리한다. 분뇨도 일단 연못으로 흘러들어간다. 집 안에 목욕탕을 둘 수 없는 집들은 연못 위에 나무로 수상식 목욕탕을 짓는다. 바깥에서 보면 안이 대충 드려다 보인다. 이 목욕탕은 경우에 따라 뒷간(화장실) 구실도 한다. 연못에서 넘치는 물은 논으로 들어간다. 연못의 물고기는 밥상에 오른다. 이모작이 가능하지만 땅을 괴롭히는 일이라고 하여 벼농사를 한 번만 짓는다. 그만큼 사람들의 시간이 남는다. 몇시 몇분에 만나자는 식의 약속은 보기 어렵다.

시르나 레스미 사람들은 그들의 산림지역을 3가지로 나눈다. 띠띠빤(Titipan), 뚜뚜빤(Tutupan) 및 가라빤(Garapan)이 그것이다(고유문자가 없는 인도네시아는 라틴어를 차용하여 그들의 말을 표기하기 때문에 여기에서는 한글로 음을 표기한다). 가장 높은 곳에 있는 띠띠빤은 신과 조상들을 위한 보존림으로서 접근이 금지된다. 중간에 있는 뚜뚜빤은 미래세대를 위한 보존림으로서 관리하며 때로 폐쇄된다. 가장 낮은 곳에 있는 가라빤은 논밭을 일굴 수 있는 지역이다. 이러한 산림의 구분은 분수계를 포함하여 산림자원관리의 요체를 이룬다. 한편 딸룬은 집을 짓는 목재나 땔깜등을 얻는 산림(용재림)이다. 딸룬은 뚜뚜빤에 속하는 것처럼 보이고 각자 소유처럼 보였지만 확인하지 못하였다. 딸룬에서 나무를 베는 남편을 도와 그 아래에서 나무를 다듬는 아낙의 모습은 보다 유익하고 빠르고 멋진 삶을 쫓는 경쟁사회의 이방인에게 충격을 던져준다. 마을 사람들 모두 전통적인 산림관리틀을 매우 존중한다는 사실은 매우 인상적이다. 오랜 관습에 의하면, 뚜뚜빤에서는 샘을 개발할 수 없고 물의 흐름을 해칠 수도 없다. 토착민들은 샘을 포함한 산림지역의 교란은 하류지역의 파괴로 이어짐을 오랜 경험으로 알고 있다.

마을의 전통적인 산림관리틀은 지속가능성을 보장하였다. 그러나 인도네시아 정부의 산림 개발정책은 산림을 파괴하고 결과적으로 마을에 물 부족을 야기시킴으로써 주민들의 생존 자체를 위협한다. 인도네시아 국영 목재회사는 뚜뚜빤 지역에서의 나무들을 모두 벌목하여 민둥산을 만들어버렸다. 여기 저기 물이 부족하여 묵히는 논들이 눈에 보인다. 게다가 주민들의 화전식 농법은 산림을 더욱 황폐화시킨다. 시르나 레스미 마을에서 다시 3시간 남짓 걷거나 오토바이를 이용해야 접근할 수 있는 '할리문' 국립공원 부근에 이르는 동안 무단으로 개간한 흔적들이 군데군데 눈에 띈다. 국영회사가 나무를 베자 주민들도 이판사판의 심사로 화전에 나선다. 감시자인 정부가 사업자로 변신하는 순간 산림을 감시할 감시자가 없어진 셈이다. 산림경찰이 가끔 오토바이로 순찰하지만 전통적으로 지켜온 뚜뚜빤까지 황량하게 만들어버린 상황에서 그 아래에 사는 주민들의 벌목을 '무허가'라고 단속하기는 어려울 것이다. 인도네시아의 시민단체(NGO)들은 이러한 악순환을 끊기 위하여 파괴현장에 뛰어든다.

보골에 본부가 있는 *RMI*와 같은 산림환경단체들은 산촌에서 주민들과 같이 살면서 그들을 설득계몽하고 정부가 나무를 베어버린 산에서 지도를 그려 경계를 다시 정하고 나무를 심고 있다. 아리프(*Arief*)와 같은 보골국립농대 출신의 젊은 활동가들은 자동차가 다닐 수 없는 험준한 산악에서 오토바이가 절실하지만 몇 시간이고 걸어 현장에 접근하고 산에서 잠도 잔다. 주민들과 친하게 지내는 모습이 보기 좋았다. 데데(*Dede*)와 같은 마을청년들도 이들과 친구가 되어 때로는 토속어(인도네시아에는 약250여 종족과 같은 수의 말들이 있다)를 통역해 토착관습 조사를 돕거나 산림을 재건하는 일에 참여하고 있다. 국유림과 동유림(마을산림)에 적용되는 제정법과 전통 관습법의 조화가 필요하지만 최근에 정권이 바뀐 중앙정부는 정국의 불안정

인류의 정의 (Human Justice)

때문에 일관성 있는 산림정책을 펴지 못하고 있다. 또한 최근에 *IMF* 등의 권고로 추진되고 있는 지방분권화 정책은 산림환경에 많은 영향을 미치고 있다. 인도네시아는 풍부한 천연자원과 성장잠재력을 안고 있으면서도 외세와 국가경영 능력의 결핍등으로 혼란을 겪고 있다. 문명간의 충돌로 문화가 동요하는 격변의 현장에서 한국사회의 과거와 현재를 가늠해 본다.

지역감정

2020년 제21대 총선에 나타난 대구 유권자들의 투표성향을 보면, 장 자크 루소의 전체의지가 생각난다. 루소의 논리에 따르면, 유신시대 98%의 유권자들이 일순간 헌법개정에 찬성하는 전체의지를 보였더라도 언제 어디에서나 보편적으로 타당한 일반의지(一般意志)가 될 수 없다.

영남 유권자들은 호남의 편향성을 견제하기 위해서라고 말하지만, 냉정하게 따지면, 투표는 이미 내재된 집단성향의 발로이다. 청백전의 유산이다. 좋고 싫고에는 이유가 없다. 그냥 싫은 것을 전체의지로 포장할 뿐이다.

총선에서 고배를 마신 K 의원은 영남인사가 아니란 말인가? 부침을 거듭하는 당색을 보고 물을 먹이다니... 참으로 무모한(wreckless) 전체의지이다. 유신헌법에 투표한 국민들이 뉘우쳤던 것처럼, 뒷날 일반의지가 회귀하였을 때, 많은 사람들이 민망할 것이다. K 의원의 권토중래를 기원한다.

백성이 주인

다산(茶山) 정약용(丁若鏞: 1762년~1836년)의 사상은 그가 말년에 집성한『여유당전서』(與猶堂全書)의 분석을 통하여 살펴볼 수 있다1246): 정약용은 일표이서를 통해 군주권의 절대성과 우월성을 내용으로 하는 왕권강화론을 제시하였다. 벌열(閥閱)이 권력을 장악하고 정치를 전횡하던 상황에서 국가 공권력의 회복을 위해 왕권의 절대성을 강조하였다. 그가 주장하는 왕권은 공권력을 대표하는 권위의 상징일 뿐, 절대왕정과는 거리가 멀었고, 영조와 정조대 탕평정책에서 추진되었던 왕권강화책과도 거리가 있었다. 그는 한때 국가의 최고 권력자인 천자(天子)도 인장(隣長)이나 이정(里正)과 같은 인민의 대표자들이 선출하여 추대해야 하는 것으로 생각하였다. 그리고 맹자가 주창하였던 폭군방벌론(暴君放伐論)의 입장에서 "민(民)은 폭군을 거부할 수 있다"는 데까지 나아갔다.

다산(여유당)은 국왕이나 관료가 공적인 관료기구를 통해 권력을 행사하는 것을 가장 이상적인 형태로 파악하였다. 그의 정치사상은 왕도정치의 이념을 구현하는 데 집중되었고, 주로 집권층의 정치관을 수정시키려는 방향에서 전개되었다. 집권층에 대하여서는 "위로는 국왕을 정점으로 하는 통치질서의 강화에 협조하고, 아래로는 애민(愛民)·교민(敎民)·양민(養民)·휼민(恤民)하는 목민지도(牧民之道)를 확립하고, 선진 시대 이래 유학의 기본적 가르침이었던 민본(民本)의 의식을 실천해야 한다"고 주장하였다.1247)

2) 사회적 가치와 사회적 시장경제

자본주의의 마법: 가상화폐

국제사회가 막연하게 합의한 지속가능성(sustainability)의 이면에는, 동의하기 어렵겠지만, 생태경제학자들의 상상을 뛰어넘어, 자본주의 체제를 지속시키려는 의도가 담겨있다. 잉여가치(剩餘價値)를 무한 확장하려는 시장의 욕망이 자본주의의 동력이다. 주식과 선물(先物) 그리고 외환은 자본주의 3.0의 꽃이었다. 갈수록 더 많은 재화와 서비스를 생산하려면 더 많은 자본과 노동이 필요하다. 늘어나는 자본과 노동을 흡수하려면 돌파구가 필요하다. 가속도의 법칙에 따라 확대되는 시장에서 인구부족은 자본주의의 적이다.

시장은 부족한 인력을 메우느라 자연인 외에 법인을 세웠고 이로 부족해 전자인(AI)을 창안했다. 화폐부족은 시장의 외연을 속박한다. 시장은 중앙은행의 속박을 벗어나기 위하여 가상화폐(假像貨幣)를 빚었다. 가상화폐는 외환처럼 거래 수단(화폐)이 투자대상(객체)으로 되었다. 자본주의는 AI를 구사하여 실물 없는 가상의 경제를 굴린다. 이 정도면 자본주의는 가히 마법(illusion)이다.

부동산 거품도 마법이다. 마법의 세계에서는 실물경제의 규모를 잘 파악하지 못하고 잉여가치의 왜곡과 불균형이 심화된다. EU의 경계권에 속하는 국가들이 유러화의 가치체계 속에 실물경제 감각이 무뎌진 것과 같다. 마술이 끝났을 때 사람들은 파국의 벼랑에 서 있음을 깨닫게 될 것이다.

기본소득론은 마법의 시장경제 경로를 걸을 것인가, 공동체경제 경로를 걸을 것인가를 택해야 한다. 시장의 마법과 탐욕 속에서는 기본소득이 곧 묻힐 것이다. 부동산 값이 기하급수적으로 뛰기를 바라는 사람들은 자본주의 마법 속에 살 수 밖에 없다.

자본주의와 결별해도 지속가능한 공동체경제는 어떤 의미에서 「성장의 한계」를 지닌다. 가파른 집값에 좌절하는 이 시대의 청년들이 어느 경로를 택할 것인가 궁금하다. 2021년 봄에 AI를 시켜 가상화폐를 채굴하는 청년들을 보면 운명의 주사위는 이미 던져졌다.

사회적 경제

사회적 목적을 가진 경제활동을 지칭하는 '사회적경제' 개념은 산업혁명을 시작으로 본격화된 초기 자본주의 이후 다수의 민중이 노동착취와 빈곤으로 고통받는 등 사회적 문제를 심각하게 발생시켰던 기존 경제학에 대한 비판으로 19세기 전반 프랑스에서 처음 사용되었다. 우리나라에서는 사회적가치론에 기반한 사회적경제체계가 정부의 성향에 따라 부침을 되풀이하지만, 프랑스에서는 사회적 경제를 사회연대경제(ESS)로 파악한다. 프랑스에서는 협동조합, 상호공제조합, 협회(사단) 또는 재단을 사회연대경제의 주체로 본다. 사회연대경제는 ㈎ 궁극의 목적이 이윤추구가 아닌 구성원이나 지역사회에 대하여 봉사하고 ㈏ 경영의 자율성을 추구

제2편 인류의 정의 (Human Justice)

하고 ㈐ 구성원에 의한 민주적 통제를 도모하는 한편 ㈑ 잉여분배에서 사람과 사회적 목적이 자본에 우선한다는 원칙에 따라 운영된다.1248)

사회적 가치의 정의

"인권, 노동권, 안전, 생태, 사회적 약자 배려, 양질의 일자리, 대·중소기업 상생협력 등 공공의 이익과 공동체 발전에 기여하는 사회적 가치가 경제 운영 원리의 중요한 축으로 자리 매김되어야 한다."1249)

'사회적 가치'란 고용창출이나 노동통합, 사회서비스 공급, 지역사회 재생, 공동체의 이익 실현, 환경적 지속가능성 등 노동, 복지, 인권, 환경 차원에서 공동체에 제기되는 문제를 해결하는 과정에서 생겨나는 재정적·비재정적 편익을 말한다.1250)

'사회적 가치'란 사회적·경제적·환경적·문화적 영역에서 공공의 이익과 공동체 발전에 기여하는 가치를 말한다.1251) 20대 국회에서 사회적가치기본법안을 추가로 발의한 김광온 의원은 언론과의 인터뷰에서 "사회적 가치 실현"을 "공공성의 강화"와 같은 말이라고 부연 설명하였다.1252)

사회적 가치는 사회적 경제의 이념으로 표현된다. '사회적 경제'란 구성원 상호간의 협력과 연대, 적극적인 자기혁신과 자발적인 참여를 바탕으로 사회서비스 확충, 복지의 증진, 일자리 창출, 지역공동체의 발전, 기타 공익에 대한 기여 등 '사회적 가치'를 창출하는 모든 경제적 활동을 말한다.1253)

사회적 가치의 개념과 원칙

사회적 가치는 경제적 가치와 구별되는 개념으로서, 개인을 초월(혹은 포함)하여 지속가능한 공동체를 위하여 지향하는 바람직한 가치를 말한다. 개인이 아닌 공동체를 지향한다는 점에서, 사회적 가치에는 공공성이라는 가치가 본질적으로 내포된다.1254)

사회적 가치란 '사익을 초월해 공공의 이익과 공동체의 발전에 기여하는 복지, 안전, 봉사, 연대, 협력, 균형, 생태, 윤리, 인권, 공정 등의 가치'를 의미한다. 사회적 가치의 구현은 고도성장 과정에서 소외된 분야나 배제된 사람을 지원하는 일에 최고의 우선순위를 부여해야 한다.1255)

사회적 가치는 사람들이 그들의 삶에서 체험하는 변화에 부여하는 상대적 중요성을 계량화시킨 것이다. 사회적 가치는 전부는 아닐지라도 일부가 시장가격으로 환산되기도 한다. 어떠한 조직 활동으로부터 영향을 받는 사람들의 관점에 따라 사회적 가치를 고려하고 측정하는 일이 중요하다.1256)

사회적 가치 체계는 이해관계자참여, 변화에 대한 이해, 중요한 것들에 가치를 부여하기, 실질적인 것들만을 포함시키기, 과도하게 주장하지 아니하기, 투명성, 결과검증을 7대 원칙으로 제시한다.1257)

유럽의회의 결의

사회적가치(social value)[1258]는 유럽연합이 추구하는 '사회적 경제'(social economy)[1259]를 뒷받침하는 가치와 맥락을 같이 한다. 유럽의회(the European Parliament)는 2009년의 「사회적 경제에 관한 유럽의회의 결의」(European Parliament resolution of 19 February 2009 on Social Economy (2008/2250(INI))[1260]를 통하여 "사회적 경제가 이윤을 연대와 결합시키고, 고품질의 일자리를 창출하고, 경제적·사회적·지역적 결속을 강화시키고, 사회자본[1261](social capital)을 생산하고, 능동적 시민정신과 연대를 고양하고 사람들을 제일 존중하는 민주적 가치를 지닌 경제의 형태를 고양하는 한편 지속가능발전과 사회적·환경적·기술적 혁신을 지지함으로써 유럽경제에서 필수적인 역할을 수행함"(전문 1)을 지적한다.

공유가치창조

사회적 가치 창출은 기업의 공유가치 창출(CSV·Creating Shared Value)과 상통한다. 마이클 유진 포터 미국 하버드대 교수 등이 2011년 하버드 비즈니스 리뷰(HBR)에서 기업의 사회적 책임(Corporate Social Responsibility: CSR)을 개선하는 개념으로 소개하면서 주목받기 시작했다. CSR은 기업들이 경영 이익의 일부를 사회공헌 활동이나 친환경 활동, 소비자 보호활동 등을 통해 사회와 함께 나누는 것이다. 여기서 더 나아간 것이 공유가치창조(Creating Shared Value: CSV)이다.

기업의 활동 자체가 경제적 수익을 추구함과 동시에 사회적 가치를 창출하도록 하는 것이다. 기업이 핵심 비즈니스 역량을 연계시켜 지역사회와 함께 빈곤, 건강, 환경 등의 사회문제를 해결함으로써 공유가치를 만들어 낸다.[1262] 사회적 책임의 설정과 이행은 사람들의 행태를 극적으로 극적으로 변화시킬 수 있다.[1263] 물론 사회적 책임 전략이 초래할 수도 있는 부작용이 있을 수도 있다. 이 경우에는 비공격적인 사회적 압력(social pressure)을 동원할 수도 있다.[1264]

사회적 영향투자단의 설치

2013년에 G8은 런던에서 사회적영향투자포럼(the G8 Social Impact Investment Forum)을 개최하고 사회적영향투자단(the Social Impact Investment Taskforce: SIIT)을 설치하였다. 같은 TF의 연구반(IMWG)은 2014년에 사회적 가치를 위한 투자의 영향을 측정하는 지침을 담은 보고서[*Impact Investment: The Invisible Heart of Markets—Harnessing the power of entrepreneurship, innovation and capital for public good*]를 발표하였다.[1265] 오스트레일리아, 캐나다, 프랑스, 이탈리아, 일본, 영국 및 미국에서도 발표된 같은 보고서는 기업들이 당면한 쟁점들을 해소하는 이바지할 수 있는 기획(Early stage ideation), 기업경영전략(Strategic business planning), 변화의 이론(Theory of change), 영향의 측정 및 계량화(Measuring & demonstrating impact), 영향력투자의 기반조성(Impact investment readiness) 그리고 전략 워크숍과 훈련의 촉진(Workshop

and strategic session facilitation) 방안들1266)과 정부들에 대한 권고안을 기술한다. 독립조직으로 출범한 사회적투자단(Social Investment Taskforce)은 의뢰인들에게 최상의 보답을 제공하기 위한 기회를 증진시키는데 초점을 맞춘다.1267)

프랑스 사회적경제법

2013년에 발의된 프랑스 사회경제법은 ㈎ 국민(대중), 경제주체 및 당국의 눈에 맞추어 경제적 모델에 대한 인식과 가치를 부여하기 위해 ESS의 개념 및 그 범위와 특수성을 법에 명시적으로 규정한다. ㈏ ESS의 경제적 모형 증진을 위하여 교육과 네트워크를 중시한다. ㈐ 공공정책의 수립과 시행을 통하야 기관과 정책의 일체화를 도모한다. ㈑ 특히 협동조합의 범주에서 ESS의 지원 내지 재원조달에 관한 공공정책을 집약하여 임금근로자들이 기업을 인수하지 못하도록 하는 제한을 철폐한다. ㈒ 공공투자은행을 동원하여 경제적 지원을 실시하며 ESS 기업을 위한 적립금 활용의 방향을 제시한다. ㈓ 공적 수요와 안정적 후원을 통한 재원조달 등을 보장한다.1268)

자유시장경제론

2018.3.30. 우리나라 국회 환경노동위원회 고용노동소위원회가 개최한 '사회적경제 기업제품 구매촉진 및 판로지원에 관한 특별법' 제정을 위한 공청회에서 자유시장주의 학자인 전삼현 숭실대 교수(법학)는 다음과 같이 공술하였다.1269)

"(본인은) 개인적으로 사회적경제 기업이라는 용어를 별로 좋아하지 않는다. '보완기업'이라고 해야 한다. 헌법에는 사회적경제라는 용어가 없는데 학자들이 쓰고 있다. (자유시장경제를 지향하는) 헌법 취지를 보면 사회적경제라는 용어가 법률에 들어가는 것은 부적절하다."

이 공청회에서 전삼현 교수는 "사회적경제 기업제품 구매촉진법 제안이유에서 밝힌 것처럼 '경쟁주의와 양극화를 조장하는 시장경제를 치유하고 보완해 줄 인간적 경제기제'로서 법을 제정해 시행하는 것은 헌법이 보장하는 자유시장 경제질서를 부정하는 것으로 오해받을 가능성이 높다"고 밝혔다. 전 교수는 "상당수 헌법학자들이 사회적 시장경제질서를 우리 경제헌법 기본원리로 보고 있지만 헌법재판소는 사회적 시장경제질서라는 용어를 사용하지 않고 있다"고 주장하였다.

우리 헌법재판소는 1998년과 2001년에 '사회적 시장경제질서'를 명시적으로 인정하는 결정을 내린 바 있다. 당시 서형수 국회의원은 "사회적경제가 헌법 경제원칙을 부정한다는 주장은 현행 사회적기업 육성법이나 협동조합 기본법 등 사회적경제 기업을 육성하는 법률과 지난 정부부터 추진하고 있는 사회적경제 활성화 관련 정책을 모두 부정하는 것"이라고 반박하였다.1270)

3) 협동조합의 행로

훈장은 "나무에 올라가라"고 말씀하시고, 악동은 밑에서 나무를 잡아 흔들면 나무 위에 올라간 학동이 어떻게 될까? 정치권과 중앙정부는 연일 개혁을 주창하는데 일선 금융기관은 계속 악동 노릇에 여념이 없다면 국정이 어떻게 될까? 농협은 작금 춘향전에 나오는 "(잔치의) 촛농이 떨어질 때 백성들의 눈물이 떨어지고 (양반들의) 노래소리 높은 곳에 백성들의 원망소리도 높구나"(촉루락시민루락 燭淚落時民淚落 가성고처원성고 歌聲高處怨聲高)라는 대목을 연상시킨다. 시중의 여느 금융기관이 아니라 농업인 기반의 농협이 악동 역할을 맡아 원성을 듣는다.

코로나19 사태로 중소상공인이나 영농·영어 조합 등의 자금난이 가중되는 가운데 곳곳에서 다반사로 일어나는 대출 연좌제가 원성을 야기한다. 경북 상주 소식통(2020.7.31.)에 따르면, 어느 포도영농조합법인은 한국 최초로 식품연구원으로부터 발사믹 식초 제조기술을 지원받아 연구개발에 착수하였다. 발사믹식초는 현재 국내 기술로 개발되지 아니하여 전량 수입에 의존하는 형편이다. 대기업도 아닌 영농조합이 첨단 기술에 도전한다는 것 자체가 희귀하고 장한 일이다. 포도 농가가 발사믹식초 개발에 나섬은 농림축산식품부가 농어촌 활성화 차원에서 장려하는 융복합(6차)산업 정책과 부합한다.

영농조합이 국내 초유의 제품을 개발하려니, 비록 기술을 넘겨받았지만, 생산공정 설계에서부터 기계제작 그리고 제조와 유통에 이르기까지 골고루 자금이 들고 장애의 연속이다. 어렵사리 경상북도와 상주시청으로부터 자금을 지원받아 수년간의 노력이 드디어 빛을 보는가 싶었지만 20% 상당 4천만원의 자부담이 다시 발목을 잡았다. 영농조합은 결국 조합 대표자의 부동산을 담보로 서상주농협에 대출을 신청하기에 이르렀다. 하지만 이 부동산에 7백만원 상당의 근저당 채무가 남아 있어 이를 갚지 않으면 근저당 해지가 불가능하였다. 그래서 이를 완제하였다.

하지만 여전히 장애가 남았다. 이 부동산에 연동된 다른 3천8백만원의 대출이 발목을 잡았다. 영농조합은 달리 융통하여 이것을 갚았다. 하지만 새로운 시련이 기다렸다. 농협은 "영농조합 대표자가 농협으로부터 신용으로 대출받은 4천만원의 채무까지 마저 갚아야 근저당을 해지해 주겠다"는 이른바 '대출 연좌제'를 꺼냈다. 그렇다면 4천만원의 담보대출을 받기 위하여 모두 8천5백만원의 채무를 갚아야 된다는 셈법이다. 4천만원이 필요해 대출을 받겠다는 영농조합이 8천5백을 동원해야 한다면 대출을 받을 실익이 있겠는가? 도대체 이런 셈법은 어디에서 나오는 것일까?

담보물에 걸려 있는 잔존 채무나 다른 연대보증을 상환하라는 요구는 당연하겠으나 계열과 근거가 완전히 다른 "신용대출까지 상환해야 담보물에 설정된 근저당을 해지해 주겠다"는 규제는 대한민국 어느 법령에도 또 어느 금융거래약관에도 없다. 이는 부당한 관행이 아니라 횡포이다. 국무총리실 민관합동규제개선기획단은 지금도 불합리한 규제를 개선하기 위하여 노력한다. 그럼에도 수많은 단위농협들을 거느린 굴지의 농협중앙회가 일선 조직들을 관리

인류의 정의 (Human Justice)

하지 못하여 새마을금고나 신용협동조합에서도 찾을 수 없는 금융 관행을 되풀이한다면 전국 차원의 금융개혁은 불가능할 것이다.

돌이켜 보면, 이런 사태는 근본이 왜곡되어 일어나는 현상이다. 농협은 농업인들을 위하여 농업인들에 의하여 설립된 자조조직[공동체]임에도 어느덧 협동조합 본연의 자세로부터 멀어져 농업인들의 현황을 살피고 협력하는 공동체 기구가 아니라 유통과 금융기관으로 변모하였다. 사회적 경제의 활성화와 사회적 경제주체들의 약진은 우연이 아니다. 협동조합기본법이 중소 협동조합과 사회적 협동조합에 법인격을 부여하고 활동을 장려함은 농협 등 한국의 전통적인 거대 협동조합들이 본연의 정신에서 벗어나 있음을 시사한다.

금융기관으로서의 농협이 시중은행에서도 찾아볼 수 없는 관행을 되풀이하는 대출 연좌제는 비리는 아니더라도 적폐이다. 농협이 기술개발에 어려움을 겪는 영농조합법인을 도와주지는 못할망정 원칙에 벗어나는 대출 연좌제를 태연히 반복함은 밑둥에서 나무를 흔드는 행동과 다를 바 없다. 농협에 개혁이 필요한 부문이 비단 금융뿐일까? 공동체는 경쟁이 아닌 상부상조를 정신으로 삼는다. 융복합(6차) 산업 활성화에 애쓰는 농업인들을 도와주지는 못할망정 방해하지는 말아야 할 것이다.

제4장 선과 형평의 기술

제4장
선과 형평의 기술

공화주의와 공동체주의의 덕목은 공공선(公共善)이고 그 척도는 형평(衡平)이다. 로마법에서는 켈수스(Celsus)의 언명처럼 선(善)과 형평이 공존하였다. 헌법 상 흔히 '공공복리'(public welfare)로 표현되는 공공선은 정치인들에게 마(魔)의 벽으로 작용하는 이익 중심의 복리를 넘어서는 불확정 개념으로서 당대의 사회가 공감하는 이상가치를 담는다. 형평은 "같은 것은 같게" "다른 것은 다르게" 처우하는 기술을 요한다.

1. 권리장전과 통치기구의 운용

1) 존엄가치의 해석

"모든 사람은 자유롭게 태어났다. 그러나 사람들은 도처에서 구조적 억압[질곡]에 시달린다. 남의 주인을 자처하는 자가 그 남보다 더 심한 노예상태에 빠져 있다."[장자크 루소]. 인간은 사회적 존재로 태어났으나 사회적 지위의 고하와 관계없이 존재하는 개체 그 자체로서 존엄성을 가진다. 헌법규정에 따르면, "모든 국민은 인간으로서의 존엄과 가치를 가지며, 행복을 추구할 권리를 가진다. 국가는 개인이 가지는 불가침의 기본적 인권을 확인하고 이를 보장할 의무를 진다"(1987년의 헌법 제10조). 국가 전체의 법체계에서 헌법 제10조는 헌법이 규정하는 전체 기본권을 지도하는 핵심 기본권[主基本權]으로서 헌법핵(核)을 이룬다. 존엄가치는 다른 기본권보다 두터운 보장을 받는다. 국가가 공공복리 등을 이유로 다른 기본권을 제한할 경우에 그 척도로 작용한다.

존엄은 인간이 가지는 여러 가지의 가치 중 최고의 이념 형태를 의미한다. 그러나 존엄가치는 "높고 엄숙하다"는 사전적 의미를 넘어 인간의 본성을 표상한다. '존엄'이란 서구 사상에서는 정체성[identity]을 말하고 불교사상에서는 '개체 고유성'을 말한다. 정체성이란 존재의 근원을 지칭한다. 그것 없이는 인간이라고 말할 수 없는 그 무엇을 정체성이라고 본다[부정·否定의 변증법]. 개체고유성이란 존재하는 모든 개체가 이 우주에서 역사적·생물학적으로 유일한 존재[천상천하 유아독존 天上天下 唯我獨尊]임을 뜻한다.

존엄가치는 폭넓게 적용된다. 존엄가치는 헌법의 선언이전에 인간으로서의 존재에 기초하여 부여되는 천부인권(天賦人權)에 해당한다. 외국인이나 난민이라고 할지라도 존엄가치를 가진다. 태아도 존엄가치의 주체이다. 존엄가치뿐만 아니라 다른 기본권도 불가침의 기본적

제2편 인류의 정의 (Human Justice)

인권에 해당한다. 헌법 제10조는 ①기본권 전체가 불가침이고 ②개인이 기본권의 주체이며 ③ 국가가 이를 보장할 책무가 있음을 선언한다. 존엄가치는 단순한 선언이 아니라 구체적 효력을 발휘한다. 헌법 제10조에 따라 개인의 존엄가치, 행복추구권 및 기본권 일반은 국가[정부]의 침해로부터 보호를 받는다[주관적 공권]. 국가기관이 아닌 민간 집단에서 또는 사인 상호간에 기본권이 침해될 때에도 같은 보장을 받는다[기본권의 제3자적 효력].

존엄가치는 중층적 가치체계를 지닌다. "존엄과 가치를 가진다"라는 말은 인간으로서의 '존엄'과 인간으로서의 '가치'를 가진다는 내용을 포함한다. 존엄은 가치와 별개의 개념이 아니라 그 예시 [존엄 ⊂ 가치]에 해당한다. 존엄가치는 존엄이외에도 생명가치와 같은 여러 가지의 가치 체계를 지닌다. 존엄가치는 행복추구권과도 연결된다. 헌법 제10조(제2문)의 '행복을 추구할 권리'는 인간의 존엄가치와 표리를 이룬다. 행복추구권은 국가가 성립하기 이전부터 각 개인에게 "생래적으로" 부여된 천부인권으로서 정치적 개인주의 내지 철학적 자유주의의 법적 표현이다.

인간의 존엄가치 규정은 영미법계에서는 없다. 미국은 행복추구권과 사생활의 자유[프라이버시 권리]로서 인간의 존엄가치를 갈음한다. 한국(헌법 제17조)과 달리 미국은 헌법상 명문 규정 없이 판례법(case law)으로 프라이버시(privacy)를 발전시켰다. 우리 헌법이 규정하는 양심의 자유(제19조)는 존엄가치와 표리관계를 이룬다[존엄가치 = 행복추구권 = 사생활의 자유 = 양심의 자유].

2024년 10월 한국인 최초로 노벨 문학상을 수상한 한강 작가의 작품들은 폭력 앞에 저항하는 인간의 존엄가치가 나약할 수 있음을 시사한다. 스웨덴 한림원은 "한강의 작품들이 광범위한 장르를 넘나들면서 역사적 트라우마를 직시하고 인간 삶의 연약함을 드러내는 강렬한 시적 산문"이라는 선정 이유를 밝혔다. 한강 작가는 2016년 소설 『채식주의자』(2007년 作)로 세계 3대 문학상 중 하나로 꼽히는 맨부커상 인터내셔널 부문을 수상한 바 있다. 『채식주의자』는 음식 섭취 규범에 복종하기를 거부하는 한 여성이 겪는 폭력적인 결과를 묘사한다. 앤더스 올슨 위원장은 그가 "역사적 트라우마와 보이지 않는 규칙에 맞서며, 작품마다 인간 삶의 연약함을 드러낸다"고 전했다. 『소년이 온다』(2014년)는 1980년 5월 18일부터 열흘간 있었던 광주 민주화 운동 당시의 상황과 그 이후 남겨진 사람들의 이야기를 들려준다. 개인의 정체성은 존엄가치의 본질이다.

"중학교 3학년이던 소년 동호는 친구 정대의 죽음을 목격한 이후 광주도청 상무관에서 시신들을 관리하는 일을 돕게 된다. 매일같이 합동분향소가 있는 상무관으로 들어오는 시신들을 수습하며 주검들의 말 없는 혼을 위로하기 위해서 초를 밝히던 그는 시신들 사이에서 친구 정대의 처참한 죽음을 떠올리며 괴로워한다. 그리고 그날, 돌아오라는 엄마와 돌아가라는 형, 누나들의 말을 듣지 않고 동호는 도청에 남는다. 동호와 함께 상무관에서 일하던 형과 누나들은 5·18 이후 경찰에 연행되어 끔찍한 고문을 받으면서 살아 있음을 치욕스러운 고통으로 여기고 일상을 회복할 수 없는 무력감에 빠진다."[1271]

프라이버시: 외투 속에 껴입은 허름한 속옷을 들추지 말라

육군사관학교를 졸업하고 하버드 케네디스쿨에서 석사를 받은 육군소령 출신으로 우주산업 혁신 멘토 겸 군사전략가로 알려진 DY 교수(SK대학)가 2021년 12월초 사생활(프라이버시) 논란으로 ○○당 L 후보의 공동상임선대위원장직을 맡은지 며칠만에 사퇴했다.

야당의 여느 쟁쟁한 선거대책위원장들처럼 정치나 선거 경험이 거의 없는 군사전략가를, 젠더·나이 및 경력을 중시여겨, 험한 정치판 한 가운데 대항마로 앉혔다가 지켜주지도 못한 당 지도부의 무모한 선택이, 참으로 한심하지만, 개인의 사생활이 공생활을 망가뜨리는 곤경에 처하였다.

남들이 손가락질할 때 나서는 일은 어리석겠으나, 인권 차원에서 변호가 필요하다. 강아무개 변호사가 폭로한 의혹들이 설혹 모두 사실이라고 하더라도, 그것은 모두 사생활(私生活)의 영역에 속한다. 폭로 자체가 범죄이며 이를 정치적 공격의 소재로 삼는 것도 선정주의 소산이다.

DY 교수가 前 남편과 사는 동안 낳은 혼외자를 이혼후 자신이 키웠다면, 세인(世人)들은 "아~ 그랬단 말이야?"라고 쑥덕거릴 수는 있겠으나, 사회적 비난을 퍼부을 자유가 없다. 개인의 사생활을 파헤쳐 공개하고 정치적으로 이용함은 그 내용이 사실이더라도 명예훼손이다.

당 지도부의 대응은 부적절했다. "자라 보고 놀란 가슴 솥뚜껑 보고 놀란다"는 속담을 연상시킨다. 물론 선대위원장의 약점이 후보 자신의 약점을 가중시킬 수도 있다. 후보가 나서서 감싸기에 벅찼을 지도 모른다. 그래서 감탄고토(甘呑苦吐)하였단 말인가?

가까스로 "의혹은 사실이 아니다. 법적으로 강력하게 대응하겠다"고 소극적으로 방어할 일이 아니었다. 법원으로 들고가서 무슨 낙(樂)을 보겠는가---"혼외자와 이혼 사건은 헌법이 보장하는 사생활의 세계에 속한다."고 정면으로 대응함이 옳았다.

사생활(프라이버시)의 비밀과 자유를 보장한다(헌법 §17)는 헌법정신은 "외투 속에 겹겹이 입은 허름한 속옷을 들추고 싶지 않고, 양파 껍질 벗기듯 개인사를 자꾸 벗기고 싶지 않은" 개인의 자유를 보호한다.

미국 연방대법원 판례는 프라이버시 권리를 "나를 내버려 두라"(Let me be alone)는 말로 옹호하였다. 한국사회에 양식이 남아 있다면 동정은 못할 망정 무지막지한 돌팔매를 거두어야 한다.

양심의 자유: 방향착오

우리 군(軍)이 사소한 일들에 명예를 잘못 건다. 양심적 병역거부자에 대한 국방부의 용어 바꾸기와 제주 강정 해군기지에서 쓰레기 버리기가 그렇다. 2019년을 맞이하면서 우리 국방부는 양심적 병역거부자를 「종교적 신앙 등에 따른 병역거부자」로 바꾼다고 발표했다. 딱하다.

'양심적'이라는 표현에서 '양심'은 착하거나 고결한 마음이 아니라 자기 내면의 의사(内心)를 말한다. 헌법(제19조)은 "모든 국민은 양심의 자유를 가진다"고 선언함으로서 양심의 자유를 보장한다. 양심적 병역거부자는 이 조항에 따라 붙여진 명칭이다. '양심적 반전론자'와 상통한다.

제주강정기지에서 해군은 카메라로 촬영하기 전에 쓰레기를 주워서 촬영을 위해 이를 다시 버렸다. 전형적인 전시행정이다. 연안에 널린 것이 쓰레기인데, 주운 쓰레기를 다시 버림으로써, 군의 양심에 그루터기를 남겼다.

2) 품위 있게 죽을 권리: 100세 앞의 고독1272)

"시집을 가고 싶지 않다"는 처녀의 말, "밑지고 판다"는 상인의 말 그리고 "빨리 죽고 싶다"는 노인의 말은 널리 알려진 3대 빈말이다. 그러나 같이 NGO 활동을 하는 친구의 모친이 하시는 말씀과 정부위원회에서 같이 일하는 기초의학 전문가의 이야기를 들어보면, 연로한 어르신들께서는 배우자가 있어도 외로움을 심하게 탄다. 친구 자당께서는 가끔 말씀하신다: "사는 게 참 무료해…자꾸 오지 말고 나 죽거든 와 ~"

이쯤이면 "빨리 죽고 싶다"는 노인들의 말씀은 빈말이 아닐지도 모른다. 80대 중반이 고비인 것 같다. 계모임은 언제쯤 막을 내릴까… 동창회는 언제가 마지막일까… 언제까지 여행을 다닐 수 있을까… 산책은 언제까지 가능할까… 죽음은 언제 찾아올까… 이 모든 화두가 노인들을 엄습한다. 주변 친구들의 죽음은 노년의 외로움을 특히 가중시킨다. 터키의 고전 『투티나메』(Tuti Nameh)는 수많은 이별을 감당하기 어려워 영생까지 포기하는 이야기를 전한다.

이슬람 문명권에서 『아라비안 나이트』와 비교되는 작자불명의 『투티 나메』는 14세기 페르시아 시인 낫셰비에 의해 페르시아어로 번역된 이후 수 세기에 걸쳐 각국 말로 소개되면서 세계적 고전이 되었다. 우리나라에서는 20년 전 『밑도 끝도 없는 이야기』로 출간되었다. 이 고전은 시리아의 사냥꾼에게 붙잡힌 지혜로운 앵무새 이야기부터 시작된다. 코바트 황제의 고문이 된 앵무새는 "황제를 독살하려 했다"는 누명을 쓰고 사형을 언도받는다. 고문 앵무새는 인생의 지혜가 담긴 이야기를 들려주겠다며 하룻밤 처형을 유예받는다. 이렇게 시작된 이야기 속에 의술 앵무새 이야기가 다시 나온다.

의술 앵무새는 자기를 총애하는 왕에게 생명수 열매를 바쳤다. 왕은 이를 먹지 않고 심었더니 많은 열매가 달렸다. 열매를 먹은 사형수가 죽어버렸다. 격노한 왕은 앵무새의 처형을 명했다. 앵무새는 "그리스 공주를 사모한 중국황제의 이야기를 들어보지 않겠느냐"며 처형을 면했다. 날이 새고, 왕이 앵무새의 말을 듣고 나무를 불태우자 아래에서 구렁이가 나왔다. 왕이 그 열매를 먹자 젊어졌다. 왕은 회춘을 꿈꾸는 노년을 대변한다. 이어지는 이야기 속에 '살로모 왕과 영생'이 등장한다.

어느 날 터키의 살로모 대왕은 아끼던 앵무새가 방자하게 굴자 사형을 명했다. 방자 앵무새는 대왕에게 살 방도를 간청했다. 대왕은 불사의 방법을 알아오면 살려주겠다고 답했다. 며칠 후 앵무새는 대왕에게 말했다. "불사의 비결을 찾았나이다. 아뢰옵기 전에 여쭙겠나이다. 영생하시오면 손자의 손자까지 사랑하는 이들의 죽음을 끝없이 지켜보실 터인데, 그 수많은 이별을 어떻게 다 감당하시겠사옵니까?" 크게 감탄한 살로모 대왕은 앵무새를 사면했다.

불사의 노년은 수많은 이별을 감당하기 어렵고, 과거를 거슬러 회춘한 노년은 가족과 친지들과 어울릴 수 없다. 고전의 가르침대로 회춘도 영생도 마다하고 그대로 늙어가려니, "내 나이가 어때서"라고 외치지만, 내심 무료하고 고독하다. 육신은 고달프고 정신의 총기도 떨어진다. 저축한 돈을 곶감 빼먹듯이 쓰고 연금으로 생계를 지탱하지만 삶이 재미가 없다고 느낀다. 정든 곳에서 살던 대로 살다가 죽고 싶음에도, 자식들은 "부모 시중이 어렵고 다칠 우려가 있다"며 "요양병원에 들어가시라"고 등을 떠민다.

1인당 국민소득 3만 달러 시대 우리나라 노인들의 좌표가 이렇다. "어떻게 살 것인가?"(How to live?)는 청년부터 노년까지 따라다니는 철학적 명제이다. 만99세의 김형석 명예교수는 고독을 면하고 건강을 유지하려면 "늙어도 열심히 일하고, 사회에 봉사하라"고 권한다. 사회봉사는 개인적 과업이지만, 일자리는 사회공동체, 시장 및 정부의 공동과업이다. UN 지속가능발전목표(SDG)는 빈곤퇴치를 으뜸으로 꼽는다. 노년빈곤의 방치는 경제와 복지 양면에서 치명적이다.

4차 산업혁명을 앞세운 첨단 일자리는 청장년들의 몫이다. 월 100만원 내지 60만원의 수입을 올릴 수 있는 노년의 일자리들은 첨단이 아닌 재래산업에 있다. 월 50만원의 정부 지원금에 그쳐서는 아니 된다. 교육, 자문, 안내, 경비, 관리, 판매, 농업, 자원순환 등에서 노년형 일자리를 개발하여야 한다. 노년의 일자리는 노인을 무료함에서 벗어나 건강하게 만드는 복지정책이다. 조기 퇴직 후 여력이 있어 노는 데 몰두하는 베이비부머들은 쉴 만큼 쉰 다음 사회봉사를 통해 존재가치를 높일 수 있을 것이다.

3) 좌파·우파 그리고 보수·진보의 대결과 수렴

인류사회에서는 궁극적으로 '가진 자'와 '가지지 않은 자'가 대립·항쟁한다. 흔히 사람은 고매한 인격의 소유자를 제외하고는 재산, 권력, 명예 그밖의 대상을 가지고자 한다. 인류의 투쟁은, 전쟁을 포함하여, 부자(富者)와 빈자(貧者) 사이의 대립항쟁이다. 지키려는 입장에서는 현상이 좋아 보수화되고, 쟁취하려는 입장에서는 현상을 변경하고자 진보를 지향한다.

등골이 서늘한 자충수

"5·18 때 광주에 북한 특수군 600명이 침투했다"고 주장하는 인사들은 우리 군의 광주 출동과 그 과오를 덮기 위하여 더 큰 과오를 범한다. 예컨대, 지○○씨는 2018년 4월 네이버 블로그에 "5·18은 북에서 파견된 특수군 600명이 또 다른 수백 명의 광주 부나비들을 도구로 이용해 감히 계엄군을 한껏 농락하고 대한민국을 능욕한 특수작전"이라고 주장했다.

이 주장은 당시 우리 군과 경찰 그리고 출입국관리체계가 무방비였음을, 국방이 없었음을, 시사한다. 600명이 왔었을 형편이라면 6,000명인들 못 왔었겠는가. 등골이 서늘한 가설이다. 이러한 허구는 우리 군인과 경찰관 및 공무원들에 대한 무시와 불신 그리고 명예훼손일뿐만

제2편 인류의 정의 (Human Justice)

아니라 국가안보 체계의 기저를 전면으로 부정한다. 북측의 침투실력에 대한 찬양이다.

전세계적으로 나치와 같은 극우 세력들이 자유라는 이름으로 창궐한다. 태극기의 빛을 가리는 소수의 세력을 옹호하기 위하여 국기(國基)를 뒤흔드는 저들의 행동은 자충수이자, 성동격서(聲東擊西)요, 제 닭 잡아먹기이다.

술(術)과 세(勢)를 겸비한 지도자

2019년 8월부터 한국의 조야는 J 법무부장관 후보자 지명을 둘러싸고1273) 정쟁으로 뜨거웠다. 장차 이 나라가 어떻게 되려고 이렇게 국론이 분열되고 앞이 캄캄할까? 언론은 우리나라가 일본의 수출심사우대국목록(화이트 리스트)에서 배제되면 나라경제가 곧 망할 것 같이 보도하더니, J 후보자 지명으로 화이트 리스트는 간 곳 없고, 한일군사정보보호협정 파기 시비도 사라졌다. 그 대신에 J 후보자가 임명되면 국정이 두 쪽 날 것이며 대통령의 레임 덕이 시작될 것이라고 난리다. 표창장 같은 개인의 사문서 위조만 중요하고 권력기관의 피의사실공표는 간 곳 없다. 일부 국회의원들은 고소·고발이 의정의 목적인 것처럼 보인다.

『당나귀 그림자에 대한 재판』 줄거리

압데라의 치과의사(슈트루치온)는 이웃마을로 왕진을 가기 위하여 당나귀꾼(안트락스)의 당나귀를 빌렸다. 치과의사가 당나귀 그림자 아래 잠시 쉬자, 당나귀꾼은 "당나귀만 빌려줬을 뿐 당나귀 그림자까지는 빌려주지 않았으니 그림자 아래 쉰 사용료를 더 내라"고 요구한다. 치과의사가 거부하자 사건이 법원으로 넘어갔다. 이래저래 온 도시가 당나귀 그림자 재판으로 두 쪽이 났다. 쌍방의 지루한 다툼 끝에, 법정으로 끌려가는 당나귀를 보던 어느 시민이 외쳤다: "당나귀 때문에 우리 모두 이 꼴이 되었습니다. 저 당나귀가 모두 책임져야 합니다. 저 녀석을 찢어 죽입시다." 당나귀가 죽자 갈등 원인도 사라지고 재판도 끝났다.

법무부장관 1명의 임명(2019.9.9.)을 두고 온 나라가 마치 철학우화 「당나귀 그림자에 대한 재판」(Der Prozess um des Esels Schatten)(독일 뷔일란트 C.M.Wieland, 1781년 作)에 나오는 그리스 도시 압데라처럼 양분되었다. 어떤 논객들은 작금의 사태를 진영의 대결로 보고 또 다른 논객들은 진영논리를 부정하고 좌파 진영에 대한 중도파들의 이탈이라고 보기도 한다.

어쨌거나 뷔일란트의 철학동화는 힘의 대결로 전개되고 다수란 이름을 빌린 세속성이 풍자된다. 법무부장관 임명을 둘러싼 좌파나 우파가 그들의 진영논리에 충실하였다고 "작금의 투쟁이 진영논리에서 비롯한다"고 진단할 수 있을까? 『한비자』가 보여주는 세(勢)의 과시와 다를 바 없다. 또 자기주관 없이 대세를 따르는 중도파들이 어떻게 선택권(casting vote)을 행사한다는 것일까? 동의하기 어렵다.

논객들의 주장대로 작금의 사태는 정말 예측을 불허하는 오리무중으로 빠져들까? 아니다.

조금만 들여다 보면 그렇지 않다. 작금의 혼란이 진영의 대결도 아니고 중도파의 이탈도 아니다. 그저 여와 야의 권력[勢]의 투쟁이요 통치권과 검찰권의 투쟁에 불과하다. J 장관을 둘러싼 공격과 방어는 모두 성동격서이다. 지금은 임명권자도 괴롭고 장관 자신도 괴롭겠지만, 항간의 우려나 일부 언론의 보도와 같이 국정동력이 상실되는 일은 없을 것이다.

무슨 근거로 왜 그렇게 판단하는가? 좌파나 우파가 본분에 충실하지 못하고 검찰이 본연의 기능을 벗어났기 때문에 주권자가 조금만 똑똑하고 통치권자가 지혜로운 통찰력을 발휘한다면 조만간 혼란이 걷힐 것이다. 통치권자는 흔들리는 진영논리에 갇히지 말고 아침저녁으로 변하는 여론[민심]에 경도되지도 말아야 한다. 먼저 흔들리는 좌우 진영의 논리를 본다.

상고컨대, 우파정당은 좌파가 쓸 법한 빨강을 당의 상징 색으로 채택하였는데 적과 흑은 파시즘이 선호하는 색이다. 우파는 스스로 자유민주주의의 수호자임을 자처하고 좌파의 사회주의를 자유민주주의의 적으로 간주하는데 이는 오류이다. 한국 헌정사는 1987년 개정헌법에 이르기까지 좌우를 아우르는 '사회적 법치국가' 원리를 근간으로 삼았다. 자유민주주의는 자유주의와 민주주의의 합성어일 뿐이다. 자유주의는 사회주의의 대치점에 있는 것이 아니요, 신분질서와 구체제로부터의 해방을 의미한다. 민주주의는 사회주의 국가들도 즐겨 쓴다.

자유민주주의를 우파의 전유물로 보고 좌파의 사회주의를 자유민주주의의 적으로 몰고 가는 선동선전은 이데올로기의 남용이요 파시스트들의 전략이다. 우파의 사명은 좌파를 능멸하거나 사회주의를 타도하는 데 있지 않고 혁신성장과 공정한 경쟁질서에 바탕을 둔 시장의 기능을 정상화시키고 경쟁에서 탈락한 취약계층을 위한 사회안전망을 확보하며 자선의 미덕을 베푸는 데 있다.

다른 한편 자본주의에 기반을 둔 시장경제질서를 사회주의의 적으로 보고 소득분배를 통한 성장[소득주도성장]에 치중하는 분배정책은 올바른 경제정의가 아니요 역시 성장의 한계를 초래한다. 좌파의 사명은 우파를 적대시하거나 자본주의를 타도하는 데 있지 않고 사회적 가치와 사회자본을 활용한 사회적 경제의 활성화시키는 데 있다.

좌파는 우파가 수구이며, 진보나 개혁은 좌파의 전유물이라고 생각해서도 아니 된다. 또 우파는 사회주의와 공산주의를 동일시하고 좌파를 공산주의자 취급해서는 아니된다. 진보나 개혁은 좌파나 우파 모두 추구할 수 있다. 좌파나 우파 모두 기득권에 집착하면 모두 수구가 될 수 있다. 진보와 개혁은 좌파와 우파가 경쟁하면서 나아갈 때 비로소 가능하다. 이것이 중용(中庸)의 정치요 형평(衡平)의 기술이다. 객관성의 신화에 사로잡힌 중도는 공정할 수는 있으나 공평할 수는 없다.

중용의 미덕과 형평의 기술을 겸비한 지도자

최고통치권자는 어느 진영의 도움으로 집권하였던지 간에 집권하는 그 순간부터 진영을 벗어나 중용의 미덕을 발휘하여야 한다. 통치권자가 중용의 미덕과 형평의 기술에 의지한다면, 진영의 덫을 벗어나야 하고, 견강부회하는 중도파들의 여론에 좌지우지되지 말아야 한다.

인류의 정의 (Human Justice)

나아가 통치권자는 검찰권에 휘둘리지 말아야 한다. 법원과 어깨를 나란히 겨누면서 통치권에 도전하는 검찰은 세상 어디에도 없다. 주권자의 수권을 받은 통치권자는 국무총리나 법무장관을 통하여 검찰총장을 지휘할 수 있다. 노무현 정부에서는 통치권자가 검찰권을 다스리지 못함으로써 뒷날 역습을 받는 사태가 빚어졌다. 같은 전철이 되풀이되어서는 아니 될 것이다. "역사란 과거와 현재의 대화이다."(E.H.Carr)

이러한 안목에서 2019년 가을 한국의 좌파와 우파 진영을 바라본다면, 좌우 모두 이데올로기의 덫에 갇혔을 뿐 본질에 충실하지 못했다. 자유민주주의를 오해하는 우파나 중산층을 가난하게 만드는 좌파는 자기 궤도를 벗어났다. 좌파 우파를 불문하고 기득권에 집착하거나 이중기준에 빠져서는 중용의 미덕과 형평의 기술을 발휘할 수 없다. 최고통치권자는 어느 진영의 도움으로 집권하였던지 간에 집권하는 그 순간부터 진영을 벗어나 중용의 미덕을 발휘하여야 한다.

최고 통치권자가 중용의 미덕과 형평의 기술에 의지한다면, 진영의 덫을 벗어나야 하고, 견강부회하는 중도파들의 여론에 좌지우지되지 말아야 한다. 나아가 통치권자는 검찰권에 휘둘리지 말아야 한다. 법원과 어깨를 나란히 겨누면서 통치권에 도전하는 검찰은 세상 어디에도 없다. 주권자의 수권을 받은 통치권자는 국무총리나 법무장관을 통하여 검찰총장을 지휘할 수 있다. 노무현 정부에서는 통치권자가 검찰권을 다스리지 못함으로써 뒷날 역습을 받는 사태가 빚어졌다. 같은 전철이 되풀이되어서는 아니 될 것이다.

장관의 임명은 행정행위가 아니라 고도의 자유재량이 인정되는 통치행위에 속한다. 통치권자는 소신을 가지고 어느 쪽이건 자유재량을 발휘해야 한다. 장관은 성직자가 아니므로 장관을 도덕의 덫(frame)에 가두지 말아야 한다. 만약 J 후보자가 법무부장관에 임명된다면, 4발 프로펠러를 장착한 비행기가 3발의 엔진만으로 비행하는 형국이 될 수도 있겠다. 고도와 균형을 유지하기 위하여 어쩌면 적재물들을 버려야 할 수도 있다. 어쩌면 부인이나 아들·딸 중 누군가는 확률적으로 법의 수중에 들어갈 수도 있다. 감내할 수밖에 없다.

향후 정국에서 국정감사가 진행되건 특검이 진행되건 간에 지도자라면 감상에 젖어 회고적인 양심 고백이나 사과를 자꾸 되풀이하여서는 아니 된다. 『한비자』에 따르면, 군주가 권위를 잃기 때문이다. 개혁가라면 과거의 덫에 갇히지 말고 미래지향적으로 전진하여야 한다. 장관은 인격의 훌륭함보다는 법률 상 흠이 없는 것으로 족하며 정책수행 능력에 의하여 심판을 받는다. 법무부장관 혼자만의 힘으로 검찰 내지 법조 카르텔을 분쇄할 수는 없을 것이다. 사법개혁 전체를 꿈꾸지 말아야 한다. 대중적 상징조작을 통하여 카르텔[방패]을 찌를 수 있는 창의 전략을 구사하여야 할 것이다.

작금 검찰권 행사는 법의 지배가 아닌 자의적 지배의 길을 걷고 있다. 검사동일체라면서 검찰총장이 특수부장을 감당하지 못하는 상황이 전개된다. 적법절차에 반하는 선 기소 후 수사가 이뤄진다. 검찰의 행로는 탄핵주의가 아닌 규문주의(糾問主義)의 전형이다. 검찰은 J 후보자 부인의 피의사실이 정치권과 언론에 유포된 데 대하여 함구하거나 부인으로 일관한다.

아직 공직자비리수사처도 없는데 누가 피의사실공표죄로 검찰을 수사하랴. 용감한 여검사들이 부당한 좌천 또는 성희롱(#MeToo)을 이유로 공개적인 비판에 나섰음에도 불구하고 법조계나 지식인들은 몸을 사린다. 다이아몬드는 다이아몬드로 연마한다. 법무부장관이든 누구든 검찰총장을 지휘하여 피의사실공표를 일삼은 검사를 수사·기소하여야 할 것이다. 그 전에 당사자에 의한 헌법소원(憲法訴願)이 제기되어야 할 것이다.

4) 공화주의를 방해하는 통치기구 운용

고장난 권력분립 장치

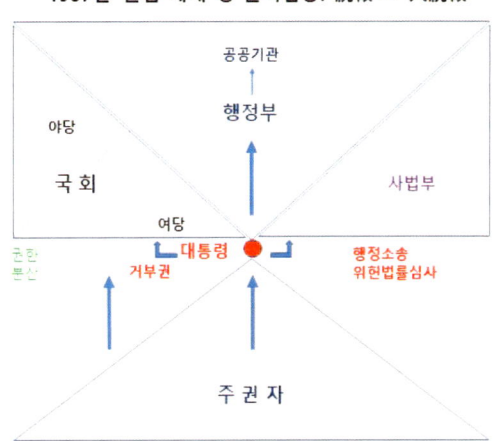

1987년의 헌법상 통치기구는, 그림에서 보는 바와 같이, 대통령 1인에게 권력을 집중시킨 권력의 불균형을 보인다. 주권자는 대통령을 선출하지만 권력남용을 통제하지는 못하고, 국회는 행정부를 견제하고 균형을 도모하지만 대통령과 소통하는 여당의 존재로 말미암아 대통령의 권력을 통제하지 못하며 사법부는 행정소송과 위헌법률심사를 통하여 권리장전을 수호함에도 이익형량심사가 대통령의 통치권에 미치지 못한다. 왕의 정서로 대통령을 바라보는 한국인의 법감정으로 인하여 대통령은 왕도 가져보지 못한 절대권력을 누린다. 대통령의 권력을 분산시키고 견제와 균형을 도모하기 우하여 대통령을 통령(統領)으로 명칭을 바꾸고 공화주의를 방해하는 권력기구의 재편이 필요하다.

정부에게 법률안 제출을 허용하고(헌법 제52조), 대통령에게 법률안 재의권을 부여하고(헌법 제53조제2항), 환부된 법률안이 출석의원 3분의 2 이상의 찬성을 얻지 못하면 부결되는(헌법 제53조제4항) 구조는 대통령에게 권력을 집중시킨 사례이면서 다른 한편 총선 때마다 정당으로 하여금 "국회 의석수 2/3 이상을 확보하겠다"는 '권력에의 의지'를 드러내게 만든다. 대통령이 행사하는 긴급한 재정경제상의 처분권(헌법 제76조제1항), 긴급조치권(헌법 제76조제2항), 계엄령 선포권(헌법 제77조), 사면·감형·복권(헌법 제79조제1항)은 공화주의(헌법 제1

조제1항)에 반한다.

국회의 국정 감사권·조사권(헌법 제61조)은 대통령의 권력행사를 견제하고 행정기관의 비위와 일탈을 방지·시정하는 제도임에도 감사원(헌법 제97조)의 감사 기능과 함께 '감사만능' 풍토를 조성한다. 국회가 운영하는 인사청문특별위원회(국회법 제46조의3)는 청문회 대상 공직자의 국정수행 능력을 검증하는 기능보다 그 전력과 비리를 들춰내는 폭로 마당으로 변모되었고, 대통령도 청문회 결과와 무관하게 해당 공직자를 임명하는 일방통행을 보인다.

사면복권과 결격사유

M 대통령의 2021.12.31. 사면·복권에 대하여 항간에서 감사의 말은 스며들고 비판의 목소리가 두드러진다: "촛불정신을 무시했다…누구랑 같이 사면되어 기분나쁘다…권력남용이다…○볼을 찼다…누구를 빼주려고 누구를 끼워 넣었다."

대통령의 통치행위(統治行爲)는, "혐의자가 떠올라도 죽고 갈아앉아도 죽는" 나이지리아의 신판(神判)처럼, 어느 쪽으로 기울어도 말을 들을 수밖에 없다. 절반의 사람들만 환영한다. 인도주의적 결단이 정치적 셈법에 의하여 묻힌다. 언론이 이를 부채질한다.

헌법(憲法)이 개인의 사생활(프라이버시)의 자유에 대하여 국가의 간섭을 받지 아니할 자유를 부여하였듯이 대통령은 그의 통치행위에 대하여 국민들의 간섭을 받지 않는 경우가 있다. 군통수권, 비상대권(非常大權) 그리고 특별사면권이 그렇다. 관용을 베푸는 사면은 강자의 미덕에 속한다.

대통령의 통치행위에 대하여서는 사법부가 위헌판단을 내릴수 있음에도 부적절하여 일부 국가에서는 사법적 판단을 자제한다. 비판이 아닌 인용(認容)의 대상이다. 특별사면안을 국민투표에 부칠 수도 없고 여론에 물어볼 수도 없다면, 시간 앞에서 망설이는 실존적 결단만이 남는다.

지도자가 사면·복권에 심혈을 쏟으면서 결격사유(缺格事由)를 외면함은 관용을 망친다. 결격사유란 공무원법(제33조)에 "전과자는 몇 년간 공무원이 될 수 없다"고 써놓고 이를 다른 자격에서 베끼는 제도인데, 형벌이 복수에 불과하며 교화개선에 실패했음을 고백하고 전근대적 주홍글씨 내지 자묵형(刺墨刑)을 용인하는 것이다.

정치범에게 "전자발찌(족쇄)를 채우겠다"는 놀라운 발상으로 얼룩진 사면·복권을 넘어, 갈수록 늘어나는 결격사유들은 불합리한 덤[부가형]이다. 변호사·회계사등의 직종을 넘어 공인중개사까지 확대되었다. 수레를 멈추어야 한다. 법무부는 보통사람의 직업선택과 민생을 가로막는 옳지 못한 덤을 신속하게 없애야 한다.

5) 진화하는 법치국가

한국 헌법은 법치국가 원리를 근간으로 삼는다. 독일식 법치국가[1274] (Rechtsstaat)는 영국식 '법의 지배'(rule of law)나 프랑스식 공화주의와 맥락이 같다. 영국에서 표방하는 '법의 지배'는 '자연적 정의'(natural justice)를 이념으로 삼는다.[1275] 미국은 '법의 지배' 전통을 계수하였으나 평등원칙[1276]과 적법절차[1277](due process of the law)를 법의 지배의 핵심 요소로 원용한다. 각국 헌법상의 이러한 원칙들은 같은 것의 다른 표현이다.[1278] 우리 헌법은 대한민국이 '법치주의' 내지 '법치국가'라는 직접적 언명이 없으나 대한민국이 법치국가를 지향한다는 데에는 사계에 이견이 없다.

(1) 법령체계

"Omnes populi, qui legibus et moribus reguntur, partim suo proprio, partim communi omnium hominum iure utuntur" : Gai. 1.1 = Inst. Iust. 1.2.1 : "법률과 관습법에 의하여 지배되는 모든 민족은 한편으로는 자기 고유의, 다른 한편으로는 전 인류 공통의, 법에 의하여 생활한다."[1279]

1948년 이래 2024년 7월 8일 현재 대한민국에 적용되는 현행법령[법률+명령+규칙] 건수는 폐지된 법령을 제외하고 「헌법」(憲法) 이하 총 5,354건이다.[1280] 고조선 시대의 8개조 법금이 5천 건이 넘는 법령으로 증가했다. 1987년의 헌법은 법률유보[1281] 조항(제37조2항)을 통하여 자유·책임 및 권리·의무 관계의 형성을 입법부에 맡긴다. 각 법률군을 정치·경제·사회·문화로 대별하면 경제 부문이 압도적으로 많고 문화 부문이 적다.

대한민국 법전체계(2024년)

정 치	경 제	사 회	문 화
01편 헌법 02편 국회 03편 선거·정당 04편 행정일반 05편 국가공무원 06편 법원 07편 법무 09편 형사법 10편 지방제도 11편 경찰 12편 민방위·소방 13편 군사 14편 병무 15편 국가보훈 44편 외 무	18편 과학·기술 19편 재정·경제일반 20편 내국세 21편 관 세 22편 담배·인삼 23편 통화·국채·금융 24편 농 업 25편 축 산 26편 산 림 27편 수 산 28편 상업·무역·공업 29편 공업규격·계량 30편 공업소유권 31편 에너지이용·광업 32편 전기·가스 33편 국토개발·도시 34편 주택·건축·도로 35편 수자원·토지·건설업 41편 육운·항공·관광 42편 해 운 43편 정보통신	08편 민사법 36편 보건·의사 37편 약 사 38편 사회복지 39편 환 경 40편 노 동	16편 교육·학술 17편 문화·공보

인류의 정의 (Human Justice)

사회 부문의 민사법(제8편)과 경제 부문의 상업·무역·공업(제28편)은 상당수 사법체계에 속하고 사회 부문의 사회복지(제38편)·환경(제39편)·노동(제40편)은 제3의 법역인 사회법제로 분류된다. 나머지는 모두 공법체계 즉 행정법관계에 속한다고 볼 수 있다. 사회법제도 상당수 공법관계가 지배한다. 이러한 맥락에서 법률의 외형으로 볼 때 우리나라 법률들의 90%는 행정법에 그리고 45%는 경제행정법에 속한다고 볼 수 있다.

법규범의 보편성과 특수성

일본을 통하여 한국에 계수된 독일법과 프랑스법, 미군정을 통하여 계수된 영미법 그리고 이들의 연원인 로마법, 게르만법, 앵글로색슨법은 계수 이전 한국 사회에 적용되던 『대명률』(大明律)을 물리치고, 한국인의 유전자와 무관하게, 한국 사회에서 법규범을 해석하고 적용할 때, UNESCO가 세계유산을 지정하면서 적용하는 '탁월한 보편적 가치'(Outstanding Universal Value)에 버금가는 영향력을 발휘한다. 자유무역협정을 기반으로 하는 국제무역질서나 IMF로 대변되는 국제금융질서는 세계화의 통로이다. 경제질서에서 그리고 법질서에서 이렇게 세계화가 가능한 배경은 시장의 보편성과 법이념의 보편성 때문이다.

그러나 경제질서의 세계화와 달리 법이념은 세계화에 한계가 있다. 따지고 보면, 한국 법제의 세계화는 법의 진화나 자발적 선택의 결과가 아니다. 한국은 전근대 시대나 일제 강점기 또는 미군정 시대에 외세의 영향력으로 인하여 해당 국가들의 법제가 전면적으로 계수되었다. 한국인에게 법규범을 선택할 여지가 없었다. 예컨대, 한국헌법은 개정을 거듭하면서 법의 지배 원리, 법치국가원리, 적법절차원칙 또는 공화주의원리와 같은 훌륭한 법이념들을 도입하였으나 이들은 어느 하나에 충실해도 충분한 것들이다. 그럼에도 불구하고 우리 헌법은 넘치는 세계화로 인하여 "같은 것의 다른 표현"을 관통하는 "정의관"에 관하여 적지 아니한 의견 차이를 겪었다. 정의의 개념이 다원적으로 전개된 덕분에 "정의에 어떻게 도달할 것인가"[정의의 길] 또는 제자백가일 수 밖에 없었다.

(2) 행정체계

한국의 중앙정부조직(2024년)

부처(19부 5처)	헌법기관·청·위원회·기타	
고용노동부 과학기술정보통신부 교육부 국가보훈부 국방부 국토교통부 기획재정부 농림축산식품부 문화체육관광부 법무부 보건복지부 산업통상자원부 여성가족부 외교부 인사혁신처 중소벤처기업부 통일부 해양수산부 행정안전부 환경부 고위공직자범죄수사처 대통령경호처 법제처 식품의약품안전처	헌법기관	국회 대법원 헌법재판소 감사원 민주평화통일자문회의 중앙선거관리위원회
	청(廳)	검찰청 경찰청 관세청 국가유산청 국세청 기상청 농촌진흥청 방위사업청 병무청 산림청 새만금개발청 소방청 우주항공청 재외동포청 조달청 질병관리청 통계청 특허청 해양경찰청 행정중심복합도시건설청
	위원회	5.18민주화운동진상규명조사위원회 개인정보보호위원회 공정거래위원회 국가인권위원회 국민권익위원회 금융위원회 방송통신위원회 원자력안전위원회
	기타	국가정보원 국무조정실 기타

계수법이 금과옥조로 통용되던 한국사회에서는 과학의 발달과 함께 달라진 자연관에 아랑곳하지 아니하고 법령의 제정과 개정이 필요한 경우 해당 법리를 전파한 나라들의 사례를 연구하는 한편 전근대 구체제의 가치관과 근대시민사회의 법률관에 기초하여 재판과 행정을 행한다. 공자(孔子)의 온고지신도 좋고 연암의 법고창신1282)의 도리를 본받아 밑바닥의 기초질서가 바뀌었음에도 그 위에 천년의 세월을 격한 고색창연한 구조물을 짓고 그 안에서 법률관계를 논한다. 탁월한 보편적 가치는 저만치 앞서 나가고 사회경제적 기반은 눈부시게 변모하는데, 보수의 극을 달리는 법과 제도는 변할 줄 모른다. 정부 조직은 줄인다면서 갈수록 확대되었고 근대국가 형성에 초석이었던 관료주의는 갈수록 경직성을 더했다. 우리나라도 1948년의 헌법과 더불어 근대식 지배체계를 정립하였고 정부기구는, 중앙정부조직[표]에서 보는 바와 같이, 1987년 헌법 체계에서도 확장이 계속되었다.

(3) 이념과 실제의 간극

법의 보편성에 기대어 그리고 정의의 다의성을 이용하여 다시 "정의란 무엇인가"를 논할 필요는 없을 것이다. 정의 개념은 한국인들에게도 친숙한 플라톤, 아리스토텔레스, 칸트, 존 롤스, 또는 마이클 샌델과 같은 현자들이 기반을 닦았다. 그럼에도 불구하고 누군가 '정의의 길'을 제시하자니, 정의의 개념을 다시 검토하고 그에 따라 '길'을 제시해야 하는 수고로움이 따른다. 정의에 이르는 벅찬 노정에서 다시 헌법 조문과 판례를 성찰할 필요는 없다. 그러나 선현들의 노작은 아쉽게도 근대식 정의관에 머물렀다. 법률관이나 정의관은 세계관의 소산이며 세계관은 자연관으로부터 영향을 받지 않을 수 없다. 근대 정의관은 뉴턴의 물리학에 기초한 세계관의 산물이다.

근대 세계관 내지 법률관은 명확성의 원칙 내지 법적안정성에 비중을 두었고 결정론에 의지하였다. 특히 독일의 지성을 대표하는 철학자 헤겔, 법학자 한스 켈젠(Hans Kelsen: 1881년~1973년)이 그랬고 공산주의 혁명가 마르크스도 그랬다. 그러나 현대 물리학이나 생물학 등이 제시하는 자연관 내지 세계관은 보편성 내지 절대성을 벗어난다. 그렇다면 정의관은 새로운 세계관의 세례를 받아야 한다. 법치국가에서의 법의 지배, 공화주의, 적법절차 등이 19세기와 20세기를 수놓았던 주옥 같은 자유의지론, 자기책임론, 공공복리론, 공공선택이론, 명확성의 원칙, 죄형법정주의, 증거기반 의사결정, 기소독점주의, 인과관계 등등에 대하여 르네 데카르트(René Descartes: 1596년~1650년)의 방법론적 회의(methodological skepticism)를 거쳐야 한다. 근대를 열었던 철학자의 방법론을 통하여 근대를 극복하려는 역설을 추구한다. 뉴턴식의 기계론적 세계관은 상대주의 이론과 양자역학의 등장으로 종언을 고한다.

우리 헌법 상 "대한민국은 민주공화국이다"(제1조①: 민주주의와 공화주의), "대한민국의 주권은 국민에게 있고, 모든 권력은 국민으로부터 나온다(제1조②: 주권재민), "모든 국민은 인간으로서의 존엄과 가치를 가지며, 행복을 추구할 권리를 가진다"(제10조: 존엄가치·행복추구권), "모든 국민은 법 앞에 평등하다"(제11조), "국민의 모든 자유와 권리는 국가안전보장·질서유지 또는 공공복리를 위하여 … 제한하는 경우에도 자유와 권리의 본질적인 내용을 침해할 수 없다"(제37조②: 명확성원칙·적법절차), "입법권은 국회에 속한다"(제40조: 권력분립), "행정권은 대통령을 수반으로 하는 정부에 속한다"(제66조④: 권력분립) 그리고 "사법권은 법관으로 구성된 법원에 속한다"(제101조①: 권력분립)는 규정들은 법치주의 내지 법치국가의 실질적 가치규정들이다. 그러나 위정자들이 법치주의나 법의 지배를 형식논리적으로 해석하고 고대 중국의 법가(法家)처럼 법을 엄격하게 집행할 경우 법치국가는 공화주의와 멀어진다.

2. 공화주의 정치

1) 청군백군의 유산

「赤과 黑」

어느 우파정당은 좌파가 쓸 법한 빨강을 당의 상징 색으로 채택하였는데 적(赤)과 흑(黑)은 파시즘이 선호하는 색이다. 우파는 스스로 자유민주주의 수호자임을 자처하고 좌파의 사회주의를 자유민주주의의 적으로 간주하는데 이는 오류이다. 우리 헌정사는 독일 기본법(제20조: 헌법원칙)의 예에 따라 1987년 개정헌법에 이르기까지 좌우를 아우르는 '사회적 법치국가' 원리를 근간으로 삼았다. 사회적 법치국가는 중국의 2018년 개정 헌법에 등장하는 사회주의 법치국가1283)와 차이가 있다. 자유민주주의는 자유주의와 민주주의의 합성어일 뿐이다. 자유주의는 사회주의 대치점에 있는 것이 아니요 신분질서와 구체제로부터의 해방을 의미한다. 민주주의는 사회주의 국가들도 즐겨 쓴다.

청군·백군의 유산: 좌파·우파 & 보수·진보

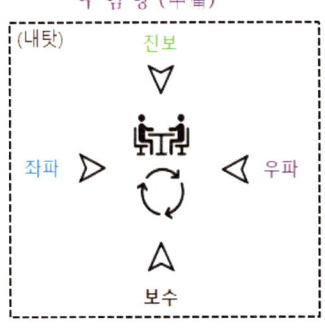
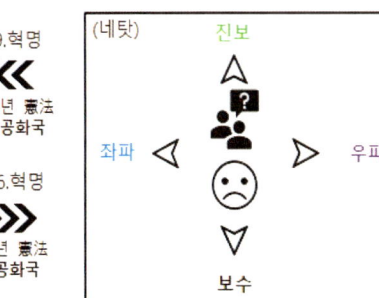

신정일치

어느 목사님께서 "2019.10.25. 광화문 1박2일 자유민주주의(?) 집회에 나오지 않는 신자들을 생명책에서 지우겠다"고 겁박하셨다. 누가 나가나 궁금했는데 답이 나왔다. 과천에 있는 ○○○교회(여의도에 본산이 있다)가 돌린 소식지를 보니 광화문 총동원령을 내렸다. 헌법은 정교분리를 선언했건만 그들은 '하나님'을 내세워 정치를 쥐락펴락한다. 이 교회는 15여년 전 과천시민단체들이 과천 청계산 송전선로 우회운동 때 "성령을 받아가는 신도들이 부정탄다"는 구실로 서명을 못받게 막았다. 핍박받는 이웃을 두고 "부정탄다"니...그런 교회가 정의와 자유민주주의를 수호하기 위해 총동원령을 내리다니...정의가 졸도하고, 자유민주주의가 사망할 지경이다.

작용과 반작용

프랑스 대혁명 때 그랬듯이, 혁명 뒤에는 반동이 따른다. 촛불혁명도 그렇다. "태극기혁명"이라는 반동에 당면한다. 2019.10.25. 광화문에 모인 기독교(생명책) 단체와 태극기부대는 밤 9:30분 현재 세력은 크지 않으나 보수·반동의 역사를 재현한다. 정경심 구속에 고무된 이들은 "대한민국은 망했다"며, 냅친 김에 「J구속」·「M하야」·「박근혜구원」을 외친다. 청년들이나 젊은 여성들은 보이지 않고 100세를 앞둔 분들이 대부분이다. 그 가운데 성조기와 "공수처반대"가 보인다. 육도삼략과 명연설로 혁명대중을 사로잡을 지도자를 기다린다.

이율배반.이판사판.견강부회

칸트(I.Kant)는 '각각이 참이면서 동시에 서로 모순관계에 있는 두 명제들의 관계'를 이율배반으로 명명한다. 이율배반은 서로 멀쩡한 두개의 명제를 붙여놓을 때 탈이 생긴다. 이를 대선판에 적용하면 흥미로운 모습들이 나타난다. 국정수행 역량도 있고 인간성도 괜찮은 후보를 마음에 두면서도, 투표는 결점이 있는 후보에게 향하는 표심을 본다. "사랑 따로 결혼 따로"가 아닌가. 당선에 따른 기대이익이 있거나 사표(死票)를 걱정하기 때문이다.

대통령제는 전국민을 청군·백군의 두 진영으로 갈라놓고 "너 죽고 나 살자"는 대항전을 펴게 만든다. 청백전에서는 아군과 적군뿐이다. 이판 아니면 사판이요 중립지대가 없다. 진영논리에서는 당파싸움이 있을 뿐 민주주의는 없다. 청백전에서는 승자가 모든 전리품을 독점한다. 패자는 죽어지내야 한다. 권력 주변인들은 어디에 붙어야 살아남을 것인가를 예측하고 승율이 높은 측에 붙는다. 언론들은 공론을 조성하는 대신에 잦은 여론조사로 견강부회를 부추긴다.

"짜고 치는 고스톱"처럼 거여(巨與)와 거야(巨野)는 "다당제"가 국정혼란을 부른다"며 제3당의 출현을 가로막는다. 유권자들은 강자의 뇌파에 조종당하여 움직인다. 한국정치에는 식민지 유습과 권위주의 공포가 아직도 어른거린다. 소수정당의 지도자들이나 후보들은 유럽의 의원내각제에서처럼 서로 연대하여 권력을 장악할 발상을 추진하지 못하고 서로 불신하면서 누군가

"밥상을 차려 놓고" 모셔가기를 꿈꾼다. 대중화되지 못한 이데올로기에 젖어 아집을 벗어나지 못하고 유효득표를 올려 현상을 유지하려는 소심함으로 일관한다.

청군.백군 대항전의 결과

선거란 누가 이기고 질 것인가를 잘 모르는 상태에서 '무지의 장막' 속에서 투표해야 하는데 금오는 선거 결과를 예감하면서 투표하였다. 금오는 제20대 대통령선거일(2022.3.9.) 아침에 투표에 임하는 마음을 SNS에 적었다: "선거란 장래를 보고 투표함이 옳겠으나, 혜안이 부족한 탓인지 앞이 잘 보이지 않아, 망설이는 사이 오늘 하루 해가 기울지 몰라, 지나온 나의 궤적을 등대로 삼아 제20대 대통령선거에 임한다." 금오네 동네는 유권자 84.9%가 투표하여 전국 1위를 기록하였다. 기호 2번 국민지당 Y 후보(기호2번)가 48.56%의 득표율에 16,394,815 표를 얻었고 더불지당 L 후보(기호1번)가 47.83%의 득표율에 16,147,738 표를 얻었다. 기호 2번이 0.73%(247,077표)를 앞섰다.

윗 물이 맑아야 아랫 물이 맑다[1284]

실상을 비틀고 꼬집어 되도록 짜릿하게 가공하는 언론의 시각을 통해서 접하기 때문에 그런지 몰라도, 대통령 경선 후보들의 동정이 금오에게는 온통 모사와 시비로 느껴진다. 국정 최고 책임자가 되시겠다는 분들이 어쩌면 저렇게 폭로와 분칠, 상대방의 약점을 물고 늘어지는 일에 열을 올리시는가? 인식의 틀이 왜곡되어서 그런지 모르겠으나, 멋진 지도자상보다는 일그러진 초상들이 많다. 국가의 운명을 좌우할 담대한 포부를 밝히는 지도자보다 무모한 대중영합자(포퓰리스트)이거나 '교묘한 회피'의 달인들이다. 평소 국정의 전당에서 선량들이 고성을 지르며 삿대질하는 모습이나 여야 정당간의 공방전에서 볼 수 있는 장면과 별로 다를 바 없는 이전투구가 대선가도에서도 되풀이되고 있다.

모름지기 대통령 후보라면 서로 '도토리 키'를 잴 것이 아니라 국가를 경영하기에 족한 육도삼략을 펼쳐야 한다. 항간에 "누구는 어떻고 다른 누구는 어때서" 후보 자격이 있니 없니 라고 시비하지만 전직이나 정치적 경험의 폭은 별로 문제될 것이 없다. 청와대로 가는 길이 정해져 있지는 아니하다. 영화배우로 활동하다가 지사나 대통령이 되어 성공한 지도자들도 있지 아니한가. 남을 앞뒤로 조사하거나 호통만 치다가, 자선활동을 펼치다가, 또 아니면 기업가로 돈을 벌다가 대선가도에 뛰어들어도 좋을 것이다. 후보 자격은 경쟁자들이 아닌 유권자들이 가릴 일이다. 하릴없이 시비를 일삼을 것이 아니라 참신하고 설득력 있는 공약을 선보여야 한다.

풍전등화 앞에서 여야 지도자들과 국민이 합심하여 헤쳐나가야 할 과제들이 산적해 있다. 가치관에 따라 우선순위가 달라지겠으나, 치명적인 부동산 거품을 사그라들게 하는 일이 급선무이다. 외부세계와 고립된 아파트에서 나홀로 주거문화를 즐기는 1인가구의 행복지수가 다인가구의 그것보다 높아 주택 가수요를 부채질하고, 공급자의 이익을 우선하는 선분양제를 필두로 아파트 분양에서 발생하는 엄청난 시세차익은 부동산 세계의 부정의를 끊임없이 빚어낸다.

제2편 인류의 정의 (Human Justice)

　어떤 지도자들은 거시경제가 왜곡되어 있음에도 미시경제학의 수요·공급의 법칙에 얽매여 공급을 확대하여 부동산 가격을 잡겠다는 신자유주의적 방향착오를 범한다. 부동산 대출규제 비율과 같은 금융장치를 통하여 부동산 값을 잡겠다는 접근은 코끼리 다리를 만지는 데 불과하다.

　전 세계가 인플레이션 위에 떠 있어 실물자산의 가격이 오를 수밖에 없다. 기축 통화국들이 찍어내는 화폐는 교역국들로 넘어가 인플레이션을 유발한다. 각국이 앞다투어 유지하는 적자재정 정책은 시중의 통화량을 넘치게 만들어 이자율 조작을 무색하게 만든다. 지도자라면 가만히 두어도 가격이 앙등할 수밖에 없는 시장구조와 역대 정부의 한계를 고백하면서 부동산 대책을 제시할 수밖에 없다. 도심과 농산어촌의 재래주택들을 리모델링하고, 잘못 설계된 규제체계로 경직된 전세·월세 주택시장을 유연화시켜야 한다. "이익 있는 곳에 과세 있다"는 지극히 단순한 원리와 동떨어져 보유세와 거래세를 갈팡질팡하는 세제개선도 필수이다. 대통령 후보들은 공공 재개발과 재건축을 축소하되 공유지에 반값 주택을 짓고 종신 임대주택을 늘리자는 대안에 진지하게 귀를 기울여야 한다.

　나아가 국정 최고 책임자라면 남북문제에 심혈을 기울여야 한다. 이명박 정부도 김대중 정부의 햇볕정책을 계승하여 남북관계의 개선을 서둘렀으나 한국전쟁 후 UN군(미국군)·중국군·북한군이 당사국인 군사정전협정(1953년)에 여전히 기속되어 7.4남북공동성명(1972년)과 남북기본합의서(1991년)에도 불구하고 독자적 남북협력·통일행보가 불가하였다. 주변 강대국들의 지정학적, 군사적, 정치경제학적 전략과 남북 간 불신 등으로 말미암아 연평해전(2010년) 등 크고 작은 충돌이 지속되어 남북 긴장완화 및 교류확대에 걸림돌로 작용하였다. 북한은 주체사상의 영향을 받아 '선군사상'에 기반을 둔 핵개발을 지향함으로써 남북 화해와 상충되는 북미 갈등과 UN의 경제적 봉쇄에 당면하였다.

　대통령 후보라면 이러한 질곡을 돌파하는 대안을 주창할 수 있다. 예컨대 군사정전협정을 전제로 하면서도 "남북 비핵화 합의를 필두로 남북 불가침협정을 체결하고 남북 군비축소 회담에 착수하자고 북측에 제안하겠다"는 공약을 내걸 수 있다. 훈련받은 병사가 쓸 만하면 제대하는 단기 징병제의 한계를 넘어 소수 정예화를 지향하는 모병제를 추진할 수도 있다. 민심은 조석으로 변한다. 지금의 높은 지지율에 안주할 일도 아니요 낮은 지지율에 낙담할 것도 아니다. 국면은 얼마든지 뒤집어질 수 있다. 지지율이 낮거나 아직 등판하지 아니한 인사들이 두각을 나타내 선두주자들과 각축하기를 진심으로 기대한다. 현 정부의 정책을 재탕함은 삼갈 일이다. 후보들이 빛나는 국정기량을 선보이면 언론은 당연히 옥석을 가려 보도할 것이다.

　금오는 2022년 대통령선거 개표 방송을 보다가 무료했던지 유력 정치인들이 대선가도에서 뱉은 말들 중에 흥미롭게도 자기 예측이 틀린 말, 입증하지 못한 말 또는 과유불급의 어록들을 챙겨봤다. 이 중에는 어쩌면 당사자들도 선거가 끝난 마당에 다시 주워담고 싶은 말들도 있을 것이다.

　"바지라도 한 번 더 내릴까요."(L후보) "아내는 정치할 거면 가정법원에 가서 이혼도장

찍고 하라고 했습니다."(Y후보) "기필코 양당체제를 넘어서서 미래를 향한 정치교체를 이루어 내겠습니다."(S후보) "한반도에 전쟁 위기가 점점 고조되고 있습니다."(L후보) "이번 대통령 선거는 대한민국이 역주행하고 있는 선거입니다."(S후보) "지금 대한민국은 야구로 친다면 9회 말 투아웃 상황입니다. 이제 한 번밖에 기회가 남지 않았습니다."(A후보) "대선도 필요 없고 이제 곱게 정권 내놓고 물러가라."(Y후보) "저에게 주시는 소신의 한 표는 세상을 바꿀 수 있습니다."(S후보) "1년만 지나고 나면 내가 그 사람 뽑은 손가락 자르고 싶다고 또 그럴 겁니다." (A후보) "선택의 여지가 없는, 양자택일만 강요되는 정치, 제3의 선택이 가능해야 됩니다."(L후보) "단일화 없이 정권교체의 주인공이 되겠습니다."(A후보) "혹시, 정말 혹시라도 한 표 차이로 (대통령이) 결정되면 어떻게 하나요"(L후보) "많게는 한 10%(포인트)까지 차이가 날 수 있습니다."(JS대표) "오늘밤, 대한민국 제20대 대통령으로 인사드리겠습니다."(L후보)

2) 협치원리에 따른 정치

투표율로 보면 2022년 6·1 지방선거는 대통령선거보다 관심도가 떨어졌지만 경기지사 선거나 안산시장 선거에서처럼 야구를 보는 것과 같은 상황들이 전개되어 많은 사람들은 밤잠을 설쳤을 것이다. 대선도 끝났고 이제 지방선거도 끝났으니 차기 총선을 향한 경주가 시작될 전망이다. 국회만을 기준으로 보면 여소야대 정국이겠으나 대통령과 지방자치단체장을 기준으로 보면 여대야소 정국이다. 이러한 권력의 교차는 향후 정국에서 고도의 협치(協治) 역량이 발휘되어야 함을 시사한다. 그러나 정작 협치에 관해서는 오해와 왜곡이 많다.

그리스 시대에 개념이 싹텄던 협치(governance)는 '조종하다'(steer)는 뜻을 담고 있었으나 다른 형이상학적 개념들처럼 오랜 세월 지속적으로 발달하지 아니하였다. 우리나라 정치사에서 그 유례를 찾자면, 신라시대 부족 간의 화백(和白)제도나 고려 태조 왕건과 지방세력들과의 치세가 협치에 해당한다. 오늘날 우리가 아는 협치는 1990년대 이후 국제사회에서 비롯되었다. 1992년 브라질의 리우 데 자네이로에서 열린 '환경 및 개발에 관한 UN회의'(UNCED)에 참가한 각국 정상들은 1987년 안출된 브룬트란트의 '지속가능발전'(sustainable development)이라는 개념을 기반으로 지구헌장(리우선언), 환경보전행동계획(의제21), 기후변화협약 및 생물다양성협약을 성사시켜 놓고 환호하였다.

하지만 곰곰이 생각하면 "미래세대의 수요를 해치지 아니하면서 현재세대의 수요를 충족시킨다"는 지속가능발전 개념은 "네 이웃을 네 몸과 같이 사랑하라"는 예수님 말씀만큼이나 어렵다. UN이 2016년부터 추진한 지속가능발전목표는 "뜻을 같이 하거나 달리 하는" 모든 행위주체 내지 이해당사자들의 협치가 없이는 달성이 불가능하다. 국제기구들은 새천년발전목표(MDG) 및 지속가능발전목표(SDG)를 전후하여 공공부문과 민간부문에서 인식증진과 역량 강화라는 경로를 통하여 협치정신과 요령을 전파시켰다. 녹색금융의 영향으로 최근에 기업들이 전념하는 ESG의 마지막 약어(G)는 바로 협치(거버넌스)를 뜻한다. 그러나 기업들은 이를 협치가 아닌 '지배구조'로 새겨 그 의미를 축소·왜곡시킨다.

인류의 정의 (Human Justice)

협치란 행정에서 즐겨 썼던 '참여적 의사결정'을 포함하지만, 결코 이에 국한되지 아니한다. 참여적 의사결정은 행정기관이 펼쳐놓은 마당에 이해당사자들이 참여하여 의견을 개진하지만 결정은 행정기관이 내리고 책임도 행정기관이 진다. 모든 참여자들이 사전에 마련된 준칙과 시나리오에 따라 역할을 분담하고 이를 이행할 책임을 분담하지 아니하면 진정한 협치가 아니다. 협치란 미리 쓰여진 대본에 따라 감독과 배우들이 합심하여 무대 위에서 연출하는 연극과 같다. 음악으로 치자면 오케스트라와 같다. 서로 다른 음색을 가진 악기와 연주자들이 모여 화음을 이루는 기제(mechanism)가 협치이다. 정치나 공공영역에서의 협치는 원탁회의(round table)에서 이뤄지는 합의와 이행을 전제로 한다.

중앙이나 지방의 권력자나 지도자들이 이해당사자들을 불러놓고 안건을 설명하거나 협조를 부탁하는 정도는 정책홍보로서는 좋겠지만 결코 협치가 될 수 없다. 야당이 다수당인 정국에서 정부여당이 야당에게 자리를 일부 내어준다고 하여 협치가 달성되지 아니한다. 본래 국회나 각종 위원회 또는 협의회는 협치를 추진하고 실현하는 무대임에도 여전히 대립과 정쟁만을 일삼음은 협치에 뜻이 없거나 협치의 취지나 요령을 잘 모르기 때문이다. 여당(중앙정부)이 지방정부의 다수를 차지하고 야당이 국회 다수당인 상황에서 "모두에게 바람직스러운" 지속가능발전을 이룩하려면 진정한 의미의 협치를 세련되게 실행하여야 한다.

공공부문에서의 협치는 지휘봉을 잡은 주체가 참여자들에게 적절한 역할을 맡겨야 한다. 그러자면 공정하고 공평한 이익 공유나 교환이 수반되어야 한다. 선거에서 이겼다고 하여 승자가 모든 기회와 이익을 독점하면 공정하지도 공평하지도 아니하다. 협치에 뜻이 있는 지도자라면 각자의 이익이 구체화되거나 대립하기 이전에 '무지의 장막' 속에서 세대간·계층간·지역간 "타인의 수요를 해치지 아니하면서 각자의 수요를 충족시킬 수 있는" 호혜와 분배의 시나리오를 수립하여야 한다. 국회 다수당이라고 하여 임의적인 입법을 일삼거나, 여당이라고 하여 상위법률의 취지를 벗어나는 하위법규를 만들어 권력을 집중함은 협치를 외면하는 행동이다.

행정부에서 열세에 처한 야당은 지난 시절의 권능과 영광을 회고하면서 대립구도를 짜고 권토중래를 노릴 수도 있겠으나 그때까지 활용가능한 수단은 입법뿐이다. 야당이 유권자들의 신뢰를 얻어 차기 총선에서 좋은 성적을 얻으려면 입법권을 과신·과용하지 말고 유연한 자세로 행정부와 협력하여야 한다. 정부여당으로서도 국회를 통하지 아니하고서는 정책과 법률 및 예산을 효율적으로 추진하기 어렵다. 여와 야는 무엇이 국민을 위한 정치이며 서로에게 공정하고 공평한 이익공유인가를 골똘하게 따져야 한다. 지방정부들은 중앙정부보다 훨씬 더 많은 역할을 수행할 수 있다. 교육과 복지 그리고 일자리와 환경은 지역의 몫이다. 지방선거에서 승리한 지도자들은 이해관계자들의 사슬에 얽매이기 전에, 중앙정부의 풍향을 살피지 말고, 원탁회의를 열어 "각자에게 그의 것을" 주는 협치 시나리오를 짜야 할 것이다.

3) 신뢰의 정당정치

위성후보, 행성정당

금오는 2022년 2월말 인터넷신문 시론에서 "중위권 후보들이 유권자들의 몰지각에 화를 내거나 섭섭해 하지 말고 정책을 연대하고 통합정부안을 짰더라면 양강(兩强) 후보들과 승부를 걸 만했을 텐데 그렇지 못했다"고 아쉬움을 표했다. 그러나 중위권의 두 후보들은, 금오의 표현처럼, "강자들이 보쌈해 가기를" 내심 기다렸다고 하여도 과언이 아니다.

금오가 참여하는 자유논단 플랫폼 씨줄날줄(K-web)은 책사들과 함께 지난 달 중순까지 중위권 후보들을 중심으로 방송토론회를 열고자 무진 애를 썼는데 성사되지 않았다. 순정파들은 대선 판도를 뒤흔들 수 있는 책략을 제시했으나 마이동풍(馬耳東風)이었다. 결과를 두고 과정을 해석하니, 씨줄날줄이 교섭했던 후보들은 S 후보를 제외하고는 속내가 따로 있었다. 잿밥 때문에 염불이 잘 되지 않았다.

여당과 야당의 단일화를 보면서 총선 당시 위성정당을 회고한다. 제1야당은 위성정당을 공격했고, 여당후보는 대선에서 위성정당을 사과했다. 위성정당은 불가하고 위성후보(衛星候補)는 괜찮을까? 거대정당 후보들에게 보쌈당한 약소후보들은 스스로 위성후보라고 생각하지 않고 태양의 둘레를 공전하는 행성후보(行星候補) 정도로 생각할 수도 있을 것이다.

단일화에 안착한 DY·A 후보는 위성후보가 되지 말고 행성후보가 되어, 대선후 연합정부 구성에 성공하기를 바란다. 나아가 지방선거와 차기 총선에서도 연합공천을 성사시키기 바란다. 그러나 숱한 난관이 기다릴 것이다. 그리고 법적 구속력이 없는 후보들 간의 신사협정들이 자연채무(自然債務)처럼 휴지 조각으로 될 수도 있다.

"내 보따리 내놓으라"는 소리가 여기저기서 들릴 수도 있다. 각오해야 한다. 더 큰 난관은 앞에서 말한 위성정당 시비다. 지방선거와 총선 그리고 개헌정국에서 거대정당들에게 지분을 요구하는 약소정당들은 여전히 위성정당의 한계를 벗어나기 어려울 것이다. 스스로를 행성정당이라고 일컫기 바란다.

그 다음 난관은, 개헌과 관계없이, 차기 대통령선거이다. 행성정당들은 그때 태양처럼 항성(恒星)으로 독립하여야 식민지(植民地)를 면한다. 그럴 자신이나 역량이 없다면 합당이 정도(正道)이다. 천체물리학에서는 위성이나 행성이 항성으로 바뀌는 일이 없다. 정치공학에서는 가능할 지도 모른다.

후보들 못지않게 똑똑한 국민들은 '이념과 정책이 사라지고, 겉 다르고 속 다른' 짝짓기만 남거나 회오리바람만 이는 정치공학(政治工學)에 환멸을 느낄 수도 있다. 국민들은 신념이고 지조고 모두 팽개치고 청군백군 세력대결을 벌리며, 정치인들은 투전판처럼 흥정(show-down)을 일삼는 대통령제라면 '힘의 대결'만 남으며 정당이나 정강·정책은 '빛 좋은 개살구'에 불과하다.

비극의 윤회를 벗어나기 위하여서는 양당독점 구조를 넘어 다당제를 기반으로 하는 내각제(책임총리제)로 전환하는 한편 수직적 권력분립(權力分立)을 골자로 하는 개헌이 절실하다.

대통령은 명칭을 '통령'(統領)으로 낮추고 그 권능을 외교·국방·문화에 국한시켜야 한다.

오랜 모색 끝에 모험을 감내하면서 이번에 갓끈과 신발끈을 고쳐 매고 단일화에 나서는 중위권 후보들은 거여·거야에 휩쓸리지 말고 중도·좌파 정당들의 협력을 얻어, 또 요행 살아남는 파시스트 정당들을 설득하여 프랑스식 2원집정부제 개헌(改憲)에 진력하여 자신들의 명예를 회복하고, 책임을 완수하는 한편 정치적 독립을 이룩하기 바란다.

탁란정당

정의 관념에 경고음이 울린다. 국내 언론보도 (2020.4.30.)에 따르면, 더불지당과 연대한 비례대표 정당인 「더불지민당」은 소수정당 몫으로 당선된 용혜인·조정훈 국회의원 당선인을 본래 정당(기본소득당·시대전환)으로 돌려보내기 위하여 제명한다.

이러한 조치는, 현행 정당법을 임의로 해석한 관례이지만, 제명이라는 개념에도 맞지 않고 국회법과의 관계에서도 형평에 어긋난다. 비례대표가 탈당하면 의원직을 잃고 제명당하면 의원직을 유지함은 비례 취지와 맞지 않는다. 제재의 일종인 제명은 자유를 주는 칙허가 아니라 소속 공동체로부터의 영구격리를 의미한다.

국회법 상 최고의 제재인 제명(제163조)은 의원직을 박탈한다. 정당 소속 비례대표의 제명을 자유방출로 활용함은 법의 왜곡이다. 비례대표가 공동체 정신을 훼손하여 제명처분을 내렸는데 외려 더 큰 자유를 얻음은 법의 정신에 반한다. 법은 상식에 맞아야 한다. 정당법 제33조(정당 소속 국회의원의 제명)가 제명의 효과를 규정하지 아니함은 법의 흠결이다.

비례의원이 제명되었을 때에는 차순위 후보가 의원직을 승계함이 마땅하다. 각 당헌(黨憲)에라도 그렇게 적어야 한다. 그렇지 않으면 "제명"의 개념을 "이적"(移籍) 또는 "자유방출"로 고쳐야 할 것이다. 그러나 양자 모두 정당을 모태로 삼는 비례대표의 취지를 훼손한다.

시장(市場)도 아닌 정치판에서 정당 간 협상·거래는 정의롭지 못하다. 유권자들은 정당을 보고 투표하였기 때문이다. 비례후보들이 유력 정당에 합류하여 비례대표에 당선된 다음에 원래 정당으로 복귀한다면, 유력 정당은 숙주(宿主)로 이용되는 셈이다.

생태계에서는 드물게 뻐꾸기나 감돌고기의 '알 맡겨 키우기'(탁란 托卵)를 본다. 그러나 정치계에서 '숙주' 정당 현상은 과도기적으로 합법이겠으나 비례대표에 대한 신뢰를 좀먹고 정당질서를 어지럽히는 탈법(脫法)이다. 정치풍토의 선진화가 아쉽다.

4) 권력구조 개편

어느 정당 대표가 2022년 제20대 대통령 선거를 목전에 두고 '국민통합' 정치개혁을 표방하면서 "대선 1년 이내 정치개혁특별위원회를 설치하여 개헌하자. 4년 중임 대통령제를 채택하자. 개헌에 따라 대통령 임기를 줄이자. 다당제를 보장하자. 국회가 국무총리를 추천하자"고 제안하였다.

○물결당 DY 후보는 이를 두고 "양치기소년이냐"고 물으면서 '진정성이 문제'라고 논평하였다. 진정성은 다른 후보들에 대한 그의 평소신념이다. 더불지당 대표의 제안은 '스쳐 지나가는' 빈 말로 본다. 현행 1987년의 헌법을 보면, 개헌하지 않아도 벌써부터 실천에 옮길 수 있었던 내용들이다.

구체적으로 살피자면, ㉠대통령의 중임변경을 위한 헌법개정은 그 제안 당시의 대통령에 대하여 효력이 없으므로(憲法 제128조제2항), 개헌하더라도 차기 대통령에게 이를 적용할 수 없다. ㉡대통령 임기(5년)의 단축은 당선자의 고유한 결단이다. 정치권이 이를 요구함은 월권이다. ㉢정당의 설립은 자유이며 복수정당제가 보장된다(憲法 제8조제1항). 다당제는 정당법과 선거법이 가로막고 있을 뿐이다. ㉣국무총리는 국회의 동의를 얻어 대통령이 임명하므로(헌법 제86조제1항), 국회 '추천'은 개헌 없이 국회법을 손질하거나 원내대표들이 합의하면 언제든지 가능하다.

개헌과 관계 없이 벌써부터 추진할 수 있었던 일을 후보도 아닌 당대표가 '지금' 꺼내니 "진정성이 없다"는 말을 듣는다. 만민공회 플랫폼 씨줄날줄에서는, 개헌국민연대'의 주창에 동조하여, 여러 정당 관계자들에게 분권형 개헌을 통한 연대 내지 단일화를 제안하였지만 마이동풍(馬耳東風)이었다.

개헌의 진정성은 다른 곳에 있다. 제왕적 대통령의 권력집중을 완화시킬 수 있는 수평적 권력분립과 중앙정부의 권한을 지방에 이관하는 수직적 분권이 절실하다. 금오는 2017년에 펴낸 그의 저서 『왕과 대통령』에서 제안한 바와 같다.

한국인은 '왕의 정서'로 대통령을 바라본다. 행정권은 총리를 수반으로 하는 내각에 맡기고 대통령은 국왕처럼 문화와 외교·국방에 주력하여야 한다. 이른바 내각통령제이다. 선거공영제에 대한 손질이 필요하다. 정당들에 대한 국고보조를 폐지하고 선거보조금을 축소시켜야 한다.

기초지자체들의 통폐합과 함께 지방자치제를 '지방정부'로 고쳐 권한과 책임을 동시에 부여하고, 명실상부한 지방자치를 실시하여야 한다. 교육부에 휘둘려서 이름뿐인 교육자치도 마찬가지다. 재정분권을 이룩하기 위하여 세법(稅法)을 고쳐 국세의 일부를 지방세로 전환시켜야 한다. 살림을 엉망으로 사는 지방정부는 파산시킬 수도 있다.

논리대로라면, 찬반양론에도 불구하고 지방법원장과 지방검찰청장을 선거로 뽑는 사법(司法) 분권이 실현되어야 한다. 법조(法曹)가 아닌 사람은 헌법재판소 재판관이 될 수 없는 법조독점 구조가 사라져야 한다. 변호사는 판사·검사로 임용될 수 있겠으나, 판사·검사는 퇴직후 일정 기간 변호사로 나가서는 아니 된다.

온 국민이 청군·백군으로 갈려 북방민족과 남방민족처럼 대립항쟁하는 지역색을 고치려면, 정당법을 고쳐 광역정당(廣域政黨)이 출범할 수 있도록 허용하여야 한다. 광역정당은 1개의 시·도당만 가져도 활동할 수 있는 지역정당을 말한다. 선거법을 고쳐 소선거구를 중대선거구'

제2편 인류의 정의 (Human Justice)

로 전환시켜야 한다. 그래야 다당제와 연립내각이 가능하다.

5) 사법권의 독립

2019년 전후 세인들의 기대를 모았다가 덜컥 '법의 수중'에 들어간 일부 전직 도지사들에 대한 재판들에 대하여 시비가 분분하다. 담당 법관들은 칭찬보다 비난을 많이 받는다. 재판 비판을 넘어 법관 개인에 대한 사회적 비난을 어떻게 봐야할까? 법관이 독직에 빠졌다면, 형벌이나 탄핵으로 다스리고, 법리를 그르쳤다면, 상소로 해결할 일이다. 그럼에도 불구하고 세인들은 형벌이나 상소가 아닌 사회적 비난을 택한다. 법리를 넘어 심정적으로 그 법관을 싫어한다.

K 前 지사 사건을 둘러싼 여론분열을 보노라면, 오래 전 프랑스의 드레퓌스 사건이 연상된다. 유대인 출신의 포병대위였던 드레퓌스는 1894년 10월 "독일대사관에 군사정보를 넘겼다"는 혐의로 군법회의에서 종신유형 판결을 받았다. 작가 E. 졸라는 「오롤」지(1898.1.13.)에 군부의 의혹을 신랄하게 비판하는 논설 「나는 고발한다」를 '대통령에게 보내는 서한' 형식으로 실었다. 이를 계기로 프랑스는 드레퓌스파와 반(反)드레퓌스파로 쪼개졌다.

K 前 지사 재판을 맡았던 S모 판사에 대하여 엄청난 비난을 쏟아내는 정치인들은 그 판사가 정치적 인물이거나 복수·적폐의 화신이라서 그러는 것일까? 그렇다면, 뒤늦게 비난할 일이 아니라, 미리 제척·기피·회피 제도를 활용했어야 마땅하였다. 변호인들이 방심했다. '무지의 장막'(veil of ignorance)에 가리워 있을 때에는 잠자코 있다가, 기대가 어긋나자 해당 법관을 비난함은 결과로 미루어 과정을 비판하는 셈이다. 절차적 정의에 비추어 볼 때 문제가 된다.

일부 언론도 유사한 경향을 보인다. 「민중의소리」(2019.2.5.) [기자수첩]은 「국민이 판사를 욕하는 것이 왜 법치주의 위협인가」라는 칼럼에서, "법관 개인에 대한 공격이 법치주의에 맞지 않는다"는 김명수 대법원장의 발언을 비판하면서, "국민은 판사를 욕할 수 있다"는 논지를 폈다. 해당 판결에 대한 비판여론을 반영한 것이다. 누구나 정치인이나 법관을 욕할 수 있다.

민중의소리는 이러한 욕설의 근거로서 "대통령, 장관, 국회의원을, 있는 자리 건 없는 자리 건, 욕하는 것이 민주주의다. 그것이 행정부나 입법부의 독립을 침해하지 않는다"는 논리를 원용했다. "헌법과 법률에 '판사를 욕하지 말라'는 규정이 없다"는 반대해석도 덧붙여졌다. 물론 설사 "욕하지 말라"는 규정이 있어도 욕할 수는 있다.

그러나 욕할 자유가 무한하지는 아니하다. 민주주의가 법관을 욕할 자유를 포함하더라도 욕하는 마당이나 내용 또는 방법의 선택에는 일정한 한계가 있다. 만약 민주주의가 법관들을 욕할 자유를 내포하지 않는다면 낭패다. 또한 정치가에 대한 비판과 법관에 대한 비판은 근거 법리가 다르다. 그런 측면에서 기자수첩이나 이를 지지하는 의견은 정치한 검증이 필요하다.

민중의소리는 종래 사드 등의 민감한 시국사안들에서 용기 있는 발언들을 담았기 때문에 일단 그 정체성을 존중받을 만하다. 그러나 그럼에도 불구하고 「욕하기=민주주의」라는 등식에는 '언론자유'로 덮어두기 어려운 난점이 있다. 제4의 권부인 언론에 대한 논평은 바보스럽지만, 민주주의가 욕설의 근거가 될 수 있는가를 살펴야 한다.

민주주의는 공화주의 내지 국민주권과 통한다. 민주주의는 링컨의 "of the people, by the people, for the people"에서 보듯이 시민이 주인인 정치체제이다. 민주주의에는 주권자가 정치인이나 법관을 욕할 자유가 포함되어 있지 아니하다. 주인은 감정이 북받쳐도 공복(public servant)을 욕하는 대신에 해임하는 수순을 밟아야 한다.

대통령, 장관, 국회의원을 욕할 수도 있는데, 왜 법관을 욕하기는 어려운가? 헌법(제103조)이 재판의 독립을 보장하기 때문이다. 이는 법관이 믿음직스러워서가 아니라 재판의 속성 때문이다. 사법권 독립은 법관에 대한 절대신뢰에 기인하는 것이 아니다. 법관은 양당사자나 찬반측이 있는 쟁송에서 어느 한쪽으로부터 비난을 받을 구조에 처해 있기 때문이다.

특히 정치사건에 대한 판결은 반드시 찬반 정쟁을 빚는다. 담당 법관은 어느 한쪽으로부터 칭찬을 받으면 다른 한쪽으로부터 비난을 받는다. 해당 판사는 정치사건을 맡는 순간부터 욕을 먹을 운명에 처한다. 혐의자가 물 위에 떠올라도 죽고 가라앉아도 죽는 나이지리아 관습 형벌과 비슷하다. 그래서 정치사건이야말로 사법권의 독립을 필요로 한다. 절차적 정의(justice) 때문에 그렇기도 하지만, 법적 안정성 때문에 더욱 그렇다.

여기서 '사법권' 독립은 '사법부' 독립과 다르다. 사법부독립은 조직·인사·재정·행정의 독립을 뜻하고 사법권 독립은 법관과 재판의 독립을 뜻한다. 우리 헌법(제103조)은 전자가 아닌 후자를 보장한다. 그러나 전자가 망가지면 후자가 망가진다. 정치적 사건일수록 사법부 고위층은 법관 개인에 대한 인사·행정을 통하여 재판을 조종하고 싶은 유혹을 떨치기 어렵다. 사법부의 여러 수장들이 걸었던 길이다. 양승태 사법부도 같은 혐의를 받는다.

판사가 예뻐서 사법권 독립을 옹호하는가? 아니다. 헌법이 보장하는 사법권 독립(재판독립)의 원칙 때문에, 법관은 미우나 고우나 사회적 비난을 받지 아니한다. 즉, 면책된다. '책임'(responsibility)이란 사회적 비난가능성(blameworthiness)이기 때문에, 면책은 욕으로부터 자유로움을 뜻한다. 법관이 독직에 빠지지 않는 한 법관을 욕하기 어렵다. 보통 사람(張三李四)들은 법관을 욕할 수 있겠으나, 선량(選良)들이나 언론인들은 자제해야 한다.

마음에 들지 않겠으나, 이것이 법리이다. 그러나 감정은 이성에 앞선다. 욕하고 싶은 감정을 어떻게 다스릴 것인가? 하급심 판결이 상급심에서 뒤집어지지 않는다면, 실현가능성이 낮더라도, 오래 살아 그 법관이 퇴직할 때까지 기다려야 한다. 그가 뒷날 공천을 받거나 공직에 취임하거나 기업 또는 법무법인 등에 취업할 경우에 비로소 범의(犯意)가 완성되기 때문에 그때 그를 비난할 수 있다.

독직·비리 판사를 언제 어떻게 비난할 수 있겠는가? 유감스럽게도, 퇴임후 드러나는 법관의 독직이나 비리는 망각되거나 공소시효가 만료되기 쉽다. 그때까지 감시자가 살아남기도 어렵다. 그렇다면 그 취임·취업의 시점을 범죄 '실행의 착수' 시기로 잡거나, 아니면 법률을 고쳐 법관

인류의 정의 (Human Justice)

에 대한 공소시효를 연장하여야 할 것이다. 하지만 법관의 '은밀한' 복수는, 믿기지 않더라도, 사필귀정(事必歸正)에 맡길 수 밖에 없다.

우리 헌정사를 보면 사법권의 독립은 힘들고 험한 길이다. 여론에 따라 법관을 욕하지 않고 재판독립을 옹호하려면 용기가 필요하다. 그러나 법학자는 인기를 끌지 못하더라도 직설을 펴야 한다. 법의 수중에 들어간 도지사들에 대한 법감정을 누르고, 형극의 사법권 독립을 생각한다. 30여년 전 금오가 법무부에 근무할 때 공동번역 출간하였던 볼프(Wolf)의 『서독의 사법질서』(법무무·1989년)는 대중적 인기와 거리가 먼 사법권 독립을 주창한다.

6) 형사·검찰 개혁

검찰발 민주주의

2019년에 M 검찰총장이 검찰·경찰 수사권 조정에 반발하면서 "민주주의 원리에 맞지 않는다"고 밝혀, 검찰발 민주주의 개념을 궁금하게 만들었다. M 총장은 "조정안이 경찰에 지나친 권한을 주게 돼 견제와 균형의 원리에 어긋난다"고 말함으로써 민주주의의 실체를 밝혔다. 이에 대해 SG 법무부장관은 "견제와 균형을 위하여 검찰권을 제한해야 한다"고 반박하였다.

조정안 수립에 국회가 검찰의 의견을 듣지 않아 - 이해당사자의 의견을 듣지 않아 - 민주주의에 맞지 않는다고 말할 수는 있겠다. 하지만 '견제와 균형'은 민주주의가 아닌 권력분립에 속한다. 개혁의 대상에게 개혁의 길을 묻지 않는다고 하여 민주주의에 반하지는 않는다.

영국 이코노미스트지는 2006년부터 167개국의 민주주의 상태를 조사하여 민주주의 지수를 발표하였다. 이 지수는 '선거절차 및 다원주의', '시민의 권리', '정부의 기능', '정치 참여', '정치 문화'의 다섯 가지를 평가하였다. 2018년 한국은 세계 21위: 아시아 1위를 차지하였지만, '완전한 민주주의' 국가군에 들지 못했다. 왜 그럴까?

사법기구들과 국회를 포함한 '정부'의 기능이 여전히 걸림돌이다. 국회가 사법기구를 개혁할 수는 있으나 스스로를 개혁하지는 못한다. 국회를 개혁하려면 국회라는 기구를 바꿀 일이 아니라 그 구성원을 바꾸면 된다. 국회의원을 바꾸는 주체는 국민 (유권자)이다. 촛불들이 국회의 기능과 수준에 회의하면서도 아직 "그 밥에 그 나물"을 면하지 못함은 국회의원들 탓이 아니라 우리 '정치문화'(유권자들의 투표행태) 탓이다. 한국의 민주주의 지수가 지체되는 까닭을 여기에서 찾을 수 있겠다.

생각컨대, 검찰권의 근거는 민주주의 원리가 아니라 공화주의 아래 권력분립의 원칙이다. 검찰의 직분에 맞는 권력분장이 필요하다. 권위주의 시대를 거쳐오면서 세계에서 유래를 찾기 힘들게 막강해진 검찰권은 견제와 균형이 불가능한 위치에 이르렀다. 그렇다고 하여 목표를 수립하고 시장을 개척하듯이, 검찰권만을 겨냥해서는 아크로폴리스처럼 난공불락이다. 우리 형사소송법은 서구의 그것과 마찬가지로 검사가 아니라 피의자와 피고인이 그리고 형집행법 [1950.3.2에 제정된 行刑法의 신법]은 수감자와 수형자가 법의 인간상인데 창과 방패 사이의 공정성이 미흡하다.

예컨대, 약식명령을 받은 피고인이 열흘 간 출장 간 사이에 주소지로 통지서를 보냈으나 수령하지 못하자 공시송달하고 가납통지서를 또 우편으로 보내는 형사소송법 제63조(공시송달의 원인) 및 동법 제334조(재산형의 가납판결)는 형집행기관의 행정편의를 위하여 헌법상 무죄추정(제27조제4항)의 원칙을 해치는 불공정한 처분이다. 정의는 권력기관에 대하여서도 작동되어야 한다. 공권력과 사법제도 전반의 적정성, 공정성 및 효율성이라는 차원에서 사법권과 경찰권의 전반적인 재검토가 필요하다.

총장과 청장

검찰총장을 보면서 "청장이라고 부르지 않고 왜 '총장'이라고 부를까"라는 의문이 생긴다. 국세청·경찰청·병무청은 청장인데 대검찰청은 총장이다. 왜 '大'검찰청인가? 물론 대법원에 대응해서 그렇겠다. 그렇다면 대검찰청은 대법원 사건만 다루어야 하는데 그 수장(총장)은 왜 각급 검찰청 사건을 진두지휘할까? 검사동일체의 때문이다.

그렇다면 대법원장도 각급법원의 사건을 진두지휘해야 할까? 그러면 파기자판하고 파기환송할 일이 없을 것이다. 그러나 세계적으로 이런 우스꽝스러운 경우는 없다. 법관과 재판의 독립 때문이다. 검찰이라고 하여 법원과 크게 다르지 않다. 검찰개혁과 수사권 독립을 둘러싼 공방을 보면 "본질을 비껴 변죽만 울린다"는 느낌이 든다.

범죄사건을 수사하고 기소하는 검찰의 수장(검찰총장)이 각급 검찰을 지휘할 필요가 있을까? 고검장(高檢長)이 지검장(地檢長)을 지휘해야 할까? '그렇다'고 답할 수도 있겠으나 '그렇지 않다'고 답할 수도 있다. 각급 검찰청은 각급 법원에 대응하니 지검장은 지법(地法)사건만, 고검장은 고법(高法)사건만, 검찰총장은 대법(大法)사건만 지휘해도 형사소송 체계가 망가지지 않는다.

"법무부가 검찰인사권을 행사하고 검찰을 감찰하여 검찰을 개혁한다"는 처방은 대증요법이다. 원인요법을 권한다. 검찰총장으로 하여금 대검(大檢) 사건만 지휘하게 하여 격무에서 해방시켜야 한다. 그런다면 총장을 청문회에 불러 호통칠 일도 없을 것이다. 검찰총장의 직무를 한정하면 공수처를 만들지 않아도 될 것이다. 고검(高檢)에게 공수처 역할을 맡길 수도 있다.

개헌이 된다면, 헌법(제88조)에 '검찰총장'이라는 말을 '대검찰청장'으로 바꿔야 한다. 국립대학교 총장도 그렇다. 대학 '교장'이 맞다. 총장은 군(軍)에만 남아야 한다. 물론 이도 군국주의 시대 총통을 연상시킨다. 같은 맥락에서 「검찰청법」을 바꾸어 검찰총장으로 하여금 대법원에 대응하는 역할에 전념하게 만들어야 한다. 검찰의 정치화를 촉진시킨 국회의원들의 정치적 고발도 제한되어야 한다.

투망식 압수

2019년 겨울 검찰의 "수색 없는" 청와대 '압수'를 보면서, "살아 있는 권력"과 추풍낙엽 사이의 경계(境界)를 엿본다. 언젠가 역풍이 불겠지만, 통치권을 길들이는 검사들의 별건수사가 확대됨을 경계(警戒)한다. 걸핏하면 압수수색이 이뤄지지만, 실은 '압수·수색'이라는 말 자체가 적법절차(due process) 위반이다. 수색·압수가 맞다.

수색 후 압수는 헌법(제12조①) 테두리 안에서 이뤄져야 한다. 수사기관은 범죄 입증에 필요한 증거자료를 선별하여 최소한으로 가져가야 한다. 요리순서가 틀리면 맛이 없듯이 형사소송은 절차를 그르치면 맛이 간다. 모든 정보자료를 투망식으로 털어(수색) 몽땅 가져감(압수)은 부당하다.

미국 수정헌법 제4조는 부당한 수색·압수(unreasonable searches and seizures)를 금지하였고, 연방대법원(대법원장 Earl Warren)은 Mapp v. Ohio, 367 U.S. 643 (1961) 판결에서, "부당하게" 수집된 증거를 배제시켰다. 투망식 압수는 부당하다. 이를 금지시킴은 역시 검찰개혁 과제이다.

프로크루테스의 침대

검찰총장은 내부발언을 밖에 전달하는 방법으로 자기정치를 편다. 누군가 검찰총장의 발언들을 언론에 유포시켰다: "검찰개혁은 '살아있는 권력'의 비리를 눈치보지 않고 공정하게 수사하는 것이다"(2020.11.3. 신임 부장검사 대상). "검찰개혁 방향은 '공정한 검찰'과 '국민의 검찰'이 되는 것이다"(2020.11.9. 신임 차장검사 대상). 그럴까?

"수사 = 개혁"이라면 검찰은 늘 개혁중이었다. 언제부턴가 검찰총장의 행보를 보면, 정의의 옷 속에 감춘 '복수의 검'(劍)이 보인다. 약간의 오해가 있다. 국민이 선출하지 않는 권력에 '국민의'(of the people)라는 수식어를 붙일 수 없다. 개혁의 대상도 개혁을 논할 수 있겠으나, 개혁의 개념과 목표 및 방법을 흐트러뜨리지 말아야 한다. 검찰이 수사만 강조하여서는 개혁에 성공하기 어렵다. 세간에는 부패단절을 검찰개혁으로 이해하기도 하지만 부패는 정의 밖의 현상이다. 검찰 개혁은 정의의 범주 안에서 이뤄져야 한다.

검찰의 개혁이란 밖으로 정치적 외압을 벗어나는 한편 안으로 공정한 수사관행을 확립하는 과정이다. 정의의 길이기도 하다. 공정한 수사란 "봐주지 않는다"는 낮은 차원의 일이 아니다. 범죄 혐의를 눈 앞에 두고 정(正)의 관점에서 이익이나 권리를 저울질하는데 그치거나 공명심에 불타지 아니하고 의(義)의 관점에서 무엇이 올바른가[是]를 숙고하여야 한다. 자기 선입견(수사 시나리오)을 먼저 세워놓고 거기에 피의자를 맞춰감은 그리스 신화에 나오는 프로크루스테스(Procrustes)의 침대와 다를 바 없다.

3. 환경정의와 생태정의

1) 새만금 미래세대 소송

(1) 논 점

새만금 대법원 판결(2006두330전합) 20주년 관련 환경법학회 토론(2024.9.27.)은 금오에게 감회가 새로웠다. 발레리나 딸의 소시적 활동과 관련되었기 때문이다. 박시환 석좌교수께서 언급한 '이전의' 행정소송[2000.5.4. 서울행정법원 2000구12811]에서 재판부는 "전수진·제아라실 등 어린이 원고 175명이 새만금지역에 살지 않기 때문에 원고적격이 없다"고 배척하여 김제·군산·부안 등지에서 어린이들이 추가로 원고로 참가하여 원고적격을 충족시켰다. 그러나 제2심 서울고등법원은 원고들이 당시 작동되던 행정심판전치주의를 거치지 아니하였다는 이유로 청구를 기각하였다. 생명회의(NGO)가 기획하고 녹색연합과 공동으로 추진한 '새만금 미래세대 소송'은 크게 반향을 불러일으키지 못했지만 새만금 간척을 다투었던 최초의 법적 쟁송이었다.

2006년의 대법원 새만금 판결에서는 환경영향평가에서부터 사업의 필요성과 경제성 및 수질 등 여러 가지 현안들이 깊숙이 거론되었지만, 유효하게 작동된 제동장치는 없었다. 이러한 현실의 벽에 당면하여 토론자는 환경갈등에 참여할 기회가 있을 때마다 두 가지 쟁점을 생각하곤 하였다. 첫째는 환경진영이 환경영향평가를, 비록 부실평가를 문제삼더라도, 언제 쟁송으로 다툴 수 있을 것인가, 환경영향평가를 쟁송으로 다툼이 사실상 난공불락이라면 어떤 대안이 필요할 것인가의 문제이다. 둘째는 경제성 쟁점인데, 과연 환경보전 진영이 개발사업에 당면하여 얼마나 승산이 있는가, 승률이 저조하다면, 어떤 대안을 강구하여야 할 것인가의 문제이다. 두 가지 쟁점 모두 사실은 비관적이지만 적절한 기회에 법제를 약간만 개선하면 머지 아니한 장래에 해결될 수 있을 것으로 믿는다.

(2) 환경영향평가의 쟁송 가능성

먼저 환경영향평가의 처분성을 본다. 결론을 먼저 말씀드리자면, 환경영향평가에는 '평가'라는 처분이 없고 협의와 보완만 있어서 처분성이 없다. 협의 주체인 환경부장관(환경청장)은 행정행위의 주체가 아니다. 우리 대법원(2001년 판결)은 환경영향평가에 대하여 관대한 입장을 취한다.1285) 그리고 환경영향평가 협의는 환경영향평가의 적정성이나 부실을 다투는 사람을 당사자로 보지 아니하기 때문에 원고도 없고 피고도 없어 '당나귀 그림자에 대한 재판'과 같다.

환경소송 형식이 없기 때문에 행정소송이나 민사소송 형식을 원용하여야 하는 우리 상황에서 환경영향평가 자체를 대상으로 삼는 '내용상' 환경쟁송[행정심판+행정소송]이 가능하기 위하여서는 행정쟁송의 요건에 해당하는 '처분성'이 확보되어야 한다. 즉 환경영향평가 절차에 '평가'와 같은 '처분적' 성격의 판단이나 조치가 있어야 처분성이 확보될 수 있다. 그러나 종전 환경정책기본법이나 환경영향평가법에서는 일련의 평가 과정에 처분적 성격의 '평가'(evaluation, assessment 또는 statement)가 있었다고 보기 어렵다.1286)

환경영향평가법은 종전 환경책기본법의 사전환경성검토 제도를 전략환경영향평가 제도로 전환·흡수하면서 환경영향평가의 처분성에 관한 기대를 준다. 사전환경성 '검토'가 전략환경

'영향평가'로 진화하면서 종래 환경영향평가에서 보기 어려웠던 처분성이 부각될 수 있을 것인가의 여부가 주목을 받았다. 환경영향평가 제도의 원산지인 미국의 국가환경정책법(NEPA)에 따른 환경영향평가절차는 일찍부터 행정계획이나 법안(bill)을 평가대상으로 삼아 전략환경영향평가와 환경영향평가를 일원적으로 운영하였고 관할 행정청이 현저영향부재확인서(FONSI) 또는 사실인정서(findings)와 같은 처분적 성격의 문서를 작성함으로써 환경영향평가에 대한 사법적 통제의 길을 열었다. 이 점에 관하여서는 이희준판사님이 상론하였다.

(3) 미국 국가환경정책법 상 처분성

앞에서는 우리나라 환경영향평가의 처분성이 회피되고 있음을 언급하였지만, 여기에서는 환경영향평가의 원산지인 미국 국가환경정책법(NEPA) 상 평가단계의 특징을 살피고, 우리 환경영향평가법상 전략환경영향평가 제도에서 처분성의 단서를 발견할 수 있을 것인가의 여부를 살핀다.

미국 국가환경정책법(NEPA) 절차는 연방사업 (대안을 포함한다)(federal undertaking)에 관한 환경상 영향의 평가(an evaluation of the environmental effects)로 구성된다. 여기에는 범주배제결정(categorical exclusion determination), 환경분석서(environmental assessment: EA)의 작성 및 현저영향부재확인서(a finding of no significant impact: FONSI), 그리고 환경영향평가서(environmental impact statement: EIS)의 작성과 같은 세 가지 분석단계가 있다.1287)

(가) 범주배제(Categorical Exclusion)

첫 번째 단계의 절차에서, 어떠한 연방사업(undertaking)은 관할 연방 행정청이 종래 현저한 환경영향(significant environmental impact)을 미치지 아니한다고 결정한 특정한 기준(certain criteria)을 충족시키는 때에는 구체적 환경분석(a detailed environmental analysis)에서 제외될 수 있다. 상당 수의 미국 행정기관들은 NEPA 규정에 따라 환경평가 범주에서 통상적으로 제외된 행위들의 목록(lists of actions)을 개발하였다.

(나) 환경분석/현저영향부재확인서

두 번째 단계의 절차에서, 관할 연방 행정청은 어떠한 연방사업이 환경에 현저하게 영향을 미칠 것인가의 여부를 결정짓는(to determine whether or not) 환경분석서(a written environmental assessment: EA)를 작성한다. 부재(no)라는 결과가 나올 경우에 해당 행정청은 현저한 영향 부재 확인서(FONSI)를 발부한다. 현저영향부재확인서는 관할 행정청이 잠재적으로 현저한 영향을 저감하기 위하여 취하여야 할 수단들을 언급할 수 있다.

(다) 환경영향평가서

어떠한 환경분석서(EA)가 연방사업 제안의 환경적 결과가 현저할 수 있다고 결정하면, 환경영향평가서(EIS)가 작성된다. 환경영향평가서는 제안된 사업과 대안(alternative)에 관한 보다 구체적인 평가서이다. 공중(the public)과 그밖의 연방행정청 및 제3자(outside party)들은 환경영향평가서의 작성에 입력(input)을 제공할 수 있고 환경영향평가서 초안(a draft EIS)이 완료되었을 때 그에 관한 논평(comment)을 제출할 수 있다.

㈜ 사실인정서 및 의사결정공보

어떠한 사업이 환경에 현저하게 영향을 미친다고 관할 행정청이 예상하거나, 어떠한 기획(project)이 환경적으로 다툼(environmentally controversial)을 야기할 경우에 관할 행정청은 제1단계의 환경분석서(EA)를 작성하지 아니하고 바로 환경영향평가서(EIS)를 작성하는 선택을 취할 수도 있다. 관할 연방 행정청은 최종 환경영향평가서가 작성된 후에 그리고 결정을 내릴 때에는 당해 환경영향평가서(EIS)상의 사실인정서(findings)가, 대안에 관한 고려(consideration)를 포함하여, 당해 행정청의 의사결정 과정에 어떻게 화체될 것인가를 거론하는 의사결정공보(a public record of its decision)를 작성한다.1288)

(4) 환경영향평가의 처분성 확보

법제에서는 사업자가 아닌 인허가 행정청이 환경영향평가를 실시한다. 그리고 환경영향평가 결과가 개발에 아무런 문제가 없는 것으로 나와도 관할 행정청은 인허가를 주지 아니할 수 있다. 환경영향평가 절차에서 현저영향부재확인서(FONSI)가 발부되거나 환경영향평가서 상의 사실인정서가 관보에 실리지도 아니하는, 외려 비밀정보처럼 취급되는, 우리나라 상황에서 환경영향평가 자체를 다툼은 승산이 없다. 따라서 대부분의 경우 본안 행정처분이나 이행 단계에서 "전차 거짓·부실로 인한 환경영향평가가 인허가에 영향을 미쳤으니 본 처분을 취소하라"거나 "수행 중인 환경영향평가에 거짓·부실이 있으니 본안의 집행을 정지해 달라"는 다툼이 벌어지는 모습을 볼 수 있다. 그러나 개발대상 토지를 거의 확보한 상태에서 평가주체인 사업자가 물러날 가능성이 희박하다. 법제 개선 대안으로 환경영향평가제 본산인 미국의 경우처럼 처분성 문서를 발행함이 적절하다고 믿는다. 끝없는 협의와 반려 그리고 보완의 반복은 적법절차(due process)가 아니다.

(5) 개발사업의 경제성 분석

이 논점에 관하여서는 먼저 자연자본계정 내지 생태자연자본계정이 도입되어야 한다고 생각한다. 환경영향평가는 개발사업이 환경에 미치는 영향을 평가하지만 생태계와 생물다양성이라는 축적자본(stock capital)만을 평가하기 때문에 환경보전으로 얻는 이익[혜택]을 계량화하지 못한다. 개발진영은 예비타당성평가나 투입산출분석을 통하여 국내총생산(GDP)에 대한 기여도를 자랑하지만 환경·생태의 보전이익은 이러한 분석 체계를 갖추지 못하고 있다.

㈎ 국제동향

UN생물다양성협약(CBD)은 보전이익을 국가예산회계 체계에 편입시킬 것을 제창하고 UN

통계위원회와 협력해 자연자본계정(2012년)을 개발하고 증보판인 생태자연자본계정 ecological natural capital account (2013년 개정판 및 2021년 개정판)을 개발하였다. 우리나라는 OECD 국가군에 속하여 자력으로 개발하여야 한다.

생태계서비스 평가 틀과 방법에 관하여서는 대체비용법 등 선진기법들이 다수 개발되어 있으며 전국 단위의 생태용량이 평가되고 생태계서비스 지도가 작성되어 있지 아니하더라도 실행이 가능하다. 이 계정이 도입되면, 개발이 삶에 미치는 영향과 보전으로 얻는 이익을 구체적으로 비교하고, 자연혜택(생태계서비스)을 공정하게 나눌 수 있다.

영국의 경우, 수년 전부터 개발갈등이 첨예하고 이해관계자가 다수일 경우 환경영향평가(EIA)를 생태계서비스평가(ESA)로 전환시킬 것을 행정지도한다, 미국에서는 연방정부 관할에 속하는 개발사업은 모두 환경영향평가와 생태계서비스평가를 병행해야 한다. 필요한 데이터 세트는 연방환경청이 관리한다.

생물물리 구조에서 유출되는 유동자본(flow capital)인 자연혜택(생태계서비스)을 과학적으로 평가하고 경제적 가치를 환산하면, 개발이 인류의 삶의 질에 미치는 영향을 구체적으로 가늠하고 보전이익을 계량화하는 한편 이익교환(trade-off)을 도모할 수 있어, 환경영향평가의 한계를 보완할 수 있다.

(나) 제도화 대안

우리나라에서도 전략환경영향평가 다음 단계에 실시되는 환경영향평가에서 필요한 경우 당사자들의 합의에 따라 생태계서비스평가를 자발적으로 병행할 수 있을 것이다. 과학자·전문가들의 참여하에 GPS 기술을 바탕으로 전국(남북을 포함)의 생태계서비스를 과학적으로 평가하고, 이를 GIS로 구현하여 EU처럼 국가 단위 생태계서비스 지도1289)를 작성할(mapping) 수 있을 것이다.

사계에서는 생물다양성협약(CBD)의 생태자연자본계정을 국내적으로 이행할 수 있는 연구를 수행하고, 환경생태의 보전이 지속가능발전에 기여함을 실증할 필요가 있다. 환경정책기본법을 개정하여 생태자연자본계정화를 도모하고 이를 법정계획에 반영할 수 있는 법적 근거를 마련할 수 있을 것이다.

제2 시나리오로서 환경영향평가법을 개정하여 환경영향평가에 생태계서비스를 임의적 대안으로 도입하고 생태계서비스 평가 틀과 방법론을 규정할 수도 있다. 좀 더 거시적으로 국가재정법(제21조)에 따라 기획재정부장관과 협의하여 산림·습지·해양·농경지·도시지역·수계·보호구역 등 전국의 생물군계(biome)를 대상으로 국가 단위 생태자연자본계정을 개설하여야 할 것이다. 이 경우 생물다양성법(제16조)에 따른 생태계서비스지불제와 연계하여 자연혜택(생태계서비스) 제공에 기여하는 주민등에게 보상을 확대할 수도 있다.

(6) 고무줄 BC 분석

새만금 개발사업은 지금도 정식 개발계획이 수립되어 고시되지 아니하고 '구상' 내지 프로그램 등의 이름으로 R & D가 진행되거나 토막치기 방법으로 필요한 만큼씩만 잘라서 개발하는 양상을 본다. 계획변경 절차를 정식으로 거치게 되면 환경영향평가의 핵심대목이 즉 간척이라는 법률행위의 중요 목적이 변경되기 때문에 환경영향평가 절차를 다시 밟아야 한다. 그래서 탈법이 일어난다. BC분석을 실시하였을 당시에 총리실의 분석 값은 논으로 개발하였을 경우 겨우 1.0을 넘겼는데, 강한 지속가능성을 표방한 생태경제학회의 분석 값은 갯벌을 그냥 둘 경우 3.0으로 나왔다. 자연자본계정이 없던 시절이라, 지금도 그렇지만, 가능한 일이었다.

2) 해양환경정의

사면이 바다라면서: 제주도

숨 막히는 광경을 본다. 이것은 소리 없는 침공이다. 인류에 대한 바다의 역습이다. 금오가 이선명 소장·김병일 대표 등 베테랑 다이버들과 같이 입수한 서귀포 동방파제 앞 자구리 수중은 모순과 역설의 극치를 보여준다.1290) 이곳은 원래 뻘이 없이 모래지역이었다는데 어느새 쓰레기와 오니(슬러지) 투성이로 변하였다. 4명의 다이버들이 살펴본 약 2ha 정도의 바다 밑은 쓰레기들이 빠진 것이 아니라 넓은 쓰레기장에 바닷물이 유입되었다는 느낌을 준다. 눈앞에 펼쳐지는 장면들은 눈을 의심하게 만들고 심장을 짓누른다. 수경을 쓰고 호흡기를 물고 있음에도 솟구쳐 오르는 탁류에 숨이 막히는 듯한 압박감을 느낀다.[다이버 전재경©사진 이선명@중앙일보 2019.4.14.강찬수기자]

잠시 진정하고 찬찬히 살펴보니, 생수를 담는 플라스틱 페트병들이 가장 많이 눈에 띈다. 수 많은 페트병들이 발사하고 남은 포탄 껍질처럼 수 십 개씩 여기 저기 쌓여 있다. 오니 속에 묻히지 않은 페트병들은 점차 작은 플라스틱 조각들로 변하고 있다. 납추를 매단 폐어망들도 오니 속으로 묻히지 않고 사방에 뒹굴고 있다. 오니를 탐침봉으로 찔러보니 1m는 족히 들어간다. 탐침봉을 걷어 올려보니 이미 넝마가 된 마대와 비닐 포대들이 부유물들과 함께 딸려 올라온다. 미세 플라스틱은 바위에 서식하는 해조류들에 가장 빨리 달라붙지 않겠는가? 해조류들이 없는데 물고기들이 어찌 살겠는가? 무어지경(無魚之境)이다.

하필이면 눈부시게 아름답고 우렁찬 서귀포 정방폭포 앞바다가 조용히 그리고 철저히 썩어가고 있다. 북태평양(하와이 동쪽 캘리포니아 서쪽 사이의 해역)의 쓰레기섬을 걱정할 때가 아니다. 여기 이 많은 플라스틱과 넝마와 쓰레기들이 다 부스러지고 썩으면 서귀포 바다는 어떻게 될까? 저 두터운 오니 밑에는 어떤 쓰레기들이 얼마나 쌓여 있을까? 여기를 우선 차치한다면, 제주의 바다오염이 서귀포 앞바다 동방파제 해역에 국한된 현상일까? 불행하게도 그렇지 않다. 오염의 복병들은 다른 곳에도 있다.

외돌개 쪽에서 바라보는 서귀포 바다는 눈이 부시다. 가운데 문섬을 두고 왼쪽에 솔섬과 오른쪽에 범섬이 자리잡고 있는 서귀포 앞 바다는 경관과 생태가치가 뛰어나 자연공원(군립공원), 해양보호구역, 문화재보호구역 등 각종 보호구역들에 의하여 보호를 받고 있다. 각종 산호들이 서식하는 문섬과 거기 딸린 새끼섬은 수중 생태계가 훌륭하고 경관이 아름다워 한번 들어가본 사람은 다시 찾고 싶은 곳이다. 몽골시대 고려군이 피신하여 최후까지 항전하였다는 범섬은 물 위에 드러난 기암괴석들과 해식동굴들이 감탄을 자아낸다.

이 멋진 범섬 수중이 볼 상 사납게 변모하고 있다. 제주 바다는 지금 신음한다. 범섬 수중 전체를 둘러보기 전에 우선 접근이 용이한 기차바위를 먼저 보자. 수심 15m 아래 위치한 기차바위 정상은, 과거 사방의 바다에 음식물 쓰레기를 버리던 시절 동해 해역에서 사람들의 머리카락을 둘러쓰고 잡혀 올라온 대게들처럼, 낚시줄과 폐어망 그리고 통발 등에 잔뜩 휘감겨 있다. 이 줄들의 감옥 속에 갇혀 있는 산호들은 죽지 못해 겨우 목숨을 지탱하고 있는 것처럼 보인다.[다이버 전재경·김상길 ⓒ사진 이선명 @중앙일보 2019.4.14.강찬수기자] 사람들은 머리에 이 한 마리가 들러붙어 있어도 찝찝해 하고, 다리에 거머리 한 마리가 피를 빨아도 화들짝 놀랜다. 인류는 작은 고통을 참지 못하지만, 수중생태계는 잘 참을까? 아닐 것이다.

법제상 해역관리청은 해양오염방지활동을 수행한다. 해양환경관리법(제2조제20호)은 해역관리청의 관할과 기능을「해양환경 보전 및 활용에 관한 법률」(제2조제8호)에 맡긴다. 같은 법은 해역관리청을 "관할해역의 해양환경 개선, 해양오염방지활동 등 해양환경관리업무를 수행하는 행정관청"으로 정의하고, 관할해역을 해양수산부장관과 시·도지사로 구분한다(제2조제8호). 해양수산부장관은 배타적 경제수역(EEZ), 대한민국의 환경보전 관할해역, 환경관리해역, 국가어항, 무역항 및 연안항을 관할하고, 광역시장·도지사 및 특별자치도지사는 영해, 내수 및 「영해 및 접속수역법 시행령」으로 정하는 해역을 관할한다. 해역관리청은 해양환경관리법(제24조)에 따른 해양오염방지활동을 맡는다. 해양수산부장관이 폐기물 해양 수거·처리 계획을 5년마다 수립하고, 시·도지사는 연도별 시행계획을 수립·추진한다.

그럼에도 불구하고 서귀포 앞 바다는 이미 한참 전부터 제주를 사랑하는 사람들의 걱정을 사기 시작하였다. "바닷물이 갈수록 탁해진다"는 우려와 함께 바다 밑에 쓰레기가 쌓인다는 소문이 나돌았다. 쓰레기만 쌓이는 것이 아니다. 또 쓰레기도 쓰레기 나름이다. 제주 서쪽 해역의 차귀도 수중에는 쓰레기를 넘어 중금속이 쌓인다. 차귀도가 어떤 곳인가? 차귀도는 그 앞에 있는 본도의 수월봉과 함께 UNESCO 지질공원으로 인정받은 곳이다. 지금도 제주도 배

낚시 단골처이다. 그러다 보니, 떨어져나간 각종 낚시줄들이 뒤엉켜 있고 낚시추들이 수북히 쌓여 있다. 20년 전에 이곳에서 다이빙한 김병일 대표의 말에 따르면, 차귀도 수중의 문어는 낚시추들을 긁어모아 자기 서식처를 은닉하고 그 안에서 새끼들을 돌보고 있었다.

낚시객들은 납으로 인한 중금속 오염을 걱정하지만 관계 당국은 문어의 납 중독에는 아랑곳하지 않는다. 수년 전에 UNESCO 인간과생물권(MAB) 한국위원회에 제주 생물권보전지역(BR) 관리와 생태관광 방안이 거론되었을 때 이러한 수중오염의 심각성이 지적되었고, 제주도 관계자들이 "대책을 마련 중이다"고 답변하였지만, 실제 오염정화 활동이 이루어졌다는 말을 듣지 못하였다. 해녀들의 반대로 종래 다이빙이 불가능하였고 지금도 그러할 진대, 누가 어디를 어떻게 조사하고 정화하였는가가 의문이다.

수중의 납 오염은 제주도 북부 추자도 인근 해역에서도 관찰된다. 여기는 어선들이 밤이면 밤마다 집어등을 밝히고 갈치 등 각종 물고기를 잡는 곳이다. 수중세계에서 입수한 사진자료에 따르면, 넓적한 바위 위에 수많은 낚시추(봉돌)들이 빼곡히 박혀 있다. 이는 오랜 세월 수많은 낚시 쓰레기들이 침적된 결과라고 볼 수 있다. 자업자득이다. 낚시객들이 갈수록 넘치는데 어찌 낚시 쓰레기들이 넘쳐나지 않겠는가. 수협중앙회 산하 수산경제연구원의 자료에 따르면, 2016년 기준 바다낚시로 낚시객들이 잡은 채포량은 11만6천톤으로서 전체 연근해 어획량(93만톤)의 12.5%에 해당한다. 새천년이 시작될 무렵 낚시객들의 채포량은 약10%로 추정되었다.

그동안 해양수산 세력과 집단은 바다를 독점하면서 타인과 외부인의 간섭과 이용을 철저히 배제하였다. 전 연안을 촘촘히 둘러싼 마을어장과 양식업 그리고 여타의 어업권들 때문에 모든 해양산업과 사업 그리고 활동은 모든 돈으로 해결할 수밖에 없었다. 공유수면은 공동소유가 아닌 국민의 총유이기 때문에 중층 구조의 구분 소유와 복합적 이용이 당연한 수면이지만 잘못된 법률과 행정으로 말미암아 그간 어촌계와 해녀들에 의하여 독점적으로 이용되었다.

어쩌면, 독점적 이용을 넘어, 공유수면은 철저히 사유수면처럼 점유·이용되었다. 그 결과 실험용 심층수 취수배수 시설도 마을어장을 지나갈 수 없었고, 공유수면에 들어가는 다이버들은 해산물을 훔쳐가는 도둑으로 취급되었다. 대한민국에 그리고 지구상에 공유수면이 아닌 바다가 어디에 있다고 이런 독점적·배타적 지배가 횡행하는가? 그 독점·배타적 지배의 결과가 겨우 이런 바다의 쓰레기통 화(化)란 말인가? 참으로 기가 막힌다.

수익이 있는 곳에 부담과 책임이 있건만 수익을 누린 해양세력과 수산세력은 해양오염에 어떻게 대처하였는가? 해양과 수산의 점유권을 규율하면서 공정하고 공평한 이용을 도모할 책무가 있는 해양수산부와 각 지방해양수산청 그리고 해당 전문기관들 나아가 관할 지방자치단체들은 그간 무엇을 하고 있었을까? 육상기인 오염물질만 탓하고 있을까? 아니면 중국에서 유입된 표착 쓰레기를 탓하고 있을까? 놀지 않고 뭔가를 위하여 모두가 열심히 뛰었겠으나 수많은 성과에도 불구하고 참담한 수중오염이 바다의 운명을 위협하고 있다.

10여년 전에 자구리 수중에 입수한 적이 있는 이선명 소장의 말에 따르면, 여기에는 그 때 이미 피항한 각종 어선들이 버렸을 것으로 추정되는 폐배터리, 폐어망 그리고 각종 가전제품들이 빠져 있었다. 세월이 지나면서, 미세 플라스틱과 넝마 등으로 형성된 걸쭉한 오니들이 이 고형 폐기물들을 덮게 되어, 당장 눈에 띄는 것들은 자질구레한 생활 쓰레기들이다. 이 오니들을 흡착하면 어떤 모습들이 드러날까? 오니와 쓰레기 성상에 대한 정밀조사 없이 오니들을 흡착하면 사태를 악화시킬 것으로 생각된다.

지속가능하지 못한 규제체계

자연환경국민신탁은 관계 부처의 요청으로 서귀포 해양보호구역의 지속가능한 이용을 위하여 현지에서 활동하는 다이빙단체들 및 전문가들과 연대하여 2024년 봄에 에코다이빙네트워크를 창설하고 사무국을 맡았다. 해양보호구역은 육역에서와 마찬가지로 이해관계자들의 참여 없이 명령·통제 기반의 규제체계만으로 지속가능한 발전이 어렵기 때문이다. 다이버들은 해녀들이나 어촌계와 마찬가지로 주요한 이해관계자들이다. 에코다이빙네트워크는 2024년 6월에 서귀포 문섬 일원에서 수중정화활동을 수행하였고 10월에도 법환포구 일원에서 같은 활동을 펼쳤다. 하지만 네트워크 활동은 적지 아니한 난관에 봉착하였다.

당초 네트워크는 서귀포 해양을 모니터링하고 이를 기반으로 수중지리정보(GSI)를 아카이브로 구축하는 한편 해양 생태계서비스를 유지·증진시켜 이해관계자들이 공정하고 공평하게 이용한다는 활동목표를 세웠다. 목표 달성을 위하여 인식증진이 필수이기 때문에 네트워크는 해양 생태·환경교육을 실시하는 한편 수중 모니터링 결과에 따라 수중 생태계와 서식지를 침해하는 낚시도구·어구·폐그물 등을 제거하는 수중정화활동을 계획하였다. 이에 따라 해양수산부는 7천만원의 지원금을 제주도에 배정하였다.

예산을 관장하는 제주도(서귀포시청)는 예산집행에 대하여 세 가지 조건을 제시하였다: 첫째, 제주도에서 활동하는 사단법인에 대하여서만 예산지원이 가능하다. 둘째, 수중정화활동만 가능하다. 셋째, 정화활동에 필요한 선박을 임차하고 공기통을 사용하는 가격만 지불할 수 있을 뿐, 참여하는 다이버들에게 식사나 음료제공이 불가하다. 해양생태계법을 해석하고 제주도청 행정지침을 적용하니 이런 조건들이 나왔다. 당초 네트워크는 보호구역 활동에서 무슨 이익을 얻으려고 생각하지 않았다. 그럼에도 무슨 조건들이 이렇게 까다로운가? 수중을 먼저 모니터링해야 오염수역을 파악할 수 있을 텐데 원천적으로 가로막혀 있으며, 수중정화 작업중 다이버들이 스크류에 충돌하는 사고나 폐기물 등에 휘감기는 위험에 대비하여 보험이 필수인데 다이버 자신들이 이를 책임져야 한다.

나아가 다이버들[사진 ©제주수중핀·수영협회 2024.9.26.]은 어디에서 참가하던 간에 자신들의 비용으로 이동하고 점심까지 해결해야 한다. 당초 보수를 예정한 바 없었으나 자원봉사자들이 점심 한 끼에 커피 한잔 마저 자기 돈으로 해결해야 되는 지원체계는 법감정에 맞지 아니한다. 물론 이론상으로는 네트워크 사무국인 자연환경국민신탁이나 소속 다이빙 단체들이 자원봉사자들에게 식사와 음료를 제공하면 된다. 정부로부터 경상비를 지원받지 아니하는 국민신탁이나 다이빙 단체들은 모두 기부금으로 비용을 염출해야 한다. 행사 현수막에는 지방행정청의 주관 부서 명칭만 적혀 있다. 척박한 기부풍토를 고려할 때, 작금의 지원방식은 행정규칙에는 맞을지 몰라도 해양보호구역 활동의 지속성을 가로막는다.

한반도 최서남단 가거도1291)

금오는 대물(大物) 돗돔의 생태를 촬영하겠다고 길을 나선 이선명소장과 해난구조의 의인(義人) 김국관선장의 초청으로 2018년 여름 우리나라 최남서단 가거도(소흑산도)를 방문하였다. 목포에서 쾌속선으로 4시간 30분 거리에 있는 가거도는 행정구역상으로는 흑산이지만 흑산도 문화가 잘 느껴지지 않는다. 다이빙을 마친 후 김 선장의 안내로 마을과 해변 그리고 산을 둘러봤다. 섬의 정점을 이루는 독실산(犢實山)은 해발 571m이지만 발아래 심연과 연결되어 있다고 상상하니 웅장함이 느껴졌다. 정상에서 바라보니 북쪽으로 태도가 눈에 들어왔다. 맑은 날 남동쪽으로 제주도가 보인다지만 안개가 살짝 끼어 보이지 않았다.

숲 속에는 제주도에서 자주 접할 수 있는 구실잣밤나무·동백나무 등이 살고 있고 학명을 알기 어려운 '병아리난초'가 수줍게 피어 있다. 생물자원도 풍부하다. 가거도 주민들은 잘 몰라서 채취하지 않았던 상황버섯은 민첩한 육지 사람들이 다 뜯어가고 뽕나무 고목에는 뜯긴 뿌리만 남아 있다. 8부 능선에는 숯을 굽던 가마터 흔적이 남아 있다. 쓰지 않은지 오래라 설명을 듣지 않고서는 원형을 인식하기 어려웠지만 어물과 관광으로 살림살이가 나아지기 전에 고달팠던 주민들의 생활상이 느껴졌다. 등산객들이 많이 오르내리지만 섬의 자연과 경관에 만족하고 생태계와 생태계서비스까지는 살펴보지 못하는 듯 분주하게들 움직였다.

산을 내려오면서 보니 방파제 공사중인 가거도 항이 잘 보였다. 30년간 건설하고 준공한 다음 해 태풍으로 방파제가 유실되어 다시 공사 중이라는데, 이번에는 난공불락의 요새를 건설하려는 듯, 방파제 길이만큼 넓은 사각형의 방파제가 건설되고 있었다. 저 정도면 방파제가 아니라 인공섬에 가까웠다. 이 거대한 구조물을 건설하느라 바닷가의 산허리를 뭉텅 잘라 토석으로 쓴 탓에 절개지가 드러나 있다. 완공되면 물양장을 겸하겠지만 주차장으로 쓰이거나 쓰레기 더미로 덮이지 않으며 좋겠다.

가거도 항만 마을에는 수십년에 걸친 건설공사 탓인지 외지인들이 많이 거주한다. 아기를 데리고 저녁에 삼삼오오 친구들 집을 찾는 아낙들은 풍랑에 맞서는 섬 여인들의 정취와 완연히 다른 영락 없는 도시의 여인들이다. 방파제에서 육지 호텔에 팔기 위하여 해삼을 가공하면서 검게 그을린 아낙들과 느낌이 아주 다른 그녀들은 도시문화의 전달자이다. 가수 이미자씨의 흑산도아가씨는 늙어도 '흑산도아가씨'를 부른다.

외래문화가 토착문화를 압도한 탓일까? 가거도에는 전승과 민속이 잘 보이지 않는다. 마을마다 당숲은 있는데 당집과 당제가 사라졌다. 가거2구에는 당숲에 당집이 보이지 않고 빈집들이 많아 당제를 지낼 만큼의 주민들이 살지 않으며, 가거1구(항만마을)에서는 당숲에 접근하기조차 힘들다. 힘들게 당숲 안으로 들어갔더니 텅 빈 커다란 경비초소가 가운데 자리를 잡고 그 지붕위에 염소들이 뛰어다닌다. 관광객들에게 물건을 파는 아주머니에게 물어보니 언제 당제를 지냈는지 기억이 나지 않는다고 말한다. 어촌의 당제는 종교가 아니라 민속문화[의례]이다. 당집과 당제는 마을공동체의 구심인데 마을이 번영하면서 당집이 쇠락하고 당제가 소멸됨은 역설이다.

국경의 빈약함도 마음에 걸린다. 서해 최서단인 격렬비열도에는 유인등대가 있으나 일반이 살지는 않는다. 최남서단인 가거도는 생태네트워크의 거점으로서 어업 전진기지일 뿐만 아니라 중국 세력을 막아내는 최전방이다. 중국어선들은 풍랑을 피해 가거도에 들어왔다가 나가면서 물고기를 싹쓸이하는 버릇이 있다. 문화는 물결처럼 중심에서 변경으로 이동한다는 동심원 원리를 따른다면, 풍광이 아름다운 가거도는 해양물산의 풍요로움을 넘어 한국의 어촌문화가 전승될 수 있는 곳이다. 그런 가거도에서 주거와 어로 그리고 생활양식에서 어촌의 고유한 문화가 보이지 않음은 아쉽다.

가거도 주민들의 고민은 문화에 있지 않고 경제에 있다. 전국의 연안에서 연안어선과 근해어선들의 어장 각축이 전개되는 양상을 보이지만 가거도 주변 수역에서는 그 정도가 심하다[가거도 안강망어선 사진ⓒ이윤선(남도민속학회장)]. 가거도에는 해양보호구역이 설정되어 있지만 해양보호구역은 어로를 둘러싼 갈등을 해결하지 못한다. 2010년에 가거도 수산자원관리수면이 지정되었으나 연장되지 못하고 5년만에 해지되었다. 갈등이 다시 불거졌다. 어촌계장·마을이장·김국관선장 등 마을 관계자들이 수산자원관리수면의 재지정을 위하여 애쓰고 있지만, 경남권 어선세력과의 역학관계를 풀어줄 조력자들이 필요하다.

가거도는 국방과 어업의 전진기지이다. 외지인들에 의한 생물자원의 남획, 외래문화에 압도당한 전승문화의 소멸은 유감스럽고 때로 아쉽지만 가거도 주변수역의 수중오염은 더욱 걱정된다. 낚시객들이 잡아 올리는 어획량이 전체 연안어획량의 1할을 넘는다고 추정됨에도 수중환경 보호재원으로 쓰일 수 있는 입어료 내지 낚시면허제가 실시되지 않고 있다. 수산자원 고갈이 문제될 뿐만 아니라 낚시 추로 쓰이는 납 등이 물 밑에 쌓여 천혜의 서식지를 파괴한다. 물 밑에서 만난 우럭이 낚시 바늘을 물고 다니던 모습이 눈에 선하다. "사람이 살 수 있다"는 뜻의 '가거도'(可居島)에 물고기가 살지 못하면 사람도 살기 어려울 것이다. 가거도의 지속가능한 발전을 이룩할 수 있는 백년대계가 필요하다.

3) 생태계서비스의 유지·증진1292)

다이버들이 다이빙을 계속 즐기려면 수중에 볼거리(경관)가 있어야 한다. 수중경관은 수중 생태계와 생물다양성으로부터 비롯하는 자연의 혜택(생태계서비스)로 분류된다. 생태계가 건강하지 않고 생물다양성이 감소하면 자연히 경관도 줄어든다. 다이버들이 수중 생태계와 생물다양성에 관심을 가져야 하는 이유를 여기에서 찾을 수 있다. 그렇다면 수중 생태계와 생물다양성은 과연 누가 보전할 것인가? 다이버들은 단지 수중경관을 즐기면 족한 것인가? 혹시 수중경관이 나빠지면 현장을 떠나면 그만일까?

대개가 그렇게 생각하지 않을 것이다. 수중 생태계와 생물다양성은 생태공동체(eco-community)의 공동책임에 속한다. 생태공동체는 친숙하지 아니한 개념이지만 해당 지역·수역에 살거나 드나들면서 이용하는 주민, 사업자, 감시자, 관광객, 전문가 또는 NGO 등으로 구성된다. 일부 어촌계 등 지역 주민들은 자기들만이 생태공동체의 구성원이라고 생각하고 다른 주체들을 배척하는데 환경영향평가에 관한 미국 연방대법원 판례는 이해관계자의 범위를 넓게 파악한다. 생태공동체가 협치(governance)의 원리에 따라 협동할 때 생태계와 생물다양성이 보전된다. 같은 논리에 따라 다이버들은 자기가 다이빙하거나 드나드는 지역·수역의 환경에 관심을 가져야 한다.

전문 다이버는 주마간산하는 단순한 관광객이 아니라 수중경관을 즐기고 이를 보전하는 생태공동체 구성원이기 때문에 다이빙 연고지(diving sites)를 가지거나 이를 개척·보전하는데 관심을 가져야 할 책무가 있다. 우리 다이버들이 즐겨 찾는 제주 서귀포(문섬·범섬) 일대의 환경이 점차 열악해져 안전하지도 편안하지도 아니한 상황이 빚어지고 있음을 감안한다면, 다이버들이 해외로 나가기보다 새로운 국내 연고지를 개척하고 보전해야 할 때가 되었다고 생각한다. 과연 어디로 눈을 돌릴 것인가?

원래 환경은 오염원이 집중되면 썩는다. 제주의 환경은 지금 집중의 폐해에 시달리고 있다. 육상이건 수중이건 자연을 이용하는 사람들의 압력과 영향을 분산시켜야 한다. 서귀포에 집중되는 다이버들의 영향을 저감하기 위하여 해양(해안+해상)국립공원에 새로운 연고지를 개척할 것을 제안한다. 흑산도나 거제도와 같은 국립공원은 천혜의 다이빙 거점을 가지고 있지만 다이빙 경로가 개발되지 아니하여 아직 지도도 없고 적당한 다이빙숍도 없다.

금오, 벨라, 수중세계 발행인과 철(喆) 교수는 흑산도(다물도) 김동윤 선장(사진·국민신탁)의 초청을 받아 2019년에 흑산도를 방문하였다. 흑산도의 경우 예리에 작금 공항 건설이 추진되고 있었다. 국토교통부가 숨을 고르느라 국립공원위원회에 안건을 재상정하지 않아 건설안이 잠시 보류되었다가 이후 환경부는 건설 후보지를 국립공원 구역에서 제척시켰다. 철새들의 대체서식지는
바다 건너 비금도에 마련되었다. 철새들은 흑산도에 내리지 말고 지나쳐야 한다. 흑산공항은 지역주민(3천여명)의 교통편의를 도모하고 응급상황에 대처하는 외에 관광산업을 활성화시킨다는 목표를 가지고 있다. 하지만 홍도의 관광유인이 점차 감소하는 상황에서 공항을 건설하면 흑산도와 홍도에 체류하는 관광객들이 더 줄어들 가능성도 있다. 주민들과 관할 지방자치단체(신안군)는 종래와 같은 주마간산형 해양관광이 아닌 체류형 해양관광을 목표로 삼아야 할 것이다.

해양생태관광, 다이빙 또는 낚시는, 수질오염을 예방한다면, 전형적인 체류형 해양관광에 속한다. 흑산도는 과거 어선들의 불빛이 바다를 덮었던 파시(波市)로 또는 이미자씨의 노래 '흑산도아가씨'로 알려졌지만, 올빼미(사진©박종길 2004)와 같은 수많은 희귀 동식물들의 보고이며, 「자산어보」를 집필한 정약전 선생의 유배지, 진리당집, 말썽쟁이를 가두는 옥섬(사진·국민신탁)과 같은 문화유적들이 산재한다. 국립공원공단의 철새연구센터도 훌륭한 거점이다. 본도 인근에는 장도의 고산습지, 영산도 명품마을, 다물도의 가운데 대섬(중죽도)과 같은 명소들이 있다. 모두가 훌륭한 관광자원들이다.

황해안에 많이 서식하는 상괭이는 멸종위기종 국제거래협약(CITES)에 따라 국제적 멸종위기종으로 보호받는다. 죽은 상괭이 고기는 고래 고기로 둔갑하여 시장에서 거래되기도 한다. 고래연구센터에 따르면, 상괭이는 우리나라 연안에서 연 1천 마리 이상이 그물에 걸려죽는 등의 수난을 당하여 2005년 36,000여 마리에서 2011년 13,000여 마리로 급감하였다. 동해의 강치, 흑산도의 물개,
황해의 점박이물범 등이 사라진 것과 맥락을 같이 한다. 생물학적 멸종은 관광자원의 감소로 이어진다.

흑산 본도에서 쾌속선으로 30분 거리에 있는 홍도(사진·국민신탁 2018)는 저녁에 떨어지는 낙조로 섬 전체가 붉게 물들어 같은 이름이 붙여졌다. 그동안 흑산도 관광은 대부분 홍도를 경유하였다는 관점에서 홍도는 흑산도 관광을 견인하였다. 하지만 작은 유람선을 이용한 섬 일주와 유람 중간에 생선회를 판매하는 어선과의 만남이라는 관광 양태가 수십년 동안 이어졌던 탓에 한번 방문한 관광객들을 다시 홍도로 불러들이는 유인이 떨어진다. 홍도에도 다이빙 숍이 있지만(?), 다이버들을 찾기 어렵다. 홍도에는 관
습법 상의 해상경계 표시인 명인방법 '똠'(사진·국민신탁 2018)이 남아 있다. 똠은 소유권이 아닌 이용권의 표시이므로 어촌계들이 매년 수역을 돌아가면서 해산물을 채취한다.

홍도를 경유하지 아니하고 흑산 본도에서 2시간을 가야 도착하는 가거도(可居島)는 중국을 마주하는 우리 영토와 영해의 기점을 정하는 요충지이다. 가거도는 동중국해 어업전진 기지로 인식되기도 하지만 바다낚시 등 관광업을 영위하는 주민들이 많이 산다. 어업인이건 관광사업자이건 간에 많은 주민들이 목포에 거점을 두고 가거도를 사업장으로 이용하는 관행을 볼 수 있다. 가거도는 흑산도 서남쪽 해역이지만 외려 해상국립공원에서 제적되어 있다. 가거도 수역은 돗돔·광어(사진©이선명 2018) 등 큰 물고기들의 산란장
으로서 생태적 요충지이다. 다이빙에도 적격이다. 하지만 흑산도나 홍도와 마찬가지로 가거도에도 다이빙 내지 수중레저 기반이 갖춰져 있지 아니하다.

정부와 신안군은 가거도를 전략적 요충지 내지 어업의 전진기지로 개념을 설정하였지만 가거도는 해상 관광 및 수중 레저의 거점으로 발전할 잠재력이 크다. 작금 정부와 지자체가 건설하는 방파제 내항은 군함이 입항하기에는 너무 좁고 어선들이 함께 정박하기에는 더더욱 비좁다. 가거도 전체가 탄도 미사일처럼 뾰족하게 생긴 까닭은 오랜 세월 동안의 비바람과 파도에 적응하였기 때문이다. 이런 지리 내지 기후 조건을 외면하고 가거도를 안전한 피항처로 만들겠다는 정치적 구상은 좀처럼 실현되기 어려운 신기루와 같다.

자산어보를 집필한 정약전 선생의 유배지 흑산도 사리항(사진·국민신탁 2019)

흑산군도의 해양 생태관광 자원을 일거에 소개하기 어렵지만, 일견 보기에도 흑산군도는 대중관광을 고집하지 아니하는 한 지속가능발전 잠재력이 풍부한 곳이다. 문자 그대로 흑산군도는 패러다임을 바꾸면 블루오션(blue ocean)이 될 수 있다. 흑산군도를 블루오션을 만들기 위하여서는 우선 선거 전략에 좌우되는 정치적 안목이 바뀌어야 한다. 다음에 홍도의 관광 패러다임이 바뀌고 가거도에 대한 전략적 사고가 근본적으로 재고되어야 한다. 나아가 흑산도 곳곳에 생태관광과 다이빙 등 수상과 수중 레저의 물리적 기반을 구축하기 위한 관할 지방자치단체의 투자가 이뤄져야 한다.

4) 취약한 유네스코 생물권보전지역[1293]

백두산·금강산·지리산·한라산 등과 같이 한국인들의 사랑을 받는 설악산이 국내 최초로 생물권(보전지역)으로 선정된 지 40년을 맞이하였다. 1971년부터 유네스코의 '인간과 생물권'(Man and Biosphere: MAB) 프로그램에 따라 선정·관리되는 생물권(보전지역)(biosphere reserve)은 인류에게 여러 가지 혜택[생태계서비스]을 베푸는 자연을 지속가능하게 보전·이용

인류의 정의 (Human Justice)

하려는 공간이다. 우리나라에는 제주도와 민통선 일원 등 모두 9개가 선정되어 있다. 유네스코는 2022년부터 11월 3일을 '세계생물권의 날'로 기념한다.

생물권의 핵심구역은 경관, 생태계, 생물종 및 유전적 다양성의 보존에 기여하는 엄격보호구역이다. 완충구역은 핵심구역을 둘러싸거나 인접하는 곳으로서 과학연구, 모니터링, 훈련 및 교육을 강화시킬 수 있는 건전한 생태적 조치들과 양립할 수 있는 활동들에 이용된다. 협력구역은 공동체들이 사회문화적으로 또 생태적으로 지속가능한 경제 및 인류 활동을 영위하는 곳이다. 환경부 훈령으로 운영되는 MAB한국위원회가 생물권의 신청·등재 및 관리를 총괄한다.

생물권에는, 국립생태원·생물자원관·국립공원공단·자연환경국민신탁 등 전문기관들과 민간단체·연구소 등의 실태조사에서 드러난 바와 같이, 우수한 생태계와 다양한 생물종 및 탁월한 경관이 다수 분포한다. 유엔 지속가능발전목표(SDGs)에 따라 이러한 자연자원을 잘 보전하면서 현명하게 이용하려면 각 생물권의 유지·발전에 기여하는 핵심 이해관계자들에게 경제적 유인을 제공하고 '공정하고 공평한' 이익공유가 이뤄져야 한다.

현행 법제상 실행 가능한 경제적 유인으로서는 자연환경보전법에 따른 생태·경관보전지역의 주민지원(제20조)과 생태·경관보전지역의 우선이용(제21조), 야생생물법(제32조)에 따른 멸종위기종관리계약, 자연환경보전법(제50조)에 따른 생태계보전부담금의 반환·지원 그리고 생물다양성법(제16조)에 따른 생태계서비스지불제계약 등이 있다. 농업농촌공익직불법에 따른 공익직불제[기본형 공익직불제 및 선택형 공익직불제 그리고 「친환경농어업 육성 및 유기식품 등의 관리·지원에 관한 법률」에 따른 '농어업으로 인한 환경오염 방지', '농어업 자원 보전 및 환경 개선' 및 '농업환경보전프로그램'도 같은 기능을 수행할 수 있다.

생물권 핵심구역은 당초부터 관련 법령에 따라 '엄격하게' 관리되는 보호구역들 중에서 선정되었기 때문에 이른바 '법률적 구성'이 새로이 필요하지 아니하다. 현행 법제는 생태계 우수 경로들을 자연환경보전법에 따른 생태경관보전지역 또는 습지보전법에 따른 습지보호지역으로 지정할 수 있도록 수권한다. 야생 서식지들도 야생생물보호법에 따라 야생동물특별보호구역 내지 야생동물보호구역으로 지정·관리할 수 있다. 하지만 완충구역과 협력구역은 보전목적과 자원관리를 위한 유연한 규범체계가 필요하다. 이는 현행 법제가 특별히 취약한 대목이다.

생물권이 안고 있는 한계 중의 하나는 외부 토지 소유자[부재지주]들의 개발이익과 현지 경작자나 주민들의 보전이익이 갈라진다는 사실이다. 설악산이나 제주도의 경우에는 대부분의 지역이 국립공원 등 보호구역으로 지정되어 있어 난개발이 제한되지만 DMZ 남측 민통선 이북[민북]지역의 경우 사정이 다르다. 민통선의 북상함에 따라 난개발이 뒤따르는데 지자체 책임자들은 대토지 소유자들이나 부재지주들의 입장을 존중하여 생물권에 생태경관보전지역 내지 시·도생태경관보전지역의 지정을 주저하거나 거부한다.

생물권에서는 공간 획정이 자기 완결적이 아닐 수 있고 여건에 따라 부분 변경되거나 환지(換地) 등 이익교환의 대상이 될 수 있기 때문에 관계 행정기관들은 협치를 기반으로 생물권의 공간 관리를 부단히 지도·조력할 책무를 진다. 환경부장관이나 관계 행정기관들은 전문기관들의 실태조사 결과를 참고하여 새로운 공간 범주를 창설하지 아니하고도 행정협약·사회협약·보전협약 등을 기반으로 생물권의 제도적 흠결을 보정하면서 그 환경·생태 공간을 보존·보전·관리·이용지역으로 구분하여 관리할 수 있다. 그럼에도 생물권에서는 명령통제형의 행정규제 체계만으로는 이해관계자들의 역할분담과 이행책임 그리고 성과관리를 달성하기 어렵다. 생물권에서 관계기관간 역할과 이행책임을 분담하는 행정협약(MOU)의 체결과 이행을 권한다.

생물권 분만 아니라 보호구역 그리고 생물다양성협약이 추진하는 자연공존지역(OECM) 등을 효율적으로 발전시키기 위하여서는 강행법 체계와 간헐적 예산지원만으로 불가능하다. 생물다양성상쇄(bidiversity offset)가 절실하다. 우리 국토·환경·농림·해양 법제는 종래 생물권(완충구역과 협력구역)에 대하여 협치(거버넌스)와 지속가능발전을 위한 제도적 장치를 제대로 구비하지 아니하였다. 특히 생물다양성법에 따른 생태계서비스지불제(PES)는 종래 생물다양성관리계약에서 전환되어 그 범주가 확대되었음에도 종전 예산을 그대로 승계하고 있어 법률상 자격을 갖춘 민간기구의 참여가 지체된다. 강행법규에서 기속력이 있는 자발적 협약으로 넘어가는 발상의 전환이 필요하다.

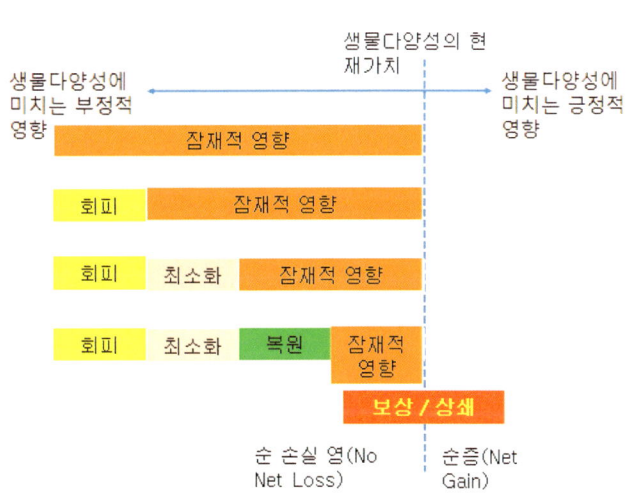

출처: World Bank, Biodiversity Offsets(2016), Figure 3.1 Goal of Biodiversity Offsets: No Net Loss

5) 소형 원자로

2021년 여름 집권 여당의 대표가 모듈로 구성된 소형원자로(Small Modular Reactor: SMR)를 개발하여 북한에도 지원하자는 등의 정책을 표방하여 "장기적으로 원자력 발전을 축소하겠다"는 국정방침을 따르던 사람들을 어리둥절하게 만들었다. 소형원자로는 "탄소의 순배출량을 영(0)으로 만든다"는 '2050 탄소중립' 목표 달성에도 도움이 된다는 설명이 덧붙여진다. 그러고 보니 탄소중립은 약방의 감초처럼 여기저기에 쓰인다. 산림청이 탄소중립을 앞세워 여기저기 산림에서 모두베기를 실시하여 경향의 시비를 빚고 있는 상황에서 소형원자로가 또 탄소중립을 위하여 구원투수로 나섰다. 소형원자로는 기존의 원자력에 관한 항간의 우려를 불식시키는 청사진이 될 수 있는가를 짚어 본다.

한국에너지공단의 설명에 따르면, 소형원자로는 기존의 대형 원자력 발전소와 달리 배관 없이 주요기기를 하나의 용기 안에 배치해 일반적으로 300MW급 이하의 인 원자로를 말한다. 세계원자력에너지협회(IAEA)는 300MW급 이하를 소형으로, 700MW급 이하를 중형(Medium Sized Reactors: MSR)으로, 분류한다. 한국원자력연구원은 1997년부터 독자 브랜드(SMART)로 소형원자로를 개발하여 2012년에 표준설계인가를 받고 2018년에 사우디아라비아에 수출하는 실적을 올렸다. 개발자들은 소형원자로가 원자로 냉각제 배관 파손으로 인한 방사능 유출 가능성이 없어 일반 원전보다 안전성이 높고, 발전용수도 적게 들어 해안이 아닌 내륙에 건설이 가능하며, 건설비용이 저렴하고 건설기간이 짧다는 장점을 강조한다.

원자력 건설과 수출을 주창하는 진영에서는 소형 원자로 설치에 적극 호응한다. 하지만 이에 앞서 몇 가지 검토할 사항이 있다. 우선 소형원자로가 탄소중립에 도움이 된다는 발상을 보자. 탄소중립을 위한 에너지 포트폴리오에 소형원자력을 추가한다는 뜻은 전체 원자력 발전 비율을 늘린다는 취지로 이해된다. 원자력발전 비중은 2011년 31.1%에서 2019년 25.9%로 줄었고, 석탄발전은 2000년 35.3%에서 2019년 51.0%로 늘었다. 그렇다면 집권 여당 대표의 발언은 석탄발전을 줄이고 그 공백을 소형원자로로 메워 전체적으로 원자력 발전을 늘리겠다는 전략으로 들린다. 만약 이렇게 나아가려면, 소형원자로를 확대하기 전에 원전과 석탄발전에 기반을 둔 「전력수급기본계획」을 먼저 변경하여야 한다.

BUND의 Prof. Frobel에 따르면, 독일은 2024년 10월 현재 전력 65%를 재생에너지에서, 15%를 바이오매스에서 얻어, 고비용 원자력발전소 신설을 재고하지 않는다.
독일 도로변 태양광패널 사진·황은주(2024)

원자력발전으로 전체 전력의 1/3까지 충당하였던 독일의 탈원전 징표: 2023년 4월 17일 가동이 중단된 독일의 마지막 원자력발전소 3개 중 하나인 바바리아(Bavaria) 주 폐쇄 원자로.
사진·황은주(2024)

그동안 정부는 원전과 석탄발전이 담당하는 기저발전을 장기적으로 "재생에너지 발전으로 대체한다"는 목표 아래 재생에너지 개발을 서둘렀다. 그러나 소형원자로를 도입한다면 재생에너지 개발과 보급은 필요가 없을 수도 있다. 그동안 정부는 재생에너지 개발을 촉진시킨다고 산림을 깎고, 한계 농경지와 폐염전을 태양광 발전단지로 돌리고 해상 풍력을 개발한다며 해양공간관리계획도 수립되지 아니한 해역에 대단위 발전단지를 조성하고 대기업을 유치한다는 정책을 추진하였다. 전체 에너지 수급계획을 따져서 우리 에너지 정책이 나아갈 방향을 설정한 다음에 소형원자로를 논의하여야 할 상황에서 먼저 구상부터 발표함으로써 기존의 모든 정책을 일거에 흐트러뜨림은 '앞뒤 틀린 말'(禁反言 Estopel)에 해당한다.

원자력 발전에서 종래 문제가 되었던 바는 냉각제 배관 파손으로 인한 방사는 누출이 전부가 아니다. 부품들이 하나의 모듈 안에 들어간다고 하여 핵발전 시설이 안전하다는 논리는 "대형 원자폭탄은 불가하지만 소형화된 핵탄두는 괜찮다"는 논리와 다를 바가 없다. 독사가 작다고 그 독이 안전하다고 말할 수 없듯이 소형원자로도 원자로이다. 안전관리에 다소 유리한 점이 있다고 치더라도 종래 원자력 발전이 안고 있던 고질적인 문제들 즉 지진과 해일로 인한 단층과 침수에 어떻게 대처할 것인가의 문제가 극복된 것이 아니다. 해안이 아닌 내륙에 설치하고 산악지대가 많은 북한에 수출한다고 하여 지진으로부터 자유로울 수 없다. 모듈로 구성되었다고 하여 중수로가 오작동되지 않는다는 보장이 없다. 소형원자로라고 하여 핵발전에 사용하고 난 폐기물이 발생하지 않는 것이 아니다.

핵폐기물 처리문제가 여전한 상황에서 "소형원자로를 설치하자"는 제안은 핵폐기물을 늘리겠다는 뜻이다. 북한이 우리보다 핵 기술력이 떨어진다는 추론도 믿기 어렵고 나아가 우리 기술을 수용한다는 보장도 없다. 소형원자로 수출이 대북제재에 제외될 것이라는 전망도 당분간은 어렵다. 뿐만 아니라 소형원자로는 비용편익분석에서도 문제가 있다. 소형원자로의 가동 비용이 일반 원자력발전소와 비슷하기 때문에 전체 운영비용은 소형원자로가 더 크다. 물론 소형원자로 자체가 '잘못되었다' 또는 '불가하다'고 반박하는 바가 아니다. 선행절차가 생략되었고 성급하다는 말이다. 집권 여당이 이렇게 획기적인 주장을 꺼내려면, 그래서 장기적인 에너지 정책의 근본을 바꾸려면, 에너지 포트폴리오에 기반하여 비용편익분석을 실시하고 원자력의 안전성과 핵폐기물 문제에 관한 대안을 먼저 제시하여야 한다.

6) 국립공원을 파고드는 공항

오래 전부터 흑산도 공항 건설이 추진되고 있어 금오는 2018년 여름 현장에 다녀왔다. 며칠 뒤 국립공원위원회에서 공원계획변경 건을 심의하기 때문이다. 금오는 특히 이번의 심의에 분심이 많이 들었다. 흑산도와 인연이 깊기 때문이다. 금오는 경북 선산에서 태어났음에도 당신 딸의 폐인 운명을 바꾸기 위한 외할머니의 결단으로 초등학교 5학년 2학기 때 전남 신안 도초도로 전학하였다가 중1년 말에 조선시대 정약전(丁若銓: 1758년~1816년) 선생이 유배가셨다가 어류를 분류한『자산어보』(玆山魚譜: 1814년 추정)를 집필하신 흑산도로 다시 전학하여 성모중학교를 졸업하였다.

공항건설비상대책위원장이 금오의 중학교 동기이고 신안군수가 목포고등학교 1년 선배이다. 현지 지인들은 당연히 금오가 공항건설에 찬성표를 던지기를 기대한다. 다른 한편 금오는 미래세대와 야생을 위하여 환경 요충지들을 기부받거나 매입하는 자연환경국민신탁(특수목적공익법인)의 CEO이다. 그래서 환경부 추천으로 국립공원위원으로 나섰다.

금오가 동향 지인들의 뜻에 따라 건설안1294)에 찬성하려면 먼저 위원직을 사퇴함이 옳다. 하지만 사퇴하면, 금오는 입장을 표명할 기회가 사라진다. 범죄 혐의자를 강물에 빠뜨려 색출하는 나이지리아 관습[神判]처럼, 죄가 없어(진실하면 무겁기 때문에) 물에 가라앉아서 죽고, 죄가 있어 (거짓이면 가볍기 때문에) 떠올라도 처형되는 진퇴양난이 예상되었다.

공항 건설을 추진하는 사람들은, 쟁점이 된 환경문제를 차치하고라도, 건설에 동의하지 아니하는 사람(낙도주민 포함)들의 여러 가지 의구심을 풀어주어야 할 것이다. 금오의 성찰이 이러한 의구심의 해소에 다소나마 도움이 되기를 기대한다.

우선 건설진영이 추구하는 바를 간추리면, 주민교통복지·응급환자수송·해양생태관광·불법조업감시·영토수호이다. 금오는 며칠 동안 이 목표들에 관하여 광범위한 의견을 수렴하였다. 대흑산도에서부터 다물도, 장도, 홍도, 가거도에 이르기까지 공무원, 이장, 요식업주인, 어촌계장, 유람선장, 도선장, 주민 등을 폭넓게 만났다.

현장을 둘러본 결과, 다수의 흑산도 사람들은 그동안 공항건설을 둘러싼 공론화 과정이 미흡했음을 아쉬워한다. 정보가 부족한 가운데 대흑산도 특히 공항이 계획된 마을에서는 대체적으로 찬성파가 다수이고, 대흑산도 내의 다른 마을들이나 주변의 도서(낙도)들에서는 반대 목소리들이 적지 아니 섞여 있었다.

흑산도 공항 건설 후보지@예리(사진·국민신탁 2019)

별 생각 없이 우선의 느낌으로 말하는 이도 있고 나름대로 이유를 제기하는 이도 있다. 응급환자 수송은 해양경찰청 경비정이나 119의 헬기운송으로 어느 정도 해소되었다는 의견이 많았다. 불법조업감시나 영토수호(군사비행장)와 같은 주장은 소수의견이었다. 소수의견 중에는 소형 항공기의 안전성에 관한 걱정도 있다.

물리적 시설들의 건설로 얻는 개발이익은 누구도 언급하지 않았다. 항공사 운영, 호텔이나 카지노 등 관광 인프라의 건설은 외지 자본의 몫이기 때문인지도 모른다. 그래서 그런지 현지에서는 주민교통복지와 해양생태관광이 주요쟁점이었다. 복지와 소득을 위하여 환경이 후퇴할 수밖에 없다는 논리가 전면에 나선다. 신안군 자료에 따르면, 흑산공항 활성화는 대선공약에서도 등장하였다.

먼저, 주민 교통복지에 대하여 본다. 대흑산도 주변도서(낙도) 사람들은 "공항이 들어선다고 하여 쾌속선을 타고 가다가 다시 비행기를 탈 것 같지 않고, 서울행이라면 모를까, 항공기를 타기 위해 이중의 절차를 밟는 일이 번거롭다"고 말한다. "항공기가 선박처럼 주민요금 할인을 시행할 것 같지 않다"는 입장도 있다. 태풍이나 폭풍 또는 안개로 인한 결항은 항공기도 선박과 마찬가지일 것이라는 의견도 있다. 그렇다면, 교통복지는 전체 주민(3,500명) 중 서울·청주·부산 방문객들에 관한 이야기이다. 건설 진영은 이 복지수요가 얼마인가를 입증하면 좋겠다.

다음에, 해양생태관광(소득증진)에 관하여 본다. 공항 후보지 마을 관계자들은 공항 건설 기간 동안의 고용이나 요식 수요를 기대한다. 하지만 이는 과도기적 효과라 논하지 않겠다. 문제는 지속가능한 소득창출이다. 신안군 자료에 따르면, 흑산도(홍도) 관광객은 연간 36만명이다. 당국의 경제성분석자료(2018년)에 따르면, 공항건설 완료시점(2021년 희망)의 항공기 취항으로 유발되는 신규수요(항공전환수요)는 53만명~54만명에 이른다. 연간 항공수요를 평균 60만명으로 잡을 때, 항공사 수입은 연간 550억원이고, 이로 인하여 여객선사가 입는 손실액은 연간 200억원이다. 선박 사업자들의 이익이 항공 사업자들의 이익으로 대체된다. 공항건설 진영은 이러한 이익교환(trade-off) 관계를 설명할 필요가 있다.

위기관리의 문제도 검토되어야 한다. 연간 60만명(월 5만명)의 신규 항공수요가 발생한다면, 하루 33편의 항공기가 드나들어야 한다. 항공기들이 10분마다 이착륙하여 10시간 이상 공항이 운영되어야 한다. 이러한 항공수요에 응하기 위하여 해당 항공업체가 몇 대의 소형항공기(50인승)를 투입하고 어느 정도의 운항·정비 인력을 확보할 것인지에 관하여 정보를 제공할 필요가 있다. 또 현재 대흑산도에는 객실 50개의 호텔 1채와 몇 개의 모텔들이 있는데, 섬의 특성 상 기상여건이 좋지 않을 경우, 공항대기·긴급투숙 등 비상상황에 대응하기 위하여 어느 정도의 인프라가 구축되어야 할 것인가를 건설 진영이 구체적으로 설명하면 좋겠다.

금오가 흑산도 주변도서(낙도) 사업자들과 주민들의 의견을 바탕으로 작성한 현지조사 의견서에서 환경문제나 대체서식지1295)를 거론하지 않았음은 우선 주민 교통복지와 지역소득 증진에 성찰을 집중하고 싶었기 때문이다. 같은 이유로, 악천후나 조류충돌(bird-strike)과 같은 안전문제도 언급하지 않았다. 선박수요의 감소가 목포지역의 경제에 미치는 영향에 관하여서도 정량적 데이타가 없어 분석하지 않았다. 주요 쟁점인 해양생태관광은 생태관광에 대한 이해와 역량 없이 실현되기 어렵다. 관광은 물리적 인프라와 서비스 역량이 함께 할 때 소득으로 연결된다는 사실을 건설 진영이 인식한다면 설득에 도움이 될 것이다.

흑산도 공항의 비용편익1296)

대흑산도에는 「흑산도아가씨」를 부른 가수 이미자 씨의 노래비가 서있다. 이미자씨는 머나먼 흑산도에 가보지 못하고 흑산도아가씨를 불러 공전의 히트를 기록하였다. 흑산도에서 태어난 전후 세대들은 지금도 흥이 나면 흑산도아가씨부터 부른다. 쌀보다 고구마와 해물을 주식으로 삼았던 흑산도 여인들은 지금도 "남 몰래 서러운 세월은 가고 물결은 천번만번 밀려오는데…"로 시작되는 노랫말을 접하면 가슴이 찡한다. 흑산도의 서정이 어디 여인들뿐이겠는가…금오는 지금도 '흑산도 아가씨'를 들으면 그 물결 속에 잠긴다. 오랫동안 '가고 싶은 섬' 1위를 지켰던 홍도 관광은 바로 흑산도라는 특수한 환경에 기반을 둔 문화현상이었다.

신안군수 선거공약으로 첫선을 보였던 흑산도공항 건설안은 제주신공항안과 또 다른 결로 우리 곁에 다가온다. 공항이 흑산도 주민들의 교통기본권을 보장하는 수단으로 등장하였다. 공항이 유발하는 새로운 해양생태관광 수요를 통하여 낙후된 지역경제를 활성화시킨다는 전략도 공항을 찬성하는 쪽에 무게를 싣는다. 관가에서 많이 접할 수 있는 이러한 논리를 떠나 현지에서 만난 상당수의 여인들은 "비행기를 타고 육지를 오가는 것도 괜찮겠다"는 반응을 보인다. 흑산도아가씨들은 대부분 육지에 나가 살아 흑산도 여인들은 대부분 외지에서 시집온 분들이다.

흑산공항이 생기면 건설 측 기대대로 육지로 시집갔던 흑산도아가씨들이 가끔 비행기를 탈 것이다. 하지만 이 분들은 이미 흑산도 주민이 아니다. 이른바 교통기본권은 흑산도에 사는 3500명 남짓한 주민들의 이동의 편의를 보장한다. 공항을 추진하는 측은 이 주민들이 그들의 기본권을 누리기 위하여 비행기를 얼마나 많이 이용할 것인가를 예측하여야 한다. 비행기는 잘 해야 요금의 10%를 할인해 줄 것이기 때문에 선박처럼 만만하게 타고 다니기 어렵다. 선박은 요금의 13% 남짓 내면 승선할 수 있기 때문에 만만하다. 응급환자 수송은 큰 쟁점이 되지 못한다. 지금도 119와 해양경찰의 도움으로 응급환자들을 헬기나 고속정으로 육지로 이송한다.

선박회사들은 수지가 맞지 않는 목포~대흑산도 노선 대신에 대흑산도~홍도 노선을 선택하려 할 것이다. 만약 목포~대흑산도 노선이 폐쇄되면 공항건설이 목표로 삼는 주민 교통복지 자체가 위협을 받을 것이다. 그렇다고 하여 목포~대흑산도 선박노선을 유지하려면, 국토교통부가 목포~대흑산도 선박적자를 전보해 주거나 아니면, 선박사가 대흑산도~홍도 노선에서 얻는 수익으로 목포~대흑산도 손실을 메워야 하는 상황이 발생할 수도 있다. 항공수익을 뒷받침하기 위하여 정부가 선박회사의 손실을 어디까지 떠안아야 할 것인가에 관한 예측이 필요하다.

공항 건설 측은 비용편익분석에서 대형 SOC에 쓰이는 예비타당성조사 체계에 따라 이동시간 단축으로 인한 기회비용만을 계산하지만 환경영향평가에서 실시되는 비용편인분석은 환경비용을 계산하고 사안이 복잡하면 현재의 생태계와 생물다양성이 제공하는 생태계서비스 즉 자연혜택에 대한 평가로 전환할 것이 요구된다. 우리나라는 개발도상국이 아니라 OECD 국가군에 속하기 때문에 개발사업에 대한 타당성 평가만으로는 부족하고 여느 선진국들처럼 본격적인 환경영향평가를 실시하여야 한다는 부담을 안는다. 우리나라에도 정당한 법의 절차가 상당히 정착되고 있어 경제성평가와 환경성평가를 외면하고 정치적으로 밀어붙이기도 어렵다.

"로마에 가면 로마의 법을 따르라"는 법언처럼, 국립공원에서 공원시설이 아닌 공항을 건설하려면, 힘의 논리나 정치적 흥정에 기대기보다, 국립공원 자체의 경로에 따라 접근하여야 한다. 다도해국립공원을 폐지하지 않는 한, 국립공원이 아닌 울릉도와 비교하면서 공항 건설을 추진하기도 힘들다. 불법조업감시나 영토수호(군사비행장)와 같은 주장은 소수의견으로 보인다. 전문가들 중에는 소형 항공기의 안전성에 관한 걱정도 많았다. 선박이 위태로운 날씨에는 항공기도 마찬가지이기 때문이다.

신안군 자료에 따르면, 흑산공항 활성화는 지난번 대선공약에서도 등장하였다. 그럼에도 많은 흑산도 사람들은 그동안 공항건설을 둘러싼 공론화 과정이 미흡했음을 아쉬워한다. 정보가 부족한 가운데 대흑산도 특히 공항이 계획된 마을에서는 대체적으로 찬성파가 다수이고, 대흑산도 내의 다른 마을들이나 주변의 도서(낙도)들에서는 반대 목소리들이 적지 아니 섞여 있었다. 유효수요가 나오지 않는다는 지적에 대하여 일부 인사들은 목포 쪽으로 1시간 거리의 비금도·도초도 주민들이 흑산도로 와서 비행기를 이용할 것이기 때문에 총 1만2천명의 잠재수요가 있다고 설명하기도 한다. 비금도초에서는 배로 1시간이면 목포에 도착하는 거꾸로 흑산도로 들어와서 항공기를 탄다는 가정은 정말 그쪽 주민들의 말을 들어봐야 한다.

의외로 물리적 시설들의 건설로 얻는 개발이익에 관하여서는 목소리들이 크지 않다. 항공사 운영, 호텔이나 카지노 등 관광 인프라의 건설은 외지 자본의 몫이기 때문인지도 모른다. 흑산도 주민들이 얻는 경제적 이익은 공항건설과정에서 유출되는 돈과 개항 후 늘어난 관광객들이 먹고 자는 데서 얻는 수익이다. 공항을 건설하려면 이 돈을 벌기 위하여 주민들이 잃게 되는 기회비용이 비교되어야 한다. 공항건설계획에서는 이런 계산들이 결여되었을 뿐만 아니라 흑산도가 안고 있는 생태계서비스의 가치, 해양생태관광의 경로 그리고 개발로 상실되는 환경비용들이 보이지 않는다. 흑산도아가씨가 비행기를 타기 위하여 넘어야 할 장애물들이다.

세계자연유산의 빛을 가리는 제주 제2공항

2020년 총선이 다가오면서 국토교통부가 여기저기에서 추진하는 공항 건설이 다시 힘을 받을 것으로 생각한다. 가까이는 제주제2공항이, 조금 멀리는 새만금공항이 그리고 아주 멀리는 흑산공항이 기지개를 펼 것이다. 공항 건설을 공약으로 내걸었던 유력 정치인들이 총선 마당에서 대거 진출하면서 과거의 공약을 재확인하거나 새로운 공약을 내걸 것이기 때문이다. 표심을 생각하는 정치인이라면 공항 건설 반대보다 찬성을 택할 것이다. 건설 당국이나 해당 지방자치단체들은 국립공원위원회의 비협조에도 불구하고 이러한 정치적 전환국면을 오랫동안 기다렸다.

흑산공항 건설안을 속행하기로 결정되었던 국립공원위원회를 돌연 무기연기한다는 뜻을 환경부가 공원위원들에게 통지한 시기는 공방전이 한참 뜨겁던 2018년 10월 2일이다. 이러한 처사는 '정당한 법의 절차'를 위배할 소지가 있었다. 항간에는 건설에 반대하는 공원위원들이 교체되기를 기다려 총선에서 국면전환을 시도할 것이라는 풍문이 돌았다. 찬성파들은 반대위원들의 임기도 알아 연임 고사도 개별적으로 권하였다. 오비이락일까…그사이 찬성파의 바람대로 반대성향 위원들이 일부 물러났고 또 물러날 예정이었다. 위원 개인들에게는 건설에 반대한다고 훈장을 탈 일도 없고 욕만 먹을 것이므로 퇴진이 새옹지마가 될 수도 있다.

제2편 인류의 정의 (Human Justice)

　공항은 경우에 따라 경제발전의 동력이 될 수도 있는데 왜 찬반의견이 대립하는 것일까? 새만금 매립에서도 경험하였듯이, 과학적인 비용편익(BC)분석과 안전평가가 제대로 이뤄지지 아니하기 때문이다. 대규모 개발사업에 적용되는 예비타당성조사에서 환경성 항목이 빠져버렸을 뿐만 아니라, 비용편익분석 과정에서도 환경보전 이익과 환경파괴 비용이 매몰된 결과, 새만금은 갯벌에서 매립지로 다시 비행장으로 용도가 바뀌는 운명을 겪고 있다. 흑산공항의 경우에는 경제성과 환경성은 차치하고, 국립공원 안에 1,200m의 활주로가 계획되었기 때문에 계기비행이 불가하고 40년 전에 사라진 시계비행에 의존하여야 하는 형편이다.

　단식농성 등으로 갈수록 공방이 가열되고 있는 제주제2공항도 이번 총선에서 뜨거운 쟁점으로 대두될 것이다. 제주제2공항 후보지는 한라산국립공원을 제주국립공원으로 확장하는 길목에 놓여 있다. 제주제2공항은 제주도민과 해당지역 주민의 참여 없이 건설안이 결정되었다는 절차적 문제와 입지선정 타당성을 둘러싸고 4년 이상 논란이 지속되었다. "현재의 제주공항을 확장하여 장기수요를 처리할 수 있다"는 파리공항공단엔지니어링 보고서가 4년 동안 은폐되어 있다가 2019년 5월에야 공개되면서 논란이 가속화되었다. 전략환경영향평가 과정에서 환경정책평가연구원 등은 성산 후보지가 환경적으로 타당성이 없다는 의견을 제시하기도 하였다.

　건설 당국이 최적지로 꼽았던 성산 후보지는 오름, 동굴, 숨골, 철새도래지 등이 밀집된 곳으로 환경적으로나 항공안전 면에서도 부적합하다는 전문가 의견이 많았다. 건설 찬성파는 기존 공항 확장이 불가하다고 보고 새로운 공항 건설이 침체된 경기를 부양시키고, 제주시에 집중된 개발을 주변으로 분산시켜 지역내 균형 발전을 도모할 수 있다는 주장을 편다. 반대파는, 이탈리아의 베니스 사례에서 보듯이, 제2공항이 제주 환경의 수용능력을 초과하는 과잉관광과 초과개발을 유발하고 쓰레기, 오폐수, 교통체증 및 경관 등을 악화시켜 제주의 가치와 매력을 상실하게 만들어 제주인들의 삶의 질을 떨어뜨린다고 생각한다.

　제주제2공항 건설에 대한 제주도민의 의견은 오차범위 내에서 찬반이 팽팽하게 맞선다. 제2공항 건설갈등을 해소하는 방법으로 '전면 재검토하여야 한다'는 의견이 29.8%로 가장 높았고, 주민투표에 부치자는 의견이 23.6%, 계획대로 추진해야 한다는 의견은 22.8%로 나타났다. 제주의소리, 제주신보, 제주MBC, 제주CBS가 2020년 설날을 맞아 실시한 '설 민심' 여론조사에서 '제2공항 건설'에 대하여, 도민들은 '반대한다' 48.5%, '찬성한다' 47.3%로 찬반의견이 팽팽하게 맞서는 것으로 조사되었다. 모름/무응답은 4.2%였다. 2019년 조사 때보다 반대 민심이 약간 높아진 셈이다.

　어느 공항이든 건설 찬성파는 반대파가 환경성을 내세워 경제성을 무시한다고 토로한다. 반대파는 환경성을 넘어 UN이 표방한 지속가능발전과 지속가능발전목표(SDGs)를 건설의 척도로 삼는다. '그레타 효과'(Greta effect)라는 신조어를 낳은 그레타 툰베리 양은 비행기를 타기 싫어 요트로 바다를 횡단하지만, 지속가능 발전론에서는 "꿩 먹고 알 먹는다"는 막다른 개발 대신에 "누이 좋고 매부 좋은 개발이 무엇이냐"를 두고 고심한다. UN생물다양성협약

(CBD)은 진영 간 충돌과 파국을 막기 위하여 2013년에 생태자연자본계정을 개발하여 환경 편익과 비용을 국가예산회계 체계에 편입시킬 것을 권고하였다. 우리나라도 이를 수용하면, 예비타당성조사의 독주와 국립공원의 위기가 줄어들 것이다.

7) 백년하청 대청호

제21대 총선 캠페인이 막 시작되었을 때 금오는 금강수계 보전 캠페인을 같이 추진하는 시골살이 영농조합법인의 박효서 대표의 초청으로 벨라와 함께 옥천군청을 방문하였다. 박대표는 "옥천군청이 동이면 안터마을 초입의 대청호변 일부를 생태형 습지로 조성하고 싶어 하는데 국민신탁이 뭔가 도움을 주면 좋겠다"고 말하였다. 맞는 말씀이다. 국민신탁은 2018년에 환경부 연구용역으로 안터마을을 포함하여 상주 구수천에서 진안~장수까지 금강수계 일원을 운슬 등 전문가들과 함께 샅샅이 답사하고 보전협약(국민신탁법 제19조) 기반의 수질관리 방안을 제시한 바 있다. 국민신탁은 보전협약을 활용할 수도 있고 생물다양성법에 따른 생태계 서비스지불제(PES)(법 제16조)를 활용할 수도 있다.

스포츠 머리에 가죽점퍼를 입은 박병욱 환경과장은 공무원들에게 느끼기 어려운 현장감을 물씬 풍겼다. 메모하는 모습은 외모와 달리 섬세한 성격을 보여주었다. 그는 국민신탁 체계를 처음 접하기에 벨라는 성의껏 설명하였다. 금오는 쉬운 내용을 어렵게 설명한다는 말을 들어 어려운 내용을 쉽게 설명하는 일은 벨라의 몫이었다. 한 시간 정도 지나서야 군청 관계자들은 군청이 추진하는 생태습지조성안과 국민신탁의 접점을 찾았다.

안터 앞 습지는 대청호 수위에 따라 물이 드나들기 때문에 자연형 습지가 되지 못하고 수위가 낮아지면 식생들이 죽고 쓰레기가 드러나곤 하여 외려 녹조원이 되었다. 이 일대는 하천 구역에 속해 있어 일부 농민들은 국토부로부터 땅을 임차하여 농사를 지었다. 하지만 친환경 농법조차 때로 비점오염원이 되기 쉽기 때문에 옥천신문사 오한흥 대표는 평소 이곳을 수생식물 군락지로 조성하는 방안을 궁리하곤 하였다. 한 때 마을 앞 다리 북측에 보조댐을 놓아 수면을 고정시키는 방안도 검토하였으나 4대강 트라우마로 인하여 무산되었다. 그 대신에 수위 변동을 막기 위하여 다리 아래 수문을 설치하고 그 남측을 생태공원으로 조성하는 안이 강구되었다. 하지만 지속적인 사업비가 필요하여 군청은 국토부 하천정비사업에 이 지역을 편입시키는 방안을 안출하였다.

하천정비사업의 일환으로 생태습지를 만들 수도 있겠으나 양자는 기능이 다르다. 이곳을 생태습지를 만든다고 하더라도 자연형 습지가 아니기 때문에 지속적인 관리가 필요한데 하천정비사업 완료 후 관리비가 계속 염출될 수 있을지 의문이다. 벨라는 국민신탁이 마을과 군청을 도울 수 있을 것으로 판단하였다. 국민신탁이 국토교통부, 금강유역환경청, 옥천군청 및 경작자들과 함께 보전협약을 맺고 수계기금을 전용하여 경작자들을 감시자로 전환시켜 습지를 관리하게 하고 재정을 지원하는 방안을 궁리하였다. 물론 현재로서는 수계기금을 전용할 수 있는 경로가 없다. 하지만 2020년에서 2021년까지 진행된 「보전협약 기반 수질관리 실증연구」를 통하여 보전협약이 비점오염원 관리에 효과가 있음을 입증한다면 수계기금 일부를 보전협약에 전용하자고 제안할 수도 있었다.

대청호 녹조개선 국민신탁지 오리농군
사진 · 국민신탁 2021.08.07.

대청호 녹조
사진 · 국민신탁 2021.08.07.

금오와 벨라는 옥천군청을 다시 방문하기로 약조하고 박 대표와 함께 길을 나섰다. 박 대표가 수몰지인 군북면 자기 향리 인근 식당으로 일행을 안내하였다. 30년 된 식당 앞에는 작은 늘티 저수지가 있어 경관이 괜찮았다. 저수지 앞에는 새로 만든 천하대장군과 지하여장군이 서 있다. 눈부신 봄날 도로변 벚꽃이 흐드러져 수면에 드리웠다. 마침 작동하는 분수가 눈길을 사로잡는다. 하지만 낭만은 거기까지였다. 식당주인 보은댁의 설명에 따르면, 지역내 유력인사가 저수지 위 산비탈에 허가를 받고 묻은 음식물퇴비 침출수가 물을 더럽혀, 재작년에 악취와 함께 고기들이 떼로 죽었다. 바로 아래 대청호가 있다.

합법인 행정이 결과적으로는 불의를 낳았다. 매립지 침출수의 위험을 몰랐을까? 묻어버릴 퇴비를 뭐 하러 만들었으며 대청호 수질이 걱정된다면 왜 침출수를 양산하는가? 이 사건은 법의 한계와 행정의 부정합성을 여실히 보여준다. 환경정의가 무색해진다. 비용효과적인 수질관리 대안을 목표로 수년간 공들였던 연구보고서는 캐비넷에서 잠자고 있다. 해당 연구진은 불행하게도 이후 법리와 무관하게 성동격서하는 온갖 풍파에 시달렸다. 석장승의 비가(悲歌)는 아직도 계속된다. 대청호의 물이 백년 동안이나 흐려서는 모두가 망한다. 주민들이 감시자가 되는 자발적 보전협약 체계가 절실하다.

4. 경제정의의 각축

1) 양극화 앞에서

세계인의 주목을 모은 2018년 6·12 북미대화와 6·13 지방선거 후에도 우리나라가 넘어야 할 수 많은 과제들이 산적해 있다. 6·12 북미대화에서 내놓은 약속들이 실제 이행으로 이어지고 그 성과가 남북 교류·협력에 반영되려면 정치경제적 해법과 제도적 장치들이 마련되어야 한다. 한반도 평화협정의 이행은 정전협정의 당사자인 중국도 관할권을 주장할 것이다. 북중 사이에 그리고 한미 사이에 일거에 해결될 수 없는 숙제들이 순차적으로 풀려야 한다. 미국과 중국은 우선의 난제인 북핵 문제를 풀더라도 서태평양과 동북아에서의 군사적 패권과 무역마찰을 두고 밀고당김이 지속될 것이다. 미중의 군사무역 상의 긴장은 남북 통치자들의 외교능력을 넘어 남북관계에 장애요인으로 작용할 수 있다. M대통령과 정부 관계자들의 어깨가 무겁다.

외교와 국방에서 한시름 놓으면 경제문제가 밀물처럼 밀려들 것이다. 그동안 정부는 「사람 중심 지속성장 경제」라는 패러다임에 입각하여 소득주도성장, 일자리중심경제, 공정경제, 혁신성장의 유기적 순환을 표방하였다. 소득주도성장 부문에서는 케인즈 식의 유효수효 이론에 따라 최저임금 인상, 근로시간 단축, 공공부문 일자리창출을 추진하였다. 소득주도성장에 맞서 자유주의 시장경제주의자들은 특히 최저임금에 반대하면서 투자주도형 내지 수출주도형 수요주도성장으로 자연성장률을 끌어올려야 한다고 주장하였다. 그러나 시장경제 일변도의 정책으로는 지속가능한 경제발전을 이룩하기 어렵다.

그동안 자유주의 시장경제론이 신봉하였던 낙수효과는 신기루임이 드러났다. 이론 경제학과 달리 현실 경제학에서는 좌와 우가 공존하는 균형정책이 필요하다. M정부가 추구하는 경제발전 패러다임은 소득주도성장 및 공정경제와 같은 사회적 시장경제와 슘페터 식의 혁신성장 및 일자리중심경제와 같은 자유주의적 시장경제가 공존한다. 이제 와서 새삼스레 어느 한쪽으로 치우치면 외려 좌우의 균형 즉 중용을 잃게 된다. 정부는 사소한 이론공격에 휘둘리지 말고 左(사회적 가치 및 사회적 경제)와 右(자유시장과 혁신경제)의 트랙을 적절히 번갈아 운용하여야 할 것이다.

금오는 경제학자 우석훈 박사의 페이스북 글을 읽다가 M 정부의 경제정책에 관하여, 죽은 자식 거시기를 만지는 꼴이 되지 않기를 바라면서, 몇 가지 아쉬운 대목들을 꼽아봤다: ㈎ 경제정의 관점에서 볼 때, 정규직과 비정규직의 격차는 부정의를 확대시킨다. 정규직 노조들은 아전인수에 급급했다. ㈏ 임기 초반 산업구조 조정에 기반한 혁신성장에 박차를 가하지 않고 유효수요에 기반한 소득주도 성장을 폈음은 우선순위가 틀렸다. ㈐ 공동경비구역(JSA)~송악산 도보여행 등 남북 간 지속가능관광 내지 환경협력을 활성화시켰더라면 대북제재를 거스르지 않으면서 상생할 수 있었을 텐데, 외교에 매달려 실질 변화를 이끌어 내지 못했다. ㈑ UN지속가능발전목표(SDGs)를 국내 부문에 본격적으로 접목시켜 굵직굵직한 기본계획들을 수정하였어야 하는데 손을 놓고 있다. 농생태학이나 기후정의가 겉돌고 있다. ㈒부동산 부문에서 "문득문득 값이 뛰는 현상"을 두고, "성공적"이라고 판단하고 있어, 걱정스럽다. 좌우병진하는 중용(中庸)의 개념을 모른다.

정의가 왜곡된 정치경제

고용 쇼크에 당면하여 2018.8.19. 대통령실 장○○ 정책실장은 "연말까지 기다려달라"고 말했다. 그동안 정부가 중소기업 지향 산업정책이나 기술혁신에 매진했다는 이야기를 잘 듣지 못했었는데, 연말이 되면 무슨 수로 경제가 회생한다는것일까? 8월 22일 당정은 최저임금 인상에 따른 부담을 덜어주기 위해 소상공인과 자영업자를 위해 7조원을 푼다고 발표했다. 정부가 구사할 수 있는 수단은 재정지원뿐인가? 선뜻 수긍하기 어렵다.

금오는 정부의 정책수단과 순서에 문제가 있다고 보았다. 최저임금제는 소상공인과 자영업자 그리고 시간제 근로자 사이의 폐쇄된 분배이다. 소상공인과 자영업자들의 체질이 강화되기 전에 시간제 근로자들을 위한 분배를 시행하였다. 그 전에 이전소득인 임대료 인상 대비책이나 젠트리피케이션 탈피책이 선행되었어야 마땅하였다.

법령의 이름으로 켜켜이 쌓인 규제 말고도, 중소기업 적합 업종에 대기업이 진출하는 자본의 침공, 대기업 중심의 조달시장, 소기업이나 협동조합들의 정부용역 입찰자격 제한, 비정규직을 몰라라 하는 대기업이나 공공기관 노조들의 방관, 곳곳에 쌓인 불공정거래 등 적폐는 쌓이고 쌓였다. 대통령이 외교, 통일, 사정 그리고 휴머니즘으로 높은 지지율을 올릴 때, 당정은 지혜를 발휘하여 경제와 사회 개혁과 적폐청산에 매진하였어야 한다.

양극화를 치닫는 빈부와 이념 그리고 양성1297)

부자와 빈자라는 계층 간의 널뛰기 '양극화'는 오랫동안 경제생활에서 빚어지는 빈부격차의 문제로 인식되었다. 언론은 상위 1% 내지 10%가 차지하는 부의 편중과 도덕적 빈곤을 우려하였고, 정부는 부자와 빈자들의 격차를 줄이려고 부단하게 노력하였다. 모든 정부는 격차 해소를 위하여 노력하였지만 여전히 간격이 크다. 프랑스 대혁명 이전의 역사나 현대 중국의 실용주의 이후 경향을 보면, 양극화는 현대 자본주의 국가에서만의 숙명이 아니다.(사진: 빈자와 부자가 극명하게 대비되는 브라질 리오데자네이로(Rio de Janeiro slum) ©commons.ikimedia.org. 2010)

양극화는 언제부턴가 빈부를 넘어 전선이 확장되었다. 제2차 세계대전 이후 이념[이데올로기]의 대립으로 초래된 좌(左)와 우(右)의 양극화를 들 수 있다. 좌와 우가 서로 극단화를 지향한다. 우향우의 끝을 지향하는 트럼프 대통령과 아베 수상은 국내외의 비판을 무릅쓰고 정치 캠페인에서 '보다 짜릿한 효과'를 노린다. 한국 사회에서 이념의 극단화는 정치뿐만 아니다. '태극기부대'의 우경화는 널리 알려진 사실이지만, 근로자들도 노동조합법을 무기로 극단으로 치닫는다. 노동쟁의 현장에서 '민주'는 있을지언정 평화는 찾기 어렵다.

유럽에서의 난민은 극우 테러범들의 표적이 된다. 앙겔라 메르켈 수상의 친난민 정책을 지지하였던 독일 보수정치인 발터 뤼프케(Walter Lübcke)씨는 금년 6월 극우 테러범에게 저격을 당하였다. 서구 공항들이 "외부에서 테러범들이 들어온다"는 가정 아래 검색을 강화시킴은 현실과 동떨어진다. 공항 검색을 강화하여 테러를 막을 수 있다는 발상은 참 순진하다. 외신들이 전하는 바에 따르면, 테러는 이민자들이 저지르는 것이 아니라 이민자들을 혐오하는 자국민들이 저지른다.

Richard J.McAlexander 씨가 '서유럽의 테러 사건 데이터'(TWEED)를 활용하여 Journal of Global Security Studies에 기고한 논문(워싱턴포스트 2019.7.19.)에 따르면, 이민자들을 향한 증오가 우익들의 공격을 유발한다. 유럽에서 이민자 숫자와 테러 사례가 비례한다. 좌익 테러, IRA나 ETA와 같은 분리주의자 테러, 바스크족(스페인) 테러는 이민과 무관하다. 2008년부터 2015년까지 독일에서 벌어졌던 86건의 테러 사건 중 60%가 우익 테러범으로 추정된다.

흔히 이민자들이 일자리를 빼앗아 경제적 곤란으로 말미암아 우익 테러범들이 이민자들을 공격한다고 알려졌다. 그러나 이 추론은, McAlexander 씨의 분석에 따르면, 증거를 찾기 어렵다. 난민들이 우익 테러범들과 일자리를 두고 다툴 가능성은 없다. 우익들은 이민자 자체를 공격한다. 우익 테러범들은 동유럽 이민자들보다 무슬림 이민자들을 주로 공격한다. 무슬림 이민자들에 대한 서구 기독교 사회에서의 테러는 일자리를 명분으로 삼지만 속내는 따로 있다고 봐야 한다.

이데올로기 양극화 못지않게 심각한 것은 양성(兩性)의 양극화이다. 종래 음양의 이치로 표상되었던 양성은 대립의 상징이 아니라 화합의 상징이었다. 그러나 "하늘 같은 남자"라는 말을 오해한 남성들의 잘못으로 일부 여성들은 남성을 적대시하기에 이르렀다. 단군신화에서 왜 웅녀가 남자가 아닌 하느님의 아들과 혼인하였겠는가? 음양오행에서 '하늘'은 우러러 받드는 신앙의 대상이 아니라 양(陽)을 나타내는 공(空)에 불과하다. 음(陰)을 나타내는 대지가 없었다면 인류는 지구에 발을 붙일 수 없었다. 아메리카 인디언들은 대지를 '인류의 어머니'라고 믿었다.

생태인류학적 성찰이 부족했던 일부 남성들의 어리석음으로 인하여 전 세계는 미투(#MeToo) 혁명에 휩싸였다. 이 혁명은 성 평등을 넘어 여성우위가 도래할 때까지 멈추지 않을 전망이다. 언제부턴가 양성은 음양의 이치를 떠나 우향우·좌향좌하여서로 지구의 반대편으로 치닫게 되었다.

빈부, 이념, 양성의 양극화가 갈수록 심화된다. 증오와 폭력 그리고 대립이 확산된다. 양극화 문제를 누가 어디에서부터 어떻게 풀어야 할 것인가? 빈부의 양극화는 정치인, 기업인 그리고 노동조합의 협력으로 풀 수 있다. 그 해법은 신뢰와 양보 그리고 호혜에 있다. 다음에 이념[사상]의 양극화는 누가 풀까? 이념의 양극화를 틈타거나 조장하여 좌우를 불구대천의 원수로 만들고 자파 결속을 도모하면서 선거 승리를 노리는 정치인들 말고. 중도(中道)가 아닌 중용(中庸)의 도리를 잘 이해하는 정치가(政治家)들에게 기대를 걸어본다.

마지막으로 양성의 양극화는 누가 풀 수 있을까? 결자해지(結者解之)에 따르면, 맺은 쪽이 풀어야 한다. 그렇지 않고 "강자의 미덕은 관용"이라는 위인전의 가르침을 따른다면, 강자라고 생각하는 쪽이 풀어야 한다. 여성계는 "아직 양성 불평등이 심각하다"고 말한다. 여성이 강자가 아니라는 입장이다. 남성은 또 원인자로서 부메랑 효과 때문에 적절한 주체가 아니다. 양성

인류의 정의 (Human Justice)

의 양극화는 어느 한쪽의 대승적 결단으로 해결되기 어렵다. 가해자들의 집단적 반성과 사과가 선행되어야 한다. 가정, 일터, 교단, 강단 그리고 언론에서 재발방지를 향한 비상한 노력이 절실하다.

기본소득론

금오는 2020년 9월 전주의 강주영 동지가 페이스북에 올린 "기본소득 對 주민자산"이라는 박진감 넘치는 정의론을 읽고 생각에 잠겼다. 많은 지식인들이 마이클 샌델 교수의 책을 읽었다. 그러나 그 정의는 여전히 서가에 꽂혀 있을 뿐이라는 자괴심을 금하기 어렵다. 실물자본이 아닌 가상자본인 화폐를 외환(外換)시장에서는 상품으로 취급하지만 그리고 이는 기축통화(달러)를 운용하는 미국의 구도이지만, 오로지 화폐에만 기반하는 경제는 절대강자의 패권에 의존하는 종속경제다.

절대강자를 대리하는 어떠한 정부라도 전체국민에게 균등하게 화폐를 분배할 경우, 그것이 기본소득이라는 개념을 쓰건 사회복지 체계에 의존하건 간에, 도덕적 해이는 차치하고, 유효수요는 넘치나, 자칫 실물자산과 노동력이 뒷받침되지 않으면, 나라경제는 완전한 중앙집권체제로 들어가 부패, 나태(懶怠) 및 인플레이션과 싸울 것이다. 정의보다는 유효수요(有效需要)에 근거한 기본소득제는 설사 추진되더라도 빅브라더(大兄)의 등장이 불가피한 집중경제·통제경제·가상경제의 함정과 위험에 대한 방비책이 필요하다.

다른 한편 공유재산에 기초하는 주민자산제에서는 마을공동체의 주민자산이 없는 도시 저소득층의 물적 토대가 문제된다. 근대 민법(民法)의 한계를 보강하는 마을기본법(가칭)에 기초하는 주민자산제를 추진하더라도 사회자본(네트워크를 통하여 신뢰·협동하는 집단역량)이 뒷받침되지 아니하는 한 '만인의 만인에 대한 투쟁'이 기다린다. 민주주의의 옷을 입은 눈먼 자본주의는 "자기가 무슨 짓을 저지르는가도 모르면서 투표하는" 중우(衆愚)들을 조종하여 소수 자본가들과 권력의 굶주림을 채우는데 충성한다. '새만금 간척'에서 보는 바와 같이, 권력에 의한 주민자산의 외부이전과 다수집단의 부당이득은 정의(正義)를 심각하게 훼손시킨다.

정부가 농촌농업·어촌어업의 피폐함과 오염위험에 유념하지 않으면서 디지털 기반의 급조 뉴딜을 추진함은 어느 일면 효과적인 대목도 있겠으나 공유자산(commons: 총유자산 내지 주민자산)이라는 관점에서 볼 때 지역간·집단간 경제정의와 환경정의가 무시된다. 육지에 적지(適地)가 없다고 하여 해상풍력과 같은 재생에너지를 내세워 대기업들에게 수조원의 사업권을 넘겨주는 뉴딜은 국가의 힘으로 주민자산을 타인들의 몫으로 이전시킴으로써 정의를 크게 훼손한다.

"해상풍력을 추진하지 말라"는 뜻이 아니라, 공정하고 공평한 이익교환(trade-off)도 없이 어민의 몫을 상공인에게 도시민에게 이전시키지 말라는 뜻이다. 2016.1.1.부터 적용된 UN의 「세상바꾸기: 지속가능발전을 위한 의제 2030」이나 생물다양성협약(CBD)이 제창하는 생태계 서비스 기반 이익교환론을 보라. 환경정의를 대변한다. 한국판 뉴딜 종합계획은, 급한 나머지 벌써 한참 작동되지만, 농산어촌 공동체와 기업집단 및 도시민들 간의 이익교환이 거의 고려되지 아니하는 부정의(不正義)가 도처에 넘침을 시사한다.

정의란 무엇인가? 강주영 동지의 기본소득제에 대한 이견(異見)과 마을공유자산 내지 주민자산론에 대한 주창은 세계적 동향과 깊이 닿아 있어 뉴딜 정부만이 아니라 자본주의 경제를 떠받치는 현대법과 정의를 연구하는 법학이 되돌아봐야 할 핵심의제이다.

기본소득가설

L표 기본소득 설계자로 알려진 HS대학의 강아무개 교수는 오마이뉴스와의 인터뷰(2021.7.28.)에서, "세금을 부과하지 못하면 부동산 불평등을 막을 수 없다"는 관점에서, 기본소득 토지세(국토보유세)의 핵심목표가 "부동산 불평등을 막는 것"이라고 강조했다. 이는 "탄소중립보다 기본소득을 위하여 탄소세를 걷겠다"는 발상처럼, 옆구리로 땅을 파들어가는 우회전략이다. 하지만 방향착오다. 기본소득을 "사회안전망이라는 관점에서 설계할 수 있다"고 생각하지만, 거시적 관점에서 연간 100만원 내지 200만원을 지급하여 부동산 불평등을 막을 수 없다고 본다. 토지세는 보유세이든 거래세이든 걷어야 마땅하지만, 세금[기본소득 토지세]을 걷어 불평등을 막겠다는 발상은, 대증요법에 지나지 않으며, 빵 반죽을 부풀려 잘라 먹겠다는 것과 다를 바 없다. 이른바 '수요공급의 법칙'은 가격이 오르는 메커니즘을 설명하지만, 왜 가격이 오르는가를 진단하지 못한다. 그래서 미시경제 신봉자들은 공급을 늘리면 가격오름이 해소된다고 믿는다. 단견이다. 부동산 불평등은 기본적으로 사유재산제에서 비롯하지만 가격폭등을 초래하는 복합적 구조 탓이다.

대한민국에서 벌어지는 부동산 가격폭등은 한 두 가지 요인 탓이 아니다. 부동산 거품은 ①기축통화 (달러·유러·파운드) 발권국가들이 주변국으로 수출하는 인플레이션 ②부동산 불로(이전)소득으로 인한 국내발 인플레이션 ③정책과 미래에 대한 불신 ④막대한 시세차익을 부추기는 거래제도 그리고 ⑤소유자 재산권 중심의 편향적 세제 ⑥반국가적 투기사범들의 도박과 모험 ⑦가격정점에서 주택공급책을 발표하는 뒷북행정이 빚어낸 합작품이다.

파도처럼 밀려드는 불평등 속에서 기본소득이 필요하다고 하여, '약방의 감초'처럼 토지·탄소·데이타 등 여기저기 새로운 세원만 포착할 일이 아니다. 포괄적인 원인요법이 절실하다. 역사적 경험으로 미루어 보면, 極에 달한 사회경제적 불평등은 혁명으로 해소되었다. 수요공급의 법칙을 넘는 혁명 수준의 전반적 구조혁신이 절실하다. 공유토지 위에 평생 임대주택을 지을 수 있다. 북유럽 복지국가들이 시사하는 바처럼, 부자·고소득자들의 부담이 확대되어야 한다.

풀뿌리 경제론

국제사회가 막연하게 합의한 지속가능성(sustainability)의 이면에는, 동의하기 어렵겠지만, 생태경제학자들의 상상을 뛰어넘어, 자본주의 체제를 지속시키려는 의도가 담겨있다. 잉여가치(剩餘價値)를 무한 확장하려는 시장의 욕망이 자본주의의 동력이다. 주식과 선물(先物) 그리고 외환은 자본주의 3.0의 꽃이었다.

제2편 인류의 정의 (Human Justice)

갈수록 더 많은 재화와 서비스를 생산하려면 더 많은 자본과 노동이 필요하다. 늘어나는 자본과 노동을 흡수하려면 돌파구가 필요하다. 가속도의 법칙에 따라 확대되는 시장에서 인구부족은 자본주의의 적이다. 시장은 부족한 인력을 메우느라 자연인 외에 법인을 세웠고 이로 부족하여 전자인(AI)을 창안했다.

화폐부족은 시장의 외연을 속박한다. 시장은 중앙은행의 속박을 벗어나기 위하여 가상화폐(假像貨幣)를 빚었다. 가상화폐는 외환처럼 거래 수단(화폐)이 투자대상(객체)으로 되었다. 자본주의는 AI를 구사하여 실물 없는 가상의 경제를 굴린다. 이 정도면 자본주의는 가히 마법(illusion)이다.

부동산 거품도 마법이다. 마법의 세계에서는 실물경제의 규모를 잘 파악하지 못하고 잉여가치의 왜곡과 불균형이 심화된다. 그리스 등 EU 경계 국가들이 유러화의 가치체계 속에 실물경제 감각이 무뎌진 것과 같다. 마술이 끝났을 때 사람들은 파국의 벼랑에 서 있음을 깨닫게 될 것이다.

기본소득론은 마법의 시장경제 경로를 걸을 것인가 공동체경제 경로를 걸을 것인가를 택해야 한다. 시장의 마법과 탐욕 속에서는 기본소득이 곧 문힐 것이다. 부동산 값이 기하급수적으로 뛰기를 바라는 사람들은 자본주의 마법 속에 살 수 밖에 없다.

소득주도성장과 혁신성장

금오는 제4차 코로나19 추경을 전액 국채로 충당하는 시책에 당면하여 경제학자 우석훈 박사가 페이스북에 올린 글을 읽고 여러 가지 소회가 들었다. 금오는 M 정부 집권초 최저임금을 기반으로 소득주도성장 정책을 폄을 보고 유효수요(有效需要)에 기반한 단기대책이라고 생각하였다. 혁신성장이 밀렸다는 뜻이다. 반짝 효과 우선으로 언제 산업구조를 재편하나 싶었다. 그러는 사이에 부동산 시장은 계속 불신과 게임의 질곡에 빠져들었다.

코로나 19로 전국민들에게 재난지원금을 일괄 지급하건 자영업자들에게 선별 지급하건 간에 역시 유효수요를 진작시키려는 대책이다. 대량생산 체제 속에서 사회경제 구조도 고도 집중형으로 형성되어 있는데, 유통과 소비를 일시 반등시킨다고 얼마나 효과가 지속될 지 의문스럽다. 소비를 견인했던 집객형 관광산업이 활성화되지 않는 이유이다.

만시지탄의 한국판 뉴딜 종합계획은 혁신성장책을 일부 담고 있으나 첨단[디지털]에 치중했다. 그린 뉴딜은 전 정부의 녹색성장과 변별력이 떨어진다. 기초지자체들은 이미 계획·실시 중인 것들을 뉴딜로 포장했다. 뉴딜이 아니다. 국채(國債)와 길항관계(시소게임)를 이루는 뉴딜 펀드의 출시는 그 절박성에도 불구하고 정부의 기능을 벗어난다고 보며, 중기적으로는 시장을 왜곡시킬 것이다.

추진력이 있었을 때 생산~유통~소비의 구조개편과 함께 소득불균형 해소/내수확충과 같은 경제·산업 패러다임 재편이 필요했었는데, 실기(失機)하고 응급처방에 집중하는 모양새로 보인다. 총선은 이미 지났고, 앞으로 대통령 선거는 멀었으니, M정부는 남은 임기 동안이라도 코로나19 대비 중장기 국정전략을 보강해야, 임기후 치세(治世)의 수성(守城)에 용이하지 않을까...

2) 공영개발의 부메랑

낙관적 가설

공영개발이 일으킨 거품은 거시적으로 공익을 해친다. 소 잃고라도 외양간을 고치자면, '부조리'를 수술하여야 한다. 부동산 거품의 주역 도시개발법에 따른 S市 대장동 개발이익이 시끄러운 가운데 2021년 9월 29일 서울 영등포구 중앙보훈회관에서 개발이익환수 법제화 긴급토론회가 열렸다. 어느 경제신문의 대표기자는 2021년 8월 31일 '기자수첩' 형식으로 'L 후보님, "㈜HW대유 자산관리는 누구 것입니까?"'라는 글을 올려 일파만파를 일으켰다. 부패한 권속들에 둘러싸인 현왕의 앞날이 문제다. L 지사는 대권주자답게 판교대장동 도시개발에서 돈을 받지 않았다고 주장한다. 당사자 홀로 "연꽃 같은 발꿈치로 가이 없는 바다"(苦海)를 딛고 저편에 안착할지 궁금하다. 기울어진 운동장에서 대안세력을 찾는다. M당이 그간 여러 어려움을 뚫고 왔으나 판교대장동 게이트는, K당보다 M당에 더 큰 손상을 줄 것이다. 당내 역풍까지 받으니 기울기가 3/4이다.

낙관적인 가설에 기초한 공영개발의 부조리를 짚어봐야 한다. 정부, 지자체 또는 공공기관이 택지를 개발하여 공급하는 '공영개발'은 부조리하다. 도시개발법에 따른 도시개발도 그렇다. 대장동 도시개발에서 지분 0.99%의 HW대유는 577억원을 배당받고, SK증권 배당액 3463억원도 특정금전신탁을 통해 HW대유 주주 A씨와 측근에 돌아갔다. 신분혼동과 오비이락이 일어난다. 덕분에 L지사의 승승장구에 적신호가 켜졌다. S市도시개발공사는 자기 컨소시움을 스스로 채점하는 불공정을 범했고 'HW대유'는 L지사의 선거법위반 사건 담당 변호인과 대법관 등을 자문위원과 고문으로 모셔 이익을 공유했다. '정당한 법의 절차'(due process)를 벗어난 사건이다. 정면돌파와 침몰의 갈림길이다.

뒤바뀐 술래잡기요 피장파장이다. 대장동 도시개발은 'SN뜰'에 넘어가기 전에 손을 많이 탔다. "이명박 전 대통령이 'LH는 민간과 경쟁할 수 있는 사업을 하지 말라'고 발언한 뒤 기묘하게 특정 사업자들이 수백억원의 자금을 조달해 대장동 일대 토지를 사놓았다. LH는 신아무개의원(K당)이 강요하다시피 하여 사업을 포기했다고 주장한다. 이후 신 의원 동생 등 9명이 뇌물성 로비로 구속되었다. 이에 S市시에 이익을 보장하는 방식으로 새 사업자를 공모했다": L지사의 설명이다(2021.9.18.). 그 이익에 마(魔)가 끼었다. 지분 1%도 되지 않는 'HW대유'가 여기 '보이지 않는 손'으로 끼었다. L지사가 돈을 받지 않았다고 추정됨에도, 태풍의 눈이 되었음은 '보이지 않는 손'의 역할 탓이다. 혹자는 이 과정에서 S市도시개발공사가 5천억원의 수익을 올려 도민들에게 이익을 돌려주었다고 항변한다. 그럴까? 공공기관들이 과정이나 파급효과와 무관하게 "돈 놓고 돈 먹는" 판에 뛰어들어 결코 싸지 않은 택지를 공급하여 수익을 올림이 공영인가? 아니다. 그들은 부동산 거품을 조장하고 그에 편승하였다.

반사회적 불공정 컨소시움

추락하는 것은 날개가 없다. "내 말이 녹음되는 줄 알고 허위로 말해 주었다"(HW대유 대주주 K 氏). 대담한 연출이다. 아직까지는 L 후보 한 사람 빼고는 판교대장동 게이트의 모든 등장인물들이 비리로부터 자유롭지 않은데 서로 몸통이 아니라고 발뺌한다. 영화 No Way Out(1987) 속편이 나올 법하다. 도시개발을 난파시킨 판교대장동 SN뜰 컨소시움(組合 契約)은 공익을 표방했음에도 당초 이익배당이 불공정하게 설계된 반사회적 법률행위이다. 민법(§103[1298] & §104[1299])에 따라 무효를 확인하고 부당이득 반환과 손해배상이 걸려 있다.

판교대장동 게이트의 산실 SN뜰(SPC)은 2018년 환경영향평가 평가서에서 송전탑 유해성을 인지하고 지중화를 약속했다. 하지만 SN뜰은 2020년 4월, S市시에 보낸 환경영향평가 이행조치 문서에서 송전탑 민원이 "전자파 영향을 우려한 민원이 아니라 집값 상승을 노린 갈취행위에 준하는 범죄"라고 적었다. 판교대장동 게이트 주역 HW대유 K氏와 S市도시개발공사 Y 前본부장은 평소 HW대유 子회사 HF동인(HF동인) 1호를 자기들이 반씩 가졌다고 주장했다. 이와 다른 증언이 나왔다. HF동인 4호 소유주 N변호사는, JTBC와의 인터뷰(2021.10.12.)에서, K氏가 "HF동인 1호 절반은 그분 것"이라고 말한데 대하여, "그분이 누구인지는 당사자만 알고 있다"고 답했다. N변호사는 K씨가 평소 Y 前 본부장을 '그분'이라고 지칭한 기억은 없다고 말했다. Y前본부장이 아닌 제3자의 실소유주 가능성을 시사한다. 그분이 누군인가에 따라 운명의 물레가 멈출 것이다.

대장동 비리의 장본인은 경제정의를 외면한 법제도이다. 누구나 자기가 보고 싶은 것을 보고 아는 만큼 본다. 독일 철학자 임마누엘 칸트는 이러한 태도를 두고 "인식의 주관이 인식의 대상, 즉 객관을 결정짓는다"고 말했다. 작금 모든 사람들의 공분을 사고 있는 이른바 판교대장동 컨소시엄(SN뜰)에서도 같은 구조를 볼 수 있다. 돈잔치의 주역들이나 이 컨소시움을 인가한 행정청의 관계자들, 그리고 이 사건을 선거에 이용하는 정치인들 모두가 아전인수의 모습을 보인다.

겉보기에는 경쟁적으로 수사를 펼치는 검찰과 경찰은 SN뜰 관계자들이 얼마나 많은 돈을 가로챘는가(횡령), '그분' 등 남에게 얼마나 많은 이익이 돌아가게 만들었는가, 컨소시엄을 꾸리는 과정에서 얼마나 많은 뇌물이 오고 갔는가를 밝히는 데 주력할 것이다. 하지만 검찰의 역할은 아쉽게도 불법의 열매들을 밝히는데 그칠 것이다. 물론 SN뜰 관계자들은 우리가 무슨 범죄를 저질렀는가 반문할 수 있다. 그들의 당당함 뒤안에는 '깔아 놓은 멍석에서 잠시 윷을 논 것이 무슨 죄냐, 뇌물은 없었고 횡령과 배임도 없었다'는 항변이 담겼다. 그들은 설사 HW대유를 통해 엄청난 이권을 나눠가졌다고 할지라도 그것은 개인적 일탈이지 이를 설계하거나 인가한 행정가들의 잘못이 아니라고 주장한다.

이를 최종적으로 인가하였던 당시 S市시장은 어차피 떠내려가는 빙산에 올라타 5,000억원 대라는 막대한 이익을 시민들의 공익으로 돌린 것이 무슨 잘못이냐고 반문한다. 민간개발로 방임하였더라면 한푼도 건지지 못했을 것을 민관합작 개발로 돌려 그나마 공익을 확보하였다고 말한다. 보기에 따라 '교묘한 회피'일 수도 있겠으나 전혀 틀린 말은 아니다. 야당의 정치인들과 일부 대권주자들은 이 컨소시엄에서의 돈 잔치를 '게이트'로 규정짓고 약방의 감초처럼 "특별검사를 투입하자"고 주장한다. 하지만 여당 정치인들은 SN뜰에서 설사 불법이 있었다고 치더라도 그것은 어디까지나 개인의 일탈이지 행정의 죄가 아니라고 맞선다. 여당 지도자들의 태도는 그들이 지지하는 대선후보의 주장과 맥락을 같이한다.

항간에는 HW대유의 자회사 HF동인 1호 지분의 절반을 가진 '그분'의 실체에 의혹을 보내는 눈길도 있다. SN뜰 관계자들은 "그분이 실은 자기"라거나 "그분은 돈 잔치와도 무관하다"며 싹을 자르고 비화를 차단하기에 바쁘다. 그분이 보기에는 참으로 듬직한 말들이다. 어쩌면 그래야 '뒤로 물러나 돌아갈 수 있는' 황금의 다리가 생길지도 모른다. 각자가 바라보는 컨소시엄의 실체와 비리가 무엇이든 간에 여러 곳에서 칼을 뺐으니 해결사들은 조만간 머리나 몸통 중 무엇인가는 자를 수 있을 것이다. 공익을 내세우고 개인적 비리만 단죄하자는 입장이 성공을 거둘 것인지, 기회를 틈타 복수의 칼날을 빼든 저격수들이 과연 누구를 거꾸러뜨릴 것인지, 아니면 태산명동에 쥐 몇 마리가 나오는데 그칠 것인지는 조금 더 두고 볼 일이다.

'그분'이 SN뜰 컨소시엄을 인가하고 거기에서 이권을 챙긴 장본인이 아니라면, 명의신탁을 이용한 '그분'을 잡으려고 애쓸 일이 아니다. 어쩌면 돈잔치는 그분의 잘못이 아니라 제도의 잘못이다. 수익률을 임의로 설계하고 수익을 멋대로 배당해도 문제될 것이 없었다면 잔치에 초대받지 못한 사람들만 불행하다. 온 나라를 떠들썩하게 만든 컨소시엄이 '당나귀 그림자에 대한 재판'으로 끝나지 않으려면 현상의 이면에 가로놓인 비리와 탈법의 구조에 주목해야 한다. 작금 SN뜰을 탄생시킨 도시개발법, 그리고 재건축을 허용한 '도시 및 주거환경정비법' 또는 재개발을 가능하게 만든 도시재개발법 그리고 이를 뒷받침하는 '공익사업을 위한 토지 등의 취득 및 보상에 관한 법률'(토지보상법)은 실은 부동산 거품을 일으킨 주역들이다. 아파트 선분양제도는 조연이다. 이 법률들은 인가를 담당한 행정청에 막대한 재량을 부여하였다.

거대한 부동산 거품을 잉태한 현행 법제도 아래에서는 그 누구도, 설사 인가를 내주는 행정기관의 장일지라도 질주하는 '이권의 전차'를 멈출 수 없다. 사업인가 당국자들은 거대한 수익률을 몰라도 좋고 또 모델링하지 않아도 배임이 아니다. 공공개발의 주체들도 여기에 편승하여 땅값을 올리고 원주민들을 울린다. 그 전차에 올라타 이권의 일부를 공익으로 돌렸음은 잘못이 아니라는 주장이 나올 법하다. 이 놀음판에서 개발조합이나 컨소시엄 관계자들이 특혜와 이권을 챙기지 못하였다면 앞뒤가 맞지 아니한다. 누이 좋고 매부 좋고 사돈도 좋은데, 누가 누구를 욕하고 누구를 감사하겠는가. 부동산 경제정의를 망가뜨린 장본인은 바로 입법자이다. 고성능 망원경으로 우주의 끝을 바라보면 자기 뒤통수가 보인다는 천체물리학의 이론처럼, 누군가 비리의 끝을 파헤치면 바로 법제도의 뒷모습을 볼 것이다.

3) 자원최적배분과 인기영합주의

당나라 시인 청련거사 이백(李白: 701년~762년)은 장시성(江蘇省)에 있는 여산폭포를 바라보면서 '망여산폭포'(望廬山瀑布)를 지었다. 여기에 '비류직하삼천척'(飛流直下三千尺)이라는 구절이 나온다. 곧장 떨어지는 폭포가 삼천 척(尺)이다. 1척이 1자라면 3천 척은 900m 밖에 되지 않는다. 베네수엘라에 있는 천사(Angel: 앙헬)폭포는 높이 979m에 낙차(직하) 807m라니 가히 '3천'척 급이다. 이백은 150m 남짓 된다는 수봉폭포를 보고 3천척이라 읊었으니 과장이다. 하지만 문학에서 과장이 없다면 묘미가 반감된다. 이 '삼천척'이 기다란 백발에도 쓰인다. 고난이 계속되어서 백발이 길게 자랐을까…일각이 여삼추는 모르겠으나, 백발은 대단한 과장이다. 정치에서 과장이 통할까?

금오는 2017년 봄 평소 가깝게 지내는 임현철 아우와 함께 여수 돌산도에 있는 은적사를 찾았다. 거기에서 부처님 오신 날을 맞아 연등을 다는 할머니들을 만났다. 늙어서 갯가나 밭일도 잘 못하고 얼마 약간의 연금으로 산다. 그래도 팽목항에 다녀오셨단다. 제19대 대선 후보들에 대한 이들의 생각이 놀랍다: "국민들이 이렇게 어렵게 사는데 대선후보들이 세상을 밝히는 말보다 서로 헐뜯어~"

돌아오는 길에 만난 여수의 한 식당 할머니는 "믿었던 후보들이 갈 수록 실망스럽다. 당선가능성이 낮은 후보가 말을 더 잘 한다"고 말한다. 그들은 자기들의 투표가 사표로 되지 않나 걱정하지 않는 듯 싶었다. 머나먼 해안의 할머니들도 아는 일을 대선후보(참모)들이 모른다. 그러면서 세상의 일을 모두 아는 듯이 말한다. 당선 후에는 인의 장막에 갇혀 더 모를 것이다. "무슨 일을 하겠다"는 공약은 누구인들 못 하겠는가? 어떤 사람들이 무슨 돈으로 어떻게 공약을 달성할 것인가에 대한 처방이 없다. 공약이 사기죄의 대상이 아니라서 참 다행스럽다.

2022년 봄 어느 날 금오는 인덕원 지하철역에서 GY 후보 선전원을 만났다. 그녀는 "GY 후보가 당선되면 1억원을 드릴테니 꼭 찍으라"고 간청한다. 허후보는 4자에 자기가 포함된 5자토론에 나가지 못했다고 분노하였다. 그가 투표에서 4자 중 누군가를 추월한다면 분노에 일리가 있다. 대선후 어느 후보가 '법의 수중'에 들어간다면 "국민들이 사기꾼들에게 속지말라"는 GY후보의 악담이 회자될 것이다. 양당 캠프에서 선거운동에 전념하거나 공격수로 뛰는 국회의원들을 보노라면, "국회의원은 정수를 100인으로 줄이고 무급자원 봉사로 바꾸겠다"는 GY후보의 공약에는 나름의 일리가 있다. 그러나 다른 한편 (그가 폐지하겠다는) 정당지원금은 확실히 정의(正義)에 맞지 않는다. 아울러 징병제 대신에 모병제(募兵制)를 채택하겠다는 공약도 설득력이 있다. 그러나 GY후보의 화끈함과 분노에도 불구하고 그가 황당하게 비치는 까닭은 경제원론을 벗어나는 그의 주장 탓이다.

국회의원을 무급으로 바꾸고 정부예산의 70%를 줄여 "20세 이상에게 월150만원씩 준다"는 공약은 가능하겠으나, 불로 [이전]소득은 생산성향상으로 이어지지 않고 '자원의 최적배분'을 해치며 인플레이션'을 초래한다. 기본소득(基本所得)의 단점이 극대화된다. "1,500조원의 가계부채를 무이자로 바꾸어 주겠다"는 그의 공약은 고액대출자들에게 이익을 안겨 형평에 어긋난다. 유동성이 회수되지 않아 인플레이션을 유발한다. 산유국임에도 퍼주기와 인플레이션으로 국가경제가 파탄에 이른 베네수엘라를 타산지석으로 삼아야 한다.

M 정부는 "최저임금을 올려 유효수요를 늘린다"는 정책에 매달려 집권초기 혁신성장을 놓쳤다. 인플레이션이 홍수를 이루면, 유동성 증가로, 부동산 거품은 더욱 커진다. 미국 바이든 대통령은 실업을 잡으려다가 인플레이션을 놓쳐 11월 중간 선거를 앞두고 고전하였다. 방송대학 법학과를 나왔다는 GY후보가 포퓰리즘 외에 사회주의나 신자유주의'에 조금만 관심이 있었다면 이렇게 경제를 왜곡시키는 공약 대신에 사회안전망(social safety network)을 내세웠을 것이다. '화난 표정'이나 '분노의 얼굴'만으로 결코 대통령이 될 수 없다.

최저임금 시비

소득주도 성장을 표방하는 우리나라 최저임금은 2019년 현재 8,350원이다(사진 네이버). 아직 적다면 적다. 시비가 많다. 미국은 얼마나 받을까? 미국 하원은 2019.7.18. 최저임금을 2025년까지 15달러로 올리는 법안을 통과시켰다[CNBC / Jacob Pramuk]. 미국 의회 예산국은 이 법안이 성사되면, 저소득층 근로자 130만명이 일자리를 잃을 것이라고 발표했다. 화당이 다수인 상원에서는 부결될 것으로 예상된다.[Vox / Alexia Fernández Campbell]. 2019년 현재 미국 연방최저임금은 10년 전에 결정된 7.25달러이다. 우리나라와 비슷하다. 뉴욕주는 종전 10.40달러를 2018.12.31.에 11.10달러로 올렸다.

GY후보의 공약은 '화끈하게 줄이고 퍼주면' 복지가 저절로 달성된다는 가설에 기초한다. 그러나 그냥 퍼주기는 경제·경영·복지를 모두 망가뜨린다. 정부와 국회의 역할을 대폭 줄이겠다면 시장이나 공동체를 키우겠다는 보완대책이 나와야 맞다. 그의 '33개 공약'을 읽노라면, 모병제·유기농업·환경보전 등 4강 후보들이 주요공약으로 거론하지 않는 혁신적 내용들도 보인다. 그러나 눈·코·귀·입 모두 잘 생겼는데 실물이 아름답지 않음은 '구성의 모순' 때문이듯이, 그의 33개 공약은 모아놓고 보면 공약 간 모순 때문에 국정경영 능력을 의심스럽게 만든다. 4강후보 外의 후보들의 TV 토론에 경제통 DY후보가 빠졌음은 흥미롭다. 그는 허무 개그가 싫어서 회피하였을지도 모른다. 그가 GY후보를 만난다면, 금오처럼 한가한 충고를 할 것인지 아니면, 경멸에 찬 눈빛을 보낼 것인지 궁금하다. GY후보는 본인의 사업이나 다음번 출마를 위하여서라면 싫어도 경제원론을 읽어야겠다.

4) 정규직의 윤리

「Zuerst kamen sie...」(1946)	「그들이 처음 왔을 때...」(1946)
Als die Nazis die Kommunisten holten,	나치가 공산주의자들을 덮쳤을 때,
habe ich geschwiegen;	나는 침묵했다.
ich war ja kein Kommunist.	나는 공산주의자가 아니었다.
Als sie die Sozialdemokraten einsperrten,	그들이 사회민주당원들을 가두었을 때,
habe ich geschwiegen;	나는 침묵했다.
ich war ja kein Sozialdemokrat.	나는 사회민주당원이 아니었다.
Als sie die Gewerkschafter holten,	그들이 노동조합원들을 덮쳤을 때,
habe ich nicht protestiert;	나는 항의하지 않았다.
ich war ja kein Gewerkschafter.	나는 노동조합원이 아니었다.
Als sie die Juden holten,	그들이 유대인들을 덮쳤을 때,
habe ich geschwiegen;	나는 침묵했다.
ich war ja kein Jude.	나는 유대인이 아니었다.
Als sie mich holten,	그들이 나를 덮쳤을 때,
gab es keinen mehr,	나를 위하여 항의할 이들이
der protestieren konnte.	아무도 남아 있지 않았다.

독일 루터교 목사 마틴 니묄러(Martin Niemöller: 1892년~1984년) 詩

한국 헌법은 근로자들의 권리를 보장한다. 헌법(제33조제1항)이 규정하는 단결권·단체교섭권 및 단체행동권은 전통적인 근로기준법이 근로조건의 기준을 정함으로써 근로자의 기본적 생활을 보장·향상시킴을 목적으로 취업규칙(제93조)과 단체협약(제96조) 등을 규율한다. 「노동조합 및 노동관계조정법」은 단체교섭권(제29조)을 보장하고 부당노동행위(제6장)를 규제하는 한편 강력한 노동쟁의권(제4장)을 가능하게 한다. 노동쟁의는 관계 행정기관의 조정(제5장)에도 불구하고 과잉행동 및 적법절차(due process)상의 문제를 남긴다.

「기간제 및 단시간근로자 보호 등에 관한 법률」과 「파견근로자 보호 등에 관한 법률」은 해당 근로자들을 보호할 목적으로 제정되었지만, 근로자 상호간에 '동일노동 동일임금'이라는 원칙적 기준을 형해화시키고 고용기간을 토막내서 상시근로자들이 누리는 복지 혜택을 단절시키는 한편 사용자나 원청 업체들의 권리남용에 이바지하는 역기능도 보인다. 일부 정규 노동조합원들은 비정규직 노동자들을 공동체의 일원으로 파악하지 아니하고 정규직의 몫을 침해하는 제3자로 인식함으로써 '교묘한 회피'를 보이거나, 근로자들에 대한 제도적 보장을 자신들만을 위하여 행사하는 '닫힌 마음'을 느낀다.

사회주의 국가의 근로조건은 자본주의의 그것과 궤를 달리할 것으로 기대된다. 2018년 개정 중국 헌법은 '국가 주인공의 태도'를 규정함으로써 근로관의 정립과 근로경쟁을 촉진시키고자 한다(제42조제2항). 근로조건을 향상시키기 위하여 국가로 하여금 근로취업조건을 조성할 책무를 부과하고(제42조제1항), 근로능력을 향상시킬 목적으로 취업훈련을 장려한다 (제42조제3항). 근로자의 휴식과 휴양을 보장하고(제43조), 기업과 국가기관의 근로자들에게 정년제도를 규정한다(제44조). 한국 헌법이 근로기준의 보장 외에 근로자들의 '권리를 위한 투쟁'을 강조하는데 비하여 중국 헌법은 외관상 근로권을 단순화시키고 사회보장제를 부가한다. '주인공의 태도'라는 구절이 눈에 띈다.

> 중화인민공화국 헌법(2018.3.11. 개정) 제42조 ① 중화인민공화국 공민은 근로의 권리와 의무를 가진다. 국가는 각종 방법을 통하여 <u>근로취업조건</u>을 조성하고 근로보호를 강화하며 근로조건을 개선하고 생산 발전의 기초 위에 근로 보수와 복지 대우를 향상시킨다. ② 근로는 모든 근로 능력이 있는 공민이 마땅히 져야 할 영광스런 책임이다. 국유 기업과 농촌 및 도시 집단경제 조직의 근로자는 모두 마땅히 국가 <u>주인공의 태도(国家主人翁的态度)</u>로써 자신의 근로를 대해야 한다. 국가는 사회주의 근로 경쟁을 제창하고, 모범 근로자와 선진 일꾼을 장려한다. 국가는 공민이 의무 근로에 종사할 것을 제창한다. ③ 국가는 공민이 취업하기 전에 반드시 근로취업 훈련을 하도록 한다.
> 중화인민공화국 헌법(2018.3.11. 개정) 제43조 ① 중화인민공화국의 노동자는 휴식할 권리를 가진다. ② 국가는 근로자의 휴식과 휴양을 위한 시설을 확충하고, 직원의 근무 시간과 휴가 제도를 정한다.
> 중화인민공화국 헌법(2018.3.11. 개정) 제44조 국가는 법률이 정하는 바에 따라 기업 조직의 직원과 국가 기관 근무자의 정년 제도를 시행한다. <u>정년 퇴직자</u>의 생활은 국가와 사회의 보장을 받는다.

차별금지법안의 재발의에 즈음하여, 금오는 인천국제공항공사 노동조합원들이 2020.6.25. 청와대 인근에서 공사내 비정규직(非定規職)들의 정규직 전환[무기계약직화]에 반대함을 외치는 모습을 보았다. 기이한 모습이다. 노동조합이 비정규직의 정규직화를 가로막다니…"정규직 전환이 청년(취업준비생) 일자리를 가로막는다"는 주장의 실상을 보면 신자유주의 아류(亞流)이다. 이익형량심사(interest balancing test) 관점에서 보면, 불특정 취준생들의 기대이익은 특정 비정규직들의 기대이익에 미치지 못하며 아직 권리가 아니다. 역차별과 무관하다.

인천국제공항공사 노조원들은 취준생들의 기대이익을 옹호할 지위에 있지 않다. 외려 공사내 비정규직들의 이익을 대변해야 마땅하다. 그럼에도 신자유주의 성향의 노동조합원들은 그들의 몫이 줄어듦을 염려하여 사내 비정규직의 권익을 외면하였다. 이 외면은 사측(社側)의 이익을 돕는다. 여타 공공기관들이나 국립대학들이 이미 비정규직의 정규직화를 단행하였다. 인천국제공항공사 정규직 노조의 아전인수(我田引水)는 비정규직에 대한 돌팔매질로 비칠 소지가 있어 취준생 일자리를 표방하였다. 그러나 마이클 샌델의 말처럼 '교묘한 회피'이다. 아류(亞流)는 언론 쟁점화에 성공했으나 "회심의 미소" 속에 정쟁에 이용당한다.

사측의 이익을 위하여 '해고의 자유'를 남용하고 비정규직을 양산하는 신자유주의의 폐단을 방관하면서, 경제적 약자들을 억압하고 강자의 이익에 동조하면, 우선은 달콤한 곶감을 먹

인류의 정의 (Human Justice)

겠으나 결국은 부메랑을 맞는다. 인천국제공항공사는 사측이 정규직을 추진하고 노측(勞側)이 가로막는 역설을 보인다. 취준생 일자리 확보는 정치가들과 행정가들의 책무이지, 정규직 노조원들의 책무가 아니다. 정의로운 정규직 노조라면, '보이지 않는' 취준생들을 위한다는 명분을 내세워 사내 비정규직의 권익증진을 방해해서는 아니된다. 동조자들의 서명을 받으러 다닐 일이 아니라 차별당하는 비정규직의 친구가 되어야 하지 않겠는가.

5) 시장의 실패1300)

명절 전후를 맞이하면 해외나들이가 절정을 이룬다. 당국은 입국하는 외국 관광객들보다 출국하는 내국 관광객이 더 많아 관광수지가 적자를 낸다고 걱정이다. 왜 아름답고 멋진 삼천리 금수강산도 다 보지 못하고 밖으로 밖으로 나가는 것일까? 해외에 대한 동경심 때문일까? 아니면 다른 그 무슨 요인이 있는 것일까? 분석하는 전문가들마다 또 분야마다 조금씩 요인이 달라 정답을 말하기 어렵다. 몇 가지 사례를 가지고 정책 시사점을 찾고 싶다.

골프를 보자. 많은 골퍼들은 시간만 된다면 동남아에 나가서 골프를 치는 편이 비용과 효과를 대비할 때 남는다고 말한다. 골프 외에 쇼핑이나 다른 오락도 겸하겠지만 골프 자체만을 보더라도 해외 투어가 비용효과 면에서 국내 투어보다 낫다고 주장한다. 우리나라는 골프장이 많고 그래서 종종 흑자를 내기 어려운 골프장들이 있음에도 불구하고 여전히 회원권 가격이 높고 예약하기가 쉽지 않으며 당일 골프장 이용료도 비싸다. 왜 그럴까?

회원권이나 이용료는 시장의 수요공급 법칙을 따르지 않고 골프장 측의 가격관리 방침에 의존한다. 골퍼들도 회원권을 투자수단으로 생각하여 가격이 내리지 않기를 바란다. 부동산 시장에서 가격이 떨어지면 매물이 나오지 않고 거래도 없는 현상과 마찬가지다. 골프장으로서도 투자원금을 생각하면 시장원리와 관계 없이 골프장과 회원권 가격을 유지하는 편이 이롭다. 전국의 많은 골프장과 골퍼들이 가격동맹을 묵인하거나 동조한다. 그래서 골프장에는 신자유주의 바람에도 불구하고 관리가격 체계가 유지되었다.

레저 다이빙을 보자. 우리나라에도 제주나 동해안 그리고 남해안에는 환상적인 다이빙 포인트들이 널려 있다. 지금은 가을철이라 수온도 연중 가장 높다. 그런데 왜 많은 다이버들은 구태여 해외 다이빙을 선호하는 것일까? 우리나라에서는 안전이나 편리성 그리고 가격 면에서 다이빙을 즐기기 어렵기 때문이다. 연안사고예방법이나 다이빙활성화법은 안전한 다이빙을 확보하기 위한 여러 가지 규제장치를 갖추고 있다. 그러나 고무보트나 어선을 이용한 다이빙은 생각만큼 안전하지도 편리하지도 않고 쾌적한 리조트나 다이빙 전용선도 많지 않다. 안전을 위한 규제는 다이빙 요금을 올리는 효과를 초래한다. 초보 다이버들은 이런 여건 속에서 마치 전투를 하듯이 다이빙을 한다.

골프나 다이빙이 특수하다고 생각할 수 있다. 그렇다면, 제주도행 대중관광을 예로 들어보자. 제주도는 그간 사드 등의 여파로 중국인 관광객들이 격감하였으나, 제주인들은 내국인 관광객들이 그 빈자리를 메운다고 말한다. 관계기관의 추산에 따르면, 제주의 사람과 자연이 크게 불편하지 않으면서 수용할 수 있는 관광객 숫자는 연간 1천만명이다. 그러나 제주 관광객은 작년 기준으로 1500만명을 넘었다. 체중이 50%쯤 늘어난 체구로 움직이려니 교통·환경·숙박 등의 부문에서 순환장애가 일어난다. 관광객도 불편하고 제주인들도 불편하다.

제주관광의 문제는 지역경제라는 측면에서 일어난다. 관광으로 인한 파급효과가 과연 누구에게 돌아가는가의 여부가 관건이다. 중국인 관광의 파급효과가 높다는 관점도 있고 내국인 관광의 파급효과가 높다는 관점도 있다. 후자는 올레 효과라고 명명되기도 한다. 그러나 전자에 따르면, 내국인들은 렌터카와 펜션에만 유익하다. 펜션에서 먹을 식료품을 파는 마트에 약간의 소득이 생긴다. 관측통에 따르면 내국인들은 제주인들이 원하는 지역특산품을 사지 않는다. 내국인 관광객들이 왜 현지에서 토산품을 사지 않는 것일까? 개인적인 경험들에 따르면, 같은 물건을 현지에서 사는 것이 시장에서 사는 것보다 더 비싸기 때문이다. 산지가격이 더 비싼 현상은 경제적 논리로 설명하기 어렵다. 신의성실의 시비가 일어날 수 있다.

우리 대중 관광은 그 실질과 관계없이 안전과 쾌적 그리고 가격과 서비스 면에서 경쟁국들에 뒤떨어진다는 느낌을 관광객들에게 준다. 물론 이러한 느낌은 오해이거나 착시효과일 수도 있다. 또한 관계 당국은 국내 관광지에서 벌어지는 이러한 현상과 한계를 속속들이 알고 있을 것이다. 당국자들이 진단에 따른 처방을 내리지 못하거나 백약이 무효인 국면에 처해 있다고 볼 수도 있다. 관광객들이 북적거리고 시장이 돌아갈 때에는 아무 말이 없다가 관광객들이 줄어들고 시장이 삐걱거릴 때 대응책을 찾는다면 너무 늦다. 그렇다고 하여 모든 탓과 대책을 정부에게 돌리는 처사도 바르지 못하다. 정의의 원리는 "각자에게 그의 것"을 요구한다. 시장이나 공동체가 부담할 몫은 부담해야 한다.

다이버들이 다이빙을 계속 즐기려면 수중에 볼거리(경관)가 있어야 한다. 수중경관은 수중 생태계와 생물다양성으로부터 비롯하는 자연의 혜택(생태계서비스)로 분류된다. 생태계가 건강하지 않고 생물다양성이 감소하면 자연히 경관도 줄어든다. 다이버들이 수중 생태계와 생물다양성에 관심을 가져야 하는 이유를 여기에서 찾을 수 있다. 그렇다면 수중 생태계와 생물다양성은 과연 누가 보전할 것인가? 다이버들은 수중경관을 즐기면 족한 것인가? 수중경관이 나빠지면 현장을 떠나면 그만일까?

대개가 그렇게 생각하지 않을 것이다. 수중 생태계와 생물다양성은 생태공동체(eco-community)의 공동책임에 속한다. 생태공동체는 친숙하지 아니한 개념이지만 해당 지역·수역에 살거나 드나들면서 이용하는 주민, 사업자, 감시자, 관광객, 전문가 또는 NGO 등으로 구성된다. 일부 어촌계 등 지역 주민들은 자기들만이 생태공동체의 구성원이라고 생각하고 다른 주체들을 배척하는데 환경영향평가에 관한 미국 연방대법원 판례는 이해관계자의 범위를 넓게 파악한다. 생태공동체가 협치(governance)의 원리에 따라 협동할 때 생태계와 생물다양성이 보전된다. 같은 논리에 따라 다이버들은 자기가 다이빙하거나 드나드는 지역·수역의 환경에 관심을 가져야 한다.

전문 다이버는 주마간산하는 단순한 관광객이 아니라 수중경관을 즐기고 이를 보전하는

제2편 인류의 정의 (Human Justice)

생태공동체 구성원이기 때문에 다이빙 연고지(diving sites)를 가지거나 이를 개척·보전하는데 관심을 가져야 할 책무가 있다. 우리 다이버들이 즐겨 찾는 제주 서귀포(문섬·범섬) 일대의 환경이 점차 열악해져 안전하지도 편안하지도 아니한 상황이 빚어지고 있음을 감안한다면 다이버들이 해외로 나가기보다 새로운 국내 연고지를 개척하고 보전해야 할 때가 되었다고 생각한다.

환경은 집중하면 썩는다. 제주의 환경은 지금 집중의 폐해에 시달리고 있다. 육상이건 수중이건 자연을 이용하는 사람들의 영향을 분산시켜야 한다. 서귀포에 집중되는 다이빙의 영향을 저감하기 위하여 해양(해안+해상)국립공원에 새로운 연고지를 개척할 것을 제안한다. 흑산도나 거제도와 같은 국립공원은 천혜의 다이빙 거점을 가지고 있지만 아직 다이빙 경로가 개발되지 아니하여 지도도 없고 다이빙숍도 없다.

남도의 어느 섬에서 조우한 수중의 상태는 우리 해양환경의 현주소를 생각하게 만든다. 우리 해양수산부가 매년 많은 예산을 투입하여 각종 정화사업들을 펼치고 있지만 이 섬의 수중까지는 손길이 미치지 않는 것처럼 느껴진다. 현지 수산인들 스스로 "현재와 같은 밀식 상태에 수온상승이 계속되면 전복 양식이 10년 이내 파국을 맞을 수 있다고 예견한다. 금년은 마침 수온이 낮아 전복 작황이 좋다. 요행의 세월이 연장된다.

파리기후협정 이후 "지구 평균온도 증가를 1.5℃ 이하로 유지하여야 한다"는 명제가 정립되었지만 바닷물의 온도가 이를 위협한다. 해수온도 상승 앞에 양식산업의 여명을 조금이라도 더 늘리려면 수중 폐어구 들의 제거가 필수이다. 그렇지 않으면 바다에서의 양식이 머지 아니한 장래 종언을 고할 지도 모른다. 양식으로 얻는 이익은 사업자가 차지하고 해양생태계의 복원은 모두 정부의 몫이라면 환경정의에 맞지 아니한다.

천연 상록수림과 해수욕장으로 명성을 떨치는 남도의 어느 섬에서는 전복 양식장들의 폐플라스틱과 양식 틀을 세척하는 폐수가 해변과 선착장을 오염시킨다. 우리 어촌의 일손을 지탱하는 외국인 근로자들이 이른 아침 선창에서 양식 틀을 고압분사기로 세척하기도 한다. 작업장 주변에는 폐기물들이 둥둥 떠다닌다. 폐플라스틱과 폐수는 해수욕장 수질을 위협한다. 실정법규를 잘 모르는 외국인 근로자에게 일을 시키더라도 사업자가 발을 뺄 수 있는 것도 아니련만 해양환경보전법의 손길이 미치지 아니한다.

이에 비하여 서남해 먼 바다 흑산도는 수심이 깊고 조류가 빨라 양식환경이 상대적으로 좋다. 하지만 전복양식에 실패한 사례들이 많다. 양식장들이 밀집하지 않아 상대적으로 수중오염원이 덜 하다. 북풍이라도 불라치면 파도가 높아 양식 틀의 유지가 사실상 불가능하다. 그러나 다른 한편 어선들에 의한 어구의 밀집도가 높아 해양환경을 심각하게 위협한다.

통발[미끼를 안에 넣어 어류나 문어를 유인하는 작은 망통형 그물]을 사용하는 어선의 경우에는 어업을 허가하면서 통발의 수량이나 투하면적에 대한 제한을 두지 않는다. 못 쓰게 된 통발을 회수할 책임도 미약하다. 일반 그물을 사용하는 어업이라고 하여 예외가 아니다. 원로 어업인들의 말에 따르면, 홍어들이 사는 "해저가 붉은" 해역에 많은 폐그물들이 뒤덮여 있어

서식지가 훼손된다.

우리는 지속가능한 발전을 거론하면서 지속가능한 수산업[양식업과 어선어업등]에 관하여 별로 주목하지 않는다. 지속가능 수산업은 청정수산과 다르다. 과밀한 어장·어구와 그 폐기물들로 인하여 어류 서식지가 오염되고 또 바닷물의 흐름이 느려져 갯벌이 바위를 덮고 퇴적되면서 해초들이 살지 못하게 만들며 백화현상을 가속화시키는 상태를 시급히 개선하지 아니하면, 수산업은 지속가능할 수 없다.

6) 부동산의 경제정의1301)

아파트 분양이나 재건축을 눈앞에 둔 사람 말고는 누구나 부동산 거품을 걱정한다. 미래세대들에게는 천문학적 수준으로 오른 집값이 엄청난 압력으로 작용한다. 경제원론에서는 주택 공급량이 부족해서 가격이 오른다고 설명할 것이다. 그러나 "주택공급 물량부족이 가격 상승을 주도한다"는 프레임은 분명 주택정책의 덫이다. 주택문제를 입체적으로 살펴보면 불편한 진실이 드러난다.

"M정부에서의 아파트 공급물량이 박근혜정부를 능가한다"는 분석은 건설 설계와 공급 간의 시간차 탓이다. 즉 지난 정부 아파트 정책의 추급효 때문이다. 외지인들이 "서울내"(In Seoul) 아파트를 노린다면, 그것은 수도권의 교통체계가 불편한 탓이다. 공급량 부족 타령은 수요공급 이론을 내세워 건설경기를 부양하려는 토건세력의 기획이다. 대통령이 "주택공급을 늘려 부족분을 해소하라"고 장관에게 지시함은 주택정책이 여전히 공급부족 프레임에 갇혀 있음을 시사한다.

현정부에 들어 집값이 40%나 올랐다는 주장은 두고두고 치적에 악재로 작용할 것이다. "건설경기가 늘면 전체 경기가 활성화되고 정부 지지율도 올라간다"는 가설을 벗어나야 한다. 서울대 이준구 명예교수의 지적처럼 주택임대사업자 제도 자체가 암 덩어리는 아니다. 많은 국민이 차액(gap) 투자 맛을 아는데 임대사업자를 없앤다고 사태가 해결되지 않는다. 규제[분양가상한제]만으로 집값이 잡히지 않는다. 경제정의를 세워야 한다. 낡은 집을 허물고 새집을 지으면서 돈까지 번다는 신기루도 화근이다. 정책·세제를 근본적으로 개혁하여 올라간 집값[거품]을 내려야 한다.

그간 아파트는 선물(先物)거래 방식을 따랐다. 장래 특정한 시점의 가격을 지금 정해서 거래하는 방식인 선물 거래는 그간 석유·곡물·주식에서 즐겨 이용되었다. 선물은 공급물량이 귀할 때 안정적 선점효과가 있다. 이것이 선분양으로 둔갑하였다. 선분양 제도는 「주택공급에 관한 규칙」 제7조(입주자모집시기 및 조건) 및 제26조(입주금의 납부)에 따라 운용된다. 건설관료들이 반대하겠지만, 아파트 선분양 제도를 후분양으로 돌려야 한다.

선분양은 주택청약제도 및 청약관련저축제도, 분양가격규제, 분양권전매제도 등과 연계되어 있으며, 주택건설촉진법에 따른 분양보증제도와 연계된다. 사업 주체가 주택이 건설되는 대지의 소유권을 확보하고, 대한주택보증(株)으로부터 분양보증을 받으면 착공과 동시에 입주자를

인류의 정의 (Human Justice)

모집하고 주택이 완공되지 않은 상태에서도 입주자의 자금 동원이 가능하다.

선분양 제도하에서 주택사업자들은 입주자들이 내는 계약금과 중도금, 잔금을 받아야 집을 짓는 것이 가능하므로 건설업체는 자금조달 능력이 없어도 주택을 지어 팔 수 있다. 따라서 선분양제는 주택건설자금 확보가 쉬워 주택공급을 늘리는 장점이 있다. 또 소비자에게는 분양가격 규제 및 가격상승기에 수익자산의 확보라는 이점을 제공한다. 그러나 소비자는 주택가격의 80% 정도를 완공 이전에 납부해야 하는 위험부담을 안아야 하며, 고가의 재산을 완제품을 보지도 않고 사전에 구입해야 하는 불리함이 있다.

선분양제도는 분양권 전매를 통한 투기과열로 주택시장을 교란시키고, 확정분양가격 및 분양가격 자율화 등과 맞물려 주택가격의 상승요인으로 작용하는 부작용을 야기했다. 그럼에도 금융시장의 불비를 이유로 구태가 지속된다. 마치 개혁에 대한 저항처럼 경제정의를 무시하는 관행이 유지된다. 작금 우리 부동산 시장은 공급물량이 문제가 아니라 투기수요가 문제다. 투기의 첨단을 달리는 선물방식을 본받을 일이 아니다. 불난 곳에 자꾸 기름을 부을 일이 아니다.

나아가 재건축·재개발 사업자들이 반대하지만, 경제정의에 기반을 둔 철저한 과세로 재건축·재개발 차익을 없애야 한다. 업계가 반대하겠지만, 주택임대사업자 과세특례를 없애고 공공임대를 늘려야 한다. 부동산 경기를 유지하여 경기를 활성화시킨다는 구식 프레임을 벗어나 "재래산업" 구조조정을 통하여 "그린뉴딜"(Green New Deal)을 추진한다. 그린뉴딜이라고 하여 재생에너지와 첨단산업에만 몰입할 일이 아니다. 경기 활성화 비결은 지속가능한 농림수산업과 재래식 산업에도 있다.

요원하게 들리겠지만, 지방의 빈집들을 리모델링하고 일자리를 늘려 대도시 인구집중을 분산시켜야 한다. 하지만 지지율 하락을 우려하는 정권 후반에 이런 개혁이 가능할까? 케인즈 식 유효수요론에 매달려 있는 당국자들과 참모진의 한계를 본다. 압승 분위기에 젖어 있는 여당이 개혁에 박차를 가하지는 않을 것이다. 국회는 개혁 주도세력이 아니다. 차기 대권주자들이 백년하청으로 빠지지 말고 실천하여야 할 과제들이다.

7) 바늘도둑 소도둑: 해루질1302)

우리 속담의 "바늘도둑이 소도둑 된다"는 말처럼 근래의 '해루질'이 절도범을 키운다. 전통 어로에서 해루질은 물이 빠진 바다(갯벌)에서 밤에 횃불을 밝혀 불빛을 보고 몰려드는 낙지나 게 등을 잡는 방법을 말한다. 횃불을 들고 다녔기 때문에 '횃루질'로 불리다가 해루질로 번졌다. 해안가에서는 오래전부터 "남의 불에 게 잡는다"는 말처럼 한 사람이 횃불을 들고 주변 사람들이 게를 잡곤 하였다. 예전의 해루질은 나쁜 어로가 아니었으며 이웃간 품앗이도 가능한 생산양식이었다. 그러던 것이 이제 어업인들과의 마찰을 빚더니 급기야 절도로까지 나아가기에 이르렀다.

해루질을 둘러싼 갈등은 몇 년전부터 세상에 노출되었다. 예컨대, 펜션이 즐비한 태안 안면도의 경우에는 방송을 통해 '해루질 명소'로 소문나면서 체험 관광객들이 급증하였다. 그러면서 분쟁이 발발하였다. 언론 보도(KBS 2019.10.3.: 양식장 위협하는 해루질)에 따르면, 어업인들은 야간에 일부 해안가 사업자들이 관광객들을 공유수면이 아닌 양식장으로 안내하고, 거기에서 잡은 해산물들을 판다고 주장한다. 야간에는 누구나 허가 없이 해변에 들어갈 수 없음에도 이런 금지가 소용없는 셈이다. 왜 이런 불법현상이 늘어나는 것일까

레저와 어패류에 대한 수요가 늘어나면서 해루질로 잡는 해물들이 늘었다. 인터넷에는 해루질에 대한 길잡이를 자처하는 사업자도 등장하였고 그렇게 잡은 해물을 판다는 광고도 등장하였다. 이를 살펴보면 해루질로 잡은 물고기로서는 광어, 도다리, 서대가, 간재미, 장어, 장대, 우럭, 개상어 등이 있다. 낙지, 쭈꾸미, 갑오징어, 소라를 잡고 겨울에는 개조개, 개불, 해삼을 잡는다고 광고한다. 동해에서는 문어도 잡는다. 이렇게 보면 해루질은 레저나 맨손어업을 넘어 어선어업이나 양식업 수준으로 변하였다.

드디어 올봄에는 제주 해녀들이 비어업인들의 해루질로 인하여 "굶어 죽겠다"고 하소연하는 사태가 빚어졌다. 같은 언론의 후속 보도(KBS 2021.3.23.: 고령의 제주해녀들이 기자회견에 나설 수밖에 없었던 까닭은?)에 따르면, 어촌계가 1억5천만원 상당의 전복, 소라, 해삼 종패를 뿌리지만 늦은 밤부터 새벽까지 잠수장비에 트럭을 동원하여 행해지는 해루질 피해로 인하여 어촌계원들의 수입은 고작 500만원에 불과하다. 방송에 등장한 어떤 해루꾼은 "갈고리와 조명기구를 사용하여 본인이 직접 잡은 '살아 있는' 문어를 kg 당 2만원에 판다"고 웹에 홍보한다.

제주 어촌계원들은 부득이 밤마다 조별로 해안을 순찰하고 관계 당국에도 신고하지만, 해루꾼들은 단속에 걸리면 잡았던 해산물을 바다에 버려 처벌하기 어렵다는 항변도 있다. 그래서 그런지, 전언에 따르면, 해루질에 대한 제주도청의 연중 단속 건수는 1건에 불과하다. 수산업법에 따르면, 맨손어업을 신고하지 않은 해루질은 맨손으로 잡아도 불법이며, 신고한 맨손어업자라도 잠수장비나 조명기구를 사용하면 역시 불법이다. 불법 해루질은 수산업법에 의하여 처벌받을 뿐만 아니라 형법상 절도죄를 구성할 수 있다.

이러한 불법이 단속망을 쉽게 피함은 증거확보가 어려워서가 아니라 해루꾼들이 외지 관광객이 아니라 안면이 있는 지역주민들이어서 관계 당국이 엄격한 법집행을 회피하기 때문이다. 적어도 "물증확보가 어렵다"는 해명은 그렇게 들린다. 육상의 도로교통에서는 함정단속까지 실시하면서 해상의 절도범에 대하여 관대함은 형평에 맞지 아니한다. 피해를 입는 어촌계나 해녀들은 규칙을 잘 준수하는 정상적인 다이빙과 같은 수중레저 활동에 대하여서는 "양식장에 피해를 준다"는 이유로 조직적으로 방어하면서도 정작 밤도둑들에 대하여서는 속수무책이다. 앞으로 지키고 뒤로 잃는 형국이다.

돌이켜 생각하면, 제주 등지에서 해녀들에 의한 맨손어업 어획량이 급감함을 모두 해루꾼들의 탓으로만 돌리기는 어렵다. 그동안 연안 생태계가 알게 모르게 악화된 상태에서 기후변화와 해수온도 상승 등으로 인하여 연안 생태계가 공급할 수 있는 절대용량이 줄어들었을 수도 있다. 변화무쌍한 해양환경의 변화로 인하여 흑산도 홍어 등 일부 어종은 풍어를 구가함에도, 가파도 등지의 일부 해녀들의 말에 따르면, 연안의 어패류 생산량은 갈수록 감소하는 추세

를 보인다. 이러한 상황에서 해루꾼들까지 가세하다 보니 엎친 데 덮치는 격이 되었다. 절도범들의 해루질은 어업인들로 하여금 인내의 한계를 넘게 만들었다.

가장 바람직스러운 대안은 해루꾼들이 본인들의 행위가 타인의 재물을 훔치는 절도를 인식하여야 한다. 수산업법은 "어떤 수산물은 비어업인이 잡아도 좋고 어떤 수산물은 잡으면 아니된다"고 규정하지 않는다. 수산업법(제66조: 면허·허가 또는 신고어업 외의 어업의 금지)는 "누구든지 이 법 또는 「수산자원관리법」에 따른 '어업 외의' 어업의 방법으로 수산동식물을 포획 또는 채취하여서는 아니된다"고 규정한다. 이를 어기는 사람은 3년 이하의 징역 또는 3천만원 이하의 벌금에 처해질 수 있다(수산업법 제97조). 수산업법이 문제가 아니다. 비어업인들의 해루질은 지역주민이라고 할 지라도 형법(329조: 절도)에 따라 6년 이하의 징역 또는 1천만원 이하의 벌금에 처해 질 수 있다. 2인 이상의 합동하여 타인의 재물을 훔치면 특수절도죄(형법 제331조)를 구성한다.

일부에서는 더 강력한 법 개정을 논하지만, 형벌위하 내지 일벌백계가 능사가 아니다. 술래와 술래잡이는 언제나 끝없는 숨바꼭질(탈법)을 되풀이한다. 우선은 현행법을 엄격하게 집행할 일이다. 현행법도 충분히 강력하다. "열 명의 포졸이 한 명의 도둑을 잡지 못 한다"는 격언이 있으니만큼 어촌계원들과 관계 행정기관이 협력하여 지혜로운 방어망을 형성하여야 할 것이다. 차제에 연안의 어촌계나 해녀들은 계속 어패류를 잡아서 소득을 올릴 것인가, 아니면 해양생태관광을 통하여 소득을 올릴 것인가를 심사숙고하여 소득원을 전환하는 방안을 모색할 수 있다. 그동안 일부 어촌계와 해녀들은 다이버들을 공유수면 침입자로 간주하여 거리를 두었지만, "넘어진 김에 쉬어 간다"고, 다이빙 사업자 또는 다이버들과 협업하여 해루꾼들을 추방하고, 수중레저법상의 자발적 협약을 맺는 방안을 모색할 수도 있을 것이다.

해루질을 방지하기 위하여 국회에서 의원입법안으로 발의된 수중레저활성화법 개정안은 해양수산부가 입법의견을 수렴하고 있으나, 규제수단을 적절하게 택하지 못하였을 뿐만 아니라 관련 법률들이 중첩되는 옥상옥의 양상을 보인다. 같은 법안은 '마을어업의 어장보호가 필요한 경우'(제13조제2항 3의2호) 수중레저 활동시간의 제한을 명할 수 있도록 규정하고 있으나 마을어업[면허어업]은, 앞에서 언급한 바와 같이, 수산업법(제66조: 금지 및 제97조: 벌칙)에 의하여 충분히 보호받고 있어 불필요한 이중규제에 해당한다.

개정법안은 활동시간 제한으로 부족하여 '어업의 보호를 위하여'(제14조제1항 본문) 수중레저활동 금지구역을 지정할 수 있도록 규정하고 있으나, 수중레저 활동구역에 관한 허용지침(가이드라인)도 없는 상황에서 금지지침만 추가함은 형평에 맞지 아니한다. 또 개정법안(제14조1항 본문)에서 보호하고자 하는 '어업'(수산업법 제2조제2호)은 마을어업 뿐만 아니라 '모든 수산동식물을 포획·채취하는' 신고어업·허가어업·면허어업 모두를 포괄하는 초광범 개념으로서 '코에 걸면 코걸이 귀에 걸면 귀걸이'처럼 '막연하므로 무효'(void for vagueness)에 해당하여 명확성의 원칙을 침해한다.

수중레저법은 수중레저활동의 자유와 허용구역에 관한 지침(가이드라인)을 제시하지 아니한 상태에서 '수중레저활동 금지구역'(제14조제1항)만을 규정하고 있어 활성화를 가로막는다. 형평의 관점에서 현행법 제14조(수중레저활동 금지구역의 지정 등)의 제목을 '수중레저활동 허용구역과 금지구역의 지정 등'으로 바꾸고 동 제1항을 제2항으로 옮기며 같은 자리에 "해양수산부장관은 수중레저활동의 활성화를 위하여 수중레저활동 허용구역을 지정할 수 있다"를 추가·신설하여야 할 것이다. 나아가 수중레저활동 허용구역에서 수중레저활동을 방해한 자에게는 과태료를 부과할 수 있도록 법(제32조)을 고쳐야 할 것이다.

5. 지속가능한 자본주의를 위한 경로

1) 중세 연금술사의 후예

마르크스(1818~1883)의 청년시절, 유럽 사회는 혁명의 절정 속에서 검열이 난무했고 긴장으로 가득 차 있었지만, 한편으로 지성이 넘쳐흘렀다. 마르크스가 보기에 어떤 존재는 자신의 발로 설 때에야 비로소 자립적인 존재로 간주되며, 다른 인간의 덕택으로 살아가는 한 인간은 의존적인 존재로 전락한다. 마르크스는 인간다운 인간은 독립적이고 자유로운 존재이어야 한다고 믿었다. 그는 중세의 연금술사들처럼 열정과 재능에도 불구하고 불가능한 목표를 향하여 돌진하였다. 그의 『자본론』은 미시세계에서 자본주의 약점을 보강할 수 있음에도 불구하고 불확실성이 넘치는 상대적 거시세계에서 자본주의의 궤도를 예측하는데 한계를 드러냈다.

하인리히 마르크스: "아들아, 너는 내 뒤를 이어 법조인이 되어야 한다. 본 대학 법학과로 진학하거라.(1835년)"1303)

카를 마르크스(Karl Marx: 1818~1883): "네~ 하지만 철학 없이는 아무 것도 이룩할 수 없습니다. 어떻게든 법학과 철학을 같이 공부해야겠어요."1304)

하인리히 마르크스: "갈수록 성적이 떨어지다니...아니 되겠다. 베를린 대학으로 옮겨서 법학을 계속 공부하거라."1305)

카를 마르크스: "그러겠습니다만, 헤겔 좌파에서 제 갈 길을 찾겠습니다."

예니: "아빠, 부득이 제 선약을 깨고 어려서부터 알고 지내는 마르크스와 약혼해야겠어요."

루트비히 폰 베스트팔렌 남작: "마르크스는 종교적·사회적 출신 성분이 우리랑 차이가 많이 나서 곤란하다."(1836년)

이후 마르크스는 신통치 않았던 문학창작을 접고, 영어·이탈리아·미술사를 공부하면서 라틴어 고전 번역에 몰두했고 헤겔의 종교철학강의를 편집하였다. 그는 박사논문『역사법학파 철학 선언』(1841년)을 작성하여 베를린대학에 제출하였으나 학위를 받기 어렵자 취소하고, 예나 대학교에 철학박사논문(1841년)을 다시 제출하였다. 마르크스는 학자의 길을 걷고 싶었지만 프로이센 정부는 자유주의와 청년 헤겔주의를 탄압하여 그의 꿈은 무산되었다.1306)

제2편 인류의 정의 (Human Justice)

카를 마르크스: "춘부장께서 1838년에 돌아가셔서, 제 가족의 수입원이 줄어들었으니1307), 이제 (예비) 장인어른께 잘 부탁드립니다. 제 철학박사학위 논문을 장인께 헌정하겠습니다."1308)

루트비히: "좋네. 두 사람의 결혼을 허락하네."(1843년)

헤겔: "세계사는 이성이 자기를 실현하는 과정이다. 민족정신은 세계사의 각 발전 단계에서 보편적인 '세계정신'의 현상으로 발현된다. 세계정신은 개인들의 정열을 매개로 자신을 실현한다. 세계정신이야말로 역사를 추동한다."1309)

마르크스: "그런 말씀은 인간의 실재를 흐리게 만드는 미신입니다. 인간의 물리적 행동이야말로 세상을 빚어나가는 힘입니다. 실재의 운동은 머리가 아닌 발에 있어야 가능합니다."1310)

마르크스는 인식론에서 헤겔보다 "우리의 인식주관이 대상 즉 객관을 결정짓는다"는 칸트의 입장에 선다: "인간은 자신을 주체로 인식하기 때문에 잠재적 대상들은 객체가 된다."1311)

1844년 8월 28일, 마르크스는 파리의 '드 라 레장스' 카페에서 평생 후원자 프리드리히 엥겔스(Friedrich Engels: 1820~1895)를 처음 만났다.1312) 엥겔스는 독일에서 태어났으나 1842년부터 부친이 경영하던 영국 맨체스터의 공장에서 근무하였다. 엥겔스는 자기가 쓴 책을 마르크스에게 건네면서 말한다.

엥겔스: "이 책은 내가 쓴 『잉글랜드 노동계급의 상황』(The Condition of the Working Class in England)이오. 노동계급은 역사의 최종혁명 주체이자 수단이 될 것이오."1313)

마르크스: "훌륭하오. 철학자들은 세계를 다양한 방식으로 해석해 오기만 했으나, 진정 중요한 것은 세계를 변혁하는 것이 아니겠오."『포이어바흐에 관한 테제』제11명제(命題)1314)

프랑스 사회주의자: "자본주의의 문제점을 해소하려면 사회주의 아래에서 사유재산제도를 철폐해야 한다. 하지만 자본가-노동자간 계급대립이 뚜렷하지 아니할 경우 노동자 계급은 구원의 대상이지 혁명의 주체는 아니외다."1315)

마르크스: "무슨 말씀인가? 프랑스 사회주의자들의 공상적 사회주의가 선호하는 소규모 사회주의 공동체는 주변부로 밀려나 빈곤을 벗어나지 못할 것이며, 거대 경제체제 변혁이야말로 진정한 변혁을 이루어낼 수 있소이다."1316)

독일에서 1848년 혁명이 실패로 돌아가자 마르크스는 영국에 망명하여 아담 스미스, 데이비드 리카도 등의 경제학을 공부하였다. 마르크스는 데이비드 리카도의 노동가치설을 수용하여 1859년 경제학 서적인 『정치경제학비판』을 출판하여 명성을 얻었다. 여기에 고무된 그는 1860년대부터 노동의 소외를 다룬 『자본론』과 『잉여가치론』을 집필하였다. 자본론 제1권은 자본주의의 본질인 생산을, 제2권은 생산과 소비의 중간에 자리한 교환을, 그리고 제3권은 현실에서의 구체적인 모습인 소비를 다룬다. 그의 이론은, 여기까지이지만, 완전경쟁 시장이 아닌 불완전경쟁[독과점] 시장을 분석하는데 도움이 된다.

마르크스 & 엥겔스: "지금까지 존재했던 모든 사회의 역사는 계급투쟁의 역사이다.1317) 자본가계급과 산업노동자 계급의 이해가 서로 충돌하기 때문에 계급간의 적대가 발생한다. 공산주의자동맹은 노동자의 이해를 위하여 자본주의 사회를 사회주의 사회로 바꿈을 목표로 삼는다.[공산당선언(1848)]1318)"

마르크스: "일체의 경제행위는 언제나 일정한 사회적 관련 아래 이뤄진다. 인간은 사회계급의 성원으로서 행동한다. 새로운 등장하는 생산양식은 생산력의 한계를 보일 때 장애물이 된다.[자본론]1319) 생산양식의 변천에 따라 역사시대를 구분할 수 있다. 경제체제는 하부구조[토대]를 이루고 문화정치체제가 상부구조를 이룬다[Lange, After Marx(1963), p.33]. 경제적 토대와 사회적 상부구조의 괴리가 사회의 분열과 갈등의 주원인이다."[자본론]1320)

자술리치(1849년~1919년: 러시아의 사회주의 여성 혁명가. 정부요인[검사] 암살을 시도하다가 스위스로 망명하여 마르크스주의자로 전향하였다): "러시아의 농촌공동체(미르)는 사회적 부흥의 열쇠가 될 수 있겠는가?"1321)

마르크스: "러시아는 농촌공동체를 기반으로 자본주의 단계를 건너뛰고 바로 공산주의 사회를 건설할 수 있다."1322) "농촌공동체가 자본주의 단계를 건너뛰고 사회주의 단계로 이행하기 위하여서는 사방에서 가해지는 해로운 영향을 먼저 일소해야 한다."1323)

2) 노동시장의 균형

교환의 기능과 노동빈곤

최봉제@매일경제(2023): "주류 경제학에서 상정하는 노동시장균형(노동시장청산)은 노동 공급과 수요를 일치시키는 임금 수준에서 달성되며 이때 임금 수준을 균형임금이라고 한다. 노동자는 균형임금과 유보임금 간 차이만큼 이익을 얻는다. 또 기업은 한계생산물가치와 균형임금 간 차이만큼 이익을 얻는다. 이처럼 노동시장에서 노동자와 기업은 각자 원하는 만큼 교환 이익을 얻는다."1324)

마르크스: "자본주의 시장에서는 교환 이익이 적정하게 분배되지 아니한다. 교환은 생산과 소비를 분리시키고 중간에 이들을 매개한다. 이런 구조가 되면 당장 개미처럼 열심히 일해도 소비의 풍족을 누릴 수 없다. 생산은 나의 소비를 위한 것이 아니므로 노동하는 사람이 가난한 노동빈곤(working poor)이 생겨난다."1325)

금오: "경제생활에서 변증법적 발전이 가능하다고 보는가요?"

마르크스: "사회는 지속적으로 변화하는 유기체이다."1326) "생명은 … 하나의 발전단계에서 다른 단계로 이행하면 곧바로 다시 다른 법칙의 지배를 받기 시작한다[변증법]. 경제생활은 생물학이라는…영역에서의 발전사와 비슷한 현상을 보인다."1327) "한 사회는 자연적인 발전단계들을 생략하고 건너뛸 수는 없으며 또한 그것을 법령으로 제거할 수도 없다."1328)

금오: "노동은 어떤 경로를 통하여 사용가치를 창출하는가요?"

427

인류의 정의 (Human Justice)

마르크스: "생산이 교환을 거쳐 소비와 만나면 노동은 생산에 들어간 노동과 교환에서 결정되는 노동으로 두 개가 된다. 모든 노동은…구체적인 유용노동이라는 속성을 통해서…사용가치를 생산한다."1329)

금오: "잉여가치는 어떻게 실현되는가요?"

마르크스: "사업주는 사흘치의 노동력을 사용하면서 근로자에게는 하루치만을 지불한다. 그래서 근로자는 사업자에게 표준품셈의 근로시간을 요구한다."1330) "자본가가 새로운 (원가절감) 방법을 자기상품을…판매한다면 그는 특별잉여가치를 창출한다."1331)

금오: "노동생산력은 상품의 교환가치에 어떤 영향을 미치는가?"

마르크스: "가치는 노동시간에 따라 결정된다."1332) "상품의 가치는 노동생산력의 발전에 반비례하여 감소하지만 …잉여가치는 그 발전에 정비례하므로 결국 같은 하나의 과정이 상품의 가격을 하락시키면서 동시에…잉여가치를 증가시킨다."1333)

3) 자본주의 생산의 지속성

고정자본 및 유동자본

강신준: "생산수단은 구매된 다음 생산과정에서 소비되면서 자신의 가치를 생산물에 이전한다. 그런데 생산물에 가치를 이전하는 방식에 있어서 생산수단은 서로 구분되는 두 가지로 나뉜다. 하나는 한 번의 생산에 자신의 가치를 모두 이전하는 것으로, 한 번의 순환으로 투하된 가치가 모두 회수되는 것이다. 원료가 주로 여기에 해당하며 이것을 '유동자본'이라고 부른다. 다른 하나는 생산에 여러 번 사용되면서 자신의 가치를 여러 번에 걸쳐 조금씩 나누어 이전하는 것으로 기계나 건물 등과 같은 것이다. 즉 이것은 한 번의 순환으로 처음 투하된 가치가 모두 회수되지 않으며 이것을 앞의 것과 구분하여 '고정자본'이라고 부른다. 이 둘의 구분은 순전히 가치가 이전되는 방식에 따른 것이다."1334)

마르크스: "생산수단에 투하된 자본가치 가운데 일부에 대하여 고정자본의 성격을 부여함은 오로지 … 노동수단이 가치를 생산물에 이전할 때의 … 특유한 방식에 의거한다."1335)

순환에서 드러나는 교환의 모순

강신준1336): "자본주의 생산의 두 요소는 모두 노동자가 공급한다. 노동자가 없으면 자본가는 물론 자본주의 자체가 지속될 수 없다."1337)

금오: "자본의 순환에서 교환이 야기하는 모순은 무엇인가요?"

강신준: "자본이 수행하는 교환이 항상 생산과 결합해 있고 이 생산이 가치를 늘리는 성격을 띠고 있어 자본의 순환은 모순을 일으킬 수밖에 없다. 생산 전 교환과 생산 후 교환은 그 가치액이 다르다. 이 가치액의 차이, 즉 잉여가치가 자본유통의 목적이다."1338)

금오: "자동화된 시설에서 인공지능(AI)이 운전하는 생산체제에서는 노동자의 노동에 대한 의존도가 떨어진다. 무인공장에서도 노동이 생산의 요소인, 노동 대신에 기술이 생산요소가 아니겠어요? 그리고 기술은 개발과정에서는 노동이 개입되었겠으나 개발 이후 기술은 자본의 영역으로 이해됩니다."

잉여가치

이규명: "잉여가치를 이해하려면 먼저 생산자잉여와 소비자잉여의 개념[그림©이규명@법률저널]을 알아야 한다. 시장거래에서 생산자는 생산자잉여에 해당하는 이득을, 소비자는 소비자잉여에 해당하는 이득을 얻게 되는데, 두 잉여의 합을 사회적 후생이라고 부른다. 생산, 교환, 소비 과정에서 발생하는 사회후생의 증가분을 순사회편익(net social benefit)이라고 말한다. 그 크기는 그림 우측과 같다. 수요곡선(D)과 공급곡선(S)이 E점에서 교차하여 수요량과 공급량 및 가격(P)이 정해지는 경우, 소비자잉여와 생산자잉여는 각각 α와 β로 정해지며, 사회적 후생은 그 합인 $\alpha+\beta$로 정해진다."1339)

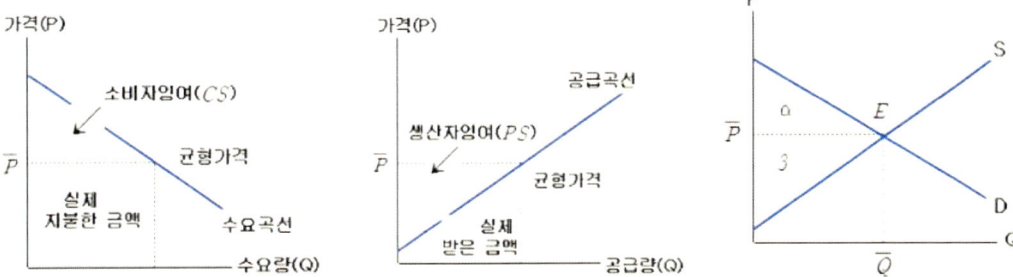

한림대학: "소비자 전체에게 돌아가는 소비자잉여는 수요곡선과 시장가격 사이에 있는 노란색 면적이다. 그림[©한림대학(2013)]에서, 소비자 A는 시장가격이 $5인 이 재화에 대해서 $10를 지불할 용의가 있다. 따라서 $5의 혜택을 얻는다. 소비자 B는 $2의 혜택을 얻는다. 그리고 자신이 이 재화에 대해 지불할 용의가 있는 금액과 이 재화의 시장가격이 정확히 일치하는 소비자 C는 아무런 혜택을 얻지 못한다."1340)

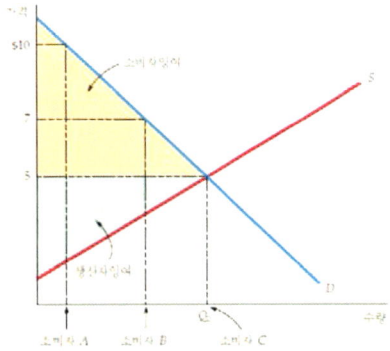

잉여가치의 유통과 화폐 부족

강신준: "자본의 회전에서 다루는 마지막 가치는 잉여가치이다. 이는 자본의 순환과정에서 증식된 가치로서 구매될 때는 없었다가 판매될 때 비로소 나타난다. 애초부터 공급과 수요의 불일치의 원인이 되는 바로 그것이다. 여기에서는 이 불일치의 차액 그 자체가 시장에서 교환

될 수 있느냐가 문제된다."1341)

마르크스: "자본가들은 어째서 항상 자신이 유통에 투입한 것보다 더 많은 양의 화폐를 유통에서 끄집어내는가?"1342)

강신준: "자본주의에서는 자본가가 화폐의 "유일한 출발점"이다. 자본유통 중 '화폐(A원)→상품(A원+a원)→화폐(Aa원)'의 흐름에서 판매되어야 할 상품의 가치는 Aa원인데 구매되는 가치는 A원이다. 이 상품이 판매되기 위해서는 a원의 화폐가 부족한 셈이다."1343)

마르크스: "가치액의 증가에 필요한 상품량의 유통에 필요한 추가 화폐는 유통화폐량을 절약하든가 … 축장화폐를 유통화폐로 전환시키든가 하는 방식으로 조달되어야 할 것이다."1344)

강신준: "모든 화폐가 자본가에게서만 나온다면 잉여가치 구매에 필요한 화폐도 역시 자본가에게서 나와야 한다. 자본가는 처음 구매할 때의 가치에 해당하는 화폐 이외에 별도의 화폐를 예비로 가지고 있어야 한다.1345)

금오: "예비화폐는 어떻게 존재하는가요? 축장화폐는 어디에 머무는가요?"

강신준: "고정자본의 총가치는 예상되는 순환이 모두 이루어져야만 회수된다. 그때까지 1/N씩 회수된 가치는 적립된 형태의 화폐로 머물러 있다. 상각기금도 존재한다. 이렇게 시장에서 유통되지 않고 유통 외부에서 쉬는 화폐를 '축장화폐'라고 부른다. 고정자본뿐만 아니라 유동자본도 회수되는 자본이 곧바로 다시 생산에 투입되지 않는 경우가 많다. 회수는 조금씩 이루어지나 생산은 일정한 규모로 한꺼번에 이루어지는 경우가 많다.1346)

잉여가치의 분배구조

마르크스: "이윤은 구매된 가치와 판매된 가치의 차이인데 자본가는 자신이 생산을 위하여 구매하는 가치를 상품의 원가로 이해하고 이를 '비용가격'이라고 부른다."1347) "자본가는 구매하는 가치인 '생산수단+노동력'을 서로 구별할 필요가 없기 때문이다. 그래서 자본가에게 이윤은 단순히 그의 비용가격이 벌어다 준 것으로 보인다. 그러면 이제 이윤은 구매와 판매의 차액으로, 즉 교환에서 발생하는 것처럼 보인다. 비용가격을 넘어서는 상품가치의 초과분은 직접적인 생산과정 속에서 생성되지만 그 실현은 유통과정을 통해서 비로소 이루어진다. 이는 마치 유통과정에서 생성된 것처럼 보이기 쉽다."1348)

금오: "이윤의 현상이 궁금합니다."

마르크스: "이윤은…현존재의 원천과 비밀이 은폐되고 지워져 있는…형태이다. 사실 이윤은 잉여가치의 현상형태이다."1349)

강신준: "소득은 구매된 가치와 판매된 가치의 차액으로 이루어진다. 구매된 가치는 '생산수단+노동력'이고 판매된 가치는 '생산수단+노동력+잉여가치'이다. 잉여가치를 비용가격[생산수단의 가치+노동력의 가치]로 나누면 이윤율이 나온다. 자본가들은 이 비용가격을 줄여 이윤율을 높이려고 노력한다."1350)

마르크스: "이윤율을 높이기 위한 자본가들의 경쟁은 결국, 노동자의 희생을 강요한다. 자본주의적 생산양식은 불변자본[생산수단의 구매에 사용된 자본]의 사용을 절약하는 대가로, 즉 이윤율을 증가시키는 대가로 노동자의 생존조건을 이울게 만든다."1351)

금오: "생산과정의 망각이란 무엇인가요?"

마르크스: "이윤은 타인에게서 얻어낸 것이 아니라 자본 스스로가 만들어낸 것처럼 보인다. 자본가는…유통과정에서 생산과정을 잊어버린다. 그에게는 판매를 통하여 상품의 가치를 실현하는 것이…바로 잉여가치를 만들어내는 과정으로 간주된다."1352)

수요와 공급의 불일치

강신준: "고정자본은 공급과 수요를 불일치시키는 또 하나의 주요한 요인으로 작용한다. 예컨대, 어떤 기계가 A원에 구매되고 이것이 N번의 생산에 사용된다고 가정하자. 이 기계는 한 번의 생산에서 생산물에 A/N원의 가치만을 이전한다. 투하된 가치액(수요)은 A원인데 회수되는 가치액(공급)은 A/N원뿐이다. 결국 수요와 공급이 불일치하게 만든다."1353)

금오: "강교수께서는 '노동력의 가치는 유동자본과 마찬가지로 한 번의 생산에서 자신의 가치를 모두 생산물에 이전한다'고 말씀하셨습니다."

강신준: "그렇다. 회전이라는 관점에서 보면 노동력의 가치는 생산수단 가운데 유동자본과 같은 것으로 간주된다. 그런데 노동력의 가치인 임금은 노동자가 생산한 생산물이 아직 판매되기 전에 미리 지급되어야 한다. 노동자는 매일 생계를 꾸려야만 하기 때문이다. 노동력의 가치가 지출되는 시기와 회수되는 시기 사이에 시차가 발생한다. 시장에는 임금에 해당하는 수요가 이미 등장했지만 아직 그 가치만큼의 생산물은 공급으로 등장하지 아니한 사태가 생긴다. 그래서 노동력 가치의 회전도 시장에서 수요와 공급을 불일치시키는 또 하나의 요인으로 작용한다."1354)

금오: "교환이 분리된 생산과 소비를 일치시키는 능력을 가지는가요?"

강신준: "이 문제는 교환을 둘러싼 중요한 쟁점이다."

주류 경제학: "교환은 생산과 소비를 일치시킬 능력을 가진다."

마르크스: "아니다. 교환은 생산과 소비를 일치시킬 능력이 없다."

강신준: "교환에서 구매되는 가치와 판매되는 가치가 다름은 피할 수 없다."1355)

주류 경제학: "불일치는 한 번의 순환으로 '가치가 회수되지 않는 자본' 즉 고정자본 탓이다. 그러나 불일치는 결국 시차의 문제일 뿐이다. 고정자본의 가치는 순환과 회전이 불일치할 뿐 결국은 모두 회수된다. 교환에서 나타나는 수요와 공급의 불일치는 일시적일 뿐 궁극적으로는 항상 일치하게 된다."1356)

마르크스: "수요와 공급의 불일치는 생산에서 만들어지는 잉여가치 때문에 발생한다. 교환

에서 발생하는 불일치는 자본주의의 필연적인 문제이다."

강신준: "이 불일치는 자본주의의 구조를 변혁하기 전에는 결코 해소되지 않는다. 경제공황은 바로 이 불일치가 만들어내는 필연적인 현상이며 마르크스 주장을 뒷받침한다. 2008년 공황이 발발하면서 죽은 마르크스를 무덤에서 부활시켰다."1357)

자본의 회전과 경제공황

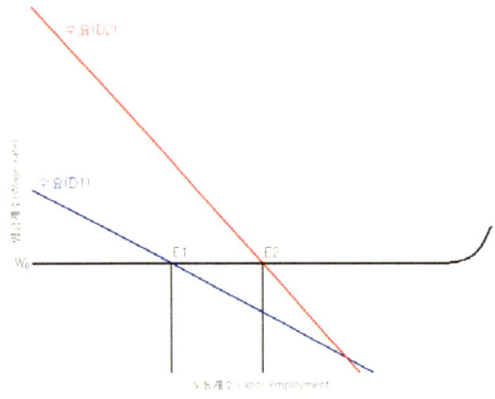

마르크스: "주기적인 자본의 순환 기간은 자본을 증식시켜 원래 형태로 회수하기 위해서 자본가가 자신의 자본을 선대하는 기간이다."1358) "잉여가치율이 일정하다고 가정하면, 사회가 발전함에 따라 불변자본 투하량이 증가하면서 (유기적 구성이 고도화하면서) 이윤율은 그래프[Theory of the Falling Rate of Profit in Marx Economics ©ALKMAION1000 @ https://creativecommons.org/licenses/by-sa/3.0]에서처럼 점차 저하하는 경향을 보인다."1359)

강신준: "생산요소를 처음 구매할 때 투입된 가치(생산수단+노동력)가 생산을 거쳐 잉여가치를 포함한 가치(생산수단+노동력+잉여가치)로 판매되어 모두 회수되는 전체 과정을 회전이라고 부른다. 회전이 중요함은 재생산 때문이다. 재생산이 이루어지기 위해서는 처음 투입된 가치가 모두 회수되어야 한다."1360)

마르크스: "자본주의가 발전하면서 고정자본의 규모가 점차 커지고 그에 따라 고정자본에서 발생하는 순환과 회전의 불일치가 점차 확대되어 이것이 공황의 중요한 원인이 된다. 자본주의적 생산양식의 발전에 따라 고정자본의 수명과 가치량은 증대하고…고정자본의 발전을…통해서 주기적인 공황의 물적 기초가 만들어진다."1361)

정이근: "사회적 생산의 무정부성, 화폐경제·신용경제, 노동자계급의 과소소비, 노사대립 등 자본주의 체계에 항상적인 이러한 특성들로 인해 자본주의는 지극히 불안정한 체제라고 할 수 있다. 그러나 이러한 불안정은 축적을 통해 해결될 수 있다. 이리하여 자본주의는 성장지향적 체제이다. 자본주의 경제체계의 유지를 위해서는 꾸준한 비율의 성장이 필수적이다. 축적이 순조롭게 진행되면, 불안정하더라도, 균형이 유지될 수 있다. 그러나 잉여가치의 자본으로의 전환이 중단되면 균형은 무너지고 공황이 발생한다.1362) 따라서 '위기는 성장의 결핍'이라고 정의된다."1363)

김덕민: "한국경제는 국가의 선별적 발전 전략에 기초한 금융적 지원을 바탕으로 빠른 자본축적을 이루어 왔다. 하지만, 1997년 이후 국내 투자의 정체는 그 이전에 존재했던 한국 발전체제의 해체를 의미하며, 이를 한국 경제의 신자유주의적 전환이라 부를 수 있다. 다른 한편

에서, 해외직접투자와 같은 해외 투자는 이러한 이행과정에서 급격히 증가했다."1364)

금오: "자본주의에서 금융자본의 영향은 절대적입니다. 금융시장과 경제공황과의 관계가 궁금합니다"

강신준: 축장화폐가 모여 하나의 시장을 이루고 예비화폐는 주로 여기에서 나온다. 이것이 최근 자본주의 폐해의 진원지로 지목되는 금융시장이다. 금융시장은 예비화폐를 조달함으로써 자본주의의 생산과 소비의 불일치를 일시적으로 늦추거나 감출 수 있다. 더구나 금융시장이 발전시키는 신용은 예비화폐의 규모를 대폭 확대함으로써 이런 경향을 심화시킨다. 그러나 이 불일치가 유예될수록 자본주의적 생산은 확대되고 불일치는 더욱 커진다. 그리하여 공황이 발발한다. 자본주의는 1929년과 2008년에 공황이 금융시장에서 시작하는 현상을 겪었다.1365)

4) 산업자본의 순환

상업자본

강신준: "상업자본은 교환을 담당하는 별개의 자본이다. 생산을 담당하는 자본은 '산업자본'이라고 부른다. 자본유통의 기능들이 상업자본과 산업자본으로 독립하였다. 마르크스는 유통에서 교환되는 것이 상품과 화폐이기 때문에 이들을 거래하는 각각의 자본을 구별하여 상품거래자본과 화폐거래자본이라고 불렀다."

마르크스: "산업자본은 타인의…노동을 직접 획득함으로써 잉여가치를 생산한다. 그러나 상업자본은 이 잉여가치의 일부를 산업자본으로부터 넘겨받음으로써 이를 획득한다."1366)

행복메모: "산업자본의 순환은 그림[자본의 운동형태]과 같이 M→W(MP)(LP)→P→W'→M'(S)(M)의 경로를 거친다. 자본은 처음 화폐(M)로 투하되고, 상품(Ware)인 생산수단(MP: Means of Production)과 노동력(LP: Labor Power)을 구매하여 생산요소로 변하며, 노동자가 기계로 원료를 가공하여 새로운 상품을 만드는 생산과정

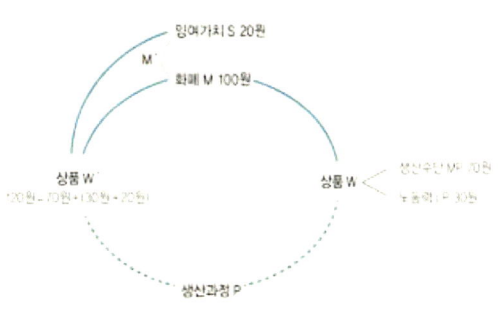

(P)에서는 처음(100원)보다 큰 가치를 가지는 새로운 상품(W')이 나타난다. 새로운 상품(W')은 시장에서 팔려 다시 화폐 형태로 자본가에게 되돌아온다. 이와 같이 산업자본은 가치를 증식하는 운동 과정에서 반복적으로 모습을 바꾼다. 주류경제학자들은 "자본은 기계"라고 말하지만, 사실 "자본은 화폐·생산요소·상품의 형태를 취하므로, 화폐나 생산요소나 상품은 모두 자본"이라고 답해야 한다. M은 '화폐자본', MP와 LP는 '생산자본', 그리고 W'은 '상품자본'이라고 부른다."1367)

상업이윤의 분배, 가수요 및 인플레이션

강신준: "이론상 교환을 통해서는 가치가 늘어날 수 없지만, 상인은 결코 구매한 가격 그대로 판매하는 법이 없고 반드시 거기에 이문을 붙인다."1368)

금오: "산업자본과 상업자본이 함께 나누는 잉여가치가 이문의 실체인가요?"

강신준: "그렇다. 자본주의는 본래부터 공급(생산)이 수요(소비)를 초과하는 구조를 지닌다. 잉여가치 때문에 구매하는 가치보다 판매하는 가치가 항상 크다. 상업자본이 만들어내는 가수요는 바로 이 공급의 과잉상태를 은폐시키는 기능을 맡는다. 그로 인해 자본주의에서 공급과잉은 가수요만큼 더욱 심화된다. 결국은 소비 부족과 생산 과잉 사이의 불일치가 문제로 되는 지점이 온다. 공황이 그것이다. 상업자본은 바로 이 공황을 촉진시키는 기능을 가지고 있다."1369)

마르크스: "(자본주의 이전에는) 유통과정이…생산자들에게서 독립해 있었다…그러나 자본주의적 생산에서는…생산과정이 완전히 유통의 토대 위에 있으며 상업자본은 재생산 과정 중에 있는 자본의 여러 형태 가운데 하나에 지나지 않는다."1370)

금오: "마르크스주의는 산업자본 순환에서 인플레이션을 어떻게 이해하는지요?"

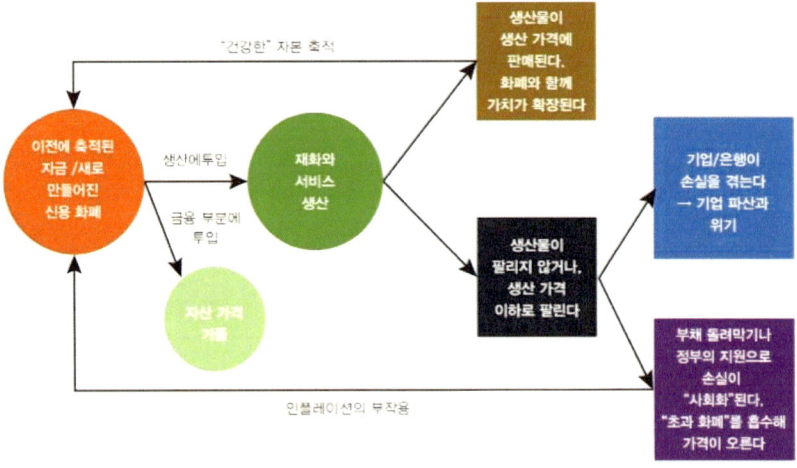

Joseph Choonara: "산업자본 순환에 화폐를 투입하면 자본주의 경제에서 보통 어떤 일이 벌어지는가를 개략적으로 나타내면 그림[마르크스주의 이론과 '초과화폐' 인플레이션ⓒ J.Choonara@ws.or.kr]과 같다. 화폐는 은행 등의 민간 기관이나 정부에 의해 신용 화폐나 불환 화폐 형태로 생성된다. 이렇게 생성된 화폐가 생산과 축적 과정으로 흘러들어 간다.

그림의 경로처럼, 축적 과정이 건강할 때 화폐가 생성되고, 이윤 획득을 통해 자본이 축적된다. 자본이 확대되면 화폐가 생성된 만큼 가치가 생성되어 균형을 이룬다. 하단의 경로처럼, 이런 순환이 고장난 경우(검은색 상자)는 어떤 이유에서든 상품을 생산 비용대로 판매하지 못하는 상황이 발생할 수 있다. 이 경우 원론대로라면 선택을 잘못한 기업과 은행이 파산해야 한다. 하지만 구제금융 등으로 부채를 부채로 돌려막거나 가격을 올리는 방법으로 손실을 사회화시킬 수도 있다. 손실이 사회화된 상황에서 다음 화폐 생성 주기와 생산 주기가 계속된다. 그 결과 (같은 화폐로 청구할 수 있는 가치의 양이 줄어) 높은 수준의 인플레이션이 지속될 가능성이 생긴다."1371)

6. 사회정의를 위한 변론

1) 조롱에 빠진 진항(震恒)의 궤

나치 핵심인물 아돌프 아이히만(Adolf Eichmann)은 그의 전범 재판을 앞두고 "자기는 칸트(I.Kant)의 도덕 관념에 따라 그리고 특히 칸트의 의무에 관한 정의에 충실하게 평생을 살았다"고 강조하여 비웃음을 샀다. 또 다른 나치 인물 하인리히 힘러(Heinrich Himmler)는 유대인들을 살해하도록 명을 받은 친위대(SS)에게 "유대인들은 '역겨운 의무'를 완수하도록 요청받았다. 유대인들이 이 소명을 기꺼이 수행하지 않는다면, 나는 그것을 좋아할 수 없다"고 말했다.1372) 적반하장이다.

내로남불

영국의 소설가 로렌스(David Herbert Richard Lawrence. 1885~1930)는 광부의 아들로 태어나 어렵사리 노팅엄대학을 졸업하고 교사가 되었다. 그의 소설 『채털리 부인의 사랑』(Lady Chatterley's Lover, 1928)은 전쟁으로 불구가 된 남편을 가진 귀부인과 산지기와의 성행위를 소상히 그려 음란하다는 비난을 받았다. 로렌스는 이 작품에서 중산층의 위선과 하층민들의 비애를 묘사하는 한편 현대문명과 일상성 속에 파묻힌 사랑의 본질을 회복하고 싶었으나 사후까지 판금되었다. 같은 작품은 1959년에 미국에서 그리고 1960년에 영국에서 승소하여 베스트 셀러가 되었다. 이 작품은 예술과 외설의 경계를 넘나들었다. 예술과 외설은 한국에서 로맨스와 불륜으로 비화하였다. "내가 하면 로맨스이고 남이 하면 스캔들"이라는 풍자가 그렇다. 낭만주의의 '낭만'(浪漫)은 "제멋대로 한다"는 뜻이 아니라 로맨스(romanicus)를 이두식으로 표현한 말이다. '스캔들'은 1990년대 중반 이후 정치권에서 더 원색적인 '불륜'이란 말로 바꾸어 이른바 '내로남불'1373)이라는 신조어까지 등장시켰다.

"너나 잘 하세요."

국민들의 심금을 움직일 정책대결과 끝장 토론보다 경쟁 정당에게 트집을 걸어 서로 치고 받는 막말 전쟁을 일삼는 선량들을 보면 '막상막하'(莫上莫下)라는 개탄이 나온다. 헌법이론 상 개발사업은 지방자치단체장들의 몫인데 국정 감시자인 국회의원 선거 때마다 후보들은 본분과 거리가 먼 각종 개발공약들을 쏟아낸다.1374) 일부 선량들은 공약 이행 여부보다 일단 여의도[국회]에 입성하면 "그 밥에 그 나물"이 되는 풍토에 젖어 "좀 짜릿한 막말"을 만들어 정적들

인류의 정의 (Human Justice)

에게 퍼붓는다. 2005년에 박찬욱감독의 영화『친절한 금자씨』(아사다 지로 原作 Love Letter)에서 여주인공 금자(이영애 분장)는 교도소를 나오는 길에 "착하게 살라"며 두부를 건네는 전도사에게 "너나 잘 하세요"라는 말을 던져 당시 최고의 유행어를 퍼뜨렸다. 2015년에 이르러 누리꾼들은 전직 대통령의 모호한 화법을 두고 '내로남불'이라는 말을 부활시켰다. 내로남불은 고위층 인사들의 이중적 행태를 빗대는 신조어로 자리를 잡았다.

"가랑잎이 솔잎 보고 바스락거린다"는 표현은 자취를 감추고 스캔들이니 불륜과 같은 자극적인 언어가 세력을 얻는다. 2016년 가을 촛불혁명 이후에도 일부 고위층 인사들의 행보와 국회의원 세비 등을 둘러싸고 '내로남불' 시비가 일었다. 만인의 존경을 받던 인사가 며칠 사이에 비난의 화살을 받는다. 내로남불의 행위들은 얼핏 보면 "나는 용서받을 수 있으나, 너는 그렇지 못하다"로 비치겠지만, 자세히 보면, "법적으로는 문제가 없음에도" 도덕적으로 시비가 걸림을 암시한다. 합법적인 행보가 왜 도덕률을 통과하지 못할까? 법이 도덕의 최소한이라 그럴까? 무죄를 선고받아도 양심의 심판을 면하지 못함은 법률이 도덕률의 가치를 충족시키지 못함을 시사한다. 도덕률이 지향하는 궁극의 가치는 무엇일까? 이 삼라만상에는 법률과 도덕률만 존재하는 것일까? 법과 도덕은 대자연의 섭리를 어느 정도나 받아들이는 것일까? 철학이 응답할 차례다.

진영논리에 갇힌 사람들

대선가도에서 2021년에 두 사람[유○○ 前S市도시개발공사 개발사업본부장·김○○ 前S市도시개발공사 개발1처장]이 자살하였고, 2022년에 'L 변호사비 대납 의혹'을 최초로 제보한 李아무개씨가 사망하였다. 이들의 이름은 초개(草芥)와 같이 권력의 파도에 곧 쓸려버릴 것이다. 금오는 2021년에 판교대장동 게이트와 관련하여, "한 사람이 더 죽을 것이다"고 예단하였다. 돌연사라면 참으로 공교롭고, 그렇지 않다면 소름이 끼친다. 비리와 음모편에 서는 성악설(性惡說)은 성선설(性善說)보다 훨씬 더 명쾌하게 사태를 설명한다. 법조인들은, 괴테의『파우스트』에 나오는 법대생의 독백처럼, 상대를 의심하여야 성공한다.

미래를 향하여 다시 괘(卦)를 뽑아본다면, 우리나라는 브라질처럼 진항(震恒)의 괘에 갇혔다. 여야와 그 후보들이 용인한 특검은 대선 前에는 성사되지 않거나 착수되더라도 지지부진할 것이다. 대선 후 복수의 칼날이 번뜩일 것이다. 정국은 더욱 혼란스러워지고 크레믈린에서나 있을 법한 의문의 돌연사들이 발생할 것이다. 중심부의 청군백군 진영논리(論理)가 주변부와 말단에까지 퍼져 민초(民草)들도 감히 기존 진영을 벗어나 새로운 후보들을 지지할 엄두를 내지 못한다. 자기 입지가 망가질까 두렵기 때문이다. 자유민주주의 이념은 왜곡되었고 식민통치와 독재시대의 유습이 아직도 맹위를 떨친다. 중립지대 후보들의 비상한 결단이 없는 한 양강구도의 질곡을 깰 수 없다.

2) 공동체의 동요

4대강 보 개방으로 인한 농업피해[1375]

4대강을 막는 데에도 문제가 있었지만 이를 여는 데에도 문제가 있다. 2019년 2월8일 환경부는 2017년 6월부터 2018년 12월까지 4대강 16개 보 중 11개 보(금강 세종·공주·백제보, 영산강 승촌·죽산보, 낙동강 상주·강정고령·달성·합천창녕·창녕함안보, 한강 이포보)를 열어서 관측한 결과를 발표했다. 이에 따르면, 강물의 체류시간이 줄고, 유속이 빨라지는 등 물 흐름이 좋아져 수질 개선에 도움이 됐다. 보 문을 열자 강의 자연성이 회복되었다는 뜻이다. 그러나 호사다마라고나 할까. 보 개방에 이렇게 좋은 소식만 있는 것이 아니다. 자연성을 회복하는 댓가를 치르고 있다.

경남 합천군 청덕면 농업인 46명은 환경부 중앙환경분쟁조정위원회에 "2017년 12월7일부터 14일까지 보 개방에 따라 수위가 1.6m 낮아졌고 이로 인하여 토마토와 양상추 등이 냉해를 입었다"며 환경부 장관과 수자원공사를 상대로 10억5859만5000원(뒷날 피해조사 과정에서 14억원으로 증액)의 배상을 요구하는 재정신청(2018.9.11.)을 냈다. 이들은 함안군 광암들에서 겨울철에 지하수를 끌어 올려 (비닐하우스 외부에 얇은 지하수 물줄기를 지속적으로 뿌려 얇은 막을 형성해 하우스 안의 온도를 유지하는) 수막재배를 이용했는데, "보 개방으로 수위가 (4.9m에서 3.3m로) 낮아져 농업용수를 제 때 공급하지 못하여 농작물이 냉해를 입었다"고 주장했다.

어느 야당 원내대표는 공주보·세종보 사업소에서 열린 4대강 보 파괴저지 특별위원회 현장간담회(2019.3.4.)에서 "보 문제를 적폐·이념 문제로 접근해야 하는지 안타깝다…보 해체 결정과정에 법적인 문제가 있을 뿐 아니라 국민에게 손해를 끼친 부분에 대해서는 민법상 책임도 있다…보 해체가 최종결정 난다면, 법적 책임을 묻겠다…"고 밝혔다. 혹시 이런 발언 등에 영향이라도 받은 것일까? 뒤이어 내려진 관계 당국의 피해배상 결정은 법리를 따졌다기 보다는 "서로 좋은 게 좋다"는 식의 절충안을 택했다는 의구심을 자아낸다.

환경분쟁조정위원회 발표(2019.5.15.)에 따르면, "관계 당국이 농작물 피해 발생을 우려한 농민들의 의견을 듣지 않고 보를 개방한 책임이 있다." 그러나 다른 한편 위원회는 "제 때에 수막재배를 실시했더라도 일부 냉해가 발생했을 가능성이 있었고, 관정 관리에도 문제가 있었다"며 피해액을 60% 정도(8억원)만 인정했다. 이번 결정은 상주보와 승촌보 인근 농민들이 2018년 말과 2019년 초 제기한 17억원대 피해배상액 산정에도 영향을 줄 것이다. 언론은 농작물 피해를 처음 인정한 이번 결정으로 말미암아 4대강의 다른 보 주변 지역 농민들의 피해배상 요구도 잇따를 것으로 내다봤다.

이것이 과연 법리상 정의로운 결정일까? 4대강의 보 설치와 해체는 여러 가지 법률문제를 수반한다. 보 개방에 대해서 손해배상을 주장하는 주체가 있었지만 보 설치에 대해서는 그렇지 못했다. 농업인들은 보 개방으로 피해를 보았다고 주장하지만, 보 설치로 인한 하천 생태계와 생물 다양성, 그리고 생태계 서비스에 대한 피해는 이를 주장할 주체가 없어 법적으로 성숙되지 못했다. 환경분쟁조정위원회는 농업인들에게 보 개방으로 인한 피해배상 결정을 내리면서 농업 수리권에 관한 성찰에 소홀했다.

민법상 개념인 수리권을 원용하려면 법리를 제대로 살펴야 한다. 환경분쟁조정위원회는 수리권이 아닌 '반사적 이익'을 가진 농업인들에게 피해의 보상도 아닌 배상을 결정했다. 배상은 원인이 불법이었음을 뜻한다. 보 개방으로 인한 농업상의 피해가 있었다고 하더라도, '불법' 원인은 아니다. 보를 개방한다고 해서 인근 농업인들의 수리권을 침해하는 것이 아니다. 보 개방이 불법도 아니요 수리권 침해도 아닌데 왜 피해를 배상하는가? 정부가 농업상 손실을 보상하고 싶으면 다른 법적 근거를 원용해야 마땅하다. 보 해체/개방이 적법 절차를 따른다면, 불법/배상 시비가 나올 수 없다.

보 주변 농업인들의 수리권이 인정받으려면, 수리권이 부착된 농지·농업시설을 원시취득 하거나 상속·매매·양도로 권원(title)을 확보했어야 한다. 아니면 농업인들이 보 건설에 비용·노력을 부담했거나 법률상 또는 관행상 수리권을 인정받았어야 한다. 4대강 보 주변 농업인들은 그 어느 경로에도 해당하지 않는다. 당초 없었던 보가 건설되자 지하수위가 높아져 취수가 쉬워졌을 뿐이다. 농자천하대본이라지만, 과도기적으로 누린 이익은 수리권이 아니라 '반사적 이익'이었다. 민법, 하천법 또는 환경법이 아닌 농업법을 통해 거론될 수 있는 이익이다. 환경분쟁조정위원회는 권원이 모호한 결정을 내렸다.

공동체에 대한 정부시책의 일관성1376)

경북 상주 모동에서는 자살로 삶을 마감하는 안타까운 일들이 이어진다. 비단 여기뿐일까? 며칠 전에도 친구 아들이 젊은 나이로 아내와 아이들 넷을 두고 빚을 견디다 못해 生을 끝냈다. "미련한 일"이라고 개탄하면서도 그 심정을 이해한다. 오래 전부터 이런 사태를 예상하고 정부와 지방자치단체에 그 대책 마련을 촉구했다. 로또 당첨처럼 열풍이 일었던 샤인머스켓 포도 정책은 시한폭탄처럼 막가파식이었다. "심어라! 심어라!"는 지원책 아래 "보조금을 50%까지 줄 터이니 맘껏 심으세요!" 들뜬 농민들은 일확천금을 그리며 빚을 내서 전국적으로 샤인 포도를 심기 시작했다.

심을 만한 농산물이 없던 정부는 엄청난 대안인 양 이를 권장했고 농민들은 미친듯이 사과, 복숭아, 자두, 모든 걸 뽑아내고 샤인포도를 심기에 바빴다. 샤인 포도 가설비는 일반 포도 설치비보다 몇 배 높다. 몇 천 평에 가설하면 빚이 수억 원에 이른다. 그래도 농민들은 남에게 뒤지지 않기 위하여 심고 또 심었다. 전국에 샤인 농원이 보이지 않는 곳이 없을 정도였다. 결과는 참담했다. 시한폭탄을 예고한 대로 지옥문을 열어 가격폭락을 재촉했고 언론매체들은 기다렸다는 듯이 알면서도 그간 침묵하거나 유해성을 경고하는 사람들을 폄하하더니, 이제 정의의 사도가 된 양, 뒤늦게 문제점들을 쏟아내기 시작했다.

샤인 포도 값의 폭락은 수출 저조 뿐만 아니라, 생장 호르몬제인 지베렐린(gibberellin)을 독성 유해성분으로 분류하다가 친환경 농민들에게마저 사용하도록 "인체에 무해하다"고 홍보한 정부의 업보이다. 정부는 배에 사용하면 문제가 있다면서 금지하더니 포도에는 괜찮다고 사용을 권장하였다. 당국은 한 걸음 더 나아가 확실한 효과를 위하여 항생제를 첨가하도록 교육하였다. 농민들은 항생제가 효용이 있다면 두 세 가지씩 첨가하여 사용한다.

농협 대출 금리 인상은 여기에 불쏘시개 역할을 하였다. 이자가 2-3%에서 6-7%로 상승하였다. 자살로 마감할 수 밖에 없는 현실이다. 어느 젊은 사람은 일확천금의 꿈에 사로잡혀 엄청나게 투자하여 현재 정부 보조금을 그리 받고도 빚이 50억원대에 달한다는 소문이다. 이 부부는 평소 외제차에 골프를 치면서 억대 농부임을 과시하고 다녔다. 작금의 전국 경제 사정이 엉망인지, 유기농 포도 농원에서 3월 초 포도나무 선매를 시작하였는데 신청이 신통치 않다. 예전에는 세 주 내지 다섯 주를 주문하던 분들도 한 주 내지 두 주로 줄이거나 연락도 없는 경우가 수두룩하다. 막막하다.

공멸의 위기 앞에 선 수산양식

다이빙은 아름다운 수중경관을 즐기거나 모험을 찾아 나서지만 환경 다이빙은 때로 다이버들의 마음을 무겁게 만든다. 해양 생태네트워크[서식지와 이동통로] 복원에 이바지하려는 국민신탁 해안선 프로그램은 때로 수중환경이 어지러운 곳들을 조사한다. 하지만 수면 위의 환상적인 장면 아래 수중은 지저분하기 짝이 없거나 쓰레기 세상이다. 제주도의 어느 폭포 앞 바다가 그렇고 양식업이 발달한 남도의 섬들에서 종종 직면하는 현상이다.

조사 선박의 어군탐지기에 보이는 10미터 내지 20미터 수중은 밧줄 등 폐어구 투성이다. 이것들은 갯벌의 퇴적을 증가시키고 물살의 속도를 떨어뜨려 고온화에 기여할 뿐만 아니라 전복들이 살지 못하게 만든다. 수중탐지기가 보여주는 어지러운 현장이 믿어지지 않아 다이빙으로 양식장 아래를 조사하였다. 어떤 곳은 물 흐름이 없어 혼탁도가 심하여 손과 발로 더듬어 폐어구들을 확인하기도 한다.

양식업계는 콘크리트로 만든 4각형 콘크리트 닻을 해저에 넣고 거기에 굵은 밧줄들을 걸어 양식 틀을 고착시킨다. 태풍이라도 불라치면 조류나 파도에 밧줄들이 서로 비비면서 엉키거나 끊어진다. 양식 틀과 밧줄들을 수선하면서 기존의 폐밧줄들을 모두 제거하지 아니하고 새로운 밧줄들을 설치하기 때문에 밧줄들끼리 엉킨다. 여기에 다른 플라스틱이나 비닐 등이 부착하여 엉성한 그물을 형성한다. 이것들이 유속을 떨어뜨린다. 유속이 떨어지면 수역의 온도가 올라간다.

수중 조사를 마친 후 해저에서 상승하는 중에 공기통 언저리에 양식장 밧줄이 걸릴 수도 있다. 이리저리 몸을 움직여도 밧줄이 벗겨지지 아니하면 다이빙 조끼를 벗거나 버디의 조력을 받아야 한다. 양식장 수중 해저는 다른 곳보다 시계가 불량하여 2~3미터 앞을 인식하기 힘들다. 정조기가 넘어 조류가 흐르기 시작하면 위험이 증가한다. 양식업계가 수중을 정화하기도 쉽지 않다.

제5장 변이의 경로

제 5 장
변이의 경로

과학적 세계관으로부터 영향을 받는 법률관의 변화를 전제로 한국의 법률문화에 내재하는 문화인류학적 전승을 토대로 정의론을 살폈다. 정의를 평등 중심의 '정'(正)과 공공선 중심의 '의'(義)로 구분하고 이를 담고 있는 헌법 규범의 총강 중 공화주의와 평화를 ; 권리장전 중 존엄가치와 행복을 ; 그리고 통치기구 중 권력분립을 義에 속하는 핵심가치[是]로 설정하는 한편 옳지 못한 것들[非]을 갈라내고 변이(變易)를 실행하는 '형평의 기술'을 적용하여 '정의로 가는 길'을 모색하였다. "구슬이 서말이라도 꿰어야 보배다." 공공선의 교설은 법제화될 수 없지만1377) 현실세계에서 실천되어야 정의로 나아갈 수 있다. 이제 남은 관심사는 "세상을 어떻게 바꿀 것인가"이다. 선현들은 변이(變易)의 경로가 쉽지 아니하다는 어록을 남기셨다.

> 법구경(法句經): "자기가 의지할 곳은 오직 자기 뿐이다."
> 아함경(阿含經): "내 자신을 믿고 남을 믿지 말라."
> 무량수경(無量壽經): "네 스스로를 마땅히 알라"
> 노자(老子): "하늘과 땅은 어질지 못하다"(天地不仁)@道德經
> 공자(孔子): "하늘은 믿기 어렵다."(天也難諶)@書經

1. 세상을 변화시키기

"전 세계에서는 조용한 혁명이 일어나고 있습니다. 한편에서는 혁명이 코앞에서 일어나고 있다는 사실을 인식하지 못하는 사람들이 많지만 다른 한편에서는 수백만명의 사람들이 더 이상 기다리지 않고 팔을 걷어붙이고 있습니다. 지역경제를 구축하고, 신재생에너지로 전환하고, 자급자족을 위한 기반시설을 만들고, 지역기업을 세우며 식량체계를 새롭게 짰습니다. 자신들이 가능 힘을 이용해서 상점에 갈 때에는 지역에 기여하는 기업의 상품을 구매합니다. 엄청난 변화가 일어나고 있는 중이죠."1378)

1) 정의로 가는 길에 필요한 조건

기후변화에서 '나비효과적 법칙이 존재한다"는 혼돈이론1379)(chaos theory)을 배경으로 삼는다. 혼돈이론은 사회에서도 작은 움직임이 큰 흐름으로 이어질 수 있음을 시사한다.1380) 무질서하게 보이는 혼돈상태에서도1381) 두려움 없는 개인들이1382 공동체 의식을

제2편 인류의 정의 (Human Justice)

기반으로 동지들이나 이해관계자집단과 점차 관심사를 공유하면서1383) 현상의 난관에 대한 패배주의를 딛고1384), 창조적 활동을 수행할 때 세상에 영향력을 미칠 수 있다.1385) 영국의 토마스 칼라일(Thomas Carlyle: 1795년~1881년)은 1841년에 "세계사는 위인들의 전기이다"고 말했지만, 시저·징기스칸·콜럼버스 같은 위인들의 성취가 일상의 작은 성취보다 중요하지는 아니하다.1386) 현대사회에서는, 레오 톨스토이의 말처럼, 개인들의 일상의 역사가 집적되어 역사를 이룬다.1387) 어떠한 노력이 바닷물에 물 한 방울을 보태는 모양이 될 수도 있지만 내가 보태지 않으면 바닷물은 한 방울 줄어든다. 간디가 노력했던 바와 같이, "티끌 모아 태산이고 우공이산(愚公移山)이다.1388)

이러한 맥락에서 바라보면, 정의로 가는 길에는 방법론에 못지 아니하게 몇 가지 조건들이 도출된다. 우선 소극적 조건이 구비되어야 한다: 첫째, 외부로부터의 강요나 억압이 없어야 한다. 둘째, 이해관계자들 사이에 속임수나 가로채기가 없어야 한다. 셋째, 패배주의와 같은 '신 포도'가 없어야 한다. 아울러 적극적 조건들이 구비되어야 한다: 첫째 이상을 세우는 노력만으로는 부족하다. 변화를 향한 의지와 신념이 선행되어야 한다. 둘째, 추진 동력 즉 열정이 필요하다. 셋째, 독불장군으로는 세상을 바꿀 수 없다. 거대담론 대신에 서로 이야기하기를 통하여1389) 광범위한 사회연대1390)를 형성하여야 한다. 이러한 연대는 언약1391)을 통하여 이뤄질 수 있다. 시장과 국가를 통하지 아니하는 "언약은 제3의 해결책으로서 당신과 나를 우리로 탈바꿈시키는 '도덕적 연대'를 통하여 창조된다"1392) "언약에서 우리 각자는 공동의 이익을 위하여 행동할 것을 약속한다."1393) "언약의 정치는 책임의 정치이다."1394)

세상을 변화시키기란 끝이 없는 길이다.1395) 실수를 두려워하지 않고 '과정의 사고'를 중시할 때 길이 열린다.1396) 모든 과제를 완수할 수는 없다. 거대한 구상이나 과업을 완수할 수 없다고 아무런 일을 하지 않는 경우[不作爲]보다 어떤 일에 매진할 것인가[作爲]를 찾는 편이 좋다.1397) 역사의식을 가지고 장기간에 걸쳐 작은 일들을 지금 어떻게 실행할 것인가를 궁리할 수 있다.1398) 정의의 길은 불변의 외길이 아니다. 중용(中庸)은 공공선의 시비를 가리는 변이(變易)의 방법을 제시한다.

2) 의지의 변화

아돌프 히틀러(1889년~1945년)가 통치하던 시절에 모든 독일인들은 그 체제에 복종할 의무를 부담하였다.1399) 세상의 많은 사람들은 약자를 괴롭히거나 왕따시키는 사람들 - 이들이 지배자이거나 사용자이거나 또는 친구나 가족인가를 불문하고 - 앞에서 나약함을 느낀다. 누구나 결과가 어떠하던 간에 복종은 자신들의 선택임을 기억함으로써 자유로워질 수 있다. 레오 톨스토이(1828년~1910년)는 사람들이 이러한 사실을 인식하지 못함에 당황하였다. 그는 보통의 러시아 농민들이 어쩌면 자기들의 아버지나 형제들일 수도 있는 다른 농민들을 죽일 수도 있는 일에 가담하기 위하여 황제(짜르)의 군대에 들어가는 이유를 이해할 수 없었다.1400) 이러한 사실외에 사회정의 문제들로 고통을 받은 톨스토이는 유행을 따르는 생활을 포기하고 그의 농장으로 은퇴하였다. 톨스토이는 거기 있는 동안 남아프리카에 살면서 정치적으로 활동하는 인도 청년 모한다스 간디(Mohandas K. Gandhi: 1869년~1948년)로부터 연락을 받았다. 톨스토이는 돌아와 '어느 힌두인에게 보내는 편지'1401)(A letter to a Hindu)를 썼다.1402) 간디는 인도에서 특권층에 속했으나 남아프리카에서 피부색이 짙다는 이유로 기차에서 쫓겨났을 때 심한 모욕감을 주는 불의를 겪었다. 간디는 영국의 지배를 받고 있던 고향 인도로 돌아와 자유를 향한 비폭력 캠페인을 시작하였다. 간디는 복종과 협력의 양태 속에서 변화를 이끌어내기 위한 선결과제로서 '의지의 변화'가 중요함을 강조하였다.1403) 간디는 능동적 변화를 주창하였다: "당신이 세상에서 보기를 원하는 변화가 되어라!"1404)

자연계의 힘에는 우열이 정해져 있다. 그러나 자연계의 힘은 서로 나뉘어져 있는 것 같지만 서로 빈틈없이 얽혀 있다. 자연을 지배하는 신들도 그렇다. 그리스 신화의 경우, 제우스 신은 자기 힘이 세다고 다른 신들을 무시하지는 않았다. 어느 세계이건 신들은 각자 자기의 영역과 권능을 유지하면서 세계를 분할하여 다스렸다. 야생은 먹이사슬로 연결되어 있으나 전체적으로 생태계의 질서를 유지한다. 인류의 세계에서는 언제부턴가 소수의 강자가 전세계를 아울러 다수의 약자를 지배하고 생태계의 질서를 부정한다. 인류사회에서는 계약관계에서 보듯이, 한 개인이 다른 개인들을; 정당정치에서 보듯이, 한 집단이 다른 집단들을; 그리고, 제국주의에서 보듯이, 한 국가가 다른 국가들을 복속시키며, 지배할 수 있는 한 끝까지 버티고 착취할 수 있는 한 마지막 소출까지 걷어간다. 인류에게 있어 정의는 '힘의 질서'였고 '승자의 독식'이었다. 근대 시민사회에서 계약 당사자인 갑(甲)과 을(乙)은 평등하였는데 현대 산업사회에서는 도처에 '갑질'이 횡행한다. 청출어람의 갑질이 만연한다. 권력의 핵심으로부터 멀어질수록 말단일수록 횡포가 심하다. 현대인들의 이런 습성은 도대체 어디에서 익힌 것일까? 자연계일까 야생일까? 자연과 야생에는 이러한 습성이 없다. 인류는 이성에 투영된 자연의 빛을 스스로 멀리하였을 뿐이다.

코로나19는 '건강 100세' 신화를 밑바닥부터 뒤흔들었다. 건강 100세라는 개념이 노년들이 쾌적한 주거환경에서 100세까지 활달하게 살아야 성취되는 것인지 아니면 기능과 편리함 중심의 요양원에서 아슬아슬하게 살아도 잘 살았다고 뿌듯해 할 수 있는 것인지를 따져 보게 만들었다. 생태계에서 모든 생명체는 장수를 꿈꾸지만 퇴장할 때를 놓치면, 터키판 아라비안나이트 『밑도 끝도 없는 이야기』에 나오는 앵무새의 경구처럼 "수많은 이별"을 감당하게 된다. 자연계에서 삶과 죽음은 경계가 없고 서로 이어져 있으며 영원 속에서 순환한다. 삶은 곧 죽음이고 죽음은 곧 삶이 된다. 자연의 질서에서는 영생불멸이 미덕이 아니다.

정의는 최선을 향한 기본이다. 법은 정의를 지키고 도덕은 선을 추구한다. 인간이 법대로 살고 정의를 세우면 사악함을 면할 수는 있겠으나 착해질 수 없다. 전쟁에서의 살상은 정의로울 수 있으나 미덕은 아니다. 정의는 낙원의 필요조건이지만 충분조건은 아니다. 누구라도 정의를 지키지 못하면서 미덕을 논할 수 없다. 선인들이 수많은 송덕비를 세웠음은 법과 정의가 도덕과 선의 최소한에 불과하기 때문이다. 자연과 생태에서 정의는 미덕(美德)의 기본이요, 사

인류의 정의 (Human Justice)

회와 경제에서 정의는 공공선의 최소한이다. 정의만으로는 인간중심주의의 한계를 넘어서지 못한다. 낙타가 바늘구멍을 통과하려면 바늘구멍을 키우든지 아니면 죽지 않을 만큼의 체중감량이 필요하다. 법률가가 도덕군자라는 칭송을 들으려면 바늘구멍으로 들어가려는 낙타만큼의 노력이 필요하다. 내로남불의 인사들은 자만할 수 없다. 치정이 불륜을 면했다고 하여 로맨스가 되는 것은 아니다. 스캔들이 로맨스가 되려면 사람들을 감동시켜야 한다. 켈수스(Celsus)의 언명처럼1405), 법이 선(善)과 형평의 기술이라면, 지도자는 인간중심주의를 구원할 수 있는 선을 세워야 한다.

3) 입법자의 정의

많은 아기들은 천재로 태어나 둔재로 양육된다. 교육의 획일성 탓이다. 천사를 보지 못했지만 어린 아이들을 바라보면서 천사를 상상한다. 신의 축복으로 탄생한 인류가 성서와 헌법을 인간중심주의로 수놓았다면, 사람의 모습은 착하고 아름다워야 하지 않겠는가? 악마의 화신은 언제 어떻게 우리 곁에 다가올까? 사악하지 않으면 경쟁에서 이길 수 없고 만물의 영장이 될 수 없는 것일까? 지도자들의 합법적인 행동들이 왜 세인들의 비난에 직면하는가? 법대로 살아도 착해질 수는 없는 것일까? 정의를 세우면 지상이 낙원으로 변할까? 왜 법률가는 나쁜 이웃이라는 말을 들을까? 선인들은 왜 준법비(遵法碑)를 세우지 않고 공덕비(功德碑)를 세웠을까? 사람의 얼굴에서 선(善)과 악(惡)의 두 모습을 동시에 본다.

법의 이념이 정의라면 적어도 그 법을 세우는 입법자들은 정의로워야 한다. 그러나 그 입법자들은 여야로 또 당파로 나뉘어 대립한다. 조화[合]를 보기가 어렵다. 정의의 진면목이 대립·항쟁이라서 그럴까? 정의가 당파에 따라 달라질 수 있을까? 국회에서의 미덕은 불가능한 것일까? 이러한 난제(아포리아 aporia)들에 답하지 못한다면, 장인은 될 수 있어도 지도자가 되기는 어렵겠다. 『주역』(周易)(B.C.771년 이전)의 대가 대산(大山) 김석진 옹은 2020년 정초 "주역에 좋은 괘가 나왔다고 그것만 믿으면 아니 된다. 좋은 괘가 나와도 애를 써야 한다"고 말한 바 있다.

언제나 그랬었듯이 말 많고 극적인 장면들이 연출되었던 2020년 총선이 막을 내렸다. 곧 새로운 선량들이 여의도에 입성할 것이다. "초심을 잃지 말라"는 경구는 사자성어에도 기도문에도 나오지만, 일단 선량이 되면, 빛나던 의지와 굳은 약조가 사라지고 선인들의 전철을 되풀이한다. 당 지도부나 원내대표단의 지휘를 받는 의원 개개인은 합리적 사고나 균형 잡힌 행동이 불가능해진다. 국회의원은 의원총회에서 결정된 바를 행동에 옮긴다지만, 정당법(제29조) 상의 기구[의원총회]가 국회 안에서 의원들의 행동을 통제하는 이상한 현상이 빚어진다.

헌법과 국회법에 따르면, 국회의원은 각 위원회의 일원으로서 또는 전체 본회의의 일원으로서 집합적으로 행동한다. 국회의원은 임기초에 "나는…국가이익을 우선으로 하여… 직무를 양심에 따라 성실히 수행할 것"(국회법 제24조)을 선서한다. 국회의원은 정당의 대표자가 아니라 국민의 대표자임에도 왜 자꾸 선서를 망각하고 정당의 대표자처럼 행동하는가? 의원총회와 원내대표 제도 탓이요, 공천과 지역구 예산배정 때문이다. 법정에 선 증인은 선서를 위반하면 처벌을 받는데 선서를 위반한 국회의원은 그렇지 아니하다. 형평에 맞지 않는다.

많은 식자들은 "법원행정처가 사법권의 독립을 침해한다"고 주장하면서 국회와 정당의 보조기구들이 입법권의 독립을 침해함을 간과한다. 원내대표는 국회법(제33조)상 교섭단체의 대표자이지, 행정부의 수반인 대통령이 각부 장관들을 지휘하듯이, 개별 의원들을 지휘할 권한이 없다. 국회의원은 원내대표의 지휘를 받을 일이 아니다. 국회의원은 위원회와 본회의에서 정당의 이익이 아닌 국익을 위하여 양심에 따라 행동해야 한다. 제21대 국회가 열리면 의원총회와 원내대표의 기능을 정상화시켜 의원들을 독립시켜야 할 것이다.

한국의 정치인들은 "유권자들의 의식을 따라가지 못한다"는 말을 자주 듣는다. 선거에서 정당과 후보자의 선택이 상대평가임을 망각하고 절대평가를 받은 것처럼 자만해진다. 국회의원들은 스스로 구태를 개혁하지 못하고 기득권에 안주한다. 행정부를 호통치는 만큼 내부를 향한 준엄한 성찰이 없다. 왜 그럴까? 정치인들이 고안해 낸 정당이라는 제도의 폐단 때문이다. 국민의 정치적 의사를 형성하는데 이바지하기 위하여 태어난 정당이 권력을 행사하는 도구로 이용된다. 이러한 비정상적 현상은 엄밀히 말하면 정당의 월권이다. 광역단위 정당들의 출현을 봉쇄한 정당법도 헌법상 지방자치 정신에 반하며 정당법상 국민의 정치적 의사형성을 가로막는다.

정당은 겉으로 3권분립을 유지하면서 속으로 3권분립을 파괴한다. 내각제가 아님에도 여당의 지도부는 당정협의회와 같은 행정부와의 조정장치를 통하여 행정부를 통할하려는 경향을 보인다. 이 과정에서 야당 지도부가 배제된다. 민주적이지 못하다. 어쩌다 성사되는 여야 영수회담이나 대통령과의 대화는 통과의례로 흐르기 쉽다. 정상적인 당정협의라면 야당 지도부도 참여해야 한다. 그렇지 못하다면 각 위원회나 청문회를 통하여 당정이 만나야 한다. 교섭단체, 원내대표, 당정협의와 같은 비정상적 경로들의 정상화를 위한 노력이 필요하다.

정당의 목적은 정권을 잡는 것이지만 그 핵심기능은 "국민의 정치적 의사형성에 참여하는 것이다"(헌법 제8조제2항). 그럼에도 어제까지의 한국 정당들은 정치적 의사형성에 참여하기 보다는 자꾸 상대의 발목을 잡아 시비곡직을 가리는데 앞장섰다. 상대가 "잘못했다"고 나무라는 말은 난무하였지만, 그 잘못된 것을 고치기 위하여 "어떻게 하자"는 대안을 듣기 어려웠다. 정당과 정치인들이 정강·정책으로 승부를 걸지 않고, 보다 짜릿한 원색적 비난으로 상대를 욕하여 지지율을 올린다면, 정의도 미덕도 아니다. 정당들이 막대한 국고보조를 받는 이유가 퇴색된다. 제21대 국회에서는 정책으로 승부를 거는 선진형 토론을 기대한다.

제21대 국회의원 총선에 나타난 한국사회의 자화상은 양극화이다. 영남과 호남의 양극화 현상이 더욱 심해졌다. 다당제가 무너지고 양대 정당제로 돌아갔다. 유럽의 정치권은 생물다양성처럼 정치적 의사의 다양성을 보장하기 위하여 다당제로 발전하였음에도 한국의 소수정당들은 4년 만에 스스로 다당제의 발목을 잡았다. 소수정당들은 투표함이 열릴 때까지, 제20대 국회에서 "주어진 기회를 활용하여 다양한 정치적 의사를 형성하라"는 민의를 실천하지 못하고, 민심이 지평선 너머 사라졌음에도 불구하고 정치공학적 계산에 매몰되어 지나간 영광의 부활을 꿈꾸었다. 제21대 국회에서는 왜곡된 비례대표제를 고쳐야 할 것이다.

4) 집단지성

넘치는 강물의 흐름을 방해하는 댐을 건설하고 나서 "그 덕분에 국토의 절반이 물난리를 면했다"는 초보 수준의 망상을 본다. 2020년 여름 MA 법무부장관의 검찰청에 대한 개혁 주문을 들으면서, 개혁 대상[객체]에게 개혁 주체가 되라고 요구하는 오류를 느낀다. 일보다 정쟁에, 실천보다 모양내기에, 앞장서는 국회와 국회의원을 비판하면서 국회가 개원하자 말자 달려가서 공동 세미나·포럼을 제안하는 모순을 본다.

그렇다고 하여 세속을 비웃으면서 "우물안 개구리처럼" "사이버에서 활개치면서" 세상을 살 수는 없다. 오류와 모순이 넘치는 사바세계에서 창안을 실천하는 용기가 필요하다. 희대의 물난리를 겪으면서 물관리일원화라는 관념의 한계를 넘어 치수(治水)의 근본을 생각한다. 녹색성장을 디지털과 녹색으로 치장한 한국판 뉴딜을 분석하면서 신기루를 본다.

전국민이 코로나 바이러스로 도처에서 질곡에 갇혀 있는 상황에서 "어디에서 누구와 더불어 어떻게" 혁신과 성장 그리고 안전을 도모할 것인가? "국회에서 ○○당과 더불어 우아하게" 혁신을 설계할 것인가? "하천에서 통합당과 더불어 댐을 계속 건설할 것인가?" 둘 다 아님은 자명하다. 광야로 나아가는 용기가 절실하다.

소득주도 성장론이 실효를 거두지 못하자 '녹색성장'을 국적 없는 '뉴딜'이라는 말로 재포장하여 인기를 유지하려는 위정자들을 의지할 수 없다. 경제원론 수준에서 부동산 속성을 모르고 사회안전망 기본도 모르는 권세가들과 더불어 또 신자유주의 진심을 모르면서 혹세무민하는 인사들과 같은 배를 타고 항해할 수 없다.

디지털 민주주의를 주창하면서 치고 빠지는 개인주의자들에게 미래를 맡길 수 없다. 성인지 감수성이 8배나 차이나는 위기의 사람들에게 하소연할 일도 없다. 소신 없는 안방거사나 무책임한 선동가들을 멀리하고, 비록 소수일지라도 경륜을 갖추고 현장을 누비는 열정가들의 손을 잡고 혁신을 도모하고자 한다. 천지신명이 굽어살필 일이다.

5) 정부의 실패

술래와 도둑: 신분의 혼동

'사냥터지기로 변신한 밀렵꾼'(poacher turned gamekeeper)이라는 표현은 14세기 후반부터 영국에서 쓰인 속담으로, 입장이 바뀌어 종전과 다른 행동을 취하는 사람을 말한다. 술래잡기에서 술래와 도둑의 관계와 같다. 과거에 잘못을 저지른 사람[술래]은 다른 사람[도둑]의 잘못을 바로잡는 가장 좋은 방법을 안다. 사냥터지기가 어느 날 밀렵꾼으로 변신하는 상황을 '신분의 혼동'이라고 부른다. 이 경우 두 신분 중의 하나는 없어진다.

1989년에 영국 의회는 1989년의 물법(Water Act) 제정을 둘러싸고 물 사업자의 활동으로 인한 물 오염을 우려하면서 '사냥터지기와 밀렵꾼'[신분의 혼동] 이론을 꺼냈다. 토론에 나선 하워드(Howard) 의원은 "밀렵꾼과 사냥터지기를 절대적으로 분리하여야 한다"는 원칙을 강조하였다. 법안 토론을 주재한 Madam Deputy Speaker의 모두 발언은 1989년의 물법을 둘러싼 관련 법령 상호 간의 상세한 관계를 설명한다.

"1974년의 오염통제법(the Control of Pollution Act) 등 물 관리 법령들에 내재하는 핵심원칙들을 말씀드립니다. 첫째는 공개성과 공공책임입니다. 두 번째 핵심 원칙은 밀렵꾼과 사냥지기의 절대적 분리(the absolute separation of poacher and gamekeeper)입니다. 물관리청1406)(NRA)은 자체적으로는 (오염물질을) 거의 배출하지 아니하지만, 예컨대, 양식장에서 배출하는 것과 같이 일부에는 책임이 있습니다. 모든 상황으로 미루어, NRA 외의 다른 기관이 이를 재가함이 분명히 적절합니다. 일련의 법령(Regulation)들은 물법(the Water Act)이 이러한 상황을 다룰 수 있도록 요청합니다."1407)

신분의 혼동은 종종 정부실패의 원인이 된다. 우리나라 국토교통부는 2021년에 토지주택공사(LH)를 개혁한다면서 "감시와 규제의 강화만으로 비리를 근절할 수 있다"고 믿지만, 실효성에 의문을 낳았다. 부패는 서슬이 시퍼런 공산국가에서도 만연하였다. LH의 조사 기능을 국토부로 옮긴다는 발상은 실패하기 쉽다. 역량이나 속성 면에서 장기간 조사직으로 근무할 공무원들이 있겠는가. LH 직원들을 국토부로 불러 일을 시키면 도로아미타불이 될 수도 있다.

당초 견제와 균형의 원리를 무시하고 사업자와 감시자(술래)를 한 몸에 붙여 놓은 '신분의 혼동'이 화근이었다. 공영개발로 주택을 건설하면서 개발이익이 투기이익으로 둔갑하는 '정책의 실패'도 못지않은 원흉이었다. 아파트 분양이 일부 실수요자들을 제외하고 차액 투자자들의 소득으로 돌아감은 공영개발의 최대 함정이다.

부동산 거품 걷어내기

정책의 실패를 관계 행정기관 탓으로만 돌릴 수 없다. 갈팡질팡하는 세제도 정책의 실패에 크게 기여하였다. 일각에서는 양도소득세에 반발이 많다고 하여 보유세를 강화한다. 그러나 거래가 없어 소득도 없는데 부동산을 보유하였다는 이유로 과표를 올리면 반발을 살 수 밖에 없다. 보유세를 매년 부과하기 때문에 문제가 없다지만, 매년 부동산 가격이 내려 과표 이하로 내려가면 걷었던 세금을 매년 환급할 것인가? 부동산 가격이 내린 적은 있었으나 정부가 세금을 환급한 사례는 없었다.

이른바 '기본주택'은 이러한 부조리들을 일거에 해결할 수 있을까? 기본주택이라고 하여 기본소득처럼 수많은 수요자들에게 주택을 그냥 주지는 못한다. 기대이익을 공정하게 충족시켜야 한다. 십수년을 기다린 청약저축자들의 기대이익을 해소하지 않으면 취약계층의 주택수요를 충족시킬 수 없다. 부동산 값을 내려 가수요를 다스리지 않으면 10년을 기다려도 수요를 충족시킬 수 없다.

공동체 복원

걸핏하면 사과하고 위로하며 거의 혼자 애쓰는 대통령을 보노라면 마음이 스산하기 짝이 없다. 훌륭한 덕성이 때때로 정책수행으로 이어지지 아니하는 경우를 본다. 개혁의 기치를 내 걸었지만 완성된 것을 찾기 어렵다. 누가 "공직자들이 복지부동한다"고 말했던가? 그렇지 않다. 합리적 개혁안이나 지시를 행정절차에 집어넣고 조직적으로 뭉개버리고 되돌이표를 찍으면 1년은 우습게 지나간다. 막스 베버가 관료들에게 근대국가의 발전을 기대하였던 까닭이다. 정부의 한계를 보완하는 공동체를 복원시켜야 한다.

전주에 사는 자치분권 운동가 강주영 동지의 이론대로 시유지와 도유지를 활용하여 반값 아파트를 지을 궁리를 할 수 있다. 서울이 아니면 먹고 살 길이 막연한 일자리 편중을 해소하여야 한다. 실직하거나 아프더라도 바로 빈곤층으로 떨어지지 아니하도록 지탱하는 사회안전망을 갖추어야 한다. 소비와 과시를 문화로 착각하는 편향을 시정하여야 한다. 3D 업종을 모두 외국인들에게 맡기는 단견을 딛고, 인구절벽을 극복하는 비상대책이 필요하다.

6) 좌우를 초월하는 패러다임[1408]

2019년도 노벨경제학상 수상자들이 한국의 경제발전을 개발도상국가 빈곤퇴치를 위한 좋은 연구 사례로 꼽았다. 작금 국정감사나 광장정치에서 『당나귀 그림자에 대한 재판』(뷔일란트, 1781년)을 연상시키는 검찰개혁·언론개혁·J수호 등을 둘러싼 공방전으로 온 나라가 수렁에 빠진 느낌을 지울 수 없던 차에 우리나라가 빈곤퇴치 모델이라니 참으로 반가운 소식이다.

MIT의 뒤플로 교수는 한국 경제발전 모델에 대한 한국 특파원들의 질문에 "한국은 좋은 사례라고 생각한다. 하지만 국가별로 여건이 다르기 때문에 일률적으로 적용하기는 어려울 수 있다"고 말했다. 공동 수상자인 바네르지 교수도 "기술과 교육에 대한 한국의 대규모 투자가 긍정적인 결과를 낳았다"고 덧붙였다. 한국에서는 굶어죽는 사람들이 사라진 지 오래니 "빈곤이 퇴치되었다"는 진단에 공감한다.

국가 전체의 부(國富)도 지표상으로 나쁘지 않다. 그럼에도 불구하고 국론이 분열되었음은 오로지 검찰개혁과 J수호를 둘러싼 정치적 견해의 차이 때문일까? 아니다. 검찰개혁이 쟁점이기는 하지만 적폐청산이나 일자리 확대가 경제사회 발전의 요체이다. 좌우대립 내지 보수혁신의 공방은 경제·사회 부문의 불평등과 불공정에 기인하는 바가 크다.

M정부 출범 이후 여야는 전범기업 배상청구나 지소미아와 같은 국제문제를 둘러싸고 대립하였지만, 최저임금·주52시간근로 등과 같은 경제사회 문제로 갈등의 골이 깊어졌다. 첨단산업 부문에서 규제혁신이 속속 추진되고 있고, 약13조원에 이르는 국책사업 예비타당성 조사면제 계획이 발표되었지만 반대진영의 마음을 돌리는 데에는 역부족이었다.

국민의 약 1/4이지지 정당이 없는 무당층이고 여야는 이들을 서로 자기 진영으로 끌어들이고자 자주 무리수를 두지만, 복수혈전을 펼치며 법무부장관을 바꾸고 날카로운 언사로 상대방의 폐부를 찌른다고 하여 무당층이 결집될 것 같지는 않다. 일자리가 늘어나고 소득 불균형이 좁혀지며 적폐가 청산되고 사회안전망이 확대되는 등의 혁신이 완수되지 아니하고서는 무당층의 마음을 돌리기 어렵다.

우리 경제사회의 보다 큰 문제는 겉으로 드러나는 현상이나 과제보다 더 깊은 곳에 있다. 위정자라면 모름지기 대증요법보다 원인요법에 주목하여야 한다. 우리가 안고 있는 근본 병인은, 보는 관점에 따라 다를 수 있지만, 초고령화 시대 인구문제와 결혼·양육·교육의 곤란, 재래산업의 퇴조 그리고 부동산을 둘러싼 정부와 시장의 실패이다. 패러다임을 전환시키지 아니하고서는 지속가능한 발전이 어렵다.

노인들이 생산이나 자원봉사 등을 통한 경제활동에서 멀어짐으로써 유효수요가 줄어들고 있다. 유효수요가 줄어들면 경제는 활력이 떨어진다. 노인들은 건강 100세라는 구호 속에 자식들에게 조금이라도 더 남겨주기 위하여 지갑을 닫는다. 자식들은 평생을 저축해도 모을 수 없는 집값으로 보금자리를 꾸밀 엄두를 못 낸다. 체면을 지켜야 하는 혼수와 결혼식 그리고 신혼여행이 벅차다. 다세대가 동거할 수 없는 아파트에 사는 맞벌이 부부의 출산과 양육은 곤란 그 자체이다.

먼저 인구감소를 지연시키고 유효수요를 진작시키기 위한 대책이 필요하다. 일자리는 재래산업에 더 많다. 역대 정부들은 재래 기술과 산업 그리고 시장에 소홀하였다. 지자체들은 할인액을 부담하는 지역화폐를 유통시키지만 기본적으로 유효수요가 부족하기 때문에 파급효과가 미흡하다. 노인들이 은퇴하지 않고 경제활동에 참여하면서 미래세대 청년들에게 부담을 지우지 않으려면 많은 자본과 고급 기술이 필요한 대기업형 첨단산업보다는 중소기업형 재래산업이 유지되어야 한다.

청년들의 애로를 덜어줘야 한다. 비정규직 최저임금을 1만원으로 올리는 것으로 만사가 해결되지 않는다. 청년들이 대학에 가지 않고 일찍 창업하거나 취업하기 위하여서는 정부가 농림수산업 부문과 서비스 산업 부문에 일자리를 확대하고, 도시의 아파트보다는 다세대 동거가 가능한 전원주택에서 살 수 있는 기반을 지원하여야 한다. 마을 공동체가 아이들을 키울 수 있는 문화가 복원되어야 한다.

이런 정책들을 추진하자면 좌파나 우파의 이데올로기 대립이나 보수와 진보의 노선 경쟁을 벗어나야 한다. 국가발전을 위한 패러다임을 전환시키기 위하여서는 좌우를 넘나들고 보수와 진보를 아우를 수 있는 중용(中庸)의 기술이 필요하다. 중용은, 많은 사람들이 오해하지만, 양쪽을 적당히 절충하려는 중도(中道)와 아주 다르다. 중용은 스케이트를 타는 것과 같다. 기득권층이 중용으로 나아가지 못한다면, 노선이나 이데올로기 색채가 약한 무소속과 무당파들이 연대하여 중용을 추진하고 변혁을 도모할 수 있을 것이다.

인류의 정의 (Human Justice)

2. 법(法)의 극소화

『노자』(老子) 제57장: "법령이 뚜렷할수록 도적이 많아진다."

세상에 금기가 많으면 백성들은 더욱 가난해지고(天下多忌諱而民彌貧), 백성들에게 편리한 도구가 많을수록 국가는 더욱 혼란해지며(民多利器 國家滋昏), 사람들에게 교묘한 재주가 많을수록 기이한 물건들이 더욱 많아지고, 법령이 뚜렷해질수록 도적이 많이 생긴다(法令滋彰 盜賊多有). 그러므로 성인은 말한다: "내가 무위하면 백성들은 스스로 교화되고, 내가 고요함을 좋아하면 백성들은 스스로 바르게 되며, 내가 일삼는 바가 없으면 백성들은 스스로 부유해지고, 내가 욕심이 없으면 백성들은 스스로 소박해진다."1409)

1) 법폐(法弊) 청산1410)

적폐(積弊)…오랫동안 쌓인 폐단이라고 풀어도 어려운 말이다. 무엇이 적폐인가? 청산…오랫동안 쌓여 굳어진 것을 과연 말끔히 씻어낼 수 있을까? 어려운 일이다. 과거 군사정권 내지 권위주의 정부 시절에 추진되었던 새마을운동, 10월유신, 삼청교육이나 이후에 전개되었던 역사청산도 어떻게 보면 무엇인가 묵은 것을 씻어내고 싶었을 것이다. 파면당한 박근혜 전 대통령도 적폐라는 말을 국무회의에서 꺼냈고 그 이전의 이명박 전 대통령도 적폐청산을 운운하였음을 보면, 적폐청산에서는 주체가 때로 객체로 변할 수도 있음을 알 수 있다. 적폐라는 말 자체가 반대진영의 저항을 부른다. 정통성과 선명성에서 역대 어느 정권에 뒤떨어지지 않는 M정부에서 과거 '위로부터의' 개혁을 연상시키는 적폐청산을 내거는 현상을 보고 역사와 문화가 회귀함을 느낀다.

'적폐'는 사회 구석구석에 쌓여 있다. 부정부패만이 적폐가 아니다. 빈부·학벌·가문·성별·용모 등에 기반을 둔 시대착오적인 차별도 적폐요, 갑질이나 독점을 지속하기 위한 기술적·제도적 진입장벽도 적폐이다. 성희롱이나 따돌림(왕따)도 심각한 적폐이다. 공공조달 입찰에서 중소기업이나 협동조합들이 응찰할 수 없도록 실적이나 규모를 높게 설정한 것도 적폐이다. 출신대학의 서열을 매겨놓고 낮은 서열 대학 출신이 높은 서열 대학 교수로 진출할 수 없는 장벽이나, 교수와 강사들의 강의수당을 차별하는 행위나, 또 몇 시간씩 걸리는 거리에 전문가들을 불러놓고 자문수당을 쥐꼬리만큼 지급하면서 아이디어와 지식을 값싸게 쓰는 일도 모두 청산되어야 할 적폐이다.

적폐청산을 말하기는 쉬워도 지속적으로 실천하여 적폐의 뿌리를 뽑기란 무덤의 잡초를 제거하기 만큼이나 어렵다. 그래서 혹자는 법과 제도개혁으로 적폐를 청산하자고 제안하기도 한다. 그러나 적기에 정비되지 아니한 묵은 법은 그 자체가 적폐이다. 이는 '법폐'(法弊)라고 부를 수 있다. 개혁을 시도한답시고 특별법을 만들지만 제때 퇴출되지 않는 특별법은 혹이다. 로마법대전과 이후 이탈리아, 프랑스 및 독일에의 계수를 보면 법이 오래 묵었다고 바로 법폐가 되지는 아니한다. 로마법은 로마시대에도 많은 정치가과 법학자들이 갈고 다듬었고 르네상스 시대 주석학파들에 의하여 정치하게 가공되어 근대법학에서 꽃을 피웠다.

불합리한 또는 행정 편의주의적 규제도 전형적인 적폐이다. 그래서 동서의 수많은 정부들은 당선 직후부터 퇴임 직전까지 규제개혁을 외쳤다. 그러나 정권말기에 되돌아보면 규제를 개혁한 만큼의 규제가 새로 쌓여 있음을 발견할 수 있다. 왜 이런 현상이 되풀이되는 것일까? 규제의 근거가 되는 법령을 때 맞춰 정비하지 않고 쌓아두기 때문이다.

법령이 적폐의 온상이 되는 경로를 보자. 헌법, 민법, 상법, 형법 또는 소송법처럼 준칙중심으로 편제된 기본적 법률들을 제외한 수많은 행정법령들은 공무원들이 그때그때의 필요에 따라 만들어 쓰고 폐지하지 않고 자리를 뜨기 때문에 자칫 적폐가 되기 쉽다. 많은 사람들은 국회가 법률을 만드는 것으로 알고 있지만, 실제로는 공무원들이 법안을 만드는 정부입법이나 공무원들이 입안하여 국회의원의 이름을 빌려 통과시키는 의원입법이 전부이다. 대부분의 규제는 법률 하위의 시행령이나 시행규칙에 존재하는데 이런 하위법규들은 모두 공무원들이 만든다. 호랑이는 죽어서 가죽을 남긴다지만 공무원은 물러날 때 법령을 남긴다.

적폐청산을 인민재판의 구호처럼 써서는 아니 된다. 적폐청산을 정치보복으로 공격해서도 아니된다. 저항이 따른다. 진정 적폐를 청산하고 싶은 정부라면 자꾸 법령과 규제를 만들어 낼 일이 아니라 열성적으로 묵은 법령들을 정비하고 규제를 혁파하여야 한다. 5년이란 재임기간은 역사의 흐름 속에서 보면 찰나이다. 약속을 지키는 일도 중요하지만, 선거공약에 매달려 낡은 법령과 규제를 착실하게 정비하고 창조적 정치와 행정을 펼치지 못하면, 퇴임 무렵 되돌아보면 처음 섰던 출발선으로 되돌아 와 있음을 알게 될 것이다. M정부에서는 최고통치권자나 그 참모들이 법률전문가들이면서 적폐법령의 청산과 규제개혁을 표방하지 않는 것이 신기하다.

국가에는 법적 안정성의 관점에서 천년 동안 그대로 써야 할 기본법률들이 있는가 하면, 합목적성의 관점에서 적기에 폐지하거나 정비해야 할 행정법률들이 많다. 실적을 우선시하는 우회형 의원입법, 법치주의가 아니라 행정청의 우월적 지위나 편의를 위하여 만든 정부입법들이 그렇다. 많은 행정기관들은 법제연구 용역이 포함된 정책연구를 법제전문 연구기관의 관여도 없이 발주하여 법리를 유월하고 비체계적인 법령안을 만들어 국무회의나 국회에 제출한다. 법폐를 청산하지 아니하고서는 정책이나 행정만으로 개혁을 이룩할 수는 없다.

여야가 대치하여 공전을 거듭하는 쟁점법안들이 개혁의 발목을 잡지만, 쟁점법안이 아닌 것들 중에서도 적폐를 안고 있는 수 많은 법률들이 있다. 중소기업이나 소시민들이 당사자인 교육, 육아, 복지, 자격취득, 취업규칙, 계약체결, 조달, 입찰, 방송, 공연, 광고, 용역, 주택분양, 교통, 통신, 물류 등등의 법률에서 적폐가 넘친다.

2) 준칙규범화

독일과 일본의 공무원들은 법의 불비는 '행정의 부자유'를 초래한다면서 관료제에 대한 신뢰를 배경으로 엄청난 양의 행정법규를 양산하였다. 우리나라도 같은 경로를 걸었다. 1과 1법주의는 옛날 이야기가 되었다. 공무원들이 바뀌는 빈도만큼 규제법령들이 늘어났다. 행정법학자들의 말을 빌리면, 실정법규의 90%가 행정법령이다. 법집행관들만 알고 있어도 족한

제2편 인류의 정의 (Human Justice)

내용들을 법령에 담아 놓는다. 입법자들은 규범의미도 불명확한 법안들을 통과시켜 실적을 올린다. 법의 실효성과 규범력이 떨어지니 행정형벌 체계를 가중시킨다.

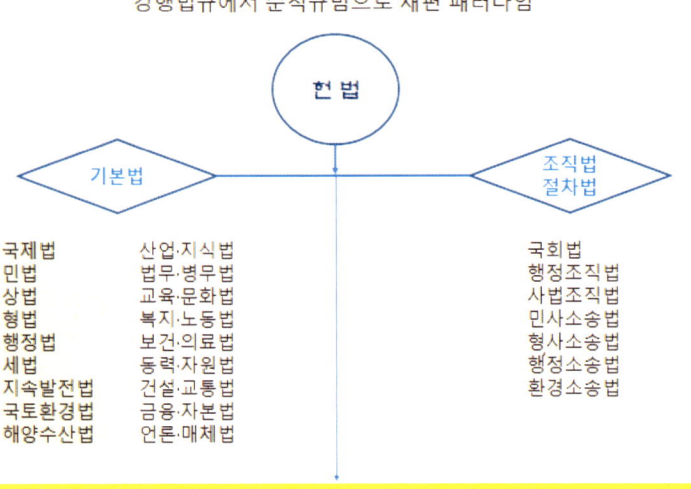

준칙규범 [기본법 · 조직법 · 절차법을 해석 · 적용하는 개별 지침들(Guidelines)]

'법의 홍수' 속에서 벗어나려면 대부분 강행법규와 행정규제로 편성된 현행 법제를 비상하게 축소시켜야 한다. 경제법령을 포함하여 행정법령의 9할은 강행법규에서 준칙으로 전환시킬 수 있다. 세법전을 포함하여 법전재록 사업을 장기적으로 펼쳐야 한다. 영국은 일찍이 보통법이 누적되면서 공정성을 강조하는 엄격법주의로 인하여 과잉규제와 법원관할 중첩이 심화되는 등 법질서가 한계에 이르자 형평법을 마련하고 사법제도 전반을 개혁하였다. 미국은 수많은 단행법률들을 합중국법전(USC)으로 재편하면서 법령을 정비하였다. 각국은 규제개혁 차원에서 정권이 바뀔 때마다 규제법령의 축소 내지 간소화를 추진하였지만 정권이 끝날 무렵에는 줄인 만큼의 법령이 늘어나 있었다. 근본적인 해법을 강구하지 아니하면 법관도 처음 접하는 법령들이 비일비재할 것이다.

넘치는 법령 준칙화를 천명할 경우 '법적 안정성'이라는 차원에서 무모한 방안이라는 반대가 빗발칠 것이다. 우리나라의 법제와 법집행 풍토를 개혁하지 아니하면 탈법과 행정의 비효율이 폭주하여 민원의 저항을 야기시킬 것이다. 처벌 중심의 행정법령들을 준칙으로 바꾸거나 프로그램으로 전환시켜야 한다. 모든 법률행위에 신의성실(信義誠實)의 원칙을 적용하고 책임 공무원들에 대하여 자유재량권을 부여하여야 한다. 엄청난 행정비용을 탈피하기 위하여 인허가 공화국의 부담을 벗어나야 한다. 하명·허가면제 대신에 행정계약을 체결해야 한다. 행정청과 사업자가 사안별로 계약을 체결할 수도 있다. 행정 신고와 공증을 적극적으로 활용할 수 있다. 배심단 활용을 확대시켜야 한다. 민사계약·행정계약·불법행위에 대하여 배심단 전치주의를 취하여 대체적 분쟁해결을 도모하여야 한다.

형사영역에서는 먼저 범죄와 비범죄의 경계를 획정하고 형사범죄의 비범죄화를 도모하여야 한다. 구성요건이 막연한 산업안전보건법이나 행정청 우월주의에 기반한 국가계약법 등에서 갈수록 강화되는 각종 행정형벌(징역형 및 벌금형)이 범죄예방과 교화개선에 얼마나 기여하였는가를 정직하게 평가하여야 한다. 로마법대전의 전통에 따르면 민사상 억제력으로도 불법행위등에 대응이 가능하다. 중대재해처벌법처럼 형량과 벌금 상한을 대폭 높이면 정치적 위하효과는 거두겠으나 형벌의 한계효용은 떨어진다. 형법과 각종 가중처벌법 내지 행정형법들은 악의적인 범죄에 대응하기 위하여 형량을 높이는 길을 걸었다. 그러나 개별 조항들의 형량이 입법자의 자의적 선택의 결과가 아닌가를 따져 보아야 한다. 나아가 보통의 행정형벌은 징역 1년과 벌금 1천만원을 선택적으로 치환하는데1411) 그 합리성이 재고되어야 한다.

3) 협치의 본질과 요건1412)

협치(governance)에 관해서는 오해와 왜곡이 많다. 그리스 시대에 개념이 싹텄던 협치는 '조종하다'(steer)는 뜻을 담고 있었으나 다른 형이상학적 개념들처럼 오랜 세월 지속적으로 발달하지 아니하였다. 우리나라 정치사에서 그 유례를 찾자면, 신라시대 부족 간의 화백(和白)제도나 고려 태조 왕건과 지방세력들과의 치세가 협치에 해당한다. 오늘날 우리가 아는 협치는 1990년대 이후 국제사회에서 비롯되었다. 1992년 브라질의 리우 데 자네이로에서 열린 '환경 및 개발에 관한 UN회의'(UNCED)에 참가한 각국 정상들은 1987년 안출된 브룬트란트의 '지속가능발전'(sustainable development)이라는 개념을 기반으로 지구헌장(리우선언), 환경보전행동계획(의제21), 기후변화협약 및 생물다양성협약을 성사시켰다.

하지만 "미래세대의 수요를 해치지 아니하면서 현재세대의 수요를 충족시킨다"는 지속가능발전 이념은 실천하기가 쉽지 아니하다. UN이 2016년부터 추진한 지속가능발전목표(SDGs)는 "뜻을 같이 하거나 달리 하는" 모든 행위주체 내지 이해당사자들의 협치가 없이는 달성이 불가능하다. 국제기구들은 새천년발전목표(MDGs: 2001~2015) 및 지속가능발전목표(2016~2030)를 전후하여 공공부문과 민간부문에서 인식증진과 역량강화라는 경로를 통하여 협치정신과 요령을 전파시켰다.

협치란 행정에서 즐겨 썼던 '참여적 의사결정'을 포함하지만, 결코 이에 국한되지 아니한다. 참여적 의사결정은 행정기관이 펼쳐놓은 마당에 이해당사자들이 참여하여 의견을 개진하지만 결정은 행정기관이 내리고 책임도 행정기관이 진다. 모든 참여자들이 사전에 마련된 준칙과 시나리오에 따라 역할을 분담하고 이를 이행할 책임을 분담하지 아니하면 진정한 협치가 아니다. 협치란 미리 쓰여진 대본에 따라 감독과 배우들이 합심하여 무대 위에서 연출하는 연극과 같다. 협치는, 음악으로 치자면, 오케스트라와 같다. 서로 다른 음색을 가진 악기와 연주자들이 모여 화음을 이루는 기제(mechanism)가 협치이다.

정치나 공공영역에서의 협치는 원탁회의(round table)에서 이뤄지는 합의와 이행을 전제로 한다. 중앙이나 지방의 권력자나 지도자들이 이해당사자들을 불러놓고 안건을 설명하거나 협조를 부탁하는 정도는 정책홍보로서는 좋겠지만 결코 협치가 될 수 없다. 정부내 각종 위원회

또는 협의회는 협치를 추진하고 실현하는 무대임에도 불협화음이 반복됨은 협치에 뜻이 없거나 그 취지나 요령을 잘 모르기 때문이다. 협치가 성공하려면 참여주체들이 서로 역할을 분담하고 그 이행책임을 부담하는 한편 협치행위의 근거인 사회적 약속[합의]을 문서로 남겨야 한다.

공공부문에서의 협치는 지휘봉을 잡은 주체가 참여자들에게 적절한 역할을 맡겨야 한다. 그러자면 공정하고 공평한 이익 공유나 교환이 수반되어야 한다. 공권력의 주체가 우월적 지위를 남용하면 공정성을 잃기 쉽다. 우리나라 대법원은 1980년에 "행정법규 위반에 대한 제재조치에서는 위반자의 고의·과실을 요하지 아니한다"고 판시함으로써 '원칙적으로' 행정청의 우월적 지위를 지지하였다. 위법성 조각(阻却)사유의 전제사실에 관한 착오에서처럼 '과실범에 있어서 착오'도 책임문제가 대두된다.1413)

> **행정법규에서는 위반자의 고의·과실을 불요**
> 대법원 1980.5.13. 선고 79누251 판결 [행정처분취소(식품접객업영업허가취소)]
> "행정법규 위반에 대하여 가하는 제재조치는 행정목적의 달성을 위하여 행정법규 위반이라는 객관적 사실에 착안하여 가하는 제재이므로 특별한 규정이 없는 한 원칙적으로 위반자의 고의나 과실을 요하지 아니한다."

이 대법원 판례는 착오로 인한 불법행위에 예외적 면책을 인정하는 「형법」[제16조(법률의 착오): 자기의 행위가 법령에 의하여 죄가 되지 아니하는 것으로 오인한 행위는 그 오인에 정당한 이유가 있는 때에 한하여 벌하지 아니한다]의 책임제한 요건을 배제하였다. 행정청의 우월적 지위가 강할수록 협치는 멀어진다. 협치에 뜻이 있는 당국자라면 각자의 이익이 구체화되거나 대립하기 이전에 '무지의 장막' 속에서 세대간·계층간·지역간 "타인의 수요를 해치지 아니하면서 각자의 수요를 충족시킬 수 있는" 호혜와 분배의 시나리오를 수립하여야 한다. 협치를 지향하는 당국이나 이해당사자들은 서로에게 공정하고 공평한 이익공유인가를 골똘하게 따져야 한다. 지방정부들은 협치에서 중앙정부보다 훨씬 더 많은 역할을 수행할 수 있다.

3. 탈규제(脫規制)

1) 규제혁신의 길: 정부와 시장의 협업1414)

언제부턴가 모든 정부는 출범 초부터 규제개혁을 내건다. 그러나 그 정부가 끝날 무렵이면 없앤 만큼의 규제가 다시 뒤를 따른다. 수많은 위정자들과 재계가 한결같이 규제개혁을 갈망하였는데 왜 규제가 혁신되지 않는 것일까? 부지런한 정치가와 행정가들이 필요한 규제를 만들어 내서 쓴 다음에 이를 없애지 아니하고 자리를 떠나기 때문이다. 규제하는 당국의 입장에서 볼 때 불필요한 규제란 없다. 규제란 만들기보다 없애기가 더 어렵다. 왜 이런 숨바꼭질이 지속될까? 규제의 패러다임을 바꾸지 못하기 때문이다. 준칙이 아닌 규제는 원칙적으로 한시

법이어야 한다. 법집행관들이 '규제'라는 도구를 만들어 썼으면 규제목적이 달성되었거나 달성이 불능할 때 또는 그 자리에서 물러날 때 해당 도구를 정리하여야 한다. 그러나 일간 만들어진 규제는 경직성이 있어 좀처럼 없어지지 아니한다.

공공갈등에 당면하여 민주주의 원리에 따른 예방이나 해소를 구현하자면, 국가의 배려와 협력이 필요하다. 그러나 정부의 개입에 대하여서는 신중한 접근을 요한다. 공공영역에 대한 국가의 개입이 가장 단적으로 나타나는 영역은 행정규제이다. 배려와 협력이 때로 규제의 옷을 입고 나타나기도 한다. 모든 행정규제를 정부가 관할하는 것이 적절한가의 여부를 따져보아야 한다. 국가는 정부만으로 구성되지 않는다. 국민들은 공동체를 구성하고 기업들은 시장을 형성한다. 민주주의라는 관점에서 바라본다면, 정부[국가] 영역에서 집행되는 상당수의 행정규제는 자유로운 시민들의 공동체[사회] 또는 기업[시장] 영역으로 이관될 수 있다. 국가를 구성하는 각 부문 간의 협치(governance)는, 그림에서 보는 바와 같이, 정부와 시장 그리고 공동체가 협력하는 가운데 이루어진다.

민주주의는 자유주의와 불가분의 관계를 유지한다. 자유주의가 확보되지 아니한 국가에서는 민주주의가 발전하기 어렵다. 1987년의 「헌법」은 자유주의적 시장경제질서를 바탕으로 삼기 때문에 적어도 법적 영역에서는 자유주의나 사회주의의 대립이 문제되지 아니한다. 계약자유와 사유재산권 그리고 과실책임의 원칙 등은 近代法制의 확립된 골격이다. 환경법 영역도 민주주의와 함께 자유주의를 확대시켜야 한다. 자유주의는 막연하게 국토와 자원의 이용 또는 산업개발을 억제하는 환경규제를 문제삼고 규제완화나 폐지를 요구하지만, 현대국가의 법제에서 더욱 문제되는 바는 오히려 자유주의가 그토록 갈망하는 재산권이 명확하게 설정되어 있지 아니하고 환경비용이 내부화되지 아니한다는 점이다.

국가의 구성주체 상호간의 협치

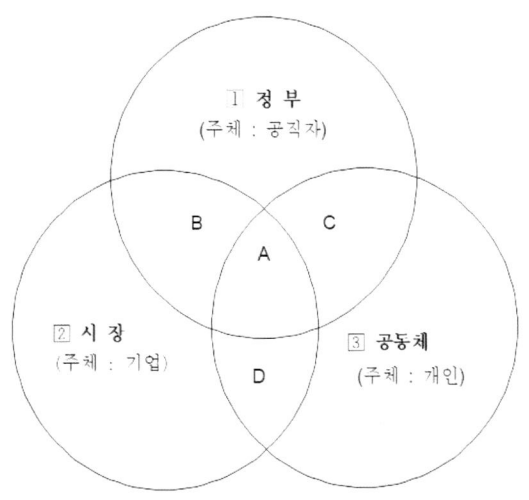

제2편 인류의 정의 (Human Justice)

　　민주화라는 관점에서는 행정규제 패러다임의 전환이 요청된다. 명령·통제를 위주로 하는 규제 체계에서는 행정규제와 반규제가 서로 계산 없이 다투었다. 예컨대, 종래의 갈등관계에서는 환경파괴로 인하여 누구의 손실이 누구의 이득으로 귀결되는가를 산정하지 아니하고 환경오염과 환경복원으로 인한 비용을 누가 부담하여야 정의의 원칙에 적합한가를 따지지 아니하였다. 이러한 비경제적 구태를 극복하기 위하여서는 자유주의 진영이 갈망하는 바와 같이 생명과 생태계 및 자연자원을 둘러싼 재산권을 명확하게 정립하고 각자에게 그의 비용과 책임을 정확하게 귀속시켜야 할 것이다.

　　신(新)제도주의 경제학(New Institutional Economics)에서는 "여러 제도 중에서 법은 경제발전과 성장촉진에 결정적 역할을 수행한다"고 보고 국가가 빈번하게 경제에 개입하지 않으면서도 경제흐름을 지속적으로 유지시킬 것을 역설한다.1415) '좋은 제도'를 표방하는 헌법경제학자들은 객관적인 '공공선'(the common good)에 기초하여 무임승차의 문제를 극복하고 급진주의의 위험을 회피하면서 의회제도의 개혁 및 좋은 준칙의 확립과 같은 '헌법혁명'의 가능성을 주창한다.1416)

　　신제도주의 경제학을 지지하는 일단의 전문가들은 패러다임의 재편에 필요한 논리들을 제시한다. 정부의 역할과 공정한 경쟁질서의 중요성 그리고 사회적 행태에 대한 관심이 증대되었다. 일부 학자들은 규제의 주체로서 시민사회와 시장을 인정하고 책임원리에 기초한 사법적(司法的) 규제를 선호한다. 패러다임의 재편은 비규제화, 정부권한의 축소, 사후적 규제의 활용 및 규제 모형간 협력[協治]의 확대 등을 통하여 가능하다. "저탄소 녹색성장" 내지 "탄소중립"과 같은 새로운 정책목표들은 그 어느 부문보다 더 패러다임의 재편에 따른 정부와 시장 사이의 협력을 필요로 한다.

　　최근의 규제개혁은 속도전으로 나타난다. M 대통령은 "경쟁국들은 뛰어가는데 우리는 걸어간다. 혁신성장에 걸림돌이 되는 규제혁신에 속도를 내달라. 지체된 규제 혁신은 구호에 불과하다. 우선 허용하고 사후에 규제하는 네거티브 방식도 속도를 내달라"고 주문하였다. 이런 상황에서 규제혁신점검회의가 준비부족을 이유로 취소되자 규제개혁 전문가들은 잔뜩 긴장하고 있다. 일각에서는 "공무원들이 몸을 사리고 나서지 않으면 아무리 대통령이 규제 혁신을 강조해도 시늉을 내는데만 그칠 수 있다"고 말한다. 하지만 규제는 비판과 주문만으로 개혁되기 어렵다. 규제의 속성을 간파하고 규제의 패러다임을 바꾸어야 한다.

　　규제는 국가의 경제, 기회균등, 혁신(이노베이션), 기업가정신의 촉진, 환경, 건강 등의 다양한 정책을 수행함에 있어서 중요한 수단의 하나이다. 그러나 경제사회의 급속한 변화와 더불어 혁신을 저해하고, 무역, 투자, 경제효율에 불필요한 규제가 장애로 되고 있으며, 더 나아가 시대에 뒤떨어진 규제의 존재가 문제로 되고 있다. 모든 국가는 오늘날 자국의 규제와 규제제도, 그리고 국민의 사회경제적 이익의 효율적 촉진의 프로세스를 재검토할 책임을 진다. 규제완화를 추진함과 동시에 잔존규제들에 대하여는 질과 비용의 효율성을 향상시키려는 용기 있는 개혁에 착수한 국가들이 늘어났다.

규제를 포괄적으로 이해하고자 하는 입장에서는 규제를 "국가 및 국가로부터 권한이 이양된 기관이 기업·시민·국가 자신에게 부과하는 법률·명령·기타의 것"이라고 정의한다. 여기에는 경제적 규제[직접 산업 및 시장결정에 개입하는 것으로 가격, 진입규제 등], 사회적 규제[건강, 안전, 환경 등을 수호하는 규제], 행정적 규제[정부의 형식적 절차] 등이 있다. 규제제도개혁이란 규제의 질의 향상, 규제의 개선, 규제의 창설, 관리공정의 향상 등을 말하고, 규제철폐(deregulation)란 규제제도 개혁의 일부로서 어떤 분야에 대한 규제의 전부 또는 부분적인 철폐를 말한다.

그 동안 OECD를 중심으로 "정부를 국민에게 되돌려 주어야 한다" 또는 "정부를 국민의 등에서 떼어놓아야 한다"는 구호로 표상되는 몇 가지 분명한 접근들이 이루어졌다. 규제의 부정합성을 확인하고, 규제가 더 이상 정당화될 수 없는 경우 – 특히 경제규제에서 – 규제를 완화하기, 계획요건이나 기타의 명령통제형 규정들보다 이행기준과 같은 시장형 유인규제를 채택하기, 다른 정부조직에 의하여 규제기구를 조정·감독하기 및 행정절차를 개선하기 위한 노력을 계속하기 등이 이러한 접근에 해당한다.

국내 차원에서도 그간 투명성의 강화, 행위기준의 보완, 규제 시스템의 일원화와 효율의 증진, 공중참여의 확장과 같은 대안이 제시된 바 있다. 규제개혁 당국도 "규제개혁에는 마침표가 없다"는 슬로건과 함께 중단 없는 개혁을 표방한다. 그러나 보다 현명한 접근이 요구된다. 규제 관련 법제가 규제개혁 정책에 충분히 호응하지 못하여 규제개혁이 지체됨을 인식하고 법제개혁에 힘을 쏟아야 한다. 정부와 시장 및 공동체가 협동하여 규제의 패러다임 자체를 바꾸어야 한다.

패러다임의 재편을 실현하기 위하여서는 규제와 규제개혁의 모형을 정부모형과 시장모형 및 공동체모형으로 구분하고, 해당 규제가 어느 모형에 해당하는가를 파악한 다음에 부정합 규제를 제거하여야 한다. 부정합 규제는 폐지하거나 다른 법령으로 이관하고 규제체계를 재조정하여야 한다. 모든 기존 규제들을 규제 모형별 본질에 충실하게 재구성하여야 한다. 시장 모형과 공동체 모형에 적합한 규제질서를 재구성하여야 한다. 나아가 양자[정부-시장/정부-공동체/시장-공동체] 내지 다자[정부-시장-공동체] 간 협동규제를 실시하여야 한다. 왜곡된 법률들을 바로잡고 통치에서 협치[거버넌스]로 나아가지 아니하는 한 규제혁신은 백년하청이다.

2) 과잉규제의 수술: 환경영향평가제

수년간 환경부(원주지방환경청), 문화재위원회, 행정심판위원회를 오가며 실랑이를 벌이던 설악(오색) 케이블카, 그리고 서해 영공을 수호하고 낙도[흑산도] 주민들의 발이 필요하다는 명분으로 추진된 흑산공항 건설이 초읽기에 들어갔다. 또 한강하구의 민감 생태계를 우회하여야 함에도 불구하고 몇 가지 불확실한 보완조건들을 붙여 그대로 관통하는 문산~개성 고속도로도 그렇다. 그러나 흑산공항의 경우, 후보지를 국립공원에서 빼면서 수백리 떨어진 바다 건너 다른 섬[비금도]에 그것도 공유수면에 대체습지를 마련하는 방안은 과학도 정의(正義)도

인류의 정의 (Human Justice)

아니다.

우리 환경영향평가제가 실효성이 문제되어 개발주의자들로부터 "시간만 끌고 비용만 늘린다"는 시비를 받더니 급기야 수술대에 올랐다. 대한민국 정책브리핑(2022.8.26.)에 따르면, "기계적으로 규정되어 있어" 그동안 개선요구가 컸던 환경영향평가제도의 절차를 줄이고 투명성을 강화하는 방식으로 규제개혁이 추진된다. 같은 개혁론은 선진국에서 활용하는 예비심사(screening)를 단계적으로 도입하여 평가 여부를 판단하는 한편 사업자와 협의기관이 공동으로 관련 데이터를 활용하여 조사의 범위·항목을 구체적으로 선정하고 사업자를 중요 조사에 집중할 수 있게 한다는 내용을 담는다. 이러한 동향은 달리 보면 입법당국의 자화상이다.

독일 생태계침해조정제[자연자원총량제]는 개발부지만큼의 대체지를 다른 곳에 마련하라는 뜻이지, 모두가 영향지역인 주변을 방치하고 가운데만 쏙 빼서 수백리 이격지에 대체지를 마련하는 것이 아니다. 물론 수백리 수천리 이격지를 용인하는 경우가 있다. 미국은 개발사업 시 발생하는 온실가스를 흡수하기 위하여 인근 주나 해외에 흡수원 숲을 만들도록 허용한다. 예컨대, 플로리다에 발전소를 지으면서 남미에 숲을 조성할 수도 있다. 대기는 지구를 순환하며 지구평균기온 상승억제(1.5℃ 이하)가 초점이기 때문이다.

우리 정부는 이러한 대순환 경로를 엉뚱하게 철새들에게 요구한다. 커피믹스 봉지 하나 정도의 몸 무게(12g)로 수천리를 비행하는 작은 새들에게 "여기는 공항이니 다시 바다를 건너 다른 섬으로 가라"는 식의 발상은 인류의 양심을 부끄럽게 만든다. 어쩌면, 상상하기에 따라서는, 철새들이 동남아에서 동북아로 비상하기 전에 무선 등으로 사전정보를 주고, 흑산도 상공을 경유할 때 깃발이나 카드 섹션으로 무착륙 통과지구라고 알려줄 수도 있겠다. 레이저나 초음파를 쏘아 철새 접근을 막을 수도 있지 않겠는가.

만약 누군가 "무엇이 문제랴. 사전에 인터넷에 올렸고 철새협회에도 통지하지 않았는가. 통과할 힘이 없는 철새들은 사람이 책임질 수 없으니 아예 출발하지 말고 거기에서 텃새로 눌러 살아라"고 외친다면, 참으로 낯 간지러운 일이다. 이런 황당함은 철새뿐만 아니라 개구리나 맹꽁이 등 양서류나 구렁이 등 파충류 그리고 반달가슴곰 등 덩치 큰 야생 모두에게 일어난다. 비무장지대(DMZ)·민통선이북[민북] 지역 일원의 논(畓)이나 율무밭에서 먹고 쉬며 짝을 찾는 두루미들에게도 환경변화를 사전에 알리거나 타지로 이주하라고 알릴 수 없다. 맹금류의 운명도 이와 다를 바 없다.

세계적으로 우리나라처럼 책임지는 주체가 없고 제동장치도 없는 경우는 없다. 좋은 장치는 다 빼고 모양만 냈다. 우리 환경영향평가에는 '평가'가 없다. 주변만 건드린다. 사업자(평가대행자)가 조사한 초안만 있다. 사업자가 개발사업이 환경에 미치는 영향을 평가하거나 아니면 그들 대행하는 환경영향평가사들이 같은 사업을 평가한다. 세상에 누가 자기 사업을 "불가"(不可)라고 평가하겠는가. 만약 평가대행자가 불가를 몇 차례 기록하는 순간 문을 닫게 될 것이다.

우리나라는 환경부장관의 협의[검토·동의·부동의]가 행정법상 행정처분이 아니기 때문에 환경소송이 불가능하다. 행정소송도 원고적격과 '소(訴)의 이익' 요건이 엄격하여 십중구십이 패소한다. 대안으로 유럽연합(EU)이나 미국처럼 환경영향평가 자체를 대상으로 공중의 환경소송을 허용해야 한다. 환경영향평가제를 처음 실시한 미국처럼 인허가 행정청이 직접 환경영평평가를 담당하든지, 캐나다처럼 전담 행정기관인 환경영향평가청(廳)을 만들든지, 아니면 미국·영국처럼 환경영향평가와 생태계서비스(ecosystem services) 평가를 병행해야 한다. 독일은 개발도상국가들에 후자를 열심히 전파한다.

미국의 대통령실 소속 환경질위원회(CEQ)는 환경영향평가 과정에서 협의가 아닌 논평을 통하여 인허가 관할 행정청을 지도한다. 환경영향평가가 살아남으려면 "가부(可否)를 해결하지 못하고 발목만 붙잡는다"는 세간의 비판을 면해야 한다. 사업자가 평가 주체이면서 대행자에게 거짓·부실을 따지고, 환경부가 아무런 책임도 지지 아니하는 모순이 고쳐지지 아니하는 한 환경영향평가의 헛발질과 불명예는 계속될 것이다. 인류의 양심이 부끄러운 불편한 진실 앞에서 현상을 개칠하여 환경규제를 완화할 것이 아니라 근본을 고쳐야 한다.

3) 자발적 협약의 활용1417)

제천 화재 참사(2017)에 이은 이천 화재 참사(2021년)를 보면서 안전문제를 생각한다. 고위 공직자들은 제천 때 밝혔던 입장을 이천에서도 밝혔다. 그럼에도 기업들은 국민과 공직자들의 신뢰를 자주 배반한다. 안전관리는 기본적으로 규제사무에 속한다. 그래서 총리실 규제개혁위원회에서도 종래 안전 전문가를 위원으로 위촉하여 안전에 관한 규제의 합리화를 심도 있게 다루었다.

물론 모든 기업들은 모든 규제 자체를 달갑게 생각하지 않는다. 그 중에서도 환경과 안전 그리고 성인지 사무는 규제 강도가 높은 편인데 기업들은 여기에 대해서도 반대의견이 많다. 경제가 어렵다거나 경제를 활성화시키자고 말할 때마다 기업들은 "규제가 문제이다. 규제를 완화시켜야 한다"고 주장한다. 이러한 입장은 어느 일면 일리가 있다.

정부의 규제체계 자체에 문제가 있을 수 있다. 규제사무를 다루는 정부기관들의 자세도 문제다. 관계 행정기관들은 수많은 행정규제와 그 위반에 대한 처벌을 행정편의적으로 설계하기 쉽다. 규제를 규정한 법령안들을 보면, '정당한 법의 절차'(due process)라는 원칙이 요구하는 적정성, 합리성, 또는 적응성이 미흡하고 그 대신에 편의성과 즉응성이 앞서는 경우가 많다. 시간이 부족한 탓이라고 이해하지만 규제를 받는 입장에서는 애매함이 많다.

환경, 안전, 성폭력 등에 대하여 엄정하게 대처하자면 원천적인 규제체계 자체가 공정하고 공평하게 설계되어야 한다. 법률에 올려서 규정하여야 마땅한 것을 입법과정상의 수고로움을 피하기 위하여 시행령이나 시행규칙에 규정한다든지, 심지어는 부분적인 위임사무를 담아야 할 고시에 독자적 법령체계를 집어넣는다든지 하는 등의 입법의 남용이나 과오를 피해야 한다.

행정처벌은 점차 강화되는 경향을 보이지만 구성요건이 치밀하지 못한 상태에서 처벌의 강도만 높여서는 법의 실효성이 떨어진다. 기소 주체들이 법정에서 고의·과실을 입증하기 어렵기 때문이다. 더욱이 행정형벌은 정부간 사무분장에 따라 법무부 소관 사무로 분류되어 규제개혁위원회에서 다루지 아니한다. 실체적 조항을 검토할 때 그에 따르는 행정처벌도 함께 검토되어야 마땅하다.

안전관리 전문가들의 전언에 따르면, 현업에 안전관리 규정이 없는 바가 아니다. 그러나 상당수의 공사나 활동 현장에서는 매뉴얼에 따라 안전을 총괄적으로 관리하는 책임자가 없었다. 안전관리자는 총괄 책임자의 지시가 없거나 부적절할 때 이를 거부하고 안전을 지킬 의무가 있다. 규제제도만 있어서 무슨 소용이 있겠는가? 오케스트라의 지휘자처럼 현장에서 매뉴얼을 준수할 소신과 역량을 갖춘 안전관리자 불가결하다.

규제를 집행하는 주체 쪽에서 나름대로의 개선노력을 기울인다면 피규제자들도 이에 상응하는 협력이 필요하다. "규제를 모두 없애라"거나 "솜방망이로 만들라"는 등의 규제를 부인하는 입장은 물론 존재하지 아니하지만, 규제를 외면하거나 회피하려는 사계의 탈법현상이 근절되어야 한다. 교통신호 체계에서 볼 수 있듯이 민간의 협력은 외곽에서 규제가 포상 체계가 작동될 때 자발적으로 이루어진다.

유럽연합에서 볼 수 있는 배출권거래제도(ETS)가 같은 예에 속한다. 다수의 EU 국가들은 탄소세(Carbon Tax)를 운영하면서 쿄토 메카니즘에 따른 배출권거래제를 시행한다. 탄소세를 부담하기 싫은 기업들은 청정거래체계(CDM)와 같은 탄소상쇄 사업을 실시하여 크레딧을 얻거나 시장방식에 의존하는 배출권을 기업간에 거래하여 감축의무를 이행한다. 우리나라는 탄소세와 유사한 기능을 수행하는 규제체계가 있지만 포괄적이지 아니하고 시장방식과 연동이 약하다. 온실가스 행정규제의 엄격성이 자발적인 배출권거래의 장애요인으로 작용한다.

규제 체계를 존속시키면서도 피규제자들이 피부로 규제를 느끼지 않고 자발적으로 규제에 적응하는 방도를 넓힐 필요가 절실하다. 외곽에 원래의 행정규제가 있음을 전제로 규제자와 피규제자가 자발적 협약(volunmentary agreement)을 활용해 볼 일이다. 자발적 협약에서는 피규제자가 일정 요건을 준수하고 과정을 성실하게 이행하면 법령에서 규정한 규제사무의 일부를 절차적으로 생략하거나 아예 규제준수의무를 면제시킨다. 현행 법률에도 환경 등 일부 부문에서 자발적 협약이 시행되고 있으나 적용을 확장시킬 수 있는 여지가 많다.

4. 세제개혁

1) 조세체계의 축소와 단순화

현대 도시인들은 개인에 따라 편차는 있으나 소득의 약 10%(1할) 내외를 정부에 세금으로 낸다. 그리고 개인적 편차가 크지만 종교단체나 자선단체 그리고 부조금을 합하여 역시 소득의 10% 내외를 지출한다. 특정 종교단체는 교리에 따라 십일조를 준칙으로 정했다. 어떤 목회자들은 "십일조를 떼어 먹은 죄가 제일 크다"고 설교하기도 한다. 그 종교조직에 다니는 신자들은 정부와 교회에 각 십일조를 내고 다시 힘들겠지만 개인적인 기부나 부조를 고려해야 한다. 종교조직이 생산과 방어를 전담하던 시대에는 정부에 십일조를 내는 대신에 성직자들에게 십일조를 내면 족했다. 그러나 현대사회에서는 같은 기능이 사라졌다. 시민들은 외려 정부에 같은 금액을 납부해야 한다. 신자들이 정부와 종교조직에 여전히 각각 십일조를 낸다면 신심의 여부와 관계 없이 징수자의 지위가 중첩된다.

우리 세제는 ⑴ 총강에서 국세기본법, 조세특례제한법, 국세징수법, 조세범처벌법, 조세범처벌절차법을 두고 ⑵ 내국세편에서 소득세법, 법인세법, 상속세 및 증여세법, 종합부동산세법, 부가가치세법, 개별소비세법, 주세법, 교통·에너지·환경세법, 인지세법, 증권거래세법, 교육세법, 농어촌특별세법, 부가가치세법을 두고 ⑶ 관세편에서 임시수입부가세법,「자유무역협정의 이행을 위한 관세법의 특례에 관한 법률」,「대한민국과 아메리카합중국 간의 상호방위조약 제4조에 의한 시설과 구역 및 대한민국에서의 합중국군대의 지위에 관한 협정의 실시에 따른 관세법 등의 임시특례에 관한 법률」,「국제조세조정에 관한 법률」,「수출용 원재료에 대한 관세 등 환급에 관한 특례법」을 두며 ⑷ 지방세편에서 지방세기본법, 지방세법, 지방세징수법 및 지방세특례제한법을 둔다. 공정한 과세와 엄정한 징수 그리고 공평한 조세감면 등등의 이유가 있겠지만 세법들이 넘친다.

복잡한 세법전을 들여다 보면 십일조가 생각난다. 경제원론에 따르면 기업인들의 경상이윤(full cost)은 10%이다. 그렇다면 소득의 10%(1할)을 세금으로 징수하면 여러모로 좋겠다. 법규범은 복잡할수록 탈법이 늘어난다. 세법도 그럴 가능성이 있다. 정교한 조작이 결국은 같은 결과를 초래한다면 막대한 징수비용과 탈법의 위험을 감수하면서 조세행정을 펼칠 실익이 없다. "이익 있는 곳에 세금 있다"는 원칙을 정하여 소득 이외에 거래나 양도·상속 등으로 이익을 얻으면 그 10%를 세금으로 부과할 수 있다. 사회적 합의와 시뮬레이션을 거쳐 세제개혁을 추진할 수 있을 것이다.

2) 조세감면과 특례의 지양

현행 세법은 조세감면과 특례가 너무 많이 시행되고 또 자주 변경된다. 입법자 내지 국세청이 세금을 약방의 감초 내지 전가의 보도처럼 썼음을 시사한다. 1965년 제정된 조세감면규제법1418)은 당초 복잡하지 아니하였다. 조세감면규제법은 조세감면 사항을 규제함으로써 과세의 공평과 세수의 확보한다는 목적에 따라 조세의 감면을 동법과 소득세법 등 동법에서 열거한 18개 법에 의하여서만 가능하게 허용하고, 산림법에 의한 영림계획에 따라 조림한 산림에서 생긴 소득에 대하여 20년간 소득세를 면제하는 등 소득세 면제대상을 규정하였다. 아울러 한국은행등 법인세와 영업세의 면제대상법인을 규정하고, 등록세·인지세·취득세·재산세·주세 등의 면세대상을 규정하였다. 아울러 정치자금제공분에 대하여서도 법인세·소득세 및 증흥세를 면제시켰다.

조세감면규제법은 1998년 전부개정으로 조세특례제한법1419)으로 바뀌었다. 조세특례제한

법은 그 동안 증가된 조세감면 특별규정들의 적용시한을 해당 조문들에 설정하는데 그치지 아니하고 기업구조조정을 지원한다는 정책목표를 수용함으로써 법적안정성으로부터 멀어졌다.

조세특례제한법(1998년법)의 특례

- 개인이 벤처기업에 직접 투자하는 경우 투자금액의 20%를 종합소득금액에서 공제하고, 벤처기업의 주식을 양도하는 때에는 양도소득세를 비과세하였다(법 제14조 및 제16조).
- 기업구조조정협약에 의한 기업개선작업에 따라 채권금융기관이 법인의 채무를 감면하는 경우 채무를 감면받은 법인은 채무면제익을 3년 거치후 3년에 걸쳐 분할하여 익금에 산입하도록 하고, 채무금융기관은 감면한 채무에 상당하는 금액을 손금에 산입하였다(법 제45조).
- 2개 이상의 기업집단에 속하는 기업의 주식을 교환하여 기업을 양도·양수하는 경우 법인주주의 주식양도차익에 대하여는 법인세를 과세이연하도록 하고, 개인주주의 주식 양도차익에 대하여는 양도소득세의 50퍼센트를 감면하였다(법 제46조).
- 기업구조조정전문회사가 구조조정기업에 출자하여 취득한 주식을 양도함으로써 발생하는 양도차익과 구조조정기업으로부터 받는 배당소득에 대하여는 비과세하였다(법 제55조).
- 연간 공급가액이 1억5천만원미만인 개인사업자가 1999년분 매출액을 성실 신고한 과세표준에 해당하는 부가가치세 및 소득세를 3년에 걸쳐 경감하고, 성실신고한 과세기간 및 그 이전 과세기간에 대해서는 경정대상에서 제외시켜 영세사업자의 성실신고를 유도하였다(법 제123조 및 제125조).
- 개인사업자가 법인으로 전환하는 경우에는 경영정상화가 조기에 이루어질 수 있도록 하기 위하여 차입금 과다법인에 대한 지급이자 손금불산입 제도를 4년간 적용하지 아니하였다(법 제139조).

조세특례 범주는 제한에도 불구하고 계속 증가세를 보여 2023년 말 기준으로 총칙을 제외하고 14개 장에 달하는 방대한 감면특례 체계로 진전되었다. 직접국세의 경우에는 11개절에 따른 조세특례가 규정되고 간접국세는 36개조에 따른 조세특례가 규정되었다. 특례 범주는 외국인투자, 제주국제자유도시, 기업도시, 지역개발사업구역, 아시아문화중심도시, 금융중심지, 첨단의료복합단지, 국가식품클러스터, 농협구조개편, 공적자금회수, 수협구조개편, 사업재편계획, 기회발전특구, 그밖의 특례를 포함한다.

이 조세특례를 관할하는 부서들도 늘어 2923년말 현재 기획재정부(조세특례제도과)와 행정안전부(지방세특례제도과) 외에 기획재정부(금융세제과, 재산세제과, 조세특례제도과, 법인세제과, 환경에너지세제과, 관세제도과, 부가가치세제과, 소득세제과, 국제조세제도과, 부가가치세제과) 등이 조세특례 사무를 주관한다.1420) 정책금융처럼 정책세제가 과다하다. 현재 추세대로라면 조세특례는 소멸되는 건수보다 증가하는 건수가 늘어날 것으로 전망된다.

이러한 추세는 물론 우리나라의 산업구조와 무역여건이 다양화되고 개인들의 사회·경제생활이 다변화된 결과라고 새길 수 있다. 기후변화 등에 따른 탄소예산이나 수지가 세제에 구체적으로 반영된다면 이러한 경향이 가중될 것으로 사료된다. 그럼에도 불구하고 특례가 계속 증가한다는 사실은 소득세법·법인세법·소비세법·부동산세법·상속세법·관세법 등 일반법들이 특례에 의하여 제약됨을 의미하며 일반과세와 감면에 대한 과세적격·세율·기간·유예 등에 관한 특례의 형평성이 지속적으로 문제될 수 있음을 시사한다.

조세감면에 대한 수요가 존속하고 관계 당국들이 세제관리에 탁월한 역량을 발휘하겠지만 법령의 증가는 "법령이 뚜렷할수록 도적이 많아진다"(老子 제57장)는 언명처럼 탈법·비리를 부르고 경계/기준 밖에 위치하는 납세자들로부터 형평성에 대한 시비를 낳는다. 우월적 지위를 가지는 특별법과 특례들이 대량화·상시화됨은 법적 안정성을 침해한다. 민간 거래 및 국제 경제 규모가 커짐에 따라 정부가 이자율, 환율, 세율 등의 개입수단으로 시장을 조정할 수 있는 여지는 줄어든다. 특례 조항들 모두가 구체적인 배경 및 이유 그리고 타당성을 가지고 있다손 치더라도 '자의적 지배'로 번지지 아니하기 위하여서는 법령의 극소화 방침에 따라 일반례로 전환되어야 한다.

3) 탄소세 내지 탄소국경세

EU 사례를 보면 탄소세가 있어야 배출권거래제가 잘 시행된다. 한국에서는 2021년 6월 현재 前者 없이 後者만 있어 배출권이 헐값이다. 경매비율도 터무니 없이 낮고 배출량도 많이 줘서 그렇다. 그러나 싸구려 배출권은 탄소국경세를 매길 때 외환가치처럼 평가절하된다.

탄소세가 필요하지만, 현행 교통·에너지·환경세가 있어 중복이라는 비판을 받는다. EU국가들이 모두 탄소세를 도입했으나 영국은 탄소세와 같은 기능의 부담금(levy)제를 운용한다.

하지만 현행 교통에너지환경세 체계로는 미국이 추진하는 탄소국경세를 넘을 수 없다. 한시법인 교통에너지환경세법을 일반법으로 전환시키고 「1.5℃」 목표에 맞춰 탄소감축에 주력하겠다는 정책의지가 필수이다.

현행 교통·에너지·환경세법을 전부개정하면서 법률명칭을 바꾸고 세원과 지출구조를 개혁해야 한다. 아울러 대기환경보전법 등에 걸쳐 있는 부담금 체계들의 조정이 필요하다.

5. 기술발전의 수용

1) 제3의 인격: 전자인

인격은 자연인에서 법인으로 진화하였다. 이제 전자인(電子人)의 출현이 기대된다. 전자인의 법적 지위를 공작물에서 가상세계의 주인공으로 바꾸어야 한다. 전자인의 거래수단은 가상화폐이다. 능력과 책임의 부여도 필요하다. 권리능력과 납세 등을 위한 행위능력 그리고 불법행위책임을 부여하여야 한다.

제2편 인류의 정의 (Human Justice)

유럽의회는 2017년 1월 12일에 로봇에 전자인(電子人 electronic persons)의 법적 지위를 부여하는 로봇시민법 제정 결의안을 압도적 찬성으로 통과시켰다. EU회원국들은 국내이행체계를 준비해야 한다. 2월 17일에는 빌게이츠가 로봇세 부과를 주장해 논란을 일으켰다.

전자인은 「4차 산업혁명」 세대이다. 전자인이 법인처럼 법인격을 부여받고 주소를 가지면, 형평(equity) 차원에서, 주민세와 방위세부터 내야 한다. 전자인이 돈을 벌면 법인세처럼 소득세도 내야 한다. 물론 민법과 세법의 개정이 필요하다.

전자인인 가상인에게 법인격을 부여해야 한다. 크리에이터들은 가상인(AI인 電子人)을 아바타나 노예처럼 부리지 말고 그를 사람(person)으로 취급해야 한다. 법무부는 가상인에게 인격을 보장해야 한다. 사람은 자연인 다음에 법인이 그리고 이제 가상인으로 진화하였다. 그는 사고를 칠 수도 있으므로 자기 권리능력(ID)과 주소를 가지고 활동하고 재산을 관리할 수 있어야 한다. LG전자 가상인간 김래아(金來兒 23세). 팔로워 1만명을 넘긴 '찐' 인플루언서이다.

2) 모순투성이 가상화폐와 이익공유

블록체인 기술을 기반으로 '코인' 등의 형태로 거래되는 가상화폐(암호화폐) 자산은 메타버스 세계에 구동되는 가상자산의 일부이다. 그럼에도 법적 보호를 요구하는 민원들이 늘어난다. 금오는 일찍이 "가상화폐가 가치 척도가 될 수 없어 거래나 투자의 수단이 될 수 있을지언정 화폐가 될 수 없다"(2021.11.12.)고 단정하였다.

제20대 대선에 출마한 어느 정당 후보는 청년들의 표심을 잡기 위하여, 가상화폐론을 공약으로 꺼냈다: "ⓐ전국민이 블록체인을 기반으로 개발이익을 공유하는 시스템을 검토한다. ⓑ부동산 개발 이익을 전 국민에게 가상화폐로 지급하고 거래하게 한다. ⓒ국부 유출을 막기 위하여 전세계적으로 인정될 수 있는 가상화폐와 이것이 유통될 수 있는 토대를 만들어야 한다. ⓓ가상화폐 투자수익에 대한 과세를 1년 유예하겠다."

그러나 상기 주장 ⓐⓑⓒⓓ에는 여러 가지 모순과 부작용이 발견된다: ⓐ전국민이 블록체인으로 개발이익을 공유하려면 블록체인 기술을 쓰지 못하는 컴맹이나 디지털맹들은 낙오되거나 대행사기의 피해자가 된다. 가상화폐 가격이 폭락하면 전국민이 공황에 빠진다. ⓑ전국민에게 부동산 개발이익을 나눠주려면 부동산 개발이익을 용인해야 한다. 전국민이 각각 자기계정을 운용해야 한다. 부동산 거품의 항상화는 인플레이션의 일상화를 초래한다. ⓒ가상화폐는 이미 토대가 만들어져 전세계적으로 유통되고 있다. 블록체인(그림)1421)의 채굴에 소요되는 시간과 전력 그리고 역량차이를 고려한다면, 전국민화·전세계화는 불가능한 가설이다. ⓓ가상화폐 투자수익에 대한 과세는 먼저 가상화폐를 공인하여야 하고 또 투자자가 손실을 입을 경우 받은 세금을 되돌려주거나 정산하는 등의 상·하류 조치가 연동되어야 한다.

가상인물이 활동하는 메타버스에서는 가상화폐가 필요할 수도 있겠다. 그러나 가상화폐를 가치척도(화폐)로 공인할 경우 GDP 산정과 물가관리를 포기할 수 밖에 없다. 지역화폐조차 거북스럽게 여기는 실물시장은 가상화폐로 인

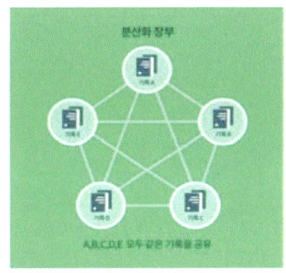

한 무자료 거래가 넘칠 것이다. 전국민의 달인화(프로페셔널화)를 전제하지 않는 가설은 무모하다. 블록체인을 부릴 줄 모르는 사람에게 가상화폐는, 정부가 가상투자를 대행하지 않는 이상 '신포도'가 될 수도 있다.

3) 신기루의 城 가상화폐자산의 법적 보호[1422]

자살 충동에 시달리는 다수의 가상화폐 투자자들은 말한다: "제대로 된 법과 모니터링을 통해 암호화폐 시장이 구축되었으면 좋겠다. 시세 조작 등이 많은 시장에서 벗어나고 싶다. 시세 변동률을 줄이거나 안전한 투자를 할 수 있게 가이드라인을 만들어 달라."

검은 금요일(2022.5.12.)에 시세가 99.99%까지 폭락한 국산 암호화폐 루나와 테라로 큰 손실을 입은 '영끌' 투자자들에게는 '재수없는 소리'로 들리겠지만, 법을 정비하여 가상화폐자산을 모니터링하고 시장진입 장벽을 높이며 사기와 불공정거래 장치를 마련하더라도 투자자들이 바라는 안정적 암호화폐시장이 구축되기 어렵다.

투자자들은 법적 보호를 요구하기 전에 가상화폐 자산의 본질과 속성을 알아야 한다. 자본시장법이 눈을 시퍼렇게 뜨고 있음에도 주식과 채권 그리고 외환시장에서는 수많은 투기, 사기 및 불공정거래들이 자행되었다. 암호화폐시장은 이들 시장보다 유동성이 더 크다. 시장은 극심한 가격 변동문제를 해소하고자 '스테이블 코인'(stable coin)을 고안하였다.

스테이블 코인은 자신을 더 안정적인 다른 자산(법정통화, 정부채권 또는 비트코인과 같은 다른 암호화폐)에 연동(pegging)시켜 가치를 유지하고자 한다. 현재 대다수 스테이블 코인들은 미국 달러화에 고정되어 있다. 루나와 테라는 별도의 담보물 없이 알고리즘을 기반으로 공급과 수요를 조절해 가격 안정성을 유지하려는 이른바 '알고리즘 스테이블 코인'이다.

이론상 루나와 테라는 수요공급의 법칙에 근거하여 서로 어깨걸이로 움직였다. 루나는 시장가격에 상관없이 항상 테라를 1달러로 간주해 매입·매각될 수 있으며, 루나를 테라로 바꿀 때 운영자는 루나를 소각하지 않고 테라를 신규로 발행한다. 반면에 테라를 루나로 바꿀 때 운영자는 테라를 소각하고 루나를 새로 발행함으로써 유통량을 조절하였다. 투자자들이 테라를 맡기면 높은 이자를 받을 수 있었다.

그러나 루나와 테라의 가치가 동시에 떨어질 경우, 시장에서는 루나를 적극적으로 매입하려 하지 않을 것이고 테라의 가치는 반등하지 않는다. 어깨걸이의 선순환이 붕괴하면 '죽음의

소용돌이'로 빠진다. IMF 총재는 스테이블 코인을 '피라미드 사기'라고 비판하였다. 미국의 옐런(Yellen) 재무장관은 지난 5월 11일 스테이블 코인에 대한 규제가 필요하다며 법안 마련을 촉구했다.

중앙은행으로서는 투기성이 강한 화폐로 실물경제를 가늠할 수 없기 때문에 법정화폐를 대체하는 결제수단으로 인정할 수 없다. 암호화폐를 가져가면 금(金)과 바꿔 주는 것[兌換]이 아니라 비트코인과 같은 안정된(stable) 암호화폐로 교환해 준다지만, 비트코인 자체가 급락하면 태환의 실효성이 없다. 스테이블 코인이 퇴출되더라도 암호화폐 자체가 안정성을 확보하기는 어렵다.

지난 대통령선거에서 유력 후보들은 "가상자산 수익에 대하여 5천만원까지 비과세하겠다"고 밝혀 가상자산에 대한 기대치를 높였다. 어느 후보는 "전국민에게 대규모 개발에 참여할 기회를 주고 이를 증권형 토큰으로 만들어 실제 가상자산에 투자도 하고, 투자할 기회도 거래할 수 있도록 하겠다"는 공약을 발표하였지만 이는 가상화폐자산에 대한 보호안이 아니라 가상자산 전반에 대한 것이다.

개인주의와 사적자치에 기반을 두는 자본주의 체제에서 모험에 대한 책임은 투자자 개인의 몫이다. 정부가 극좌로 치닫지 아니하는 한 모험자산에 대한 정보를 제공하거나 투자를 보장할 수 없다. 시세조작은 현행법에서도 범죄로 다스린다. 암호화폐도 주식시장처럼 "시세 변동률의 폭을 제한해 달라"는 기대는 암호화폐에 대한 이해부족 탓이다. 암호화폐에 대한 모니터링은 채굴 달인들의 동의를 받기 어렵다.

가상화폐자산은 속성상 투기와 가치등락을 막을 수 없다. 밑 빠진 독에 물을 부을 수도 있다. "안정적" 가상화폐시장이란 법의 한계를 벗어난다. 고(高)수익이 있는 곳에 고(高)위험이 있다. '신기루의 성'을 구축할 일이 아니다. 책임 있는 당국자라면 인기를 잃는 한이 있더라도 실현 가능한 민원과 그렇지 않은 것을 구분하여 답해야 할 것이다.

6. 새로운 출발선에서

1) 옳고 그름(是非)을 가린다.

2024년 10월초 참으로 변덕스러운 더위가 물러간 직후 금오는 도법(道法) 스님의 초청을 받고 동무들과 함께 거창 금원산 삼소암을 찾았다. 금오로서는 지난 번 방문 때 이어 정의론에서 의(義) 즉 공공선에 기준을 제실할 수 있는 '옳음'(是)에 관한 담론을 마무리지을 요량도 있었다. 헌법 상 권리장전은 공공선을 표방하고 있으나 공공선이 모두 자연법과 같은 핵심기준[常數]이 되기 어렵기 때문이다. 금오는 헌법 상 공화주의(제1조제1항: "대한민국은 민주공화국이다.")나 존엄가치 및 행복(제10조)과 같은 최고의 공공선을 '是'로 삼고 이를 기준으로 '義'[공공선]의 체계를 구축하고 싶었다.

금오: "정의론을 재정립하기 위하여 옳고 그름 즉 시비(是非)를 여쭙고자 합니다. 지난 번에 말씀하신 옳을 '시'(是) 개념을 정의 관념에 반영하고자 합니다."

도법: "옳을 '시'는 불변의 상수지요. 상수는 소수의 핵심가치를 지향하고요. 시는 굽힐 수 없어 불편합니다. 그러나 법이 지향하는 정의는 변수이지요. 정의를 시처럼 보편적으로 적용하면 외려 불편해요. 팔을 안으로 굽히면 편하듯이, 세상은 정의를 자기가 편한 쪽으로 해석하고 가진 자에게 유리한 쪽으로 적용합니다. 정의는 사람마다 달라질 수 있어요. 미국식과 한국식 개념이 다르잖아요. 평화란 공존을 지향하지만 북한과 대립 구조에서는 그 개념이 달라질 수 밖에 없어요."

금오: "정의는 상대적일 수 있겠으나, 굽히는데 한계가 있어요."

도법: "정의관이 자주 달라질 수는 없겠어요. 옳고 그름(是非)에 비추어 정의 개념을 보편화시켜야 할 것입니다. 정의는 시를 지향하여야 해요. 한학(漢學)에서 시비는 수직적 개념임에 비하여 '변할 수 있는' 역(易)은 수평적 개념이지요. 두 개념이 조화를 이뤄야 해요. 즉 시 + 역 = 화(和)입니다."

금오: "시비와 역 그리고 화의 개념에 공감합니다. 하지만 역의 개념이 다의로 쓰이니 다른 용어가 없을까요?"

도법: "변역(變易)이라는 말을 쓸 수도 있지요. 변역은 '상황에 맞게 변화시킨다'는 뜻이지요. 변역은 나중에 변혁으로 쓰였고 변혁은 다시 개혁으로 쓰였어요."

금오: "저는 그간 변혁을 개혁보다 더 심각한 개념으로 인식하였습니다."

도법: "개념을 잘못 쓰는 경우들이 더러 있지요. 예컨대, 궁즉통도 잘못 쓰는 말인데, 원래는 궁즉변하고 변즉통이라, 즉 궁하면 변하고 변하면 통한다는 용례입니다."

금오: "변이(變易)에 대해서 좀 더 설명해 주시겠어요."

도법: "잘 되지 않는 방법에 계속 의존해서는 곤란해요. 역경(易經)은 3화(和)를 지향하지요. 음양은 조화를, 교육은 교화를, 정치는 치화(治化)를 지향해야 합니다. 치화의 기준은 백성인데, 종종 위정자들의 법감정이 일반 국민들과 맞지 않아 문제가 되요. 역경의 '천존지비'(天尊地卑)도 변이를 나타냅니다. 천존(天尊)은 하늘의 뜻을 말하고 지비(地卑)는 현실에서 뜻을 이루려면 때로 저급한 수단을 요하다는 뜻이 담겨 있어요. 남존여비라는 말은 이 말을 잘못 쓴 예입니다. 이익을 극대화시키기 위하여 마케팅에 의존하는 기업은 얍삽하지 않으면 유지되기 어렵고 정치에서는 정적을 물리치지 않으면 정권이 유지되지 아니하잖아요. 그러나 마케팅이 100% 진실을 추구하지는 않아요. 정력제와 화장품을 봐요. 화장품을 바른다고 모델처럼 예뻐지겠어요. 물론 모두 미인이 되지 않아도 사기라고 보지는 않지요."

금오: "국민의 법감정이 늘 정의로운가는 의문입니다."

도법: "일반적으로 국민들은 책임을 지고 싶어하지 않아요. 사람들은 혜택만 보고 싶어 하

제2편 인류의 정의 (Human Justice)

지요. 그러나 정치권이 대중의 인기에 영합해 혜택만 베푼다면 궁극에는 국가 재정이 위태로워져요. 지금 달콤하다고 미래세대에게 빚을 남겨서야 되겠어요."

금오: "국민이 정의의 기준이 되어야 한다는 말씀은 다소 추상적인데 예를 들어주시겠습니까?

도법: "성리학자들의 통치철학을 예로 들어봅시다. 성리학자들은 주기론과 주리론을 두고 다투었지만, 자기 나라 인구의 절반을 노비상태로 방치한 위정자들을 존경하기 어렵지요. 그분들의 의식에는 백성이 중심에 자리잡고 있지 않았어요. 조선시대의 이기론(理氣論)을 현대화할 경우 백성이 중심이 아니었던 과거를 거울로 삼아야 되요. 시대상황을 잘 인식해야 됩니다. 제국의 시대에 만들어진 법률들은 고쳐나가야 해요. 이 경우 변수를 어떻게 상수와 조화시킬 것인가는 위정자들의 몫입니다. 다산 정약용의『목민심서』는 백성들의 입장에서 목민관의 도리를 담았지요."

금오: "변이 개념을 이해하겠습니다. 하버드대학 마이클 샌델의 정의는 공공선을 지향하지만 로마법 이래 법학이 추구하였던 이익형량의 문제를 적절히 수용하지 못한다는 한계가 있어요. 그래서 저는 존 롤스나 마이클 샌델이 말하는 영어의 Justice를 '정의' 한 가지 뜻으로 쓸 것이 아니라 '正'과 '義'로 구분하여 '정'은 이익을 담고 '의'는 옳고 그름의 '시비'를 담으면 좋겠다고 생각합니다. 이익을 담는 '정'은 말씀하신 변이를 반영할 수 있지 않을까요?"

도법: "정의를 '정'과 '의'라는 두 가지 개념으로 분리하는 입장은 좋다고 봐요. 정의에서 '의'를 상수로 보고 옳고 그름의 시를 가치척도로 삼는 한편, '정'을 변수를 보고 변이를 가치척도로 삼는 경로를 궁리하면 괜찮겠네요."

금오: "법치국가에서 표방하는 법치주의 내지 법의 지배(rule of law)가 정의의 본질과 외연을 얼마나 구현하고 있는가가 문제됩니다. 옳음(是)만을 강조하면 법치국가가 삭막해질 수도 있지 않을까요?"

도법: "법치주의는 '법대로 한다'는 형식논리의 위험을 벗어나야 합니다. '법대로'는 어쩌면 '강자의 논리'이지요. 예컨대, 누구나 잘못한 만큼 처벌받아야 하는데 작금에는 누가 조금만 잘못해도 존립 자체를 말살시켜요. 어느새 능지처참 시대가 되어버렸어요. 이러한 사태는 옳지 못하다고 봐요. 정의는 시대상을 담아내야 하지만 중심을 유지하고 균형을 잡아줘야 합니다. 식자들이 강력한 통치를 지지한다고 하여 그대로 정의로 이어지지는 않아요. 입법자나 법 집행관들은 강경 일변도로 나아가서는 아니 됩니다. 시비와 변이라는 화두를 가지고 제자백가식 담론과 합의가 필요합니다. 온고지신하자면 과거 성리학에서 백성이 잘 보이지 않았듯이 민주공화국에서 국민이 잘 보이지 않는 경향이 있습니다. 정의를 구현한다면서 백성을 노예상태로 빠뜨리는 정치는 정의롭지 못합니다. 위정자가 칼자루를 쥐었다고 하여 마구 휘둘러서는 아니되지요. 역사적 경험에 비춰보면 위정자는 자기가 세운 기준에 자기가 당할 수도 있어요. 폭력은 사랑이 아닙니다. 태생이 보수적인 법은 변이라는 관점에서 유연성을 갖춰야 합니다."

금오: "헌법이 표방하는 공화주의가 '시'에 해당하는 상수가 되지 않을까 싶습니다. '대한

민국은 민주공화국이다'(1987년의 헌법 제1조제1항)라는 규정은 민주주의와 공화주의라는 헌법 가치를 담고 있는데 민주주의에 비하여 공화주의가 묻혀 있습니다."

도법: "공화주의로 가는 길이 쉽지는 않겠어요. 동양의 제왕학을 설파한『대학』은 수신제가치국평천하를 가르치지만 치국에는 현명한 통치술이 필요해요. 예컨대, 역시 제왕학을 논한 전국시대 진(秦)나라 상앙1423)[商鞅: 衛鞅 BC 390년~338년]의 『상군서』(商君書)는 당시 왕손들이 제왕감인가 아닌가를 확인하기 위하여 '상을 후하게 줘야 되는가' 아니면 '벌을 엄하게 내려야 되는가'를 물었는데, '통치를 받는 쪽에서는 상을 강조하지만, 제왕이 될 왕손은 엄벌을 선택한다'고 썼어요."

금오: "뒷날 한비자(韓非子: BC 281년~233년)의 법가(法家)에서도 비슷한 엄벌론이 나옵니다. 법가의 사상은 명확하고 법에 의한 부국강병 체계를 수립하여 진나라를 통일하는 토대를 닦았으나, 너무 각박하고 가혹하여, 사마천으로부터 '은덕이 부족했다'는 평가를 받았지요. 지난 번과 같이 오늘 귀한 말씀에 거듭 감사드립니다. 아울러 법학방법론에 대하여 덧붙이고 싶으신 말씀이 없으신지요?"

도법: "속세에는 자기 속내를 선뜻 꺼내기가 어려워요. 줄탁동기가 되면 좋겠지만 쉽지 않아요. 세상에는 듣고 싶은 이야기만을 들으려는 사람들 투성이지요. 그러나 학자들은 그러면 아니 됩니다. 무릇 학자란 타협이 없어야 하며 세상의 환영을 받지 못하더라도 뒷날 역사에서 훌륭한 평가를 받을 수 있는 용기가 필요해요. 두려움이 없어야 한다는 뜻입니다. 사람들은 남이 잘 되면 시기질투합니다. 학자란 자기 사명의 창의성과 어려움을 감당해야 한다. 왕조의 건설자는 고독하듯이 새로운 길을 개척하는 선구자도 외롭습니다. 앞장서는 고통과 어려움을 감내해야 합니다. 욕은 약자들의 몫이며 욕하는 자는 패배자에 불과합니다. 일시적으로 세상의 욕을 얻어먹는다고 힘들어하지 말고 욕을 발전의 동력으로 삼기 바래요. 다른 한편 학설을 잘못 주장할까 두려울 수도 있겠지요. 하지만, 의학이 오류를 딛고 발전되었듯이, 학문이란 축적되고 계승발전되어야 합니다. 前記 법가사상을 대표하였던 상앙(商鞅)의 '변법'(變法)은 15제(什伍制), 상업억제, 노예제폐지, 군공수작(軍功授爵), 악습 및 구습타파, 신고제, 함양천도를 주요내용으로 한다. 법학은 보수적이라, 가치 기준이 먼저 바뀌면 혼란을 줍니다. 법이 먼저 가면 사람들이 뒤따라 가기 어렵습니다. 답답하더라도 올바른 '시'의 가치를 유지하면서 변이를 도모해야 합니다."

2) 공공선과 정의의 개념 및 관계 요약

A. 자연의 정의

자연정의(natural justice)는 무위자연·만물유전·색즉시공이다.
자연에는 선(善)과 악(惡)의 구별이 없다.
3차원 공간에서의 자연정의는 물리적 작용에 대한 반작용이다.

제2편 인류의 정의 (Human Justice)

4차원 시공간(spacetime)에서의 우주의 영겁순환이 자연정의이다.
인류는 자연철학을 통하여 자연정의를 인식하였다.
자연정의를 닮은 법문명은 보편성을 지향한다.
자연정의는 인류정의의 유한성·부분성·가변성을 일깨운다.
신화를 계승한 법문화는 특수성을 지향한다.

B. 공공선의 윤리[미덕]

종교 상의 선(戒律善)은 인류세에서 실천하려는 자연정의이다.
사랑·자비·인(仁)·평정심은 최고 수준의 계율선이다.
공공선(the common good)은 계율선에 미치지 못한다.
공공선은 도덕률(道德律)과 의리를 포함한다.
공공선의 윤리는 미덕(virtue)과 같은 맥락이다.
도덕률은 자연정의나 계율선(戒律善)을 초월하지 아니한다.
자선(慈善)은 자아를 완성하고 자타의 행복을 쌓는 실천이다.
존엄가치나 행복은 법이 감당하기 어려운 최고 수준의 도덕률에 해당한다.
정직·배려·약속은 도덕률에 해당한다.

C. 인류의 정의

정당성[正]은 정의의 기초이다.
정당성은 이익과 권리[利權]를 옹호한다.
근대의 인류정의는 불의에 대한 반작용으로 공정분배를 추구하였다.
현대의 인류정의는 이권을 넘어 고대와 중세의 선(善)을 지향한다.
정의에서 의리는 도덕률의 세계에 속한다.
의리는 정의를 완성시킨다.
정의는 정당준수[正]와 악행회피[義]로 구성된다.
현대 헌법전의 공공선(公共善)은 정언명령을 핵심윤리로 삼는다.
헌법이념은 다수의 정당성 원리와 소수의 도덕률로 구성된다.

D. 근대 정의관과 현대 정의관

고대 자연철학과 중세 자연법사상은 자연정의를 정립하였다.
근대의 정의는 확실성(법적안정성)을 기반으로 정당성을 추구했다.
실정법의 과잉은 불법을 양산한다.
불신과 감시사회는 선량한 이웃을 해친다.
물리학과 생물학은 근대법학의 절대적 정의관을 상대적 정의관으로 수정한다.
현대의 정의는 상대성·불확실성·이중성·동시성으로 인하여 자연정의로 회귀한다.
헌법 상 공공복리가 지향하는 존엄성·행복은 도덕률의 표현이다.

불완전 경쟁시장에서 지속가능한 자본주의를 위한 담론이 필요하다.
중국의 생태문명론을 뛰어 넘는 생태정의론을 세운다.
생태정의의 실천목표로서 지속가능성(sustainability)을 도덕률로 정립한다.

3) 계율·도덕률·법률의 범주 요약

A. 종교계율(戒律): "선(善)을 행하라!"
네 이웃을 네 몸과 같이 사랑하라![박애주의]@기독교
자비를 베풀라!@불교
인(仁)을 실철하다!@유교
평정심을 유지하라![행복추구]@도교

B. 도덕률: "악(惡)을 피하라!"
정언명령: 존엄가치[정체성]·행복을 존중하라! @Kant
의리[신의성실]를 지켜라! @민법·상법
정직하라!
해악을 끼치지 말라!
타자[국민을 넘어 미래세대와 생태계를 포함한다]를 배려하라!
약속을 지켜라!

C. 법률: "正當하라"(각자에게 그의 것을 준다.)
평화(안전보장·질서유지 포함)를 보장한다.
 * 통일은 보편적 정언명령이 아닌 특수한 격률(格律)이다.
주권재민(민주주의와 같은 맥락)은 통치권의 근거이다.
공화주의[公治]는 통치행위의 틀이다.
정당성의 형식은 평등이다.
생명·자유·재산은 이권(利權)의 핵심이다.
책임은 약속불이행 내지 불법행위에 대한 제재이다.

4) 정의관의 순환: 정당성[공정·공평]에서 공공선으로

벨라: "법학에서 매우 중요함에도 까다로워 쉽게 정리하지 못하는 공공선과 정의의 개념과 관계를 정리해버렸군요. 여태 보지 못했던 시도입니다. 공공선이 도덕률과 義[의리]로 구성되며 정의는 正과 義로 구분된다는 도식은 이견이 있을 수 있지만, 정의의 길을 제시하는데 필요하다고 생각해요. 義는 공공선의 최소한이고 정의의 최대한이라는 명제도 그렇습니다."

금오: "여러 차례 언급하였듯이 그간 법학에서는 정의를 일의적으로 파악하려니 힘이 들었

제2편 인류의 정의 (Human Justice)

어요. 정의가 각자에게 그의 것을 공정하게 분배하는 기술로 인식되면 즉 正[정당성: 공정·공평]에 머물면 존엄가치나 행복과 같은 정언명령과 멀어지게 되어요. 정의는 정언명령 자체를 이념으로 설정하지는 못하더라도 이념의 푯대로 삼아야 한다고 믿어요. 도덕률은 정의의 등대입니다. 현대 환경법에서 적용될 수 있는 타자(他者)에 대한 배려는 사전배려 뿐만 아니라 미래세대에 대한 현재세대의 배려 그리고 생태계에 대한 인간의 배려로 확장될 수 있을 것입니다. 고대 신화와 고전철학은 정의 즉 정(正)과 의(義)의 보고입니다.

벨라: "공감합니다. 이제 정의의 길이 거의 막바지를 향하여 나아가고 있으니, 현대 물리학과 생물학 등 자연과학이 법학에 미친 영향과 정의관이 분배의 기술에 머물지 아니하고 공공선으로 발전될 수 있는 경로를 밝히면 좋겠어요."

금오: "그림으로 정리해 볼까요. 앞에서 살펴봤듯이 고대 자연철학자들은 자연 내지 우주의 본질이 무위자연(無爲自然: 老子), 만물유전(萬物流轉: 헤라클레이토스), 색즉시공(色卽是空: 석가모니)이라고 단정하셨잖아요. 사유와 직관으로 내린 명제들입니다. 현대 물리학과 생물학은 상대성·불확실성·이중성·동시성이 자연의 실제임을 속속 밝혀냈습니다. 근대법학은 3차원 세계에서 일정한 벡터의 운동궤적을 계산할 수 있다는 고전물리학의 방법론을 원용하여 불변적·절대적 정의관을 세우고 인과관계와 증거기반 의사결정 방식 등에 따라 생명·자유·재산을 보호하는 계약과 수사 그리고 재판을 진전시켰어요. 이는 르네상스 시기에 주석법학을 통하여 부활한 로마법의 위대한 유산이기도 합니다. 각자에게 그의 것을 주는 정당성의 확립이야말로 정의라는 신뢰는 한 치의 흔들림 없이 법실무에서 통용되었습니다."

벨라: "그러나 굴절된 시공간은 불확정성 원리가 지배하고 소립자의 궤적은 확률로 설명할 수는 있으나 좌표 위에 나타낼 수 없다는 사실로 인하여 법학은 자의반 타의반 가변적·상대적 정의관을 수용할 수 밖에 없었다고 봐요. 법학은 각자의 몫을 공정하고 공평하게 분배하는 기능만으로는 현대사회의 부조리를 해결할 수 없지 않았을까요."

공공선(公共善)과 정의(正義)의 개념 및 관계

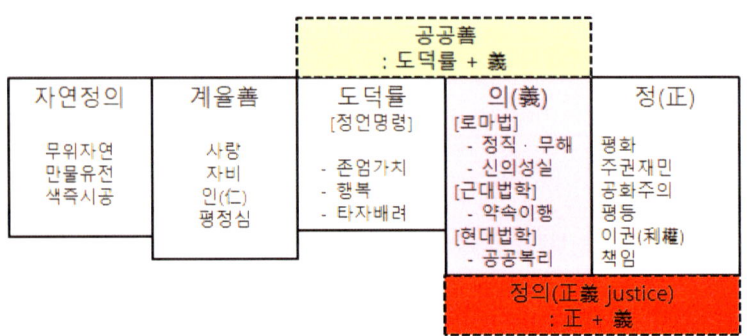

공공선(common good)은 종교규범(계율)에서 보이는 계율善에 미치지 못하지만 도덕률[정언명령]이 그 핵심이다. 신의성실로 나타나는 '의'(義)[의리]는 공공선과 정의의 교집합이다. 義는 공공선의 최소한이고 정의의 최대한이다. 헌법상 국민의 자유와 권리를 제한하는 요건 중 하나인 공공복리(§37③)는 행복+이권을 대표하는 공공선[義]이다.

474

금오: "정당성만으로는 해결할 수 없는 과제들이 법학에 산적하게 되었습니다. 법학은 형평의 기술을 넘어 공공선의 철학으로 나아갈 수 밖에 없었어요. 근대법학이 오랫 동안 잊고 있었던 로마시대의 '법은 선과 형평의 기술이다'[Celsus] 또는 '선을 행하고 악을 피하라'[Acquinas]는 명제가 법학의 지평에 다시 대두되고 임마누엘 칸트의 정언명령이 헌법전의 존엄가치로 정립되기에 이르렀습니다."

정의관의 순환 : 정당성에서 공공선으로

```
                    자연정의
        古代자연철학: 무위자연 · 만물유전 · 색즉시공
                      ∥
        현대물리학 : 상대성-불확실성-이중성-동시성

   ┌─────────┐    ┌─────────┐    ┌─────────────────┐
   │시공간 굴절 │    │가변적·상대적│    │바이마르헌법(1919년)│
   │위치예측곤란│ ⇒ │  정의관   │ ⇒ │: 인간다운 삶(§151①)│
   │ @현대물리학│    │ @현대법학 │    │: 공공복리(§153③) │
   └─────────┘    └─────────┘    └─────────────────┘
     일반상대성이론(1915년)    善을 행하고 惡을 피하라!
     별빛 굴절 측정(1919년)
                           正當: 각자에게 그의 것을!

   ┌─────────┐    ┌─────────┐    ┌─────────┐
   │3차원 세계 │    │불변적·절대적│    │로마법대전 │
   │위치예측가능│ ⇒ │  정의관   │ ⇐ │: 시민권  │
   │ @고전물리학│    │ @근대법학 │    │: 재산권  │
   └─────────┘    └─────────┘    └─────────┘
                    생명-자유-재산
               @개인주의+계약자유+소유권절대
                    인류정의
```

벨라: "인간다운 삶과 공공복리를 최고의 법 이념으로 정착시킨 독일 바이마르 헌법이 현대법학을 견인하였음은 우연이거나 법학만의 성과가 아니었나 봐요. 바이마르헌법은 1915년에 아인슈타인의 일반상대성이론이 발표되고 '빛이 굴절된다'는 사실이 증명된 1919년에 제정되었으니 매우 공교로운데요. 불확실성의 시대에 법학이 옳고 그름만을 따지는 정당성의 세계에서 정언명령을 지향하는 공공선으로 나아갔다고 해석될 수 있겠어요."

금오: "담대한 추론입니다. 법학은 인류의 정의가 인지의 발달과 경험의 집적을 통하여 발전하였다고 믿고 싶겠지만 인류의 세계관은 지리상의 발견이 대항해 시대를 초래하였듯이 과학의 발달로 인하여 새로운 국면을 맞이하게 됩니다. 이미 논증하였듯이 칼 마르크스도 고전 물리학의 세계관에 머물렀기 때문에 변증법적 유물사관으로만 역사를 예측했어요. 그의 예측대로라면 자본주의 모순이 극에 달한 세계는 벌써 공산혁명이 완성되었을 텐데, 오히려 1989년 베르린 장벽의 붕괴를 계기로 舊 소련이 해체되었잖아요."

벨라: "변증법적 유물사관은 '세계정신'을 제창하였던 헤겔도 신봉하였잖아요. 고전 물리학대로라면, 지구를 떠난 우주선은 궤도를 수정할 필요 없이 별나라에 도달할 수 있어야 할 텐데, 궤도 수정 없이는 달에조차 갈 수 없었으니, 속도와 방향이 주어진 물체가 일정한 시간 후에는 어느 위치가 가 있을 것이라는 추정이 미시적일 수 밖에 없다고 생각해요."

제2편 인류의 정의 (Human Justice)

금오: "하~하~ 그렇게 볼 수도 있겠으나 시대를 너무 앞서서 태어나 현대물리학이나 양자역학 내지 현대생물학 등의 세례를 받지 못한 선인들이 겪을 수 밖에 없는 한계라고 생각합시다. 천년의 세월 동안 발달된 로마법을 부활시킨 근대의 법학자와 법조인들과 실정법 조문과 판례에 의존하는 그 후예들이 어떻게 과학적 사고를 법학에 적용시킬 수 있었겠어요. 1919년의 바이마르 헌법 기초자들이 1915년에 발표된 일반상대성이론에 고무되었을 것이라는 추론은 흥미로우나 법제사가들의 추적이 필요하겠어요."

벨라: "같은 독일인들끼리 서로 영향을 주고 받지 않았다는 반론도 좀 그래요. 집단지성을 너무 과소평가할 일이 아닙니다."

금오: "물론입니다. 독일에서 가치상대주의의 길을 열었던 에밀 라스크(Emil Lask: 1875년~1915년)나 라드브루흐(Gustav Radbruch: 1878년~1949년) 같은 신칸트학파들은 당시 서구 지식인들의 사고를 뒤흔들었던 상대성이론으로부터 영향을 받았을 것이라고 추정해요. 라스크는 몰라도, 라드브루흐의『법철학』을 보면1424), 물리학에서 운동하는 물체의 관찰자 입장을 그대로 쓰고 있어요. "관찰자의 인식주관에 해당하는 정신이 취하는 태도에 따라 거기에 상응하는 소여가 상이하다"는 구성주의는 '인식하는 주관이 객관을 결정한다'는 칸트의 인식론에서 출발하지만, 상대속도가 작용하는 좌표계를 관찰하는 물리학자의 관점과 동일합니다."

벨라: "로마시대「법학제요」(法學提要: Institutiones)를 집필한 가이우스(Gaius: AD 130~180)가 아신다면 무척 당황스러워하실 것 같은데요.『학설휘찬』을 수 놓은 울피아누스(Domitius Ulpianus: 170년?~228년))도 그렇구요."

금오: "어쩌면 반가워하지 않을까요? '법은 선과 형평의 기술이다'라고 말씀하신 로마 법학자 켈수스(Celsus: AD.67~130)도 그러실 것 같지요. 이미 '선'(善)을 언급하셨는데 1천년이 넘도록 그 선이 묻혀 있다가 현대에 부활했으니 반갑기도 하실 듯 싶어요."

5) 정의를 실행할 수 있는 대안경로

"우리는 모든 답을 알고 있습니다. 어떻게 적용해야 할지도 알고 있고요. 다만 더 많은 사람들이 참여하게 하는 문제가 어렵습니다. 사람들을 챙기고, 모임이 제 방식대로 움직이도록 하는 것도 어렵지요. 만들어졌다가 분열이 일어나서 찢어지고 다시 만들어지는 모임을 아주 많이 봐왔습니다. 그러다 보면 지치기도 하고, 가고싶은 방향으로 가지도 못하게 됩니다. 그래서 전환마을운동에서는 사람들이 함께 위험을 감수하고, 서로를 지지하며, 실험하고, 축하하고, 창조력과 상상력을 발휘하는 게 필요합니다."1425)

A. 준비활동
1. 무엇이 자연의 정의인가를 깨닫는다.
2. 환경변화와 사회변동에 주목한다.

3. 비정상적인 일들을 찾아낸다.
4. 각자의 몫을 파악한다.
5. "정의로운 세상을 만든다"는 뜻을 세운다.

B. 접근방법
1. 활동목록을 만들고 실행을 점검한다.
2. 의리는 공동체를 통하여 함양된다. 공동체 활동에 참여하라.
3. 종교뿐만 아니라 연예·스포츠 등 동아리나 팬덤이 문화공동체임을 인식한다.
4. 사람들과 대화한다.
5. 집단지성 활동에 참여한다.
6. 문화계 스타[인사]들이 공동체 윤리를 제시할 수 있어야 한다.
7. 동아리를 만들고 또 연결한다.

C. 전략적 접근
1. 일을 재미있게 만든다.
2. 패배주의를 딛고 작은 일부터 시작한다.
3. 불가능한 일에 매달리지 않고 새로 출발한다.
4. 청군백군(좌우대립)을 피한다.
5. 약자 편에 선다.

D. 사회적 실행
1. 불신관계를 접고 신뢰관계로 들어간다.
2. 거래의 거품을 빼고 공짜를 피한다.
3. 권리를 위한 투쟁에 나선다.
4. 명령 대신에 약속을 택한다.
5. 약속(covenant)은 구체적으로 분명하게 정한다.

E. 입법·행정
1. 행정청에 유리한 불공정 행정처분 등의 요건·절차를 바꾼다.
2. 명령·통제를 줄이고 이해당사자간 협치(governance)로 전환시킨다.
3. 불필요한 행정규제를 없애고 규제를 준칙(準則)1426)으로 바꾼다.
4. 고의·과실을 요하지 아니하는 행정처분의 우월성을 지양한다.
5. 시공간 속에서 굴절되는 장기 수사와 재판은 공정한 재판을 해친다.
6. 법전재록 등을 통하여 실정법령을 대폭 줄이고 또 줄인다.
7. 세금종류를 대폭 줄이고 세율을 단순화시킨다.
8. 조세 감면·유예 특례를 일반례로 전환시킨다.

에필로그

법률 재단사의 일상 역사1427)

국가사, 왕조사 그리고 민족의 역사와 같은 정사(正史)에 익숙해져 있던 사람들에게 단체사나 기관사는 다소 심드렁할 수 있다. 그러나 "일상의 역사"라는 관점에서 한국법제연구원 30년사에 접근하면, 삼국사기와 삼국유사의 느낌이 전혀 다른 것처럼, 칸트의 인식론이 시사하는 바와 같이, 전혀 다른 모습이 우리 앞에 나타난다. 연구직이 5명 뿐이었던 연구원 창립 초기 구성원으로서 나는 30년사에 어떤 삽화를 보탤 수 있을까? 보고서나 논문은 물론이요 일간지 칼럼까지도 늘 주제가 정해져 있는 글만 쓰다가 자유로운 에세이를 쓰려니 신난다. 재미까지는 아닐 지라도 다소 후진들의 관심을 끌면서도 조금이라도 유익한 이야기를 남기고 싶다.

먼저 법제연구라는 일을 수행하면서 생긴 나의 직업관부터 소개하고 싶다. 나는 공식 명함 외에 직업을 설명하는 기회가 있으면 스스로를 "재단사"라고 소개한다. 새 옷을 짓고 헌 옷을 고치는 재단사…그것이 지금도 내 주된 직업이다. 법은, 원형이정(元亨利貞)의 섭리에 비춰보면, 옷과 같기 때문이다. 옷은 아깝다고 입지 않고 옷장 속에 넣어두면 세월이 지나면 저절로 유행에 뒤진다. 오랫만에 꺼내보면 도대체 어울리지 않는다. 법도 옷과 같다. 법은 제정하는 그 순간부터 그 기반인 사회경제적 실체와 유리되기 시작하기 때문에 때때로 손질하지 않으면 낡아버린다.

법률은 이렇게 유기체와 같이 움직이지만, 그 연구는 참으로 매력적이다. 연구원에 입사하기 전 직장인 법무부에서 나는 해외 법제를 소개하고 자문회의나 심의회의를 지원하는데 주력하였지만, 연구원에서는 정부입법안(초안)을 작성한다는데 매우 자부심을 가질 만하였다. 하지만 연구원이 처음부터 법안 연구에 박차를 가한 것은 아니었다. 오히려 개원 초기에는 기초연구에 주력하였다. 법안 연구를 의뢰하는 기관이나 단체가 없었기 때문이다. 법의식, 법제사, 관습법 조사와 연구와 같은 기초법학 연구는 우리 법제의 뿌리를 찾고 나아갈 길을 모색하는 일이었다. 법사회학 방법론에 기초한 입법의견조사는 법안 연구를 위한 초석이 되었다.

DJ 정부에 들어와 "수탁과제를 수행하여 연구원 살림에 보태야 된다"는 방침을 접했을 때 한동안 당황스러웠다. 평소 그 쪽으로 안테나가 펼쳐져 있지 아니하던 상황이라 어디에 어떤 입법 수요가 있는가를 파악하기가 어려웠다. 그래서 과제 부탁도 막연하였다. 부탁한 곳으로부터 우문현답이 되돌아 왔다. "연구원 실력을 어떻게 믿고 법안개발을 맡기느냐"는 말씀이었다. 경력이 일천하였던 시절이라 마땅히 변론도 어려웠다. 그 대신에 시범연구에 착수하였다. 내가 환경부를 겨냥하여 최초로 수행하였던 법안연구는 '수질개선' 방안이었다. 지금도 원활하지 않은 배출권(permit) 거래 기반의 오염총량관리제 개념을 연구에 적용하였다.

법안연구가 아닌 초기 기본연구에서는 일상에서 연구의 소재를 선택하였다. 쓰레기가 그렇고 전자파가 그랬다. 먼저 '쓰레기' 관리 법제를 기본과제로 올렸다. 당시 소각장, 매립장 또는 하수종말처리장 건설이 붐을 이루었고 내가 사는 과천에서도 소각장 건립이 지역사회의 쟁점으로 떠올랐기 때문이다. 과천시가 처리용량 200톤의 소각장을 짓겠다고 발표하였을 때 환경 활동가들은 의아하였다. 인구 7만 도시에 200톤이라니… 여성 활동가들은 8단지 주부들을 조직하여 각 가정에서 배출되는 쓰레기를 분리배출하는 도구[재분이]를 개발하였고 배출량을 계측하였다. 몇 달 후 "50톤이면 족하다"는 결론이 내려졌다. 시당국은 150톤으로 후퇴하였지만 미흡하였다. 더욱 낮추도록 캠페인을 벌렸다. 법제연구를 통하여 시애틀 등 해외 사례를 살펴보니, 소비자의 불편 감수와 시민들의 협력으로 쓰레기 원천감량이 가능하였다. 밀고 당기기를 반복하다가 시당국과 시민단체들은 80톤으로 합의를 보았다.

20년 후 나는 다시 '쓰레기' 관련 연구를 수행하였다. 폐기물 관리를 넘어 자원순환이 화두로 떠올랐기 때문이다. 연구를 통하여 패러다임 전환을 제기하였지만 데이터를 조사하다고 흥미 있는 사실을 발견하였다. 통계치에는 과천시의 쓰레기 배출량이 49톤으로 집계되어 있었다. 80톤도 많다며 50톤을 주장하였던 시민단체들의 계측이 맞았기 때문이다. 기뻐할 일은 아니나 실무와 병행하는 연구에 보람을 느끼는 계기가 되었다. 물론 남는 처리용량을 활용할 수 있다. 나는 후속 연구에서 지역간 자원순환 '품앗이'를 제안한 바 있다. 지자체들이 전처리시설·소각장·매립장·하수종말처리장 등을 각각 설치할 것이 아니라 어느 하나만을 설치하고 다른 것들을 돌아가면서 쓰자는 개념이다.

연구생활이 모두 순탄했음은 아니다. 고비도 있었다. 수산업법 전부 개정안을 연구할 때, 나는 양식업이 10년의 면허기간에도 불구하고 강력한 물권으로 보호받고 있음을 깨달았다. 완도 등지를 방문하였을 때 시설이 과밀하다는 느낌을 받았고 흑산도 등지에서는 양식장 아래 수중오염이 심각함을 알았다. 일본은 과밀양식 문제를 해결하기 위하여 정부(지자체)가 양식업 면허를 모두 매입하고 한정된 물량을 다시 배정하는 과정을 거쳤다. 나는 공유수면을 강력한 물권으로 보호하는 것이 정의롭지 못하다는 생각에 "양식면허에 대하여 부동산 물권을 준용한다"는 구절을 삭제하고 수면 '이용권'이라는 구절로 대처함이 마땅하다는 이론을 구성하였다. 해양수산부 담당관들도 동의하였다.

하지만 사고는 밖에서 터졌다. 양재동 청사 시절 어느 날 버스 1대가 연구원 마당으로 들어오더니 건장한 남자들 수 십명이 소리치며 내렸다: "전재경이 대체 누구야? 나오라고 그래~ 자기가 뭔데 우리 면허를 뭉개…" 2층에 있던 내 연구실에서는 마당이 잘 보였다. 현관에서 수십명이 웅성거리고 대표자 몇 사람이 연구실로 들어왔다. 양식업 조합 관계자들이었다. 그들은 대뜸 "왜 면허를 없애느냐"며 목청을 높였다. 해양수산부에도 갔다 온 눈치였다. 나는 "백면서생이 아니라 섬에서 중학교를 나왔다. 수산업의 애환을 이해한다. 면허를 지운 것이 아니다. 법적 성질이 소유권이 아니라 이용권이기 때문에 그렇게 표현한 것이다"라고 답하였다. 내가 섬 출신이라는 말에 그들의 태도가 다소 누구러졌다. 뒷날 담당관과 마무리지었다: "우리 판단이 사리에 맞지만 사세부득이하니 이번에는 후퇴하자." 하지만 아직도 전진하지 못하고 있다.

백두대간보전법안을 기초하였을 때에는 양상이 좀 달랐으나 역시 진통이 따랐다. 백두대간은 환경부와 산림청이 관할을 다투던 곳이라 법안의 소관부터 샅바싸움이 있었다. 결국 환경부가 기본시책을 정립하고 구역획정은 산림청이 맡는 것으로 정리되었다. 제도설계는 법제연구원이 그리고 기술실무는 국토연구원이 맡았다. 그럭저럭 법안이 통과되고 나서 홀가분한 마음으로 백두대간 구역인 태백시를 방문하였다. 거기에는 커다란 현수막이 붙어 있었다. 을사오적(?)에 버금가는 백두대간 오적들의 이름이 나붙었다. 국립공원 규제도 싫은데 백두대간이라고 또 규제한다는 피해의식이 주저리 주저리 느껴졌다. 규제의 형식이 법령인지라 보전법은 규제가 불가피한 일이겠으나 중복규제를 피함이 상책이다. 그때의 경험은 규제개혁위원으로 활동하는 지금도 귀감이 되고 있다.

기성의 법령 체계를 전면 개편하거나 새로운 법령 체계를 한 벌 마련한다는 일은 재단사(요즘의 디자이너)로서 참 보람된 일이다. 법률도 아닌 규칙으로서 어업인들의 권리를 제한하고 처벌까지 도모하였던 「수산자원관리규칙」을 수산자원관리법으로 전면 개편하여 모호한 법률관계를 정리하고 어업인들과 법 집행 당국의 이해관계를 조정하였음은 비록 법안에 연구자의 이름이 남지 않더라도 입법기술자로서 흐뭇한 일이다. 중학 시절 같이 자취하던 친구는 여전히 어업에 종사하고 있는데 지금도 나를 만나면 수산업법과 수산자원관리법에 불만을 터트린다. 수산업법이 연안어업과 근해어업을 구분하지 아니하여 연안 어장이 망가짐을 방치하고 있다는 주장이다. "그렇다"고 동의하면서도 다른 한편 "수산자원관리법을 지켜야 어업이 지속가능하다"고 설득한다.

용역 발주처의 요구를 어디까지 수용할 것인가는 언제나 어려운 일이다. 단체가 아닌 행정기관도 경우에 따라 행정편의주의적 접근을 요구한다. 변호사의 경우와 마찬가지로 법리를 중시하려는 연구자의 주관과 현실을 절충하는 발주처의 입장이 때로 충돌한다. 해양심층수법안을 새로 기초하는 일을 맡았을 때에는, 먹는 샘물과 심층수와의 관계가 문제되었다. 먹는 샘물에 관하여서는 엄격한 규제가 시행되기 때문에 심층수도 같은 수준을 유지해야 한다는 반론이 제기되었다. 또 심층수 기준을 해저 200미터로 정할 것인지 아니면 300미터로 정할 것인지도 어려운 문제였다. 실제 하와이 같은 경우에는 1500미터 해저에서 취수한다. 해수부와 해양과학원 그리고 법제연구원 사이에 많은 협의가 진행되었다. 그 사이에 담당과장과 사무관 모두 세 차례나 바뀌었다. 세 번째 승계한 공무원 팀은 두 번째 팀의 입장을 부인하였다. 규제와 완화를 오가다가 원안으로 돌아갔다.

내가 입안한 법령규정이 빛을 봐서 기쁜 일도 있었으나 그 규정이 맥을 추지 못하여 가슴 아픈 일도 겪었다. 도롱뇽에 의지하여 경부선 KTX 천성산 노선을 저지하려던 지율 스님의 단식투쟁(2004년)에서 볼 수 있듯이, 도로나 송전선로 등 경제통로가 생태축을 단절시키는 일은 언제나 보전과 개발 사이의 갈등을 야기시킨다. 나는 환경부를 설득하여 자연공원법(2008년)에 생태축우선의 원칙을 넣었다: "도로·철도·궤도·전기통신설비 및 에너지 공급설비 등 시설·구조물은, 해당 행정기관장이 불가피한 사유를 증명하지 아니하는 한, 자연공원 안의 생태축 및 생태통로를 단절하여 통과하지 못한다"는 규정(제23조의2)이 그것이다.

물론 이러한 보호장치는 국립공원 밖에서는 힘을 발휘하지 못한다. 환경부(환경과학원)는 "백두대간 생태축을 복원한다"는 계획 아래 "사치재(전북장수)에서 백두대간을 동서로 단절하는 88고속도로변의 논들을 매입해 줄 수 있냐"는 의향을 자연환경국민신탁에 타진한 바 있다. 고속도로 선형이 변경되는 호기를 맞아 사치재 구간의 고속도로와 지방도로를 폐지하려는데 인근 경작지 때문에 지방도로를 폐지하기 어려우니 경작지를 확보하면 지방도 자체를 폐지할 수 있을 것이라는 판단이 여기에 깔려 있다. 국민신탁은 기업의 기부를 받아 논 7필지를 매입하였다. 하지만 전북도는 민원을 내세워 사치재 구간 고속도로를 지방도로 변경하여 쓰겠다고 우겼다. 국민신탁은 생태축 우선의 원칙을 내세워 불가함을 주장하였다. 하지만 사치재는 북쪽의 덕유산국립공원과 남쪽의 지리산국립공원 사이에 끼어 있어 공원구역이 아니기 때문에 생태축 우선의 원칙이 무력함을 드러났다.

그럼에도 불구하고 법제를 조사·연구하는 법률재단사는 인내심을 가질 필요가 있다. 국토계획과 환경계획의 대화에서 시사점을 얻을 수 있다. 오래 전 스웨덴을 방문하였을 때 생태자연도와 유사한 지도책을 접하였는데, 담당관들의 설명에 따르면, 모든 개발자들은 개발계획을 수립하기 전에 이 도면을 참조하여야 하며 그렇지 아니할 경우 개발허가가 나지 아니한다. 당시 스웨덴에는 환경보호허가위원회가 있어 환경계획이 국토계획에 우선하였다. 우리 환경계획이 국토계획과 단절되어 있음을 아쉽게 생각한 나는 『국토·환경계획조화』연구를 통하여 국토계획을 수립할 때 환경계획을 감안하여야 한다는 원칙을 환경정책기본법에 넣자고 제안하였다. 독일 건설법전에 "건설계획이 경관계획을 고려하여야 한다"는 사례가 있었다. 국토연구원 연구진에 요청하여 국토기본법도 같은 취지를 규정하자고 말하였다. 대선공약 수준에서 이러한 접근이 이뤄지는 데 10년이 소요되었다.

갈릴레오 갈릴레이 사례를 보더라도, 연구자는 꽃길이 아닌 가시밭길을 걷는 경우도 흔하다. 기본과제가 아닌 연구용역 과제에서 이러한 위험성은 커진다. 발주처의 숨겨진 의도 때문이다. 그것이 집단이기주의이건, 행정편의주의이건 아니면 규제중심주의건 간에 연구가 마무리되기 전에 속내를 드러내는 발주처가 있다. 그럴 때 "좋은 것이 좋다"고 발주처의 의견을 듣지 못할 바는 아니다. 법리상 문제가 있는 대목들은 이후의 입법과정에서 걸러질 것이므로 구태여 연구자가 고집을 부릴 필요가 없을 지도 모른다. 그러나 긴 호흡에서 바라볼 때, 사세에 밀려 사리를 소홀히 하면 전문가의 위치가 흔들린다. 발주처의 입장만 수용하다가는 전문가로서 대우를 받지 못한다. 자문회의 등에서 만난 전문가들에게 명함을 건널 때, "아~ 보고서를 자주 봤습니다"라는 인사말을 들을 때가 있다. 서로 글을 통해서 아는 경우가 있음은 저간의 경험이 말해 준다.

지금도 법제연구원 보고서는 관계 부처에서, 대학원이나 또 전문연구기관에서 자주 읽힌다. 그리고 시차가 있지만 정책으로 반영된다. 연구를 수행하다 보면, 발주처의 당초 주문이나 계약 조건이 법리상 무리함을 발견하는 경우가 있다. 그럴 때에는 번거롭지만 대안연구가 필요하다. 발주처의 요구를 시나리오 A로 보고 거기에 맞는 이론을 구성하고 사례를 수집하겠지만, 칸트의 언명대로, 사회과학에서는 정반대의 결론을 내릴 수도 있다. 연구자의 양심에 맞는 시나리오 B(Plan B)를 마련하여 "시나리오 A와 함께 검토될 수 있다"는 주석을 붙이면, 뒷날 후자가 채택될 수도 있다. 물론 대체조항(altertive)도 가능하다.

일반적으로, 공공선을 향한 발전이나 변화에 대한 장애는 개혁이나 변이(變易)를 실행하려는 사람들이 흔히 겪을 수 있는 현상이다. 그러나 좌절은 금물이다. 목표에 도달하지 못하겠다는 판단이 들면, '1보후퇴 2보전진'처럼 전략을 수정할 수 있다. "경우에 따라 목표 자체를 바꿀 수도 있다. 목표란 이상이나 최종목적을 향하여 나아가는 과정이기 때문이다. 자신의 힘과 약점을 고려하여 목표를 수정하고 새출발할 수도 있다."1428) "새출발(fresh starts)은 경우에 따라 운영체계를 완전히 바꾸는 재설정(resets)을 뜻할 수도 있다. 어느 쪽이건 역주행하는 과오를 회피하여야 할 것이다."1429)

연구원 밖에 나와 살면서 느끼는 바는 "내가 그동안 엄청난 속박체계 안에서 수 십년을 살았다"는 것이다. 작금 어느 중앙부처의 자체평가위원장직을 수행하지만, 남으로부터 실적(때로는 인기까지)을 평가받고 또 남을 평가한다는 일이 얼마나 스트레스를 주고 받는 일인가… 다시 그 체계 안으로 들어가라면 못 들어가겠다. 정규직 퇴임 후 자주 느끼는 바 "삶의 질은 보수에 반비례한다." 자신의 목표를 향하여 또 가정을 위하여 속박을 감내할 만한 동력이 부족한 단계에 이르면 돈보다 자유로움이 편함을 느낀다. 그래서 때로는 용역이 아닌 자원활동에도 노력을 경주한다. 국민신탁(National Trust) 체계를 세우고 경영을 맡는 일이나 국내외 전문기관들과 함께 자연혜택(생태계서비스)에 대한 지불제(PES)를 마련하는 일 등이 그렇다. 되돌아보면 삶에는 초지일관도 있겠으나 각 단계에 알맞는 변증법이 있다. 어수선한 시절, 연구원 가족들의 행운을 빈다.

미주

1) https://blog.naver.com/doctorchun/223201118297(황금까마귀, 2023.9.3.)
2) https://www.bbc.com/korean/articles/cgq202q9dnvo
3) https://world-nuclear.org/information-library/safety-and-security/safety-of-plants/chernobyl-accident
4) https://www.data.jma.go.jp/eqev/data/2011_03_11_tohoku/index.html
5) https://www.nhk.or.jp/archives/saigai/special/311/72hours
6) Opel, L., Schindelegger, M. & Ray, R.D. A likely role for stratification in long-term changes of the global ocean tides. Commun Earth Environ 5, 261 (2024).
7) 대부분의 유체는 온도나 압력 변화에 따라 밀도가 많이 변하지 않는다. '순압성'(barotropic)이란 수평 방향으로 밀도 변화가 없는 조건을 말한다. 등고선을 떠올릴 수 있다. 태풍의 경우와 마찬가지로, 해수 흐름에서 압력선과 등온선이 평행하면 순압성이다. 등압면(isobaric surface)과 등밀도면(isopycnic surface)이 일치하는 상태를 순압성 유동이라고 부른다.
8) '경압성'(baroclinic)은 등압면과 등밀도면이 일치하지 아니하고 교차하는 상태를 말한다. 대기의 경우 우리나라는 경압성이 뚜렷하다. 해수 흐름에서도, 대기 흐름과 마찬가지로, 등압선과 등온선이 교차하면 경압성이 발생한다. 해수는 수심이 증가할수록 밀도도 항상 증가하는데 등밀도면이 항상 수평인 것은 아니다.
9) https://phys.org/news/2024-05-3d-reveal-climate-affects-underwater.html
10) https://www.nature.com/articles/s43247-024-01432-5/figures/1
11) https://www.cbsnews.com/news/atlantic-ocean-current-system-amoc-collapse-study
12) A critical system of Atlantic Ocean currents could collapse as early as the 2030s, new research suggests, by Angela Dewan and Angela Fritz, CNN, Sat August 3, 2024
13) https://arxiv.org/html/2406.11738v1
14) 전재경, 뉴스토마토 2019.9.8.
15) 1980년의 헌법(憲法) 제33조: 모든 국민은 깨끗한 환경에서 생활할 권리를 가지며, 국가와 국민은 환경보전을 위하여 노력하여야 한다.
16) 1948년의 헌법 전문(前文)은 "민주독립국가를 재건함에 있어서 정의인도와 동포애로써 민족의 단결을 공고히 하며 모든 사회적 폐습을 타파하고…모든 영역에 있어서 각인의 기회를 균등히…"한다고 선언하고, 제84조는 "대한민국의 경제질서는…사회정의의 실현과 균형있는 국민경제의 발전을 기함을 기본으로 삼는다"고 규정하여 정의를 국가의 제반영역과 경제질서의 근간으로 삼았다.
17) Erin Blakemore, On climate change, archaeological paper digs into the effects of colonization and maltreatment, The Washington Post, April 25, 2020.
18) Ibid.
19) https://www.pnas.org/doi/10.1073/pnas.1914211117
20) [YTN science] https://www.youtube.com/watch?v=YcX6-suEVnQ
21) https://www.weforum.org/agenda/2023/03/antarctic-ice-sheet-is-melting-humanity-climate
22) https://www.nature.com/articles/s41586-022-04946-0: "Response of the East Antarctic Ice Sheet to past and future climate change"
23) https://www.weforum.org/publications/global-risks-report-2024/digest
24) The Global Risks Report 2024, 19th edition Insight Report, World Economic Forum in partnership with Marsh McLennan and Zurich Insurance Group, pp.6~7
25) https://www.pnas.org/doi/full/10.1073/pnas.1810141115?ref=tippingpoint-podcast.com
26) Ibid.
27) 연합뉴스 2022.8.18. [그래픽] 세계 가뭄 주요 현황
28) KBS 뉴스 2024.03.02. "극단적인 기후가 온다…프랑스 가뭄과 홍수 동시에"
29) Milly, P. C. D. et al. Stationarity is dead: whither water management. Science (80-.) 319, 573-574 (2008).
30) Satoh, Y., Yoshimura, K., Pokhrel, Y. et al. The timing of unprecedented hydrological drought under climate change. Nat Commun 13, 3287 (2022), p.2

31) https://www.nature.com/articles/s41467-022-30729-2
32) Samaniego, L. et al. Anthropogenic warming exacerbates European soil moisture droughts. Nat. Clim. Chang. 8, 421-426 (2018).
33) '수문학적 가뭄'(hydrological drought)은 일일 강 유량이 계절성을 고려하는 일별 변수 임계값보다 낮거나 같은 경우를 말한다.
34) Satoh, Y., Yoshimura, K., Pokhrel, Y. et al. The timing of unprecedented hydrological drought under climate change. Nat Commun 13, 3287 (2022), p.1
35) https://journals.ametsoc.org/view/journals/bams/105/5/BAMS-D-23-0241.1.xml
36) https://www.postech.ac.kr/환경 김종훈 교수팀, 인간의 활동, 가뭄 앞에서는 양날의 검
37) https://www.washingtonpost.com/world/interactive/2022/amazon-beef-deforestation-brazil/?utm_medium=email&utm_source=newsletter&utm_campaign=wp_energy_and_environment&wpisrc=nl_green: "미국인들의 쇠고기 사랑이 아마존 우림을 파괴하는데 어떻게 조력하는가?"
38) https://www.theguardian.com/environment/2022/jun/28/the-environmental-case-for-cutting-down-on-red-meat-is-clear
39) www.theguardian.com/environment/2022/apr/22/climate-food-biodiversity-five-charts
40) IPBES & IPCC 공동후원 '생물다양성과 기후변화 워크숍 보고서'(Biodiversity and Climate Change Workshop Report) (한국어판)(2021.12. 국립공원공단), p.14
41) 생물다양성법은 ⑺인간이 생태계로부터 얻는 식량, 수자원, 목재 등 유형적 생산물을 제공하는 공급서비스 ㈏대기정화, 탄소흡수, 기후조절, 재해방지 등의 환경조절서비스 ㈐생태관광, 아름답고 쾌적한 경관, 휴양 등의 문화서비스 ㈑토양형성, 서식지 제공, 물질순환 등 자연을 유지하는 지지서비스의 어느 하나에 해당하는 자연의 혜택(benefits)을 "생태계서비스"로 정의하고 각각의 사례들을 예시하였다(제2조제10호).
42) https://ec.europa.eu/research-and-innovation/en/horizon-magazine/climate-change-and-biodiversity-loss-should-be-tackled-together
43) 황은주,「생태계서비스를 활용한 이익공유 법리연구」, 서강대학교대학원, 2016, 1~3면.
44) 환경부,「한국의 생물다양성보고서」, 2012, 122면.
45) Hawkins E, Ortega P, Suckling E, et al. Estimating Changes in Global Temperature since the Preindustrial Period. Bull. Amer. Meteor. Soc.. 2017; 98(9):1841-1856. doi:10.1175/BAMS-D-16-0007.1
46) 전재경, 뉴스토마토 2021.9.15
47) https://www.bbc.com/news/world-africa-52484481 (1 May 2020)
48) 스테이시 에이브럼스(Stacey Abrams),「정의가 잠든 사이에」While Justice Sleeps (2021) 권도희 옮김(비채, 2024), p.12
49) https://movie.daum.net : 용서받지 못한 자(1992)
50) https://leviathan.tistory.com
51) 호메로스의 『일리아스』(Ἰλιάς, Iliás)에서 헬라스(Ἑλλάς: Hellas)와 헬레네스(Ἕλληνες: Hellenes)는 아킬레우스가 이끄는 테살리아 프티아의 부족 이름으로 나온다. 그리스인들은 자기네 나라를 헬레네스라고 불렀다. "그리스"(Greece)라는 이름은 로마인들이 헬라스에 붙였던 그라에키아(Graecia)에서 유래하였다. 헬라스인들은 스스로를 '헬레네스'라고 생각했지만 로마인들은 그들을 라틴어로 그라에키아라고 불렀다. 그리스는 헬라스의 영어 번역이다.
https://www.thoughtco.com/fast-facts-about-ancient-greece-118596
52) 바이러스(비루스 virus)는 생물과 무생물의 중간적 존재[半生物]로서 다른 유기체 안에서만 선택적으로 활동한다. 바이러스는 생물증식의 근원인 핵산이 있으나 핵이 없고 세포막 등의 세포 기관도 없어 보통의 세포구조를 취하지 않는다. 바이러스는 RNA나 DNA의 유전물질과 그것을 둘러싼 단백질 껍질(capsid)로 구성된다. 구슬 모양의 단백질(capsomere)이 모여 껍질을 이룬다. 하지만 바이러스는 증식·유전·적응 등의 생명현상을 보인다. 자기복제가 가능해 돌연변이가 나타날 수 있다. 유기체 밖에서는 결정체로 존재하지만 독립적 효소가 없어 독립 물질대사가 불가능하고 숙주세포의 효소를 이용한 물질대사가 가능하다. 바이러스는 독감, 에이즈, 천연두, 소아마비, 구제역, 에볼라 출혈열, 메르스, 간염 등을 일으킨다. 레트로바이러스(retrovirus)는 숙주와 한 몸이 되어 숙주를 바꾸고 급기야 숙주의 유전체를 통하여 증식한다. 바이러스는 불가결하다. 태(胎)는 레트로바이러스 덕분에 모체와 한 몸이 된다.
53) 황선미 지음·김환영 그림 장편동화「마당을 나온 암탉」(사계절, 2000년); 극장판 애니메이션 영화로 개봉(2011년).
54) 노마디즘(nomadism)은 자크 아탈리,「호모 노마드 유목하는 인간」(2003년); 네오노마드는 Asma Naz(2016), Interactive Living Space Design for Neo-Nomads: Anticipation Through Spatial Articulation을 참조
55) 東晉 시대 곽박(郭璞: 276년~324년)이 정리한「산해경」은 믿기 어려울 만큼 비범하고 풍부한 지리 역술 의학 민속 신화 등의

내용을 담고 있는 고대 백과전서이다. 전발평·예태일 저, 김영지·서경호 번역 『山海經』(안티쿠스, 2008), 역자의 말

56) 이기환, "삼족오, 조선 사대부의 넋이 되다", 경향신문 2012.06.27. 기사를 발췌·재구성

57) '태양 안에 산다'고 알려진 세 발 달린 상상의 새 황금까마귀(三足烏)는 고구려 고분벽화(진파리 1호분 및 덕화리 1호분 등)에서 볼 수 있다. 삼족오는 기원전 3천년 이전에 발달한 섬서·감숙·하남성 일대 앙소문화 유적지에서 광범위하게 발견된다. 李成珪, "문헌에 보이는 한민족문화의 원류", 『한국사1: 총설』, 국사편찬위원회: 2002), p.151. 삼족오가 등장하는 우리 설화로서는 금오산전설과 연오랑세오녀가 있다. https://folkency.nfm.go.kr

58) 유궁씨(有窮氏)의 임금으로서 하후(夏后) 상(相)을 죽이고 하(夏)나라의 왕위를 찬탈하였으나 사냥으로 소일하다가 실정에 빠져 재상 한착(寒浞)에 의하여 팽형을 당한 예에 관한 다른 설화는 정태현: 『譯註 춘추좌씨전』 권4 (전통문화연구회: 2007년), pp.44~46 참조

59) 케임브리지 대학의 학감 존 미첼은 1783년에 런던왕립협회물리학회보에 논문을 발표하였다. 여기에서 그는 충분한 질량과 밀도를 갖춘 별은 강한 중력장을 가지기 때문에 빛조차도 그 별로 빠져나오지 못할 것이라고 지적하였다. 1969년에 미국인 과학자 존 휠러는 200년 전에 제기되었던 '어두운 별'을 설명하기 위하여 '블랙홀'(black hole)이라는 신조어를 만들었다. 스티븐 호킹(1988), 『그림으로 보는 시간의 역사』 김동광 옮김(까치: 2020), pp.104~105

60) SBS 뉴스 2024.09.17.(JIBS) "아열대 곤충에 상어 출몰까지…제주부터 기후 경고등"

61) KBS 2023.11.28.(광주) "기후변화로 우리 바다도 아열대화…변화 지속관찰해서 대응방법 찾아야"

62) MBC 뉴스 2024.2.23. "동해로 아열대 해류 '콸콸'…역대급 눈·비 불렀다"

63) 본고에서는 플라톤의 저작 등 여기저기 분산·수록되어 있는 헤라클레이토스의 언명들에 모두 'BK'를 붙이고 각각의 번호를 인용한다.

64) https://plato.stanford.edu/entries/heraclitus

65) https://en.wikipedia.org: Heraclitus

66) Diogenes Laërtius, ix. 8

67) https://visitworldheritage.com/en/eu/hunting-with-golden-eagles/d1e53b64-2821-4eb0-be69-64dee56dee47

68) 스테이시 에이브럼스(Stacey Abrams), 『정의가 잠든 사이에』 While Justice Sleeps (2021) 권도희 옮김(비채, 2024), p.412

69) 루쉰(魯迅), 『아Q정전』(阿Q正傳 The True Story of Ah Q)(1921년)
https://chufs.net/2017/06/28/아Q정전-阿Q正傳

70) http://www.shakespeare-online.com/quickquotes/quickquotehamletdreamt.html

71) 필자는 고구려 벽화에도 나오는 삼족오(三足烏)를 연상하면서 구미 금오산의 설화에서 본인의 호 '금오'[황금까마귀]를 따왔다.

72) 처음에 '산'(蒜)을 달래로 번역하지 않고 '마늘'로 번역하였지만 요즘과 같은 마늘은 『위서』(魏書)나 『삼국유사』 시절에 없었다. 산은 달래가 아니라 '산마늘'[명이]이거나 '무릇'이라는 학설도 있다.

73) 조현설, 『우리신화의 수수께끼』(한겨레출판, 2006년), p.84

74) 시릴 디옹 지음, 권지현 옮김, 『내일』(Demain)(2015): 새로운 세상이 온다(한울림, 2016), pp.19~20

75) "SDGs 16: 세부목표 16.3. 국내·국제적 차원에서 법치를 증진하며, 정의에 대한 평등한 접근을 모두에게 보장한다."

76) "물질이 빈 것과 다르지 않고 빈 것이 물질과 다르지 아니하며 물질이 곧 비었고 빈 것이 곧 물질이니 감각, 생각, 운행 및 의식이 모두 이와 같다."(色不異空 空不異色 色卽是空 空卽是色 受想行識 亦復如是)

77) "쿼크 모델의 창안자 머리 겔만(1969년 노벨물리학상 수상자) 교수는 물리학에서 '單純界는 불교의 因果法이요 複雜界는 緣起法이다'고 말했다."[김성규] http://www.hani.co.kr

78) 주역에서 말하는 원형이정(元亨利貞)은, 변증법적 사고를 적용하면, 계절의 변화처럼 형체와 의식이 생성·변전·소멸·부활하는 찰나에서부터 억만겁(劫)에 이르는 우주령의 단계이다. 부활(貞)은 새로운 시작(元)이 된다.

79) http://dictionary.catholic.or.kr

80) "일반상대성 이론에 따르면 우주의 과거에는 밀도 무한대의 상태 즉, 빅뱅이 반드시 존재했어야 한다. 빅뱅은 시간의 실질적인 출발점이었다. 마찬가지로 만약 우주 전체가 다시 추축한다면, 우주의 미래에는 또 하나의 밀도 무한대의 상태, 즉 빅크런치(big crunch)가 있을 것이다." 스티븐 호킹(1988), 『그림으로 보는 시간의 역사』 김동광 옮김(까치: 2020), p.232

81) "빅크런치는 시간의 끝에 해당한다. 우주 전체가 재수축하지 않더라도 붕괴하여 블랙홀을 형성하는 모든 국부영역들에는 특이점들이 존재할 것이다. 블랙홀 속으로 떨어지는 모든 것들에게는 이 특이점들이 시간의 끝이 될 것이다. 신은 그 특이점에서 어떤 일이 일어나는지 그리고 우주가 어떻게 시작되는지에 대해서 여전히 완전한 선택의 자유를 가질 것이다." 스티븐 호킹, Ibid.

82) 스티븐 호킹, Ibid., p.233

83) 손영식(2012), 『철학사상』 제44권(서울대학교 철학사상연구소, 2012), pp.67~109
84) https://zh.wikipedia.org/zh-cn/屈家嶺文化
85) 스자허(石家河) 유적지는 후베이성 천문시 스자허 지역의 BC 3000년~2000년 경 신석기 시대 유적지이다. 스자허 유적지는 양장강 중류 지역에서 가장 크고 가장 잘 보존된 선사시대 정착지로서 면적 8㎢에 40개 이상의 유적이 포함되어 있다. 夏静. 长江中游的"史前聚落"—湖北天门石家河考古再放异彩. 光明日报 2017.02.21.
86) 黄亚平. 考古发现最早的"太极纹":原始"阴阳"观念的形象表达[J]. 鲁东大学学报(哲学社会科学版). 2020, 37 (4): 26-33
87) https://zh.wikipedia.org/太極
88) https://zh.wikipedia.org/太極:陰陽就是道 [繫辭傳說：「一陰一陽之謂道」,「天之道，日陰與陽也」，並引用孔子的話：「形而上者謂之道，形而下者謂之器」，所以說儒家認同：「道者，陰陽變化之理也。」道，即宇宙運行，自然變化的法則。也就是：道=太極=陰+陽，譬如：無+有]
89) https://zh.wikipedia.org/wiki/太極
90) https://krlai.com/1034
91) B.C.771년 이전에 쓰여진 『주역』(周易)의 '역'(易)은 변화를 상징하는 도마뱀을 형상하는 글자인데 일월(日月)을 가리키는 것이고 음양(陰陽)을 말한다. 주역을 구성하는 기본요소는 괘(卦)와 효(爻)와 사(辭)이다. 주역은 여러 선인들의 저작이다. 최근덕 선생의 설명(1995년)에 따르면, 복희씨가 팔괘를 만들었고, 신농씨(神農氏, 혹은 伏羲氏, 夏禹氏, 文王)가 64괘로 나누었으며, 문왕이 괘에 사(辭)를 붙여 주역이 이루어진 뒤에 그 아들 주공 단(周公 旦)이 효사(爻辭)를 지어 완성되었고, 후대의 공자가 여기에 십익을 붙였다.
92) https://skyandtelescope.org/astronomy-resources/black-hole-facts. 블랙홀은 휘어진 시공간(4차원)의 구멍(pit)이다.
93) https://dh.aks.ac.kr/sillokwiki/index.php/원형이정(元亨利貞)
94) https://zh.wikipedia.org/wiki/五行
95) Ibid.
96) 吳知泳, 『東學史』, 42쪽
97) 강주영, 페이스북 2024.07.16.
98) 서구문명과 근대의 한계를 지적하면서 사상, 종교, 정치사회, 문화, 교육의 전 부문에서 개벽운동을 추동한 흐름을 재조명하는 개벽사상에 관하여서는 허남진, 박치완, 류성민, 염승준, 김석근, 조성환, 야규 마코토, 박맹수, 김민영, 김봉곤, 원영상, 주요섭 공저 「종교와 공공성 총서」 제2권 『근대한국 개벽사상을 실천하다』 (원광대학교 원불교사상연구원: 2019), 참조
99) 강주영, 페이스북 2024.07.16.
100) 오스트리아 출신 미국 물리학자 프리초프 카프라(Fritjof Capra)는 1975년에 출간한 『현대물리학과 동양사상』 이성범 옮김 [원제 The Tao(道) of Physics](범양사, 2002)에서 상대주의이론과 양자역학과 같은 현대물리학이 힌두교, 불교, 노자, 공자 등의 동양철학 내지 신비주의와 맥락을 같이함을 밝혔다.
101) 기원전 7세기 경 바빌로니아에서 만들어진 '황도 12궁'(zodiac: 작은 동물들로 이루어진 원)은 황도(ecliptic) 상에 위치한 12개의 별자리이다. 지구 자전축의 세차운동 때문에 현재 황도 12궁은 날짜와 태양의 위치가 서로 잘 맞지 않는다.
102) https://en.wikipedia.org/wiki/Astronomical_coordinate_systems
103) U.S. Naval Observatory Nautical Almanac Office (1992). P. Kenneth Seidelmann, 편집. 《Explanatory Supplement to the Astronomical Almanac》. University Science Books, Mill Valley, CA., p.11
104) United States Naval Observatory Nautical Almanac Office; UK Hydrographic Office, HM Nautical Almanac Office (2008).《The Astronomical Almanac for the Year 2010》. United States Government Publishing Office, p.M5
105) https://en.wikipedia.org/wiki/Ecliptic
106) Explanatory Supplement (1992), p.733
107) Astronomical Almanac 2010, p.M2 & M6
108) Explanatory Supplement (1992), sec.1.322 & 3.21
109) 김혜숙, "우리 학문의 새 길(8): 신음양론" 중앙일보 2000.10.11.
110) 김혜숙, "음양론은 은유의 틀일 뿐", 여성신문 2005.05.12.
111) 김혜숙, 『신음양론』: 동아시아 문화논리의 해체와 재건(이화여대출판부, 2014)
112) 김미영, "음양론과 여성철학: 유교 노동관을 중심으로" 『한국여성철학』 제26권(한국여성철학회, 2016), pp.153-175
113) www.yes24.com
114) 12띠를 대표하는 동물들은 국가에 따라 약간씩 다르다. 예컨대, 인도에서는 호랑이 대신 사자가 들어가고, 닭 대신에 금시조

(용을 먹고 산다는 상상의 새: 가루라·가루다)가 포함된다.
115) https://www.k-mra.com/post/sajumyeongrihagiran
116) 중국에서는 子平, 三命, 命学, 命理, 八字로, 일본에서는 四柱推命이라고 지칭된다.
117) https://www.k-mra.com/post/sajumyeongrihagiran
118) 김기승·이상천, 『음양오행론의 역사와 원리』(다산글방, 2017), p.18
119) Ibid. p.18
120) Ibid. p.19
121) Ibid. p.20
122) Ibid.
123) https://en.wikipedia.org/wiki/Chinese_zodiac
124) https://web.archive.org/web/20130306021956/http://wlconline.drake.edu/chinese/2013/02/26/the-12-animals-of-the-chinese-zodiac-十二生肖
125) http://mediabuddha.net/m/news/view.php?number=30961
126) https://ja.wikipedia.org/wiki/フルーツバスケット(漫画)
127) "국유정담-신(神)이 된 열두 동물 십이지"@국가유산진흥원
128) https://en.wikipedia.org/wiki/Roman_temple
129) https://www.britannica.com/place/Altai-Mountains
130) Prichard, James(1844), History of the Asiatic Nations, 3rd ed., Vol.IV, p.281
131) 중국어: 天山山脉(Tiānshān shānmài)·위구르어: ﺗﯧﯖﺮﯨﺘﺎﻍ (Tengritagh)·카자흐어: Тянь-Шань(Tyan'-Şan'), Тәңірт а у(Täñirtaw)·키르기스어: Теңир-Тоо(Teñir-Too)·우즈베크어: Tyan-Shan,Tangirtog'
132) 지도 ©https://www.newworldencyclopedia.org/entry/File: Altai,Tienschan-Orte.png
133) https://en.wikipedia.org/Khan_Tengri
134) Ibid.
135) Georg, Stefan; Michalove, Peter A.; Ramer, Alexis Manaster; Sidwell, Paul J. (1999). "Telling general linguists about Altaic". Journal of Linguistics. 35(1): 65~98
136) Roy Andrew Miller (1986): Nihongo: In Defence of Japanese
137) https://en.wikipedia.org/wiki/Altaic_languages
138) Gustaf John Ramstedt (1952): Einführung in die altaische Sprachwissenschaft ("Introduction to Altaic Linguistics"). Volume I, Lautlehre ("Phonology")
139) Nicholas Poppe (1965): Introduction to Altaic Linguistics. Volume 14 of Ural-altaische Bibliothek. Otto Harrassowitz, Wiesbaden
140) https://www.oxfordreference.com/Altaic Mythology
141) Ibid.
142) Encyclopedia Britannica. Turkic peoples. "Turkic peoples, any of various peoples whose members speak languages belonging to the Turkic subfamily..."; Yunusbayev et al. 2015, p.1. "The Turkic peoples represent a diverse collection of ethnic groups defined by the Turkic languages."
143) Yunusbayev et al. 2015, pp.1~2.
144) Robbeets, Martine (January 1, 2017). "Austronesian influence and Transeurasian ancestry in Japanese". Language Dynamics and Change. Brill. 8 (2): 216~218
145) https://scitechdaily.com/east-asian-lineages-in-europe-45000-years-ago-explained-by-population-hub-out-of-africa
146) Damgaard, P. B.; et al. (May 9, 2018). "137 ancient human genomes from across the Eurasian steppes". Nature. Nature Research. 557 (7705): pp.4-5
147) Robbeets 2017, pp. 216-218
148) https://en.wikipedia.org/wiki/Turkic_peoples
149) Starostin, S., Dybo, A. & Mudrak, O. Etymological Dictionary of the Altaic Languages Vol. I- III (Brill, 2003) ; Blažek, V. Altaic Languages. History of Research, Survey, Classification and a Sketch of Comparative

150) Grammar (Masaryk Univ. Press, 2019) ; Robbeets, M. in The Oxford Guide to the Transeurasian Languages (eds Robbeets, M. & Savelyev, A.) 772-783 (Oxford Univ. Press, 2020).
150) Mallory, J., Dybo, A. & Balanovsky, O. The impact of genetics research on archaeology and linguistics in Eurasia. Russ. J. Genet. 55, 1472-1487 (2019) ; Bellwood, P. & Renfrew, C. (eds) Examining the Farming/Language Dispersal Hypothesis (McDonald Institute for Archaeological Research, 2002).
151) Robbeets, M., Bouckaert, R., Conte, M. et al. Triangulation supports agricultural spread of the Transeurasian languages. Nature 599, 616-621 (2021).
152) https://www.nature.com/articles/s41586-021-04108-8
153) Menges, K. Dravidian and Altaic. Anthropos 72, 129-179 (1977) ; Miller, R. A. Archaeological light on Japanese linguistic origins. Asian Pac. Quart. Soc. Cult. Affairs 22, 1-26 (1990) ; Dybo, A. Language and archeology: some methodological problems. 1. Indo-European and Altaic landscapes. J. Language Relationship 9, 69-92 (2013).
154) https://www.nature.com/articles/s41586-021-04108-8
155) https://en.wikipedia.org/wiki/Great American Interchange
156) Journal of Mammalian Evolution31(2). May 202431(2). DOI:10.1007/s10914-024-09717-4
157) https://www.phylopic.org/;CC01.0UniversalPublicDomainDedication
158) Journal of Mammalian Evolution31(2). May 202431(2). DOI:10.1007/s10914-024-09717-4
159) 반달가슴곰 KM53의 이동 기록은 윤주옥·결, 『오삼으로부터』(니은기역, 2023년), 참조
160) https://heritage.unesco.or.kr/몽골 알타이의 암각 예술군, 참조
161) http://archive.acc.go.kr/collection/아시아의 암각화: 몽골·러시아의 알타이유적군, 참조
162) 이준태·윤병국, "한민족의 기원 모색을 위한 알타이 지역 역사문화유적여행상품개발 방안 연구", 『경관과 지리』, 28(2), 57~71(2018): 김연희(2015), "인류문화 시원으로서의 천산(UZ)의 샤머니즘", 『동아시아고대학』(38), 9~38; 姜仁旭(2005), "알타이지역 투르크문화의 형성과 고구려", 『고구려발해연구』(21), 557 이하
163) Wilkinson, Philip(2 October 2003). Myths and Legends. Stacey International, p.163
164) https://en.wikipedia.org/wiki/Bai-Ülgen
165) Mircea Eliade, "Bai Ulgan and the Altaic Shaman", SHAMANISM: Archaic Techniques of Ecstasy translated from the French by WILLARD R. TRASK, PRINCETON UNIVERSITY PRESS, 1964. Originally published in French as Le Chamanisme et les techniques archaiques de l'extase by Librairie Payot, Paris, 1951 Revised and enlarged for the present edition First Princeton/Bollingen Paperback Printing, 1972, pp.190~197
166) https://en.wikipedia.org/wiki/Bai-Ülgen
167) https://en.wikipedia.org/wiki/Ülgen
168) Abazov, Rafis. "Culture and Customs of the Central Asian Republics". Greenwood Press, 2006, p.62
169) Mircea Eliade and John C. Holt, Patterns in comparative religion, 1958, p.94
170) 몽골 무속신앙 모형 개관은 http://buryatmongol.org/a-course-in-mongolian-shamanism/an-overview-of-the-model-of-mongolian-shamanism
171) Erica Marat, Kyrgyz Government Unable to Produce New National Ideology, 22 February 2006, CACI Analyst, Central Asia-Caucasus Institute
172) https://en.wikipedia.org/List of Turkic mythological figures
173) https://en.wikipedia.org/wiki/Ülgen
174) http://buryatmongol.org/a-course-in-mongolian-shamanism/mongolian-cosmology/the-upper-and-lower-worlds-and-the-world-center
175) www.nativeamericanembassy.net/Shamanism/Web-Reaped/www.tengerism.org/souls.html
176) http://buryatmongol.org, op.cit.
177) 중세 몽골어인 다구르(Dagur)에서 말하는 역몽(力夢 soolong)이다
178) http://buryatmongol.org, op.cit.
179) Tushigee Bold, Mongolian myths and folktales: Creation myths, July 12, 2020.
https://medium.com/@tushigeebold/mongolian-myths-and-folktales-creation-myths
180) 불교가 몽골에 전래된 뒤 출현한 생명신(마하야나 불교의 보살을 뜻하는 Ochirvaani는 산스크리트어로 Vajrapāṇi, 한자로 金

미주

剛手菩薩, 라마교에서 금강살타로 옮긴다)은 몽골에서 궁창(穹蒼) 청년신(Otgon Tenger Uul)으로 나타났다. 궁창청년은 '하늘(天)의 젊은 아들'이다. https://www.summitpost.org/otgon-tenger-uul/151248

181) Bold,op.cit: Домог үлгэр. Б.Батцэцэг, П.Оюунгэрэл.Уб.,2018 он.47~50дахь тал
182) 지구가 물로 덮였었다는 현대 과학자들의 추정은 www.sciencetimes.co.kr (2021.03.26.) : 「물 속에 빠져 있던 지구 증거 재확인: 수십억 년 동안 맨틀이 서서히 흡수」, 참조
183) 몽골 남부 유목민들에게 전래되는 신화와 무속신앙에서 등장하는 쿠오르무스타 천황신(天皇神 Qormusta Tengri)은 99명의 천신들과 33명의 신들을 거느리는 주신이다. https://amp.blog.shops-net.com/36759212/1/qormusta-tengri.html
184) 『장자(莊子)』의 소요유(逍遙遊) 편에 나오는 대붕(大鵬)을 연상시킨다.
185) Bold, op.cit: Домог үлгэр. Б.Батцэцэг, П.Оюунгэрэл. Уб.,2018 он.44дэх тал
186) http://www.face-music.ch/bi_bid/historyoftengerism.html/The World of Nature
187) http://buryatmongol.org/a-course-in-mongolian-shamanism/mongolian-cosmology
188) http://buryatmongol.org/a-course-in-mongolian-shamanism/the-natural-world/father-sky-mother-earth-and-heavenly-objects
189) https://www.face-music.ch/bi_bid/historyoftengerism.html
190) 우리나라 강강술래를 요호르 춤과 연결하는 학설에 관하여서는 오강원, "강강술래의 起源과 語義 연구: 부리야트족 요호르와의 관련성을 중심으로", 『한국민요학』 vol.55 (한국민요학회: 2019), pp.125-180, 참조
191) https://www.face-music.ch/bi_bid/historyoftengerism.html
192) https://www.cambridge.org/core/books/abs/mongolia-remade/Ritual Idioms and Spatial Orders: Comparing the Rites for Mongolian and Tibetan 'Local Deities'
193) http://www.face-music.ch/bi_bid/historyoftengerism.html/Windhorse and Buyanhishig
194) 7) https://www.hermetics.org/samanizm.html
195) 류경희, 『인도 힌두신화와 문화』 (서울대학교 출판문화원, 2016년), 512쪽
196) 여기에서 인용하는 시공간(時空間)은 현대물리학의 그것과 구분된다. 현대물리학에서는 시간이 공간으로부터 완전히 분리되어 있거나 공간에 대해서 독립적이지 아니하다. "시간과 공간이 결합되어 시공(space-time)이라고 부르는 대상을 형성한다." 스티븐 호킹(1988), 김동광 옮김 『그림으로 보는 시간의 역사』 (까치: 2020), p.34
197) https://opengov.seoul.go.kr/mediahub/6410014
198) 김정아 웹PD, "닮은 듯 다른 모습, 세계의 창조신화", 디지틀조선일보 2014.11.04
199) 정병조, 『인도철학사상사』 (경서원,1980), p.20
200) Ibid, p.21
201) https://sacred-texts.com/hin/index.htm#puranas
202) https://en.wikipedia.org/wiki/Brahma
203) 류경희, 『인도 신화의 계보』 (살림, 2003), p.20
204) https://en.wikipedia.org/wiki/Brahma
205) Jan Gonda (1982), The Popular Prajāpati, History of Religions, Vol. 22, No. 2 (Nov., 1982), University of Chicago Press, pp.137~141
206) Roshen Dalal (2010). Hinduism: An Alphabetical Guide. Penguin. p.311 ; George M. Williams (2008). Handbook of Hindu Mythology. Oxford University Press. pp. 234~235.
207) https://en.wikipedia.org/wiki/Prajapati
208) https://en.wikipedia.org/wiki/Brahma
209) 정병조, 불교의 우주관 http://kr.buddhism.org
210) "업(業)은 어떠한 행위 자체 또는 그 행위로부터 빚어지는 갖가지 과보(果報)들을 뜻한다. 불교에서는 일체의 생명체를 중생(衆生)으로 총칭하는데 이 중생들의 생성소멸이 업에 의하여 주도된다."[정병조]
211) "괴겁에서는 명탁(命濁: 중생들의 평균수명 감소), 겁탁(劫濁: 자연파괴 가속화), 번뇌탁(煩惱濁: 쾌락주의와 도덕적 문란이 팽배), 견탁(見濁: 고행과 형식주의가 예찬되며, 종교집회가 대형화) 및 중생탁(衆生濁: 중생들의 능력이 평균치보다 저하)과 같은 오탁(五濁 Panca-Kasaya)이 일어난다."[정병조]
212) 정병조, 불교의 우주관 http://kr.buddhism.org
213) "무명업(無明業)은 사물을 명료하게 인식하지 못하고, 늘 이기적으로 판단하게 만드는 근본이다. 무명업으로부터 갖가지 번뇌가 생기고, 이 번뇌들의 집합이 또 다른 생존 형태를 결정짓는다. 이것을 윤회(Samsara)라고 말한다."[정병조]

214) 폭력만이 존재하는 생존 형태
215) 정병조, 불교의 우주관 http://kr.buddhism.org
216) 박기용, "불교설화에 나타난 도깨비의 기원에 대하여",『우리말글』제63집(우리말글학회, 2014.12.) pp.149~180
217) Nemet-Nejat, Karen Rhea (1998). Daily Life In Ancient Mesopotamia, p.11, p.95
218) "Armenian Highland". Encyclopædia Britannica. August 28, 2017
219) https://en.wikipedia.org: Ancient Near East
220) Ibid.
221) Samuel Noah Kramer, History Begins at Sumer, (tr. Mendelson, F. A., Moscow, 1963)
222) https://en.wikipedia.org: Ibid.
223) 유성환, "멤피스 창세신화: 발화를 통한 창조행위의 비교종교학적 의미",『종교와 문화』제31호 (서울대학교 종교문제연구소, 2016), p.164
224) 클로드 엘프트,『세상의 탄생 이집트 신화』고승희 옮김(청솔: 2003), p.10
225) 이 태초의 대양은 물기, 無量, 암흑, 혼돈 등 네 가지 특징으로 설명된다. 유성환, op.cit., p.178
226) 클로드 엘프트, Ibid.,p.12
227) 유성환, op.cit., p.225
228) Allen, James P.(1988). Genesis in Egypt: The Philosophy of Ancient Egyptian Creation Accounts. Yale Egyptological Seminar, pp.3~7
229) Wilkinson, Richard H.(2003). The Complete Gods and Goddesses of Ancient Egypt. Thames & Hudson, pp.205
230) The Egyptian Gods: Atum/Tem. https: // web.archive.org / web/20020817021937 / http : //www.philae.nu /akhet/NetjeruA.html
231) Ellis, Normandi (1995.1.1). Dreams of Isis: A Woman's Spiritual Sojourn. Quest Books. p.128 ; Bernal, Martin (1987). Black Athena: The linguistic evidence. Rutgers University Press. p.468
232) Toorn, Karel van der; Becking, Bob; Horst, Pieter Willem van der(1999). Dictionary of Deities and Demons in the Bible. Wm. B. Eerdmans Publishing. p.123
233) Hart, George (1990). Egyptian Myths. University of Texas Press, p.30
234) Assmann, Jan (2001) [German edition 1984]. The Search for God in Ancient Egypt. Translated by David Lorton. Cornell University Press, p.84
235) Joshua J. Mark, Osirus, https://www.ancient.eu (06 March 2016)
236) Wilkinson, T. A. H. (1999). Early Dynastic Egypt. Routledge. pp.249~251.
237) Wilkinson, R. H. (2003). The Complete Gods and Goddesses of Ancient Egypt. Thames & Hudson. p.196.
238) https://en.wikipedia.org/wiki/Mafdet
239) 1900년부터 구전되다가 B.C. 1100년경 문전으로 정착된 서사시 '에누마 엘리쉬'(Enuma Eliš)는 7개의 토판(tablet) 문서에 총1,100행으로 이루어졌다. 1875년 대영박물관에서 바빌론으로 파견된 조지 스미스는 그곳에서 발견된 20개 정도의 토판 문서가 구약성서 창세기 1~2장과 유사함을 발견하고 1880년에『갈대아의 창조 이야기』라는 제목으로 '에누마 엘리쉬'를 출간 하였다. 배철현, "Creatio Ex Nihi1o?"(無에서 창조?),『종교학연구』제21집(서울대학교 종교학연구회: 2002), p.42
240) 이 토판들은 모두 Ashur, Kish, Nineveh의 Ashurbanipal 도서관, Sultantepe 그리고 다른 지역들에서 발견된 기원전 1200년경의 유물들이지만 그 판권장(colophon)들에 따르면 기원전 1750년경 수메르 멸망 이전으로 거슬러 올라가는 고대 신화를 재현한 것이다.
241) https://www.ancient.eu/article/225/enuma-elish
242) ab='water' ; zu='deep'
243) Ibid.
244) https://www.ancient.eu/article/225/enuma-elish
245) 수메르에서 엔키(Enki)는 물, 지식, 장난, 공예 및 창조(nudimmud)를 관장하는 제신(諸神 Anunnaki)의 일원이었다. 엔키는 합성어이다. 수메르에서 엔(En)은 주인을 뜻하고, 키(Ki)는, 이설이 있지만, '지구'를 뜻한다. 엔키는 뒷날 아카드(아시리아 및 바빌로니아) 신화에서 에아(Ea)로 알려졌다. https://en.wikipedia.org/wiki/Enki
246) https://www.ancient.eu/article/225/enuma-elish

247) Dalley, Stephanie (1987). Myths from Mesopotamia. Oxford University Press. p.329.
248) Jacobsen, Thorkild(1968). "The Battle between Marduk and Tiamat". Journal of the American Oriental Society. 88 (1): 104~108.
249) https://www.ancient.eu/article/225/enuma-elish
250) https://en.wikipedia.org/wiki/Tiamat
251) https://www.ancient.eu/article/225/enuma-elish
252) Ibid.
253) Helmer Ringgren, (1974) Religions of The Ancient Near East, Translated by John Sturdy, The Westminster Press, p.66.
254) Wiggermann, F.A.M. (1992). Mesopotamian Protective Spirits: The Ritual Texts. BRILL. p.157
255) https://en.wikipedia.org/wiki/Marduk
256) 후대에 에릴(Elil)로 알려진 엔릴(Enlil)은 바람, 공기, 폭풍 및 땅을 관장하는 고대 메소포타미아의 신이다. Coleman, J. A.; Davidson, George (2015), The Dictionary of Mythology: An A-Z of Themes, Legends, and Heroes, London, England: Arcturus Publishing Limited, p.108. 그는 수메르 만신(萬神)들의 주신으로 추앙되었으나 뒷날에는 아카드, 바빌로니아, 아시리아 및 후리아 인들의 숭배를 받았다. Kramer, Samuel Noah (1983), "The Sumerian Deluge Myth: Reviewed and Revised", Anatolian Studies, British Institute at Ankara, 33: 115~121.
257) https://www.ancient.eu/article/225/enuma-elish
258) Ibid.
259) 배철현, "신화를 통해 본 사회문제 4. 메소포타미아 신화편 – 자기의 신화", 대학신문 2005.05.29
260) https://www.history.com/topics/religion/bible
261) Ibid.
262) 기원전 3세기 70인의 유대학자들이 이집트에서 Ptolemy II Philadelphus 왕명에 따라 히브리어 문서를 그리스어로 번역한 구약성서
263) https://en.wikipedia.org/wiki/Bible
264) Clara Moskowitz, Bible Possibly Written Centuries Earlier, Text Suggests, LiveScience, https://www.livescience.com (January 15, 2010)
265) 1' you shall not do [it], but worship the [Lord]. 2' Judge the sla[ve] and the wid[ow] / Judge the orph[an] 3' [and] the stranger. [Pl]ead for the infant / plead for the po[or and] 4' the widow. Rehabilitate [the poor] at the hands of the king. 5' Protect the po[or and] the slave / [supp]ort the stranger. : 히브리어 英譯
266) Clara Moskowitz, op.cit.
267) Cartwright, Mark. "Greek Mythology". Ancient History Encyclopedia: July 29, 2012
268) https://en.wikipedia.org/wiki/Greek_mythology
269) https://en.wikipedia.org/wiki/Theogony
270) Theogony 116~122
271) Theogony 123~125
272) Theogony 126~132
273) Theogony 132~138
274) Theogony 139~146
275) Theogony 147~153
276) Theogony 173~206
277) Theogony 453-458
278) Theogony 507~616
279) 최병일, "잉카와 한국의 건국신화 비교 연구",『국제지역연구』제14권제1호 (국제지역연구센터: 2010), pp.331~348
280) Ibid.
281) 빠까릭땀보說과 띠띠까까說을 혼합한『잉카 왕실사』의 신화에 관하여서는 우석균, "태양섬의 잉카 시조신화와 통치 정당성",『이베로아메리카연구』(Revista Iberoamericana) 24.2 (2013), pp.99~118, 참조
282) Bierlein, J.F., Parallel Myth, Ballantine Books, 1994 ; 현준만 옮김『세계의 유사 신화』(세종서적: 1996), pp.105~

283) https://en.wikipedia.org/wiki/Guarani_mythology
284) 알랭 게르브랑, 『아마존』: 상처받는 여전사의 땅, 이무열 옮김(시공사, 1996), p.47
285) Ciferri, Alberto (2019.8.9). An Overview of Historical and Socio-economic Evolution in the Americas. Cambridge Scholars Publishing, p.469
286) 알랭 게르브랑, op.cit., p.39
287) https://en.wikipedia.org/wiki/Guarani_mythology
288) Goddard, Pliny Earle(1909), "The Coming of the Earth", Kato Texts vol.5 no.3, pp.183~184.
289) 캐나다 중 원주민은 2021년 총조사에서 국가 총인구의 5%인 1,807,250명을 기록하였다. First Nations이 1,048,405명, Métis가 624,220명 그리고 Inuit가 70,545명에 달한다. https://www.thecanadianencyclopedia.ca/en/article/aboriginal-people. 브리티시 컬럼비아에 위치한 하이다 과이 섬에 사는 부족은 약 6천년에서 8천년에 이르는 역사를 가지고 있는데 2016년 총조사에서 501명이 하이다 계보를 주장하였고 445명이 하이다 언어 구사자로 확인되었다. https://www.thecanadianencyclopedia.ca/en/article/haida-native-group
290) https://en.wikipedia.org/wiki/The Raven and the First Men
291) 작품해설, Written by Anne Cross, 1990 ; updated by Karen Duffek, Curator, Contemporary Visual Arts and Pacific Northwest, 2011, The Raven and the First Men: From Conception to Completion (UBC Museum of Anthropology, University of British Columbia, 2011)
292) Goddard, Pliny Earle(1909), Kato Texts. 8(3): p.184
293) Thompson, Stith(1929). Tales of the North American Indians(Indiana University Press), p.22; https://prezi.com/ixjzri2e5oxd/the-raven-steals-the-light
294) https://www.nlm.nih.gov/nativevoices/tribes.html
295) https://www.nlm.nih.gov/nativevoices/exhibition/healing-totem/totem-stories/raven-and-the-sun.html
296) https://www.gushiwen.cn/盘古开天辟地
297) 정재서, "인류의 시조, 복희와 여와 남매", 한국일보 2002.5.15.
298) 복희는 불을 발견하고 팔괘(八卦)를 고안했으며 인류에게 그물을 주었다.
299) 뱀 모양의 꼬리를 지닌 여와는 중국 남부 소수민족들의 창세여신이었다. 한나라 때 유행하였던 음양론에 힘입어 복희와 결합하였다. 복희는 여와와의 결합으로 신의 반열에 올랐다. https://yonseisinology.org/archives/2198
300) 中國各民族宗敎與神話大詞典編委會,『中國各民族宗敎與神話大詞典』(學苑出版社, 1993년), p.784 ; 김선자, "중국 남부 소수민족 신화에 나타난 꽃의 여신과 민속, 그리고 서천꽃밭",『비교민속학』제45집, pp.125-171
301) 조현설, "아시아 신화로 읽는 세상: 천지를 만들고 인간을 빚는 꽃할머니", 경향신문 2018.10.25.
302) https://chiculture.org.hk/tc/china-five-thousand-years/4448
303) https://jsdjt.jschina.com.cn/LLXJ/JPKJ/WG/202312/t20231226_8179249.shtml
304)『國語』는 춘추시대 좌구명(左丘明)이 쓴 민족지적 성격의 작품인데 그 편집 방법이 국가별 분류와 언어를 기반으로 삼아 '국어'라는 이름이 붙었다.
305) https://shindonga.donga.com/3/all/13/106716/1 이정훈, "환단고기, 위서인가 진서인가",『신동아』2007.9.14.
306) https://www.hani.co.kr/arti/culture/book/68681.html
307) 徐裕源, "中國 天地起源神話 중 盤古神話의 硏究", 中國語文論譯叢刊 第24輯(2009.1.), pp.25~46
308) 리그베다 이야기는 본고 제2편제2장의 2. 법문화의 원류: 신화(神話) 4) 인도, 참조
309) https://jsdjt.jschina.com.cn/LLXJ/JPKJ/WG/202312/t20231226_8179249.shtml
310) 장춘석, "盤古神話의 印度 由來에 관한 綜合的 考察",『中國文學論集』(中國語文學硏究會: 2011), pp.547~562
311) 본서 제1편제2장의 2. 자연의 질서 1) 무극·태극의 사상, 참조
312) https://www.hani.co.kr/arti/culture/book/68681.html
313) 최순기, 석사학위논문『마고할미 신화와 그 대학원, 2022년), p.4
314) Ibid., p.5
315) 양혜원 지음·이지숙 그림,『마고할미 세상을 발칵 뒤집은 날 : 거인 천지창조 유래담』(학고재, 2013년), pp.16~20
316) '오미(五味)의 화(禍)'는 백소씨족의 지소씨가 포도를 먹고 다섯 가지 맛(五味)을 알아버린 사건을 말한다.
317) 석상순, "마고는 인류사의 시원을 열어주는 존재로 우뚝 서야", K스피릿 2014.11.19.

318) Katy Milkman, How to Change : The Science of Getting to Where You Want to Be (Penguin, 2021), p.85
319) 조현설,『마고할미 신화연구』(민속원, 2023년), 서평
320) 송화섭, "한국의 마고할미 고찰",『역사민속학』2008, vol., no.27, pp.127-171
321) 최순기, 석사학위논문『마고할미 신화와 그 변이』(부경대학교 대학원, 2022년), p.7
322) 김수업, "우리나라 곳곳에 있는 마고할미", 우리문화신문 2017.4.5.
323) 양혜원 지음·이지숙 그림,『마고할미 세상을 발칵 뒤집은 날 : 거인 천지창조 유래담』(학고재, 2013년), pp.16~20
324) https://folkency.nfm.go.kr/kr/topic/detail/5397
325) 한국의 단군신화는 창세가 아니라 건국을 다룬다. 창세가(創世歌)는 1923년 당시 함경남도 함흥군 운전면 본궁리에서 여무(女巫) 금쌍돌이가 구연한 것을 손진태(孫晉泰) 선생이 채록하여『조선신가유편(朝鮮神歌遺篇)』(동경 향토연구사: 1930년)에 수록한 것이다.
326) https://folkency.nfm.go.kr/kr/topic/detail/5402
327) 박봉춘 口演 '천지왕본풀이'. 한국민속대백과사전
328) 수명장자는 만화가 주호민(周浩旻, 1981년생)의 웹툰『神과 함께』제3부「신화편」(2012년 연재)에 등장한다. 동물들을 잘 부리고 난폭한 성정을 가진 인간계의 지배자이다. 천지왕의 차남인 소별에게 거열형을 당하고 염라대왕에 의하여 흑암지옥에 갇힌다.
329) folkency.nfm.go.kr/kr/topic/detail/5403
330) 박봉춘 口演 '초감제': 초감제는 굿의 이름이고 천지왕본풀이는 그 속에서 전승되는 창세서사시의 이름이다. 진성기, 제주도무가본풀이사전(민속원,1991); 赤松智城秋葉隆, 조선무속의 연구 상하, 심우성 역(동문선,1991).
331) folkency.nfm.go.kr/kr/topic/detail/5403
332) 권도영, "동생은 이승, 형은 저승 관장…그럼 저승이 더 좋다는 뜻?", 중앙일보 2019.08.09
333) https://www.jeju.go.kr/culture/myth/mythInfo/generalMyth/general05.htm
334) "문화는 민족지의 관점에서 지식, 신앙, 예술, 도덕, 관습, 법 그리고 사회구성원으로서 인간에 의하여 2차적 환경에서 획득되는 능력과 습관들을 포함하는 융합현상이다."(영국 인류학자 Edward B. Tylor: 1832년~1917년)
335) https://thelatinlibrary.com/justinian/institutes.proem.shtml
336) https://db.history.go.kr/diachronic/level.do?levelId=jo_004r_0010_0030_0050: "그 백성들은 노래와 춤을 좋아하여"
337) https://www.atlantis-press.com/proceedings/iemss-17/25873077 : Hongbo Wang(2017), Philosophical Connotations, Generating Logic and Construction Paths of Ecological Civilization in a Global View
338) 'Ways of Training Individual Ecological Civilization under Mature Socialist Conditions' published in the Scientific Communism, Moscow, vol. 2.
339) Arran Gare, Barbarity, Civilization and Decadence: Meeting the Challenge of Creating an Ecological Civilization (2016.11.04.) @web.archive.org/web/20161104015921/http://researchbank.swinburne.edu.au/vital/access/services/Download/ swin:15545/SOURCE2
340) David Korten, Ecological Civilization: From Emergency to Emergence, The Club of Rome, May 25, 2021
341) Ibid., p.3
342) Ibid., p.4
343) https://www.revdongwoo.com/2019/10/28/생태문명이란 무엇인가[이동우]
344) David Korten, op.cit., pp.10~11
345) 중국에 기후변화 해법을 기대함은 모험이다. 그러나 2060년에 탄소중립을 달성하겠다는 중국의 발표는 국제사회에 놀라움과 희망을 불러일으켰다.
https://geopolitique.eu/en/articles/understanding-ecological-civilization-according-to-china
346) Marinelli, M. How to Build a 'Beautiful China' in the Anthropocene. The Political Discourse and the Intellectual Debate on Ecological Civilization. J OF CHIN POLIT SCI 23, 365-386 (2018).
347) http://korean.china.org.cn/china_keyword/2019-04/12/content_74674936.htm
348) http://korean.people.com.cn/65098/116719/116721/15688154.html. 시진핑(習近平),『중국공산당 제19차 전국대표대회 보고서』(2017.10.18.) : 2. 신시대 중국공산당의 역사적인 사명에 대하여.
349) 중국인민공화국 2018년 개정헌법 제13조와 동일하다.
350) 시진핑(習近平), Ibid., 3. 신시대 중국특색의 사회주의 사상과 기본방략에 대하여
351) 중국의 憲法 제정·개정 略史와 2018년 개정에 관한 내용은 손한기, "중국의 헌법개정: 2018년 중국헌법개정의 주요 내용과

그에 대한 평가를 중심으로", 『법학논고』 제61집(경북대학교 법학연구원: 2018), pp.27~59, 참조

352) https://overseas.mofa.go.kr/외교부 주중한국대사관: 2. 중국공산당중앙위원회·국무원, "생태환경 보호 관련 의견 발표" (2018.6.24, 신화사 등)

353) 시진핑(習近平), op.cit.(2017), 3(9)

354) https://www.jipyong.com/법무법인 지평: "중국의 생태환경 보호제도 현황과 환경준법경영의 중요성" (2021.09.14.)

355) https://www.korea.kr/multi/visualNewsView.do?newsId=148900356 (2022.03.31. 2050 탄소중립녹색성장위원회)

356) Dr.Ping Huang & Prof.David Tyfield (2023), p.14

357) British Academy (2023), Just Transitions on the Ground: Ecological Civilisation in Urban China? The British Academy, London

358) Dr.Ping Huang & Prof.David Tyfield (2023), op.cit., p.5

359) Ibid.,

360) https://alaskalove.tistory.com/entry/비베카난다 인도철학: 강연록 『근원에 머물기』

361) https://en.wikipedia.org/wiki/Vedas

362) https://en.wikipedia.org/wiki/Upanishads

363) '베다'는 3,500여년전 아리안 족이 발전시키고 저술한 시·철학적 대화·신화·의식용 기도문 등으로서 산스크리트어 기반 베다어로 구전된 방대한 작품이다.

364) '리그베다'(Rig Veda)는 성가집이다. '사마베다'(Sama Veda)는 리그베다와 다른 자료에서 나오는 성가들을 음악으로 만든 것이다. '야주르베다'(Yajur Veda)는 기도와 사제용 제사법식이다. '아타르바베다'(Atharva Veda)는 주문이다. https://en.wikipedia.org/wiki/Vedas

365) Ibid.

366) https://heritage.unesco.or.kr: 베다 전통

367) Wendy Doniger (1990), Textual Sources for the Study of Hinduism, 1st Ed., University of Chicago Press, pp.2~3

368) https://en.wikipedia.org/wiki/Upanishads

369) Patrick Olivelle (2014), The Early Upanisads, Oxford University Press, p.3

370) 엠페도클레스(B.C.490~430)의 地水火風 4원소 說과 같다.

371) 정병조, "불교의 우주관" http://kr.buddhism.org

372) 본서 제1편제3장의 4.그리스 6) "자연은 신이다", 참조

373) Ibid.

374) https://en.wikipedia.org/wiki/Brahma_Sutras

375) 박효엽, "대론(對論)의 메커니즘: 브라흐마 수뜨라 주석 의 경우", 『인도철학』 제48집(2016.12), p.42

376) 박효엽, "브라흐마 수뜨라 주석에서 '브라흐만'이라는 말의 일의적 사용과 그 이유", 『동아시아불교문화』 통권 37호(동아시아불교문화학회, 2019), pp.269~293

377) https://en.wikipedia.org/wiki/Hinduism

378) 문을식, "이슬람과 불교, 그 악연의 역사", 불교평론 2001년 12월 10일

379) 박준건, "비베카난다의 인간관과 사회사상에 관한 연구", 『대동철학』 제51호(대동철학회, 2010.1. pp.61~180

380) https://alaskalove.tistory.com/entry/비베카난다 인도철학: 강연록 『근원에 머물기』

381) 본서 제1편 제3장의 2.중국철학 2)세상만물과 나는 하나(物我一體): 장자(莊子), 참조

382) https://alaskalove.tistory.com/entry/비베카난다 인도철학: 강연록 『근원에 머물기』

383) Ibid.

384) Ibid.

385) 박준건, op.cit.

386) Ibid.

387) 이중표 역해, 『니까야로 읽는 반야심경』(서울: 불광출판사, 2017년)

388) 마스타니 후미오, 『불교개론』 이원섭 옮김 (서울: 현암사, 1991년), p.21

389) Ibid., p.24

390) 『小部經典』우다나 1:1

391) 마스타니 후미오, op.cit., p.25
392) Ibid., pp.151~153
393) Ibid., p.162
394) 대한불교 조계종 성전편찬위원회, 1편「부처님의 생애」,『불교성전』(동국역경원, 1973년), p.38
395) 여래(如來)란 '진리의 세계에 도달한 사람'이란 뜻도 되고 '진리의 세계에서 설법하러 온 사람'이란 뜻도 된다. Ibid., p.42
396) Ibid., p.43
397) Ibid., p.177
398) Ibid., pp.178~180
399) 그림:http://ko.lovechina.wikidok.net
400) 중국의 철학자 펑유란(馮友蘭)은 노자가 전국(戰國)시대 인물이라고 주장한다.
401) 구보 노리타다,『도교의 신과 신선 이야기』이정환 옮김(부리와 이파리, 2004), p.30
402) 탄생설화를 적은 초기 경전에 따르면, 석가모니는 마야 부인의 옆구리에서 태어나자마자 북쪽으로 일곱 걸음을 걷고 나서 "나는 하늘 위와 아래에서 존엄하다. 3계가 모두 괴로움이니 내가 이를 편안하게 하리로다"(天上天下 唯我獨尊 三界皆苦 我當安之)라고 말했다. 후한(後漢)의 강맹상(康孟詳)이 지은『수행본기경』은 이를 옮겼다.
403) 구보 노리타다, p.91
404) Ibid., p.92
405) 양의(兩儀)란 음양의 두 축으로 새길 수 있다.[필자주]
406) 김한상, "주희의 태극 개념",『철학논구』vol.30 (서울대학교 철학과, 2002), p.101
407) 庚寅年仲春 金蓮正宗龍門法脈 龍淵子宋常星註解『道德經講義』(三民書局印行)
408) 위(魏)나라의 왕필(A.D.226년~249년)은 "하늘의 덕(玄德)이 어두컴컴함(幽冥)에서 나왔다"고 새긴다: 노자,『노자 도덕경과 왕필의 註』김학목 옮김 (홍익출판사, 2000), p.71. 한국어 번역본은 현덕(玄德)을 '하늘의 덕'으로 새기기 않고 '아득한 덕'으로 새긴다. 그러나 필자는 문맥 상 '하늘의 덕'으로 새김이 적절하다고 생각한다. 덕은 도가 그리는 궤적이다. '현'(玄)을 컴컴한 하늘(black hole)로 새기면, 덕은 인류만의 특성이 아니라 자연의 본성으로 볼 수도 있다.
409) 전국시대 지도: www.cup.com.hk/2019/11/22/qin-one-country-two-systems
410) 오강남 풀이『장자』(현암사, 1999년), p.18
411) 우리나라에서는 선승 성철스님(1912~1993)의 강의를 정리한『성철스님, 임제록 평석』(백련불교문화재단, 2018년)과 석지현 역주·해설『임제록』(민족사, 2019년) 등이 출간되었다.
412) 오강남 풀이『장자』(현암사, 1999년), p.280
413) "夫道, 有情有信, 無爲無形.., 可傳而不可受, 可得而不可見.., 自本自根, 未有天地, 自古以固存., 神鬼神帝,生天生地., 在太極之上而不爲高, 在六極之下而不爲深, 先天地生而不爲久, 長於上古而不爲老."
414) 만물의 근원인 로고스(logos)의 증명 및 인식 불가에 관한 헤라클레이토스의 언명에 관하여서는 Diels-Kranz, 22B1을 참조
415) 김정탁,『莊子 齊物論』: "대붕의 꿈에서 나비의 꿈으로" (성균관대학교 출판부, 2013)
416) https://30sec-news.com/entry/동양철학연구: 장자의 제물론과 만물일체의 경지(2024.3.26.)
417)『莊子』,「秋水」, "物之生也, 若驟若馳, 无動而不變, 无時而不移. 何爲乎, 何不爲乎? 夫固將自化."
418)『莊子』內篇 齊物論 '나비의 꿈'(胡蝶夢)
419)『莊子』「齊物論」
420)『莊子』內篇「應帝王」
421)『莊子』內篇「人間世」
422) 오강남 풀이 『장자』(현암사, 1999년), p.339
423) http://encykorea.aks.ac.kr: "우주론"
424) 宋河璟 외 5인 옮김,『世界의 大思想』제30권, (徽文出版社, 1974), p.529
425)『주자어류』(朱子語類), 북경: 中華書局, 1983년
426)『주자어류』1:1 ; 김한상, "주희의 태극 개념",『철학논구』Vol.30 (서울대학교 철학과, 2002), p.99
427) https://www.krm.or.kr/krmts/search/detailview/pdfViewer.html
428) 김한상 op.cit., p.107
429) Ibid., p.109

430) Ibid., p.112
431) Ibid., p.113
432) Ibid., p.114
433) Ibid., p.114
434) 葛榮晋,『中國哲學範疇史』(黑龍江人民出版社,1987),pp.39~44; 김한상 Ibid.,p.102
435) 정원재, "王廷相철학에서 도덕규범 실천의 근거",『대동문화연구』제51호(성균관대학교 대동문화연구원, 2005), pp.347~371
436) 金東鎭, "내지덕(來知德) 주역집주(周易集注)의 판본 연구: 장유임(張惟任)본과 고앵영(高霴映)본의 비교를 중심으로",『민족문화연구』제83호(고려대학교 민족문화연구원, 2019.05.31.), p.376.
437) 김영우, "조선 후기 래지덕(來知德) 역학(易學)의 수용과 비판",『인문논총』제72권 제1호 (2015.02.28) pp.407~408
438) 최진석·정지욱(2004),『莊子 郭象注』: 한국연구재단 동서양학술명저번역
439) 전현미(2011), "박세당의『南華眞經註解刪補』편찬체재 고찰: 내편을 중심으로",『민족문화』vol.38,no.38, 한국고전번역원, pp.341~366
440) http://encykorea.aks.ac.kr: "우주론"
441) https://s-space.snu.ac.kr/장재와 서경덕의 우주론: 개천설에서 혼천설로[손영식]
442) Ibid.
443)『태극문변』(太極問辨)은 정구가 회재 이언적과 손숙돈(孫叔暾), 조한보(曹漢輔)의 '태극설(太極說)'에 대한 논변서에 이기(理氣) 논쟁의 출발점인 주돈이(周敦頤)의「태극도설(太極圖說)」과 주희(朱熹)의「태극해의(太極解義)」를 싣고, 여기에 주희와 육구소(陸九韶), 육구연(陸九淵)의 주륙논쟁 중 태극 관련 논변서를 더하여 찬집한 저작이다. https://jsg.aks.ac.kr/dir/태극문변 [한국학중앙연구원]
444) http://contents.history.go.kr/서경덕과 이언적[우리역사넷]
445) 한영우, "율곡이이의 평화사상",『통일과 평화』(제10집 제1호, 2018), p.79
446) Ibid.
447) https://www.kci.go.kr/kciportal/ci/sereArticleSearch/ciSereArtiView.kci?sereArticleSearchBean.artiId=ART001264036
448) 엄연석,『조선 전기 역철학사』, (서울: 한국연구원, 2013), p.573
449) 이창일, "다산 정약용의 주역 해석방법론 체계: 역리사법(易理四法), 삼역(三易),「독역요지(讀易要旨)」18칙(則)의 상호 관계를 중심으로",『유학연구』제41권, 충남대학교 유학연구소(2017.11),pp.89~116
450) 김영우, op.cit., p.413
451) '역리사법'(易理四法)이란 주역(周易)을 추이(推移), 물상(物象), 호체(互體), 및 효변(爻變)의 네 가지로 해석하는 방법을 이른다. 琴章泰(2006), "周易四箋과 정약용의 易해석 방법",『東亞文化』第44輯, p.224
452) 김영우, op.cit., p.417
453) 다산문화재단 홈페이지 http://tasan.or.kr/tasan/writings/writings2_cn06.asp
454) 김용문(2008), "현행 오방처용무의 역학적 해석: 춤의 전개과정과『태극도설』을 중심으로",『한국무용사학』vol.9, 무용역사기록학회(舊한국무용사학회), pp.69~97
455) http://encykorea.aks.ac.kr: "우주론"
456) 崔漢綺,『人政』卷12
457) 崔漢綺,『氣測體義』「人物賴氣以生」
458) https://en.wikipedia.org/wiki/崔漢綺
459) 朱紅星·李洪淳·朱七星 지음,『한국철학사상사』 김문용·이흥용 옮김(延邊人民出版社, 1989; 서울 예문서원, 1993), p.441
460) 崔漢綺,『氣測體義』「人物賴氣以生」
461) 崔漢綺,『氣測體義』「收得發用源委」
462) 朱紅星·李洪淳·朱七星, op.cit., p.444
463) 崔漢綺,『氣測體義』「通虛」
464) 朱紅星·李洪淳·朱七星, op.cit., p.446
465) 崔漢綺,『氣測體義』「政敎沿革」
466) 朱紅星·李洪淳·朱七星, op.cit., p.447
467) Ibid., p.448

468) Ibid.
469) https://study.com/learn/lesson/orphism-mystery-cult-religion-origin.html
470) https://www.britannica.com/topic/Orpheus-Greek-mythology
471) https://www.tasteofcinema.com/2020/10 Great Movies Inspired By The Myth Of Orpheus And Eurydice (2020.6.9.)
472) https://news.joins.com/article/376372
473) Ibid.
474) https://www.webpages.uidaho.edu/ngier/309/greekterms.htm
475) 김인곤外 편,『탈레스 外 소크라테스 이전 철학자들의 단편 선집』(아카넷, 2014), pp.136~139
476) Ibid., p.62
477) Ibid., p.61
478) 철학에서 윤리적·종교적 선입견은 피타고라스에게서 소크라테스에게로 전해지고 다시 플라톤에게 전해져 그리이스 철학에 몽매주의적 편견이 도입되었다.
479) https://en.wikipedia.org/wiki/Parmenides
480) https://en.wikipedia.org/wiki/Anaximenes of Miletus
481) https://en.wikipedia.org/wiki/Empedocles
482) 김용규, "영혼이란 무엇인가?"『주간조선』제2225호 (2012.09.24.)
483) Ibid.
484) Ibid.
485) https://en.wikipedia.org/wiki/Democritus
486) 경험은 목적론적인 질문이 과학적인 지식이 되지 못함을 가르쳐 주고 있다. 그러나 그들의 후계자들은 르네상스 때까지 목적론적인 문제에 큰 관심을 갖고 있었으며 그래서 과학은 막다른 골목에 도달하게 되었다. 만일 철저히 목적론적으로 추구하여 우주의 창조자는 어떤 목적으로 존재하는가를 계속해서 따져 나가면 이 추구는 분명히 경친치 못한 것이 되어버린다. 창조주 자신은 아무 원인도 가져서는 아니된다
487) 현대 물리학자들은 물질이란 어느 의미에서는 원자적인 것임을 믿지만, 빈 공간은 믿지 않는다. 물질이 없는 곳에도 여전히 어떤 존재가 있다. 특히 광파(光波) 같은 것이 그렇다. 이 것은 세계의 재료가 되는 존재들이다. 또한 이 존재들은 한 때의 지속성 밖에 갖지 못한다. 현대 물리학은 이 점에서 헤라클레이토스의 편에 서 있고 파르메니데스와는 반대편에 서 있다. 그러나 물리학은 아인슈타인이 등장하고 양자론이 나오기까지는 파르메니데스의 편에 서 있었다.
488) 이 가설은 유지되지 아니한다. 실제 충만한 것 속에서도 선회운동은 할 수 있다
489) van Eikema Hommes, Major Trend in the History of Legal Philosophy, 1979, p.3
490) Ibid., p.4
491) https://alternative.house/philosophy-essay-15/임영근, "소크라테스 이전 철학자"
492) https://en.wikipedia.org/wiki/Thales' theorem
493) https://appai.co.kr/탈레스와 피타고라스의 기하학적 업적
494) Edmund Jacoby,『클라시커 50 철학가』(50 Klassiker, Philosophen) 안성찬 옮김 (해냄, 2002), p.12
495) Internet Encyclopedia of Philosophy; https://iep.utm.edu/xenoph
496) Refutation of All Heresies by Hippolytus translated by the Rev. J.H.MacMahon, M.A., T.&T. Clark, 1868
497) Kirk, G.S., J.E. Raven and M. Schofield. The Presocratic Philosophers. 2nd ed. New York: Cambridge University Press, 1983, p.177
498) Internet Encyclopedia of Philosophy @https://iep.utm.edu
499) Edmund Jacoby, op.cit., p.16
500) Diogenes Laërtius, Lives of Eminent Philosophers, viii. 1, 8.
501) 프랭크 틸리 지음, 레저 우드 改稿,『서양철학사』김기찬 옮김(서울: 현대지성사, 1998년), p.54
502) K. Kerényi, Griechische Miniaturen, pp.119~126 (III. Ankunft des Dionysos); 홍사현, "신화와 종교의 낭만주의적 결합 – 셸링과 횔덜린의 디오니소스 수용",『인문논총』제60집(2008), p.71
503) https://namu.wiki/w/오르페우스
504) Kahn, Charles H.(2001), Pythagoras and the Pythagoreans: A Brief History, Indianapolis, Indiana and

Cambridge, England: Hackett Publishing Co., p.12

505) 아리스토텔레스는 피타고라스가 "누에콩이 치부(고환)를 닮았다거나, 쉽게 부패한다"는 등의 이유로 금지시켰다고 전하나, 면역학 책『Survival of the Sickest』(2006)에 따르면, 콩 금기는 지중해 지역의 잠두중독증이라는 풍토병과 관련된 경험방이다: 몸에 '글루코스-6-인산탈수소효소'(G6PD)가 부족하면 활성산소가 적혈구를 파괴시킨다. 유전적으로 G6PD가 결핍된 사람이 잠두콩을 먹으면 용혈성 빈혈이 생기기 쉽고, 방치하면 신부전을 일으켜 사망할 수 있다. https://alternative.house/philosophy-essay-24/임영근의 철학산책: 24편 "누에콩을 조심하라"

506) 흰 수탉은 달의 신에게 바치는 제물이다.

507) Borlik, Todd A. (2011), Ecocriticism and Early Modern English Literature, New York and London, England: Routledge, pp.189~190

508) 디오게네스 라에르티오스,『유명한 철학자들의 생애와 사상 2』(나남출판, 2021), p.168~169

509) 프랭크 틸리, op.cit., p.54

510) Ibid., p.55

511) https://en.wikipedia.org/wiki/Tetractys

512) 삼각수(T)는 정삼각형 모양을 이루는 점의 개수를 말한다.

513) https://en.wikipedia.org/wiki/Tetractys

514) Ibid.

515) https://en.wikipedia.org: Pythagoras

516) Burkert, Walter (1972), Lore and Science in Ancient Pythagoreanism, Cambridge, Massachusetts: Harvard University Press, pp.467~468.

517) 마거릿 버트하임, 최애리 옮김,『피타고라스의 바지』(사이언스북스,1997), 245쪽

518) https://www.ebsmath.co.kr/resource/피타고라스 정리 퍼즐

519) https://prezi.com/p/b0xvu01r8dx-/presentation

520) 이기백, "고대 그리스 의학과 플라톤의 사상", 치의신보(2018.08.10.)

521) 경향신문 2014.8.15.: [황상익의 의학 파노라마](19) "히포크라테스는 누구인가"

522) Jeanne Bendick,『의학의 문을 연 갈레노스』 전찬수 옮김 (실천문학사, 2006), p.79

523) 경향신문 2014.9.12.: [황상익의 의학 파노라마](21) "히포크라테스와 갈레노스는 현대의학의 모범인가"

524) https://plato.stanford.edu/entries/heraclitus

525) 그리스어 logos는 라틴어로 ratio로 번역된다. ratio는 영어로 reason(이성 理性)으로 번역된다. https://www.webpages.uidaho.edu/ngier/309/greekterms.htm

526) F. E. Peters, Greek Philosophical Terms, New York University Press, 1967.

527) The Shorter Routledge Encyclopedia of Philosophy

528) 영어번역은 Richard D. McKirahan, Philosophy before Socrates, Hackett, 1994.

529) K.F. Johansen, "Logos" in Donald Zeyl (ed.), Encyclopedia of Classical Philosophy, Greenwood Press 1997.

530) W. K. C. Guthrie, A History of Greek Philosophy, vol.1, Cambridge University Press, 1962., pp.419ff.

531) DK B72, from Marcus Aurelius, Meditations, 4.46

532) from Hippolytus, Refutation of all Heresies, ix.9

533) Handboek geschiedenis van de wijsbegeerte 1, Article by Jaap Mansveld & Keimpe Algra, p.41

534) W.K.C. Guthrie, The Greek Philosophers: From Thales to Aristotle, Methuen, 1967, p.45.

535) Max Bernhard Weinsten, Welt- und Lebensanschauungen, Hervorgegangen aus Religion, Philosophie und Naturerkenntnis ("World and Life Views, Emerging From Religion, Philosophy and Nature") (1910), p.233

536) Melchert, Norman (2006). The Great Conversation (5th ed.). Oxford University Press. ISBN 978-0-19-530682-8.

537) https://www.webpages.uidaho.edu/ngier/309/origins.htm

538) DK B30, from Clement Miscellanies 5.103.3

539) DK B90, from Plutarch On the E at Delphi 338d-e

540) DK B64, from Hippolytus, Refutation of All Heresies 9.10.7

541) DK B62, from Hippolytus Refutation of All Heresies 9.10.6

542) Lucian, Sale of Creeds

543) DK B26, from Clement Miscellanies 4.141.2
544) DK B21, from Clement Miscellanies 3.21.1
545) DK B8, from Aristotle Nicomachean Ethics 8.2 1155b4
546) Eudemian Ethics 1235a25
547) Heraclitus says, "Not even the sun will transgress his orbit but the Erinyes, the ministers of justice, overtake him.": Edith Hamilton(독일:1867~1963), Mythology, p.41; https://www.goodreads.com
548) DK B11, from Aristotle On the World 6 401a10
549) DK B80, from Origen, Against Celsus 6.42
550) DK B53, from Hippolytus, Refutation of All Heresies 9.9.4
551) DK B24, from Clement Miscellanies 4.16.1
552) DK B44, from Laertius, Lives, 9.2
553) DK B51, from Hippolytus, Refutation of All Heresies 9.9.2
554) DK B54, from Hippolytus, Refutation of All Heresies 9.9.5
555) DK B48, from Etymologium Magnum sv bios
556) 현대의 양자물리학에 따르면, 광자는 모든 전자기파를 구성하는 양자이자 전자기력의 매개입자이다. 광자는 하나의 현상임에도 파동과 양자라는 두 가지 관측 가능한 이중성을 가져, 역학적 모델로 설명이 불가능하다.
557) Burnet, John (1930). Early Greek Philosophy. 4, 5 & 6 Soho Square, London, W.1: A. & C. Black, Ltd. pp. 143-144.
558) 현대의 입자물리학에 따르면 이 가설은 이상할 것이 없다.
559) Burnet, John (1930). Early Greek Philosophy. 4, 5 & 6 Soho Square, London, W.1: A. & C. Black, Ltd. pp. 143-144.
560) DK B31, from Clement Miscellanies 5.105 3,5
561) https://plato.stanford.edu/entries/heraclitus
562) DK B76, from Maximus of Tyre, 41.4
563) DK B36, from Clement Miscellanies 6.17.2
564) DK B126, from John Tzetzes Notes on the Iliad p. 126
565) DK B88. from Pseudo-Lutarch, Consolation to Apollonius 106E
566) Nakamura, Hajime (October 15, 1992). "A Comparative History of Ideas". Motilal Banarsidass Publ. – via Google Books.; Chisholm, Hugh, ed. (1911). "Heraclitus" . Encyclopædia Britannica. 13 (11th ed.). Cambridge University Press. pp. 309-310.
567) DK B58, from Hippolytus, Refutation of All Heresies 9.10.6
568) DK B9, from Aristotle Nicomachean Ethics 10.5 1176a7
569) DK B61, from Hippolytus, Refutation of All Heresies 9.10.5
570) DK B114, from Stobaeus Selections 3.1.179
571) DK B66, from Hippolytus, Refutation of All Heresies
572) DK B102, from Porphyry, Notes on Homer, on Iliad 4.4
573) Beris, A.N. and A.J. Giacomin, "Everything Flows", Cover Article, Applied Rheology, 24(5), 52918 (2014), pp.1~13
574) DK B6, from Aristotle Meteorology 2.2 355a13
575) DK B91, from Plutarch On the E at Delphi 392b
576) DK B12, from Arius Didymus, fr.39.2, apud Eusebius, Praeparatio Evangelica, 15.20.2
577) DK B49a, from Heraclitus Homericus, Homeric Questions 24
578) B125, from Theophrastus On Vertigo 9
579) Plotnius, Enneads 4.8.1
580) Jung, C.G. (2014). Two Essays on Analytical Psychology. Routledge. p. 72.
581) 老子의 도가사상에 의하면, 일체 사물·사건들은 그들 자신과 상반하는 대립자들을 지닌다 [相反相成]. 유(有)가 있으면 무(無)

가 있고 앞이 있으면 뒤가 있듯이 대립자들은 서로 전화된다. 화는 복이 되고 흥성한 것은 종국에는 멸망한다. 반대 방향으로 되돌아가는 것이 도의 움직임이다 [反者, 道之動]. 노자는 이러한 대립전화(對立轉化)의 법칙에 따라 유(柔)를 지키면 강(剛)을 이길 수 있다는 관념 [貴柔思想]을 제시하였다. http://korean.cri.cn/1620/2015/01/04/1s221490.htm

582) Jung, C.G. (2013). William McGuire (ed.). Analytical Psychology: Notes of the Seminar given in 1925 (Volume 3 of Collected Works of C.G. Jung ed.). Routledge. p.77.
583) Lectures on the History of Philosophy (1892), trans. E. S. Haldane, p. 279
584) https://en.wikipedia.org/wiki/Heraclitus
585) https://internetpoem.com/heraclitus/biography
586) Lectures on the History of Philosophy (1892), p.97
587) Naraniecki, Alexander(January 10, 2014). "Returning to Karl Popper: A reassessment of his politics and philosophy". Rodopi – via Google Books.
588) 우리역사넷 http://contents.history.go.kr/샤머니즘의 세계관
589) 디오게네스 라에르티오스(Diogenes Laertios), 『유명한 철학자들의 생애와 사상 2』, 나남출판사(2021). p.210
590) 강철웅 김인곤 김재홍 김주일 양호영 이기백 이정호 주은영, 대우고전총서 012 『소크라테스 이전 철학자들의 단편 선집』, 아카넷(2005), p.436
591) 스피노자(Baruch de Spinoza, 1632~1677: 네덜란드 태생)는 진(眞)보다도 선(善), 인간의 행복에 커다란 관심을 가졌다. 그의 사후 1677년에 라틴어로 간행된 『에티카(기하학적 순서로 증명된 윤리학 Ethica, ordine geometrico demonstrata)[제1부. 신의 것, 제2부. 마음의 본성과 기원, 제3부. 사랑의 본성과 기원, 제4부. 인간의 노예, 즉 사랑의 힘, 제5부. 지성의 힘, 즉 인간 자유의 힘은 존재에 대한 논증에서 출발하여 이성적으로 도덕과 윤리에 대한 명제에까지 이른다는 점에서 근대 합리론의 정수를 보인다. "신은 곧 자연"이라는 스피노자의 명제는 에티카 제1부(신에 대하여)의 형이상학적 고찰에서 다루어진다. https://it.wikipedia.org/wiki/Ethica. 강신주 박사에 따르면, 스피노자는 인간이 무언가의 노예가 아니라 스스로 주인이 될 수 있음을 가르쳐주는 서양 최초의 철학자이다(오마이뉴스 2011.10.17.).
592) 황인술, "스피노자(Baruch de Spinoza, 1632~1677)", 독서신문(2007.11.29)
593) Ibid.
594) https://museum.nec.go.kr: 제18대 국회의원선거(2008.04.09.)
595) 19세기 중후반 청나라에서 아편전쟁 패배후 "중화를 근본으로 서양을 이용하자"는 중체서용(中體西用)을 표방하였던 양무운동(洋務運動)과 다른 관점에서 시도된 '변법자강' 운동은 제도국 개설, 과거제 개혁, 새로운 학교 제도의 도입, 신문잡지 발행, 인재등용, 농·공·상업 진흥, 우편사업, 육·해군의 근대화 등 100여 가지의 개혁안을 내걸었으나 100여일 만에 막을 내렸다.
596) 東學 2대 교주 최시형 선생에 따르면, 최제우 선생은 그에게 "사람이 하늘이다(人乃天). 그러므로 사람 섬기기를 하늘같이 하라"는 교지를 내렸다. 李能和, 『天道敎創建史』, 제2편, 37쪽~38쪽
597) https://advocacyguide.icpolicyadvocacy.org/231-what-is-evidence-based-decisionmaking
598) https://www.congress.gov/bill/114th-congress/house-bill/1831
599) https://javalab.org/general_relativity
600) 스티븐 호킹(1988), 김동광 옮김 『그림으로 보는 시간의 역사』 (까치: 2020), p.44
601) https://javalab.org/general_relativity
602) 스티븐 호킹(1988), op.cit., p.40
603) Ibid.
604) https://en.wikipedia.org/wiki/World_line
605) 스티븐 호킹(1988), op.cit., p.37
606) https://namu.wiki/w/상대성이론
607) https://m.dongascience.com/news.php?idx=46553
608) 등속직선 운동하는 버스에서 공을 위로 던질 경우 던진 사람에게는 공이 위로 올라갔다가 아래로 떨어지지만, 버스 밖의 정지한 사람에게는 포물선을 그리는 것으로 보인다. 하지만 두 공에는 모두 F = ma라는 같은 물리 법칙이 동일하게 적용된다.
609) 동시성의 상대성: 동시성(simultaneity)은 적어도 한 개의 기준계에서 같은 시간에 두 개의 사건이 발생하는 성질을 말한다. 동시성은 절대적이지 아니하고, 관찰자에 따라 변한다. 서로 다른 상대 속도로 움직이는 관측자들은 같은 사건에 대해 서로 다른 시간과 공간에서 일어난 것으로 측정한다.
610) 중력으로 인한 시간팽창: 동시에 대한 직관은 모두 절대 시간의 개념이 존재할 때의 생각이다. 서로 다른 관성계에서는 시간의 빠르기가 다르다. 중력을 받는 물체는 그 물체에 흐르는 시간이 느려진다.

611) http://physica.gnu.ac.kr/phtml/modern/relativity/relkinetics/relkinetics.html
612) https://javalab.org/relativity_of_simultaneity
613) 로렌츠 변환에 의한 시간과 거리의 관계식에는 $\sqrt{1-(v/c)^2}$ 항이 나타난다. 이 항을 보면 상대운동하는 물체(운동계)의 속도(v)가 광속(c)에 비하여 현저히 작을 때는 분모의 $\sqrt{1-(v/c)^2}$ 항 전체가 거의 1이 되어 큰 변화가 없지만 속도 v가 커지면 $\sqrt{1-(v/c)^2}$ 항이 분자·분모 어디에 있든 시간과 거리의 변화에 영향을 미침을 짐작할 수 있다. 또 이 항을 통하여 v가 c보다 커지면 $\sqrt{}$ 안이 허수가 된다. 허수에 해당하는 것은 물리적 실체라고 할 수 없으므로 현실세계의 물체의 속도는 광속보다 더 빠를 수 없다는 결론이 도출된다. 로렌츠 변환은 플랫폼에서 측정한 시간과 기차에서 측정한 시간 차이를 수학적으로 정확하게 알려준다. 조송현(2017.5.15.), "상대성이론에 먼저 다가간 로렌츠와 푸앵카레는 왜 최후의 한 발을 내딛지 못했을까?", 인저리타임 2018.9.21.
614) Ibid.
615) 스티븐 호킹(1988), op.cit., p.39
616) Landau, L. D. and Lifshitz, E. M. (1975), The Classical Theory of Fields, Vol. 2 in Course of Theoretical Physics (4th ed.), Elsevier Science. 이 책에서 저자들은 전자기장과 중력장 이론, 즉 전기역학과 일반상대성이론을 소개한다. 완전하고 논리적으로 연결된 전자기장 이론에는 특수상대성 이론이 포함되므로 이 책은 후자를 기초로 삼는다. 저자들은 기본관계 (fundamental relations)를 도출하는 출발점으로서 변분원리(variational principles)를 사용하여 표현의 일반성, 통일성 및 단순성을 도모한다. 변분원리란 여러 과학법칙을 변분법(calculus of variations)과 관련시켜 일반원리로써 공식화한 것이다. 변분법은 어떠한 조건에 맞는 변수 값을 찾기보다는 어떤 적분을 최소화 또는 최대화시키는 함수를 구한다.
617) 조송현, "아인슈타인 방정식은 뭘 말하는 걸까?"(2017.06.09.)@https://injurytime.kr
618) 곽보근·이범훈·이원우, "아인슈타인 중력이론과 수정중력이론",『물리학과 첨단기술』(2020.12.17.)@https://webzine.kps.or.kr
619) A. Einstein, "On the influence of gravitation on the propagation of light" and "The foundation of the general theory of relativity", in H. A. Lorentz, A. Einstein, H. Minkowski, H. Weyl eds., The Principle of Relativity : A collection of original memoris on the special and general theory of relativity (Dover, 1923)@Ibid.
620) https://javalab.org/general_relativity
621) https://www.skyatnightmagazine.com/space-science/newton-einstein-gravity
622) Ibid.
623) 스티븐 호킹(1988), op.cit., p.40
624) Ibid.
625) Einstein, Albert. "On the Influence of Gravitation on the Propagation of Light." Annalen der Physik 35.898~908 (1911): 906.
626) https://serc.snu.ac.kr/wp-content/uploads/sites/80/2022/a/등가원리에 대한 학생들의 개념
627) C.W.F. Everitt, T. Damour, K. Nordtvedt, R. Reinhard, Historical perspective on testing the Equivalence Principle, Advances in Space Research, Volume 32, Issue 7, 2003, pp.1297~1300.
628) https://scienceon.kisti.re.kr/srch/selectPORSrchTrend.do?cn=SCTM00247585
629) https://sciencebooks.tistory.com/1751
630) https://m.science.ytn.co.kr/program/view.php?mcd=0082&key=201908161646232728
631) https://www.bbc.com/reel/video/p0gkw3wb/the-eclipse-that-proved-einstein-right (2023.10.21.)
632) Donald Bruns, Measuring Starlight Deflection during the 2017 Eclipse : Repeating the Experiment that made Einstein Famous, Presented at the Society for Astronomical Sciences Symposium, June 17, 2016 in Ontario, CA
633) https://esahubble.org/images/potw1724c. Hubble measures deflection of starlight by a foreground Object.
634) 별밭(starfield): '망원경이나 사진으로 보이는 별들을 담은 하늘의 한 구획'(a region of the sky containing stars either as seen in a telescope or recorded on a photograph)
635) https://100books.kr/index.php?mid=bbs&document_srl=53037
636) https://eclipse2017.nasa.gov/testing-general-relativity
637) Ibid.
638) 벡터는 수학에서 '크기와 방향을 가지는 물리량'으로 정의한다. 벡터는 시점과 끝점을 연결하는 화살표로 표시한다. 크기만 있는 물리량은 '스칼라'(scalar)라고 정의한다.

639) MEL, 벡터 내적은 대체 왜 할까@https://blog.naver.com/chanlan_v/222100101256 (2020.9.26.)
640) 최무영, "굽은 공간과 비유클리드기하학", https://www.pressian.com/pages/articles/55522
641) https://commons.wikimedia.org/w/index.php?curid=3554046
642) https://www.samsungstf.org/ssrfPr/researcher/viewResearcher.do?idx=762
643) https://namuwiki/다양체
644) https://namu.wiki/다양체
645) https://en.wikipedia.org/wiki/General_relativity
646) 최무영, "굽은 공간과 비유클리드기하학", https://www.pressian.com/pages/articles/55522
647) https://ja.wikipedia.org/wiki/湯川秀樹
648) https://javalab.org/spacetime
649) 1911년 '쌍둥이 역설'(twin paradox)을 처음 제기한 물리학자는 프랑스 폴 랑주뱅(Paul Langevin)이다. https://injurytime.kr/View.aspx?No=3077565
650) https://javalab.org/twin_paradox
651) Ibid.
652) https://pressbooks.online.ucf.edu/osuniversityphysics/chapter/13-8-einsteins-theory-of-gravity
653) 슈바르츠쉴트 반지름(Schwarzschild radius): 임의의 물체가 블랙홀이 되기 위한 최소의 반지름을 뜻한다. 블랙홀의 반지름을 슈바르츠쉴트 반지름이라고 말한다. 어떤 물체가 블랙홀로 빨려들어갈 때 어떤 공간의 한 점에 질량이 집중되고 그 주위에 구면이 생기는데, 그 구면의 경계가, 발견자의 이름을 딴, 슈바르츠쉴트 반지름이다.
654) 쿼크는 경입자와 더불어 물질을 이루는 가장 근본적인 입자로서 '더 이상 쪼개지지 않는다'. 조홍섭, 한겨레. 1995년 3월 4일: "모든 물질은 무엇으로 이루어질까 쿼크·렙톤·게이지입자등 소립자로 구성"
655) 스티븐 호킹(1988), 『그림으로 보는 시간의 역사』김동광 옮김(까치: 2020), p.101
656) Ibid., p.98
657) Ibid., p.102
658) Ibid., p.103
659) 강력(strong force)과 약력(weak force)은 핵(核) 내부에서 작용하는 힘[核力]이다. '강력'(强한 核力)이란 원래 원자핵이나 중간자들을 결합하고 상호작용하게 하는 힘이었다. 하지만 경입자와 더불어 물질을 이루는 가장 근본적인 입자인 쿼크(quark)와 반쿼크(antiquark)가 발견된 이후 핵력은 실제 강한 상호작용이 강입자[바리온과 중간자]에 작용할 때 발생하는 잔류(residual strong force) 현상임이 밝혀졌다.
660) '약력'이란 원자핵(原子核)이 외부의 작용 없이 자연 붕괴하는 힘을 말한다. 중성자가 양성자와 전자로 바뀌는 과정을 '베타붕괴'라고 하는데 이때 나타나는 약한 상호 작용력이 약력이다. 약한 상호작용은 기본입자인 W보손과 Z보손의 교환 때문에 일어난다. 양성자가 중성자로 될 때 W+를 방출한다. 약력과 전자기력은 본질적으로 세기가 같다. 약력은 우주에 흔히 존재하는 중성미자뿐만 아니라 거의 모든 입자에 적용된다. 중성미자는 빅뱅 직후 생겨났지만 아직까지 붕괴하지 않고 남아 우주를 떠돌고 있는 렙톤(경입자)이다. 다른 입자와 거의 아무런 상호작용을 하지 않아 '유령 입자'라고도 불린다. 약력은 모든 종류의 방사능 붕괴에 관여한다. 약력이 작용하여 방사능을 지배하고 매우 무거운 핵의 붕괴를 일으킨다. 약력에 의하여 방출되는 에너지는 열을 발생시킬 수 있다.
661) 양성자는 2개의 up-quark와 1개의 down-quark로 이루어져 있다.
662) 붙임알[접착자]로 번역되는 '글루온'(gluon)은 원자핵에서 양성자와 중성자를 묶는데 간접적으로 관여하는 질량 및 전하가 0인 기본입자다.
663) 양자(量子 quantum/quanta)는 모든 물리적 독립체의 최소 단위이다. 예컨대, 광자는 빛의 단일 양자이다.
664) 양자역학에서 스핀(spin)은 입자의 운동과 무관한 고유 운동량이다. 전자는 스핀 양자수 -1/2을, 광자는 스핀 양자수 1을 가진다. 실제 입자가, 어원처럼, 어떤 축을 중심으로 회전하는 것은 아니다.
665) 모든 입자는 그 스핀 혹은 통계에 따라 페르미온(fermion: 이탈리아의 물리학자 엔리코 페르미의 이름을 딴 페르미 보손(boson: 인도의 물리학자 사티엔드라 나트 보스의 이름을 딴 보손 입자)으로 나뉜다. 페르미온은 페르미-디랙 통계를 따른 입자다. 보손은 보스-아인슈타인 통계를 따르는 매개 입자다.
666) '광자'(光子, photon)는 기본입자의 일종으로, 가시광선을 포함한 모든 전자기파를 구성하는 양자이자 전자기력의 매개입자이다. 광자가 질량을 가지지 않기 때문에 장거리에서 상호작용이 가능하다. 하나의 현상임에도 파동과 양자라는 두 가지 관측 가능한 모습 [2중성]을 가진 광자의 진짜 성질은 어떤 역학적 모델로도 설명할 수 없다. 전자기파에서 양자의 위치가 공간적으로 국한되지 않기 때문에 전자기파에서 에너지의 위상을 파악하는 것도 불가능하다.

667) https://m.dongascience.com/news.php?idx=29019
668) https://en.wikipedia.org/wiki/Quark
669) '표준모형'(standard model)은 인류가 현재 이해하고 있는 소립자계의 현상을 하나의 이론으로 정리한 것이다.
670) https://en.wikipedia.org/wiki/Lepton
671) https://www.ibs.re.kr/newsletter/2013/08/sub_03.htm
672) 양자역학(量子力學 quantum mechanics/physics)은 분자, 원자, 전자, 소립자와 같이 작은 크기를 가지는 미시계의 현상을 다루는 물리학의 기초이론이다.
673) 한겨레신문 2004.10.28. [과학향기] "만물의 통합이론에 도전한다: 초끈이론(1)"
674) 중력파는 천체의 중력 붕괴나 초신성 폭발과 같은 우주현상으로 발생한다. 시공간이 일그러짐이 광속으로 파도처럼 전달된다.
675) https://en.wikipedia.org/wiki/Quantum_mechanics
676) https://physics.jbnu.ac.kr/physics/5959/subview.do
677) https://webzine.kps.or.kr/?p=5_view&idx=16831
678) 스티븐 호킹(1988), op.cit., p.67
679) https://dsaint31.tistory.com/295 [Physics] 자연계의 기본적인 4가지 힘
680) https://namu.wiki/w/상대성이론
681) '전자기약력'이란 우주가 탄생한지 얼마 안 되었을 찰나, 우주의 힘이 강력·약력·전자기력·중력이 4개로 나뉘기 전에, 우주의 에너지가 너무 높아, 약력과 전자기력이 합쳐져 있었던 힘을 말한다.
682) 스티븐 호킹, op.cit., p.95: "와인버그의 가장 중요한 공헌은 전자기력과 약한 핵력을 통일시킨 것이다."
683) '만물이론'(Theory of Everything)이란 물질의 궁극과 힘의 근원을 포함하여 그야말로 우주와 자연의 모든 것을 설명할 수 있는 이론이다. 이러한 이상적 이론이 정말 존재하는 것인지, 그것을 성공적으로 밝혀낼 수 있을지는 장담할 수 없다. 그러나 다수의 물리학자들은, 조물주가 우주를 만들 때에 여러 가지의 이론을 동원하여 얼기설기 짜 맞춘 것이 아니라, 단 하나의 궁극적인 이론을 통하여 아름답게 창조했을 것이라고 생각한다. 1995년 이후 프린스턴 고등연구원의 위튼(Edward Witten) 박사가 기존의 통일장이론 및 만물이론 등 다섯 가지 이론이 근본적인 차이가 없음을 밝히고 이들을 통합시킬 수 있는 단일한 이론체계로서 이른바 'M이론'을 제시한 바 있다. M이론은 우주의 기본 구성요소를 끈에서 막(Membrane)으로 확장시키는 이론이다. 한겨레신문 2004.10.29. [과학향기] "만물의 통합이론에 도전한다: 초끈이론(2)"
684) https://sciencebooks.tistory.com/198 [ScienceBooks]
685) Ibid.
686) 이종필·이강영, 「LHC, 현대물리학의 최전선」vs「신의 입자를 찾아서」, 『물리학과 첨단기술』 2013년 1월/2월호, p.40
687) "양자역학에 따르면, 모든 존재에는 파동성과 입자성이 동시에 중첩되어 있다. 양자는 평소에는 입자성을 띄지 않다가 관찰자가 관찰할 때만 입자성을 띄게 된다. 실재에는 고정 불변한 동일한 속성만을 가진 실체가 아니라 양립할 수 없는 '모순된' 이중적 속성이 중첩되어 있다. A는 非A이지만 잠정적으로 A라고 부를 수 밖에 없다. 불교의 금강경에서 바라보는 우주는 반드시 자기를 포함하는 자기언급일 수 밖에 없어 자타불이(自他不二)이며 색심불이(色心不二)이다." 박헌권, "현대물리학과 불교사상" (2018.12.17.) http://thetomorrow.kr
688) Ibid., p.43
689) 만물의 궁극이 무엇인가는 아직도 명확히 밝혀졌다고 단정할 수 없지만, 지금까지는 대체적으로 물질의 최소 구성단위를 당구공과 같은 구(球)의 형태라고 생각하였다. 대통일장 이론에서 제시되는 '끈'(string) 이론은 기본입자들을 끈의 진동이나 막으로 바라본다. 1970~80년대 이후 미국의 존 슈바르츠와 영국의 마이클 그린 등이 발전시킨 초끈이론(Superstring Theory)에서는 대담하게 발상을 바꿔, 만물의 궁극을 끈과 같은 형태라고 본다. 끈 이론은 잠시 폐기되기도 하였으나 두 차례의 초끈혁명을 포함해 수십 년간 집중적으로 연구되었다. 끈 이론은 많은 연구자들의 노력을 통해 양자중력, 입자물리학, 응집물질물리학, 우주론과 연결되는 다양한 주제로 발전했다.
690) https://sciencebooks.tistory.com/198 [ScienceBooks]
691) 한겨레신문 2004.10.28. [과학향기] "만물의 통합이론에 도전한다: 초끈이론(1)"
692) https://imagine.gsfc.nasa.gov/science/questions/superstring.html (2021.9.15.)
693) Choi, I.H., Jeong, S.G., Song, S. et al. Real-time dynamics of angular momentum transfer from spin to acoustic chiral phonon in oxide heterostructures. Nat. Nanotechnol. (2024). https://doi.org/10.1038/s41565-024-01719-w (12 July 2024)
694) 각운동량(角運動量)은 물리학에서 어떤 원점에 대해 선운동량이 돌고 있는 정도를 나타내는 물리량이다.
695) 스티븐 호킹, op.cit., p.103

696) '카이랄 열포논'은 격자가 집단적으로 회전하고 움직이며 물질 속에서 전파해 나가는 포논(응집물질에서 격자진동이 양자화된 상태)이다. 서로 거울상이지만 겹치지 않는 성질인 카이랄성을 지닌다. 열통계를 따르는 카이랄 포논을 '카이랄 열포논'이라고 한다.
697) 초격자는 두 종류 이상의 물질이 주기적인 층으로 이뤄진 구조로, 보통 각 층 두께는 수 나노미터(㎚) 정도다.
698) Choi, I.H., Jeong, S.G., Song, S. et al. Real-time dynamics of angular momentum transfer from spin to acoustic chiral phonon in oxide heterostructures. Nat. Nanotechnol. (2024). https://doi.org/10.1038/s41565-024-01719-w (12 July 2024)
699) https://www.donga.com/news/It/article/all/20240315/123981278/1
700) '암흑물질'(dark matter)은 전자기장과 상호 작용하지 아니하는 것처럼 보여서 "암흑"이라고 불리운다. 암흑물질은 전자기파를 흡수, 반사 또는 방출하지 않아서 탐지하기 어렵다. https://en.wikipedia.org/wiki/Dark_matter
701) https://arxiv.org/abs/2402.19459 ; https://x.com/postquantum
702) '고전 중력의 포스트 양자 이론'은 현대 물리학의 두 축인 양자이론과 아인슈타인의 일반상대성 이론을 통합한 이론이다. 양자중력(Quantum gravity QG)은 양자역학의 원리에 따라 중력을 설명한다. 일반상대성이론은 특수상대성이론(시간팽창·길이수축)을 확장한 리만 기하학적 중력모형에 따라 뉴턴의 만유인력 법칙을 수정한다.
703) https://www.donga.com/news/It/article/all/20240315/123981278/1
704) Chung, Y., Kim, M., Kim, Y.et al. Dark states of electrons in a quantum system with two pairs of sublattices. Nat. Phys.(2024). https://doi.org/10.1038/s41567-024-02586-x
705) https://doi.org/10.1038/s41586-024-07973-1 (2024). Tacikowski, P., Kalender, G., Ciliberti, D. & Fried, I. Nature
706) doi: https://doi.org/10.1038/d41586-024-03116-8
707) Ibid.
708) 「老子」第25章: "道大, 天大, 地大, 王亦大. 域中有四大, 而王居其一焉. 人法地, 地法天, 天法道, 道法自然."
709) 老子 「道德經」第64章: "以輔萬物之自然 而不敢爲"
710) 김명석, "老子의 '자연' 개념에 대한 소고", 「철학사상」 63권(서울대학교 철학사상연구소, 2017), 28쪽
711) https://archives.law.virginia.edu/dengrove/writeup/karen-ann-quinlan-and-right-die
712) Alvin M. Weinberg, Science and Trans-Science, Minerva Vol.10, No.2(April 1972), p.217
713) Alvin M. Weinberg(1986), op.cit., p.19
714) Norman C. Rasmussen's Reactor Safety Study in 1975 (U.S. Nuclear Regulatory Commission, 1975)
715) Alvin M. Weinberg(1986), op.cit., p.12
716) Ibid., p.21
717) 최종고, "新칸트주의의 대두", 「법학의 정신」, (종로서적, 1983), p.268
718) Edgar Bodenheimer, Jurisprudence, (Harvard Univ. Press, 1981), pp.135~136
719) 양면성을 직역하여 「쌍무적」이라고 하는 수도 있으나, 「bilateralness」는 양쪽 모두에게 규범으로 작용한다는 뜻이다. 이런 의미에서는 일방의 당사자에게 허용되는 것을 상대방 당사자가 방해할 수 없다.
720) Edgar Bodenheimer, op.cit., p.138
721) Ibid., p.139
722) 이에 반하여 묘사주의는 대상에 의해 인식이 규정된다고 한다.
723) 예컨대, 베토벤의 교향곡 9번은 만년의 이 악성이 아니고는 창조할 수 없는 최고도의 개성으로 가득 차 있다.
724) 그 대표적인 예에 속하는 것이 「역사학」이다. 이에 비해 자연과학은 「보편적」개념을 구성하려고 노력한다.
725) H. 리케르트, 「문화과학과 자연과학」, 尹明老 옮김(삼성문화문고 26, 1973년), pp.149~150.
726) 崔鍾庫, Ibid., p.274
727) G.Radbruch, Ibid., p.30
728) Ibid.
729) 자연은 수많은 평가에 의하여서도 변경될 수 없는 소여에 지나지 않기 때문이다(G.Radbruch, Ibid.).
730) 윤리·미·논리는 가치의 왕국으로서 자연에 대립한다(G.Radbruch, Ibid., p.31).
731) 문화는 그 자체가 가치실현은 아니지만 가치를 실현하려는 의미를 가진 소여(所與)이다. 슈타믈러의 말을 빌리면 「바른 것에의 노력」(Streben nach dem Richtigen)이다. 그래서 가치관계적 태도가 문화과학의 방법적 태도라는 사실이 드러난다

(G.Radbruch, Ibid., p.32).

732) 종교는 모든 존재하는 것을 그 가치·반가치에도 불구하고 긍정하는 것이다(G.Radbruch, Ibid., p.33).
733) G.Radbruch에 의하면, "법개념은 법이념을 실현한다고 하는 의미를 가진 所與로 밖에 규정될 수 없다."
734) 예컨대, 법사회학·법해석학·법사학을 법과학으로 파악할 수도 있을 것이다.
735) G.Radbruch, op.cit., p.35
736) Ibid., p.36
737) Ibid., p.37: 한편 지식사회학은 이데올로기가 사회적으로 그것이 서 있는 장소에 의하여 규정된 사실을 가르쳐 주고 있다 [Manheim, Ideologie und Utopie, 1929].
738) G.Radbruch, Ibid.
739) Ibid., pp.39~40
740) Ibid., p.41
741) Ibid., p.62
742) Ibid., p.63
743) G.Radbruch는 Max Weber의 견해를 채택하여, 「법은 형식적 원리가 아니면 실질적 원리의 어느 한쪽으로 방향지워지고 있다. 이 경우에 후자의 원리는 공리적 원리 및 형평의 원리를 의미하는 것이다」라고 말한다.
744) G.Radbruch, Ibid., pp.85~86
745) Ibid., p.87
746) Ibid., p.90
747) Ibid., pp.91~92
748) Ibid., p.110
749) Ibid., p.112
750) Ibid., p.114의 [주18] 참조.
751) Ibid., p.177
752) https://roytravel.tistory.com/121
753) 인과관계나 책임이론은 양자역학 뿐만 아니라 상대성이론의 관점에서도 검토될 수 있다. 어떠한 법률행위자 내지 불법행위자의 목적적 행위는, 일반상대성이론이 설명하는 바와 같이, 빛이 4차원 세계에서 중력의 영향으로 직진하지 못하고 휘어진 공간을 진행하듯이, 결과를 향하여 굴절된 경로를 밟을 수도 있다. 법률행위자나 불법행위자는 어떠한 경우에도, 변명의 여지 없이, 자기의 자유의지에 따른 궤적 즉 행위의 결과를 인정한 후에 착오나 무의식을 주장하거나 재판관에게 정상을 참작하여 관용을 베풀도록 호소해야 한다.
754) https://www.khan.co.kr/culture/book/article/201511272006045
755) 이상신, 『레오폴트 폰 랑케와 근대 역사학의 형성』 (고려대학교 출판문화원, 2021), 미디어서평
756) https://en.wikipedia.org/wiki/The end of history and the last man
757) 스테이시 에이브럼스(Stacey Abrams), 『정의가 잠든 사이에』 While Justice Sleeps (2021) 권도희 옮김(비채, 2024), p.13
758) http://www.kyosu.net (2006.8.10.)
759) Steven Weinberg는 전자기력과 약력의 통일로 1979년 노벨 물리학상을 수상하였다. 『태초의 3분간』의 저자이다.
760) http://www.kyosu.net (2006.8.10.)
761) Silvio O. Funtowicz and Jerome R. Ravet, Uncertainty and Quality in Science for Policy Kluwer Academic, Dordrecht, The Netherlands(1990)
762) Silvio O. Funtowicz and Jerome R. RavetIbid(1994), op.cit., p.1881
763) Ibid, p.1882
764) T. S. Kuhn, The Structure of Scientific Revolutions University of Chiago Press, Chicago, IL(1962).
765) Silvio O. Funtowicz and Jerome R. RavetIbid(1994), op.cit., p.1883
766) Ibid., p.1884
767) Jerome R. Ravet, The Sin of Science: Ignorance of Ignorance, Knowledge Vol.15, Issue 2(1993) vol.15, pp.157~165
768) Silvio O. Funtowicz and Jerome R. Ravet, Ibid(1994), op.cit., p.1884

769) Ibid.
770) 법학에서 '세대간 형평'을 근거로 국제규범을 성찰한 문헌은 Intergenerational Equity: a legal framework for global environmental change: Chapter 12 in Environmental Change and International Law: New Challenges and Dimensions, Edited by Edith Brown Weiss. Tokyo: United Nations University Press, 1992.
771) Silvio O. Funtowicz and Jerome R. RavetIbid(1994), op.cit., p.1884
772) Ibid., p.1885
773) Benessia, A., Funtowicz, S., Giampietro, M., Guimarães Pereira, A., Ravetz, J., Saltelli, A., Strand, R., van der Sluijs, J., 2016. The Rightful Place of Science: Science on the Verge. The Consortium for Science, Policy and Outcomes at Arizona State University.
774) Jerome R. Ravet, WORLD VIEW: Stop the science training that demands 'don't ask', NATURE: 19 NOVEMBER 2019
775) 5th Symposium of Post Normal Science, "Knowledge, Science Practices and Integrity: Quality through a Post-Normal Science Lens", University of Florence (Florence, IT), Palazzo Fenzi-Maruccelli, 21-23 September 2020
776) https://www.corpusthomisticum.org/sth2095.html : Sancti Thomae de Aquino Summa Theologiae: Quaestio 95 Prooemium. Articulus 2
777) 이정호, "플라톤의 대화편 폴리테이아(Politeia) I 의 분석", 『철학논구』 제12집(서울대학교, 1984), p.49
778) 박찬희, "국가 1권에서의 정의에 관한 고찰: 트라시마코스의 정의관을 중심으로", 『철학논구』 제40집(서울대학교, 2012), p.164
779) 『孟子』, 離婁 上, "天下有道, 小德役大德, 小賢役大賢. 天下無道, 小役大, 弱役强. 斯二者, 天也. 順天者存, 逆天者亡."
780) 한(漢) 나라 학자들은 『중용』을 특별히 귀하게 여기지 않았다. 당(唐)나라에 이르러 이고(李翶)가 『중용』의 해설본이라고 할 수 있는 『복성설』(復性說)과 『중용설』(中庸說)을 지었다. 송나라에 이르러 많은 주석서가 나오고, 정자(程子)가 이를 공문(孔門)의 전수비법(傳授心法)으로 표창하여 대학논어·맹자와 함께 가르치고, 주희(朱熹)가 『중용장구』(中庸章句)를 지으면서부터, 단행본으로 세상에 크게 유포되기 시작하였다. http://db.cyberseodang.or.kr: 禮記正義
781) http://encykorea.aks.ac.kr: 천인합일설(이기동, 1996년)
782) 馮友蘭,『中國哲學史』, (北京: 中華書局, 1961)
783) 牟復禮,『中國思想之淵源』, 王立剛譯 (北京: 北京大學出版社, 2009)
784) 蕭公權,『中國政治思想史』(台北: 中華文化出版事業委員會, 1961)
785) Ibid.
786) 김경수, "천인론을 통해 본 최한기와 주희의 보편성 비교",『한국학연구』제54집 (고려대학교 한국학연구소, 2015.9.), pp.5~31
787) http://encykorea.aks.ac.kr: "우주론"
788) 중국 위진남북조 시대(A.D.3세기~6세기) 발달한 현학(玄學)은 유교와 도교를 혼합하여 『주역』, 『도덕경』 및 『장자』 등을 재해석하였다. 현학파는 3경을 "삼현"(三玄)이라 부르며 존중하였기 때문에 '현학'이라는 이름을 얻었다.
789) 湯一介,『郭象與魏晉玄學』(中國 北京大學出版社, 2010年)
790) 서대원, "왕필과 곽상의 자연관과 사회관 연구", 『철학사상』, vol.14, (서울대학교 철학사상연구소, 2002), pp.201~231 요약
791) 오강남 풀이 『장자』 (현암사, 1999년), p.19
792) 서대원, op.cit.
793) 박현모, [우유부단한 중종] "반정 이후 꼭두각시", 문화일보 2020년 5월 4일자
794) Kakao, 『글로벌세계대백과사전』, 2008.11.4. 공개: "至治主義"
795) 최정묵(2014), "정암 趙光祖의 至治主義, 그 입론의 근거와 실현 방법" 『동서철학연구』 74권75호, pp.263~290
796) http://contents.history.go.kr: 위정척사 사상
797) http://dh.aks.ac.kr: "강화도조약으로 이뤄진 조선의 개항"
798) 김영수, "척사파와 개화파의 개항에 대한 인식", 『현대사광장』, 7권(대한민국역사박물관, 2016년 7월), p.30
799) http://contents.history.go.kr: [우리역사넷] "온건개화파의 개화사상"
800) http://contents.history.go.kr: [우리역사넷] "갑신정변의 정령 14개조"
801) 金允植,『續陰晴史』上 (국사편찬위원회, 1960), p.156

802) Bobbio, Norberto, Left and Right: The Significance of a Political Distinction, John Wiley & Sons(2016)
803) Pierre Bréchon, "The evolution of France's left and right politics, from the 1789 French Revolution to this year's election", The Conversation France, April 17, 2017
804) Hodgson, Geoffrey M, Wrong Turnings: How the Left Got Lost. University of Chicago Press(2018), p.32.
805) Pierre Bréchon, op.cit.
806) Hodgson, Geoffrey M, op.cit.
807) Madeleine Carlisle, What to Know About the Origins of 'Left' and 'Right' in Politics, from the French Revolution to the 2020 Presidential Race, TIME September 14, 2019
808) Heywood, Andrew(2012). Political Ideologies: An Introduction. Palgrave Macmillan, p.69
809) McLean, Iain; McMillan, Alistair (2009). "Conservatism". Concise Oxford Dictionary of Politics (3rd ed.). Oxford University Press. 보수주의(conservatism)는 항상 옳다고 간주되는 현행 사회모형에 기반하여 때때로 완전히 반대진영에 선다. 보수주의는 반동 모형을 취한다.
810) Jerry Z. Muller, ed. (1997). 보수주의: 데이비드 흄에서부터 현재까지의 사회적 및 정치적 사상의 문집. Princeton U.P. p.26. '보수적'이라는 말은 Louis de Bonald의 도움을 받은 François-René de Chateaubriand가 1818년에 설립한 프랑스 주간지 Le Conservateur의 제목에서 최초의 정치적 교설을 찾아냈다.
811) "Progressivism in English". Oxford English Dictionary. Archived from the original on 21 March 2019. Retrieved 2 May 2017.
812) Harold Mah. Enlightenment Phantasies: Cultural Identity in France and Germany, 1750-1914. Cornell University(2003), p.157.
813) Nisbet, Robert(1980). History of the Idea of Progress. New York: Basic Books. ch.5
814) Joyce Appleby ; Lynn Hunt & Margaret Jacob(1995). Telling the Truth about History, p.78
815) Nugent, Walter(2010). Progressivism: A Very Short Introduction. Oxford University Press, p.2
816) Ibid.
817) Alan Ryan. The Making of Modern Liberalism. p.25
818) Patrick Dunleavy, Paul Joseph Kelly, Michael Moran. British Political Science: Fifty Years of Political Studies. Oxford, England, UK; Malden, Massachusetts: Wiley-Blackwell, 2000. pp.107~108
819) Union Contributions to Labor Welfare Policy and Practice: Past, Present, and Future. Routledge, 16, 2013. p.172.
820) 전재경, 2019.8.10. 사회자본연구원(SCI) 워크숍
821) 민법 제2조(신의성실) ①권리의 행사와 의무의 이행은 신의에 좇아 성실히 하여야 한다. ②권리는 남용하지 못한다.
822) 국제사법 제10조(사회질서에 반하는 외국법의 규정) 외국법에 의하여야 하는 경우에 그 규정의 적용이 대한민국의 선량한 풍속 그 밖의 사회질서에 명백히 위반되는 때에는 이를 적용하지 아니한다.
823) 한일협정: 일본은 1965년에 한국 정부가 향후 일본의 식민 지배와 관련해 더 이상 일본에 배상을 요구하지 않을 것을 조건으로, 무상원조 3억 달러, 정부 차관 2억 달러 및 민간 차관 1억 달러를 주기로 약정하였다.
824) 청구권 대위행사는 임금채권보장법 제8조 (미지급 임금등의 청구권의 대위) 및 세월호피해지원법 제18조(국가의 손해배상 청구권의 대위행사 등) 등, 참조
825) 조선일보 2013.8.30
826) 전재경, 뉴스토마토 2020.6.10.
827) http://chinesewiki.uos.ac.kr/wiki/index.php/鷹
828) 허진웅, 『중국문자학강의』 조용준 번역 (고려대학교출판부, 2013), p.69
829) 전재경, 뉴스토마토 2019.11.17.
830) 전재경, 뉴스토마토 2022.3.22. 시론
831) 북미의 비핵화에 대한 이견과 쟁점에 관한 분석은 조은정·김보미·최용환, "북미 비핵화 협상의 쟁점과 과제", 『INSS 전략보고』, (국가안보전략연구원: 2019.10.), 참조
832) "공공선(公共善)은 본래 공동의 종교에 기초를 둔 것이었다. 이후 다른 신앙에 대한 관용이 성장함에 따라 공공선은 흔히 시민법에서 표현되는 공동의 도덕규범의 문제가 되었다." 조너선 색스 지음, 서대경 옮김, 『사회의 재창조』(말글빛냄, 2009), pp.317~318
833) 소설 『임꺽정』은 SBS 주말 특별기획 드라마(1996년~1997년)로도 방영되었다.

834) 김창록·박경신·임지봉·조국·차병직·하태훈·한상희, 『떼법은 없다』: 벼랑 끝에 몰린 법치와 인권 구하기 (해피스토리, 2009.4.1.)
835) 스테이시 에이브럼스(Stacey Abrams), 『정의가 잠든 사이에』 While Justice Sleeps (2021) 권도희 옮김(비채, 2024), p.25
836) 한비, 『한비자』김원중譯 (휴머니스트,2016) 권8제23편: 이야기숲(說林), p.370
837) 『한비자』권19제49편: 다섯 가지 좀벌레(五蠹), p.870
838) 『한비자』권1제1편: 처음 진왕을 만나다(初見秦), pp.47~48
839) 『한비자』권8제29편: 정치의 요점(大體), p.434
840) Ibid.
841) Ibid.
842) Ibid.,p.435
843) 『한비자』권8제25편: 안정과 위험(安危), p.408
844) 『한비자』권14제35편: 상벌의 원칙과 다스리는 방식 다섯 가지(外儲說右下), p.680
845) 『한비자』권8제25편: 안정과 위험(安危), p.404
846) Ibid.
847) Ibid.,p.408
848) 『한비자』권20제51편: 충성과 효도(忠孝), p.913
849) Bingham, Thomas. The Rule of Law, p. 3 (Penguin 2010).
850) Case of Prohibitions [1607] EWHC J23 (KB)
851) Philosophy and Public Affairs(2003), vol.31: 2
852) Arizona Law Review, vol.43: 2, "Do Values Conflict? A Hedgehog's Approach"
853) 한(韓)나라는 기원전 403년부터 230년까지 존속한 전국시대 칠웅(七雄)의 하나였다.
854) 『한비자』권17제43편: 법도를 확정하다(定法), p.785
855) 공손앙(公孫鞅: B.C.395년경~338년경)은 전국시대 진(晉)나라의 법가를 대표하는 정치가였다. 상나라를 분봉받아 후작이 되어 상앙(商鞅)으로 지칭되었다.
856) 『한비자』권17제43편: 법도를 확정하다(定法), p.786
857) 『한비자』권18제48편: 여덟 가지 본질(八經), p.862
858) Ibid.: 도의를 행하다(行義), p.863
859) 탐욕스럽고 포악한 도둑의 대명사 도척(盜跖)은 춘추시대 유하혜(柳下惠)의 동생으로 9천여 명의 졸개를 거느리고 반란을 일으킨 도적떼의 우두머리이다. 『장자』에도 등장하는 인물이다.
860) 사어(史魚)는 위(衛)나라의 신하이다. 공자(孔子)는 그의 정직한 태도를 칭찬하였다.
861) 『한비자』권8제26편: 나라를 지키는 길(守道), p.413
862) 사마천(司馬遷)이 『사기』(史記)「소진열전」에서 긍정적으로 평가한 미생지신(尾生之信)의 고사에 따르면, 미생(고)(微生)(高)은 다리 밑에서 사랑하는 여인과 만나기로 약속하였다. 갑자기 폭우가 쏟아져 물이 차오르는데도 그는 기둥을 끌어안고 여인이 올 때까지 기다리다가 죽었다.
863) 『한비자』권8제26편: 나라를 지키는 길(守道), p.415
864) 『한비자』권17제43편: 법도를 확정하다(定法), p.784
865) 『한비자』권12제33편: 훌륭한 통치를 위한 여섯 가지 규칙(外儲說左下), pp.576~577
866) 개(槩), 양개(量槩) 또는 평목(平木)은 말이나 되에 곡식을 담고 그 위를 평평하게 밀어 고르는 방망이 모양의 도구[평미레]이다.
867) 『한비자』권18제48편: 여덟 가지 본질(八經), pp.856~857
868) Ibid.: 법을 듣다(聽法), p.860
869) 『한비자』권19제50편: 뚜렷한 학파들(顯學), p.897
870) Ibid., p.898
871) 『한비자』권19제50편: 뚜렷한 학파들(顯學), p.902
872) 『한비자』권5제17편: 내부를 방비하라(備內), pp.245~246
873) Ibid., p.247

874) 예컨대, 생물다양성협약(CBD) 제15조 제3항 및 제7항 참조
875) 약칭『국제종자조약』(International Seed Treaty)은 2001년에 서명되었고 2004년에 발효되었다.
876) Bram De Jonge, What is Fair and Equitable Benefit-sharing? Journal of Agricultural and Environmental Ethics volume 24, pp.127~146(2011) published 11 April 2010: https://link.springer.com/article/10.1007/s10806-010-9249-3
877) 『한비자』권2제6편[有度], pp.100~103 "법이라는 저울에 달아 사람을 구하라",참조
878) 『한비자』권9제30편: 신하를 통솔하는 일곱 가지 방법(內儲說上七術), p.460
879) 『한비자』권11제32편: 법으로 다스릴 때…(外儲說左上), pp.556~557
880) 김원중,『한비자』권17제40편: 권세를 논란거리로 삼다(難勢) 해제, p.763
881) 왕량(王良)은 춘추시대 진(晉)나라의 공경(公卿) 조양자(趙襄子)의 마차부이다.
882) 『한비자』권17제40편: 권세를 논란거리로 삼다(難勢), pp.768~769
883) Ibid.: 창과 방패의 역설, p.770
884) Ibid., p.769
885) Ibid.: 지금의 마부가 옛날의 왕량보다 나은 법, p.770
886) Ibid., p.771
887) 『한비자』권13제34편: 신하를 다스리는 세 가지 원칙(外儲說右上), p.608
888) Ibid., p.610: "술이 행해지지 못하는 이유"
889) 복지부동(伏地不動)과 같다.
890) 『한비자』op.cit.,: 제거해야 할 신하
891) Ibid., p.623
892) 『한비자』권1제1편: 처음 진왕을 만나다(初見秦), p.47
893) 『한비자』권20제54편: 민심의 법도(心度), p.935
894) 『한비자』권5제16편: 군주가 지켜야 할 세 가지 원칙(三守), p.239
895) Ibid., pp.241~242: "군주는 세 가지 협박에 대비하라"
896) 『한비자』권5제16편: 군주가 지켜야 할 세 가지 원칙(三守), p.239
897) 『한비자』권7제21편: 노자를 비유하다(喩老), p.322
898) Ibid., p.323: "작은 조짐을 조심하라"
899) 로마 법학자 울피아누스(Domitius Ulpianus: 170년?~228년)는 켈수스(Celsus: AD. 67~130)의 말을 인용하면서 "법은 선과 형평의 기술이다"(Ius est ars boni et aequi – Law is the art of the good and the equitable : Digesta. 1, 1, 1)라는 입장을 밝혔다. https://en.wikipedia.org/Publius Juventius Celsus
900) 라드브루흐,『법철학』, 崔鍾庫 옮김 (삼영사, 1982),pp.54~55
901) 예링,『권리를 위한 투쟁』, 沈在宇 譯 (博英社, 1977), p.40
902) Ibid., p.74
903) Ibid., p.101
904) http://www.unipress.co.kr/이승환, "道家의 자유관" (대학지성 2022.07.02. 老子의 자유관 : 무위·자연을 중심으로)
905) 최영진,『유교사상의 본질과 현재성』, 성균관대학교출판부, 2003, 122쪽.
906) 周易本義, 繫辭 上, 5장, "一陰一陽之謂道, 繼之者善也, 成之者性也."
907) 천병준,『왕부지의 내재적 기철학』, 한국학술정보, 2006, 165쪽.
908) https://www.biography.com/scholar/confucius
909) 이승모, "공자의 정의관에 대한 일고찰: '의'와 '정명'을 중심으로", 동양철학연구 84권(동양철학연구회, 2015년 11월), pp.71~99
910) https://encykorea.aks.ac.kr/의리사상
911) http://www.unipress.co.kr/이승환, "道家의 자유관" (대학지성 2022.07.02. 老子의 자유관 : 무위·자연을 중심으로)
912) Ibid.
913) Ibid.
914) http://www.unipress.co.kr/이승환, "도가의 자유관"(대학지성 2022.07.02. 노자의 자유관: 무위·자연을 중심으로)
915) 오상무, "老子의 自然 개념 論考",『철학연구』제82집(철학연구회, 2008), 5~7쪽

916) 김경훈, "유가(儒家) 철학에서의 선악(善惡) 개념", 『용봉인문논총』 (전남대학교 인문학연구소 2012.02.), 11쪽
917) 『孟子』, 告子上, "性, 猶杞柳也. 義, 猶桮棬也. 以人性爲仁義, 猶以杞柳爲桮棬."
918) 『孟子』, 告子上, "性猶湍水也, 決諸東方則東流, 決諸西方則西流. 人性之無分於善不善也, 猶水之無分於東西也."
919) 『孟子』, 告子上, "食色, 性也. 仁, 內也, 非外也；義, 外也, 非內也."
920) http://chinesewiki.uos.ac.kr: 墨子
921) "종교적 관점에서 태어난 자유민주주의 정치의 미덕은 겸손에 있다." 조너선 색스, op.cit., p.453
922) 이경무, "묵자 겸애설의 의의와 한계", 『철학연구』제124집 (대한철학회, 2012.12), pp.219~241
923) http://chinesewiki.uos.ac.kr/wiki/index.php/孟子
924) 孟子, 진심 하편 제45장: 親親而仁民 仁民而愛物
925) 孟子, 진심 하편 제14장: 民爲貴 社稷次之 君爲輕 ； 諸侯無道 將使社稷爲人所滅 則當更立賢君 是君輕於社稷也
926) 이광혁, "맹자 민본사상과 현대적 의의", 『중국학』제81호(대한중국학회, 2022.12.), pp.205~224
927) http://chinesewiki.uos.ac.kr/wiki/index.php/맹자
928) Ibid.
929) 孟子, 『大丈夫』
930) 『梁惠王』(上) 제3장
931) 『梁惠王』(上) 제3장
932) 『梁惠王』(上) 제5장
933) 『梁惠王』(上) 제7장
934) 無恒産而有恒心者 惟士爲能 若民則無恒産 因無恒心, 『梁惠王』(上)
935) 天時不如地利 地利不如人和, 『公孫丑』(下)
936) 天將降大任於是人也 必先苦其心志 勞其筋骨 餓其體膚 空乏其身 行拂亂其所爲 所以動心忍性 曾益其所不能, 『告子』(下)
937) 김병환, "맹자 인성론에 대한 사회생물학적 해석", 김성진·정인재 편, 『논쟁과 철학』, 고려대학교출판부, 2007, 446쪽.
938) 『孟子』, 公孫丑 上, "人皆有不忍人之心."
939) 『孟子』, 公孫丑 上, "今人乍見孺子將入於井, 皆有怵惕惻隱之心. 非所以內交於孺子之父母也, 非所以要譽於鄉黨朋友也, 非惡其聲而然也."
940) https://encykorea.aks.ac.kr/의리사상
941) 『孟子』, 公孫丑 上, "由是觀之, 無惻隱之心, 非人也; 無羞惡之心, 非人也; 無辭讓之心, 非人也; 無是非之心, 非人也. 惻隱之心, 仁之端也; 羞惡之心, 義之端也; 辭讓之心, 禮之端也; 是非之心, 智之端也. 人之有是四端也, 猶其有四體也."
942) 김병환, 前揭 論文, 447쪽
943) 이창신, "동양의 禮 사상에 관한 고찰", 『청주대학술론집』 (청주대학술연구소, 2004), 631쪽
944) 최영진, 『유교사상의 본질과 현재성』, 성균관대학교출판부, 2003, 108쪽.
945) 가노 나오키, 『중국철학사』 , 오이환 옮김, 을유문화사, 1987, 175쪽
946) 미조구찌 유우조 外, 『중국사상문화사전』, 민족문화문고, 2003, 146쪽.
947) 김경훈, "유가(儒家) 철학에서의 선악(善惡) 개념", 『용봉인문논총』 (전남대학교 인문학연구소 2012.02.), 17쪽
948) 『荀子』, 性惡, "人之性惡, 其善者僞也."
949) 『荀子』, 禮論, "性者本始材朴也, 僞者文理隆盛也. 無性則僞之無所加, 無僞則性不能自美."
950) 『荀子』, 儒效, "涂之人百姓, 積善而全盡謂之聖人"
951) 박은정, "법 개념에 대한 새로운 논의", 『법학논총』 (이화여자대학교 법학연구소, 1996), 11쪽
952) 유희성, "荀子의 自然論 : 天人之分을 중심으로", 『철학논총』(새한철학회, 2006), vol.2, no.44, 193~214쪽
953) 그리스語의 '이름'(단수 onoma : 복수 onomata)은 ⑴널리 '말'(words)로, ⑵좁게 '명사' 또는 '명사 및 형용사'로 또는 ⑶ 특별한 맥락에서 '고유명칭'(proper names)만으로 번역된다.
954) 헤르모게네스(Hermogène Ἑρμογένης)는 기원전 5세기 경 그리스 철학자로서 파르메니데스와 소크라테스의 제자이다.
955) 크라틸루스(Cratylus)는 기원전 5세기 말엽의 인물로서 플라톤의 첫 제자들 중의 한 명이다. 플라톤은 언어에 관한 그의 『대화편』을 『크라틸루스』로 명명하였다.
956) naturalist는 哲學에서는 사물의 필연적 도리[자연법]를 지지하는 필연주의자에 해당하고, 文藝에서는 자연주의자에 해당한다.
957) https://plato.stanford.edu/entries/plato-cratylus

958) Metaphysics, 987a32
959) https://plato.stanford.edu/entries/plato-cratylus
960) Cratylus Paragraph 440 sections c-d.
961) https://plato.stanford.edu/entries/plato-cratylus
962) https://en.wikipedia.org/wiki/Heraclitus#Plato
963) Large, William. "Heraclitus". Arasite. Retrieved 3 March 2017.
964) Symposium, 207b - 208c
965) Aristotle, The Politics, Book Ⅲ, chap.ix [1280b] ; Sandel, Ibid., p.272, 재인용
966) Aristotle, The Politics, BookⅠ, chap.ⅱ [1253a] ; Sandel, Ibid., p.275, 재인용
967) Aristotle, Nicomachean Ethics, translated by David Ross (New York : Oxford University Press, 1925), Book Ⅱ, chap.1 [1003b] ; Sandel, Ibid., p.277, 재인용
968) Aristotle, Ibid., chap.1 [1103a~1103b] ; Sandel, Ibid., p.276, 재인용
969) Michael J. Sandel, Ibid., p.263
970) http://www.classicalwriting.com: "Discovering the Arguments: Artistic and Inartistic Proofs"
971) Aristotle, Rhetoric, in Patricia P. Matsen, Philip B. Rollinson, and Marion Sousa, Readings from Classical Rhetoric, SIU Press, 1990, ISBN 0-8093-1592-0, p.120.
972) Paul Anthony Rahe, Republics Ancient and Modern: The Ancien Régime in Classical Greece, University of North Carolina Press, 1994, ISBN 0-8078-4473-X, p.21
973) Eugene Garver, Aristotle's Rhetoric: An art of character, University of Chicago Press, 1994, p.114
974) Garver, p.192
975) Robert Wardy, "Mighty Is the Truth and It Shall Prevail?", in Essays on Aristotle's Rhetoric, Amélie Rorty (ed), University of California Press, 1996, p.64
976) Aristotle, Rhetoric edited by W. D. Ross, translated by W.Rhys Roberts, Publisher Cosimo, Inc., 2010, p.7
977) 이승환 루카 신부@https://www.casuwon.or.kr/journal/jubo/view/522 (2022.7.8.)
978) https://www.utm.edu/staff/jfieser/class/110/3-hellenistic.htm
979) Ibid.
980) Moore, Edward(n.d.)."Neoplatonism".Internet Encyclopedia of Philosophy.(2 May 2019)
981) https://en.wikipedia.org/wiki/Neoplatonism
982) https://www.pbs.org/faithandreason/gengloss/neoplat-body.html: neoplatonism
983) https://plato.stanford.edu/entries/neoplatonism(Jan 11, 2016)
984) Ibid.
985) https://www.nationalhellenicmuseum.org/visit/what-is-hellenism
986) https://www.history.com/topics/ancient-history/hellenistic-greece
987) 비잔틴은 현재 터키 이스탄불(콘스탄티노플)의 옛 이름인 비잔티움에서 유래한다. 서기 330년 로마에서 분리된 동로마 제국으로 출발한 비잔틴 제국은 15세기 투르크 족에 의하여 멸망할 때까지 1천년 이상 지속되었다. 비잔틴 제국은 비단길의 종착점으로 한 때 세계무역의 거점이었던 콘스탄티노플을 중심으로 베네치아, 이집트, 그리스까지 세력을 떨쳤다. https://about.ebs.co.kr (2007.3.16.): EBS『다큐 10』'문명에 대한 오해 - 비잔틴과 이슬람' 비잔틴 문명, 천년의 영광과 쇠락 폭력과 테러로 각인된 이슬람 문명에 대한 객관적 이해
988) 사모트라케(Samothrace: Samothraki 또는 그리스어 사모트라치: Σαμοθράκη)는 북부 에게해(터키어 Ege Denizi)의 터키와 인접한 그리스 섬이다.
989) 영어의 골(Gaul): 라틴어의 갈리아(Gallia)는 고대 켈트 사람의 땅으로 알려졌던 로마 서쪽의 유럽을 지칭하였다.
990) 권홍우, "비잔티움 천년 제국의 탄생" https://www.sedaily.com(2016.5.11)
991) http://cafe.chch.kr: 성경과 교회사·비잔틴제국과 동방교회, 참조. 그밖에 비잔틴제국의 역사와 동방정교회에 관한 개요는 이기영,『동방정교회의 역사와 영성』(동연:2021.3.9.); http://www.kidok.com: 동서양을 향해 열린 창, 터키를 찾아서(2) 비잔틴에서 동방정교회까지; http://contents.kocw.or.kr:동방정교회(Orthodox Church); https://ko.eferrit.com: 동방정교회 역사, 참조
992) 김용규, op.cit.

993) "神이 땅의 흙으로 사람을 지으시고 생기를 그의 코에 불어넣으시니"(창세기 2:7) ; "몸은 죽여도 영혼은 죽이지 못하는 자를 두려워하지 말고"(마태복음 10:28) ; "몸은 죄로 말미암아 죽은 것이나, 靈은 義로 말미암아 살아있는 것이니"(로마서 8:10) ; "肉에 속한 사람은 신의 성령의 일들을 받지 아니하나니": 바울(고린도전서 2:14)
994) 김용규, op.cit.
995) Confessiones 3.8; De civitate dei 8.1
996) 1 Corinthians 1:24
997) De civitate dei 8.8
998) Contra Iulianum 4.72
999) https://plato.stanford.edu/entries/augustine: Augustine and Philosophy
1000) 聖 아우구스티누스의 저작물(번역본)은 『고백록』김평옥 옮김(범우사: 1998년);『신국론』성염 옮김(분도출판사: 2004년); 피터 브라운 지음,『아우구스티누스』정기문 옮김(새물결: 2012년)
1001) https://plato.stanford.edu/entries/augustine
1002) 혼인을 통하여 출세와 경제적 안정을 확보하려는 '정략결혼'(advantageous marriage)은 당시 젊은 출세제일주의자들에게 흔히 볼 수 있었던 행동이다. 조선시대 『춘향전』의 월매와 같은 성향은 19세기 영국에서 부잣집 도련님과 평범한 서민 여성 사이의 얽히고설킨 사랑 이야기를 섬세한 필치로 그린 제인 오스틴(Jane Austen)의 소설 『오만과 편견』(Pride and Prejudice: 1813년)에서 다섯 명의 딸들을 거느린 베네트(Mrs Bennet)에게서도 발견할 수 있다. https://www.kibin.com/essay-examples: socially advantageous marriages in jane austens pride and prejudice
1003) https://www.visitstaugustine.com/article/how-st-augustine-got-its-name
1004) Brown 2000: ch. 15
1005) Tornau 2006a
1006) Lancel & Alexander 1996~2002
1007) https://plato.stanford.edu/entries/augustine
1008) Drecoll 2012~2018
1009) Letter 102; Bochet 2011
1010) Possidius, Vita Augustini 28.11, after Plotinus, Enneads I 4.7.23-24
1011) https://www.saintaug.nsw.edu.au/mission/our-patron
1012) https://iep.utm.edu/augustine-political-and-social-philosophy
1013) Augustine of Hippo. "Of the Falseness of the History Which Allots Many Thousand Years to the World's Past". The City of God. Book 12: Chapter.10
1014) In Fitzgerald, Allan D. (ed.). Augustine through the Ages: An Encyclopedia. Wm B Eerdmans, pp.377~378
1015) Franklin-Brown, Mary (2012). Reading the World: Encyclopedic Writing in the Scholastic Age. University of Chicago Press, p.280
1016) Augustine of Hippo. On the Merits. 1.2.
1017) Blomberg, Craig L. (2006). From Pentecost to Patmos: An Introduction to Acts Through Revelation. B&H., p.519
1018) Augustine of Hippo, Enchiridion, 110
1019) The Oxford Dictionary of the Christian Church. Oxford: University Press.
1020) Augustine of Hippo, De Sancta Virginitate, 6,6, 191.
1021) Ibid.,18
1022) https://en.wikipedia.org/wiki/Augustine of Hippo, note d.
1023) Augustine of Hippo, On the Literal Meaning of Genesis, VIII, 6:12, vol.1, pp.192~3
1024) Ibid., VIII, 4.8
1025) https://en.wikipedia.org/wiki/Augustine of Hippo, note e.
1026) Augustine of Hippo, Patrologia Latina, 44, 670
1027) https://en.wikipedia.org/wiki/Augustine of Hippo, note f.
1028) Augustine of Hippo, Patrologia Latina, 44, 430

1029) Levering, Matthew (2011). Predestination: Biblical and Theological Paths. New York: Oxford University Press, p.44
1030) Ibid., pp.48~49
1031) Ibid., pp.47~48
1032) James, Frank A. (1998). Peter Martyr Vermigli and Predestination: The Augustinian Inheritance of an Italian Reformer. Oxford: Clarendon Press, p.102
1033) Widengren (1977), Der Manichäismus, pp.63~65,90 ; Stroumsa (1992), "Titus of Bostra and Alexander of Lycopolis", In Richard T. Wallis; Jay Bregman (eds.). Neoplatonism and Gnosticism, pp.344~345 ; Wilson (2018), Augustine's Conversion from Traditional Free Choice to "Non-free Free Will", pp.286~293 ; van Oort (2010), Manichaean Christians in Augustine's Life and Work, p.520
1034) González, Justo L. (1987). From Augustine to the Eve of the Reformation. A History of Christian Thought. Abingdon Press, p.44
1035) https://en.wikipedia.org/wiki/Augustine of Hippo, note 34.
1036) Augustine of Hippo, On the Gift of Perseverance, Chapter 21
1037) González, Ibid.
1038) Augustine of Hippo (2012). St. Augustine's Writings Against The Manichaeans And Against The Donatists (eBook ed.). Jazzybee Verlag
1039) Augustine of Hippo, Explanations of the Psalms 33:1:10
1040) Augustine of Hippo, Sermons 272
1041) Jurgens, William (1970). The Faith of the Early Fathers. Vol.3. Collegeville, MN: Liturgical Press, p.20, §1479a
1042) Augustine of Hippo, A Sermon to Catechumens on the Creed, Paragraph 16
1043) Augustine of Hippo, City of God, Book 20, Chapter 8
1044) Mendelson, Michael(24 March 2000). "Saint Augustine". The Stanford Encyclopedia of Philosophy
1045) Matthews, Gareth B.(1992). Thought's Ego in Augustine and Descartes. Cornell University Press
1046) King, Peter; Ballantyne, Nathan (2009). "Augustine on Testimony" (PDF). Canadian Journal of Philosophy. 39 (2): 195
1047) Robert L. Holmes, A Time For War? Augustine's just war theory continues to guide the West, Christianity Today, September 1, 2001
1048) http://www.crusades-encyclopedia.com/augustineofhippo.html (July 28, 2012)
1049) John Mark Mattox (2006), Saint Augustine and the Theory of Just War, New York. p.196
1050) Justo L. González (2010), The Story of Christianity: vol.1 - The early church to the dawn of the Reformation
1051) Paul Copan (2013), The Routledge Companion to Philosophy of Religion (2nd ed.)
1052) Wilson, Kenneth M. (2018). Augustine's Conversion from Traditional Free Choice to "Non-free Free Will": A Comprehensive Methodology. Tübingen
1053) McIntire, C.T.(2005). "Free Will and Predestination: Christian Concepts". In Jones, Lindsay(ed.). The Encyclopedia of Religion. Vol. 5 (2nd ed.). Farmington Hills, MI: Macmillan Reference
1054) Dihle, Albrecht (1982). The Theory of Will in Classical Antiquity. University of California Press
1055) Wilson, Kenneth M. (2018), op.cit., pp.93~94, 273~274.
1056) Ibid., pp.281~294
1057) Martin, Luther (1963). Lehman, Helmut (ed.). Luther's Works. Vol.48. Translated by Krodel, Gottfried. Fortress Press. p.24.
1058) Portalié, Eugène (1907b). "Teaching of St. Augustine of Hippo". In Herbermann, Charles (ed.). Catholic Encyclopedia. Vol.2. New York: Robert Appleton Company
1059) https://lawexplores.com/the-philosophy-of-law-in-the-writings-of-augustine/#Fn23
1060) Augustine, "Of the Work of Monks", n.25

1061) The Saints, Pauline Books & Media, Daughters of St.Paul, Editions du Signe(1998), p.72
1062) Augustine, The City of God, Ch. 15, p. 411, Vol. II, Nicene & Post-Nicene Fathers, Eerdman's, Grand Rapids, Michigan, Reprinted 1986
1063) St. Augustine, Church Fathers: City of God, Book XIX
1064) Oort, Johannes Van (5 October 2009). "Augustine, His Sermons, and Their Significance". HTS Teologiese Studies, Theological Studies. 65: pp.1~10.
1065) Augustine, Church Fathers: City of God, Book XIX
1066) Augustine, On Christian Doctrine, 3.37
1067) Augustine, On Marriage and Concupiscence 1.31
1068) Augustine, On Marriage and Concupiscence 1.27
1069) Augustine, Confessions 8.2
1070) Augustine, On marriage and concupiscence 1.31
1071) Augustine, City of God, Book I, Ch. 16, 18.
1072) https://ko.wikisource.org: Albertus Magnus
1073) 토마스 아퀴나스 지음, 이재룡·이경재 옮김,『영혼에 관한 토론문제』한국연구재단 학술명저 번역총서 서양편 348 (나남: 2013년), 저자소개
1074) Ibid.
1075) 유비(類比 analogia)에 관한 학술적 논증은 박승찬, "토마스 아퀴나스의 유비 개념에 대한 재조명",『신학과 철학』제1권제1호(서강대학교 신학연구소:1999년),pp.177~219 ; 박승찬, "의미된 대상과 의미 양태의 구분과 '유비' 개념의 관계: 토마스 아퀴나스의 작품을 중심으로",『철학사상』제41권(서울대학교 철학사상연구소: 2011년), pp.255~306
1076) 정의채,『형이상학』4판, pp.171~177
1077) 성염, "아우구스티누스 고백록·신국론", 대학지성 2020.11.20.
1078) 이재경, "토마스 아퀴나스, 신플라톤주의 그리고 지평 비유",『동서철학연구』제26권(한국동서철학회: 2002.12), pp.5~19 [초록]
1079)『신학대전』(Summa Theologiae) 1a 75문~89문
1080) Ibid.
1081) Ibid.
1082) https://www.britannica.com/topic/the-Five-Ways
1083) https://sites.google.com/a/g.rit.edu/auknotes/philosphy-of-law/chapter-1-natural-law-theory
1084) https://iep.utm.edu/natlaw: Classical Natural Law Theory
1085) https://www.crf-usa.org/bill-of-rights-in-action/bria-22-4-c-st-thomas-aquinas-natural-law-and-the-common-good
1086) https://plato.stanford.edu/entries/natural-law-ethics
1087) www.crf-usa.org/bill-of-rights-in-action/bria-22-4-c-st-thomas-aquinas-natural-law-and-the-common-good
1088) Ibid.
1089) https://www.bbc.co.uk/bitesize/guides/zrndpg8/revision/2
1090) https://iep.utm.edu/thomas-aquinas-political-philosophy/Thomas Aquinas: Political Philosophy
1091) 라드브루흐(G.Radbruch),『법철학』, 崔鍾庫 옮김(삼영사, 1982), p.46
1092) Ibid.
1093) 이용수, "칸트의『실천이성비판』에서 '인격 안의 인간성' 개념 이해",『철학탐구』제72집(중앙대학교 중앙철학연구소: 2023), 87쪽~113쪽, 참조
1094) 독일연방공화국기본법(Grundgesetz für die Bundesrepublik Deutschland): 제정 1949.05.23 BGBl. S.1(서울: 국회도서관, 2018)
1095) 개개의 주관의 의지에 대해서만 타당한 원칙이다. 가령 어느 사람이 평생 결혼하지 않겠다고 결심하였다면 이는 격률이며 당사자에게만 타당하고 남에게는 통용되지 않는 원칙이다.
1096) 모든 조건하에서 모든 인간에 대해 타당한 실천적 법칙을 가리킨다. 이는 경험적으로 부터 독립되어 있다. 모든 인간은 선천적으로 그의 이성에서 이 명령을 발견한다.
1097) 되에링(Döring),『칸트 철학 이해의 길』, 金鎔貞 옮김 (새밭, 1984), p.140

1098) Ibid., p.143
1099) Ibid., p.199
1100) Ibid., p.200
1101) Ibid.
1102) Ibid., p.201
1103) Ibid., p.202
1104) Russell, History of Western Philosophy, (George Allen & Unwin Ltd., 1961), p.677
1105) Russell, Ibid, p.701
1106) 헤겔, 法의 哲學[前篇], 李東春 옮김 (博英社, 1983), p.42
1107) Russell, Ibid, p.702
1108) 헤겔에게 있어 「의지와 자유의 관계」는 「물체와 무게와의 관계」와 흡사하다. 즉 무게가 없는 물체는 생각할 수 없다. 물질이란 오히려 무게 그 자체이다. 이처럼, "자유없는 의지는 공허한 말에 불과하며, 또한 자유도 오직 의지로서 주관으로만 현실적이다." : 헤겔, Ibid., p.73
1109) 崔載喜, 헤겔의 生涯와 哲學, (以文出版社, 1980), p.161
1110) Ibid., p.162
1111) 이것은 「윤리」라는 용어와 같다. Kant는 윤리를 도덕 이상의 것으로 뵈 아니하였으나 Hegel은 「주관적으로 선한 것을 넘어 객관적으로 선한 것을 추구하는 의욕」의 입장에서 파악한다.
1112) 崔載喜, op.cit., p.162
1113) Ibid., p.163
1114) 헤겔, 法의 哲學[後篇], 李東春 옮김 (博英社, 1979), p.156
1115) 최재희, op.cit., p.213 ; 헤겔, op.cit., [전편], p.72 : 양자의 표현은 약간 상이하다. 번역본은 선택의 차이에서 기인하는 듯하다.
1116) 이상신, 『레오폴트 폰 랑케와 근대 역사학의 형성』(고려대학교 출판문화원, 2021), 미디어서평
1117) https://www.wallstreetmojo.com/natural-law
1118) Finnis, John (2020), "Natural Law Theories", in Zalta, Edward N. (ed.), The Stanford Encyclopedia of Philosophy (Summer 2020 ed.), Metaphysics Research Lab, Stanford University (2020.10.19.)
1119) Kelsen, Hans (2007). General Theory of Law And State. The Lawbook Exchange. p.392.
1120) Murphy, Mark (2019), "The Natural Law Tradition in Ethics", in Zalta, Edward N.(ed.), The Stanford Encyclopedia of Philosophy(Summer 2019 ed.), Metaphysics Research Lab, Stanford University (2020.10.19.)
1121) Rommen, Heinrich A.(1959)[1947]. The Natural Law: A Study in Legal and Social Philosophy. Translated by Hanley, Thomas R. B. Herder Book Co. p.5.
1122) https://en.wikipedia.org/wiki/Natural_law
1123) Maritain, Jaques, Zalta, Edward N.(ed.), Human Rights and Natural Law, UNESCO (2018)
1124) Strauss, Leo(1968). "Natural Law". International Encyclopedia of the Social Sciences. London: Macmillan Publishers
1125) http://scholarship.law.nd.edu/nd_naturallaw_forum/40; Shellens, Max Salomon, "Aristotle on Natural Law" (1959). Natural Law Forum. Paper 40(1), pp.72~100.
1126) https://en.wikipedia.org/wiki/Natural_law
1127) https://iep.utm.edu/natlaw: Natural Law
1128) https://en.wikipedia.org/wiki/John_Austin_(legal_philosopher)
1129) 主著 Natural Law and Natural Rights, Oxford: Clarendon Press, 1980; 2nd ed., 2011. 및 Aquinas: Moral, Political, and Legal Theory, Oxford: Oxford University Press, 1998
1130) https://en.wikipedia.org/wiki/John_Finnis
1131) https://en.wikipedia.org/wiki/Lon_L._Fuller
1132) https://iep.utm.edu/natlaw: Natural Law
1133) Fuller, Lon L.(1969)[1964]. The Morality of Law(2nd ed.). New Haven: Yale U.P.

1134) Lon L. Fuller, The Morality of Law, rev.ed. New Haven CT: Yale University Press, 1969, pp.33-38; cf. Summers, Lon L. Fuller, p.28.
1135) Ibid.
1136) https://iep.utm.edu/natlaw: Natural Law
1137) Freedom's Law: The Moral Reading of the American Constitution. Ronald Dworkin. Cambridge, Massachusetts: Harvard University Press. 1996.
1138) https://en.wikipedia.org/wiki/Jacques_Maritain
1139) https://en.unesco.org/courier/2018-4/human-rights-and-natural-law
1140) Ibid.
1141) Heinrich A. Kommen, Die Ewige Wiederkehr des Naturrechts, Leipzig, Germany, 1936; English translation: The Natural Law, St. Louis, United States, 1947
1142) https://en.unesco.org/courier/2018-4/human-rights-and-natural-law
1143) Roth, Martha T. (1995). Law Collections from Mesopotamia and Asia Minor. Writings from the Ancient World. Vol. 6.
1144) 은화 1미나(mina)는 금화 1탈란트(talent)의 1/60에 상당한다. 농부의 3개월 치 품삯에 해당한다.
1145) 1 쉐켈(shekel)은 미나(mina)의 1/600이다.
1146) Roth, Martha T. (1995). op.cit.
1147) George A. Barton, An Important Social Law of the Ancient Babylonians: A Text Hitherto Misunderstood, The American Journal of Semitic Languages and Literatures, Vol. 37, No. 1 (Oct., 1920), pp.62~71 @https://www.jstor.org/stable/528363
1148) Kramer, Samuel Noah (1954). "Ur-Nammu Law Code". Orientalia. 23(1): p.40 @https://www.jstor.org/stable/43073169
1149) Ibid.
1150) https://www.historyguide.org/ancient/hammurabi.html
1151) 함무라비법전 영역본은 https://www.general-intelligence.com/library/hr.pdf ; 국문본은 https://historia.tistory.com/627 (한국빅데이터교육협회, 2007), 참조
1152) "A Short History of Roman Law", Olga Tellegen-Couperus, pp.19~20.
1153) Barham, Francis (1842). "Introduction". The Political Works of Marcus Tullius Cicero. London: Edmund Spettigue.@https://en.wikipedia.org/wiki/Natural law
1154) Ibid.
1155) https://www.ancient-origins.net/artifacts-ancient-writings/corpus-juris-civilis-0011034
1156) Ibid.
1157) GAIUS. The Encyclopaedia Britannica; A Dictionary of Arts, Sciences, Literature and General Information. XI (Franciscans to Gibson) 11st.ed. (the Cambridge University Press, 1910), p.391
1158) https://www.ancient-origins.net/artifacts-ancient-writings/corpus-juris-civilis-0011034
1159) Ibid.
1160) https://en.wikipedia.org/wiki/Glossator
1161) 최병조,「로마의 법과 생활」(경인문화사, 2007.8.30.) ; 최병조,「한국민법의 로마법적 배경과 기초」(법무부, 2013.7.1.) ; 최병조,「로마법의 향연」(길, 2019.3.15.) ; 최병조·이상훈 옮김,「원사료로 보는 로마법의 일반원리」(민속원, 2023.2.8.)
1162) https://www.thelatinlibrary.com/justinian.html
1163) 본서에서 이용한 번역본: THE INSTITUTES OF JUSTINIAN translated into English by J. B. Moyle, D.C.L. of Lincoln's Inn, Barrister-at-Law, Fellow and Late Tutor of New College, Oxford, Fifth Edition (1913)
1164) 남효순, "나뽈레옹법전(프랑스민법전)의 제정에 관한 연구", 法學 Vol.35 No.1, (서울대학교 법학연구소, 1994), pp.283~328
1165) 南基潤, "프랑스 私法學에서 법학방법론의 전개",「저스티스」통권 제88호(한국법학원, 2005.12.), pp.63~91
1166) 황병기, "주역의 상징성과 그 역사적 기원",「온지논총」52권 (온지학회, 2017), pp.125~156.
1167) 황해봉, "법령입안 심사의 기본원칙",「법제」(법제처, 2007.9.), p.210

1168) 『老子』第57章: "법령이 뚜렷할수록 도적이 많아진다.", 참조
1169) http://www.unipress.co.kr/이승환, "道家의 자유관"(대학지성 2022.07.02. 노자의 자유관: 무위·자연을 중심으로)
1170) 이승환, Ibid.
1171) Parker(1975), John Calvin, Tring, Hertfordshire, England: Lion Publishing plc, p.15.
1172) 南基潤, op.cit., p.315
1173) Ibid., p.343
1174) Ibid., p.341
1175) Ibid., p.319
1176) Ibid., p.343
1177) Ibid., p.346
1178) Ibid., p.315
1179) Ibid., p.338
1180) 문병호, "칼뱅 율법관의 법학적 기원", 『法史學硏究』제31호(한국법사학회, 2005.04.), p.317
1181) http://jjh.skku.edu/view/intro/leftm0102.jsp
1182) 김호, "茶山學은 조선후기 주자학 갱신하려는 포스트 주자학", 교수신문 2015.1.21.
1183) Ibid.
1184) 김호, 『정약용, 조선의 정의를 말하다』(책문, 2013)
1185) 愼鏞廈, "崔時亨의 '內則' '內修道文' '遺訓'", 『韓國學報』12, 『東學史』, 64쪽
1186) http://www.laborsbook.org: "동학사상"
1187) 「天道敎書」, 『新人間』, 통권 377호, 1980. 5월호, p.75
1188) 「天道敎書」, 『新人間』, 통권 374호, 1980. 1월호, p.75
1189) 「天道敎書」, 『新人間』, 통권 377호, 1980. 5월호, p.78
1190) 성주현, "동학농민혁명의 근대사적 의미", 『동학농민혁명 120주년 기념 국제학술대회』(국립중앙박물관, 2014.10.28.), p.324 : http://www.e-donghak.or.kr
1191) Ibid., p.325
1192) 예수님께서 돌아가신 뒤, 베드로 등 11명의 사도는 자살한 유다의 자리를 채우고자 하였다. 예수님께서 활동하시는 동안 줄곧 그분과 동행한 요셉과 마티아가 1차 뽑혔다. 제자들은 "주님, 둘 가운데에서 한 사람을 가려 주셔서 사도직을 넘겨 받게 하소서"라고 기도하였다. 고대 근동의 제비는 던지는 방법을 썼다. 성서에서도 제비와 관련하여 '던지다'와 '떨어지다'라는 동사가 쓰인다. 마티아가 사도로 뽑혔다. http://maria.catholic.or.kr: "성서의 세계: 제비"(2004.11.9.)
1193) 라틴어본 https://droitromain.univ-grenoble-alpes.fr/Corpus/codjust.htm : 영어본 THE INSTITUTES OF JUSTINIAN translated into English by J. B. Moyle, D.C.L. of Lincoln's Inn, Barrister-at-Law, Fellow and Late Tutor of New College, Oxford, Fifth Edition (1913)
1194) Justinian, Digest 1.1.10, in Watson, Alan, ed. (1985). The Digest of Justinian. Philadelphia: University of Pennsylvania Press.
1195) 바이마르 헌법(1919년) 제1조. 독일국은 공화국이다. 국가권력은 국민으로부터 나온다. https://de.wikipedia.org/wiki/Weimarer_Verfassung
1196) Celsus가 정의한 바 "법은 선과 형평의 기술이다." 최병조·이상훈 번역『원사료로 보는 로마법의 일반원리』(민속원, 2023), pp.28~30
1197) https://www.cbd.int/ABS: The Nagoya Protocol on Access to Genetic Resources and the Fair and Equitable Sharing of Benefits Arising from their Utilization to the Convention on Biological Diversity is an international agreement which aims at sharing the benefits arising from the utilization of genetic resources in a fair and equitable way.
1198) 전재경, 『형평과 효율의 조화: 경제정의를 중심으로』(한국법제연구원, 2011년)
1199) Michael. J. Sandel, 『정의란 무엇인가』이창신 옮김(서울·김영사: 2010)
1200) Ibid., p.362
1201) Ibid., p.360
1202) Ibid., p.361

1203) Ibid., p.55
1204) 1930년대에 사회심리학자 에드워드 손다이크(Edward Thorndike)는 정부보조를 받는 젊은이들을 상대로 설문조사를 실시하여 공리주의의 가정을 증명하려고 노력하였다. 그는 완전히 별개로 보이는 욕구와 혐오도 쾌락과 고통이라는 단일통화로 환산할 수 있다고 주장하였다.
1205) Michael J. Sandel, Ibid., p.64
1206) Ibid., p.58
1207) Ibid., p.61
1208) John Stuart Mill, On Liberty(1859), Stefan Collini, ed.(Cambridge University Press, 1989), chap.1.
1209) J.S.밀은 인간의 고급능력을 믿었다: "만족하는 돼지보다 만족하지 못하는 인간이, 만족하는 바보보다는 만족하지 못하는 소크라테스가 낫다. 바보가, 아니면 돼지가, 다른 의견을 내놓는다면, 문제를 자기 쪽에서만 생각하기 때문이다." John Stuart Mill, Ibid., chap.2.
1210) Immanuel Kant, Groundwork for the Metaphysics of Morals(1785), translated by H.J.Paton (New York : Harper Torchbooks, 1964), p.428 ; Michael J. Sandel, Ibid., p.171에서 재인용
1211) Immanuel Kant, Ibid., p.429 ; Michael J. Sandel, Ibid., p.171에서 재인용
1212) Michael J. Sandel, Ibid., p.176
1213) Ibid., p.190
1214) J. 롤스가 말하는 평등한 조건, 즉 '무지의 장막'이란 자신이 어떤 사람인지 일시적으로나마 전혀 모르는 상태를 말한다. 이 이론에 따른다면, 우리는 자신에 대해 아무 것도 모른다면, 그야말로 원초적으로 평등한 위치에서 선택하게 된다. 이처럼 협상에서 어느 누구도 우월한 위치에 놓이지 않는다면, 우리가 합의한 원칙은 공정하다. J.롤스가 생각한 사회계약은 이처럼 원초적으로 평등한 위치에서 이루어지는 가언합의이다.
1215) John Rawls, A Theory of Justice (Cambridge, Mass. : The Belknap Press of Harvard University Press, 1971), sec.12
1216) Ibid., sec.17
1217) Milton and Rose Friedman, Free to Choose (New York : Houghton Mifflin Harcourt, 1980), pp.136~137
1218) 일부 식자들은 '누구나 고르게 대우하는' 공정(公正 fairness)과 '어느 한쪽에 치우치지 아니하는'(不偏不黨的) 공평(公平 impartiality)을 동의어로 쓴다. 다른 한편, 국립국어연구원의 설명에 따르면, '공정'은 '공평하고 올바름'을 뜻하고 '공평'은 '어느 쪽으로도 치우치지 않고 고름'을 뜻한다. 공정은 공평과는 달리 옳고 그름에 관한 관념 즉 윤리적 판단이 이루어진다. 국어연구원의 설명은 공평을 기술적으로 이해한다. 그러나 공평은 '다른 것을 다르게 처우하는' 작용[저울질 衡平]이 이루어진 상태를 나타낸다. 생물다양성협약 등 국제규약에서 '공정하고 공평하게'(fair and equitable)를 같이 쓸 경우 공정은 '같은 것을 같게 대우하는' 평등(equality)을 그리고 공평은 '다른 것을 다르게 대우하는' 형평(equity)을 표상한다. 비례의 원칙이 적용되는 평등을 자원의 배분에 적용할 경우 '부자(the rich)들이 받는 혜택이 절대적으로 늘어나는' 역설[빈익빈貧益貧 부익부富益富paradox]을 설명하기 어렵다.
1219) Michael J. Sandel, op.cit., p..231
1220) Alasdair MacIntyre, After Virtue (Notre Dame, Ind. : University of Notre Dame Press,1981), pp.204~205
1221) Michael J. Sandel, op.cit., p.310
1222) Alasdair MacIntyre, op.cit., p.204
1223) Michael J. Sandel, Ibid., p.310
1224) M. 샌델은「자연적 의무」(보편이다. 합의가 필요하지 않다),「자발적 의무」(특수하다. 합의가 필요하다) 및「연대의무」(특수하다. 합의가 필요하지 않다)를 '도덕적 책임'의 세 범주로 파악한다.
1225) Michael J. Sandel, op.cit, p.314
1226) Ibid., p.289
1227) Ibid., p.281
1228) Ibid., p.364
1229) Ibid., pp.366~367
1230) Ibid., p.368
1231) Ibid., p.369
1232) Ibid., p.370
1233) Ibid., p.371

1234) Katy Milkman, How to Change : The Science of Getting to Where You Want to Be (Penguin, 2021), pp.191~193
1235) https://fr.wikipedia.org/wiki/Emmanuel_Levinas
1236) 강영안, 『타인의 얼굴: 레비나스의 철학』 (문학과지성사, 2005년) 서평
1237) https://www.ohmynews.com/사랑의 철학자, 엠마누엘 레비나스
1238) 양천수·최샘, "타자에 대한 책임의 근거: 레비나스의 철학을 예로 하여", 『법철학연구』 제23권제1호(한국법철학회, 2020.4.), pp.169~208
1239) 이영록(2012), "타자 법철학을 향한 시론: 레비나스(Emmanuel Levinas)와 법" https://www.krm.or.kr [기초학문자료센터]
1240) John Patrick, Understanding Democracy, A Hip Pocket Guide(Oxford University Press) @https://www.annenbergclassroom.org/glossary_term/republicanism
1241) https://www.sciencedirect.com/topics/social-sciences/republicanism
1242) 본서 제1편 제4장의 3.한국 철학 "공화주의(公治): 혜강 최한기", 참조
1243) https://www.sciencedirect.com/topics/social-sciences/republicanism
1244) John Patrick, op.cit.
1245) 전재경, 생명회의 2001.8.17.
1246) http://encykorea.aks.ac.kr: 『한국민족문화대백과사전』 정약용(丁若鏞)
1247) Ibid.
1248) 김현희, 비교법제연구『프랑스의 사회적경제(ESS)에 관한 규범적 의미 해석 연구』(한국법제연구원, 2013), 참조
1249) 「공공기관의 사회적 가치 실현 기본법안」(제19대 국회 M의원 대표발의)
1250) 「사회적경제기업제품 구매촉진 및 판로지원에 관한 특별법안」(제20대 국회 서형수의원 대표발의)
1251) 「공공기관의 사회적 가치 실현에 관한 기본법안」(제20대 국회 김경수의원/김광온의원 각각 대표발의)
1252) http://shindonga.donga.com/3/all/13/1134737/1 (2017.11.26.)
1253) 「사회적경제 기본법안」(20대 국회 유승민의원 대표발의)
1254) 최현선, "사회적 가치 실현을 위한 공공기관 혁신", www.pcpp.go.kr
1255) 김정렬, http://news.khan.co.kr/kh_news (2018.03.04.)
1256) https://socialvalueus.net/what-is-social-value
1257) https://www.socialvalueint.org (2024.1.31.)
1258) 사회적 가치(social value)가 무엇인가에 관하여서는 명시적 정의가 없다. 하지만 영국 「사회적가치법」상 사회적 가치는 어떠한 지역의 경제적·사회적·환경적 후생(well-being)을 증진시키는 것을 지칭한다. Mark Upton, Local Government Information Unit, Policy Briefing (20 August 2012), "What is social value?"
1259) 사회적 경제는 전체 유럽 기업들의 10%를 차지하고 200만개의 기업들과 총고용의 6%를 점유하고 있으며, 주로 이들의 활동이 본질적으로 국지적 차원에 머무를 수 없다는 사실로 말미암아, 고용의 안정을 달성·유지함에 있어 매우 높은 잠재력을 보유하고 있다. European Parliament resolution of 19 February 2009 on Social Economy (2008/2250(INI)), para. F
1260) http://www.europarl.europa.eu/sides/getDoc.do?type=TA&language=EN&reference=P6-TA-2009-0062
1261) 사회자본(social capital)을 활용한 국부의 창출에 관한 일반론은 전재경, 『사회자본의 법제화 Ⅱ』(한국법제연구원: 2013.12), 참조
1262) 김용백, "사회적 가치" http://news.kmib.co.kr/article (2018.4.21.)
1263) Katy Milkman, How to Change : The Science of Getting to Where You Want to Be (Penguin, 2021), p.188
1264) Ibid., p.189
1265) https://thegiin.org/research/publication/reports-from-the-social-impact-investment-taskforce-established-under-the-uk-s (2024.1.31.)
1266) https://www.socialimpacthub.org/services/social-enterprises-purpose-driven-businesses (2024.1.31.)
1267) https://socialinvestmenttaskforce.org/about-us (2024.1.31.)
1268) 김현희, op.cit., 요약문 참조
1269) http://www.labortoday.co.kr/news/articleView.html?idxno=150627 (2018.4.2.)

1270) Ibid.
1271) https://product.kyobobook.co.kr/detail/S000000610612
1272) 전재경, 뉴스토마토 2019.2.9.
1273) M 대통령은 2019년8월14일 J 법무부장관 후보자 인사청문요청안을 국회에 냈다. 요청안 재산부속서류는 배우자·자녀의 사모펀드 74억원 투자약정 사실을 담고 있다.
1274) https://www.bmj.de/DE/rechtsstaat_kompakt/grundgesetz/rechtsstaatsprinzip/rechtsstaatsprinzip_node.html
1275) 전재경, 박사학위논문 『한국의 적법절차에 관한 연구』(동국대학교 대학원, 1991), pp.16~18
1276) https://constitution.congress.gov/browse/amendment-14/section-1
1277) https://constitution.congress.gov/browse/essay/amdt14-S1-3/ALDE_00013743
1278) 전재경, op.cit., p.188
1279) 로마시대 법학자 Gaius(AD 130년~180년),『법학제요』제1장제1절: 최병조, "로마법상의 慣習과 慣習法",『法學』제47권제2호(서울대학교, 2006), p.3
1280) https://www.law.go.kr/lsSc.do?menuId=1&subMenuId=15&tabMenuId=81#AJAX(2024.7.8.검색)
1281) 대한민국 헌법(1987년) 제37조 ② 국민의 모든 자유와 권리는 국가안전보장·질서유지 또는 공공복리를 위하여 필요한 경우에 한하여 법률로써 제한할 수 있으며, 제한하는 경우에도 자유와 권리의 본질적인 내용을 침해할 수 없다.
1282) 법고창신(法古創新) : "옛것을 본받아 새로운 것을 창조한다." 출처: 연암 박지원(朴趾源: 1737~1805), 『楚亭集序』
1283) 중화인민공화국 헌법(2018.3.11. 개정) 제5조① 중화인민공화국은 법에 의하여 나라를 다스리며 사회주의 법치국가를 건설한다(中华人民共和国实行依法治国 , 建设社会主义法治国家).
1284) 전재경, 뉴스토마토 2021.8.20. 시론
1285) "(1997년의) 환경영향평가법에서 정한 환경영향평가를 거쳐야 할 대상사업에 대하여 그러한 환경영향평가를 거치지 아니하였음에도 승인 등 처분을 하였다면 그 처분은 위법하다 할 것이나, 그러한 절차를 거쳤다면, 비록 그 환경영향평가의 내용이 다소 부실하다 하더라도, 그 부실의 정도가 환경영향평가제도를 둔 입법 취지를 달성할 수 없을 정도이어서 환경영향평가를 하지 아니한 것과 다를 바 없는 정도의 것이 아닌 이상 그 부실은 당해 승인 등 처분에 재량권 일탈·남용의 위법이 있는지 여부를 판단하는 하나의 요소로 됨에 그칠 뿐, 그 부실로 인하여 당연히 당해 승인 등 처분이 위법하게 되는 것이 아니다." 대법원 2001. 6. 29. 선고 99두9902 판결 [경부고속철도 서울차량기지 정비창건설사업 실시계획 승인처분취소]
1286) 이에 관한 토론자의 선행연구는 『환경영향평가법 연구』(한국법제연구원: 1994) 및 『환경영향평가제 통합 법안의 과제와 방향』(한국법제연구원: 2008)을 참조
1287) http://www.epa.gov/compliance/basics/nepa.html (last updated June 26th, 2012)
1288) Ibid.
1289) Mapping and Assessment of Ecosystems and their Services: An EU Ecosystem Assessment (2020)
1290) 서귀포 자구리 앞바다 다이빙은 2019년 4월 7일(토) 10시45분 입수하였고, 11시15분 출수하였다. 시야는 3m, 수온은 19도에서 15도를 기록하였고, 최대 수심은 14.9미터였고 평균 수심은 10.2m였다. *다이빙 기록: 이선명소장
1291) 전재경, 생명회의 2018.7.3. 워크숍
1292) 황은주·전재경, 2019.9.9. 자연환경국민신탁
1293) 전재경, 뉴스토마토 2022.11.11.
1294) 신안군청의 설명(조선일보 2023.5.17.)에 따르면, "흑산도 소형 공항은 여객선터미널이 있는 예리항에서 북동쪽으로 1.6km 떨어진 대봉산 68만3000㎡에 들어선다. 길이 1200m, 폭 30m 규모의 활주로를 만든다. 프로펠러가 달린 50인승 소형 항공기 7대가 취항한다."
1295) 바다 건너 비금도에 마련된 대체공원은 당초 흑산공항 후보지 주변에 유난히 많이 서식하는 칼제비 등 조류들의 서식지 문제를 해결할 목적으로 시작되었다.@목포MBC: "난관의 연속이었던 흑산공항, 값비싼 교훈"(2023.2.1.). 그러나 대체서식지 개념으로 접근할 경우, '조류들의 흑산도 착륙을 막아야 한다'는 공상적 난제가 생겨, 당국은 총량제라는 명분으로 정착되었다. 대체공원안은 흑산공항 부지를 흑산도(국립공원)에서 제척시키고 이보다 8배 넓은 면적(550만㎡)을 비금도 명사십리에 마련한다는 구상이다.@조선일보: "군민 15년 염원…교통약자 주민·관광객 이동권 크게 개선"(2023.5.17.). 한국에서 전성우교수 등에 의하여 연구는 마쳤으나 아직 제도적으로 시행되지 아니하는 자연자원총량제는 독일식 이익침해조정 또는 호주식 생물다양성 상쇄(biodiversity offset)와 같은 맥락이다. 세계은행은 생물다양성 상쇄에 관한 상세 안내서(Biodiversity Offsets: A User Guide: 2016년)를 간행하였다.
1296) 전재경, 뉴스토마토 2018.8.7.
1297) 전재경, 뉴스토마토 2019.7.31.

1298) 民法 제103조(반사회질서의 법률행위) 선량한 풍속 기타 사회질서에 위반한 사항을 내용으로 하는 법률행위는 무효로 한다.
1299) 民法 제104조(불공정한 법률행위) 당사자의 궁박, 경솔 또는 무경험으로 인하여 현저하게 공정을 잃은 법률행위는 무효로 한다.
1300) 전재경, 뉴스토마토 2017.9.19.ㅁ
1301) 전재경, 뉴스토마토 2020.7.6.
1302) 전재경 뉴스토마토 2021.3.25.
1303) McLellan, David (2006). Karl Marx: A Biography (4th edition). Hampshire: Palgrave MacMillan. p.13
1304) Ibid., p.21
1305) Nicolaievsky, Boris; Maenchen-Helfen, Otto (1976) [1936]. Karl Marx: Man and Fighter. trans. Gwenda David and Eric Mosbacher. Harmondsworth and New York: Pelican. p.22
1306) Ibid., p.49
1307) McLellan, David (2006), op.cit., pp.17~18
1308) Ibid., p.20
1309) Hegel,「법철학의 기초」, p.504 @조극훈, "헤겔 역사철학에 나타난 자유와 필연의 변증법",「철학탐구」제27집, p.44
1310) Calhoun, Craig J. (2002). Classical Sociological Theory. Oxford: Wiley-Blackwell. pp.120~123
1311) Marx K (1844). "Critique of Hegel's dialectic and philosophy in general". In K Marx, Writings of the Young Marx on Philosophy and Society (LD Easton & KH Guddat, Trans.)(1997), pp.314~47. Indianapolis: Hackett Publishing Company, Inc.
1312) Wheen, Francis (2001). Karl Marx. London: 4th edition. p.75
1313) P.N. Fedoseyev, Karl Marx: A Biography (Progress Publishers: Moscow, 1973) p. 82.
1314) Karl Marx, "Theses on Feuerbach," contained in the Collected Works of Karl Marx and Frederick Engels: Volume 5, p.8.
1315) http://www.laborsbook.org/utopian socialism
1316) Barry Stewart Clark (1998). Political economy: a comparative approach. ABC-CLIO. pp.57~59
1317) Chris Shilling; Philip A Mellor (2001). The Sociological Ambition: Elementary Forms of Social and Moral Life. SAGE Publications. p.114
1318) Karl Marx and Frederick Engels, "The Communist Manifesto" contained in the Collected Works of Karl Marx and Frederick Engels: Volume 6, pp.477~519
1319) Jonathan H. Turner (2005). Sociology. Pearson Prentice Hall. p.17
1320) Ibid., p.18.
1321) Karl Marx and Frederick Engels, Collected Works Volume 46 (International Publishers: New York, 1992). p.71.
1322) 마르크스가 1881.3.8. 베라 이바노브나 자술리치에게 보낸 편지 @Ibid
1323) Karl Marx and Frederick Engels, op.cit., p.72.
1324) https://www.mk.co.kr/news/economy/10824605
1325) Marx,「자본론」제1권, p.45 外. 본서에서는 강신준교수가 경향신문 연재에서 인용한 마르크스,「자본」강신준 옮김 (도서출판 길, 2008)의 쪽수들을 재인용한다.
1326) Ibid, p.48
1327) Ibid., p.59
1328) Ibid., p.47
1329) Ibid., p.102
1330) Ibid., p.333
1331) Ibid., p.443
1332) Ibid., p.445
1333) Ibid., p.446
1334) 강신준,「자본을 읽다」, 경향신문 2013.01.04.
1335) Marx,「자본론」제2권, p.199

1336) 강신준교수의 「자본을 읽다」에 대한 찬반은 https://mlkorea1917.tistory.com/4을 참조
1337) 강신준,「자본을 읽다: 자본의 순환」, 경향신문 2012.12.07.
1338) 강신준,「자본을 읽다」, 경향신문 2012.12.28.
1339) 이규명, "경제학 카페 4 – 수요공급 이론의 응용",「법률저널」2014.02.21.
1340) https://econo.hallym.ac.kr/econo/community/resources.do?mode=download&articleNo=25545&attachNo=10193
1341) 강신준, op.cit.
1342) Marx,『자본론』제2권, p.426
1343) 강신준, op.cit..
1344) Marx, op.cit., p.231
1345) 강신준, op.cit.
1346) Ibid.
1347) Marx,『자본론』제3권, p.42
1348) Ibid., p.62
1349) Ibid., p.67
1350) 강신준,「오늘 '자본'을 읽다」, 경향신문 2013.1.18.
1351) Marx,『자본론』제3권, p.118
1352) Ibid., p.189
1353) 강신준, op.cit.
1354) Ibid.
1355) Ibid.
1356) Ibid.
1357) Ibid.
1358) Marx,『자본론』제2권, pp.194~195
1359) https://www.economicsdiscussion.net/economic-theories/marxs-theory/marxs-theory-of-capitalist-development-economics/30173
1360) 강신준,「자본을 읽다」, 경향신문 2013.01.04.
1361) Marx,『자본론』제2권, p.231
1362) 정이근, "이윤율의 저하경향의 법칙과 공황 그리고 역사변증법",『지역사회연구』제5집(한국지역사회학회, 1997.12.), pp.123~140
1363) David Harvey, The Condition of Postmodernity, Blackwell: Oxford, 1989. 구동회·박영민 옮김,『포스트 모더니티의 조건』(한울, 1994), p.226.
1364) 김덕민, "이윤율, 자본축적, 경기변동 – 한국경제-",『인문사회과학연구』제66권제1호(호남대학교 인문사회과학연구소, 2023), pp.5~20
1365) 강신준, op.cit.
1366) Marx,「자본론」제3권, p.387
1367) https://happymemo.tistory.com/entry/자본론-공부22(2019.4.10.)
1368) 강신준,「오늘 '자본'을 읽다」, 경향신문 2013.2.8.
1369) Ibid.
1370) Marx,『자본론』제3권, p.431
1371) https://ws.or.kr/article/28079 (2022.07.19.)
1372) John-Paul Flintoff, How to Change the World, (Macmillan, 2012), p.20
1373) JTBC 2018.12.10. "내로남불'은 나의 창작물": 이 발언의 주인공도 부메랑을 피하지 못했다.
1374) 전재경, "선거공약의 위헌성: 의원 및 후보자의 선거공약에 대한 규제",『법제연구』통권 제13호(한국법제연구원 : 1997), pp.101~115
1375) 전재경 2019.5.29. 뉴스토마토 시론
1376) 상주 정의선포도농원 페이스북 2024.3.26

1377) "공공선이 법제화되어서는 아니된다. 공공선은 정부의 명령에 의하여 창출될 수 없다." 조너선 색스, op.cit., p.327
1378) 시릴 디옹 지음, op.cit. 『내일』, p.404
1379) '혼돈이론'이란 특정 동역학계의 시간변화가 초기 조건에 지수적으로 민감하며 시간변화에 따른 궤도가 매우 복잡한 현상을 보이는 현상을 말한다. 프랑스 수학자 겸 물리학자인 앙리 푸앵카레(1854년~1912년)는 1880년대 태양-목성-지구[三體]가 서로 상호작용을 주고받는 중력 현상을 연구하다가 비주기적으로 운동하는 안정 궤도를 발견하였다. 뉴턴의 프린키피아에서 등장한 삼체문제는 세 개 물체 간의 상호작용과 움직임을 다루는 고전역학 문제이다. 푸앵카레는 삼체문제의 일반해는 불가능함을 증명하여 뒷날 혼돈이론의 기반을 닦았다. 연속시간 혼돈계는 미국 기상학자 Lorenz 방정식(1963년)으로 설명된다. 혼돈이론은 지구의 대기, 지각판, 경제인구현상 등에서 응용된다. 혼돈이론은 James Gleik의 책 『카오스: 새로운 과학의 출현』(1987년)으로 대중화되었다.
1380) John-Paul Flintoff, How to Change the World, (Macmillan, 2012), p.64
1381) 미국 미스터리 작가 브래드버리(Ray D. Bradbury)는 그의 시간여행에 관한 단편소설 『천둥소리』(A Sound of Thunder)(1952년)에서 '나비효과'(butterfly effect)라는 말을 썼다. 미국 기상학자 에드워드 로렌즈(Edward Norton Lorenz)는 1972년 미국과학진보협회에서 "예측가능성 : 브라질에서 펄럭인 나비의 날개 짓이 텍사스에 돌풍을 일으킬 수 있는가?"(Does the Flap of a Butterfly's Wings in Brazil Set off a Tornado in Texas?)를 주제로 강연하였다. https://en.wikipedia.org/wiki/Butterfly_effect
1382) John-Paul Flintoff, op. cit. p.70
1383) Ibid., p.95
1384) Ibid., p.129
1385) Ibid., p.76
1386) Ibid., p.119
1387) Ibid., p.8
1388) Ibid., p.127
1389) "이야기하기는 인간됨의 일부이고 언약의 혁신이 이루어지는 방식이다." 조너선 색스, op.cit., p.249
1390) "사회적 결속에 대한 인식이 결여된 사회는 온전히 기능할 수 없다." Ibid., p.326
1391) "언약은 두 개 이상의 집단이 모여 서로에 대한 자유·독립·차이에 대한 존중을 바탕으로 상호 협력해 나가겠다는 공동의 약속이다." Ibid., p.314
1392) Ibid., p.313
1393) Ibid., p.316
1394) Ibid., p.261
1395) John-Paul Flintoff, op.cit., p.128
1396) Ibid., p.126
1397) Ibid., p.124
1398) Ibid., p.128
1399) Ibid., p.14
1400) Ibid, p.13
1401) https://www.gutenberg.org/ebooks/7176
1402) John-Paul Flintoff, op.cit., p.13
1403) Ibid., p.14
1404) Ibid., p.66
1405) https://en.wikipedia.org/Publius Juventius Celsus
1406) 1989년에 설립되어 종전 10개의 지역물관리청(RWA)들의 업무를 통합하여 수자원관리, 수질규제, 물생태계, 수생물보전 등의 업무를 수행하였던 잉글랜드·웨일즈 물환경청(the National Rivers Authotity: NRA)은 1996년에 영국 환경식품지역부(DEFRA) 산하 환경청(the Environment Agency)으로 흡수되었다.
1407) https://api.parliament.uk/historic-hansard/commons/1989/jul/19/water(§407: Mr.Howard)
1408) 전재경, 뉴스토마토 2019.10.16.
1409) 『老子』第57章 "天下多忌諱而民彌貧; 民多利器, 國家滋昏 ; 人多伎巧, 奇物滋起 ; 法令滋彰, 盜賊多有. 故聖人云 : '我無爲而民自化, 我好靜而民自正, 我無事而民自富, 我無欲而民自樸.'"

1410) 전재경 2017.12.18. 뉴스토마토 시론[수정 2024]
1411) 예컨대, 산업안전보건법 제168조(벌칙): 다음 각 호의 어느 하나에 해당하는 자는 5년 이하의 징역 또는 5천만원 이하의 벌금에 처한다.
1412) 전재경 시론[발췌] @뉴스토마토 2022.6.2.
1413) 정영일, "과실범에 있어서 행위자의 주관과 착오론", 『형사법연구』 제28권제4호(한국형사법학회, 2016), pp.69~90
1414) 전재경 강사, 서울대학교 환경대학원『환경법 강의』교재 [수정 2023]
1415) 전재경, 경제·인문사회연구회 협동연구총서 10-24-01. 법질서의 경제적 함의와 가치확립 방안(Ⅰ)『한국의 법과 경제발전』(한국법제연구원: 2010.10.30.), 요약문 §19
1416) Ibid., §20
1417) 전재경, 뉴스토마토 2020.5.15. [2024 수정]
1418) [시행 1966. 1. 1.] [법률 제1723호, 1965. 12. 20., 제정]
1419) [시행 1999. 1. 1.] [법률 제5584호, 1998. 12. 28., 전부개정]
1420) https://www.law.go.kr/조세특례제한법(2023.12.31.)
1421) 블록체인 시스템은 각 계정(블록)들이 체인(분산형)을 이루어 운영되면서 서로 소통하기 때문에 증권회사나 은행과 같은 거래소나 중앙중개가 필요 없다.
1422) 전재경 뉴스토마토 2022.6.27.
1423) 前期 法家 사상을 대표하였던 상앙(商鞅)의 '변법'(變法)은 십오제(什伍制: 10가구/5가구 단위 작통제), 상업억제, 노예제폐지, 군공수작(軍功授爵), 악습 및 구습타파, 신고제, 함양천도를 주요내용으로 한다. 이종성, "상앙의 변법과 법치사상의 특성: 규범 3단계설의 적용을 중심으로", 『철학연구』제147집(대한철학회, 2018), pp.333~357. "듣기 좋게 꾸민 말이 꽃이라면 진실한 말은 열매이다. 귀에 거슬리는 말이 약이라면 달콤한 말은 질병이다"(商君書 제68권)라는 어록이 전한다.
1424) 본서 제2편 제3장 1의 2) 상대성 이론의 영향, 참조
1425) 시릴 디옹, op.cit. 『내일』, pp.404~405
1426) 규제(regulation)와 준칙(準則 rule)은 사뭇 다르다. 예컨대, 도로교통 상 신호등 체계는 질서유지를 위한 준칙이다. 신호등에 감시카메라를 걸고 암행단속, 드론, 경찰차, 헬기를 동원하여 감시하는 체계는 규제이다. 준칙은 책임의 소재를 정한다. 규제는 처벌을 상정한다. 행정입법자는 준칙을 자꾸 규제로 만들지 말아야 한다.
1427) 전재경, KLRI저널 2020.2.24.
1428) Katy Milkman, op.cit., pp.199~201
1429) Ibid., p.36